陕西省教育厅 2014 年人文社科重点研究基地科研计划项目“关中汉唐帝陵文化遗产保护与展示研究”（14JZ063）项目成果
咸阳师范学院学术著作出版基金资助
陕西省普通高等学校优势学科建设项目——省重点扶持学科、咸阳师范学院校级重点学科中国史（历史地理学）专项资金资助

关中地区帝陵文化遗产研究

杜忠潮 著

科学出版社
北京

内 容 提 要

本书以历史地理学的视野，对关中地区古代帝陵文化遗产发生、发展的自然环境条件、人文历史背景、帝陵选址因素与营建形制、帝陵结构、帝陵制度嬗变、帝陵的主题与价值、帝陵的空间布局、帝陵文化艺术遗产、大遗址保护等方面进行系统的探讨。试图回答和解决诸如关中地区帝王陵墓选址因素、帝陵制度的演化、典型帝陵的主题和帝陵文化以及艺术遗产等基本问题。该书力求雅俗共赏，既为有志趣探寻“东方帝王谷”奥秘的读者提供有益读物，也为大专院校历史、文博、旅游和地理等专业的师生提供参考。

图书在版编目（CIP）数据

关中地区帝陵文化遗产研究 / 杜忠潮著. —北京：科学出版社，2019.10
ISBN 978-7-03-059902-5

Ⅰ. ①关…　Ⅱ. ①杜…　Ⅲ. ①帝王－陵墓－文化研究－陕西
Ⅳ. ①K928.76

中国版本图书馆 CIP 数据核字（2018）第 273205 号

责任编辑：杨　静　王　媛 / 责任校对：韩　杨
责任印制：张　伟 / 封面设计：润一文化
编辑部电话：010-64011837
E-mail:yangjing@mail.sciencep.com

科学出版社 出版
北京东黄城根北街 16 号
邮政编码：100717
http://www.sciencep.com

北京中石油彩色印刷有限责任公司 印刷
科学出版社发行　各地新华书店经销
*
2019年10月第　一　版　开本：787×1092　1/16
2021年 5 月第二次印刷　印张：24 3/4
字数：436 000

定价：197.00 元

（如有印装质量问题，我社负责调换）

序

关中是中华民族的重要发祥地之一，是中国古代长期的政治中心之所在。自西周建立至唐朝灭亡的近两千年间，先后有十三个王朝在关中建立都城。按照“陵随都移”的规律，帝王陵是都城的重要组成部分，都城在关中，帝王们一定会把自己的归宿地陵墓也建在关中。按照“事死如事生”的礼制，帝王们生前叱咤风云，死后仍然要像生前那样，俨然继续统治着地下世界，陵墓正是帝王们生前生活的真实写照。因此，历史上的周、秦、汉、隋、唐时期，既为陕西关中地区创造了辉煌的地上都城文化，同样也为该地区创造了辉煌的地下陵墓文化。

关中地区作为都城的时期，是中国古代社会发展历程中最为辉煌的时期，既出现了传说时期的炎帝、黄帝这样人们心目中的英雄、人文初祖，也涌现了历史时期的周文王、周武王、秦始皇、汉高祖、汉武帝、隋文帝、唐太宗、武则天、唐玄宗等中国古代杰出的帝王和政治家。

俗语云：“江南的才子北方的将，关中黄土埋皇上”，关中地区帝王陵墓数量之多、分布之密集，在我国乃至世界上实属罕见，堪称“东方帝王谷”，可与同纬度地带的“埃及帝王谷”相媲美。从某种意义上讲，关中地区的帝王陵寝，是周秦汉唐历史的缩影，是十分重要的文化财富。其在一定程度上反映了当时的物质文明和精神文明，具有很高的学术价值和旅游价值，充分反映出关中帝王陵的影响之大。目前，关中地区有近 80 座帝王陵墓，这众多的帝王陵是中国乃至世界的重要文化遗产。黄帝陵成为中华民族的共同祖陵，海内外的炎黄子孙都来到这里表达祭祀与敬仰。秦始皇陵以其深邃的文化内涵和丰富的地下埋藏，早在 1987 年就成为中国第一批进入“世界文化遗产”的单位之一。还有 29 座汉唐帝陵像金字塔一样，巍然屹立在渭河两岸的高原上，吸引着世界各地人们的眼球，被誉为“中国的帝王谷”、中国的“金字塔”群。

“秦中自古帝王都，关中文物甲天下”。帝王陵墓是中国古代帝王留给后代的一笔重要文化遗产，之所以如此，是因为古代帝王陵墓是按照“事死如事生”的要求营建的，帝王陵的地上建筑、地下宫殿中随葬品应有尽有，是当时社会现实的真实反映。虽然由于古代社会发生了众多的战乱、自然灾害等，导致地上与地宫中的文物大多被盗掘，地面上的雄伟建筑也大多荡然无存，但是通过考古勘探与发掘，陕西古代帝王陵仍然为复原中国古代的社会状况提供了第一手的珍贵资料。

古代人相信人死后灵魂长生不灭，因而人死后的另一个世界也是极为丰富的，应有尽有。作为古代各个时期最高统治者的帝王，其陵墓更是有过之而无不及。因此，古代帝王陵是为最重要的国家工程，一般由一人之下、万人之上的丞相来监督修建，由少府、太常等机构进行管理。如秦始皇 13 岁时，他刚一即位就开始为自己修建陵墓，并且最多时动用了 70 余万劳动力，修了近 40 年还没有修完，陵园区面积达到 60 平方公里，若不是秦王朝快速灭亡，秦始皇陵肯定比现在的规模还要大许多。西汉时的帝陵规模也很大，据《汉旧仪》记载："天子即位，明年，将作大匠营陵地，用地七顷，方中用地一顷，深十三丈，堂坛高三丈，坟高十二丈。武帝坟高二十丈，明中高一丈七尺，四周二丈。内梓棺柏黄肠题凑，以次百官藏毕。其设四通羡门，容大车六马，皆藏之内方，外陟车石。"其营建费用也大的惊人，据《晋书·索靖传》云："汉天子即位一年而为陵，天下贡赋三分之，一供宗庙，一供宾客，一供山陵。"帝陵一般从新皇帝登基的第二年就开始建设，要耗用国家每年财政收入的三分之一。从而，汉武帝在位 54 年，他的茂陵就修建了 53 年，到晚年茂陵地宫内的陪葬品竟已塞得满满当当，其陵区面积约 66.5 平方公里。唐代帝陵是中国古代社会发展高峰时期墓葬制度的代表，是中国陵寝发展史上重要的阶段，也是唐王朝兴衰历程的实物见证。唐太宗昭陵陵区范围竟达 200 平方公里以上，是中国历史上规模最大的陵园。可以看出陕西帝王陵园气势宏伟、建筑布局严谨、随葬品丰富，蕴涵着极高的历史、文化和科学价值。

历代帝王陵墓的修建，是当时政治、经济、文化艺术、军事、丧葬文化等的具体表现。不仅要保持原有状况，而且要保持原有政治地位和权威。西汉 11 位帝王中的 9 位，把自己的陵墓选择在咸阳原上。这 9 座帝王陵墓中，又有 5 座设有陵邑，因此咸阳原也被称为五陵原。陵邑的设置就是要让帝王在入土之后仍然有领地可供统治，并为其服务，实际是将在世的统治延长了。5 座陵邑的住户都是天下富豪或有地位的人，从全国各地迁到关中，大学者司马迁就是同其父亲一道从故乡韩城龙门举家迁到茂陵邑的。这 5 座陵邑的人口都有相当规模，如茂陵邑人口就多达 27.5 万人，比当时长安城中的人口还要多。由于五陵邑多官宦富户，所以其子弟往往游手好闲、惹是生非，后来的成语"五陵年少”就由此而生，成为富家纨绔子弟的代称。实质上，当时长安城周边的陵邑就是汉长安城的卫星城，对宏大的汉长安城发展与繁荣起着烘托的作用，而且减少了长安城的人口压力。这可以为现代城市发展，特别是田园都市建设提供借鉴。

帝王陵是我们民族的瑰宝，是有着特殊意义的文化遗产。古代建造帝王陵往往都需要动用大量的人力、物力、财力，从而帝王陵也就成为展现国家实力和反映当时经济、文化、社会发展的重要载体。帝王陵体现出我国古代不同时期物质文化的发展水平，也蕴含着博大精深的文化内涵。譬如秦始皇陵，早在1987年就成功入选世界文化遗产名录，是关中地区属于全国重点文物保护单位的37处帝王陵之一。汉武帝茂陵的陪葬墓霍去病墓的石刻，反映了当时卓越的石刻雕塑艺术，唐昭陵、乾陵附近大量陪葬墓都出土有壁画，由于墓主人身份很高，故作画者多为专业画家甚至著名艺术家。就目前所见，唐墓壁画中的优秀作品比之传世的唐代文人画，其水平丝毫不逊色乃至有所超越，甚至海内外学者还把永泰公主墓壁画中的一位捧杯仕女评价为“中国古代第一美人”。乾陵陪葬墓壁画中，有五组被评定为中国最高等级的国宝，是对这种独特绘画艺术价值的充分肯定。2013年，在由百万网民网上投票，百位媒体记者、旅行社负责人、资深旅行家组成的“平民”专家投票评选的“中国最恢宏的十大帝王陵墓”中，陕西省黄帝陵名列榜首。一并当选的陕西帝王陵墓还有秦始皇陵、桥陵、茂陵、乾陵和汉阳陵，占到全国最恢宏的十大帝王陵墓半壁江山还要多。陕西帝王陵的影响之大，由此可见一斑。

帝王陵墓作为古代建筑中一个重要而又特殊的建筑群体，在考古发掘中一向居于十分关键的地位。由于战争等人为因素或者自然灾害的影响，地面上的古建筑往往会因为各种各样的原因而遭到破坏，从而阻碍了人们对于原始资料的研究。而陵墓群的地下建筑，则因为其终年的“与世隔绝”而幸运地保存下来。纵使所谓“十墓九空”、考古发现中较为完整的陵墓数量寥若星辰，但就其历史研究价值来说，依然是弥足珍贵的。

帝王陵旅游已经成为陕西人文旅游发展的主力军，是重要的人文旅游资源。秦始皇陵以其雄伟的气势、深邃而卓越的文化内涵吸引了世界上一亿多人来此参观，更有世界上200多个国家元首来这里观光，极大地提高了陕西在世界上的影响力和知名度；汉景帝阳陵已经成为一个重要的人文景点，地下陈列形式将古代文明与现代技术的良好结合，为陕西帝陵旅游发展带来了新的机遇；唐高宗与武则天的乾陵以其雄伟的气势征服了海内外的游客。随着帝王陵考古的进一步发展，必将带动陕西的文化产业和旅游业得到进一步的发展。

关中地区帝王陵经过了几千年的发展和演变，无论在建筑艺术上、文物价值上，还是在考古研究上，都有着重要的历史价值、科学价值、艺术价值。探寻帝王陵墓的奥秘，研究其发展演变的规律，对于我们研究中国古代的历史也有着无可替代的作用。随着考古技术的成熟和现代科学技术在考古过程发挥的作用越来越大，相信我们定能通过对古代帝王陵墓的进一步发掘和研究，在更广程度和更深层次上，用物质文明来证明古代社会文明发展的高度。

客观地讲，关中地区帝王陵的保护工作仍然有很长的路要走。陕西省关中地区拥有29座汉唐帝陵，正式面向公众开放参观的只有6座，分别是西汉阳陵、杜陵、茂陵以及唐代的乾陵、昭陵和桥陵。不少帝王陵由于交通不便，被撂荒在农田里，甚至被破坏盗掘，造成国宝的流失，令人痛心疾首。

本书作者以历史地理学的视野，融合文物、考古及文化遗产等领域的学术积淀，从宏观整体角度对关中地区遗存的古代帝陵文化遗产发生发展的自然地理环境条件、人文历史背景、帝陵选址因素与营建形制、帝陵结构、帝陵制度嬗变与影响、帝陵的主题与文化价值、帝陵空间布局与昭穆制、帝陵文化艺术遗产、大遗址保护与产业化路径等方面进行系统的探讨；采用时空维度就关中地区古代帝陵遗产资源进行纵横探讨，基本回答了诸如帝王陵墓选址因素、帝陵制度的演化、典型帝陵的主题与文化价值和帝陵文化以艺术遗产等基本问题。该书既为探寻“东方帝王谷”奥秘的志趣者提供有益读物，也为关中帝陵遗产资源保护利用提供有益的借鉴。对关中古代帝陵遗产资源及其保护利用的研究和挖掘，无疑具有重要的理论意义和实践价值。

受该书作者嘱托，谨为作序。

徐卫民

西北大学文化遗产学院教授、博士生导师

2019年9月16日于西北大学寓所

前　言

关中平原（渭河平原）位于陕西省中部，介于秦岭和渭北北山（老龙山、嵯峨山、药王山、尧山等）之间。西起宝鸡，东至潼关，海拔约325—800m，长约300km。南北宽窄不一，东部最宽达100km，西安附近约75km，眉县一带仅20km，至宝鸡逐渐闭合成峡谷，形似“新月”。面积约$3.4\times10^4km^2$，号称“八百里秦川”。渭河由西向东横贯关中平原，干流及其支流泾河、北洛河等均有灌溉之利，中国古代著名水利工程，如郑国渠、白渠、漕渠、成国渠、龙首渠都引自这些河流。关中平原自然、经济条件优越，历史上曾是周、秦、汉、唐等朝代的建都之地，也是仰韶文化时期以来古代人类活动的主要场所、古丝绸之路的起点和中国历史上农业最富庶地区之一。现今的关中平原，作为国务院批准设立的关中—天水经济区的主体，将建设成为西部及北方内陆地区的“开放开发龙头地区”，“以高科技为先导的先进制造业集中地，以旅游、物流、金融、文化为主的现代服务业集中地，以现代科教为支撑的创新型地区，领先的城镇化和城乡协调发展地区，综合型经济核心区，全国综合改革试验示范区”①。

历史上“关中”地名最早出现于战国时期，但因“关中”最初并非正式的地方行政区划，所以有多种解释。据《史记·货殖列传》载：“关中自汧、雍以东至河、华。”②汧谓汧水，雍谓雍山，河谓黄河，华谓华山。但《史记》中有时将汉中、陕北也包括在关中的范围之内。后来的一些说法，大抵都是就“关”立论的，如说是在函谷关、大散关、武关和萧关之间，或是在函谷关和陇关中间，或者是在函谷关和散关中间。这些说法同战国、秦汉时期的所谓四塞意义大体相同，也符合当时的情况。③据考证，记述“关中”

---

①《关于印发关中—天水经济区发展规划的通知（附：关中—天水经济区发展规划）》（发改西部［2009］1500号），中华人民共和国国家发展和改革委员会：http://www.ndrc.gov.cn/zcfb/zcfbghwb/200907/t20090703_579698.html。

②（汉）司马迁撰，（宋）裴骃集解，（唐）司马贞索隐，（唐）张守节正义：《史记》卷129《货殖列传》，北京：中华书局，2005年，第2466页。

③ 史念海、萧正洪、王双怀：《陕西通史·历史地理卷》，西安：陕西师范大学出版社，1998年，第310页。

的文献有：

（1）《史记·秦始皇本纪》："始皇为微行咸阳，与武士四人俱夜出，逢盗兰池见窘，武士击杀盗，关中大索二十日。"①这当是"关中"的最早记载。

（2）《史记·货殖列传》："关中自汧、雍以东至河、华。"《史记》卷六九记苏秦游说秦惠文王曰："秦，四塞之国，被山带渭，东有关河，西有汉中，南有巴蜀，北有代马，此天府也。"②

（3）东晋徐广注释《史记》"关中阻山河四塞"提出：关中在"东函谷，南武关，西散关，北萧关"③之间。

（4）西晋潘岳在《关中记》中说："秦西以陇关为限，东以函谷为界，二关之间，是为关中。"④唐代《三辅旧事》："西以散关为限，东以函谷为界，二关之中，谓之关中。"⑤

（5）唐代颜师古在《史记·高祖本纪》的注释："自函谷关以西，总名关中。"⑥

（6）《资治通鉴·秦纪》胡注："秦地西有陇关（今陇县境），东有函谷关，南有武关，北有临晋关（今大荔县境），西南有散关，秦地居其中，故谓之关中。"⑦

从上述可见，汉代以来的文献中"关中"地名大致有"四关"说、"两关"说、"五关"说、"一关"说等解释。其中以《史记·货殖列传》"关中自汧、雍以东至河、华"最为经典，东晋徐广谓关中在"东函谷，南武关，西散关，北萧关"之间的说法也颇为流行，唐代颜师古"自函谷关以西，总名关中"的注释"最接近历史真相"。

据史念海先生考证，关中最早作为行政区划当是唐代的关内道。其地域范围东至黄河沿岸，西至祖厉河畔（流经今甘肃会宁、靖远县境），北达阴山山脉，其南境长安以西至秦岭，长安以东则包括今商洛地区在内。按此范围，（关中）东有潼关、西有大散关和陇关，北有萧关，南有武关。民国时期设立的关中道，北部包括韩城、合阳、澄城、白水、同官（今铜川市）、栒邑（今旬邑）等市县，西南以秦岭为界，东南包括商洛地区。这是兼有陇关、大散关和武关，只是函谷关和萧关不包括在内。⑧

---

① 《史记》卷6《秦始皇本纪》，第178页。

② 《史记》卷129《货殖列传》，第2466页；《史记》卷69《苏秦列传》，第1772页。

③ （宋）裴骃：《史记集解》注"关中"引徐广语，见《史记》卷7《项羽本纪》附注。

④ （晋）潘岳撰，（清）黄奭辑：《关中记》（一卷），汉学堂知足斋丛书本。

⑤ （汉）赵岐等撰，（清）张澍辑，陈晓捷注：《三辅决录·三辅故事·三辅旧事》，西安：三秦出版社，2006年。

⑥ 《史记》卷8《高祖本纪》，第270页。

⑦ （宋）司马光等撰，（清）胡渭注：《资治通鉴》卷8《秦纪三》，北京：中华书局，1956年，第282页。

⑧ 史念海：《河山集·四集》，西安：陕西师范大学出版社，1991年，第146页。

现在一般所说的关中，是指“陕西中部秦岭以北，子午岭、黄龙山以南，陇山以东，潼关以西的地区（行政区划包括宝鸡市、咸阳市、西安市、渭南市、铜川市和杨凌示范区“五市一区”）”。该范围未包括函谷关、萧关和武关。实际上，这样的关中是仅指潼关和陇关中间的地域。①如果加上战国、秦汉时期设置的陇关和秦岭北坡的峣关（亦称蓝田关，在今蓝田县东南），以及散布在渭河两岸之间的蒲津关（大荔县境）、龙门关（韩城市境）、子午关和库谷关（长安区境）、金锁关（铜川市境）、安夷关（陇县境）和骆谷关（周至县境）等，表明古代关中地区利用地形的险要处层层设防置关，其得名于四面皆有关隘名副其实。

从地理学的视野考察关中地区的地形结构与山川大势，其南面有秦岭连绵，隔绝南北；北面有北山山系，阻隔了与北方黄土高原的交通；东面有崤山纵列作屏障；西面有汧山、陇山相接，抵挡了西北面少数民族的侵扰。西汉娄敬说“秦地被山带河，四塞以为固”。古代文献中常出现的四塞，具体名称和四关不完全一样，由此而论四塞应是泛指四方，并非专指四个关隘。然而，古代的函谷关、武关、大散关、萧关分别扼居四条大通道，利用山隘险峻形成了易守难攻的门户，“一夫当关，万夫莫开”的军事防御作用至为突出。因而，古代关中地区扼居要道的“四塞关隘”为：

（1）函谷关、潼关及潼关道。②战国初设置的函谷关是为关中东大门。《史记·楚世家》：“苏秦约从山东六国共攻秦、楚怀王为从长，至函谷关，秦出兵击六国，六国兵皆引而归。”这应是函谷关的最早记载，其故址在今河南省灵宝市王垛村。函谷关控制着穿行崤山北麓的东西向军事通道（“崤函通道”），《元和郡县志·陕州》引《西征记》曰：“路在谷中，深险如函，故以为名，其中劣道，东西十五里，绝岸壁立，崖柏林荫谷中，殆不见日”。③战国时，秦国凭借函谷关的险要地形，使关东诸国始终未能攻入。西汉中叶，将军杨仆立下军功，什么赏赐都不要，只是耻做关外人。汉武帝满足了他的愿望，将函谷关向东迁移，便将杨仆家乡新安县东（今渑池县）归属关内，从此有了新关，于原来的关址另置弘农县。④新关仍属崤山范围，只是到了最东端。当地尚存有大土堆，应是关城遗址。

东汉时，新函谷关曾成为防范黄巾起义、保卫都城洛阳的关塞，完全失去东西分野

① 《陕西军事历史地理概述》编写组：《陕西军事历史地理概述》，西安：陕西人民出版社，1985年，第109—111页。

② 史念海：《河山集·四集》，第165—168页。

③ （唐）李吉甫撰，贺次君点校：《元和郡县图志》卷6《河南道二》，北京：中华书局，1983年，第158页。

④ 曾谦：《论两汉时期的函谷关东迁》，《洛阳师范学院学报》，2009年第6期，第27—30页。

的意义，潼关取而代之，成为天然险阻。潼关最初设在塬[①]上，塬下黄河流过，无路可走。唐初，随着河床的冲刷和水位下降，沿河开了道路，才把潼关移到河边。潼关也在函谷中，只不过是在函谷的西端。

潼关道开辟于史前，据考古发现潼关道沿线分布有大量新石器时期的文化遗址。[②]传说远古轩辕黄帝率族人由关中西部向嵩山以外游徙、夏启率军征伐有扈氏、秦人由东方迁往“西陲”等皆经行此道。潼关道自长安东出，沿渭水，经今临潼、渭南、华县、华阴县（今华阴市）境至潼关，继而东经崤坂至洛阳，并通往黄河下游及江淮地区。周、秦、汉、唐等王朝在关中建都时期，此道是连接长安与洛阳的轴心干道，在全国驿路中居于首要地位；宋、元、明、清时期，潼关道为官马大道，是京都连接陕西以及西北、西南地区的纽带。

（2）武关与武关道。[③]春秋时期设置的武关为关中南大门。据《左传》记载，公元前 490 年，楚人谋北方，“将通少习以听命”。战国时，秦国占据此关后将少习改为武关。因武关而得名的武关道（古称商於道、商山道）是古都长安连接荆襄、吴越的纽带，也是关中和长江中游地区相互进攻必经的捷径。武关道起自长安，经轵道、灞上、芷阳、蓝田、峣关、上洛、武关、丹水、淅、郦等地至宛城。清初顾祖禹称其“（州）扼秦楚之交，据山川之险。道南阳而东方动，入蓝田而关右危”[④]，如汉高祖刘邦入武关灭秦之战、西汉周亚夫平定七王之乱等，前者由长江中游直赴关中，后者由关中出袭长江中游，足见其战略地位的重要。

（3）大散关与陈仓道。[⑤]大散关是关中西大门，相传为周朝散国之关隘而得名。大散关位处陕西省宝鸡市西南大散岭上，山势险峻，层峦叠嶂，扼南北交通要道，自古为“川陕咽喉”。秦岭西端与陇山分界处为嘉陵江上游低谷地带，成为秦岭西部南北往来的一条重要通道——陈仓道，大散关在该通道的北端依险而立。古来兵家必争，“北不得散关，无以图汉中、巴蜀；南不得散关，则无以图关中”。楚汉相争时刘邦“明修栈道，暗度陈仓”是从这里经过，三国时曹操西征张鲁亦经由此地。

---

① 塬、原同，本文多处，根据地名习惯用法，不作统一处理。

② 王开主编：《陕西古代道路交通史》，北京：人民交通出版社，1989 年，第 267—292 页。

③ 史念海：《河山集 · 四集》，第 162—163 页。

④（清）顾祖禹撰，贺次君、施和金点校：《读史方舆纪要》，北京：中华书局，2005 年，第 2553 页。

⑤ 史念海：《河山集 · 四集》，第 157—160 页。

（4）萧关与萧关道。[1]萧关是历史上著名的关隘。汉代萧关地当在宁夏固原东南，是三关口以北、古瓦亭峡以南的一段险要峡谷，有泾水相伴。北宋时，政府为防御西夏在汉代萧关故址以北200里处重筑萧关，位置在今宁夏同心县南。萧关道是汉唐丝绸之路东段北道和中原通西域的交通要道，也是历史上农耕文化与草原文化的“结合带”。萧关古道大致是由长安出发，沿泾河过固原、海原，在靖远县北渡黄河，经景泰直抵武威，最后又从河西走廊到达敦煌。萧关道对关中和西域的政治军事、经济文化交流具有重要影响。第一，萧关道的开通和安定郡的设置为“河南地”的开发奠定了基础。例如，秦统一义渠戎国后，徙民数万家于河套，为边地的开垦和边防的加强起到积极的作用。汉武帝时期设置安定郡，大规模开垦屯田，使整个北方边境的经济得到空前发展。第二，萧关道促使中西交通、贸易畅通，中原地区的丝绸源源不断西运，而西方的良马、玉石，以及一些农作物，如苜蓿、胡豆、胡麻等传入中国，对社会经济产生巨大影响。第三，萧关道促使中西文化交流，包括文学、艺术、科技、医药、宗教（包括石窟）、歌舞等，尤其是佛教文化影响深远。[2]

除了上述之外，关中地区周边还有以下关隘与古道：①陇关与陇关道。汉高祖元年（公元前206年）置陇关，设在陇山主脉的关梁上，故称“秦都陇关”。自汉迄唐至明，一直扼居关中通往陇上的孔道。陇关道开辟于西周时期，是由关中沿渭水北侧西去，循汧水过陇州（今陇县），翻越陇坂，通往陇西的驿道。西汉建陇关后，陇关道的经行路线是由汉长安城过横门桥或西渭桥，经渭城（今咸阳市东北）、槐里（今兴平市）、郃城（今武功县东）、雍县（今凤翔县南）至汧阳，西行陇坂至阎家店，再分别西北或西南行至陇西郡，又西行河西四郡抵达西域。隋唐时，陇关道是长安通往西域的主要驿道。宋、元、明、清时期陇关道仍为官驿大道，起自长安县京兆驿，经咸阳渭水驿、兴平白渠驿、武功郃城驿、扶风泉驿、岐山阳周驿至凤翔府岐阳驿后，折南行，经宝鸡陈仓驿入连云栈道。[3]②蒲津关（临晋关）与蒲津关道。蒲津关是秦地的东大门，历史上许多朝代在这里修造过浮桥。蒲津关又称大庆关，位于距今大荔县城38km的黄河右岸的下辛村正东，与山西省永济市隔河相望，南北宽6km。周文王迎娶莘国有莘氏太姒、春秋时期秦国都迁至栎阳，修筑了车马大道——栎阳道（即蒲津关道）。西汉时期蒲津关道成为长安、左

① 史念海：《河山集·四集》，第109—111页。

② 薛正昌：《萧关道的历史地理与文化现象》，《宁夏社会科学》1993年第2期，第63—69页。

③ 史念海：《河山集·四集》，第75—219页。

冯翊、河东郡、太原郡、云中郡间相连接的大道；唐、宋、元、明、清为车马大道或官马支路。[①]③金锁关，位于铜川市北约20km处的三关口以南、神水峡以北。历史上这里是险要的天堑雄关，系古今军事、交通之咽喉。唐、宋时，金锁关是北御辽金、西抗西夏、攻战屡屡之关塞。自古被称为“秦关榆塞”，乃兵家必争之地。[②]

关中平原交通便利，四周有山河之险。从西周始，先后有秦、西汉、隋、唐等13代王朝建都于关中平原中心，历时千余年，从而为关中地区留存下了数以百计的帝王陵墓，被誉为“东方帝王谷”。该地区遗存的数量丰富、类型多样、以帝王陵为代表的古代陵寝文化资源，其数量之多、分布之密集、历史价值和文化品位之高，在全国乃至世界上皆不多见。对关中古代帝陵遗产资源及其保护利用的研究和挖掘，无疑具有较高的理论意义和实践价值。

陕西关中地区的古代帝王陵，民间有“七十二陵”之说。事实上，经有关部门和专家确认，除公认的始祖轩辕黄帝陵和炎帝陵外，经田野考古调查可基本确定的有41座，即春秋战国时代的秦景公、秦惠文王、秦悼武王、秦昭襄王、秦孝文王、秦庄襄王6陵；秦朝秦始皇、秦二世2陵；西汉11陵；十六国至北朝时前秦苻坚、西魏元宝炬、北周武帝宇文邕各1陵；隋代文帝杨坚1陵；唐18陵。另有虽未确定墓冢，但经多方考证确认应葬在关中的，有西周13位帝王中的7位；秦19位先公、3位先王；后秦1位、北魏1位、西魏1位、北齐2位、北周4位，共计38位。以上合计79座帝王陵。[③]此外，以汉唐帝陵为主的陵区分布有数以百计的陪葬墓群。[④]据《咸阳市文物志》记载，1957年对国家文物普查统计，仅五陵原保存封土的历代帝王陵及其陪葬墓达808座，迄至2003年仍存有封土的250多座。[⑤]关中地区已正式发掘或局部试掘的帝王陵寝有春秋战国时期秦雍城秦景公陵；秦代的秦始皇陵兵马俑坑、铜车马坑等；西汉阳陵阙址、丛葬坑；杜陵陵园遗址；北周孝陵；唐代的乾陵羡道、三出阙遗址，让皇帝惠陵、靖陵地宫等。[⑥]

---

① 史念海：《河山集·四集》，第7—219页。

② 惠焕章主编，张颈辉、吴俏编：《500景点游遍陕西》，西安：陕西旅游出版社，2001年，第261页。

③ 徐卫民：《陕西帝王陵墓概论》，《长安大学学报（社会科学版）》2015年第1期，第16—21页。

④ 据《中国文物地图集·陕西分册（上下）》（西安：西安地图出版社，1998年）指出陕西经确认和初步确认的古代帝王陵墓65处……除十六国大夏赫连勃勃墓位于陕北延川，十国后蜀孟昶墓坐落于陕南旬阳外，其余均分布在关中。此外，惠焕章等编著《陕西帝王陵》（西安：陕西旅游出版社，2000年）共收集从黄帝时代以来5000多年间葬于陕西的历代帝王陵墓介绍77篇；王双怀撰稿《陕西帝王陵》（西安：西安出版社，2010年）认为，抛开追赠帝王、历代皇后和号墓为陵者的陵寝不计，分布在陕西境内的帝王陵寝达七十余座。

⑤ 咸阳市文物事业管理局编：《咸阳市文物志》，西安：三秦出版社，2008年，第1—3页。

⑥ 国家文物局主编，陕西文物事业管理局编制：《中国文物地图集·陕西分册》（上），西安：西安地图出版社，1998年，第5—8页。

陕西关中地区帝王陵墓数量之多、分布之密集，在我国乃至世界上实属罕见，堪称“东方帝王谷”，可与“埃及帝王谷”相媲美。“从某种意义上讲，陕西地区的帝王陵寝是周秦汉唐历史的缩影，是十分重要的文化财富，在一定程度上反映了当时的物质文明和精神文明，具有很高的学术价值和旅游价值”①。值得指出的是，由于历史复杂性和时代久远，加之多年来陵墓屡遭破坏，陕西关中地区遗存有多少帝王陵寝，或许在相当长的时间里还不易得出定论。不过仅就目前已经确认和发现的古代帝王陵寝来看，其数量和规模足以使人们感到震撼，足以使陕西关中地区具有“东方帝王谷”的桂冠，足以使每一位三秦儿女引以为豪。

陕西关中地区长期作为古代国家政治中心，其帝王陵寝建设具有如下特征：①由皇亲国戚或朝廷重臣挂帅，并由知名建筑师、礼仪专家、艺术家和堪舆师（风水专家）组成团队负责选址和工程设计；②帝王陵寝修筑时间长达十数年，乃至数十年；③动用的修陵人数多达数十万人；④耗用的财力、物力巨大。因此，关中地区帝王陵寝的规模基本上为特大型。尤其是秦、西汉、隋、唐诸朝代的陵寝，同国内外不同时期帝王陵寝相比毫不逊色。例如，秦始皇陵寝由丞相李斯设计、大将军章邯监工，共征集了70万—80万人力，几乎相当于古埃及修建胡夫金字塔人数的8倍，修造陵园工程历时39年。②据考古勘测，秦始皇陵寝区总面积达$60km^2$，现存封土底面积约为$12.08\times10^4m^2$，高度为52.5m。③汉武帝茂陵建陵时曾从各地征募工匠、徭役数万人，其中建筑工匠、艺术大师3000余人，修建陵寝历时53年。据《关中记》记载：“汉诸陵皆高12丈，方120丈，惟茂陵高14丈，方140丈。”该记述与现代测量数据基本相符。《晋书·索綝传》云：“汉天子即位一年而为陵，天下贡赋三分之一，一供宗庙，一供宾客，一充山陵。”也就是说，汉武帝动用了全国赋税总额的三分之一，作为建陵和征集随葬物品的费用。④又如唐昭陵由出身于工程世家、先后担任唐朝将作大匠的阎立德、阎立本精心设计，陵寝营建工程历时13年。其规模宏大的陵园建筑群周长60km，占地面积$200km^2$，已确认有194座陪葬墓，是关中“唐十八陵”具有代表性的一座帝王陵墓，也是中国历代帝王陵园中规模最大、陪葬墓较多的一座，被誉为“天下名陵”。⑤唐乾陵建于公元684年，历时23年修建完成。据史书记载，乾陵陵园有内外两重城墙，各四个城门，还有献殿阙楼等宏伟的

---

① 王双怀撰稿：《陕西帝王陵》，西安：西安出版社，2010年，“前言”。

② 张占民：《秦始皇身后留下的9大谜案》，《大地纵横》2005年第5期，第24—27页。

③ 陕西省考古研究院秦汉考古研究部：《陕西秦汉考古五十年综述》，《考古与文物》2008年第6期，第96—160页。

④ 王志杰：《茂陵：大汉雄风——昂扬精神弘阔气象》，《陕西日报》2013年5月7日。

⑤ 刘向阳：《唐代帝王陵墓》修订本，西安：三秦出版社，2012年，第58页。

建筑群。勘探表明，内城总面积 2.40km²。陵寝南“司马道”有 537 级台阶（高差 81.68m），该司马道两旁有华表 1 对，翼马、鸵鸟各 1 对，石马 5 对，翁仲 10 对，石碑 2 通（东为无字碑，西为述圣记碑），以及王宾像 64（现存 61）尊，石狮 1 对，周围还有 17 座陪葬墓。[①] 此外，西汉高祖长陵、宣帝杜陵等，以及隋文帝泰陵，唐高祖献陵、睿宗桥陵、玄宗泰陵等都是气势雄伟、规模可观的帝王陵墓。

根据有关资料，将国外“金字塔”与我国关中地区秦、汉、隋、唐时期代表性的封土型帝王陵（被誉为“东方金字塔”）作比较，发现在建筑材料、修建工期和陵丘（塔体）高度诸方面，存在一定的可比性（表0–1）。此外，采用帝陵封土占地面积和高度对关中地区的秦、西汉、隋、唐等朝代的封土型帝陵与河南省西部伊洛河两岸的东汉[②]、北魏、北宋[③]诸朝代的同形制帝陵作比较（表 0–2）。从中不难看出：同古埃及地区的金字塔相比，陕西关中地区秦、西汉、隋、唐的代表性帝陵陵寝占地面积较大。

表 0–1　关中地区古代帝王陵封土丘与国外“金字塔”比较统计表

区域	名称	建筑材料	修建工期/年	高度/m	占地面积/10^4m^2
古埃及	胡夫金字塔	玄武岩、花岗石	30	139	5.29
	哈夫拉金字塔		—	143.5	—
	孟卡拉金字塔		—	67	1.17
	内弗尔卡拉金字塔		—	70	—
	“弯曲金字塔”		—	101	1.17
古中美洲	太阳金字塔	砖筑土丘高台	—	65	—
	月亮		—	43	—
	墨西哥城东金字塔		—	64	12.25
	提卡尔城金字塔		—	70	—
	卢乔拉金字塔		—	36	—
古代中国	秦始皇陵	夯土陵丘（或方上）	39	115（52.5）	25.0（12.0）
	西汉长陵		7	32（24.5）	2.14
	西汉茂陵		53	46.5	5.22
	西汉阳陵		28	32.28	2.82
	隋泰陵		3	27.4	2.37
	唐献陵		4 个月	21.0	1.53

数据来源：咸阳市文物考古研究所编著：《西汉帝陵钻探调查报告》，北京：文物出版社，2010 年；陕西省考古研究院秦汉考古研究部：《陕西秦汉考古五十年综述》，《考古与文物》2008 年第 6 期，第 96—160 页，秦始皇陵括号中的数据为实测数据；陕西省考古研究院隋唐考古研究部：《陕西南北朝隋唐及宋元明清考古五十年综述》，《考古与文物》2008 年第 6 期，第 161—207 页；徐锦圣：《匹热迷能：探索金字塔能量之谜》，北京：中国青年出版社，2006 年。

① 刘向阳：《唐代帝王陵墓》修订本，第 95—148 页。
② 韩国河：《东汉帝陵有关问题的探讨》，《考古与文物》2007 年第 5 期，第 10—17 页。
③ 秦大树：《试论北宋皇陵的等级制度》，《考古与文物》2008 年第 4 期，第 40—51 页。

表 0–2 关中地区古代封土型帝陵与豫西东汉、北魏、北宋帝陵的封土丘比较统计表

关中地区帝陵			豫西地区帝陵		
陵名	占地面积/10^4m^2	高度/m	陵名	占地面积/10^4m^2	高度/m
秦始皇陵	12.0	52.5	东汉原陵	1.09	16.04
西汉长陵	2.14	30.0	东汉显节陵	0.94	19.44
西汉安陵	2.33	28.0	东汉敬陵	0.94	15.07
西汉南陵	2.42	24.0	东汉慎陵	1.51	24.30
西汉阳陵	2.82	32.28	东汉康陵	0.14	13.37
西汉茂陵	5.81	46.5	东汉恭陵	0.22	36.45
西汉平陵	2.53	32.0	东汉宪陵	0.94	20.41
西汉杜陵	2.96	29.0	东汉怀陵	0.35	11.18
西汉渭陵	2.82	30.0	东汉静陵	0.19	13.37
西汉延陵	2.67	25.7	东汉宣陵	0.94	29.16
西汉义陵	2.84	31.0	东汉文陵	0.94	29.16
西汉康陵	5.12	26.6	北魏长陵	0.28	35
隋泰陵	2.37	27.4	北魏景陵	0.91	24
唐献陵	1.53	21	北宋永昌陵	0.23	14.4
唐庄陵	0.32	17	北宋永熙陵	0.27	16.4
唐端陵	0.35	15	北宋永定陵	0.27	15.3
唐靖陵	0.16	8.6	北宋永昭陵	0.34	14.7
—			北宋永厚陵	0.34	14.8
			北宋永裕陵	0.23	15
			北宋永泰陵	0.26	14.7

注：表中秦、西汉、东汉和北宋帝陵封土采用考古调查的实测资料，其余帝陵为文献记载的尺寸数据

虽然表中只是为关中帝陵封土丘的占地面积，但明显看出关中地区帝陵的陵园占地面积更为宏大。据有关考古勘查资料，秦始皇陵陵园占地面积为 2.13km^2。① 西汉 11 座帝陵中已探明范围的陵园占地，最小的高祖长陵陵园占地面积为 78.00×10^4m^2，最大的昭帝平陵陵园占地面积为 293.00×10^4m^{2}②，基本都超过了国外金字塔中占地面积最大的墨西哥城东金字塔（12.25×10^4m^2）。此外，关中地区的秦、西汉、隋、唐诸朝代的封土型帝陵的封土丘（墓冢）与河南省西部（豫西）东汉、北魏及北宋时期同类型帝陵封土丘的比较来看，前者在占地面积和高度上明显大于后者。有学者曾对北宋皇陵中陵园面积最

① 陕西省考古研究院秦汉考古研究部：《陕西秦汉考古五十年综述》，《考古与文物》2008 年第 6 期，第 96—160 页。

② 数据来源第六章表 6–1。

大的永昭陵与唐高宗太子李弘（追封孝敬皇帝）的恭陵陵园作比较，发现恭陵的“陵城面积相当于永昭陵的7.2倍，封土高度约等于永昭陵的3倍，封土面积约相当于永昭陵的7.78倍”[①]。由此得出“宋陵的规模远逊于唐陵”的结论。笔者检索相关资料发现，西汉11帝陵陵园面积最小者为西汉平帝康陵（$25.21\times10^4m^2$），最大者为西汉惠帝安陵（$79.84\times10^4m^2$）[②]；明13陵陵宫建筑占地面积最小者为$2.5\times10^4m^2$（明宣宗景陵），最大者为$25.0\times10^4m^2$（明世宗永陵）[③]。也就是说，就陵园规模来看，最小的西汉帝陵陵园是最小的明代帝陵陵园的5.6倍多，最大的西汉帝陵陵园是最大的明代帝陵陵园的4.6倍。秦、西汉、唐诸朝代帝王陵寝整体规模大于后世封建帝王陵寝，由此可见一斑。

本书以历史地理学的视野，融合考古学及文化遗产等领域的学术积淀，从宏观角度对关中地区遗存的古代帝陵文化遗产发生发展的自然条件、人文历史背景、帝陵选址因素与营建形制、帝陵结构、帝陵制度嬗变与影响、帝陵的主题与文化价值、帝陵空间布局与昭穆制、帝陵文化艺术遗产、大遗址保护与产业化路径等方面进行系统的探讨，采用时空维度就关中地区古代帝陵文化遗产资源进行纵横探讨，试图回答和解决诸如帝王陵墓选址因素、帝陵制度的演化、典型帝陵的主题与文化价值等基本问题。该书力求雅俗共赏，既为探寻“东方帝王谷”奥秘的志趣者提供有益读物，也为关中帝陵遗产资源的保护利用提供科学借鉴。

---

① 刘毅：《宋代皇陵制度研究》，《故宫博物院院刊》1999年第1期，第78页。

② 咸阳市文物考古研究所编著：《西汉帝陵钻探调查报告》，北京：文物出版社，2010年，第21、137页。

③ 胡汉生：《明十三陵大观》，北京：中国青年出版社，1993年，第213—216页。

目　录

第一章　关中地区的自然地理环境

本章主要论及关中地区自然地理环境的特征，以及关中地区自然地理要素对古代都城和帝陵遗产资源的影响，旨在诠释关中地区帝陵遗产资源发生发展的自然条件和环境因素。

一、关中地区自然地理环境概述

关中平原（渭河盆地）地处我国腹地，是中华民族的发祥地，也是孕育周秦汉唐古都及现代西安的摇篮。关中平原西起宝鸡，东抵黄河，占有渭河中下游地区，西窄东阔，呈箕状盆地。西部宽1km左右，东部宽度在80km以上，东西长约360km，号称“八百里秦川”。平均海拔350—800m，西部可达700—800m，东部最低处仅325m。地势西高东低，南北高中部低，渭河两侧阶梯状分布河流冲积平原—黄土台塬—山前冲积洪积扇—山地等地貌单元。平原面积23 165km^2，约占关中盆地总面积的41.8%。[①]

（一）地质构造基础

关中平原的地质构造基础是渭河断陷盆地。其北界为鄂尔多斯台地南缘的北山山前断裂，南界为秦岭北坡山前大断裂，东北延伸出省与山西省汾河、桑干河断陷相连，称为“汾渭断陷盆地”[②]，而关中部分称“渭河盆地”。渭河盆地西窄东宽，北浅南深，呈地堑与地垒相间的阶梯式下降的复式地堑构造（故称渭河地堑）。

渭河盆地外围的秦岭和北山是强烈上升的断块山地。盆地北缘的北山是主要由石灰岩组成的众多低山丘陵，海拔900—1300m。北山山地的山脊平缓，向黄土高原逐渐过渡。

① 杨金辉：《历史时期关中平原的渭水河道变迁》，西安：陕西师范大学硕士学位论文，2008年，第10页。

② 中国科学院地理研究所渭河研究组：《渭河下游河流地貌》，北京：科学出版社，1983年，第9页。

南部的秦岭，由前震旦系和震旦亚界经加里东运动后复又上升为陆，以复式背斜的形式同北面的鄂尔多斯断坳相连，之后又一起下降、沉积了晚古生代地层，并经受了海西期褶皱和燕山期的构造抬升及岩浆侵入，直到新生代受喜马拉雅运动影响，该复式背斜的北翼产生了近东西向断陷，形成“渭河地堑”。在地貌上表现为隆起山地和断陷盆地极不对称，前者北翘南倾，后者南深北浅的特点。

关中平原（渭河盆地）大部分地区被不同厚度的黄土所覆盖，仅在渭北山地、子午岭和黄龙山出露寒武系、奥陶系及石炭系灰岩，另有二叠、三叠、侏罗、白垩与第三系的砂岩、页岩、泥岩及陆相含煤碎屑岩等。秦岭山地出露变质岩系的片麻岩、石英岩，火成岩系的花岗岩，以及沉积岩系的灰岩、砂岩等。①

（二）地貌特征与地形结构

关中平原是在古老的华北地台渭河地堑基础上，因燕山运动末期和喜马拉雅运动期间的地质构造运动影响，地壳不断下沉并经河流冲积和黄土沉积所形成的。现代地貌结构，尤其是冲积平原地貌的形成发展是新构造运动、气候变迁和流水侵蚀堆积的共同作用的结果。其地貌宏观格局主要由山地、黄土台塬和冲积平原三大地貌类型构成。

1. 冲积平原地貌

渭河冲积平原经历多次“侵蚀—堆积”旋回的演化，发育三级河流阶地和低平的河漫滩，以及山前冲积、洪积扇裙等地貌亚类型。由于新构造运动的差异，各级河流阶地在纵向上分布不连续，在横向上不对称。西端宝鸡一带发育五级阶地，往下游则逐渐变为三级阶地。

（1）河流阶地。以渭河为轴心，且南北两侧呈不对称性阶梯分布的三级河流阶地是渭河冲积平原地貌的主体。其中第三级河流阶地在渭河两岸分布皆不连续。北岸东段西起石川河，过洛河向东延伸至安仁镇，距离现代渭河河床较远（约 15—30km），南岸相应阶地分布狭窄，“二华”地区由于构造活动影响，缺失这一级阶地。阶面海拔 380—430m，地下水位埋深大于 10m。北岸中段西起杨凌、武功普集北侧，向东经兴平市区北侧，延伸至西咸新区秦汉新城窑店街道办（黄家沟村）一带，阶面地形平坦，海拔 440—520m，

---

① 史鉴、陈兆丰、邢大韦，等编著：《关中地区水资源合理开发利用与生态环境保护》，郑州：黄河水利出版社，2002年，第1页。

高出二级阶地 40—50m。[①] 据实地考察并利用卫星图量算，咸阳市区北侧阶地面宽度为 1.0—3.1km。该段南岸三级阶地呈东西条块状分布于西安市北郊（龙首原宽 0.5—1.5km）和临潼（新丰—零口之间阶地面宽 0.5—2.0km）—西安市东南郊（阶面宽 3—5km）、西南郊（郭杜一带阶面宽 2.5—6.5km），沣河以西缺失这一级阶地。[②] 西部宝鸡段渭河三级阶地断续分布于渭河南岸，北岸仅在渭河出峡谷口有零星展布，高出水面 70—100m，前缘与第二阶地高差为 40m 左右。[③] 第二级阶地的两岸不对称分布更为突出，一般北岸宽于南岸。东段北岸由渭河阶地、泾河冲积洪积倾斜平原和古洛河三角洲组成较为宽阔的独特地貌单元。南岸临潼（阶面宽 1—3km）以东明显变狭窄；中段北岸分布在杨凌至咸阳市区一线，高出河漫滩 20—45m。在泾河北侧，泾阳县永乐店、工桥以北的倾斜阶地，相当于渭河二级阶地。南岸分布较广，阶面海拔 442—345m，高出河床 20—30m，与一级阶地高差为 5—15m。西安城郊至鄠邑区一带阶面宽 10—12km（期间“细柳原”系残存的二级、三级阶地），鄠邑区以西和灞桥以东阶面宽 3—5km（渭河沿岸）。宝鸡段渭河二级阶地两岸均有分布，南岸比北岸更普遍、连续，一般高出河水面 30m 左右，与一级阶地多数呈陡坎接触，有些地方通过近 20m 的陡坎直接与高漫滩相接。

第一级阶地在渭河两岸断续分布，呈犬牙交错状，一般高出河漫滩地 5—20m。东部渭南段渭河两岸带状分布，阶面平坦，海拔 334—381m，高出渭河水面 5—18m。沉积物上部细颗粒是漫滩相，下部粗颗粒是河床相。其中，交口以西河段因横向隆起构造影响，全新统冲积物较薄，河流下切明显，在地貌上表现为基座阶地。交口以东，尤其是渭南至华阴段，全新统冲积物厚度大，河流堆积为主，属于上叠的堆积阶地。地下水位埋深表现出很大的差别，以南岸为例，赤水河以东地下水埋深 2—5m，以西河段埋深 5—10m。“二华”（华阴、华县）地区呈南高、北仰、中间低洼的“二华夹槽”，也属于一级阶地。中部北岸分布于武功普集、兴平汤坊一带，高出河漫滩 5—20m，阶地面海拔 380—400m；物质组成上部为次生黄土，下部为粗细砂层。泾河北侧，泾河新城（西咸新区）永乐店以南倾斜阶地相当渭河一级阶地。另在高陵、临潼北部和阎良区，因受到泾河、石川河与渭河共同作用，阶面宽阔平坦，可达 13—25km。南岸呈

---

① 史兴民、周峰、薛亮，等：《咸阳市城市地貌分析》，《水土保持通报》2012 年第 4 期，第 229—231 页。

② 陕西师范大学地理系编：《西安市地理志》，西安：陕西人民出版社，1988 年，第 64 页。

③ 陈云、童国榜、曹家栋，等：《渭河宝鸡段河谷地貌的构造气候响应》，《地质力学学报》1999 年第 4 期，第 49—56 页。

东西带状连续分布，高出河面 3—10m，同河漫滩高差为 1—8m。阶面宽度 2—6km，其中耿镇附近 1—7km。沣河两岸达 10—13km，沣河入渭河口东至灞河口一带宽 2—3km，沣河口西至周至县青化砭一段宽 1—2km，临潼一带宽 0.5—1km。西部宝鸡段主要分布在南岸，北岸仅在上游宝鸡西的赵家坡一带有零星分布，一般高出渭河水面 20m 左右，与高漫滩多呈陡坎接触。此外，在宝鸡段渭河南岸清姜河与潘溪河之间分布的第四级河流阶地，阶面破碎，高出河水面 100—160m，与第三级阶地高差 40m；北岸马家塬第五级河流阶地，分布连续，直接与第二级阶地或高漫滩呈陡坎接触，高出河漫滩 150m 以上；在南岸，第五级河流阶地多半直接与第四级阶地呈陡坡相接，高差 30—50m。①

（2）河漫滩。渭河河道两岸河漫滩犬牙交错，海拔 328—384m，组成物质下部为河床相砂砾石，上部为漫滩相黏质砂土。东部二华地区因长期受到黄河倒灌的作用，河漫滩上叠在一级阶地上，在地貌上表现与阶地之间的高差很小，愈近河口愈小，甚至呈缓坡过渡，界线不清，地下水位埋深很浅。中部沿渭河两岸呈断续带状分布，临潼和高陵段宽 0.5—2km，西安北郊宽 2—6km，沣河以西至杨凌段渭河曲流期间，宽度 0.5—1.0km，鄠邑区涝店、周至县城段宽度 4—6km。该河段河漫滩分为高河漫滩与低河漫滩，前者高出河床 1.5—2m，表层物质为亚黏土、亚砂土加薄层沙；后者高出河床 0.5—1.5m，表层物质为细粉沙加薄层亚黏土。二者中下部为沙、沙砾加薄层不稳定的亚砂土、亚黏土。西部宝鸡段河漫滩沿渭河两岸条带状分布。低漫滩一般高出渭河水面 1—3m，高漫滩高出 5m 左右。

（3）山前冲积、洪积扇。关中平原渭河南北两岸黄土塬的后缘，山前洪积扇裙发育较好。其南缘与秦岭北麓相接，秦岭北坡众多山溪河流北入渭河，形成著名的“七十二峪”，峪口的洪积冲积物形成一个个扇形地，彼此相连成相互交错的洪积冲积扇群。在渭南—华县平缓黄土塬的后缘，桥峪、箭峪峪口紧贴基岩山坡上，发育中更新世洪积台地。台地前缘受断层切割，陡坎高度 50m 左右。秦岭山前的蓝田公王岭、眉县槐芽也可见到类似的情况。“二华夹槽”以南的华山山前断裂带，是升降反差幅度最大的地段，东起华阴，西至华县，构成了东西长 28km、南北宽 3km，呈带状分布的山前洪积倾斜平原。地形上向北呈阶梯状倾斜，与渭河一级阶地平缓相接。华阴罗夫峪口外一带晚更新世洪积扇高出渭河一级阶地最大为 170m 左右，发育成埋藏型和内叠型洪积扇，扇面起伏彼此连接。盆地带洪积扇以晚更新世发育最好，分布较广，而最新一期的洪积扇主要分布在

① 常丕兴、王亨方：《渭河盆地地貌特征水系格局与新构造活动》，《西安地质学院学报》1992 年第 2 期，第 34—41 页。

山前断崖和峪口一带。例如，临潼骊山凤王沟口，因间歇性上隆，发育了三期串珠状内叠嵌入型洪积扇。

盆地中西部山前峪口洪积扇普遍发育，自西向东洪积扇交替穿插，形成广阔的洪积扇裙，以较大的坡降倾向渭河。洪积物质由块石、砂砾和砂质黏土组成，边缘地带随着坡降减小，颗粒愈来愈细，多为砂、砂砾石夹砂质黏土。地下水位埋深一般 10—30m，边缘埋深浅，多溢出成为地表径流，地下水补给主要来自山地裂隙水和当地降水。在秦岭北麓西起周至阳化河，东至长安区大峪的山前洪积扇长达 100km，宽度 5—13km；骊山山前的洪积扇带南北宽 3—5km，东西长约 30km。在岐山、扶风、泾阳等地的北山山前也发育出更新世的洪积台地，在洪积台地的前缘又形成晚更新世洪积扇。①

此外，西安附近河流特别密集，有渭、泾、灞、浐、潏（jué）、滈、沣、涝等河流，号称“八水绕长安”。这些河流中的泾、灞、浐、潏、滈、沣、涝等河流（皆系渭河的一、二级支流）所形成的河谷平原，有的发育出多级河流阶地（如灞河、浐河有四级阶地，潏河、涝河有二级阶地），有的则发育为广阔的河漫滩（沣河河漫滩宽达 0.5—5km，下游段成为“地上河”），有的形成高河漫滩平原（黑河切穿山前洪积扇，形成的高河漫滩高出河水 1—3m，宽度 0.3—4km）。这些河谷平原及众多的古河道洼地组成西安地区广阔的河流冲积平原。其土地肥美，为关中平原精华之所在。同时西安地区是人类较早居住的地方（如代表仰韶文化时期的半坡遗址），经济开发早，又处于东、西部交通的要冲，人口较稠密；平原上地表水比地下水较为丰富，城市居民用水比较容易得到解决。所以，关中地区成为我国古代全国性大城市出现最早的地方，周、秦、汉、隋、唐等王朝的国都均建立在关中平原的心脏——西安地区。②

2. 黄土台塬

黄土台塬紧接山麓地带，分别由秦岭和北山山前向渭河盆地中央倾斜，一般高出渭河河床 100—300m 以上，以数十米的陡崖与渭河河流阶地分界，其分界大体上与山前下伏断裂线的方向一致。按原面特征分为波状黄土台塬和平缓黄土台塬两种类型。前者指第四系黄土覆盖在前期波状起伏的侵蚀面或后期形成的梁峁等起伏较大的地貌单元上，如临潼、蓝田的横岭塬属此类。后者指塬面相对平坦连续，一般处于较低的位置，如周原、咸阳塬、蒲城塬等。

---

① 韩恒悦、米丰收、刘海云：《渭河盆地带地貌结构与新构造运动》，《地震研究》2001 年第 3 期，第 51—57 页。

② 李舒：《历史时期西安为都之地理因素探析》，《哈尔滨学院学报》2016 年第 5 期，第 90—94 页。

黄土台塬的空间分布南北不对称，盆地南部、黄土台塬与洪积扇群相间分布，自西而东为渭河南岸的宝鸡塬、眉县洪积扇群、槐芽—横渠塬、哑柏—鄠邑洪积扇群、长安—白鹿—临潼—渭南塬、华县—华阴洪积扇群、孟源—潼关塬。这些台塬面窄小，北高南低，与洪积扇以断层崖坎相间隔。因垂直差异运动比北部强烈，塬面的相对高差与塬面的起伏均很大。渭南一带波状台塬和平缓台塬高出渭河河床 500—300m，并在这些塬的前缘一带均发现一系列黄土断层。临潼横岭塬塬面海拔 900m，与平缓台塬面高差 200m。盆地北部自西而东，凤翔三畤塬，岐山、扶风一带的周原，武功、兴平、秦都、渭城诸县区北部咸阳原，礼泉塬、富平—合阳塬等相互连为一体，塬面宽阔平坦，呈东西条带状，显示渭河盆地北部处于大面积缓慢上升的构造环境。① 渭河以北的黄土塬分为两级，较高的第二级黄土塬断续分布，自西向东有石家塬、陵塬、贾村塬、蒲城以北的上王镇及合阳北塬。这些台塬是在第三纪末准平原或山前洪积扇上形成的，黄土厚度一般小于 100m，沟壑发育，地形破碎。其塬面高程 600—1000m，高出一级黄土台塬或高阶地 50—150m。第一级黄土台塬为凤翔、扶风、礼泉、三原、富平、蒲城、合阳南塬等，它们呈连续分布。该级黄土台塬是在下更新世湖盆基础上形成的，表覆黄土层厚度超过 100m，塬面高程 540—880m，高出冲积平原 40—170m。由于受黄土塬基底地堑、地垒构造的控制和活动，塬面常呈现出条状洼地和梁状垄岗。

渭河盆地的黄土塬一般由西向东倾，与盆地的地势相一致，而华县、渭南、临潼等地的黄土塬塬面却由东向西降低，其标高由华县黄土塬 701m、渭南长寿塬 670m、三张原 565m、临潼代王塬 500m，降低到临潼附近黄土塬面 370m，与渭河阶地处在同一高度上。临潼以西、西安附近的黄土塬标高类似地自东向西降低，横岭塬 900—850m，白鹿原 760—740m，少陵原 630—570m，神禾原 610—580m。黄土原面的这一自东向西渐次降低，反映了华山和骊山山地断块第四纪以来，尤其中更新世以来强烈隆升并向西翘倾的运动特征。②

在关中平原众多的黄土台塬中，千河与漆水河之间的三畤塬、周原，漆水河与泾河间的咸阳原（毕原），灞河与浐河之间的白鹿原，潏河与滈河之间的神禾原，浐河与潏河之间的少陵原，西安大雁塔东北面的乐游原，以及阎良北部的荆山原等，地势高亢、塬面平坦、连续分布且面积较大，表覆黄土层厚达 100m 以上，地下潜水位埋深达 50m 以

① 常丕兴、王亨方：《渭河盆地地貌特征水系格局与新构造活动》，《西安地质学院学报》1992 年第 2 期，第 34—41 页。
② 韩恒悦、米丰收、刘海云：《渭河盆地带地貌结构与新构造运动》，《地震研究》2001 年第 3 期，第 51—57 页。

上，并以数十米或百余米的陡坎与河流阶地相邻接的黄土台塬，皆成为关中地区周、秦、汉、唐等朝代帝王陵墓或都城的营建区域。

3. 山地地貌

山地地貌包括渭河以南的秦岭山地、骊山山地和渭河以北的北山山地。①

关中盆地以南的秦岭山地为黄土高原南侧的界山，山脉大体呈东西走向，海拔高度多在 2000m 左右，主峰太白山高度 3767m，高出渭河谷地 3000m 左右。本段秦岭山地属于断块褶皱山，主要由下古生代变质程度不等的各类变质岩层组成，海西期和燕山期有大量中酸性岩侵入，构成奇峰突兀的山地地貌。新生代时期，秦岭北坡的断裂沿老构造复活，山地强烈上升，最大沉降深度达 6000m 左右，其中第四纪沉降量最大达 1300m。

骊山为前震旦纪花岗岩、第三纪地层覆盖组成，上新世末以来强烈掀升的低山，在地貌上表现为山势北陡南缓，最高峰仁宗庙紧靠北坡，海拔 1300m，高出渭河平原近 900m。北坡陡峭，沟谷深切，山前洪积扇叠加发育，向渭河延展覆盖在河流阶地上。南坡向秦岭山前倾斜，地形波状起伏，沟壑纵横交错，即为有名的波状黄土塬区（横岭原），海拔多在 800—900m。

北山属陕北黄土高原南缘与关中盆地过渡地带的一系列以灰岩为主的石质山丘，山系海拔 1000—1800m，主要由中生界和古生界砂页岩、砾岩组成，植被覆盖率高。广义的北山山系分为南北两列。北列低山丘陵海拔 1500—1800m，由中生代砂页岩和砾岩构成，山顶有小片黄土覆盖，人们称其为“石山土戴帽”。山上多有次生林分布，山麓梁大沟深。主要峰岭有凤翔县的老爷岭（海拔 1678m）、永寿县和麟游县之间的永寿梁（海拔 1464m）、旬邑县的石门山（海拔 1855m）、宜君县的庙山（海拔 1734m）、韩城市的大岭（1783m）等。南列丘陵山地海拔 1000—1600m，断续分布于黄土台塬间，宽仅 5—10km，山体由寒武—奥陶系石灰岩构成，山顶偶有黄土覆盖。自西向东有岐山县的岐山（海拔 1651m）、东崛山（海拔 1675m），扶风县的瓦罐岭（海拔 1579m），乾县的梁山（海拔 1048m），礼泉县的五峰山（海拔 1467m）、九嵕山（海拔 1271m），泾阳县的北仲山（海拔 1614m）、嵯峨山（海拔 1423m），富平县的将军山（海拔 1347m）、金粟山（海拔 1241m），蒲城县的尧山（海拔 1097m），合阳县以东的梁山（海拔 1543m）、

① 韩恒悦、米丰收、刘海云：《渭河盆地带地貌结构与新构造运动》，《地震研究》2001 年第 3 期，第 51—57 页。

孤峰山（1410m）和稷王山（1279m）等。它们是向南翘起的断块山，翘起幅度轻微，山势低缓，呈断续分布，与秦岭山地相比逊色得多。狭义北山仅指"南列丘陵山地"，即唐十八陵选址和位处的北山山地。

（三）气候特征

关中平原属暖温带半湿润半干旱的大陆性季风气候区。[①] 夏季高温多雨，冬季寒冷干燥，季风显著，夏秋常受热带气旋影响，雨量适中，四季分明。年均温 6—13℃，冬季最冷月为 1 月，均温在-5℃左右，夏季最热月一般出现在 7 月份，月均温 30℃左右。年降水量 500—800mm，其中 6—9 月份占 60%，多为短时暴雨，冬春降水较少，春旱、伏旱频繁。

（四）河流水系

1. 渭河流域概况

渭河由西向东横贯关中平原，干流及其支流泾河、北洛河等均有灌溉之利，中国古代著名水利工程，如郑国渠、白渠、漕渠、成国渠、龙首渠都引自这些河流。渭河发源于甘肃省渭源县鸟鼠山，主要流经陕西省关中平原的宝鸡、咸阳、西安、渭南等地，至渭南市潼关县汇入黄河。渭河南有东西走向的秦岭横亘，北有北山屏障。渭河流域可分为东西二部：西为黄土丘陵沟壑区，东为关中平原区。渭河全长 818km，流域面积 $13.43 \times 10^4 km^2$。

2. 关中地区渭河水系发育不对称

关中地区渭河水系发育不对称。[②] 渭河北岸水系多呈树枝状，支流源远流长，且比降小、河流密度小、汇水面积大，但数量稀少，各支流主要流经黄土高原，洪枯流量相差悬殊，泥沙含量大，以悬移质为主，是渭河的主要来沙支流；渭河南岸水系多呈羽状，河短流急，密度大，与主干渭河垂直相交，汇水面积小，但支流数量较多、均发源于秦岭山区，泥沙以推移质为主，水力资源较为丰富。

渭河支流众多，集水面积 $500km^2$ 以上的一级支流，北岸汇入的有千河、漆水河、泾

① 史鉴、陈兆丰、邢大伟，等编著：《关中地区水资源合理开发与生态环境保护》，郑州：黄河水利出版社，2002年，第2页。

② 常丕兴、王亨方：《渭河盆地地貌特征水系格局与新构造活动》，《西安地质学院学报》1992 年第 2 期，第 34—41 页。

河、石川河、北洛河等，南岸汇入的有石头河、黑河、涝河、沣河、灞河等；集水面积 $1000km^2$ 以上的支流，北岸有千河、漆水河、石川河、泾河、北洛河，南岸有石头河、黑河、沣河、灞河等。

二、关中地区地理环境的优势和影响

（一）关中地理环境的优势

（1）关中地处我国地势的第二级阶梯，且山川环抱，具有四塞之固的地理形势。从较大的地势地貌分区来看，陕西关中地区处在我国三大地势阶梯的第二级阶梯，东临第三级阶梯广袤的华北平原（中原）地带；南有秦岭山脉，西有陇山延绵，北有黄土高原南缘的北山山地，东有华山、崤山及晋西南山地，更兼黄河环绕，可谓山川环抱，气势团聚。古代称“百二秦关”，即以两万之师挡百万之众，足见地形地势的险要。况且，关中对中原地区在地势上呈高屋建瓴之势，四面有山河为之险阻，对外的交通要道皆立关以守之，从而形成进能攻、退可守的地理优势。

（2）利于发展农业的气候水文条件。关中地区地处我国北方中纬度地带，属于暖温带半干旱半湿润季风气候，具有雨热同季、降水量适中的气候特点。因而，关中地区光照充足适宜作物生长，气候温暖适宜人类生存和发展。早在远古时期，秦岭北麓蓝田县公王岭（出土剑齿象、大熊猫、爪兽、毛冠鹿、水鹿等南方动物化石）一带的蓝田猿人，生活在气候温暖、湿润，植被繁茂，林木丛生，很适合于原始人类繁衍和生息的环境中。①距今约6000年的仰韶文化（原始社会）时期，位于今西安城东郊浐河边的半坡人主要经营农业、捕鱼打猎和采集等。当时种植的谷物是粟，蔬菜有白菜、芥菜等。考古发现半坡遗址有谷物的储藏，说明已有原始农业生产。②加之渭河、泾河、洛河及其支流纵横分布，利于灌溉，战国以及秦、西汉都曾着力经营关中的水利灌溉工程。郑国渠、白渠、成国渠和六辅渠相继开凿，使关中土地肥沃、灌溉便利，很早成为农业经济发达的地区。

（3）肥沃的土壤，富饶的物产。古代关中地区的地理和土壤资源状况，以及优越的

---

① 陕西省地方志编纂委员会编：《陕西省志·文物志》第66卷，西安：三秦出版社，1995年，第3页。

② 陕西省地方志编纂委员会编：《陕西省志·文物志》第66卷，西安：三秦出版社，1995年，第3页。

气候水文条件对经济产生巨大影响。

从《禹贡》中“黑水、西河惟雍州。弱水即西，泾属渭汭。漆沮即从，沣水攸同。荆、岐即旅，终南、惇物，至于鸟鼠。原隰底绩，至于猪野。三危既宅，三苗丕叙。厥土为黄壤。厥田惟上上，厥赋中下”[①]的记述，可以看出关中地区所属的雍州，土壤为黄壤，“黄者土之正色……物得其常性者最贵，雍州之土黄壤，故其田非他州所及。”[②]黄壤土质较好，适宜农作物的生长。西汉初娄敬认为，关中“因秦之故，资甚美膏腴之地，此所谓天府者也”。关中地区还有着丰富的物产。《禹贡》说：“(雍州)厥贡惟球、琳、琅玕(即美玉、美石和珠宝)。”《诗经·秦风》记述终南山“有条(山楸)有梅(楠)”“有纪(杞)有堂(棠)”[③]。这说明古代关中地区出产美玉(蓝田玉)，还有十分丰富的森林植被，如秦岭、北山山地林木葱茏，东部函谷关的山谷中林木蔽日，号称“松柏之塞”“华山松涛”，闻名遐迩。这些林木资源便于人们取材建屋、制作器具。司马迁的《史记·货殖列传》记载：“关中自汧、雍以东至河、华，膏壤沃野千里……南则巴蜀。巴蜀亦沃野，地饶卮、姜、丹沙、石、铜、铁、竹、木之器。南御滇僰，僰僮。西近邛笮，笮马、旄牛。然四塞，栈道千里，无所不通，唯褒斜绾毂其口，以所多易所鲜。天水、陇西、北地、上郡与关中同俗，然西有羌中之利，北有戎翟之畜，畜牧为天下饶。”[④]说明关中地区物产，还包括“南有巴蜀之饶，北有胡苑之利”，从而有“故关中之地，于天下三分之一，而人众不过什三；然量其富，什居其六”之说。

(二)关中地理环境的影响

1. 关中地理区位环境对古代都城选址和迁移的影响

“秦中自古帝王州”，自公元前1059年(周文王作丰邑)至公元904年(唐末哀帝被迫东迁)的2000年时间里，先后有西周岐邑、丰京、镐京(前1059—前771年)等西周都城，秦国与秦朝的雍城(前677—前207年)、咸阳(前349—前207年)等都邑，西汉(前202—8年)、前赵(318—329年)、前秦(351—385年)、后秦(386—417年)、

①(清)孙星衍撰，陈抗、盛冬铃点校：《尚书今古文注疏》(上册)卷3《禹贡》，北京：中华书局，1986年，第177—180页。

②《古今图书集成·经济汇编》，卷111《食货典》，中华书局等，第68册，第83329页。

③ 袁济喜、洪祖斌注译：《诗经》，大连：大连出版社，1998年，第126页。

④《史记》卷129《货殖列传》，第2466页。

西魏（535—556年）、北周（557—581年）、隋（581—618年）、唐（618—904年）皆以长安为都。16个王朝与政权相继在关中（中部西安）地区建都，历时长达1133年。[①]

中国古代都城的选址对自然和资源条件十分重视。先秦时期的《管子·乘马第五》云："凡立国都，非于太山之下，必于广川之上，高毋近旱而水用足，下毋近水而沟防省，因天材，就地利，故城郭不必中规矩，道路不必中准绳。"[②]《管子·度地》也云："圣人之处国者，必于不倾之地。而择地形之肥饶者，乡山，左右经水若泽。"[③]表明国都的选址和建立要考虑用水等自然环境因素。而关中地区，特别是中部的西安地区一带环山带河的地理环境，构成了西安及关中平原的天然屏障，保障了关中平原的安全。正如《通志·都邑序》所言："建邦设都，皆凭险阻。山川者，天之险阻也；城池者，人之险阻也。城池必依山川以为固。"[④]加之气候条件适宜，河流密集，水资源充足，交通条件便利，动植物资源丰富，为古代都城的选择和现代大型城市的兴起提供了良好的基础。这也是西安这座千年古都长盛不衰的原因所在。[⑤]

关中地区古代都邑在空间上的迁移也同自然地理环境及其变化等因素密切相关。

首先，西周将都城由古公亶父在周原创立的岐邑（京当古城）迁徙至沣河两岸的丰、镐京（史称"文王作丰、武王都镐"），固然有"为的便是缩小与商的距离，为翦商做好准备"[⑥]的政治策略因素，但自然环境因素更为重要。岐邑所在的周原为黄土台塬和山前洪积扇平原地区，岐邑古城选建在七星河和美阳河洪积扇之间的顶部洼陷地带，此处依山、近水、面原，有利于农业的发展，不失为选址建都的较佳地区。[⑦]但是，相比较而言，位于沣水两岸的丰、镐地区，南有秦岭阻隔，地处关中中部，属渭河盆地平原地区，地域辽阔，一望无垠，气候温和，雨水适度，宜于农耕。加之关中被山带河，形势险要。周人"自岐下而徙都丰"，选择了地势低平、水源充足地区作为都城所在地，较好地解决了城市供水。从自然环境分析对比来看，长安丰、镐比之周原岐邑的地理环境明

---

① 朱士光、肖爱玲：《古都西安的发展变迁及其与历史文化嬗变之关系》，《陕西师范大学学报（哲学社会科学版）》2005年第4期，第83—89页。

②（唐）房玄龄注，（明）刘绩补注，刘晓艺校点：《管子》卷1《乘马第五》，上海：上海古籍出版社，2015年，第22页。

③（唐）房玄龄注，（明）刘绩补注，刘晓艺校点：《管子》卷18《度地第五十七》，第370—371页。

④（南宋）郑樵：《通志》卷41《都邑略·都邑序》，北京：中华书局，1987年，第553页。

⑤ 王建国、陈正奇：《试论古都西安的地理环境优势》，《渭南师范学院学报》2014年第2期，第47—54页。

⑥ 李舒：《历史时期西安为都之地理因素探析》，《哈尔滨学院学报》2016年第5期，第90—94页。

⑦ 张洲、李昭淑、雷祥义：《周原岐邑建都的环境条件及其迁移原因试探》，《西北大学学报（自然科学版）》1996年第4期，第363—366页。

显要优越。类似地，战国时期秦国都城自雍城逐步东迁至秦咸阳，也有东出函谷、逐鹿中原的战略考虑，但更是咸阳背原面水、形势险要，控制着关中东西水陆交通等优越的自然地理条件使然。①

其次，西安地区主要的四座古代都城：西周的丰镐，位于沣河两岸；秦都咸阳，横跨渭河两岸；汉都长安，在渭河以南；隋唐长安，则位于渭河以南，灞河以西。从四座都城位置的空间关系来看，秦都咸阳相对于西周丰、镐京从支流沣河两岸北移至干流渭河两岸，西汉长安城相对于秦都咸阳南移至渭河南岸，隋（大兴）唐长安城相对于汉长安城东南移，距离渭河较远。不同时代都城城址的空间变迁，同西安地区微观自然地理环境及其变化等因素密切相关。例如，秦都城咸阳初建于渭水北岸（西咸新区秦汉新城窑店街道办），具有"山水俱阳"的地理特点。且北依高原，南临渭水，又处于关中交通网的中心（枢纽），直接控制着东西向函谷道与渭北道，以及南北向直道与武关道的交汇处，加之城市用水和渭河航运之便，其位置是相当优越的。然其天然的缺陷却在于城市供水与纳污都要依赖同一条渭河。渭河两岸地形和支流水系的差异明显，北岸河流发源于黄土高原，支流少，且泥沙含量大，西安地区附近的泾河与石川河皆在下游入渭，加之河道常水量小，不利于引水利用。而南侧发源于秦岭山脉的支流较多，著名的有涝河、沣河、浐河、灞河、潏河、黑河、太平河、戏河、零河等。这些支流常水量较大、水质好、水流活力强，便于引水利用。因此随着城市的发展、污水量的增加及附近植被的破坏，渭河的水质下降，不堪供应；加之渭河河道北移，侵蚀北岸形成陡崖，伴生滑塌，不利于城市的发展。② 所以秦咸阳后期向渭河以南发展，呈"渭水贯都，以象天汉，横桥南渡，以法牵牛"③ 的格局，以后的汉、隋、唐诸朝代都在渭河南岸选址建都。

西汉定都长安，主要是从政治军事上考虑，"夫关中左肴函，右陇蜀，沃野千里，南有巴蜀之饶，北有胡苑之利，阻三面而守，独以一面东制诸侯。诸侯安定，河渭漕挽天下，西给京师；诸侯有变，顺流而下，足以委输。此所谓金城千里，天府之国也"④。即关中地区进可攻、退可守。当然还考虑到城市供排水与航运等因素。⑤ 故汉长安城兴起

① 李令福：《秦都咸阳兴起的历史地理背景》，《中国历史地理论丛》1999年第4辑，第71—92页。

② 殷淑燕、黄春长：《论关中盆地古代城市选址与渭河水文和河道变迁的关系》，《陕西师范大学学报（哲学社会科学版）》2006年第1期，第58—65页。

③ 何清谷校注：《三辅黄图校注》，西安：三秦出版社，2006年，第27页。

④《史记》卷55《留侯世家》，第1632页。

⑤ 李令福：《西安古都的四大城址及其变迁的地理基础》，《建筑与文化》2007年第6期，第18—21页。

于龙首原西北麓，城垣直抵渭滨，因受到渭水的制约，呈现“斗城”的形状。汉长安城如此靠近渭河，反映出对渭河漕运的依赖（事实上，汉代渭河在漕运方面并没有起到预想的作用）。而汉长安城供水利用的是渭河南侧的支流，先是引用城西的潏水，后来随着长安城的扩大和人口的增加，汉武帝时期又引洨水在地势低凹的城西南滈池南侧修建了昆明池，成为汉长安城的主要水源。城市污水则通过排水管道最后排入渭河。汉长安城“以渭河南侧发源于秦岭的支流为供水源，而以渭河为排水排污河”成为西汉及其以后西安附近中心城市供排水的基本模式。[①]

由于渭河水质咸卤不适饮用，且河水量无常而水患频发，城市容易遭受洪水的威胁和侵袭。隋唐长安城的选址向地势开阔的龙首原南部发展。隋唐时期人口增多，城市需用土地相应扩张。选择渭河南岸的二级阶地建立都城，其平原面积较大，满足城市用地的需要；另外，隋唐长安城更靠近发源于南山的诸河流，城市周围河网密布，加之气候温暖湿润，河流水量较大，形成了所谓“八水绕长安”的景观，城市水源非常充足。此后一千多年来，西安作为区域中心城市，因循隋唐长安城而盈缩发展。[②]

2. 关中自然地理环境对帝陵遗产资源的影响

关中地区的自然地理环境对古代帝王陵墓选址和分布影响较大。也就是说，被称誉为“东方帝王谷”的关中地区（渭河盆地）之所以遗存有丰富的古代帝陵遗产资源，当与其区域地貌结构和河流水系特征密切相关。

首先，关中地区（渭河盆地）夹持于陕北高原与秦岭山脉之间，渭水贯中。地貌结构自渭河河床向两侧呈阶梯状分布有河流阶地（高河漫滩）、黄土台塬、山前洪积冲积扇（台地）和山地。渭河北岸的支流水系较为稀少，南岸的支流水系比较密集，使得渭河北岸的山前洪积台地（洪积扇）、黄土台塬和高阶地面相对完整，塬面连续且规模较大；渭河南岸因河流密集，地形切割比较破碎，塬面规模相对较小且连续性差。受此种南北不对称的地形和水文发育特征的影响，关中帝王陵寝在渭河两岸的分布极不对称，相对集中地分布在渭河北岸（表 1–1）。例如，西周周原陵区、秦雍城陵区、秦咸阳原陵区和栎阳陵区、西汉 10 座帝陵（包括汉太上皇陵）、隋唐 23 座帝陵（包括唐永康陵、兴宁陵、顺陵和惠陵）、前赵永垣陵、前秦苻坚墓、后秦原陵、偶陵、北周 6 座帝陵及数以千计的

① 殷淑燕、黄春长：《论关中盆地古代城市选址与渭河水文和河道变迁的关系》，《陕西师范大学学报（哲学社会科学版）》2006 年第 1 期，第 58—65 页。

② 李令福：《西安古都的四大城址及其变迁的地理基础》，《建筑与文化》2007 年第 6 期，第 18—21 页。

陪葬墓均分布在渭河北岸的黄土台地和山地上。渭河南岸自东向西分布有骊山北麓的秦始皇陵、骊山西麓的秦东陵、白鹿原北端的西汉霸陵、少陵原（杜东原）上的西汉杜陵和明代13藩王陵墓、西安东郊青龙原韩森寨疑冢（秦庄襄王陵或秦孝文王陵）、神禾原秦夏太后陵、长安区毕原（可能葬有）西周王陵等。渭河北岸历代帝王陵墓及其陪葬墓分布的数量及地域范围皆超过南岸。

表1–1 关中地区渭河南北岸地貌单元及古代帝陵遗产分布对比

岸别	地貌单元	帝陵资源（包括帝陵及其陪葬墓）
渭河北岸	凤翔南塬	秦雍城陵区（14座陵园，大型墓葬49座，小型墓葬数千座）
	岐山周原	西周王陵（？）
	咸阳原	秦毕陌陵区（3座陵园，“亚”字形大墓5座，陪葬墓数百座）；西汉九陵（各陵陪葬墓数量不等，阳陵最多为5000余座，康陵无陪葬墓）；隋泰陵；唐兴宁陵和顺陵；北周五陵（陪葬墓若干座）
	三原徐木塬	唐献陵（陪葬墓93座）、唐端陵（陪葬墓2座）
	三原荆原	唐庄陵（陪葬墓1座）、唐永康陵（陪葬墓12座）
	阎良荆山原	汉（太上皇）万年陵（后妃合葬墓1座，陪葬墓50多座）
	乾县北塬	唐靖陵
	富平北塬	北周文帝成陵
	富平华阳塬	西魏文帝永陵
	彬县南塬	前秦苻坚墓
	高陵奉政塬	后秦原陵、偶陵
	白水大杨塬	前赵永垣陵（前赵刘曜父墓）
	北山山地	唐十四陵（各陵陪葬墓数量不等，昭陵最多为193座，中晚唐诸陵1座或无陪葬墓）
渭河南岸	长安神禾原	秦夏太后墓（“亚”字形墓葬）
	长安毕原	西周王陵（？）
	长安少陵原	西汉杜陵（含王皇后陵、许皇后陵及陪葬墓140座）
	灞桥区白鹿原	西汉霸陵（含窦皇后陵、薄太后南陵及陪葬墓若干）
	骊山西麓台塬	秦东陵（含4座陵园，“亚”字形大墓3座、“中”字形墓葬2座、“甲”字形墓葬5座）
	西安东郊青龙原	韩森寨疑冢（“亚”字形大墓）
	骊山北麓台塬	秦始皇陵（含大型陪葬墓20多座）

其次，渭河两岸的黄土台塬，以及山前洪积扇（台地）与河流高阶地（一般也称为原）皆背山面水、地势高亢且水深土厚，成为古代都城和帝王陵墓选址建造的吉壤宝地。尤其是位处古代都邑附近且临近河流的黄土台塬，如西安地区周丰镐、秦咸阳、汉长安、唐长安诸都城附近的咸阳（五陵）原、白鹿原、少陵原（杜东原）、神禾原、毕原（长安区）等，具有“城陵相依”的区位优势。这些黄土台塬和河流高阶地海拔高度在400—

500m 以上，地面平缓开阔，表覆数十米乃至百余米厚的黄土堆积地层，而且地下潜水埋深多在 30—50m 以上。例如，武功、兴平、秦都、渭城诸县（市）区北部的咸阳原（毕郢原），东西长达 100km 多，南北宽度在 20km 以上，塬面海拔 430—700m，分布有槽形洼地，其南部以数十米的陡坎与河流阶地相接，表层覆盖黄土堆积层厚度超过 80—100m，地下潜水埋深在 30—50m 以上；阎良区北部的荆山原东西延亘 15km，南北宽 1—3km，高出南部冲积平原近百米。渭河南岸的灞河与浐河之间的白鹿原南北长 25km，东西宽 6—9km，塬面海拔 600—780m，自东南向西北倾斜。东北侧高出灞河水面 240—320m，西北侧高出浐河水面 150—200m。下部由上新统地层及靠近南山段的下更新统冰碛、洪积层构成基底，上部覆盖厚 100—150m 的第四系黄土层，地下潜水埋深大于 50m。少陵原（又名杜陵原）呈西北—东南向展布，长 18km，宽 6—10km，塬面海拔 470—630m，塬面开阔，却有一定的起伏，并发育较多洼地。下部地层为早、中更新统的洪积、湖积层，上部覆盖厚度 110m 的黄土层。① 这些黄土台塬、河流高阶地与洪积冲积台地土厚水深、开阔平缓的地势地形特征，符合古代帝王陵选址营造时所追求的“故凡葬必于高陵之上，以避狐狸之患，水泉之湿”② 和“故陵因天性、据真土，处势高敞，旁近祖考”③ 等务实原则和风水要求，成为战国、秦汉乃至隋唐时期帝王陵墓的首选之地。

最后，秦陵北坡陡峭、山峰高峻，山体同山前洪积台地、洪积冲积扇高差较大，尤其是山水俱阴、坐南朝北的方位有悖于传统风水思想及传统文化的精神诉求；北山山地南坡朝向滔滔渭水，其山体相对平缓，同山前洪积扇及黄土台塬相对高差较小，特别是山水俱阳、坐北朝南的方位符合古代风水理论和传统文化思想的诉求。因而唐代“依山为陵”的堪舆术士和筑陵官员选择了渭北北山山地建造帝陵，而不是选择渭河南岸高耸的秦岭山脉。

---

① 陈云、童国榜、曹家栋，等：《渭河宝鸡段河谷地貌的构造气候响应》，《地质力学学报》1999 年第 4 期，第 49—56 页。

②（战国）吕不韦著，（汉）高诱注：《吕氏春秋》卷 10《孟冬纪》，《诸子集成》第 6 册，北京：中华书局，1954 年，第 96 页。

③《汉书》卷 70《陈汤传》，北京：中华书局，1962 年，第 3024 页。

第二章　关中地区的人文历史背景

历史上的关中地区不仅是华夏民族和中华文明的发祥之地、绵延千年之余的都城所在地、古代丝绸之路的东端起点，还是帝王将相辈出、造就历代精英的摇篮之地。因此，关中地区遗存高度富集的帝王陵寝遗产资源，帝陵及其陪葬墓数量之多，等级、品位和价值之高，在全国乃至世界范围内实属罕见。此外，关中地区还遍布历代名人墓葬，亦成为不可忽视的文化遗产资源。关中地区的帝陵遗产和名人墓葬资源的形成既与该地区特定的自然地理环境条件有关，更离不开其底蕴丰厚的人文历史背景。

一、华夏文明和中华民族的发祥之地

（一）华夏源脉地、华胥氏与华胥陵

1. 华夏源脉地

著名作家陈忠实在《关于一条河的记忆》中写道："不过百余公里的灞河川道，竟然给现代人提供了一个完整的从猿进化到人的实证；一百多万年的进化史，在地图上无法标识的一条小河上完成了。"[①] 20 世纪 50 年代以来的考古勘查和文物普查，在西安市东郊及蓝田县的灞河、浐河谷地先后发现了公王岭（灞河左岸四级阶地）蓝田猿人（人类头盖骨，距今 115 万年）、陈家窝猿人（人类下颌骨，灞河右岸四级阶地，距今 65 万年）、横岭涝池河旧石器遗址人类肱骨化石（距今 40 万—50 万年）、公王陵桐花沟人类头骨碎片（距今 20 万—30 万年）、冯家村人类下颌骨化石（距今 2 万—3 万年）构成的"从早

① 陈忠实：《关于一条河的记忆》，北京：中国社会出版社，2006 年，第 189 页。

期猿人到晚期智人的人类演化序列”[①]。加之灞河下游的半坡遗址、姜寨遗址、老牛坡遗址等新石器时代遗址305处（仰韶文化和龙山文化为主）[②]，这些古人类化石和遗址的年代序列表明，自蓝田猿人以后的100多万年，蓝田—骊山一带的浐、灞河河谷地人类活动从未灭绝中断而生息繁衍至今。

此外，蓝田浐、灞河河谷一带的新石器时代遗址主要分布在两个相对密集区：一是以孟家崖（岩）村和宋家村为中心的浐、灞河第二、三级阶地，二是以李华村为中心的白鹿原台地。该两个新石器时代遗址密集分布区恰巧同“羲母陵（华胥陵）”、“三皇故居”[孟崖（岩）村]、华胥沟和“女娲村”（李华村）等华胥文化遗迹在地域分布上高度贴切，同远古传说和史载的华胥国（氏族团）及其首领华胥氏完全吻合。因此，华胥氏族作为母系社会中晚期一个部落族团应真实存在，其活动中心范围当在骊山、蓝田一线。故而该地区（浐、灞河谷地）是“早期人类的摇篮和中华民族发祥地的起点”[③]。

沿灞河溯流而上，从西安半坡遗址（距今6000—6700年）到老牛坡遗址（公元前4000—前1100年），从老牛坡到华胥古镇。前两者为考古发现的仰韶文化乃至夏商文化遗址，后者系远古传说的华胥古国。据《列子·黄帝篇》记述：“其国无帅长，自然而已。其民无嗜欲，自然而已。不知乐生，不知恶死，故无夭殇。不知亲己，不知疏物，故无所爱憎。不知背逆，不知向顺，故无利害。都无所爱惜，都无所畏忌。入水不溺，入火不热，斫挞无伤痛，指擿无痛痒。乘空如履实，寝虚若处床。云雾不碍其视，雷霆不乱其听，美恶不滑其心，山谷不踬其前，神行而已。”[④]这是关于黄帝梦游华胥国的生动图景。据考证，发祥于蓝田县的华胥是中国的“造人主”伏羲、女娲的母亲，是至今能够找到的中国境内最早的、有名有姓的人类祖先，其活动的时间范围大体在距今8000年至6000年之间。[⑤]华胥古国是我国母系氏族公社时期的部落之一，从而浐、灞河流域及其周边优美的自然环境成为华夏族与华夏文

① 高兴学：《关于华胥氏及其子女在蓝田地区活动传说的初探》，《西北大学学报（哲学社会科学版）》1992年第3期，第64—69页。

② 朱利民、朱昭：《中国文明起源形成与黄帝华胥文化类型问题研究》，《西北大学学报（哲学社会科学版）》2014第6期，第77—82页。

③ 辛玉璞：《女祖华胥》，《华夏文化》1999年第1期，第13—15页。

④ 张湛注：《列子注》卷2《黄帝》，《诸子集成》第3册，北京：中华书局，1986年，第13—14页。

⑤ 陈正奇、王建国：《华夏源脉钩沉》，《西北大学学报（哲学社会科学版）》2014年第6期，第69—76页。

明诞生的摇篮。

从地缘空间来看，以华胥古镇为中心，溯灞河而上不足 5km，是曳湖镇陈家窝蓝田猿人下颌骨（距今 65 万年）；再上溯灞河 20km，便到公王岭蓝田猿人头盖骨遗址（距今 115 万年）。从华胥古镇向北沿华胥沟而上直抵骊山之巅的仁宗庙（“人祖庙”），是传说中伏羲氏、女娲氏兄妹成婚繁衍人类之地。由华胥古镇往西 10km，可达西安半坡遗址（仰韶文化遗址）。这些丰富多彩的文化遗存形成了一个地缘文化圈，其圆心位于华胥镇与老牛坡遗址之间，展现了中国人类百万年的历史画卷，也昭示出今西安市灞桥、蓝田、临潼三区县交界处是华夏族形成的核心地带，以灞河、浐河、渭河三川汇流为范围的 50km 半径区域是华夏源脉所在地。①

2. 华胥氏与华胥陵

华胥氏是中国上古时期母系氏族社会杰出的部落女首领，其主要居住生活地在蓝田（华胥镇）及临潼骊山一带。相传华胥“履大人迹于雷泽而感应受孕”，生下伏羲和女娲。伏羲、女娲（兄妹成婚，繁衍人类）是炎帝和黄帝的远祖，华胥氏自然成为华夏子孙的繁衍之根，民族之母。远在八千多年前，华胥氏为了部族生存，带领远古先民们不断游徙，足迹遍布黄河流域。据考证，华胥氏的出生地有华胥之国、雷泽、九河与华胥之洲等说，地域涉及山东、山西、河南、陕西、甘肃、青海、四川、浙江、江苏、河北诸省，加之华胥氏曾西迁甘肃天水，东返陕西（陈仓），与燧人氏婚配于山西临汾，生伏羲于甘肃秦安，其后裔播迁到黄河下游和长江下游等，表明华胥氏族代系很多，皆以“华胥”为名号。唯陕西蓝田“华胥之渚”是首代华胥氏故里（蓝田县华胥镇孟岩村）及逝世后的葬埋地。②

华胥氏族部落创造了以渔猎、农耕为内涵的华胥文化，对开创中华文明及人类历史文化发展贡献卓著，主要包括：制嫁娶之礼，使远古人类逐渐摆脱乱婚、群婚的状态；造网罟教民渔猎，发明渔网捕猎，成为畜牧文化的源头；作书契以代绳结，有了简单的文字；伏羲坐于方坛之上，听八方之气，乃画八卦，开始了人类从规律上认识大自然，后来被炎黄的后裔逐步发展成为《易经》；女娲作笙簧，产生了人类最早的乐器，成为中华音乐的起源；小麦的起源、发现和驯化亦与华胥氏相关，等等。③

① 陈正奇、王建国：《华夏源脉钩沉》，《西北大学学报（哲学社会科学版）》2014 年第 6 期，第 69—76 页。

② 杨东晨：《中华始祖母华胥考——太昊伏羲氏和女娲氏生母的主要史迹探寻》，《西安文理学院学报（社会科学版）》2008 年第 1 期，第 1—6 页。

③ 张佩琪：《小麦的起源与华胥氏——中华文明的摇篮与白家文化》，《农业考古》1993 年第 3 期，第 176—182 页。

蓝田县华胥镇孟岩村的华胥陵是中华民族的始祖陵。[①] 该村的黄土台地上有一座高约20米、方圆约200米的土丘，村民称作“羲母陵”。据有关地方志、《考古》杂志及20世纪60年代文物普查资料记载，华胥陵原封土堆南北长110米、东西宽68米、高7米，陵区古柏参天、林荫蔽日、鼓钟高悬、殿宇祭台雄伟，常年祭拜不断，（农历）二月二的祭祀场面更是恢宏。[②]《太平寰宇记》记载蓝田“古华胥氏陵，在县西三十里”[③]。《陕西通志》云：“华胥氏陵在蓝田县西三十里，华胥氏，上古国君也。”[④]《蓝田县志》载：“蓝田县内有华胥陵，是称三皇故居。”[⑤] 陵在今华胥镇北的孟岩村。“在紧靠村子西边也是华胥沟，而越过华胥沟就是宋家村”，与“华胥渚”十分吻合。传说此地为华胥怀孕后的栖息之地。在宋家村南塬有一座古庙为“三皇庙”，有石碑刻文“古华胥伏羲肇娠地”等字样。“今华胥镇红河下游有娲氏村。而红河在史书上被称为女娲沟。白鹿原上的李华村原名女娲村。”[⑥] 文献记载、民间传说及考古发现的新石器时期遗址密集分布的高度契合，都为蓝田县华胥镇孟岩村一带为华胥氏故里及华胥陵的真实性做了充分的诠释和印证。

历史上祭祀华胥的活动，据《左传》昭公十七年（公元前525年）的托古书《三坟》（记述伏羲、神农、黄帝的故事）记载，远在8000年前华胥氏去世后，袭号的子孙们就开始祭祀了。华胥陵墓的修建最早应是在春秋晚期或战国初期，后世的陵墓、祠庙屡修屡废，民间或官方祭祀不断。现存文献记载有北魏、宋代祭祀华胥，直至民国初年才停止祭祀。[⑦] 自2006年开始，每年的农历二月初二相继举行隆重的全球华人祭祀华胥大典。若按中华民族的发源，始祖母华胥陵是当之无愧的“中华第一陵”。据报道，2017年是最后一届在华胥陵遗址原貌上进行的恭祭大典，随着蓝田县政府主导的华胥陵修复工程的突破性进展，不久的将来，一座造型庄严、肃穆又不失柔美大气的华胥陵，将会以崭新的面貌屹立于蓝田县华胥镇，重现华胥陵作为中华母亲陵的辉煌与灿烂。[⑧]

---

① 任本命：《蓝田华胥陵——中华民族的始祖陵》，《唐都学刊》2002年第2期，第62—65页。

② 赵争耀：《丙戌年龙头节首届恭祭华胥氏大典在西安蓝田举行》，《三秦都市报》，2006年3月1日，第4版。

③（宋）乐史撰，王文楚等点校：《太平寰宇记》卷26《关西道二 · 蓝田县》，北京：中华书局，2007年，第555页。

④《陕西通志》，西安：三秦出版社，2006年，第514页。

⑤ 蓝田县地方志编纂委员会编：《蓝田县志》，西安：陕西人民出版社，1994年。

⑥ 陈正奇、王建国：《华夏源脉钩沉》，《西北大学学报（哲学社会科学版）》2014年第6期，第69—76页。

⑦ 任本命：《蓝田华胥陵——中华民族的始祖陵》，《唐都学刊》2002年第2期，第62—65页。

⑧ 敬泽昊：《华胥陵修复工作取得突破，今年将最后一次原址祭祀》，西部网：http://news.ishaanxi.com/a/2017/01/05/596084.html，2017年1月5日。

（二）炎帝与炎帝部落、炎帝陵

1. 炎帝与炎帝部落

炎帝与黄帝并称被尊华夏族和中华文明的“人文初祖”。在距今约5000—6000年前，关中西部宝鸡渭水流域的姜水（清姜河）一带生息着一个古老的姜炎氏族部落，该部落首领即中华民族的人文始祖炎帝。相传炎帝生于宝鸡天台山的蒙峪沟，长于姜水之岸（今陕西省宝鸡市境内）。炎帝及其姜炎氏族部落开创了原始农业，发明医药，并以火德王，故名炎帝，号神农氏。现今宝鸡市区以姜城堡遗址为中心，天台山、常羊山、蒙峪沟、九龙泉、清姜河、炎帝陵、炎帝祠构成了一条完整的炎帝神农氏从出生到死后安葬的炎帝文化链条。

据《国语·晋语》记载：“昔少典娶于有蟜氏，生黄帝、炎帝。黄帝以姬水成，炎帝以姜水成。成而异德，故黄帝为姬，炎帝为姜，二帝用师以相济也。”①说明黄帝部落和炎帝部落同源，黄帝曾生活在渭河下游（武功县漆水河谷地），后迁移至陕北黄土高原南部和中原地区。炎帝部落生活在宝鸡一带，以经营农业著名，并沿渭河向四周扩展，向东发展到中原大地，此处土地平坦肥沃、气候湿润，原始农业得到较大发展。最初建都陈（今河南淮阳县），再东迁往鲁，建都曲阜。因与以蚩尤为首领的九黎部族（居住在今山东、江苏北部）发生战争（史称“九隅之战”），战败而“九隅无遗”，便与黄帝部落联盟，在涿鹿大败并擒杀蚩尤（即“涿鹿之战”）。此后炎黄两部落联盟形成了华夏民族的主体。②

《太平御览》云：炎帝“其地南至交趾（今岭南），北至幽都（今河北北部），东至汤谷（今山东西部），西至三危（今甘肃敦煌），莫不听从”。③。《淮南子》《通志》等书也有类似记述。可见，炎帝神农氏部族及其后裔族在繁衍发展中迁徙的范围极其广泛，仅其南迁裔族的足迹就到达两湖乃至岭南地区。④炎帝神农氏部族在长期的发展、迁徙中，同黄帝游牧部落、东夷族部落和南方苗蛮部族融合发展，形成颇具特色的姜炎文化，对推进中华农耕文明的发展作出不可磨灭的贡献。

首先，创始和发明原始农业。例如，最早发明刀耕火种或火耕水耨的耕作方式、最

---

① （春秋）左丘明撰，张永祥译注：《国语译注》卷10《晋语四》，上海：上海三联书店，2014年，第231页。

② 霍彦儒：《炎黄二帝与华夏族发端》，《中央民族大学学报（哲学社会科学版）》2002年第4期，第69—72页。

③ （宋）李昉等：《太平御览》卷78《皇王部三·炎帝神龙氏》，北京：中华书局，1985年，第366页。

④ 杨东晨：《炎帝榆罔与帝舜何以葬在湖南》，《寻根》2000年第5期，第81—85页。

早发明了农具（即“斫木为耜，揉木为耒”）、最早规定并身体力行男耕女织的劳动分工制度（“神农之世，男耕而食，妇织而衣，刑政不用而治，甲兵不起而王，并“身亲耕，妻亲织”，为民谋利）、最早创设原始市场和交易（据《易·系辞》记载：炎帝时，“日中为市，致天下之民，聚天下之货，交易而退，各得其所”①）。因此，炎帝部落集团的主要居住地关中平原乃至黄河流域，成为中国原始农业中粟、黍等旱地作物的起源地。②

其次，发明中草医药。《补史记·三皇本纪》：炎帝神农氏“于是作蜡祭，以赭鞭鞭草木，始尝百草，始有医药”③。《淮南子·修务训》：“古者民茹草饮水，采树木之实，食蠃蛖之肉，时多疾病毒伤之害。于是神农乃（如）[始]教民播种五谷，相土地宜燥湿肥烧高下，尝百草之滋味、水泉之甘苦，令民知所避就。当此之时，一日而遇七十毒。”④说明炎帝神农氏尝百草而辨百药，是在冒着较大风险的情况下才发现了中草药。《太平御览》《搜神记》等亦有类似记载。《广博物志》卷二二引《物原》：“神农始究息脉，辨药性，制针灸，作巫方。”⑤表明中药、针灸的起源与炎帝关系密切。

最后，制作琴瑟，发明音乐。据《世本·作篇》：“神农作琴。神农氏琴长三尺六寸六分，上有五弦，曰宫、商、角、徵、羽。”⑥又，“昔者神农造琴以定神，禁淫僻，去邪欲，反其天真”。成书于三国魏明帝太和年间（227—232 年）的《广雅》是我国最早的一部百科词典。其《释乐》卷记载：“神农氏琴长三尺六寸六分，上有五弦，曰宫、商、角、徵、羽。”⑦《路史·后纪三》记载：“（申农）乃命刑天作《扶犁》之乐，制《丰年》之咏，以荐釐来，是曰《下谋》。”⑧这些记载说明炎帝神农氏“削桐为琴，结丝为弦”，发明琴瑟（乐器），教民音乐和娱乐，养成清正自然的生活习俗。此外，炎帝神农氏部族还织麻为布，民着衣裳；削木为弓，以威天下；制作陶器，改善生活。融合华夏，凝聚四方，奠定了中华民族始兴和统一的基础。⑨

---

① （清）陈梦雷：《周易浅述》，上海：上海古籍出版社，1983 年，第 1085—1086 页。

② 何星亮：《炎帝与中华文明的起源》，《社会科学研究》2004 年第 2 期，第 48—53 页。

③ 程金造：《史记索隐引书考实（上）》，北京：中华书局，1998 年。

④ （汉）刘安著，陈广忠译注：《淮南子译注》卷 19《修务训》，上海：上海古籍出版社，2017 年，第 852 页。

⑤ （明）董斯张：《广博物志》卷 22《方伎》，第 1 页

⑥ （汉）宋衷注，（清）张澍辑：《世本》卷 1《作篇》，清抄本，第 7 页。

⑦ （魏）张揖撰，（隋）曹宪音解，王国维校并跋：《广雅》卷 8《释乐》，明毕效钦刻本，第 5 页。

⑧ （宋）罗泌：《路史》卷 12《后纪三 禅通纪》，明刻本。

⑨ 佳雨：《炎帝与姜炎文化研究述略》，《寻根》1997 年第 1 期，第 18—20 页。

2. 炎帝故里与炎帝陵（祠）

关中平原西部的宝鸡市境内姜水［清姜河流域乃至岐山县（沮）河一带］是炎帝族的发源地，是创业阶段（第一、二代）炎帝族部落生活繁衍之地和第一代炎帝神农氏逝世后的葬身地。[①] 现宝鸡境内关于炎帝部族的遗址多集中于清姜河一带。例如，相传炎帝诞生于姜城堡以东的蒙峪（沟），遗存有“神农坑”，炎帝出生后沐浴的峪泉村的九龙泉，迄今尚存“（浴圣）九龙泉”断碑一尊。传说炎帝当年在秦岭天台山采药误食火焰子（断肠草）窒息而亡，山上今犹存停骨台残址。炎帝死后葬于秦岭陵谷，当地人称陵，附近还有得嘉禾、设日市等遗迹。这些历史遗存与宝鸡市区东西20km、南北10km的狭长区域内分布的距今8000—4000年的新石器时期的80余处先民遗址，足以证明该时期在宝鸡生息着若干较大的原始先民群（炎帝神农氏部族等）。[②]

史传炎帝神农氏出生的姜水九龙泉，唐代在宝鸡境内天台山与姜水畔曾建有规模巨大的神农庙、炎帝殿寺，后均毁圮。1993年，宝鸡市于此重建炎帝陵寝，以常羊山为主体，三面临空，气势磅礴，分为陵前区、祭祀区、墓冢区三部分，总面积3300平方米。其中陵前区包括十里神道和九龙泉遗址；祭祀区设拜炎阁及祭祀广场；墓冢区在常羊山中峰顶，四周植松柏、树碑林。该陵寝主要游览建筑有：神农门、羊脚亭、炎帝陵大门、炎帝行宫、羊首亭、“神农城池”、“华夏始祖”牌坊、祭坛广场、炎帝大殿、炎帝塑像、大型彩绘、墓前石阶、陵墓等。

宝鸡炎帝陵及炎帝祠是第一、二代炎帝神农氏的纪念性陵寝，自20世纪90年代恢复重建以来成为炎黄子孙拜祖寻根和当地民众祭祀先祖炎帝的主要场所。[③] 宝鸡地区的炎帝祭祀可追溯至黄帝时期。传说天台山遗存的烧香台遗址是黄帝祭祀炎帝之地。秦灵公三年（公元前422年），秦人在吴山（原名岍山，今宝鸡市陈仓区境内）设上、下畤，分别祭祀炎帝、黄帝，开创了我国官方祭祀炎帝的先例。西汉时期，汉高祖刘邦自称“赤帝之子”，设“畤”，祭祀“五帝”。延至唐代，今神农镇浴泉村村民在九龙泉建神农庙祭祀。清代乾隆三十年（1765年），重修神农庙，今存《重修神农庙九龙泉碑记》残碑一通。此庙重建后，于民国二十年（1931年）前后和中华人民共和国成立前又修缮过两次。另在现金台区神武路有神农庙一座，亦名“先农祠”“先农坛”。清乾隆二十九年（1764

---

① 杨东晨：《炎帝榆罔与帝舜何以葬在湖南》，《寻根》2000年第5期，第81—85页。

② 张序民：《宝鸡：炎帝族之源》，《寻根》1997年第1期，第10—11页。

③ 佳雨：《炎帝与姜炎文化研究述略》，《寻根》1997年第1期，第18—20页。

年）《重修宝鸡县志・建制》载："每年部颁日期，前期致斋三日。主祭官俱穿朝服，齐集坛所。"[①]举行"祭礼"[②]。20世纪80年代，祭祀炎帝的活动在民间复兴起来。经宝鸡市政府组织专家学者论证，于20世纪90年代初，在原河滨公园（现"炎帝园"）易地重修了炎帝祠；渭滨区神农镇与宝鸡桥梁厂联合在常羊山重修了炎帝陵。自此，每年的清明节、炎帝忌日，分别由市政府和渭滨区政府在炎帝陵、炎帝祠举行规模宏大的祭祀典礼。炎帝祭典被列入国家级非物质文化遗产扩展项目名录。

（三）黄帝与黄帝部落、黄帝陵

1. 黄帝与黄帝部落

轩辕黄帝是远古华夏部落联盟的首领。黄帝和炎帝被共尊为中华"人文初祖"和华夏族的始祖。据《国语・晋语》记载："昔少典娶于有蟜氏，生黄帝、炎帝。黄帝以姬水成，炎帝以姜水成。成而异德，故黄帝为姬，炎帝为姜，二帝用师以相济也，异德之故也。"[③]这一最早记载，说明距今约5000年前的仰韶文化时期，约在姬水（即今陕西武功县境的漆水河）一带形成及活动着较为先进的有熊氏族部落（黄帝部落）。[④]黄帝部族和在姜水（今陕西宝鸡市境的清姜河）一带的炎帝神农氏族世代互通婚姻。《史记・五帝本纪・黄帝》说黄帝"生而神灵，弱而能言，幼而徇齐，长而敦敏，成而聪明"[⑤]。适逢"神农氏世衰，诸侯相侵伐，暴虐百姓，炎帝榆罔弗能征。于是轩辕习用干戈，以征不享，诸侯咸来宾从"。因"榆罔欲侵陵诸侯，诸侯益叛之。轩辕修德振兵，教熊、罴、貔、貅、貙、虎，以与榆罔战于阪泉之野。三战，然后得其志"[⑥]，形成炎黄部落联盟，并被推举为部落联盟首领。后因蚩尤作乱，不用帝命。于是黄帝乃征师诸侯，与蚩尤战于涿鹿之野，遂禽杀蚩尤，吸附其余部，从而代神农氏，是为黄帝。天下有不顺者，黄帝从而征之[⑦]，以致将疆域拓展到"东至于海"，"西至于崆峒"，"南至于江"，"北邑于涿鹿之阿"[⑧]，最终缔造了伟大的华夏民族。

---

① （清）达阿灵主修：《重修凤翔府志》卷3载："神农庙：一在县东郊，一在县南九龙泉上。".

② 霍彦儒：《炎黄二帝与华夏族发端》，《中央民族大学学报》2002年第4期，第69—72页。

③ 《国语》卷10《晋语四》，第231页。

④ 张岂之：《从炎黄时代到周秦文化》，薛光明主编：《黄帝崩　葬桥山——黄帝文化论文集萃》，西安：陕西旅游出版社，1998年，第16—25页。

⑤ 《史记》卷1《五帝本纪》，第1页。

⑥ （清）吴乘权等辑，施意周点校：《纲鉴易知录》卷1《五帝纪》，北京：中华书局，1960年，第8页。

⑦ （清）吴乘权等辑，施意周点校：《纲鉴易知录》，第9页。

⑧ 《史记》卷1《五帝本纪》，第5页。

黄帝族长期居于部落联盟首领的地位，黄帝被后世称为中华古代文明的肇造者和集大成者。据《易·系辞》《世本·作篇》等文献记载，黄帝时期的发明创造既与古代人民的衣食住行密切相关，又体现在精神文化乃至国家制度等方面。

在物质文明方面：首先是与古代人民的日常生活密切相关的发明。[①] ①黄帝"造火食"，发明锅、灶等炊具。《太平御览》记载"黄帝始造釜甑""黄帝作灶，死为灶神"，并作具有神功的"宝鼎"[②]。②教民育蚕治丝茧，制作衣裳。《易·系辞》：黄帝"垂衣裳而天下治"[③]。相传养蚕抽丝创始于黄帝时代，后世以黄帝元妃西陵氏嫘祖为蚕神。③创始房屋和居住文化。史载"黄帝作宫室以避寒湿"[④]，"轩辕氏始有堂室栋宇"（《春秋内事》）[⑤]，说明黄帝时代有了讲究的堂室建筑，并始立门神，顾及房屋居住的安全。④发明舟车。据《纲鉴易知录》记载："帝命共鼓、化狐刳木为舟，剡木为楫，以济不通；邑夷法斗之周旋，作大辂以行四方，由是车制备。服牛乘马，引重致远，而天下利矣。"[⑥]车马和舟楫不但广泛使用于生产、生活（水陆交通），在轩辕氏战胜蚩尤的战争中，关键性武器——指南车发挥了重要作用。⑤发明掘井。《世本·作篇》说："黄帝见百物，始穿井。"[⑦]《易经》引《周书》云"黄帝穿井"，等等。黄河流域距今约5500—4000年的龙山文化遗址普遍发现有水井，如河南洛阳裴李岗遗址和河南汤阴白营遗址发现古井，基本上与黄帝时代相符。⑥发明医药。《帝王世纪》曰：（黄）帝使岐伯尝味草木，黄主医病经方，《本草》、《素问》之书咸出焉……命雷公岐伯论经脉，旁通问难八十，为《难经》，教制九针，著内外《述经》十八卷。[⑧]《黄帝内经》被奉为中医经典，炼丹与药石有关，相传也始于黄帝时代。

其次是生产活动的创始和发展。①扩大农作物品种。例如，炎帝神农氏仅能种植黍、稷，而黄帝部落可"艺五种"，即可种植"黍、稷、菽、麦、稻"等多种（五谷）粮食作物，表明原始农业的进步和发展。②挖掘土地潜力，发展平原农业。例如，"岁时熟而亡

---

① 段宝林：《论轩辕黄帝的出生及其历史内涵》，《中国文化研究》1994年第1期，第97—102页。

② （宋）李昉等：《太平御览》卷79《皇王部三·女娲氏》，北京：中华书局，1966年，第365页。

③ （清）陈梦雷：《周易浅述》，第1086页。

④ （清）陈立撰，吴则虞点校：《白虎通疏证》（上），北京：中华书局，1994年，第53页。

⑤ （宋）李昉等：《太平御览》卷79《皇王部四·皇帝轩辕氏》，第367页。

⑥ （清）吴乘权等辑，施意周点校：《纲鉴易知录》，第12页。

⑦ （汉）宋忠注，宜黄麟濆校：《世本·作篇》（王谟辑本），北京：中华书局，2008年，第14页。

⑧ （晋）皇甫谧著，（清）宋翔凤、钱宝塘辑：《帝王世纪第一》，训纂堂丛书本，第5—6页。

凶，天地休通，五行期化，故风雨时节，而日月精明，星辰不失其行"[①]，强调要广耕耘，勤播种，才能使人们丰衣足食，安居乐业。③发展畜牧业。黄帝部族"时播百谷草木"，并"教化淳鸟兽昆虫，历离日月星辰；极畋土石金玉，劳心力耳目，节用水火材物"[②]，"九牧昌教"(《论语谶》)。④发明和改进生产工具。据考古资料，黄河中游龙山文化遗址发现精磨的石制生产工具、挖土工具木耒、石钺和三角犁形器，以及穿孔石刀、石镰、蚌镰等收割工具等。这些改进的生产工具大大提高了开垦土地的能力，农业生产收获量有所增加。⑤实施井田制，强化土地资源管理。据唐代杜佑《通典·食货》载："昔黄帝始经土设井以塞争端，立步制亩以防不足，使八家为井，井开四道而分八宅，凿井于中。"[③]⑥提高农业生产力水平，出现粮食储余。例如，西安半坡遗址的房屋、窖穴（粮窖）和墓葬（随葬品）中发现粟遗存。[④]

在精神文明方面：①音律和乐器的创造。《吕氏春秋·古乐篇》："昔黄帝令伶伦作为律。"伶伦以长短之竹"制十二筒""听凤皇之鸣，以别十二律"[⑤]，"黄帝又命伶伦与荣将铸十二钟，以和五音，以施英韶"。后世乐官皆称"伶官"，当始于此。另据《通典》："巫咸作铜鼓。"②文字、历律和算术等的发明。据《世本·作篇》："黄帝使羲和作占日，常仪作占月，臾区占星气，伶伦造律吕，大挠作甲子，隶首作算数，容成作调历。"[⑥]《说文解字》："黄帝之史官仓颉，见鸟兽蹄迒之迹，初造书契。"③发明蹴鞠。刘向《别录》："蹴鞠者，传言黄帝所作。"[⑦]蹴鞠（踢球游戏）具有体育锻炼和游艺娱乐双重价值。[⑧]

在军事文化方面：一是兵器的发明。据《纲鉴易知录》：黄帝命"挥作弓，夷牟作矢，以威天下"[⑨]，还制造刀、枪、弓矢、弩、六纛、旗帜、五方旗、号角、鼙、兵符、云梯、楼橹、炮、剑、射御等。二是创造和使用兵法。例如，黄帝命风后作阵法图，今河南密县云岩宫山门里东墙根的一统碑，即记载战蚩尤使用八阵图等事。注重练兵，今新郑市

---

① （宋）罗泌：《路史》卷14《后纪五·黄帝》，明刻本。

② 黄怀信主撰：《大戴礼记汇校集注》，西安：三秦出版社，2005年，第732—735页。

③ （唐）杜佑：《通典》卷3《食货三》，《四库全书·史部》，北京：中华书局，1988年，第1页。

④ 张新斌：《论伏羲与炎黄共为中华人文始祖》，《中州学刊》2007年第5期，第181—185页。

⑤ （春秋）左丘明、（战国）吕不韦、（西汉）刘向编著：《吕氏春秋·左传·战国策》，北京：北京出版社，1989年，第39页。

⑥ （汉）宋衷注，（清）张澍辑：《世本》卷1《作篇》，清抄本，第9—11页。

⑦ 苏宝荣：《〈说文解字〉今注》，西安：陕西人民出版社，2000年；（汉）刘向、刘歆撰，（清）姚振宗辑录，邓骏捷校补：《七略别录佚文·七略佚文》，上海：上海古籍出版社，2008年。

⑧ 蔡杰：《黄帝何以被称作"人文初祖"》，《协商论坛》2008年第4期，第17—20页。

⑨ （清）吴乘权等辑，施意周点校：《纲鉴易知录》，第12页。

具茨山下传说为“黄帝四十五里军马营”，存有观兵台遗迹。涿鹿之战胜蚩尤，轩辕氏“采用一跳火海，二摆刀山，三造指南车，安装记里鼓车，四造弓箭，五训猛兽，六摆八阵，七行军飞快，八爱护氏族人民”等八略。其中指南车、记里鼓车是将科学成果应用于战争的先例。①

在政治文明方面：首先是建立古国体制（分封诸侯国）。据《纲鉴合编·五帝记·黄帝有熊氏》记述：“（黄帝）画野分州，得百里之国万区，命匠营国邑，置左右大监，监于万国，万国以合。”② 即将全国共分九州，分封诸侯国（万国），并设官司职，监于万国。其次是设立国家政权机构。史书记载，黄帝设立（左右）二监、三公（丞相）、四史（史官）、五官（天文气象、农业）、六相（部门官员）、七辅（地方选举的辅政官）、九士（思想道德建设）、十一将（地方军事将领）、二十官（行业官员）等官位管理国家，还从中央到地方设立“井、邻、朋、里、邑、师、都、州”等地方行政组织。最后，规定各级官员“六禁重”（声禁重、色禁重、衣禁重、香禁重、味禁重、室禁重），要求官员节简朴素，反对奢靡，并提出以德治国，“修德振兵”，以“德”施天下的治国理政思想。③

2. 黄帝陵及黄帝祭典

《史记·五帝本纪》载：“黄帝崩，葬桥山。”④ 黄帝陵位于陕西省黄陵县城北桥山，1961 年国务院公布为全国第一批重点文物保护单位，编为“古墓葬第一号”，号称“天下第一陵”。黄帝陵古称“桥陵”，为中国历代帝王和著名人士祭祀黄帝的场所。据记载，最早举行祭祀黄帝始于公元前 442 年，汉武帝大祭更是推向了历史的第一个高潮，自唐大历五年（770 年）建庙祀典以来，一直是历代王朝举行国家大典的场所。近代孙中山曾亲自书写祭文，国共合作时期毛泽东亲笔题写祭文，蒋介石题词，促成国共合作。每年的清明节祭祀黄帝大典已经成为“中华第一大典”，成为海内外炎黄子孙共同瞻仰和祭祀黄帝的场所。

位于陕西省黄陵县城附近的黄帝陵，山体浑厚，气势雄伟，山下有沮水环绕，山上八万多棵千年古柏，四季常青，郁郁葱葱。黄帝陵封土高 3.5m，周长 48m，环冢砌以青砖花墙，陵前有明嘉靖十五年（1536 年）碑刻“桥山龙驭”，意为黄帝“驭龙升天”之

① 段宝林：《论轩辕黄帝的出生及其历史内涵》，《中国文化研究》1994 年第 1 期，第 97—102 页。
② 袁了凡、王凤洲：《纲鉴合编》第 1 册《五帝纪·黄帝有熊氏》，北京：北京市中国书店，1985 年，第 14 页。
③ 刘文学：《黄帝所建有熊国是中国历史上第一个封建制国家》，《黄河科技大学学报》2013 年第 2 期，第 25—30 页。
④《史记》卷 1《五帝本纪》，第 10 页。

处。前有一祭亭，歇山顶，飞檐起翘，气宇轩昂。亭内立有郭沫若手书“黄帝陵”碑石，陵园区周围设置红墙围护，东南侧面为棂星门，两侧有仿制的汉代石阙。黄帝陵前正南，陵园围墙以外是土筑高台，即“汉武仙台”。《史记·封禅书》载：汉武帝“乃北巡朔方，勒兵十余万，还祭黄帝冢桥山。”①汉武仙台，即汉武帝祭祀黄帝所筑，台高 20m 以上，现已用块石砌筑并建有登台石阶及云板、护栏等（图 2–1）。黄帝陵前区气势恢宏，面积约 15 000m^2 的入口广场的地面选用 5000 块秦岭天然河卵石铺砌，象征中华民族的五千年文明史。

图 2–1　黄帝陵全景图

（四）女娲氏、帝喾与姜嫄

1. 女娲氏与女娲墓

女娲氏是中国古代五氏（有巢氏、燧人氏、伏羲氏、女娲氏和神农氏）之一。传说女娲时代，随着人类的繁衍增多，社会开始动荡。水神共工氏和火神祝融氏在不周山大战，结果共工氏大败而怒撞不周山，使“天柱折，地维缺”，从而引出女娲用五彩石补天等一系列动人传说。前已述及，女娲的母亲华胥氏外出，在雷泽中“履巨人迹”而感应受孕，生下伏羲和女娲，“皆人首蛇身”。

1）女娲的传说

有关女娲的神话传说主要有：①抟土造人。根据《世本·帝系篇》记载，“太昊伏羲氏（或称包羲、庖羲、疱牺、伏牺、宓牺、炮牺和伏戏等）”②和女娲兄妹成婚、繁衍后代的传说由来已久，反映出远古先民所经历的氏族内部兄妹互相婚配（“同辈婚”）的社

① 《史记》卷 28《封禅书》，第 1189 页。

② （汉）宋衷注，（清）张澍辑：《世本》卷 5《帝系篇》，清抄本，第 1 页。

会发展阶段。汉末高诱认为："女娲王天下者也，七十变造化。此言造化治世非一人之功也。"[①]说明女娲是在"众神"的襄助下完成"造人"这一社会进化大业的，表明伏羲和女娲时期正处于母系氏族社会的历史实体。《太平御览》引《风俗通》记载："俗说，天地开辟，未有人民，女娲抟黄土作人，剧务，力不暇供，乃引絙（草绳）于泥中，举以为人。"[②]浪漫而生动地揭示了女娲用黄土孕育人民，以神话的形式反映了黄土地上的先民与黄土地农耕文化有着与生俱来的、不可分离的历史根基关系。②炼石补天。《纲鉴合编・五帝纪》说："女娲氏亦风姓也，承庖羲制度，作笙簧。亦蛇身人首。一号曰女希，是为女皇。其末诸侯有共工氏。任智刑，以强霸而不王。以水承木。""太昊氏没，共工氏作乱，振涛洪水以祸天下。女娲氏与共公氏较，卒灭共工氏而诛之。"[③]女娲炼石补天的场所，一说是在秦岭北麓的蓝田县东川的烟粉台——女锅补天台[④]；一说是在地处秦岭南端、大巴山北麓的陕南平利县女娲山。

2）女娲故里

陕西省蓝田县华胥镇阿氏庄，该镇白鹿原有李华村（汉代以前称"女祸村"），传说这些地方都是女锅氏及其部落曾经活动和栖息过的地方。此外，陕西省平利县女娲山（山上建女娲庙及"滚磨为婚"的"磨沟"）、河北省涉县（"中国女娲文化之乡"）、甘肃省天水市秦安县（历史悠久的"女娲故里"）、山西省晋城市泽州县（建有"华夏女娲文化园"）、河南省周口市西华县（有女娲捏土造人的女娲城）等都被称之为女娲故里，说明女娲氏族生活活动的范围较为广泛，涉及黄河流域陕、甘、晋、豫、冀诸省域。[⑤]

3）女娲墓

陕西临潼骊山有"女娲祠"，相传女娲氏曾在此炼石补天。她死后，人们葬其于骊山之阳的白鹿原鲸鱼沟北坡，属蓝田县，又在骊山之阴筑女娲祠，俗名"老母殿"。女娲祠在骊山西绣岭第二峰上，有山门、前殿、后殿等建筑，供奉女娲塑像，相传是女娲炼石补天的地方。唐代李贺的《李凭箜篌引》有"女娲炼石补天处，石破天惊逗秋

① 《淮南子》卷17《说林训》，第292页。

② （宋）李昉等：《太平御览》卷78《皇王部三・女娲氏》，第36页。

③ （晋）皇甫谧著，（清）宋翔凤辑：《帝王世纪第一》，训纂堂丛书本，第3页；（清）袁了凡、王凤洲：《纲鉴合编》卷1《五帝纪・女娲氏》，北京：北京市中国书店，1985年，第9页。

④ 高兴学：《关于华胥氏及其子女在蓝田地区活动传说的初探》，《西北大学学报（哲学社会科学版）》1992第3期，第64—69页。

⑤ 高兴学：《关于华胥氏及其子女在蓝田地区活动传说的初探》，《西北大学学报（哲学社会科学版）》1992第3期，第64—69页。

雨”的诗句。[①]

从古至今，临潼和蓝田民众崇敬女娲。每年农历六月，女娲祠举行庙会，祭祀女娲氏。每年正月二十日（女娲生日）过女皇节，家家做“补天饼”，抛到屋顶，象征补天，同时往地上、井里掷，象征补地。临潼、蓝田民间祭祀“女娲补天”的仪式须由女家长主持，还保持着上古母系氏族社会的遗风。

此外，地处山西永济县（今永济市）和陕西潼关县之间的风陵渡，因其地有女娲陵（又称风陵）而得名。《新唐书·五行志》云：“天宝十一年六月，虢州（今灵宝县）阌乡黄河中女娲墓，因大雨晦冥，失其所在，至乾元二年六月乙未夜……其墓涌出。”[②]这里所记也即风陵渡女娲墓。此外，在山西赵县和山东济宁也有女娲陵墓的记载。

2. 帝喾与帝喾陵

帝喾，姓姬，名俊，号高辛氏，为“三皇五帝”中的第三位帝王，即黄帝的曾孙，前承炎黄，后启尧舜，奠定华夏基根，是华夏民族的“人文始祖”之一和商族的第一位先公。其祖父玄嚣，是黄帝正妃嫘祖的长子。父名蟜极，帝颛顼是其伯父。帝喾从小德行高尚，聪明能干，十五岁时被帝颛顼选为助手，有功，被封于辛（今商丘市高辛镇）。帝颛顼死后，他继承帝位，时年三十岁。[③]帝喾继为天下共主后，以亳（今河南商丘）为都城，以木德为帝，深受百姓爱戴，死后葬于故地辛（今商丘市睢阳区高辛镇），建有帝喾陵。

陕西省合阳县洽川国家级风景名胜区遗存有帝喾陵，高大的墓冢巍然耸立，冢前有清代陕西巡抚毕沅亲笔书写的墓碑。《陕西通志》：“帝喾陵在郃阳东四十里，葬帝喾高辛氏。”[④]《同州府续志》：“高辛氏陵在辛里村，乾隆中巡抚毕沅树碑。”[⑤]“喾陵暮雨”是洽川八景之一。据清代乾隆年间许秉简所撰《洽阳记略》中载，清代每年由藩司（省财政厅）拨白银六万两，以作春秋祭扫之用。[⑥]抗日战争爆发后，洽川是河防前线，帝喾

① 杨东晨：《中华始祖母华胥考——太昊伏羲氏和女娲氏生母的主要史迹探寻》，《西安文理学院学报（哲学社会科学版）》，2008年第1期，第1—6页。

②《新唐书》卷35《五行志》，北京：中华书局，1975年，第911页。

③（清）吴乘权等辑，施意周点校：《纲鉴易知录》，第16页。

④《陕西通志》，第515页。

⑤（清）饶应祺修，（清）马先登、王守恭纂：《中国地方志集成·陕西府县志辑·光绪同州府续志》，南京：凤凰出版社，2007年。

⑥（清）许秉简编撰，谭留根、党鸣校注：《洽阳记略》（校注本），西安：陕西人民出版社，2004年。

陵祭扫被迫中断。20 世纪 90 年代，合阳县人民政府恢复了清明节祭扫帝喾陵的活动，且规模逐年扩大，规格逐年提高。每年清明节，帝喾陵前人山人海，热闹非凡，各种民间艺术争奇斗艳，各呈异彩。陵前新立中华诗词学会副会长霍松林所题“帝喾陵”石碑。

3. 姜嫄与姜嫄墓

姜嫄（上古时代人），据《史记·周本纪》记载，原为炎帝后代有邰氏的女儿，后来成为黄帝曾孙帝喾的元妃。姜嫄为帝喾元妃，履巨人之足迹而生后稷，是周人初祖和农业始祖，世人尊称姜嫄为圣母。①

姜嫄墓位于武功镇南侧小华山上，1992 年被陕西省人民政府公布为重点文物保护单位。墓地中高，两旁垂拱如翼，故称“飞凤穴”。清代陕西督学使吴大徵篆书的“姜嫄圣母之墓”匾额牌坊已恢复原貌，蔚为壮观。清知县陈尔弗重修陵园围墙，方圆约三十亩（1 亩≈666.7 平方米）之大，树大葱茏，罩尽整个山头，历代铭碑林立其间，远远望去，十分巍峨，“姜嫄古墓小华山”为《武功八景》之一。②

二、历经周秦汉唐，绵延数千余年的京畿之地

（一）周人的起源及兴起、西周都城与西周王陵

1. 周人的起源与兴起

周朝建立以前，周人的历史可分为起源和兴起建国两个阶段③：

1）周人的起源

周人始祖后稷之母出自姜姓有邰氏部落。有邰氏部落及后稷所居之邰，在今陕西武功县境。据考古资料，陕西龙山文化（客省庄二期文化）主要分布在泾渭流域，与先周文化同期并在地域上重合，二者有承袭和发展的关系。因而先周文化的分布：北界达甘肃省庆阳地区；南界止于秦岭山脉北侧；西界在陇山及其主峰六盘山东侧；东界的北端在子午岭西侧，南端以泾河下游及今西安市东郊的浐水和灞水一带为界，大致相当于今陕西省宝鸡、咸阳地区，以及甘肃省的庆阳、平凉地区东半部。该地域范围的先周文化

---

①《史记》卷 4《周本纪》，第 81 页。

②（民国）马千里、马屏西、冯孝伯编撰，武功县志办校注：《武功县志》（稿簿），2009 年，第 16 页。

③ 周宏伟：《西周都城诸问题试解》，《中国历史地理论丛》2014 年第 1 辑，第 57—92 页。

按年代分为三期：第一期稍早于古公亶父时期，以泾水上游陕西长武县碾子坡先周文化为代表；第二期以碾子坡先周晚期墓葬、岐邑刘家村先周墓葬及长武县下孟村先周遗址为代表，年代大致相当于古公亶父、季历时期；第三期以丰邑先周文化遗存及这一地区先周墓葬为代表，其年代约略相当周文王、武王准备灭商时期。由此可以推断，古公亶父以前的周人活动范围集中于泾水上游。周先公在不窋及鞠的时期，处戎狄之间，从其俗，到公刘时期，虽仍处戎狄间，却大力发展农耕，并沿漆、沮二水南下，渡渭水获取木材及其他物资，积累财富，四周各氏族部落多来归附，“周道之兴自此始”。到庆节时正式立都于豳，已具有古国王朝的规模。豳的地理位置，在今陕西省泾水上游南部，包括今长武、彬县、旬邑一带。《括地志》记载，“不窋城”在今甘肃省庆阳境，豳在今彬县境，则公刘、庆节时期，是从泾水上游北部迁徙到泾水上游南部的。[①] 在豳原经营了大约三个世纪，于是周先公进入了向周原发展而兴起立国的阶段。

2）周人的兴起与建国

大约在公元前 12 世纪，周先公亶父受到游牧部落戎狄熏育的攻击，在豳原不得宁居安业，于是率部族渡漆、沮两水，来到渭水中游的岐下，开发周原地区。不少其他部落也随周人迁到周原，壮大了周部族的势力。古公亶父在岐下大刀阔斧地革除戎狄习俗，发展农业，营筑城郭室屋，按地缘编定社会组织，设立五官，奠定了立国与翦商的基础。

周原位于关中平原西部，北倚岐山，南临渭河，西侧有汧河，东侧有漆水，地域范围包括今凤翔、岐山、扶风、武功四县的大部分及宝鸡市、眉县、乾县等县的小部分，东西长约 70km，南北宽约 20km。先周时期周原的渭水支流水系水源较丰富，便于航行与渔业，地下泉水丰沛，土地肥沃，灌溉方便，是一个发展农业十分有利的地区。古公亶父死后，由最小的儿子季历继位，古公亶父后被追谥为太王。季历（周文王之父）在商王武乙三十四年朝商，成为商朝的方国。季历一方面臣附于商，同时展开对周围戎狄部落的兼并与征伐，并取得商王武乙三十五年伐西落鬼戎、俘十二翟王的胜利。商太丁（文丁）二年，周人伐燕京（汾水发源处）之戎，周师大败。太丁四年，周人伐余无之戎，其后又伐始呼之戎、翳徒之戎皆克之。不久，季历被太丁所杀。

太丁死后，其子帝乙立，“殷益衰”。而周文王昌继位，成为商朝西伯（西方诸侯之长），与九侯、鄂侯同为商朝的三公。殷纣继位后，囚周文王于羑里，周以美女名马

---

① （唐）李泰等著，贺次君辑校：《括地志辑校》，北京：中华书局，1980 年。

献于纣，纣释放文王。文王以德政与纣的暴虐形成对照，影响日大，解决了虞（今山西省平陆县）、芮（今陕西省大荔县）两国争端，两国附周，又伐犬戎，灭密须（今甘肃省灵台县西南）、黎（耆，今山西省长治县西南）、邘（今河南省泌阳县西北）、崇（今陕西省鄠邑区）等国，建都丰邑（今西安市西郊沣水西岸）。周文王又招贤纳士，姜姓吕尚、楚人鬻熊、孤竹（今河北省卢龙地区商的封国）君二子伯夷、叔齐及商臣辛甲等归周。

文王姬昌在位50年未及灭商而死，其子武王姬发以吕尚（姜太公）为师尚父，弟周公旦等为辅，即位后9年大会诸侯于盟津（今河南省孟州市西南、孟津县东北），相传诸侯800来会。武王十一年以戎车300乘，虎贲3000人，甲士4万—5万人并会集西土各族庸（今湖北省竹山县）、蜀（今川西、陕南）、羌（西陇山两侧）、髳（今山西省平陆县）、微（今陕西省眉县）、卢（今湖北省襄樊市西南）、彭（今湖北省房县）、濮（今川东、鄂西）等伐纣，战于牧野，灭商，建立周朝。

2. 西周的都城体系及其变更

据考证，西周时期的主要都城有岐周、宗周（丰、镐京）、成周和郑（槐里，今兴平市东南）。[①]岐周是周族首领古公亶父所设置的政治中心，是周人立国并走向强盛的都城（位于今岐山县凤雏村一带）。岐周作为诸侯国都城，经历太王（古公亶父）、王季、文王三代约一百年左右，是为西周先王发迹之地、重要的祭祀中心和众多贵族居住之地，堪称西周的圣都。岐周之后所建的首都“宗周”位于今西安市西郊沣河两岸，文王作丰邑在河西，周武王作镐京处河东。周人在丰、镐建立都城，最初是作为东进灭商的前线指挥部，随着西周王朝建立，周王长居丰镐处理政务，加之周族、祖先宗庙的建立，故被名为“宗周”，成为主要都城。“成周”位于今洛阳附近，在西周青铜器铭文和《尚书》等文献中称为新邑或新邑洛。“成周”是武王伐纣取得胜利，周人成为天下共主，基于“择中立都”的原则和“制东方”的需要，于周成王时期建成的新都洛邑，标志着周朝大业已“成”，故称为成周。至于郑（西郑）即槐里，是周穆王建立的新都，属于西周中后期的游憩性陪都，其位置在今陕西兴平东南。[②]

岐周、宗周与成周在地理位置上依次向东，分别构成西周的圣都、主都和新都（陪

① 潘明娟：《西周都城体系的演变与岐周的圣都地位》，《陕西师范大学学报（哲学社会科学版）》2008年第4期，第85—90页；周宏伟：《西周都城诸问题试解》，《中国历史地理论丛》2014年第1辑，第57—92页。

② 周宏伟：《西周都城诸问题试解》，《中国历史地理论丛》2014年第1辑，第57—92页。

都），宗周居中，向东依赖成周洛邑统治商人的原势力范围，并对东夷和南夷进行征战；向西则有岐周的宫室、宗庙和手工业中心作为其精神支柱和经济支柱。然而，到西周中晚期，西北一带戎狄交侵、王室衰弱、诸侯强大等因素导致在西方的岐周与宗周政治地位逐渐下降，成周在军事、经济活动中的重要性迅速增加。这就导致西周的都城体系随之发生很大变化，岐周、宗周、成周三都的政治地位自然就出现了相应的调整。西周中晚期，随着周人对东方、南方各地方政权征战的胜利，周人在东方站稳了脚跟，陪都成周的地位逐渐重要起来，再加上中原政治、经济、文化的影响，周的政治中心逐渐东移。主都宗周随着建都时间的增长，已成为周人东进的根据地，加之宗周、成周祭祀设施不断建设和完备，已不需要再到岐周去祭祀先王先祖。①

3. 西周王陵

西周王朝（前 11 世纪—前 771 年）共历 11 世 12 王，历时 200 多年，长期定都于丰、镐两京。除昭王“南巡狩不返，卒于江上”，厉王因“国人暴动”而死于黄（今山西境内）外，其余诸王葬地在古代文献中虽有诸多记载，然众说纷纭，莫衷一是，至今仍是千古之谜。

1）纪念性西周王陵——公刘、太王、王季陵②

公刘是周人始祖后稷的第五代孙。后稷把“稷”（夏王朝农官）位传给儿子不窋。夏太康废除“稷”，不窋带领族人躲入以游牧为业的戎狄之地豳（今陕西彬县至甘肃庆阳一带），与戎狄杂居。到公刘继位时，重修后稷务农之业，伐木筑城，颇有积蓄，初创国家，周道之兴自此始。今彬县龙高乡土陵村南有公刘墓，墓丘长 1500 米，丘垄高约 50 米，略呈梯形平面，至顶平坦。墓周占地达 500 余亩，是后人修筑的纪念陵。太王古公亶父率领族人从豳地迁徙到岐山南边广阔肥沃的周原上，营城郭室屋，而别居之，并作五官有司，建立了国号称“周”的国家。周作为地方性的小国，疆域以岐山为中心，故称“岐周”。周武王灭商后追尊他为“太王”，今岐山县京当镇岐阳村的周太王陵，现存墓冢高 3.5m，周长约 30m，是后人添筑的纪念性陵冢。王季是岐周的第二代国君，被商王文丁所杀，埋在终南山北麓。今鄠邑区玉蝉街道陂头村西南，东距渼陂湖约 500m 的周代王季陵，现存封土呈覆斗形，东西长 41.4m，南北宽 31.8m，高 12.21m，陵园总面积为 $7000m^2$，

① 潘明娟：《西周都城体系的演变与岐周的圣都地位》，《陕西师范大学学报（哲学社会科学版）》2008 年第 4 期，第 85—90 页。

② 辛玉璞：《西周王陵今何在》，《陕西教育学院学报》2007 年第 2 期，第 50—54 页。

亦为纪念性陵墓。

2）西周王陵今何在

古文献记载周文王、周武王、周公葬在“毕”。因三千多年来，不同时期的文献对“毕”位置的记载不同，加之西周时帝王墓葬“不封不树”。迄今对于西周诸王的葬地，出现有咸阳“毕原”、丰镐附近“毕原”和岐周“毕”等说法。随着2002年咸阳原上“秦陵”的发现和确认，西周王陵群在咸阳原之说基本被否定。①考虑古代帝王死后的葬俗：一是国君把自己的陵址选在都城附近，如秦汉帝王都是这样；二是叶落归根，归葬原籍或原都城附近的先祖陵区。以此为据，大多数学者认为西周王陵群可能在丰镐附近的毕原②，或葬在岐周“毕”的可能性极大。③例如，周原黄堆老堡子的大中型墓群有一座深22m的墓穴，2004年至今，在周公庙大墓群中也发现规格仅次于周天子墓的巨大墓室，似乎对西周王陵的所在地有启示意义。④

（二）秦人的起源及迁徙、秦都城嬗变与秦公王陵区

1. 秦人的起源及迁徙

1）秦人的起源

秦人的世系可上溯至燧人氏（婚配华胥氏）—伏羲—少典—黄帝—少昊—蟜极—业父—大业—伯益—大廉—衍曾—衍祖—衍父—中衍—轩祖—轩父—戎胥轩—中潏—蜚廉—恶来—女防—旁皋—太几—大骆—秦非子（秦国首任国君）—秦侯—公伯—秦仲—秦庄公—……—秦始皇（嬴政，中国首位皇帝）。秦人的先祖伯益（大费）乃颛顼后裔，本为古部落首领，舜帝赐姓“嬴”⑤。至夏末，费昌（伯益次子若木之玄孙）当夏桀之时，伯益去夏归商，为商汤御，败桀于鸣条，其后代嬴姓部族世代辅佐殷商，为殷商贵族（史载嬴姓多为显赫家族）。至商末，蜚廉（伯益九世孙中潏之子）、恶来（蜚廉长子）父子皆以材力侍纣，后周武王伐纣，败商军，武王亲射恶来之口以泄愤，蜚廉奔霍太山，嬴姓中衰。至周穆王，造父（蜚廉次子季胜曾孙）为周王御，千里平定徐国之乱，受封于赵城，其宗族乃为赵氏。故秦与赵本为同一先祖，一脉相承。造父侄孙非

① 刘卫鹏、岳起：《咸阳塬上“秦陵”的发现和确认》，《文物》2008年第4期，第62—72页。

② 岳连建：《西周王陵位置初探》，《文博》1998年第2期，第42—45页。

③ 罗西章：《西周王陵何处觅》，《文博》1997年第2期，第68—73页。

④ 辛玉璞：《西周王陵今何在》，《陕西教育学院学报》2007年第2期，第50—54页。

⑤《史记》卷5《秦本纪》，第125页。

子为秦嗣，后来秦襄公救周（护送周平王东迁）有功，被封为诸侯。

2）秦人的迁徙

秦人早期于殷商灭夏之际自东向西迁徙[①]：首先是在戎胥轩、中潏时代从山东西迁到山西（约居住150年左右），至大骆、非子时代因受封从山西再西迁陕西犬丘（今兴平）。第三步，从陕西犬丘向西迁至甘肃西犬丘（礼县），则因为非子挟周孝王时，被分封土地（甘肃西犬丘），"邑之秦"。周宣王时秦庄公伐戎有功，于是得到甘肃西犬丘（礼县）和陕西犬丘（兴平）两块新封地，为西陲大夫，从此秦族的势力便越来越大。后期秦人由甘肃天水进入陕西境内，沿着渭河流域多次向东迁徙其政治中心[②]：第一次秦襄公徙居"汧"，故城在今陕西陇县南汧水右侧，建都时间14年（前776—前762年）；第二次秦文公"卜居汧渭之会"，所营城邑当在今眉县西北的渭河之北，建都时间48年（前762—前714年）；第三次秦献公徙居平阳，故城在今岐山西南，当眉县、虢镇交界处，建都时间37年（前714—前677年）；第四次秦德公卜居雍城，即今凤翔县城南2.5千米的南古城一带，建都时间293年（前677—前384年）；第五次秦灵公（前424—前384年在位）"居泾阳"，地当在今泾阳县境；第六次秦献公居栎阳，故址当在今西安市阎良区阎良镇东南的武家屯附近，建都时间33年（前383—前350年）；第七次秦孝公十二年迁都咸阳，一直到秦统一乃至灭亡。咸阳作为都城的时间长达144年（前350—前206年），建设规模不断扩大，由秦孝公时的渭北地区发展到昭王时的渭南地区，到秦始皇时更进行了大规模的建设，形成"渭水贯都，以象天汉"的格局。[③]

2. 秦都城体系与秦公王陵区

秦人从甘肃的陇东（南）发展到陕西关中地区，先后作为秦都城的有西陲（即西犬丘）、秦、汧、汧渭之会、平阳、雍、泾阳、栎阳、咸阳"九都"。从礼制建筑的规模和规格来看，秦的"九都"中雍城是秦的"圣都"，其余都城皆为秦的"俗都"（表2-1）。[④]从秦都城的发展来看，大体可分为四个阶段，即秦德公以前的都城时期、雍城时期、泾阳和栎阳时期、咸阳时期。[⑤]德公以前的秦都城还处在探索过程中，为了达到扩张领土

① 王玉哲：《秦人的族源及迁徙路线》，《历史研究》1991年第3期，第32—39页。
② 徐卫民：《秦都城概论》，《洛阳工学院学报（社会科学版）》1999年第1期，第25—34页。
③ 徐卫民：《秦都城研究琐议》，《浙江学刊》1999年第6期，第140—144页。
④ 潘明娟：《秦咸阳的"俗都"地位》，《唐都学刊》2005年第5期，第146—150页。
⑤ 潘明娟：《秦咸阳的"俗都"地位》，《唐都学刊》2005年第5期，第146—150页。

的目的频繁地迁都，从秦邑到西陲，越过陇山后到汧、汧渭之会和平阳，采取的是步步为营、稳扎稳打的办法，都域的不断东扩导致都城的不断东迁。雍城的宗庙、礼制建筑规模大、规格高，在秦人心目中具有崇高地位，是为秦的“圣都”（政治中心）。泾阳和栎阳是临时性的都城，目的在于对付东方列国（魏国等），一旦目的达到便迁移到地理位置、地形和交通环境都比较优越的咸阳为都。

表 2–1 秦都城体系及秦公王陵区

都城	起止年代、时间	经历国君	都成性质	公王陵区
西陲	前 821—前 763 年：58 年	庄公、襄公、文公	早期圣都	西陲陵区
汧	前 776—前 762 年：14 年	襄公	俗都	—
汧渭之会	前 762—前 714 年：48 年	文公、宁公	俗都	—
平阳	前 714—前 677 年：37 年	宁公、出公、武公	俗都	—
雍	前 677—前 384 年：293 年	德公、宣公、成公、穆公、康公、共公、桓公、景公、哀公、惠公、悼公、厉共公、躁公、怀公等	圣都	雍城陵区
泾阳	前 424—前 384 年：40 年	灵公、简公、惠公、出子	俗都	—
栎阳	前 383—前 350 年：33 年	献公、孝公	俗都	栎阳陵区
咸阳	前 350—前 206 年：144 年	孝公、惠文王、武王、昭王、孝文王、庄襄王、秦王政、秦二世等	—	咸阳原陵区、秦东陵区、秦始皇陵等

注：“圣都”是秦的大后方，规模宏大、规划整齐，且建都时间较长，是永久性都城；而“俗都”是为军事目的而建的暂时性都城，其规模多较小，建都时间较短①

古代“城陵相依、陵随都移”的传统规律，秦亦无出其外。在秦都城发展的四个阶段，伴随都城位置的不断东迁，主要都城的附近皆形成相应的公王陵区。例如，春秋早期秦国都城西犬丘附近有西陲陵区、春秋中期至战国早期雍都与雍城陵区、战国中晚期至秦朝建立的都城咸阳及其附近的咸阳原陵区、秦东陵区和秦始皇陵等（表 2–1）。

（三）西汉长安城与西汉帝陵

1. 西汉定都长安

秦末，都城咸阳被战火焚毁。汉初，刘邦自汉中再定关中，都于秦孝公以前的秦都栎阳（今陕西临潼北、阎良车站东南古城屯一带）。汉高帝五年（前 202 年），刘邦即帝位于定陶的汜水（今山东定陶南）之阳，初都洛阳，后统治集团内部在定都问题上发生

① 潘明娟、吴宏岐：《秦的圣都制度与都城体系》，《考古与文物》2008 年第 1 期，第 62—69 页。

争论。刘邦的群臣多为关东（今河南崤山、函谷关以东广大地区）人，主张定都洛阳。而娄敬、张良则建议建都关中，因为关中土地肥沃，农业发达，号称“天府”“陆海”。此外，关中的军事地理条件优越，东崤、函（崤山与函谷关、潼关），西陇（陇山，六盘山脉南段）、汧（汧河），南山（秦岭山脉），北则梁（今韩城、合阳北部的梁山）、嵕（九嵕山）、岐（岐山）诸山，渭河贯其中。[①]所以，娄敬说“秦地被山带河，四塞以为固”[②]。张良认为：“关中左崤函，右陇蜀，沃野千里，南有巴蜀之饶，北有胡苑之利，阻三面而守，独以一面东制诸侯，诸侯安定，河渭漕挽天下，西给京师。诸侯有变，顺流而下，足以委输。此所谓金城千里，天府之国。”[③]加上关中地区为周、秦故都所在，又是刘邦平定全国的根据地。他综合权衡，听从娄敬、张良的建议，西都关中。从此，长安成为西汉一代两百余年的首都。刘邦还接受娄敬的建议，进一步采取所谓“强本弱枝”的策略，徙移六国强族齐田氏，楚昭、屈、景氏及燕赵韩魏后代和豪杰、名家十余万人充实关中，以削弱地方势力，巩固首都长安的安全。[④]

2. 汉长安城营建与规划布局

汉长安城在今西安市西北 10km 渭河南岸，位于西周丰、镐故都的东北，秦都城咸阳南郊的龙首原的西北麓。汉长安城的营建大体分为三个时期：高祖时兴建长乐宫和未央宫；惠帝元年至五年（前 194—前 190 年）修筑长安城墙；武帝时营造城内的北宫、桂宫和明光宫，在城外筑建章宫，并开凿昆明池，扩大秦旧上林苑。

汉长安城巍峨的宫殿占据全城的大部分用地，余下的被南北方向的“八街”和东西方向的“九陌”分割为 160 个巷里。城市平面布局由于随南部建筑物的位置和北部渭河的形势而曲折，呈不规则形，犹如天上的南北斗星群，故又称“斗城”。经实测，汉长安城周 25 100m，合汉 60 里强。由于先建宫殿后筑城墙，街道宽阔，布局整齐。大街与城门相连，各个城门有 3 个门道，每个门道各宽 8m（净宽 6m）。每个门道能容纳 4 辆车（当时车轨宽 1.5m），3 个门道可容 12 辆车并行。中央大街南北长达 5.5km：商业区分东西两部，3 市在城东，6 市在城西，共有 9 市，居民区内有闾里 160 个，室居栉比，门巷修

---

① 李令福：《西安古都的四大城址及其变迁的地理基础》，《建筑与文化》2007 年第 6 期，第 18—21 页。

② 《史记》卷 98《刘敬传》，第 2098 页。

③ 《汉书》卷 40《张良传》，第 2032—2033 页。

④ 朱士光、肖爱玲：《古都西安的发展变迁及其与历史文化嬗变之关系》，《陕西师范大学学报（哲学社会科学版）》2005 年第 4 期，第 83—89 页。

直。①西汉长安是当时全国政治、经济和文化的中心，也是商、周以来规模最大的城市，又是张骞通西域而兴起的丝绸之路的东段起点。西汉末，更始军和赤眉军相继攻入长安，城市宫室遭到极大破坏。②

3. 西汉帝陵

1）西汉帝陵概况

西汉帝陵分布在都城长安的北郊及东郊，以沿渭水北岸的五陵原一带为主，西起兴平市豆马村，东到西安市西咸新区正阳街道张家湾，依次排列着：汉武帝刘彻茂陵、汉昭帝刘弗陵平陵、汉成帝刘骜延陵、汉平帝刘衎康陵、汉元帝刘奭渭陵、汉哀帝刘欣义陵、汉惠帝刘盈安陵、汉高祖刘邦长陵、汉景帝刘启阳陵。另在渭河以南西安市东郊的白鹿原北端及南郊的少陵原上分布着汉文帝刘恒霸陵和汉宣帝刘询杜陵（表 2–2）。各陵皆自成一区，除高祖与吕后合葬长陵外，其余后陵皆依于帝陵旁侧。陵区平面皆作方形（帝陵陵垣每面长 370—780 米，后陵陵垣每面长 300—400 米），四面陵垣正中辟陵门，称为“司马门”，垣隅置包括角楼在内的曲尺形建筑。陵冢（“方上”）位于陵园内正中，通常呈覆斗形或多层台状。地下部分尚无发掘资料，据文献及相类似的王墓推知，可能与商、周以来之土圹木椁墓大致相仿。祭祀建筑在汉初惠帝时已由都城内迁置于陵园之内，至景帝时又移至陵外另成一区，称寝园，但位置各陵不一。寝园包括门殿、走廊、正殿、寝殿、吏舍及庭院等，外周以围墙。为了管理及守护陵墓，汉依秦制，采用了设置陵邑的形式。西汉帝陵在空间分布上形成对都城长安的拱卫，特别是前期 7 座陵邑的设置，构成汉长安城的卫星城市群，在古代中国乃至世界城市发展史上恐不多见。③

表 2–2　西汉帝陵一览表

帝名	谥庙号	陵号	在位时间	葬地	陵邑
刘邦	高帝	长陵	前 206—前 195 年	秦汉新城正阳街道左排村北	长陵邑
刘盈	惠帝	安陵	前 194—前 188 年	秦汉新城正阳街道白庙村南	安陵邑
刘恒	文帝	霸陵	前 179—前 157 年	西安市灞桥区席王街道毛窑院村	霸陵邑
刘启	景帝	阳陵	前 156—前 141 年	秦汉新城正阳街道张家湾村北	阳陵邑
刘彻	武帝	茂陵	前 140—前 87 年	秦汉新城南位镇策村	茂陵邑

① 杨宽：《西汉长安布局结构的探讨》，《文博》1984 年第 1 期，第 19—24 页。
② 刘庆柱：《汉长安城——一个王朝思想的痕迹》，《中国国家地理》2005 年第 6 期，第 126—134 页。
③ 马永赢 4、焦南峰：《汉帝陵汇聚咸阳原的隐秘》，《中国国家地理》2005 年第 6 期，第 108—111 页。

续表

帝名	谥庙号	陵号	在位时间	葬地	陵邑
刘弗陵	昭帝	平陵	前 86—前 74 年	秦汉新城双照镇互助村	平陵邑
刘询	宣帝	杜陵	前 73—前 49 年	西安市雁塔区三兆村南	杜陵邑
刘奭	元帝	渭陵	前 48—前 33 年	秦汉新城周陵街道新庄村南	—
刘骜	成帝	延陵	前 32—前 7 年	秦汉新城周陵街道严家沟村北	—
刘欣	哀帝	义陵	前 6—1 年	秦汉新城周陵街道南贺村南	—
刘衎	平帝	康陵	1—5 年	秦汉新城周陵街道大寨村东	—

2）西汉帝陵的营建形制

西汉帝陵的筑造形制有两类：一类是汉文帝霸陵“因山为陵”的形式，出于节俭和安全防盗掘的初衷，将墓葬开凿于山崖中，不另起坟丘。此种墓葬方式被认为是唐代 14 座“依山陵”的滥觞（前已述及，近年的考古资料似对文帝霸陵为“崖墓”提出质疑）①。另一类是西汉其他帝陵“堆土为陵”的方式。诸陵皆筑有高大的覆斗形夯土坟丘，一般为底部边长约 150—170m 的方形，底面积为 $2.14\times10^4m^2$（长陵）—$5.81\times10^4m^2$（茂陵），高度 26.6m（康陵）—46.5m（茂陵）。汉代帝、后合葬，同茔而不同陵，后陵大多在帝陵的东面，坟丘亦较帝陵为小，唯吕后坟丘大小几乎与高祖长陵坟丘相等。从阳陵开始，在帝、后坟丘的四周筑平面方形的夯土垣墙，每面垣墙的中央各辟一门，门外立双阙，并在帝、后陵园的外围间隔一定距离筑平面方形的外墙垣和壕沟，形成双重陵垣，在内外陵垣之间、帝后陵园之旁建寝殿、陪葬坑、祔葬墓园和陵庙等礼制建筑。西汉帝陵陵园规模较大，一般内城面积介于 $11.90\times10^4m^2$（康陵）—$18.75\times10^4m^2$（杜陵），后陵陵园面积 $2.04\times10^4m^2$（茂陵李夫人）—$14.21\times10^4m^2$（渭陵王皇后）；外陵园面积 $2.40km^2$（康陵）—$2.93km^2$（平陵）。② 其中长陵和安陵为单重陵园（帝、后共陵园），长陵陵园面积 $78\times10^4m^2$，安陵陵园面积 $85\times10^4m^2$。

3）西汉帝陵的陪葬墓与陵邑

西汉 11 帝陵除末代的平帝康陵之外，诸陵皆有数量不等的陪葬墓（即祔葬墓）。21 世纪以来的考古资料显示，汉景帝阳陵陪葬墓数量最多，达 5000 多座，茂陵、杜陵探明

① 周学鹰：《“因山为陵”葬制探源》，《中原文物》2005 年第 1 期，第 62—68 页。

② 陕西省考古研究院秦汉考古研究部：《陕西秦汉考古五十年综述》，《考古与文物》2008 年第 6 期，第 96—167 页。

的有百余座（茂陵 113 座、杜陵 140 座），陪葬墓数量相对较少的“后四陵”也有数十或十数座陪葬墓（渭陵 57 座、延陵 54 座、义陵 16 座）。① 而且自汉武帝至汉哀帝的高级嫔妃更是以墓园的形式规整地陪葬于帝陵内、外陵园间的东北、西北或西南部。其中最引人注目的是渭陵陵园东北角、排列规整且独自成园，号称“二十八宿”（实际为 31 座祔葬墓）的祔葬墓园和延陵陵园西北部由 19 座祔葬墓组成、排列整齐的祔葬墓园。② 一般皇亲国戚、权臣列侯的陪葬墓主要分布在帝陵（外）陵园东侧，即东司马道的南、北两侧。在空间上越接近帝陵陵园和司马道的陪葬墓，其墓主身份地位越高，封土丘规模和体量相应越大；从封土丘形状来看，也是覆斗形和象山形的陪葬墓墓主地位等级高于封土丘为园丘形者。例如，长陵陪葬墓中的萧何、曹参、周勃（周亚夫）墓，安陵陪葬墓中的鲁元公主墓、茂陵陪葬墓中的卫青、霍去病墓，以及杜陵陪葬墓中的张安世、丙吉墓等，即属于位置靠近帝陵陵园、封土丘覆斗形或象山形且规模体量较大的陪葬墓。③ 这些数以百计、仍保存封土丘的陪葬墓，伴随 9 座崔巍的西汉帝陵，在咸阳原上自东而西绵延百里。正如古诗所云：“长陵高阙此安刘，祔葬累累尽列侯。”尤其在秋冬季节，瞭望五陵原上，“西风残照，汉家陵阙”的景致，曾使多少文人雅士怀古感怀、遐想不已。

西汉帝陵从高祖长陵开始便置陵邑，并将齐、楚诸国的大姓和有功之臣迁徙到长陵邑来。自此而后，直至杜陵的“前七陵”，以及追谥或号墓为陵的万年陵（太上皇墓）、云陵（钩弋夫人墓）和南陵（薄太后墓）等在陵墓附近都设置有陵邑，往往把高官豪富之家迁到各陵邑中去，将有实力的豪族控制在长安，达到“强本弱枝”的政治目的，以便巩固汉朝的统治。直至汉元帝永光四年（前 40 年）下诏罢置陵邑，因为强迫移民而使百姓破产，引起社会上的动荡不安，加之设置陵邑对巩固政权已不起作用。所以，从渭陵开始废置陵邑。④

西汉帝陵陵邑中的高祖长陵邑、惠帝安陵邑、景帝阳陵邑、武帝茂陵邑、昭帝平陵邑设在咸阳原上，五陵原的得名由来于此。该 5 座陵邑，分布在东西长不足 50km，南北平均宽约 13km，面积 517km^2 的地域范围内，构成对都城长安的牢固屏障。据研究估算，西汉末五陵邑中人口最多的茂陵邑居住有近 27 万多人（超过都城长安 24 万

① 焦南峰：《西汉帝陵考古发掘研究的历史及收获》，《西部考古》2006 年第 00 期，第 289—303 页。

② 焦南峰：《西汉帝陵“夫人”葬制初探》，《考古》2014 年第 1 期，第 77—83 页。

③ 焦南峰：《西汉帝陵考古发掘研究的历史及收获》，《西部考古》2006 年第 00 期，第 289—303 页。

④ 梁安和：《浅谈西汉帝陵的修建过程》，《秦汉研究》2015 年第 9 辑，第 53—72 页。

人的规模），长陵邑 17 万人，安陵邑、阳陵邑和平陵邑各有近 10 万人。这样至西汉末期，五陵原诸陵邑人口总量达 70 多万，其人口密度近 1400 人/km^2，加之入住五陵邑的人口构成多为关东豪富，以及时任高官如丞相、御史大夫、将军、吏二千石者等。[①]此种人口和城市高度密集、经济文化水平较高的地区，在当时全国堪称首屈一指。从司马迁在《史记·货殖列传》中“关中之地，于天下三分之一，而人众不过什三，然量其富，什居其六”[②]的评价，可见秦汉时期关中地区在全国经济上占有极其重要的地位。

（四）十六国、北朝时期封建割据政权都城及其王陵

魏晋南北朝（222—589 年）是中国历史上朝代更替频繁、多国并存的分裂割据时期（仅有西晋 37 年的统一）。这个时期曾先后出现过许多疆土大小悬殊、运祚长短不一的割据政权，如北方十六国的前赵、前秦、后秦和北朝的西魏、北周等少数民族割据政权，皆以关中地区的西汉旧都长安为首都，共 138 年。这些割据政权为时甚短，如前赵仅存 12 年；有的仅占关中部分地区，如前赵、后秦，因而长安城虽为都城，却始终未能恢复昔日的繁荣。这些封建政权的王陵分布在都城长安的附近，如彬县、高陵、富平、白水诸县和咸阳原上。因基本属于少数民族建立的割据政权，其王陵墓葬及陵寝制度带有草原地区少数民族的色彩，如咸阳原上北周“五陵”皆为“不封不树”的葬埋形式。同时，诸封建割据政权的王陵在选址营造上更多地借鉴秦汉时期选择高亢开敞、土厚水深的黄土台塬作为葬地，多数循“堆土为陵”的形制而营造有形状和体量规模不尽一致的陵冢（表 2–3）。

表 2–3　十六国和北朝时期封建割据政权建都长安的时间及其王陵

国名（民族）	经历国君	建都时间（年）	王陵（关中地区）	
			陵名及葬地	形制
前赵（匈奴）	刘曜、刘熙	12（318—329 年）	永垣陵（刘曜父墓）：白水县林皋镇赵尧村东	封土高 40m，南北长 340m，东西宽 96m，占地 3.26×10^4km^2
前秦（氐族）	苻洪、苻健、苻生、苻坚、苻登、苻崇	45（350—394 年）	苻坚墓（长角冢）：彬县水口镇九田村	墓冢为斜长形，南端高 3m，宽 7m，北端高 2m，宽 3m，南北总长 21m，面积 140m^2

① 梁安和：《五陵原植被及其发展演变状况》，《秦汉研究》2014 年第 0 期，第 32—42 页。

② 《史记》卷 129《货殖列传》，第 2467 页。

续表

国名（民族）	经历国君	建都时间（年）	王陵（关中地区）	
			陵名及葬地	形制
后秦（羌族）	姚苌、姚兴、姚泓	34（384—417 年）	原陵（姚苌墓）：高陵区通远镇灰堆坡村西南骥	积灰为墓，封土已无存
			偶陵（姚兴墓）：高陵区麦张村	封土已平
西魏（鲜卑）	文帝元宝炬、元钦、恭帝元廓（拓跋廓）	22（535—556 年）	永陵（元宝炬墓）：富平县留古镇何家村东北	冢高 13m，周长 230m
北周（鲜卑）	文帝宇文泰、孝闵帝宇文觉、明帝宇文毓、武帝宇文邕、宣帝宇文赟、静帝宇文阐	25（557—581 年）	文帝成陵：富平县宫里镇宫里小学院内	陵冢高 12m，周长 142.8m
			武帝孝陵※：空港新城底张街道办陈马村东南	地面无封土

注：根据发掘出土的北周武帝孝陵志石、墓室棺椁遗迹，武德皇后志石及天元皇太后金玺等，判定北周武帝与皇后阿史那氏合葬的孝陵位于今陕西省咸阳市渭城区底张街道陈马村东南约 1000m 处，西距唐顺陵约 1500m。按《北史》记载，北周五位皇帝，孝闵帝宇文觉葬静陵、明帝宇文毓葬昭陵、武帝宇文邕葬孝陵、宣帝宇文赟葬定陵、静帝宇文阐葬恭陵，但没有记载具体葬地。2000 年咸阳国际机场扩建工程实施过程中，在距离北周武帝孝陵不远处发现了三座北周皇室墓葬：北周冀国公宇文通（宇文邕弟，官拜大将军、大都督）墓、冀国太夫人（乌六浑氏、宇文通之母）墓和谯国太夫人（宇文泰的妃子）墓。这些似乎表明：北周帝陵区应该位于咸阳北塬底张街道办陈马村至咸阳国际机场一带

（五）唐长安城与隋唐帝陵

1. 从隋大兴城到唐长安城

历史上隋唐同秦汉有着惊人的相似之处，隋之短暂类似于秦，唐之兴盛并延绵二百八十余年类似于西汉。“汉承秦制”为史家称道，但西汉都城长安是兴起于秦都城咸阳东南隅的龙首原西北麓。唐朝都城长安却是完全承袭隋朝都城大兴城发展起来的。就唐长安城的发展和建设而言，隋大兴城是选址和初创阶段，唐长安城是修缮、扩建和完善阶段。

1）隋都大兴城的选址

公元 589 年，隋文帝杨坚结束了东汉之后长达三个多世纪的分裂割据局面，建立了大一统的隋朝。隋初以西汉长安城为都。汉长安城因历时已久，城中宫宇朽蠹，供水、排水严重不畅。加之汉长安城北临渭水，都城受到河流洪水的威胁。据《隋唐嘉话》记载：“隋文帝梦洪水没城，意恶之，乃移都大兴。”① 隋文帝决定另迁新都。经过认真的调查和勘察，隋文帝将新都选在了汉长安城东南二十里的龙首原之南。

① （唐）刘餗撰，盛钟健、黄绍筠、张嵩岳选译：《隋唐嘉话唐国史补》，杭州：浙江古籍出版社，1986 年。

龙首原的南部原区与其北汉长安城所占地本是相连一体的一块原区。从地形条件来看，由于秦岭山脉在今西安城南折向东北，造成西安地区的地形东南高而西北低。发源于秦岭山地的灞河、浐河和潏河等均受到这种地形特点的制约，纵贯今西安东南地区，趋向西北入渭。这些河流切割了西安市区的平原，使其成为东南、西北向的长条形。相对而言，只有灞、浐、潏河之间的这块平原最为开阔，东西宽约 17km，南北长约 40km，以龙首原为分野，形成南北两个不同的地形单元。隋文帝放弃汉都长安另择新址，首选龙首原南部平原区建新都。

龙首原南部平原即今天西安城及其郊区所在地，它相对于北区的汉长安城来说，地势相对起伏较大，愈向东南地势愈高。但是原面开阔，面积更广，选作都城更有回旋的余地，而且更便于从东西两面引水入城，解决城市用水的问题。同时原南依靠山原，将都城与渭河远远隔开，避免洪水淹没都城的威胁。就当时的情况来说，以隋朝幅员之大、地域之广，隋文帝把新都定在此地，的确是经过了缜密考虑的。隋大兴城较汉长安城面积大一倍以上，这和龙首原以南开阔的地形环境有很大的关系。[①]

2）隋都大兴城的初创

隋文帝杨坚于开皇二年（582 年）六月开始营建新都。第二年三月基本建成宫室。同月，隋文帝迁入新都。自决策建都到迁都只用了 10 个月的时间。当时除外郭城垣还来不及建成外，其他如宫城、皇城、宫殿、官署、坊里、住宅、两市、寺观及龙首、清明、永安等城市引水渠道多已建成，修建速度相当快。这一方面由于新都规划完善，组织施工有方；另一方面也是因为新都不少宫殿、官署是从汉长安故城迁建的。例如，唐玄宗开元初年，长安太庙坍毁，大臣报告说，因为它原是前秦苻坚的太庙，隋文帝迁建于此，故年久朽毁。不管怎样，如此庞大的工程能在不到一年的时间里完成，还是体现出设计者与施工者的天才、神工。

3）唐长安城的修缮与扩建

唐朝建立后，沿用隋大兴城作为都城，并改名为长安（后世称唐长安城）。随着唐王朝渐趋鼎盛，开始对都城进行修葺和扩建，使都城长安的平面布局突破原有格局而改变。

首先，于太宗贞观八年（634 年），在太极宫东侧郭城的北墙外修建大明宫。大明宫位于龙首原上，高爽清凉，弥补了太极宫地势比较低下的缺憾，高宗龙朔年间（661—663年）再加扩充，规模与太极宫不相上下而气魄更加宏伟。高宗之后的唐朝帝王皆以

---

① 李令福：《西安古都的四大城址及其变迁的地理基础》，《建筑与文化》2007 年第 6 期，第 18—21 页。

大明宫为主要宫寝，只是遇重大典礼时才在太极宫举行礼仪。由于大明宫建在长安郭城以外，它的宫城正门丹凤门就开在郭城北墙之上，南面恰对翊善坊，坊墙阻碍宫门。因此，为了开通丹凤门街，于是将翊善和永昌两坊分出光宅和来庭两坊。四坊中间打通了一条直通皇城延喜门与郭城通化门之间的东西街道上的南北向大道，使朱雀街东比原来多出了两坊。

其次是修建兴庆宫。兴庆宫的位置本为隆庆坊所在，玄宗李隆基即位前与兄弟同居此坊。开元二年（714 年），为避玄宗李隆基讳，改隆庆坊为兴庆坊，并建兴庆宫。开元十四年（726 年）又将兴庆宫的规模加以扩大，便侵占永嘉坊半坊之地，西面的胜业坊的东墙也因兴庆门外街道加宽而向西退缩，使原来“畦分棋布”的街坊面貌又有所改变，同时因这些改动均集中于街东而使朱雀街两侧东西对称的形制也相应发生了一些变化。

总之，通过隋初创建与唐代增修的两个发展过程，唐长安城历经几次大规模的修建，人口逐渐增加，总人口近百万，成为当时世界上最大的城市。唐长安城建筑更加宏伟壮丽，城市规划日臻完善，成为中国古代和当时世界上最伟大的建筑工程之一。唐长安城的面积达 83.1km^2，按中轴对称布局，由外郭城、宫城和皇城组成。城内街道纵横交错，划分出 110 座里坊。唐诗“百千家似围棋局，十二街如种菜畦”是其生动写照。此外，还有东市、西市等大型工商业区和芙蓉园等人工园林。城市总体规划整齐，布局严整，堪称中国古代都城的典范，并对其他国家和地区的都城规划产生了重要影响，如日本的平城京、平安京等。①

2. 隋唐帝陵

1）隋代帝陵

隋代帝陵主要有隋文帝泰陵、隋炀帝陵和隋恭帝庄陵。② 隋泰陵原名太陵，是隋文帝杨坚和文献皇后的合葬陵（602 年始建），位于今陕西省杨凌示范区五泉镇王上村、咸阳原西段。陵园占地宽敞，规模宏大。现存陵园基址东西长 756m，南北宽 652m，总面积达 49.29×10^4m^2，四周还保存有阙楼遗迹。经历 1400 多年的沧桑变化，园内地面建筑及文物已荡然无存，仅留高 27.4m 的覆斗形陵冢。陵前有清代石碑一通，碑上镌刻“隋

① 朱士光、肖爱玲：《古都西安的发展变迁及其与历史文化嬗变之关系》，《陕西师范大学学报（哲学社会科学版）》2005 年第 4 期，第 83—89 页。

② 陕西省考古研究院隋唐考古研究部：《陕西南北朝隋唐及宋元明清考古五十年综述》，《考古与文物》2008 年第 6 期，第 161—207 页。

文帝泰陵”五个大字，系清乾隆时陕西巡抚毕沅手笔，扶风知县熊家振勒石立碑。隋文帝泰陵1957年被省政府公布为第二批“陕西省重点文物保护单位”。1996年被国务院公布为“全国重点文物保护单位”。

隋炀帝陵位于陕西省武功县武功镇西塬上落杨村东，曾树有清乾隆时兵部侍郎、兼副都御使、陕西巡抚毕沅书“隋炀帝之陵”石碑，现已不存。陕西省政府1957年公布其为重点文物保护单位。据《武功县志》记载：隋炀帝杨广，大业十四年（618年）被缢弑于扬州。唐朝建立后，唐高祖李渊于武德五年（622年）八月下诏，令其子李世民迁葬炀帝于此，与隋文帝泰陵构成一脉之穴，遥遥相望。2013年，在扬州发现和确定隋炀帝陵墓（扬州市西湖镇司徒村曹庄），省内外专家认为武功县的隋炀帝陵或为衣冠冢。新编《武功县志》称，武功镇罗家堡西的墓为唐殇帝（唐中宗第四子李重茂）陵，人们讹传为隋炀帝之墓。编撰者的依据是《新唐书》介绍武功时云：“西原，殇帝所葬。”

隋恭帝名杨侑（605—619年），隋炀帝孙，李渊攻入长安，立他为帝。隋恭帝在位半年，又为李渊所废，次年被杀，终年15岁，葬于庄陵。隋庄陵位于今陕西乾县阳洪镇乳台村南500米处。封土为覆斗形，其形制规模较唐靖陵为大，夯土而筑，雄踞万顷碧野之中，庄严肃穆（此陵墓亦存争议，有专家认为是祭祀台或乾陵陪葬墓等[①]）。

2）唐代十八陵

唐代从公元618年建国，至公元907年灭亡，历时289年，共21帝20陵（高宗李治与女皇武则天合葬乾陵），除昭宗李晔和陵和哀帝李柷温陵分别在河南渑池和山东菏泽外，其余18座陵墓集中分布在陕西省乾县、礼泉、泾阳、三原、富平、蒲城6县，东西绵延100余千米（表2–4），几乎与渭水北岸西汉九陵成平行一线。据宋敏求《长安志》记载，昭陵和贞陵周围一百二十里，乾陵周围八十里，泰陵周围七十六里，定、桥、建、元、崇、丰、景、光、庄、章、端、简、靖等13陵周围四十里，献陵周围二十里。[②]清代陕西巡抚毕沅曾对18陵进行整修，树立题碑。

表2–4　关中唐十八陵一览表

陵名	所在地	帝谥号名	在位时间	形制
献陵	三原县徐木塬永合村	高祖李渊	618—626年	堆土为陵

① 张永祥、胡然：《乾陵考古五题》，《文博》1999年第3期，第20—25页。

② （宋）宋敏求撰，（元）李好文撰，辛德勇、郎洁点校：《长安志·长安志图》，西安：三秦出版社，2013年，第491—601页。

续表

陵名	所在地	帝谥号名	在位时间	形制
昭陵	礼泉县烟霞镇的九嵕山	太宗李世民	627—649 年	依山为陵
乾陵	乾县县城北 6km 梁山	高宗李治	650—683 年	依山为陵
		武则天	684—704 年	依山为陵
定陵	富平县西北 7.5km 凤凰山	中宗李显	684、705—710 年	依山为陵
桥陵	蒲城县城西北 15km 丰山	睿宗李旦	684、710—712 年	依山为陵
泰陵	蒲城县城东北 7.5km 金粟山	玄宗李隆基	712—756 年	依山为陵
建陵	礼泉县城东北 7.5km 武将山	肃宗李亨	756—761 年	依山为陵
元陵	富平县城西北 7.5km 檀山	代宗李豫	762—779 年	依山为陵
崇陵	泾阳县城西北 20km 嵯峨山	德宗李适	780—805 年	依山为陵
丰陵	富平县城东北 20km 金瓮山	顺宗李诵	805 年	依山为陵
景陵	蒲城县城西北 7km 金帜山	宪宗李纯	806—820 年	依山为陵
光陵	蒲城县城北 13km 辛子坡村北尧山	穆宗李恒	821—824 年	依山为陵
庄陵	三原县城东北陵前镇柴家窑村东	敬宗李湛	825—827 年	堆土为陵
章陵	富平县城西北 15.3km 天乳山	文宗李昂	827—840 年	依山为陵
端陵	三原县城东北 17km 徐木塬桃沟村北	武宗李炎	841—846 年	堆土为陵
贞陵	泾阳县西北白王乡崔黄村北仲山	宣宗李忱	847—859 年	依山为陵
简陵	富平县城西北 20km 长春乡虎头山	懿宗李漼	860—874 年	依山为陵
靖陵	乾县城东北约 10km 丘陵台地上	僖宗李儇	874—888 年	堆土为陵

资料来源：刘向阳：《唐代帝王陵墓》修订本，西安：三秦出版社，2012 年，第 359—362 页

唐代帝陵的营筑形制有两种：一是以唐太宗昭陵为代表的 14 座帝陵，都构筑在北山的山丘上“依山为陵”；一是以唐高祖献陵为代表的 4 座帝陵，选择北山山前的黄土台地“堆土为陵”。据数十年来，特别是 21 世纪以来的汉唐帝陵大遗址保护工程获取的考古勘探资料显示，唐代帝陵总体上形成了完整成熟且特色鲜明的陵寝制度，具体表现为：

第一，“依山为陵”葬制的沿袭和创新。自唐太宗葬九嵕山（昭陵）开启“依山为陵”的先例，此后的乾、定、桥、泰、建、元、崇、丰、景、光、章、贞、简等 13 座帝陵均采用此种制度，并表现出两种典型形式：一是昭陵型。将绵延山脉、孤耸回绕的山体主峰九嵕山（海拔高度 1188m）作为陵体，玄宫凿造于陵山南坡腰间，从诞道至墓室进深 250m，前后置 5 道石门。墓室内部“闲丽不异于人间，中为正寝，东西厢列石床”。二

是乾陵型。将独立的山体梁山（海拔高度 1069m）作为陵体，玄宫位于陵山主峰南坡。隧道正南北向，斜及墓门，宽约 3.78m，进深 65m，全部用长约 1.25m、厚约 0.50m 的石条叠砌。石条之间以 5—10kg 的铁栓嵌住，再将铁水灌注于石条和铁柱之间，上面夯土覆盖，固若金汤。

第二，陵寝建筑的扩大和分设。隋唐时期的“寝”相对于秦汉时期的寝殿、便殿和寝宫建筑进一步扩大，并把传统的“寝园”分设三处。以昭陵为例，在玄宫的门顶上建造供墓主灵魂游乐的神游殿，相当于汉代寝殿旁侧的便殿；分别在陵丘之前、朱雀门以内建献殿（朝拜献祭的大殿），在陵南山下建供墓主灵魂饮食起居生活的寝宫（“下宫”）。经考古测定，昭陵的寝宫遗址东西长 237m，南北宽 334m，呈长方形，占地面积为 $7.25\times10^4m^2$。宫城内 3 处大型建筑和多座中小型建筑。寝宫前有门阙。

第三，陵园制度的新发展。唐代陵园形制和布局创设于唐太宗昭陵，至高宗和武则天合葬的乾陵时基本定型。其陵园形制和布局模仿唐都长安城的建制设计：墓室设在陵山南的半腰处，高踞陵园北部，四周筑垣墙，为内城墙（内城象征长安城的宫城）；四面各辟一门，门外均设包砖三出土阙 1 对、石蹲狮 1 对。南面朱雀门外设神道，内城墙以外设外城墙，南面有三重门（门阙以南有乳台阙和鹊台），石刻群置于门阙和乳阙之间的神道两侧（象征长安城的皇城）。乳阙和鹊台间的轴线两侧外分布着皇族和文武大臣的陪葬墓，以及下宫（寝宫）建筑（象征长安城的外郭城）。其中乾陵为典型，有内外两重城墙。内城近方形，总面积约 $2.3km^2$。城垣四角建有角楼，四面城墙正中各开一门，门宽 2.7m，为过殿式土木结构。门楼均为三出阙，属最高等级。门外各有石狮 1 对，北门加置 6 马。自朱雀门门阙至乳台阙的神道两侧，由南向北依次排列有石柱 1 对、翼马 1 对、鸵鸟 1 对、石马和牵马人各 5 对、石人 10 对、述圣记碑和无字碑各 1 块、尊王宾像 64 座（现存 61 座）。乳台阙与鹊台阙之间约长 2—3km，星罗棋布地分布着皇亲贵戚及功臣们的陪葬墓和下宫（寝宫）建筑。

第四，等级森严、分布集中、趋向家族化的陪葬墓制度。唐帝陵陪葬墓表现出如下特性[①]：一是以昭陵陪葬墓为代表的布置严格、等级显明的陪葬墓群。昭陵确定的功臣皇戚陪葬墓 193 座，基本按照死者的身份、政治地位及其与皇帝的亲疏关系而周密布置和排列，而且陪葬墓的地上和地下构成要素的差异都反映陪葬墓墓主的身份地位和等级。

① 程义：《唐代帝陵陪葬墓的分布及其规律》，《乾陵文化研究》2010 年第 5 辑，西安：三秦出版社，第 80—95 页；英卫峰、霍雅琴：《唐代帝陵陪葬墓盛衰原因新探》，《西北大学学报（哲学社会科学版）》2009 年第 4 期，第 59—63 页。

例如，封土形状为覆斗形和象山形的陪葬墓墓主的身份等级高于园丘形封土的陪葬墓墓主身份等级，依山陪葬墓墓主的身份地位较封土型陪葬墓墓主为高。又如地下墓道长度、所带天井、过道和壁龛的数量规模也反映墓主的身份地位高低，等等。二是在时间维度上，从乾陵开始，帝陵陪葬墓的数量急剧减少，唐太宗制定的“君臣一体”为主要目的的陪葬制度发生质变，皇室宗亲成为主要的陪葬对象，以至于乾陵以后的定、桥、泰、建诸陵几乎纯粹为皇室成员陪葬（即家族化）。三是在空间维度上，唐陵（昭、乾、定、桥诸陵为代表）陪葬墓集中分布在陵山东南（献陵陪葬墓在陵丘东北部）。

第五，陵前列置艺术水平高、富含精品的陵墓石刻群。唐代陵墓石刻数量之大、种类之多、题材之广、技艺之精、气势之雄伟可谓空前绝后，标志着中国古代的陵墓雕刻走向高峰。首先，唐陵石刻自身演变的阶段性特征明显。例如，初唐雄浑古朴、盛唐威武大气、中唐精巧细腻、晚唐猥琐简陋，这成为唐王朝兴亡的“晴雨表”。其次，唐陵石刻制度完备规整。以乾陵石刻为典范[①]：陵园四门外各有石狮 1 对，北门立石马 3 对，南门外立有 61 尊王宾像，述圣记碑、无字碑各 1 通，石人 10 对，石马及牵马人各 5 对，鸵鸟 1 对，翼马 1 对，石柱 1 对。乾陵后各陵石刻（基本无述圣记碑、无字碑）均仿乾陵模式，仅在数量和类型上有所调整和变化，如献陵石虎、昭陵六骏、乾陵翼马及无字碑、顺陵石狮、桥陵獬豸等。这些精美绝伦的雕刻艺术珍品堪称陵墓雕刻史上的伟大杰作。

此外，隋唐“封土陵”借鉴和承袭了秦汉“封土为陵”以方形为贵的制度，前述提到的隋文帝泰陵、隋恭帝庄陵，以及唐代的献陵、端陵、庄陵和靖陵，其封土丘皆为覆斗形。只是在陵台（封土丘）和陵园面积（23.04×10^4—$49.29\times10^4 m^2$）的规模体量上较西汉帝陵逊色些。可是其帝、后同陵合葬（如已经探明的隋文帝泰陵、唐高祖献陵封土南侧皆有规模相当、平行布局的两条墓道，昭示出此葬制）、陵园四门外置石狮（石虎）、朱雀门外设置三重门阙（朱雀门阙、乳台阙和鹊台阙）、神道两侧置石刻群、番酋殿（番酋石像）等陵寝制度在“封土为陵”的西汉帝陵中是看不到的。此外，晚唐的武宗端陵、敬宗庄陵和僖宗靖陵等带天井、过洞和壁龛的长墓道、甬道的土洞墓与西汉帝陵具有四条墓道的“亚”字形土圹墓明显不同，甚至同隋文帝泰陵和唐初献陵的墓室形制亦不尽一致。[②]

① 孙新科：《试论唐代皇室埋葬制度问题》，《中原文物》1995 年第 4 期，第 41—48 页。

② 张建林：《唐代帝陵陵园形制的发展与演变》，《考古与文物》2013 年第 5 期，第 82—90 页。

三、帝王将相辈出，造就历代精英的摇篮

关中地区历史上有周、秦、汉、隋、唐等统一王朝建都立业，也有前赵、前秦、后秦和西魏、北周等封建割据政权在此立国和营祚。在氏族部落兴起和演变、国家建立、王朝更迭，以及区域经济社会发展中，涌现出“佐命功臣，义深舟楫，或定谋帷幄，或身摧行阵，同济艰危，克成鸿业”① 的帝王将相，还有撰写出“史家之绝唱，无韵之离骚”的《史记》及《汉书》等作品的文史大家，更有在古代名扬遐迩的医学名家、宗教名流，以及封建科举制度下的地方名士等（表 2–5）。这些古代名人将相的墓葬，既为史家所称道，也为民间所传颂祭奠，不失为价值不菲的古代陵寝遗产，与关中地区的帝陵遗产资源相映生辉，不失为有益补充。

表 2–5　关中地区古代主要将相名人墓葬※

时代	姓名	葬地（庙祠）	名号
远古	仓颉	白水县史官村	文化神、生育神等
西周	姬旦 (1)	岐山县凤凰山南麓周公庙	西周初期政治家、军事家、教育家
	姬奭	岐山县城西南 5km 刘家塬村	西周初期政治家
	姜尚	宝鸡陈仓区磻溪钓鱼台	商末周初政治家、军事家和谋略家
春秋战国	李耳	周至县大陵山吾老洞	著《道德经》，创立道家学派
	扁鹊	临潼区南陈村东北	“国医之祖”“针灸祖师”
	蔺相如	临潼区戏河之西，临马道北	赵国上卿，政治家、外交家
	吕不韦	西安市东郊	秦国相国、政治家
	白起	咸阳渭城区任家咀村北	“战国四将”之一，秦名将、军事家
	王翦	富平县和村	“战国四将”之一、秦大将军、武成侯
	王贲	富平县美原镇千口千王堡北	秦代名将，通武侯
秦、两汉	杜康 (2)	白水县城西北杜康镇康家卫村	中国“酒祖”
	萧何 (3)	秦汉新城正阳街道西史村南	西汉初相国、政治家
	曹参	秦汉新城正阳街道西史村南	西汉开国功臣、名将、第二任相国
	张良	秦汉新城正阳街道徐家寨村南 (4)	西汉初期谋略家和政治家

①（清）董诰等:《全唐文》卷 5《九嵕山卜陵诏》，上海：上海古籍出版社，2007 年。

续表

时代	姓名	葬地（庙祠）	名号
秦、两汉	周勃	秦汉新城正阳街道杨家湾村北[5]	西汉开国将领，太尉、丞相
	娄敬	永寿县店头镇娄敬山	西汉谋士
	杨雄	秦汉新城安陵陪葬墓区	西汉官吏、著名辞赋家
	张苍	秦汉新城安陵陪葬墓区	西汉丞相
	陈平	鄠邑区石井镇曹家堡村西北	西汉开国功臣，丞相
	卫青	兴平市南位镇道常村西北	西汉名将，大司马大将军
	霍去病	兴平市南位镇道常村西北	西汉名将，大司马大将军
	公孙弘	茂陵陪葬墓区	西汉御史大夫、丞相
	董仲舒	兴平市南位镇策村东南[6]	汉代思想家、哲学家、政治家、教育家
	金日磾	兴平市南位镇道常村西北	西汉时期著名匈奴族政治家
	霍光	兴平市南位镇东陈阡村南	西汉武帝时大司马、大将军
	司马迁	韩城市芝川镇东南	西汉著名史学家、文学家和思想家
	苏武	武功县武功镇龙门村	持守民族气节的典范
	张安世	长安区韦曲街道东原	西汉大司马、卫将军
	邴吉	长安区新庄村东北	西汉御史大夫、丞相
	冯奉世	渭陵（或杜陵）陪葬墓区	西汉将领，左将军、光禄勋
	马援	扶风县伏波村	东汉初名将，伏波将军
	班固	扶风县浪店村	东汉著名史学家、文学家
	马融	兴平市汤坊镇汤坊村	东汉著名经学家、文学家、教育家、语言学家
	班昭	兴平市大姑村东北	女史学家
	蔡文姬	蓝田县三里镇蔡王庄村西北	汉末三国时期才女，擅长文学、音乐、书法
	杨震	潼关县水峪口村	东汉名臣，太尉
北魏	郦道元	西安市东郊[7]	北魏地理学家、文学家
隋唐	法顺	长安区樊川凤栖原	华严始祖
	玄奘	长安区樊川凤栖原	唐代著名高僧、法相宗创始人、佛教翻译家
	长孙无忌	礼泉县唐昭陵陪葬墓区[8]	唐代宰相、吏部尚书、尚书右仆射、司空等
	李勣	礼泉县东北约 18km 烟霞新村	唐朝初期名将，兵部尚书、司空、宰相等

续表

时代	姓名	葬地（庙祠）	名号
隋唐	魏徵	礼泉县九嵕山西南凤凰山巅	唐朝政治家、思想家、文学家和史学家
	李靖	礼泉县烟霞镇官厅村西北	隋末唐初名将、军事家和军事理论家
	尉迟恭	礼泉县城东北烟霞新村	唐朝名将，右武侯大将军
	侯君集	旬邑县东北鸡阜山巅	唐朝名将、兵部尚书
	李思摩	礼泉县唐昭陵陪葬墓区	右武侯大将军，化州都督
	温彦博	礼泉县烟霞镇山底村南	唐初名相，尚书右仆射
	房玄龄	礼泉县唐昭陵陪葬墓区	唐初政治家、文学家，尚书左仆射、司空
	闫立德	礼泉县唐昭陵陪葬墓区	唐代建筑家、工艺美术家、画家
	阿史那忠	礼泉县西周村西	唐朝著名少数民族将领、右骁卫大将军
	秦琼	礼泉县唐昭陵陪葬墓区	唐朝开国将领，左武卫大将军
	程咬金	礼泉县唐昭陵陪葬墓区	唐朝开国大将，骠骑大将军
	崔敦礼	礼泉县唐昭陵陪葬墓区	唐宰相、兵部尚书、太子少师
	苏瑰	杨凌示范区薄村	唐宰相、尚书右丞、户部尚书、吏部尚书等
	狄仁杰	乾陵陪葬墓区	唐代政治家，宰相
	豆卢钦望	乾陵陪葬墓区	唐代宰相，尚书左仆射
	第五琦	旬邑县西南部	中唐著名理财家，户部侍郎、宰相
	郭子仪	礼泉县建陵西南坡阳村[10]	唐代政治家、军事家，太尉、中书令
	李寿	三原县献陵陪葬墓区	唐淮安靖王
	李光弼	富平县别家村西北	唐朝名将，户部尚书、太尉兼中书令
	李思训	蒲城县桥陵陪葬墓区	唐代书画家，左武卫大将军
	高力士	蒲城县椿林镇山西村	唐代著名宦官，骠骑大将军
	柳宗元	长安区樊川凤栖原（家族墓）	唐代文学家、哲学家、散文家和思想家
	柳公权	耀州区让义村北	唐代著名书法家、诗人，太子少师
五代、两宋	鸠摩罗什	鄠邑区城东南草堂寺（圆寂地）	佛教四大译经家首、翻译学鼻祖、语言学大师
	王重阳	鄠邑区祖庵镇刘蒋村	全真道始立者、道教北五祖之一
	陶谷	彬县城关镇刘家湾村东	北宋礼部尚书、刑部尚书及户部尚书
	范祥	旬邑县丈八寺镇王牌村东	北宋盐政改革家，太常博士
	丘处机	鄠邑区祖庵镇刘蒋村	南宋思想家、文学家、养生学家和医药学家等
	张载	眉县横渠镇	北宋思想家、教育家、“关学”创始人

续表

时代	姓名	葬地（庙祠）	名号
五代、两宋	赵莹	史载“葬于华阴”	五代时期政治家、史学家，后晋宰相
	寇准	临渭区官底镇左家村南	北宋政治家、诗人
	雷有终	合阳县杨家庄北太册村	北宋支盐铁副使、江南岭外茶盐制置使等
元、明、清	贺胜	鄠邑区张良寨村	元代光禄大夫、左丞相、上柱国、秦国公
	贺仁杰	鄠邑区张良寨村	元代光禄大夫、上都留守等
	朱樉	长安区少陵原	明代秦藩王(9)
	王九思	鄠邑区甘亭街道六老庵村北	明代文学家、戏曲家等
	马理	三原县新庄镇新立村北	明代进士、著名学者，吏部稽勋主事等
	吕楠	高陵区鹿苑街道老屈庄村南	明代状元，授翰林编修、礼部侍郎等
	王恕	三原县城关镇从仁堡村	明代政治家、理学家，太子太保等
	康海	武功县武功镇浒西庄村南	明代状元，文学家、戏曲家
	殷化行	空港新城北杜街道靳里村东	清康熙武进士，总兵、提督等
	李麟	秦汉新城马泉街道程家堡西南处	清朝将领，山东总兵、拜“九之协讨将”
	王杰	韩城城东安居寨东北	清朝状元、名臣，翰林院修撰、太子太傅等
	王鼎	蒲城县忽家村西北	翰林院编修、户部尚书、东阁大学士等
	李颙	周至县二曲中学大门前	明清之际哲学家、“海内大儒”等
	李柏	眉县汤峪镇屯庄村二组	明清之际关学领军人物、“关中三李”之一
	李因笃	富平县薛镇南堡村韩村	明清之际思想家、教育家、音韵学家、诗人等
	徐法绩	泾阳县西枣园徐家村西	太常寺少卿、翰林院编修等

注：表中资料主要来源：《陕西省志·文物志》第13卷·文化第2章《古墓葬》，西安：陕西人民出版社，2016年；惠焕章、张劲辉、王国强编著：《陕西名人墓》，西安：陕西旅游出版社，2000年。（1）2003—2004年，陕西省岐山县周公庙遗址考古发现了迄今最高等级的大型西周墓地，钻探出大型墓葬19座，其中带四条墓道者9座，三墓道者4座，两墓道者4座，单墓道者2座，另有陪葬坑13座。在墓地外围多处地点共发现卜甲与卜骨700余片，经初步辨识有甲骨文字420余字，其中有“周公”字样者4片，并有几片记载周王活动的刻辞。专家推定可能为周公姬旦的家族墓葬（赵从卷：《周公庙墓地性质管窥》，《西北大学学报（哲学社会学版）》2004年第6期，第23—26页）。（2）据（汉）许慎《说文解字》载：杜康始作秫酒，又名少康，夏朝国君，今洛阳人。清《白水县志》记载：杜康，字仲宁，汉朝人，生于陕西白水，善造酒。（3）《东观汉记》：萧何墓在长陵东司马门道北百步。另外，空港新城底张街道办瓦刘村东“双冢”，东侧的墓前有清代毕沅所立“汉相国酇侯萧何墓”石碑，西侧的墓前有清代毕沅立“汉平阳侯曹参墓”石碑。但此两座墓与史籍记载不符，也许为后世将相之墓。（4）《长安志》记载：张良墓在（咸阳）县东北三十六里。留侯陪葬长陵，与高祖长陵相去五里。另据《史记》记载和今人赵海龙考订：张良墓的真实所在地是现今江苏沛县。（5）据《水经注》中记载，杨家湾汉墓是周勃或周亚夫墓。（6）西安南城墙和平门内以西600m处马道以北有董仲舒墓，墓冢封土周长40m、高6m（现残高2m），古称“下马陵”。（7）据《魏书·郦道元传》记载，郦道元为萧宝夤所害，死于阴盘驿亭（今西安市临潼区苗家村西），殡于长安城东。（8）永寿县渠子乡永寿坊村有长孙无忌墓，墓为圆锥形，封土高0.7m，占地面积1840m^2，其真伪待考。（9）明代秦藩王（自首代始）：秦王愍王朱爽、隐王朱尚炳、僖王朱志堩、怀王朱志均、康王朱志壤、惠王朱公锡、简王朱诚泳、昭王朱秉欓、定王朱惟焯、宣王朱怀埢、靖王朱敬镕、敬王朱谊漶和肃王朱谊瀗。（10）据光耀西安（http：//www.ixian.cn/）报道，西安市考古所2011年在长安区东兆余村发掘的郭子仪家族墓占地约500亩，为自郭子仪之后直到五代的郭氏家族墓地，绵延9代约200年

第三章　关中地区古代陵墓的类型、地理分布及其影响因素分析①

陕西关中地区西起宝鸡峡，东至潼关，北靠陕北高原，南邻秦岭山地，东西长约360km，总面积$3.90\times10^4km^2$。该地区是中国古代建都最早、时间最长的地区，迄今遗存有自新石器时代以来为数众多的古墓葬群。其中，尤以西周至明清时期的帝王陵寝及高等级王侯将相墓葬最为著名。这些古墓葬有哪些类型、其空间布局受哪些因素影响？本章拟就这些问题作探讨。

一、关中地区古代陵墓的类型

根据文献记载和考古发现资料，依墓葬者身份，可将关中地区（西周以来）的古墓葬分为：帝王陵及其陪葬墓、历代名人与王侯将相墓等类型。

（一）帝王陵

帝王陵是关中现存古墓葬中规格最高、最引人注目的一类。

按帝王陵建造的时间跨度分为：一是华夏始祖陵寝，如蓝田华胥陵、宝鸡炎帝陵和黄陵县的黄帝陵、合阳帝喾陵等；二是西周王陵、战国秦公陵等先秦王公陵墓；三是统一封建王朝的皇帝陵，如秦始皇陵、西汉11帝陵、隋泰陵与渭北唐18陵等；四是分裂割据时期封建政权王陵，如散布在咸阳原、彬县、富平、高陵、白水诸县区的十六国前赵刘曜之父的永垣陵（白水）、前秦苻坚墓（彬县）、后秦太祖原陵和高祖偶陵（高陵）、西魏文帝永陵和北周文帝成陵（富平）、武帝孝陵（咸阳原）等。

---

① 本章曾与李世忠合作发表于《咸阳师范学院学报》（2012年第4期），收入本章时按最新考古资料对相关内容进行了修订和补充。

另有一些墓葬，墓主生前并未做过皇帝，但因追封之故，其墓仍以陵称。例如，汉高祖刘邦封其父为汉太上皇，号其墓为万年陵；汉昭帝追封其母汉钩弋夫人墓为云陵；北周宇文泰追封文帝，号其墓成陵。此外还有李渊祖父李虎墓、父李昞墓，武则天之母墓，唐睿宗嫡长子李宪墓，唐玄宗长子李琮墓等。李虎在唐武德初追尊景皇帝，庙号太祖，故号其墓永康陵；李昞被追封为元皇帝，号其墓兴宁陵；武则天称帝后追封其母为孝明高皇后，其墓改称顺陵；李宪因让位于弟李隆基，逝后追谥“让皇帝”，故其墓亦号惠陵。李琮因被唐肃宗尊号“奉天皇帝”，故墓称齐陵。

按帝王陵墓的营造形式有“不封不树”、“封土为陵”和“因山为陵”等类型。

1. 不封不树

据对中国古代陵墓发展变迁的考证和研究，“中原地区殷周时代的墓葬是没有坟丘的”，“到战国时代，墓葬就普遍建筑坟丘，所有统治者的墓葬都有高大的坟丘，开始把坟丘的大小高低作为身份等级的标志”①。因此，关中地区的西周王陵，先秦时期秦国诸公陵，以及十六国、北朝时期部分少数民族割据政权的王陵，基本都属于“不封不树”（地面无封土丘、不植树和立碑石）的埋葬形式。现今存世的华夏民族始祖陵，如蓝田县华胥陵、潼关附近的女娲陵、宝鸡市炎帝陵、黄陵县黄帝陵与合阳县帝喾陵乃至先周时期的彬县公刘墓、扶风县周太王陵和鄠邑区周王季陵等，皆为后人筑造的纪念性陵寝。史籍明确记载“葬于毕”的西周诸王陵因为“不封不树”而至今难觅其遗迹。20 世纪 90 年代在咸阳原上（空港新城底张街道陈马村南）抢救性发掘了北周武帝宇文邕孝陵，其出土的墓志铭和追缴的帝后玉玺，以及西安咸阳机场扩建工程建设中发掘的北周武帝时期的若干高级贵族墓葬，才使《北史》所记载的“北周五陵”露出端倪。此外，在宝鸡市凤翔南塬发现和勘查出的秦雍城陵区的 14 座陵园、49 座大型墓葬和数千座小型墓葬证实，至迟到战国中期以前的王公墓葬，其地面上没有封土丘，或者说采用了“不封不树”的葬埋方式。②

2. 封土为陵

咸阳原的秦惠文王公陵、秦悼武王永陵、秦东陵区诸陵、秦始皇陵、西汉帝陵（文帝霸陵属“因山为陵”）、北朝、隋朝的帝陵，以及唐陵中的永康陵、兴宁陵、献陵、庄

① 杨宽：《中国古代陵寝制度的起源及其演变》，《复旦学报（社会科学版）》1981 年第 5 期，第 59—68 页。
② 焦南峰、孙伟刚、杜林渊：《秦人的十个陵区》，《文物》2014 年第 6 期，第 64—76 页。

陵、端陵、靖陵、惠陵等，大多现存有外形呈覆斗状的高大封土丘，有的中腰有明显层台，封土之上无其他建筑。封土丘规模最为宏大者，有秦始皇陵、西汉茂陵与唐献陵。其中西汉茂陵修建历时 53 年，不仅耗资巨大且葬礼奢华。据《晋书 · 索靖传》记载，“天下贡赋，三分之一供宗庙，一供宾客，一充山陵”①，“多臧金钱财物，鸟、兽、鱼、鳖、牛、马、虎、豹生禽，凡百九十物，尽瘗臧之，又皆以后宫女置于园陵”②。秦始皇陵工程浩巨，葬品奢侈。其陵园面积约为茂陵的 4.7 倍③。

3. 因山为陵

西汉文帝霸陵创其例。史载汉文帝遗诏，“厚葬以破业，重服以伤生，吾甚不取”，“霸陵山川因其故，无有所改”，故霸陵陪葬品“皆瓦器”，陵亦“因其山，不起坟”④。唐代十八陵中，以昭陵开其端，有十四座唐陵沿袭“因山为陵”的营造形式。此法貌似可省去堆积巨大封土所需之经年苦役，且使帝陵外形显得博大雄峻，更主要者则是防盗功能倍增。例如，乾陵，史载其玄阙门“以石闭塞，其石缝隙，铸铁以固其中”⑤，故成为迄今汉唐帝陵中唯一未遭盗掘的陵墓。

此外，部分帝王陵无地面丘冢或山陵，却为考古发现确认或史载相传。例如，前述的秦先公大墓、后秦太祖原陵和高祖偶陵、北周武帝孝陵等属于地面无封土丘而为考古发现所确认，而史传的西周十三王中的文、武、成、康、穆、共、幽王均应葬于关中（长安沣河中下游一带）。⑥ 史载周第二代国君季历墓亦位于关中。《战国策》载季历墓年久失修，“栾水齧其墓，见棺之前和。文王曰：‘嘻！先君必欲一见群臣百姓也夫，故使栾水见之。’于是出而为之张于朝，百姓皆见之，三日而后更葬”⑦。又《吕氏春秋》载王季葬于涡山之尾，即扈山也，涡、扈相近。《史记 · 周本纪》裴骃《集解》：“皇甫谧曰：‘葬鄠县之南山。’”⑧ 这些西周王陵迄今尚未被发现和确认。

---

①《晋书》卷 60《索靖传》，北京：中华书局，1974 年，第 1651 页。

②《汉书》卷 72《贡禹传》，北京：中华书局，1962 年，第 3071 页。

③ 袁仲一：《秦始皇陵与西汉帝陵异同的比较分析》，《秦文化论丛》第 8 辑，西安：陕西人民出版社，2001 年，第 1—2 页。

④《汉书》卷 4《文帝纪》，北京：中华书局，1962 年，第 132—134 页。

⑤《旧唐书》，北京：中华书局，1975 年，第 5102 页。

⑥ 岳连建：《西周王陵位置初探》，《文博》1998 年第 2 期，第 42—45 页。

⑦（西汉）刘向辑录：《战国策》，上海：上海古籍出版社，1985 年，第 824 页。

⑧《史记》卷 4《周本纪》，北京：中华书局，1959 年，第 116 页。

（二）帝王陵陪葬墓

关中地区帝王陵陪葬墓数量众多，主要以秦与汉唐时期的帝王陵陪葬墓为主。这些陪葬墓可依照墓主身份、距离帝陵远近及墓丘规模大小分为帝后妃陵与陪葬墓群。

1. 后妃陵

后妃陵以封土丘规模较大、距离所属帝王陵最近在陪葬墓群中极为显眼，汉唐后妃陪葬墓尤为突出。

秦后妃陵墓可考者，一是秦昭王母宣太后，一是秦昭王妃唐八子。《史记·秦本纪》载，秦昭王四十年，“宣太后薨，葬芷阳郦山”，“五十六年秋，昭襄王卒，子孝文王立，尊唐八子为唐太后，而合其葬于先王”。① 秦悼太子、昭襄、庄襄俱葬芷阳，以此知唐八子亦归葬芷阳陵区。另据考古探测资料，位于今西咸新区空港新城周陵街道的“周文王、周武王陵”应是秦悼武王（或秦惠文王）文及其夫人永（公）陵。②

汉代初期，帝、后在同陵园内异穴合葬，从汉文帝开始，帝、后各建陵园。现今遗存的西汉后妃陵多与帝陵贴近连立。例如，高祖吕后陵（长陵东）、孝惠张皇后陵（安陵西）、孝文窦皇后陵（霸陵东南）、文帝母薄太后南陵（霸陵西南）、孝景王皇后陵（阳陵东北）、孝武李夫人英陵（茂陵西北）、孝昭上官皇后陵（平陵西北）、孝宣许皇后“少陵”（杜陵正南）、孝宣王皇后陵（杜陵东南）、孝元王皇后陵（渭陵西北）、孝成许皇后陵（延陵西）、孝哀傅皇后陵（义陵东北）及孝平王皇后陵（康陵东南）等，这些皇后（妃）陵墓距帝陵数百米或千余米不等，形制多同于帝陵而规模偏小。③

唐代帝、后多同陵同穴合葬，如唐太宗与文德皇后、唐高宗与女皇武则天等皆是同陵同穴合葬。嫔妃墓多为异穴陪葬形式，如楚国太妃万氏陪葬献陵，元献皇后陪葬泰陵，章敬皇后陪葬建陵，庄宪皇后陪葬丰陵，孝明太后郑氏、懿安太后郭氏和贤妃王氏陪葬景陵，恭僖太后王氏和贞献太后萧氏陪葬光陵等。④

2. 陪葬墓群

西汉帝陵陪葬墓的数量十分惊人，其空间分布前期诸陵（长陵至杜陵）是在帝陵东

---

① 《史记》卷5《秦本纪》，第213、218—219页。

② 刘卫鹏、岳起：《咸阳塬上“秦陵”的发现和确认》，《文物》2008年第4期，第62—72页。

③ 刘庆柱、李毓芳：《西汉十一陵》，西安：陕西人民出版社，1987年，第5—43页。

④ 王双怀：《唐陵陪葬墓的分布特征》，《陕西师范大学继续教育学报》2001年第1期，第67—68页。

司马道的南北两侧，且数量较大。后期四陵（渭陵至康陵）的陪葬墓散布在帝陵封土周围数百米至数千米范围内，数量相对少些。这些陪葬墓群或南北排列，或东西成行，封土大多为覆斗形或圜丘形、尖锥形，墓丘有单冢、双冢、三连冢乃至“七妃冢”等形式。据 2001—2005 年完成的西汉帝陵大遗址考古调查、勘探的资料：长陵有陪葬墓 63 座，现地面残存封土的有 35 座，萧何、曹参、张耳、周勃和戚夫人等墓葬位列其中[①]；安陵陪葬墓 50 座，现存封土的有 19 座，鲁元公主、张敖、陈平、张苍、袁盎、扬雄和“商山四皓”等墓葬列其中[②]；霸陵陪葬墓有馆陶公主（刘嫖）、陈阿娇（即汉武帝之孝武皇后，后被废）、董偃及更始帝刘玄等墓葬，但地面无封土存在[③]；阳陵经始于 1990 年的考古勘探和发掘，其陪葬墓区总面积 3.5km^2，在东司马道南北两侧排列有 130 多座陪葬墓园，各墓园探明陪葬墓数量达 5000 余座。从发掘的 280 座汉墓来看，属于阳陵陪葬墓的墓园 30 多座（一座墓园包括 1—5 座墓葬），数量极其庞大，墓主以丞相李蔡、苏建在内的诸侯、公主和朝廷显贵为主[④]；茂陵陪葬墓有 113 座，尚存封土丘者 26 座，葬有卫青、霍去病、金日磾、霍光、上官桀、阳信长公主等，其中 5 座有独立墓园。此外，茂陵陵园内发现有 9 座高级嫔妃（五官以上）的祔葬墓；平陵陪葬墓有 30 座、高级嫔妃的祔葬墓 8 座（陵园内），绝大部分封土已被平掉，现存封土者不到 10 座，葬有夏侯胜、朱云、窦婴、张禹和韦贤等[⑤]；杜陵探明陪葬墓 140 座，现存封土丘的有 62 座，葬有大司马车骑将军张安世、丞相邴吉、中山哀王刘竟和卫尉金安上等[⑥]；渭陵探明陪葬墓 57 座，其中位于渭陵陵园东北角的高级嫔妃祔葬墓园，俗称“二十八宿”（实际墓葬达 31 座，其中 4 座有独立墓园），现存封土丘的 12 座；其余陪葬墓散布在渭陵东部（如“七妃冢”，现存墓冢 5 座）以及渭陵南部和东南部原下，共计 20 余座。文献记载，王凤、冯奉世、王莽妻（葬于渭陵长寿园西面）等葬此[⑦]；延陵陪葬墓 54 座，其中位于封土西约 600m

---

① 陕西省考古研究院：《2011 年陕西省考古研究院考古发掘新收获》，《考古与文物》2012 年第 2 期，第 3—13 页。

② 陕西省考古研究院：《2010 年陕西省考古研究院考古调查发掘新收获 》，《考古与文物》2011 年第 2 期，第 31—39 页。

③ 刘庆柱、李毓芳：《西汉十一陵》，西安：陕西人民出版社，1987 年，第 16—17 页。

④ 陕西省考古研究所阳陵考古队：《汉景帝阳陵考古新发现（1996 年—1998 年）》，《文博》1999 年第 6 期，第 3—11 页。

⑤ 陕西省考古研究院、咸阳市文物考古研究所、茂陵博物馆：《汉武帝茂陵考古调查、勘探简报》，《考古与文物》2011 年第 2 期，第 3—13 页；陕西省考古研究院：《2013 年陕西省考古研究院考古发掘新收获》，《考古与文物》2014 年第 2 期，第 3—23 页。

⑥ 刘庆柱、李毓芳：《西汉诸陵调查与研究》，《文物资料丛刊》（第 6 辑），北京：文物出版社，1982 年，第 1—15 页。

⑦ 陕西省考古研究院、咸阳市文物考古研究所：《汉元帝渭陵考古调查、勘探简报》，《考古》2013 年第 11 期，第 22—34 页；焦南峰：《西汉帝陵“夫人”葬制初探》，《考古》2014 年第 1 期，第 77—83 页。

处的大型祔葬墓园有 19 座高级嫔妃墓葬，地面现存封土的 10 座。其余陪葬墓分布在延陵东部和南部原下一带。史载成帝许皇后、赵皇后（飞燕）和妃班婕妤墓列于其中[①]；义陵陪葬墓 16 座（陵园内嫔妃祔葬墓 7 座），主要分布于陵园四周的司家庄、戚家山村和坡刘村等（图 3–1）[②]。

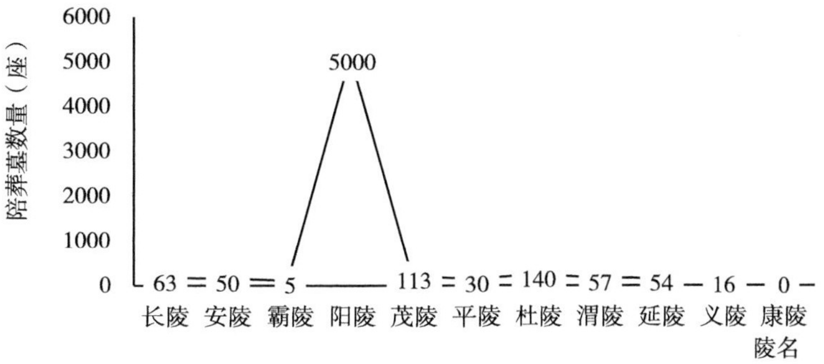

图 3–1　西汉帝陵陪葬墓数量
注：图中霸陵为史籍记载的陪葬墓数，其余为考古发现确定的陪葬墓数

唐代帝王陵墓中亦有数量相差悬殊的陪葬墓，有的数以百计，有的少至 1—3 座乃至缺失陪葬墓（表 3–1，图 3–2）。据近些年来实施的“唐陵大遗址保护”考古调查项目获得的考古资料和文献记载，唐陵陪葬墓表现出的特征[③]：一是昭陵为代表的空间分布规整、等级显明的陪葬墓群。昭陵陪葬墓基本按照死者的身份地位及其与皇帝的亲疏关系排列，陪葬墓的地上和地下构成要素反映陪葬墓主的身份地位和等级。例如，封土丘为覆斗形和象山形的陪葬墓主的身份等级高于圜丘形封土的陪葬墓墓主，依山陪葬墓的墓主身份地位较封土型陪葬墓墓主为高。陪葬墓地下墓道所带天井、过道和壁龛的数量规模也反映墓主的身份地位高低，等等。二是从乾陵开始，帝陵陪葬墓的数量急剧减少（图 3–2），唐太宗制定的“君臣一体”为主要目的的陪葬制度发生质变，皇室宗亲成为主要的陪葬对象，出现家族化趋势。[④]三是唐陵（昭、乾、定、桥诸陵为代表）陪葬墓主要分布在陵山东南，但献陵陪葬墓主要在陵丘东北部。另外，汉唐后妃陵也有不祔葬帝王陵园者。现今保存较完好的汉钩弋夫人赵婕妤云陵即是如此。钩弋夫人为汉武帝妃，葬云阳（咸

① 刘卫鹏、岳起：《陕西咸阳市西汉成帝延陵调查记》，《华夏考古》2009 年第 1 期，第 65—72 页。

② 陕西省考古研究院、咸阳市文物考古研究所：《汉哀帝义陵考古调查、勘探简报》，《考古与文物》2012 年第 5 期，第 18—27 页。

③ 沈睿文：《唐昭陵陪葬墓地布局研究》，《唐研究》第 5 卷，北京：北京大学出版社，第 421—452 页。

④ 英卫峰、霍雅琴：《唐代帝陵陪葬墓盛衰原因新探》，《西北大学学报（哲学社会科学版）》2009 年第 4 期，第 59—63 页。

阳淳化县大圪垯村），史载汉昭帝追尊其母为皇太后，起云陵邑于陵墓西北，虽为后妃陵，却并不具有陪葬墓性质。[①]

表 3–1 唐代帝陵陪葬墓一览表

帝陵	座（文献记载）	考古发现（座）	可确定墓主的陪葬墓（数量）
献陵	23（《长安志》）、25（《唐会要》《文献通考》《关中陵墓志》等）	93	馆陶公主、河间王孝恭、襄邑王神符、清河王诞、韩王元嘉、鲁王灵夔、霍王元轨、荣国公樊兴、平原郡公王长楷、谭国公邱和、刑部尚书刘德威等（28）
昭陵	74（《唐书》）、155（《唐会要》）、166（《长安志》）、174（《文献通考》）130（《关中陵墓志》）、203（《礼泉县志》）	193	韦贵妃墓、燕妃墓、韦昭容墓、长乐公主墓、城阳公主墓、新城公主墓、魏徵墓、薛赜墓、马周墓、房玄龄墓、李靖墓、孔颖达墓、杜君绰墓、李承乾墓、兰陵公主墓、程知节墓、尉迟敬德墓、李贞墓、张士贵墓、郑仁泰墓、安元寿墓等（65）
乾陵	16（《唐会要》）、6（《长安志》）、17（《文献通考》《关中陵墓志》）、41（《乾州志稿》）	17	章怀太子李贤、懿德太子李重润、泽王李上金、许王李素节、义阳公主、新都公主、永泰公主、王及善、薛元超、刘审礼、卢钦望和杨再思等（17）
定陵	6（《唐会要》《长安志》）	10	节愍太子重俊、宜城公主、长宁公主、定安公主及驸马王同皎、永寿公主等（6）
桥陵	6（《唐会要》《长安志》）、9（《文献通考》）、12（《关中陵墓志》）、13（《蒲城县志》）	12	惠宣太子业、金仙公主、梁国公主、息国公主及驸马李思训等（6）
泰陵	1（《唐会要》等）	1	扬州大都督高力士（1）
建陵	3（《唐会要》等）	3	汾阳王郭子仪、章敬皇后墓和李怀让（3）
丰陵	1（《新唐书》）	—	庄宪皇后（1）
景陵	4（《唐会要》）	2	惠昭太子宁、孝明太后郑氏、懿安太后郭氏和贤妃王氏（1）
光陵	2（《唐会要》等）	1	墓主不定
庄陵	1（《唐会要》等）	1	悼怀太子李普（1）
端陵	1（《唐会要》等）	0	—
贞陵	1（《唐会要》等）	0	—

注：表中未列出的唐元、崇、章、简、靖诸陵，文献记载和考古发现皆无陪葬墓

① 姚生民：《汉云陵、云陵邑勘查记》，《考古与文物》1982 年第 4 期，第 39—44 页。

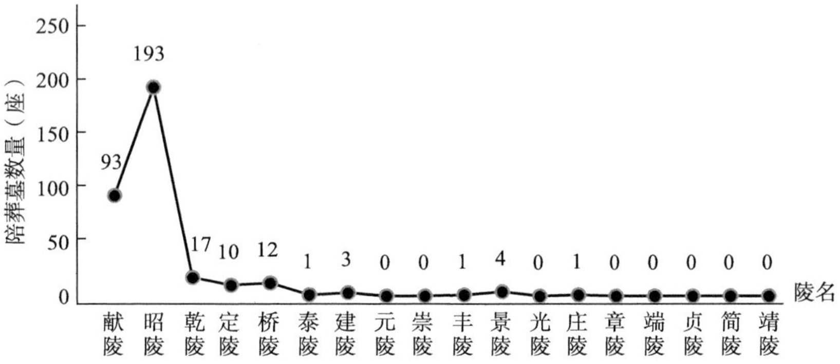

图 3–2　唐代帝陵陪葬墓数量分布

（三）历代将相名人墓葬

关中地区是周、秦、汉、唐等 13 个朝代建都之地，历经千余年，为我国政治、文化中心，故遗存有大量不同历史时期的将相名人墓葬，其中大多数被列为国家、省、市县级重点文物保护单位。这些墓葬按所处的历史年代、地理位置与墓主身份列表叙述如下（表 3–2）。

表 3–2　关中历代将相名人墓葬

历史时期	墓葬名称	地理位置	备注	历史时期	墓葬名称	地理位置	备注
原始社会	女娲墓	蓝田县鲸鱼沟北坡	创世女神	唐朝	于志宁墓	三原县兴隆村	尚书左仆射
	姜嫄墓	武功县武功镇	圣母		令狐德棻墓	铜川市耀州区	太常卿
奴隶社会	杜康墓	白水县王家河村	酿酒始祖		长孙无忌墓	永寿县渠子镇	尚书仆射
	公刘墓	彬县陵滩村	周部落首领		李光弼墓	富平县西	节度副使
春秋战国至秦代	老子墓	周至县大陵山	太上老君		杨贵妃墓	兴平市马嵬镇	贵妃
	扁鹊墓	临潼区南陈村	神医		杨珣墓	扶风县韩坡村	兵部尚书
	蔺相如墓	临潼区临马道北	赵上卿		李重俊墓	富平县南陵村	唐太子
	王翦墓	富平县巨贤村	秦名将		韦泂墓	西安南里王村	卫尉卿
	王贲墓	富平县千王堡	秦名将		李淳风墓	岐山县凤鸣镇东	将仕郎
	秦二世墓	雁塔区西曲江池村	秦末帝		苏归墓	杨凌区西卜村	宰相

续表

历史时期	墓葬名称	地理位置	备注	历史时期	墓葬名称	地理位置	备注
西汉	陈平墓	鄠邑区曹家堡	丞相		柳公权墓	耀州区让义村	太子太师
	娄敬墓	永寿县娄敬山	关内侯		李茂贞墓	宝鸡市凌源村	唐秦王
	陆贾墓	永寿县边村	太中大夫	五代	冯晖墓	彬县二桥村	节度使
	张安世墓	长安区韦曲街道	大司马	宋代	杨砺墓	鄠邑区杨家堡	状元
	司马迁祠墓	韩城市芝川镇	太史令		赵瞻墓	周至县新寺头村	进士
	苏武墓	武功县龙门村	中郎将		张载墓	眉县横渠镇	进士
	张耳墓	兴平市汤坊镇西	赵景王		陶谷墓	彬县刘家湾村	尚书
	班固墓	扶风县张家沟村	中郎将		王重阳墓	鄠邑区刘将村	道士
东汉	杨震墓	华阴市吊桥亭东堡	太尉	元代	杨文康墓	高陵区张卜镇西	关学大师
	班昭墓	兴平市洛庄村东	女辞赋家	明代	马理墓	三原县新立村	进士
	马援墓	扶风县伏波村	伏波将军		王九思墓	鄠邑区甘亭街道北	戏曲家
	公孙贺墓	彬县祁家崖村	丞相		胡登洲墓	渭城区胡家沟	教经师
	蔡文姬墓	蓝田县蔡王庄村	女诗人		吕楠墓	高陵区老屈庄	状元
北朝	叱罗协墓	渭城区靳里村	骠骑大将军		李颙墓	周至县二曲镇	教育家
隋朝	牛弘墓	长武县相公镇	礼部尚书	清代	刘古愚墓	秦都区天阁村	教育家

资料来源：陕西省地方志编纂委员会编：《陕西省志》第 66 卷《文物志·古墓葬》，西安：三秦出版社，1995 年，第 61—130 页；惠焕章、张劲辉、王国强编著：《陕西名人墓》，西安：陕西旅游出版社，2000 年，第 1—207页。

二、关中地区古代陵墓的地理分布

据对关中古代陵墓的实地考察、参考文献记载和考古资料，其地理分布特征表现为：帝王陵及其陪葬墓呈现出带状、片状与散点状结合，相对集中；历代将相名人墓葬基本是以散点状分布为主。

（一）关中帝王陵的地理分布

1. 带状分布

一是西汉帝陵的空间分布呈“勺柄形”带状，即沿咸阳五陵原原边展布的 9 座西汉帝陵（其中康陵略远离原边）、西安东南郊白鹿原原阶汉文帝霸陵与杜东原汉宣帝杜陵围绕汉长安城呈现为“勺柄形”带状分布。二是唐代帝陵空间上的弧线状分布。关中唐十八陵均位于渭北山地和台塬，具体地理范围是在东经 108°13′至 109°39′，北纬 34°34′至 35°03′的范围之内，大致以唐都长安为中心，东起泰陵，西迄乾陵，形成一个 102° 的扇面，东西长 140km，总面积将近 3000km^2。唐代十八帝陵基本沿着该扇形面的边缘，即关中地区“北山”诸山峰南坡或山前台塬构成的弧线分布。①

2. 片状分布

秦统一天下前的秦王（公）陵呈片状分布。目前所知，主要有西陲陵区、雍城陵区、栎阳陵区、毕陌陵区、芷阳陵区等。其中西陲陵区位于甘肃省礼县，总面积约 18km^2，已探出墓葬 14 座、车马坑 2 座，出土文物 300 多件，内有大量青铜器和金、玉器等。已发掘的两座“中”字形和“目”字形墓规模宏大，总长度分别为 88m 和 115m，经考证墓主分别为秦襄公和秦文公的陵墓。② 雍城陵区位于凤翔县南塬（三畤原），总面积约 21km^2，是最大的秦国君陵墓区③，已探出“丰”字形、“中”字形、“甲”字形、“凸”字形、刀把形、“目”字形、圆形等 7 个类型大墓 49 座。史载，秦德公承其兄武公享国，后将秦之都城迁雍城。都雍期间，秦享国之君 19 位。据《史记·秦本纪》：“武公卒，葬雍平阳。初以人从死，从死者六十六人。”④栎阳陵区位于栎阳到咸阳之间的黄土原上，为秦献公以后至战国中期的诸秦公陵园。《史记》记载“献公葬嚣圉”“孝公葬弟圉”，学界推测其地当在栎阳（今西安市阎良区武屯街道官庄村与古城屯村之间）附近。⑤ 毕陌陵区（咸阳原）系秦迁都咸阳初期所选择王公贵族墓地。今西咸新区秦汉新城周陵街道办存两座南北并列、号称“周陵”之墓冢，前有清陕西巡抚毕沅所立“周文王陵”“周武王陵”碑。然征之文献、考古钻探资料，该二陵可能为秦悼武王及其王后永陵。另在西汉成帝延陵东北 500m 左右、周陵街道严家沟村北存有两座所谓“汉成帝后妃陵墓”，经钻探调查证明，当为秦惠文王及其夫人的“公陵”⑥。芷阳陵区（芷阳原）即战国中后期秦“东陵”，位于今临潼区斜口街道骊山西麓，目前共发现 4 座陵园，内有“亚”字形、

① 王双怀：《关中唐陵的地理分布及其特征》，《西安联合大学学报》2001 年第 1 期，第 63—66 页。

② 李朝远：《上海博物馆新获秦公器研究》，《上海博物馆集刊》第 7 期，上海：上海书画出版社，1996 年，第 23—33 页。

③ 陕西省考古研究院秦汉考古研究部：《陕西秦汉考古五十年综述》，《考古与文物》2008 年第 6 期，第 96—160 页。

④《史记》卷 5《秦本纪》，第 183 页。

⑤ 王学理主编：《秦物质文化史》，西安：三秦出版社，1994 年，第 71—72 页。

⑥ 咸阳市文物考古研究所：《西汉帝陵钻探调查报告》，北京：文物出版社，2010 年，第 6—139 页。

"中"字形大墓10座。[①]考诸史料，可确定葬秦东陵的王公贵族有昭襄王与唐太后、庄襄王与帝太后、悼太子、宣太后等。[②]

3. 点状散布

点状散布的主要有华夏始祖炎帝陵、帝喾陵，历时短暂的封建王朝帝陵，以及汉、唐之间处在分裂割据时期的王陵。例如，散布在咸阳原、彬县、富平、高陵、白水诸县区的十六国前赵刘曜之父的永垣陵（白水）、前秦苻坚墓（彬县）、后秦太祖原陵和高祖偶陵（高陵）、西魏文帝永陵和北周文帝成陵（富平）以及武帝孝陵（咸阳原），另有杨凌区隋文帝泰陵、临潼秦始皇陵、宝鸡市炎帝陵与合阳县帝喾陵等。此外，不同朝代追封为太上皇、太后和皇帝而号墓为陵者，如前述刘邦父汉太上皇陵、汉钩弋夫人云陵、北周文帝宇文泰成陵、李渊祖父李虎墓、李渊父李昞墓、武则天母之墓顺陵及唐睿宗嫡长子李宪墓、唐玄宗长子李琮墓等，其空间分布亦呈散点状。[③]

（二）帝王陵陪葬墓的地理分布

帝王陵陪葬墓的空间分布随不同朝代陵墓制度的不同而表现出差异性。以陪葬墓规模和数量较大的汉、唐时期来看，西汉皇帝与后（妃）异穴同陵或异陵而葬，二者相对位置呈"帝东后西"或"帝西后东"，一般相距200—400m（长陵、安陵、阳陵、渭陵、义陵及康陵）或500—700m（茂陵、平陵、杜陵、延陵），窦皇后陵与霸陵相距2400m，较为特殊。[④]

西汉帝陵的陪葬墓大多数分布在帝陵以东的司马道南北两侧，且离帝陵越近的陪葬墓主人的身份地位越高。[⑤]受地形等因素影响，部分帝陵陪葬墓的空间排布较为特殊。例如，长陵和安陵的陵园皆位处突出靠前的塬边，其东部紧邻沟湾，地形高低悬殊，二者的陪葬墓基本分布在其东司马道北侧高亢平缓的台塬上。霸陵依山为陵，其陪葬墓安排在帝陵的东南和南部。延陵东侧紧邻秦惠文王公陵（或秦悼武王永陵）陵区，陪葬墓多集中在延陵西面的陪葬墓园，部分排布在其南、北两面。阳陵、茂陵、杜陵及渭陵等所处地形平坦开阔，陪葬墓在陵园东司马道南北两侧分布，其中杜陵和渭陵

① 杨永林、张哲浩：《秦东陵考古新发现陵园四面壕沟和陪葬坑等大量遗迹，推测"一号陵园"为秦昭襄王唐太后"茝陵"》，《光明日报》2013年1月6日，第3版。

② 赵化成：《秦东陵刍议》，《考古与文物》2000年第3期，第56—63页。

③ 《新编陕西省志》第66卷《文物志》第2章《古墓葬》，西安：三秦出版社，1995年，第80—130页。

④ 咸阳市文物考古研究所：《西汉帝陵钻探调查报告》，北京：文物出版社，2010年，第6—139页。

⑤ 刘庆柱、李毓芳：《西汉十一陵》，西安：陕西人民出版社，1987年，第5—43页。

等还布置有大型陪葬墓园。平陵、义陵等陪葬墓在帝陵四周分散布局，显得松懈灵活。整体上看，西汉帝陵陪葬墓绝大多数是在具有一定范围的陪葬墓区呈“大分散、小集中”的空间布局特征，即整个陪葬墓区墓冢为散点状分布，但双冢、三连冢、五冢组合及“七妃冢”等组团式陪葬墓，甚至“二十八宿”等空间排列有序的大型陪葬墓园亦见有数处。[①]

关中唐代“十八陵”中陪葬墓数量较多者有献陵、昭陵、乾陵，以及定陵和桥陵等。其中献陵属于堆土陵，其陪葬墓主要分布在封土丘的东部与东北部，同多数西汉帝陵陪葬墓的分布类似。昭陵、乾陵、定陵和桥陵等皆系“依山为陵”且坐北朝南，其陪葬墓区基本是在陵山的东南方向。即使唐代后期陪葬墓数量极少（1—3 座）的诸陵，其寥若晨星的陪葬墓分布亦是如此。

历代将相名人墓葬的空间分布大体上呈现为散点状，但有明“十三秦藩王陵”（由 13 座明代秦藩王陵及 50 余座陪葬墓组成的墓群）呈片状分布在西安市长安区少陵、鸿固、凤栖原上。[②]

三、关中地区古代陵墓地理分布的影响因素

关中地区古代陵墓数量庞大、地理分布特征差异明显。帝王陵墓中汉唐帝陵呈带状分布；先秦时期的秦王（公）陵葬为片状分布；华夏始祖华胥陵、黄帝陵、炎帝陵、帝喾陵、秦始皇陵、隋泰陵，汉、唐之间处在分裂割据时期政权的王陵及各代追封的帝（后）陵多为散点状分布。陪葬墓群基本是在所依附帝王陵封土的东面（包括东南、东北）或者其外围多个方位一定区域呈现“大分散、小集中”的分布特征，而历代将相王侯与名人墓葬基本是散点状布局。推究关中古代陵墓地理空间分布的原委，其主要影响因素如下。

（一）王朝都城区位影响王（公）陵墓的选址和布局

先秦时期国君、王陵及其亲族近臣墓葬多呈片状聚集状态分布，如前述秦统一天下前的秦王（公）陵及西周王陵等，其共同特点为均依附王朝都城布局。

---

① 曹龙：《西汉帝陵陪葬制度初探》，《考古与文物》2012 年第 5 期，第 82—85 页。

② 陕西省地方志编纂委员会编：《陕西省志》第 66 卷《文物志 · 古墓葬》，西安：三秦出版社，1995 年，第 130 页。

西周王陵“不封不树”，其确切墓址至今难觅。据相关文献所载，其聚葬性质及葬地接近王朝政治中心的情况却较为明确。《孟子·离娄》云：“文王生于岐周，卒于毕郢。”焦循释云：“毕，文王墓，近于酆、镐之地。”①《逸周书·作雒解》：“（成王）九年夏六月，葬武王于毕。”②《史记》云：“所谓‘周公葬（于）毕’，毕，在镐东南杜中。”③这些文献都指出了文王、武王及周公葬地在“毕”。学界关于古“毕”地究竟在关中何处尚有争议。一说在今西安市长安区，即古镐京东南之毕原④；一说在今宝鸡市扶风、岐山两县接壤处之周原⑤；还有认为是今咸阳市市区北郊的五陵原，史称毕郢原⑥。前两处都曾是周人政治活动中心。《史记·周本纪》：“（古公亶父）乃与私属遂去豳，度漆、沮，逾梁山，止于岐下。豳人举国扶老携弱，尽复归古公于岐下。及他旁国闻古公仁，亦多归之。于是古公乃贬戎狄之俗，而营筑城郭室屋，而邑别居之。”至文王，再“自岐下而徙都丰”⑦，是故西周王陵无论位处岐山“毕”还是丰镐“毕”，周人贵族墓葬的位置均靠近其政治中心是不争的事实。

秦王（公）陵区的空间布局清晰地展示着秦人政治上东进的历史进程。雍城地处关中西部，是秦人从甘肃东部入主关中后建立的第一座历时较长的都城。自“德公元年，初居雍城大郑宫”，至献公二年城栎阳止，秦都雍城 293 年。考古勘查表明，雍城“总体格局是由城址、陵区、国人墓地及郊外离宫别馆四部分组成。……雍水之南为国人墓地，再南便为秦公陵园，陵墓隔河与雍城相望。离宫别馆则分布在城之东、南、西三面，如同繁星拱月一样，拱卫着都城”。显然，秦雍城陵区实质是其都城整体布局的重要组成部分。⑧公元前 383 年，秦献公“城栎阳”；公元前 350 年，献公子孝公再徙都咸阳。栎阳“故城位于陕西临潼县武屯乡关庄、王宝屯一带”⑨，而秦咸阳宫遗址在今西咸新区秦汉新城（原咸阳市渭城区）窑店街道一带，两地近在咫尺。从献公迁都到秦二世胡亥亡秦（前 206 年）的 170 余年，秦政治中心从关中西部东移至关中腹地，秦陵区亦随之东

---

① （清）焦循：《孟子正义》，北京：中华书局，1987 年，第 538 页。

② 黄怀信等：《逸周书汇校集注》，上海：上海古籍出版社，1995 年，第 550 页。

③ 《史记》卷 4《周本纪》，第 170 页。

④ 岳连建：《西周王陵位置初探》，《文博》1998 年第 2 期，第 42—45 页。

⑤ 岳连建：《周公庙西周大墓性质管见——兼谈西周王陵问题》，《文博》2004 年第 5 期，第 19—20 页；郑红利：《与西周王陵相关的几个问题》，《文博》2000 年第 6 期，第 30—34 页。

⑥ 张鸿杰、司少华：《毕原与周陵》，《咸阳师范学院学报》2008 年第 3 期，第 37—41 页。

⑦ 《史记》卷 4《周本纪》，第 114、118 页。

⑧ 王学理主编：《秦物质文化史》，西安：三秦出版社，1994 年，第 71—72 页。

⑨ 王学理主编：《秦物质文化史》，第 92 页。

移。例如，献公、孝公向东迁都后，秦惠文王、悼武王父子及其后妃之葬地均转移至今咸阳原，而到雄谋大略的秦昭王继位后，他和他的子孙们却葬于更东面的芷阳陵区（今临潼）。[①]这说明秦陵区之空间变动确乎是追步于其都城之转移的，亦完全适应其政治发展形势之需要。

（二）重视风水、追求皇权威严和博大气势，影响帝王陵寝的选址和布局

帝王陵及其庞大陪葬墓群的空间分布既有遵循传统观念——选址于都城附近的因素，更是重视风水、追求皇权威严和博大气势的结果。例如，秦始皇陵南依骊山，北临渭水，符合《大汉原陵秘葬经》中的“立冢安坟，须籍来山去水”[②]之陵寝择址标准，可谓吉壤。

西汉11帝陵，有9座陵寝一字排布于都城长安北面的“咸阳北坂”（今咸阳兴平市豆马村至秦汉新城正阳街道张家湾村的黄土台塬，史称五陵原）原边，文帝霸陵和宣帝杜陵位处都城长安东南的白鹿原和少陵原上。无论“咸阳北坂”排布的9座帝陵，还是汉长安城东南黄土台塬上的2座帝陵，基本都是位于靠近原边的形胜之地。据考证，西汉帝陵的选址营建，一是模仿宫殿选址和布局，居高临下，俯视群庶，体现皇权威严和高大。[③]二是防止地下水对玄宫的浸蚀。据《吕氏春秋》：“古之人有葬于广野深山而安者矣，非殊玉国宝之谓也，葬不可不藏也。藏浅则狐狸扫之，深则及于水泉。故凡葬必于高陵之上，以辟狐狸之患，水泉之湿，此则善矣。”[④]咸阳五陵原、西安白鹿原和少陵原（亦称杜东原）皆为黄土台塬，其地表覆盖黄土层厚度达80—100m（五陵原）[⑤]或100m以上（白鹿原、少陵原）[⑥]。经测量，阳陵、长陵、安陵、康陵、平陵和茂陵所处原面地下潜水位埋深超过50m，渭陵、杜陵、延陵和义陵等原面潜水位埋深30—50m。[⑦]如此水文地质条件极其适合于修建陵墓，故西汉帝陵选址汲取了秦始皇陵修建“下固三泉”之鉴，刻意讲求陵址地势的“自然高敞”[⑧]。三是西周以来王陵多置于都城附近高地的传

---

① 刘卫鹏、岳起：《咸阳塬上“秦陵”的发现和确认》，《文物》2008年第4期，第62—72页。

② （明）解缙总纂修：《永乐大典》第8199卷《十九庚，陵》，北京：中华书局，1959年，第3823页。

③ 焦南峰、马永嬴：《西汉帝陵无昭穆制度论》，《文博》1999年第5期，第51—59页。

④ （战国）吕不韦等编著，（东汉）高诱注：《吕氏春秋》卷10《孟冬纪》，《诸子集成》第6册，第96页。

⑤ 咸阳市渭城区地方志编辑委员会编：《咸阳市渭城区志》，西安：陕西人民出版社，1996年，第57页。

⑥ 陕西师范大学地理系编：《西安市地理志》，西安：陕西人民出版社，1988年，第70—71页。

⑦ 李世忠、杜忠潮：《关中地区古代陵墓的类型、地理分布及其影响因素分析》，《咸阳师范学院学报》2012年第4期，第50—59页。

⑧ 王子今：《说“高敞”：西汉帝陵选址的防水因素》，《考古与文物》2005年第1期，第33—37页。

统，以及汉代盛行的卜宅吉地风水（堪舆）思想的影响。西汉 9 座帝陵分布在“咸阳北阪”，2 座帝陵分布在长安城东南的白鹿原和少陵原，2 个陵墓区皆为去都城长安不远的宽敞、平坦和高亢之地，犹如张开的两翼，紧紧拱卫着都城长安。此外，咸阳原北依九嵕诸山，南临渭水，与终南山遥遥相望。尤其是五陵原东端为泾渭交汇之处，极其符合所谓“藏风聚气”的风水思想，成为西汉九朝皇帝心目中亡灵安息的风水宝地。四是交通和军事方面的因素。西汉首都长安通往西北地区的两条主要干道都要经过地势平坦的咸阳原。西汉早期，北方的匈奴经常南下侵扰，兵锋直指雍城和甘泉。为了保卫都城长安，加强京师地区的经济和军事实力，将陵墓区选在咸阳原，并在先期建造的 7 座帝陵即长陵、安陵、阳陵、茂陵、平陵、霸陵、杜陵皆设置陵邑，迁徙天下豪富和中央官吏眷属于诸陵邑，使帝陵区相继出现人口密集、相距不远的“卫星城”，表面以奉山陵，实为“强干弱枝”策略。[①] 况且，咸阳原距离都城长安很近，便于当朝皇帝祭祀祖宗。五是皇帝个人喜好和心理因素。例如，汉文帝刘恒与汉宣帝刘询将陵墓选定在都城长安东南的山、原上，除了有汉文帝“因其山，不起坟”的简朴追求和汉宣帝“尤乐杜、鄠之间，率常在下杜”的喜好之外，还当与二人继承皇位时的非嫡系身份和由此导致的心理状态有关。[②]

关中唐十八陵均匀散布于西起乾县、东至蒲城县的渭北平原，群陵均背山面原展布在东经 108°13′至 109°39′，北纬 34°34′至 35°03′范围内，是为东西跨度约 150km 的扇面，其与唐长安城隔渭河相望，也形成一个从北面拱卫京城的形势。据研究，唐代帝陵的选址和布局主要受下列因素影响[③]：其一，遵循帝王陵墓置在都城附近且陵园规制模仿其都城空间格局的传统观念。[④] 由于唐长安城以北的高敞平缓原面已成为西汉陵区，唐室陵区只能继续向渭北推移，选择龙脉较好的北山修建陵园。其二，地形因素的影响。渭北地区平原较少，除了咸阳原，基本为山前斜坡地带，如三原县的献陵、庄陵、端陵和乾县的靖陵便利用了有限的平原地区“堆土成陵”。相反，东西绵延数百千米的北山却为“因山为陵”营造陵墓提供了广阔空间和有利条件。其三，唐代帝王多追求皇权威严和博大的气势。例如，贞观十八年（644 年），唐太宗对侍臣讲：“我看九嵕山

① 刘华祝：《西汉帝陵营建礼俗略述》，《咸阳师范学院学报》2005 年第 1 期，第 12—14 页。

② 咸阳市文物考古研究所：《西汉帝陵钻探调查报告》，北京：文物出版社，2010 年，第 6—139 页。

③ 王双怀：《唐陵陪葬墓的分布特征》，《陕西师范大学继续教育学报》2001 年第 1 期，第 67—68 页。

④ 权东计：《唐昭陵与长安城空间关系研究》，《西北大学学报（哲学社会科学版）》2004 年 1 期，第 63—67 页；秦建明、姜宝、梁小青，等：《唐初诸陵与大明宫的空间布局初探》，《文博》2003 年第 4 期，第 43—48 页。

孤耸回绕，因而傍凿，可置山陵处，朕有终焉之理。”[①] 开元十七年（729年），唐玄宗至桥陵之东，见金粟山有龙盘凤翥之势，便对侍臣说：“吾千秋后，宜葬于此地。”[②] 因此，自唐太宗昭陵开其端，有14座唐陵选择了“因山为陵”的营造形式。其利用天然山丘，建筑在山岭顶峰之下，居高临下，形成“南面为立，北面为朝”的气势。其四，重视风水，以占卜确定陵址。古代风水理论认为，一国之君陵墓的风水会影响整个国家的命运，故唐代帝陵十分重视选择陵址，以图皇权永固。史载唐高祖献陵、太宗昭陵、高宗乾陵等皆是通过占卜确定的陵址。此外，唐代风水思想主要来源于魏晋时期的葬地理论，使得唐陵选址注重龙脉大势，并以“藏风得水”为基本模式。[③] 唐十八陵分布在关中平原北部、横亘在黄土高原南侧的北山山脉。该山脉自东北向西南蜿蜒回环，若马驰、若水波，堪称“上地之山”，形成来龙之势。其中昭陵所因的九峻山山势突兀，南隔关中平原，与太白、终南诸山峰遥相对峙。东西两侧，层峦起伏，沟壑纵横，加之泾水环绕其后，渭水萦带其前，山水俱佳；乾陵有山（梁山）有水（漠谷河），地形地貌结合完美。《葬书》云：“葬者，乘生气也。藏风聚气，得水为上……故葬者以左为青龙，右为白虎，前为朱雀，后为玄武。”[④] 由此看来，昭陵、乾陵皆不失为风水宝地，堪称唐陵风水中的典范。

（三）循叶老归根理念，将相名人墓葬分布在乡梓故里

关中地区历史上将相名人辈出，其归葬地多选择其乡梓故里。[⑤] 例如，“圣母”姜嫄墓位于武功县武功镇，史传其为陕西武功人；王翦、王贲父子，秦频阳（今富平县）人，王翦墓位于今富平县到贤镇纪贤村永和堡，王贲墓亦在富平县美原镇千王堡；司马迁祠墓，位处今韩城市南十公里芝川镇南门外、黄河西岸梁山东麓，司马迁本人正是韩城龙门镇人；汉武帝时曾任丞相的公孙贺，为汉北地义渠（甘肃庆阳）人，《彬县志》载，“汉公孙贺故宅，在县西二十五里，今呼孙村（水口乡）”，其墓亦在今毗邻庆阳的彬县祁家崖村；班固，汉扶风安陵人，墓在今宝鸡市扶风县张家沟村；马援，汉扶风人，墓在今扶风县城西伏波村；隋朝尚书牛弘、唐代宰相苏归，其墓葬皆在其故里（长武县相公镇

① （宋）王溥：《唐会要》卷20《陵议》，上海：上海古籍出版社，2006年，第457页。
② （宋）王溥：《唐会要》卷20《陵议》，第459页。
③ 韩养民编著：《大唐盛世——风水与唐陵》，西安：三秦出版社，2003年，第28页。
④ 韩养民编著：《大唐盛世——风水与唐陵》，第26—27页。
⑤ 陕西省地方志编纂委员会：《陕西省·文物志》第13卷·文化第2章《古墓葬》。

和杨凌区西卜村）；唐太宗十八学士之一于志宁，京兆高陵人，墓在今三原县陵前镇兴隆村；令狐德棻，宜州华原（铜川市耀州区）人，墓在今耀州区杨河村；柳公权，京兆华原（今耀州区柳家原）人，墓在耀州区让义村；宋代杨砺，今鄠邑区杨家堡人，墓亦葬此处；寇准，华州下邽（渭南市）人，墓在今渭南市左家村；北宋思想家张载，关中眉县人，曾讲学于眉县横渠，墓亦在今眉县大镇谷迷狐岭，同地所葬还有其父张迪、弟张戬；北宋四世名臣赵瞻，今存其《赵枢密瞻神道碑》系宋代名臣范祖禹撰文，蔡京书写并篆额，赵本人为周至县辛头寺人，墓亦在今辛头村；其他如明前七子之一王九思，著名学者吕柟，胡登洲等，分别为今西安市高陵区、鄠邑区及西咸新区秦汉新城人，他们的墓葬今也各留存其地。

名人故里决定其墓葬在关中的分布，也可通过名人家族聚葬墓区之位处来考察。例如，渭南市潼关县杨氏墓区，存东汉太尉杨震及其子孙墓7座，唐宋时，墓区仍存杨震、杨统、杨著、杨馥四人碑各一，欧阳修《集古录》、赵明诚《金石录》、洪适《隶释》等均有著录，而杨震墓、杨馥墓坟丘今仍存①；华阴县（今华阴市）油巷村，有东汉司徒刘崎及其家族墓地，20世纪80年代初考古发掘，清理墓葬5座，出土了“刘崎之印”及“司徒之印章”②；唐代显要门阀之一韦氏，自北周以来世代显宦，势倾中外，其家族墓园位于今西安市长安区的韦曲原之南的北里王村，此处不仅有唐中宗李显韦皇后之弟韦洞墓，更发现了大诗人韦应物墓志③。至于苏武为西汉杜陵人，其墓在今武功县龙门村，稍稍远离杜陵（今杜东原），或另有缘故。

（四）重大历史事件发生地或墓主生前活动地决定名人墓葬空间布局

以重大历史事件发生地导致古代名人墓葬分布的，如女娲墓、扁鹊墓、蔺相如墓、秦二世墓、秦子婴墓、苻坚墓、杨贵妃墓等。以墓主生前活动地为归葬地者，有公刘墓、老子墓、陈平墓、陆贾墓、张载墓等。例如，扁鹊姓秦名越人，战国时期渤海郡莫州（河北任丘）人，入咸阳，“秦太医令李醯自知技不如鹊，使人刺杀之”④，其死地为临潼骊山脚下，故其墓亦存此处，国内他处虽称有扁鹊墓，然“当以临潼者为近是”；秦二世被

① 陕西省文物管理委员会：《潼关吊桥汉代杨氏墓群发掘简记》，《文物》1961年第1期，第56—66页。

② 杜葆仁、夏振英、呼林贵：《东汉司徒刘崎及其家族墓的清理》，《考古与文物》1986年第5期，第45—56页。

③ 马骥：《新发现的唐韦应物夫妇及子韦庆复夫妇墓志考》，西安碑林博物馆编：《纪念西安碑林九百二十周年华诞国际学术研讨会论文集》，北京：文物出版社，2008年，第293页。

④《史记》卷150《扁雀仓公列传》，第2149页。

杀于秦咸阳之望夷宫（今泾阳县高庄镇），不得入葬秦陵区，而以庶人仪葬宜春苑。今西安市雁塔区曲江池村存其墓并建有遗址公园，正与其死地南北相望；前秦苻坚公元 383 年攻东晋，淝水一战惨败，两年后被姚苌擒而缢杀新平（今彬县）大佛寺南，故其墓在今彬县水口镇一低洼土壕内；杨贵妃死于马嵬坡，今咸阳兴平市马嵬镇有其墓（或为衣冠冢），等等。

有的墓主其故里不在关中，然因本人生前在关中地区活动累年，故其生前活动所在地也就决定了葬地之所在。例如，公刘，西周早期部落首领，其生前活动范围主要在今旬邑、彬县、长武等地域，其纪念性墓位于今彬县土陵村南的泾河北岸山谷；老子，本楚国苦县（河南周口鹿邑）人，晚年隐于终南山楼观台，其墓亦位于今西安市周至县楼观台西大陵山；汉初陈平，本阳武（河南原阳东南）人，晚年居住关中，其墓也在今西安市鄠邑区曹家堡西北；陆贾以吕后专权病免，卜居漆县（今永寿县），故其墓亦在今永寿县店头镇；李茂贞，深州博野（河北博野）人，唐末五代时久居凤翔自称岐王，卒于此，故亦葬于今宝鸡市金台区陵塬村[①]；冯晖，魏州（河北大名东北）人，史载其“至灵武，抚绥边部，凡十余年，恩信大著。官至中书令，封陈留王”[②]，墓亦在今彬县。据史料记载，明太祖朱元璋将次子朱爽封为秦王，镇守西北，号称“天下第一藩国”。在其后 200 多年，共有 13 个藩王安葬于今西安市南郊的杜东原上。

综上所述，关中地区以周、秦、汉、唐为代表，历经千余载，为我国历史上 13 朝古都所在地，遗存有数量巨大、文化蕴含丰富的古陵墓，是为价值弥足珍贵的遗产资源。对于关中古代陵寝的保护、挖掘和整理研究，既要重视帝王陵寝及其陪葬墓群，亦不可忽视历代将相名人的墓葬。本书基于前人的研究积累，对于关中古代陵墓的分类、地理分布特征及其影响因素作初步探讨，是从历史遗产保护和利用的视角，试图就关中地区古代陵寝资源作系统整理研究的尝试。限于作者学识浅陋，对关中古代陵寝资源梳理的纰漏，以及学术观点和认识的谬误在所难免。今后尚应在关中地区古代陵寝文化蕴涵与帝陵遗产资源的研究整理上继续耕耘，殷切期望有识之士、专家学者共同努力，以便使绚烂丰富的关中古代陵寝文化资源发挥出“古为今用”之效。

---

① 宝鸡市考古研究所编著：《五代李茂贞夫妇墓》，北京：科学出版社，2008 年，第 1 页。

② （宋）欧阳修撰，柴德赓点校：《新五代史》卷 49《冯晖传》北京：商务印书馆，2014 年，第 1018—1021 页。

第四章　关中地区古代帝陵的选址和营建形制

关中地区古代帝王陵墓的建设是“国家项目工程”，一般由朝廷重臣领衔挂帅，并由最优秀的建筑师、礼仪专家、艺术家和堪舆师团队负责选址和工程设计，并使用数量庞大的人力、耗费巨资完成帝陵的营建。

一、关中地区古代帝陵的选址因素

选址是帝王陵墓营建最先实施的项目，其过程较为复杂。根据关中地区秦、西汉和隋、唐诸朝代帝王陵墓选址的情况来看，除了遵循“城陵相依”的传统和承袭前朝旧制，最主要的还是考虑风水，即周边的自然环境，包括地理、地质、土壤、水文、气候等方面，如背山面水、地形高敞是帝陵选择的首选因素。此外，兼顾对国家、民族的长远影响，以及政治、军事、交通等因素，甚至皇帝个人的喜好和遗愿都会影响到帝王陵墓选址。

（一）承袭传统葬俗

据考证，原始社会的公共墓地就处在聚落（居住地）附近的地势较高、地形开阔之地，以便安葬且长期使用。例如，仰韶文化时期的西安半坡村遗址，“成人墓多埋在围沟以北的公共墓地内，少数埋在沟外的东部和东南部……（小孩）多埋在居住区的房屋近旁”[①]。同期的临潼姜寨遗址“村东越过壕沟即是墓地”[②]。进入文明社会的商代晚期都城遗址——殷墟附近，发现有包括 13 座大墓、2000 多座陪葬墓和祭祀坑，总面积近 200

① 巩启明：《仰韶文化》，北京：文物出版社，2002 年，第 92 页。

② 西安半坡博物馆、陕西省考古研究所、临潼县博物馆：《姜寨——新石器时代遗址发掘报告》，北京：文物出版社，1988 年，第 350 页。

亩的王陵区（公共墓地）。[①] 建都关中地区的西周王陵（尤其是周文王、武王和周公），极有可能葬在其国都丰镐京附近的“毕”原或早期都邑岐周附近。[②] 关中地区先秦时期秦国的先公王陵和秦始皇陵皆选址在王国或帝国都城附近，且“行营高敞之地，令其旁可置万家”。例如，秦雍城陵区（葬有秦景公等22位先公）、咸阳原陵区（葬秦惠文王和秦悼武王等先王）、芷阳陵区（即秦东陵区，葬秦昭襄王、秦孝文王和秦庄襄王等先王）均分布在秦王国都城（雍城）和秦帝国都城咸阳附近。[③] 西汉帝陵中有 9 座（自西向东分别是汉武帝茂陵、汉昭帝平陵、汉成帝延陵、汉平帝康陵、汉元帝渭陵、汉哀帝义陵、汉惠帝安陵、汉高祖长陵和汉景帝阳陵[④]）置于汉长安城北的咸阳原，都城东南的白鹿原置有汉文帝霸陵和杜东原的汉宣帝杜陵，都是选址在西汉都城长安附近地势高敞的台塬之上。尤其是西汉帝陵集中分布的咸阳原“土厚水深”，地势开阔，地下潜水位埋深多在50m以上，少部分在30—50m，堪称西汉一代较为理想的“因天性、处真土、处势高敞、旁近祖考”的帝陵主陵区。关中“唐十八陵”中献陵、端陵、庄陵和靖陵系“堆土为陵”，其余14座陵（自西向东依次为乾陵、建陵、昭陵、贞陵、崇陵、简陵、元陵、章陵、定陵、丰陵、桥陵、景陵、光陵、泰陵）均“依山为陵”。从地理环境看，唐18陵主要集中于关中盆地北部，即渭北第二道黄土台塬和北山的主要山峰。[⑤] 从西汉王朝的覆灭到隋王朝建立的6个多世纪，相继有前赵、前秦、后秦、西魏、北周等少数民族地方割据政权在关中建都。这些地方割据政权的王陵（墓）除了前秦苻坚“长角冢”（彬县境内）因特殊缘故距离都城长安较远之外，其他如后秦姚苌原陵、姚兴偶陵，西魏文帝（元宝炬）永陵，以及北周文帝成陵、武帝孝陵等，都选在了所都长安城近郊的咸阳原、高陵县和富平县境内。建立隋朝的隋文帝杨坚泰陵位处今杨凌示范区王上村（渭河北岸二级阶地），距离其都城大兴（唐长安城前身）80—90km之遥。[⑥]

由上述可见，无论是建都关中地区的统一王朝，如西周、秦、西汉、隋、唐朝，还是分裂时期在关中建都的地方割据政权，抑或是先秦时期作为后周诸侯国和战国七雄之一的秦王国，其帝王陵墓几乎无一例外地选址在所建都城附近。这似乎印证了帝王陵墓

---

① 赵化成：《从商周“集中公墓制”到秦汉“独立陵园制”的演化轨迹》，《文物》2006年第7期，第41—48页。

② 罗西章：《西周王陵何处觅》，《文博》1997年第2期，第68—73页。

③ 焦南峰、孙伟刚、杜林渊：《秦人的十个陵区》，《文物》2014年第6期，第64—74页；徐卫民：《秦公帝王陵发展演变的特点及其在历史上的地位》，《文博》2001年第6期，第18—26页。

④ 焦南峰、段清波：《陕西秦汉考古四十年纪要》，《文物与考古》1998年第5期，第32—40、96页。

⑤ 刘向阳：《唐代帝王陵墓》“引言”，西安：三秦出版社，2003年，第2页。

⑥ 李健超：《关中汉唐帝王陵》，《中国历史地理论丛》1989年第4辑，第131—146页。

选址首要考虑与都城的关系，遵循“古之葬者，并在国都之北”的传统规划与选择墓地的习俗，以及“城陵相依、陵随都移”的普遍规律。

（二）前朝旧制的继承和发展

关中帝王陵选址和分布还表现出对前朝旧制的继承和发展。首先是秦汉“独立陵园”基础上的“大墓区”选址布局对商周“集中陵园制”的继承和发展，其次是唐代帝陵对汉魏陵墓选址分布的借鉴和突破。

商周时期，王及诸侯方国国君（或包括夫人、宗族成员在内）死后普遍实行多代集中埋葬于同一公共墓地的公墓制度。此种“集中公墓制”具体表现为①：一是安阳殷墟侯家庄西北岗的商代后期王陵为代表的多代王墓集中埋葬的公墓墓地；二是山西曲沃县北赵村晋侯墓地为典型的多代诸侯国君及其夫人并穴而葬的公墓墓地；三是以北京琉璃河镇黄土坡西周燕国公墓地为例证的国君及夫人、宗族成员共同埋葬的公墓地。这些公墓地的空间分布基本是在都城附近，而且在一国之内会因为都城迁移等因素有若干处。此外，多代国君（包括国君夫人和宗族成员）在一个陵墓区“聚族而葬”，单体王墓之间空间距离极为接近。例如，安阳殷墟王陵在 $11.25\times10^4m^2$ 范围内集中分布有 13 座大墓、2000 多座陪葬墓和祭祀坑。② 其中 8 座“亚”字形大墓皆属王墓，表明至少有 8 代商王葬在该公墓地。据考证，该公墓地没有兆沟（隍壕）或墙垣等界线标志，每一座王陵也没有单独名称。③

上述“集中公墓制”在先秦时期秦国国君陵墓区中得以继承和发展。例如，地处关中西部三畤原上的秦雍城陵区，在约 $36km^2$ 范围内，考古工作者发现了 14 个陵园、49 座大墓，其中 1 座“丰”字形墓，21 座“中”字形大墓，5 座“甲”字形大墓。又如秦东陵区占地面积 $24km^2$（又一说为 $27.5km^2$），发现有 4 座陵园，大型墓葬（“亚”字形、“中”字形、“甲”字形等）10 座。同殷墟王陵区比较，秦雍城陵区规模明显增大，而且整个陵区的西、南、北侧有深 2—7m、宽 2—6m 的外兆沟作为界沟和防护屏障；部分“中”字形大墓周围设有中兆沟和内兆沟，将陵园区分为双隍、单隍和复合三种类型。④ 至于秦东陵的四座陵园，除了规模更大（单个陵园面积为 5.04×10^4—$82.01\times10^4m^2$）、各

① 赵化成：《从商周“集中公墓制”到秦汉“独立陵园制”的演化轨迹》，《文物》2006 年第 7 期，第 41—48 页。

② 彭夫、马丽：《殷墟探幽》，《前进论坛》2005 年第 11 期，第 38—40 页。

③ 赵化成：《从商周“集中公墓制”到秦汉“独立陵园制”的演化轨迹》，《文物》2006 年第 7 期，第 41—48 页。

④ 徐卫民：《秦帝王陵墓制度研究》，《唐都学刊》2010 年第 1 期，第 43—51 页。

陵园四周皆设有壕沟（修葺的天然冲沟或人工开凿壕沟）之外，陵园都有专用名，如昭襄王芷陵、庄襄王阳陵等。可见，秦雍城陵区和秦东陵区虽然还明显地打着“集中公墓区”的烙印，如多代国君（包括国君夫人和宗族成员）在一个陵墓区“聚族而葬”，但是兆沟（界沟）环护的陵园单位（实为国君、国君夫人和宗族成员“族葬”的陵墓体系）的出现，单体陵园规模及其间空间距离随时间推移晚期各陵园具有专用名称等，这些都增大的趋势极为明显，加之晚期各陵园具有专用名称，陵区及陵园都有各自的界沟（兆沟或隍壕），是对前朝旧制的发展。

春秋战国时期秦先公王陵的选址布局对于商周“集中公墓制”有所发展，秦始皇陵和西汉帝陵的选址布局则是对前朝旧制（集中公墓制）的突破性发展。也就是说，秦汉帝陵在空间上的选址布局以新的“独立陵园制”取代了前朝的“集中公墓制”。例如，秦始皇陵的选址，“因东陵而设”（追随其近祖）埋葬于“芷阳”（今骊山），或因芷阳陵区的昭穆序位置于其（2 号陵园）北侧，以及“晚辈居东”的礼制和地形条件的限制，选在距芷阳陵区 10km 余的骊山北麓，“已经完全脱离芷阳陵区而构成独立的单元”[①]。秦始皇陵陵区范围超过 $56km^2$，相当于整个芷阳陵区（秦东陵）的数倍。[②]秦始皇陵陵园（外城垣范围）占地 $2.13km^2$，是秦东陵区最大陵园（1 号陵园）面积的 2.5 倍多。[③]况且秦始皇陵不仅规模巨大，且功能完善，具有独立陵园名称和专门管理机构等。此种“一陵独尊”是对“集中公墓制”的突破性发展，标志着古代帝王陵墓制度史上“独立陵园制”的出现和确立。

西汉 11 帝陵中，文帝霸陵和宣帝杜陵因特殊原因，分别选址在都城长安东南的白鹿原北端和杜东原上，且各自成独立陵园。[④]其余 9 座帝陵在渭北咸阳原上沿西南—东北斜向绵延近 50km，每座陵墓之间相距近者数 km、远者十余 km；诸帝陵陵园占地面积大者 $293.00\times10^4m^2$（昭帝平陵陵园），小者 $78.00\times10^4m^2$（高祖长陵陵园），整体分布的地域范围在 $517km^2$以上。[⑤]在如此广阔的地段，还有战国时期秦王陵、北周帝陵区和唐顺陵等不同时期的帝王陵寝，以及居民点和平民墓分处其间。显然，西汉帝陵分布区显然不属于所谓“集中公墓区”了。只是因为“皇统传承”或“旁近祖考”的因素，绝大多

---

① 张卫星、付建：《秦始皇陵的选址、规划与范围》，《文博》2013 年第 5 期，第 40—45 页。

② 王学理：《秦始皇陵研究》，上海：上海人民出版社，1994 年。

③ 刘炜：《秦始皇陵布局浅谈》，《文博》1985 年第 2 期，第 20—24 页。

④ 崔建华：《论皇权传承规范对西汉帝陵布局的制约》，《考古与文物》2012 年第 2 期，第 60—64 页。

⑤ 中国城市规划设计研究院、咸阳市文物局：《咸阳五陵原文物保护控制规划》，国家文物局（批复），2006 年。

数选址在渭北黄土台塬（咸阳原）。[①] 这种以一代皇帝为中心的“独立陵园”（涵盖帝、后陵和数量不等的陪葬墓，以及陵寝建筑和陵邑等体系）为基本单元，共同组成一个松散的、事先未经规划的，甚至是无序的“大墓地”形态，同战国乃至商周时期的“集中公墓制”截然不同，或者说完全突破了那种“多代国君集中埋葬于同一墓地”的葬制，而形成相对成熟的“独立陵园制”。

唐代十八陵选址在陕西省关中盆地，渭河以北的黄土台塬（俗称二道原）和北山各山岭。陵区西起高宗乾陵，东至玄宗泰陵，分布于乾县、礼泉、泾阳、三原、富平、蒲城6县境内，绵延150多km。据统计，关中唐十八陵具体分布在108°13′E（乾陵）—109°39′E（泰陵），34°27′N（建陵）—35°29′N（桥陵）的范围内。其东西跨经度1°26′，南北跨纬度1°02′。东西绵延约150km[②]，南北最大陵距（献陵—简陵）22.7km。因此，关中唐十八陵的分布范围达到3405km^2，是渭北西汉帝陵分布区范围的6倍多。不仅如此，在十四座“依山陵”中，其单个陵园面积最小者1.33km^2（唐玄宗的献陵）相当于最小的西汉帝陵陵园面积78.00×10^{4}m^2（汉高祖的长陵）的1.71倍，最大者200km^2（唐太宗的昭陵）相当于最大的西汉帝陵陵园面积2.93km^2（汉昭帝的平陵）的68.26倍。[③] 而且各帝陵之间相距近者3.5km，远者达26km。唐代帝陵这种陵园面积巨大、山陵（海拔750—1200m）气势恢宏，显然是“斟酌汉魏”规制的创新和突破，体现了唐王朝的博大气势。

（三）风水思想的影响

我国古代风水学（或堪舆学）思想起源于商周，其发展演化经历了先秦孕育、秦汉萌芽、魏晋南北朝发展、唐宋成熟和明清繁荣等阶段。[④] 先秦时期就出现相宅活动，如《尚书·召诰》记载：“成王在丰，欲宅邑，使召公先相宅。”[⑤]《周礼》卷一九：“王丧七月而葬，将葬先卜墓之兆域。”[⑥]据《淮南子》：“堪，天道也；舆，地道也。”[⑦]可见，

---

① 崔建华：《论皇权传承规范对西汉帝陵布局的制约》，《考古与文物》2012年第2期，第60—64页。

② 笔者在百度地图上利用“测距”工具对乾陵—建陵—昭陵—贞陵—崇陵—庄陵—端陵—献陵（北侧为富平县境内的定陵、简陵和丰陵等5座唐陵）—桥陵—泰陵分段测量的直线距离之和为150.5千米。故一般古代所谓关中唐十八陵东西延绵300华里，并非虚夸之词。

③ 张建林：《唐代帝陵陵园形制的发展和演变》，《考古与文物》2013年第5期，第82—90页。

④ 邵崇山：《风水对古代帝陵选址的影响》，西安：陕西师范大学硕士学位论文，2013年。

⑤ 慕平译注：《尚书》，北京：中华书局，2009年，第197页。

⑥（汉）郑玄注，（唐）贾公彦疏：《周礼注疏》卷19《小宗伯》，《十三经注疏》（上册），北京：中华书局，1980年，第768页。

⑦ 刘安著，陈广忠译注：《淮南子》，《诸子集成》（第7册），上海：上海古籍出版社，2017年，第262页。

古代堪舆学（风水学）是以河洛图书为基础，结合八卦九星和阴阳五行的生克制化，把天道运行、地气流转，以及人完整地结合在一起，形成一套特殊的理论体系，从而推断或改变人的吉凶祸福、寿夭穷通。①

关中地区古代帝王陵墓的选址和营建，从地表遗存的明显标志（封土丘或山陵）和已经探明的先秦时期秦公王陵、秦始皇陵，以及西汉和唐代帝陵等来看，无论是大陵区的形成，还是具体帝陵陵园位置的选定，受古代风水学思想等影响，或者说利用古代堪舆术“占卜”帝陵兆域是毋庸置疑的。②

《易·系辞传下》云：“古之葬者，厚衣之以薪，藏之中野，不封不树。”③“不封”即是说墓上没有封土堆，“不树”是指墓周围不种树木。④西周王陵因属“不封不树”，至今其踪迹难觅。但据相关考古发掘资料及研究推断，西周都城“镐京”东南的“毕”原（今西安市长安区郭杜街道附近至韦曲以东地带）可能葬有西周的12位国王（至少埋葬着文献明确记载的周文王、武王和周公）。若此论证实，则西周王陵所在的“毕”原，同“殷墟王陵在殷都附近的高地上”类似，可能与原始风水思想有关。从地理条件来看，《史记·周本纪》中“毕在镐东南杜中”⑤的毕原，距西周都城丰、镐京不远，地势高亢，土厚水深，适合于作为王陵墓地。⑥

如果说西周王陵的选址同原始风水学（即堪舆）思想有关系，在一定程度上还属于主观臆测的话。那么，已经发现和探明的先秦时期的秦公帝王陵区，从西陲陵区到关中地区的凤翔雍城陵区、咸阳原陵区和芷阳陵区（秦东陵）均选择在山环水抱的高台地上，均经过堪舆学家的认真勘探。⑦嗣后的秦始皇陵、西汉11帝陵和唐18陵等，其选址和营建无不深深打上风水思想和堪舆术的烙印。

1. 秦始皇陵选址的风水因素

从现代地理学的视角考察，秦始皇陵背依峻拔的骊山，面向蜿蜒东流的渭河，地处骊山北麓、渭河南岸二级阶地面（或称冲积平原）上。其黄土层深厚，地下水埋藏较深，地势高亢，陵区明显高于其东、北、西三面地形，并以北方为甚，既保证了开阔的视野，

① 朱学文：《试论秦始皇陵园选址的相关问题》，《考古与文物》2010年第6期，第50—55、72页。
② 焦南峰、马永嬴：《西汉帝陵选址研究》，《考古》2011年第11期，第76—83页。
③（清）陈梦雷：《周易浅述·四》卷7《系辞传下》，上海：上海古籍出版社，1983年，第1089页。
④ 岳连建：《西周王陵位置初探》，《文博》1998年第2期，第42—45页。
⑤《史记》卷4《周本纪》，第123页。
⑥ 岳连建：《西周王陵位置初探》，《文博》1998年第2期，第42—45页。
⑦ 徐卫民：《秦公帝王陵发展演变的特点及其在历史上的地位》，《文博》2001年第6期，第18—26页。

又可避免渭河水流泛滥对陵园的威胁。地势高敞，地形平坦而广阔，为陵墓修建提供了得天独厚的自然地理条件。

秦始皇陵的选址为现代学者所欣赏和关注，认为其选择陵园基址的基本思想是借助古代早期风水（堪舆）学理论或迎合了古代风水学选择居址的一些基本原则。[①] 例如，符合高大、土厚、水深的风水要求，体现了先秦，尤其是春秋战国以来追求安全而完美的自然环境，选择土层深厚、地下水位较深、地势高敞且视野开阔的黄土台塬或者河流的高阶地，呈现出一种开放式的帝陵选址思想。[②] 袁仲一先生对秦始皇陵选址赞美有加："（始皇）陵南依骊山，山林葱郁，谷峰相间，在陵南略作弧形展布，似盛开的莲花，始皇陵像似莲蕊。陵北面临渭河，渭河横贯关中平原，至此逶迤曲折，似银蛇横卧。形势之美，环境之秀，为关中之冠。"[③]或者"南有骊山，北有渭水，地形高敞，东西各有数条河溪环绕，陵区地势宽广。渭河 U 形蛇曲、始皇陵、骊山 1302 米高峰三者一线呈南北分布，气势磅礴壮观。确实是一块风水宝地"[④]。

客观地说，秦始皇陵选址固然很好地利用了骊山与渭水的地理位置，以及秦汉时期的堪舆（风水）学理念，选址在骊山北麓"依山傍水"的风水宝地。其实，秦始皇陵的选址亦非至善尽美，如位于骊山和渭水之阴，与历代多数帝王陵墓选址的"山阳"原则相抵牾，而且陵墓建设中，如《史记》所记载"穿三泉"。现已探明秦陵地区的地层中存在有多层自东南向西北流动的地下潜水，加之位处骊山的山前冲（洪）积平原，南部是经常爆发山洪的区域。多层地下潜水威胁着地宫的安全，地表山洪对"丽山园"及陵寝建筑群势必构成危害。这就使得在秦始皇陵的营建中，"防水"工程极其浩繁，不仅在地下构筑了规模庞大、设计巧妙的阻排水系统，而且地面上陵园内的墙脚楼旁、封土周围，均设列整齐的排水管道，形成一整套纵横交错的地表排水设施；陵园外还在骊山山麓筑就号称"五岭"的防洪大堤，有效防范源自山间的洪水对陵园的破坏。[⑤]

《吕氏春秋》曰："故凡葬必于高陵之上，以避狐狸之患，水泉之湿，此则善矣。"[⑥]

---

① 朱学文：《试论秦始皇陵园选址的相关问题》，《考古与文物》2010 年第 6 期，第 50—55、72 页。

② 邵崇山：《风水对古代帝陵选址的影响》，西安：陕西师范大学硕士学位论文，2013 年。

③ 袁仲一：《秦始皇陵兵马俑研究》，北京：文物出版社，1990 年，第 3 页。

④ 徐卫民：《秦公帝王陵发展演变的特点及其在历史上的地位》，《文博》2001 年第 6 期，第 18—26 页。

⑤ 段清波：《秦始皇帝陵的物探考古调查——"863"计划：秦始皇陵物探考古进展情况的报告》，《西北大学学报（哲学社会科学版）》2005 年第 1 期，第 80—86 页。

⑥（战国）吕不韦等编著，（东汉）高诱注：《吕氏春秋·孟冬纪》，《诸子集成》第 6 册，北京：中华书局，1954 年，第 96 页。

后世的《大汉原陵秘葬经》有“立冢安坟，须籍来山去水。择地斩草，冢穴高深”[①]之说。由这些风水学思想和要求来看，秦始皇陵选址于地势高亢且依山环水之地整体是成功的，却在“避水泉之湿”上存在缺憾。

2. 西汉帝陵选址的风水学思想

西汉帝陵中有 9 座分布在汉长安城北的咸阳原上（自西而东为汉武帝茂陵、汉昭帝平陵、汉成帝延陵、汉平帝康陵、汉元帝渭陵、汉哀帝义陵、汉惠帝安陵、汉高祖长陵和汉景帝阳陵），有 2 座分别位于汉长安城东南的白鹿原（汉文帝霸陵）和杜东原（汉宣帝杜陵）。对于西汉帝陵选址和布局的风水学思想已有较多的关注和研究。总体来看，古代堪舆（风水）学思想对西汉帝陵选址布局和营造的影响，主要表现为：

（1）“相地、相墓”求“高敞”的风水诉求是西汉帝陵大陵区的选择和确立的主要影响因素。中国古代风水学思想、风水活动均起源和孕育极早，《诗经》“笃公刘，既溥既长，既景迺冈，相其阴阳，观其流泉”[②]和《尚书·洛诰》“（周公）予惟乙卯，朝至于洛师。我卜河朔黎水，我乃卜涧水东，瀍水西，惟洛食；我又卜瀍水东，亦惟洛食。伻来以图及献卜”[③]等记载，说明“相地行为”和“卜宅吉凶”观念由来已久。秦汉时期“阴阳、五行”学说相对成熟，“地脉”观念的产生，“阴宅和阳宅的营建，必须选择地形地脉，四至方位，适宜时辰”[④]。

西汉渭北大陵区选址在咸阳原（塬）正是基于上述风水诉求。首先，地势高亢、地形平坦开阔，南襟渭河而北带泾河，北依北山，南隔渭河与终南山相望，既承袭了秦皇陵“依山环水”的传统，更满足了“故凡葬必在高陵之上，以避狐狸之患、水泉之湿，此则善矣”[⑤]的早期风水要求。其次，咸阳原属黄土台塬，其表面黄土堆积层厚度为 80—100m，除渭陵和延陵一带地下潜水位埋深为 30—50m 之外，大部分地区地下潜水位埋深为超过 50m 以上[⑥]，完全符合“土厚水深”的风水思想，且具备“防水”以保证墓主及

① （明）解缙等纂修：《永乐大典》卷 8199《大汉原陵秘葬经》十九庚《陵》，北京：中华书局，1959 年，第 3823 页。

② 袁济喜、洪祖斌译注：《诗经·大雅·公刘》，大连：大连出版社，1998 年，第 288 页。

③ （清）孙星衍撰，陈抗、盛冬铃点校：《尚书今古文注疏》（全二册）卷 19《洛诰》，北京：中华书局，1986 年，第 1—3 页。

④ 万陆：《中国风水文化源流论》，《东方论坛》1994 年第 4 期，第 67—73 页。

⑤ （战国）吕不韦等编著，（东汉）高诱注：《吕氏春秋·孟冬纪》，《诸子集成》第 6 册，北京：中华书局，1954 年，第 96 页。

⑥ 李世忠、杜忠潮：《关中地区古代陵墓的类型、地理分布及其影响因素分析》，《咸阳师范学院学报》2012 年第 4 期，第 50—59 页。

地下居室和器物安全的功效[1]。至于西汉帝陵南陵区所在的白鹿原和杜东原亦均属于黄土台塬，其地形地质和水文条件类似于咸阳原，符合相关风水思想的要求，两位继承皇位较特殊的帝王（文帝和宣帝）分别选址于此，也是合情合理的。

（2）"五音兴利"堪舆思想影响下的布局模式。据考证，"五音兴利"说存在于西汉，盛行于东汉及其后世。在五姓五音的归属上，尽管存在一姓多属，而汉室刘姓却只属宫姓。按《图解校正地理新书》卷七《五音所宜》条云："宫羽二姓宜北山之南，为北来山之地。西为前，东为后，南为左，北为右，明堂内水出破坤为大利向（中略）。凡州县寺观城邑馆驿廨宇皆无的主尽属商姓，宜丙向。若立私宅冢墓所向及水流，皆随本音利便。"[2]

如此看来，西汉渭北陵区整体位置选定在长安城西北的北山之南的黄土台塬（咸阳原），正好符合"宜北山之南"的条件，各帝陵墓道均朝向东西向，也正好符合宫羽姓葬法以"西为前，东为后"[3]的要求。此外，西汉帝陵多数是"坐西面东"[4]，而且帝陵陵园一般位于陵区（茔兆）的西部，包括部分后妃陵的陪葬墓一般位于陵区东部东司马道南北两侧，陵邑也被安置在陵区北或东北部。[5]这种"坐西面东"的帝陵及其陵园朝向，包括后陵及其陵园，以及附近的陪葬墓区等构成的帝陵陵区（茔兆单元）的布局特征，充分体现了先秦以来"西为尊，东为卑"的传统礼制。

（3）风水学"趋吉避凶"的思想和帝陵选址追求"形胜吉地"。风水学思想的核心内容是人们对居住环境（包括阳宅和阴宅）进行选择和处理，以使自然与文化环境相互协调的知识系统。[6]其实质是趋吉避凶、追求理想的生态环境。西汉帝陵选址在咸阳原、白鹿原杜东原上，堪称"形胜吉地"。例如，咸阳原（又称五陵原）作为西汉帝陵的主陵区，东起"泾渭之交"，向西绵延近50km至兴平市境，相对高出渭河冲积平原（渭河高阶地）30—35m，且有愈往西愈高之势。其原面南北宽10多km，平坦开阔，土厚水深，道路辐辏，良田万顷，可谓"因天性，据真土，处势高敞，旁近祖考"[7]的形胜吉地。同为黄土台塬的白鹿原和杜东原，在地势高敞、土厚水深诸方面虽也接近形胜吉地，但是

① 王子今：《说"高敞"：西汉帝陵选址的防水因素》，《考古与文物》2005年第1期，第33—37页。
② 王洙等，《图解校正地理新书》卷13《步地取吉穴》，台北：集文书局，1983年，第226页。
③ 沈睿文：《西汉帝陵陵地秩序》，《文博》2001年第3期，第17—23页。
④ 焦南峰、马永嬴：《西汉帝陵无昭穆制度论》，《文博》1999年第5期，第51—58页。
⑤ 咸阳市文物考古研究所编著：《西汉帝陵钻探调查报告》，北京：文物出版社，2010年，第180页。
⑥ 范今朝：《论风水的地理学价值及其在中国古代地理学中的地位》，《地理研究》1994年第1期，第23—31页。
⑦《汉书》卷70《陈汤传》，第3024页。

其“原面呈阶梯状倾斜”“槽形洼地和缓丘状高地较多”[①]，原面的平坦广阔较咸阳原显得逊色，故只能是西汉帝陵单体（文帝霸陵和宣帝杜陵）的选址地。

3. 唐代帝陵选址的风水学思想

关中地区唐十八陵整体分布在渭河谷地与黄土高原过渡的北山山脉和山前的黄土台塬上。整个陵墓群所在地地势北高南低，地下水埋藏较深，堪称“上山之地”。尤其是“依山为陵”的14座唐代帝陵皆靠山面水，充分利用周围山势和水系等自然地理条件，并采用坐北朝南的布局，既显示出雄伟气势，又兼备防盗防水、保证墓主及其随葬物品安全的功能。

对于关中唐十八陵的选址，有研究认为“长安城北的平原大部分已为西汉陵区所占据，唐室陵区只好继续向渭北推移，选择渭北龙脉较好的地方修建陵园”。此种说法很客观，但是尚不能全面解释唐代帝陵何以要选择在渭河谷地与黄土高原过渡地带的连绵不断的北山山脉和山前黄土台塬上，这其中可能“有比避让秦汉帝陵更多更深刻的原因”[②]。也就是说，唐陵的选址和建造蕴含着丰富的风水学因素。

1）唐代帝陵葬地风水思想的渊源

从我国古代风水学理论的发展演变来看，魏晋时期风水学理论形成，葬地风水思想建立起基本框架。尤其是可能由晋代郭璞原创，并经后世众多民间风水家代代相传、补订和丰富，成书于唐中叶的《葬书》，是唐代葬地风水思想的主要渊源。[③]

《葬书》曰，“葬者，乘生气也”“气乘风则散，界水为止。古人使聚之而不散，行之使有止，故谓之风水”“风水之法，得水为上，藏风次之”[④]。因此，关中地区唐十八陵（帝陵群）的选址主要受魏晋时的《葬书》影响，帝陵选址在生气运行、汇集之地，以“藏风得水”作为选择葬地风水“宝地（吉壤）”的标准，并遵循“葬者以左为青龙，右为白虎、前为朱雀，后为玄武”（《葬书》），将“藏风得水”具体化为“四神（灵）地”的环境模式，要求“玄武垂头，朱雀翔舞，青龙蜿蜒，白虎驯服”。

唐十八陵所在的北山山脉是陕晋交界的吕梁山脉的支脉，自东北而西南，横卧在关中平原北部，其地势自东向西逐渐降低，基本符合“葬书”所谓“青龙蜿蜒深沉、势大

① 焦南峰、马永嬴：《西汉帝陵选址研究》，《考古》2011年第11期，第76—83页。

② 韩养民编著：《大唐盛世——风水与唐陵》，西安：三秦出版社，2003年，第29页。

③ 郭璞：《葬书》，《景印文渊阁四库全书》，台北：商务印书馆，1986年。

④ 郭璞：《葬书》，《景印文渊阁四库全书》，台北：商务印书馆，1986年。

脉远；白虎俯伏柔顺、势弱脉隐”[①]的要求；其南侧（前方）隔渭河有华山、骊山、终南山、首阳山等，差不多由低到高呈阶梯直入秦岭之中，北侧（后方）为广袤的黄土高原，未必完全符合《葬书》所谓“玄武垂头、朱雀翔舞”[②]的要求。

2）关中唐代帝陵群选址“藏风得水”的风水标准

关中地区地处北半球暖温带季风气候区，终年盛行风向为偏南的夏季风和偏北的冬季风，前者温暖湿润，风力柔缓，温和滋润；后者寒冷干燥，风力强劲，凛冽刺骨。所以，古来选择宅居（包括阳宅和阴宅）环境避开寒冷而强劲的偏北风极为必要，而对于南方来的偏暖弱风却不必完全护挡，在地形上反而可以稍微开敞。由此看来，唐十八陵选择分布于北山山脉中正是为了称“北龙（北山）”的生气。一方面，北山山脉受渭河支流切割，呈现出深谷巨壑、逶迤回环的特征。基本符合风水学中“婉委自复，回环重复……欲进而却，欲止而深，来集止聚，冲阳和阴。土高水深，郁草茂林”的“藏风聚气”山势龙脉的要求。另一方面，唐代帝陵群的整体方位是面南背北，北面有黄土高原（尤其是北山）阻挡，东北有吕梁山脉遮挡，西有陇山（六盘山）遮护、南为秦岭阻隔。其宏观地形地势格局符合“藏风聚气”的风水要求。况且，北山与秦岭之间有关中平原相隔，故虽有秦岭阻隔却并不完全封闭，仍可获得偏南暖风以助生气。

此外，唐十八陵均面朝自西向东、奔流不息的渭河，应该满足“得水”的要求。但按照“依山环水”的风水原则，陵墓前应具备弯曲环绕、曲折恋恋、梭织不前的水流。就此而言，处于九嵕山的昭陵和位于五将山的建陵处在泾河、泔河的回环护持中，不失为理想的“得水”格局。

总的来看，唐十八陵基本迎合了后世所谓“来龙有势，发脉悠远”的原则，或者是从宏观上注重龙脉大势。风水学思想以远来山为势、近来山为形，关中唐陵所选葬地有形更有势。其势从东北绵延而来，至都城长安一带渭河之北，横亘成好形。《葬书·内篇》：“上地之山，若伏若连，其原自天。若水之波，若马之驰，其来若奔……若龙若鸾，或腾或盘，禽伏兽蹲，若万称之尊也。”[③]唐十八陵选址在北山山脉分明就是此种上佳的“上地之山”了。试看北山蜿蜒回环，横亘在关中平原和黄土高原的交界处，自东北向西南，若水波、若马驰，形成强大的来龙之势。[④]

---

① 韩养民编著：《大唐盛世——风水与唐陵》，第29页。

② 郭璞：《葬书·外篇》，《景印文渊阁四库全书》，台北：商务印书馆，1986年，第35页。

③ 郭璞：《葬书·外篇》，《景印文渊阁四库全书》，台北：商务印书馆，1986年，第22页。

④ 韩养民编著：《大唐盛世——风水与唐陵》，第29页。

3）唐陵单体陵园选址营造的风水学思想

首先，唐代帝陵均选址在地形“高敞”的北山和黄土台塬，既可显示墓主的尊贵身份和博大气势，又可避免水的浸蚀。[①] 其次，从现代地形看地处九嵕山的昭陵和五将山的建陵被泾河及泔河所环护，形成山后有水流经过，陵前亦有水流作为天然屏障，并与陵后之水遥相呼应，体现出陵墓本身与自然环境协调一致的风水格局。类似的还有唐崇陵处于冶峪河与清峪河交汇的三角地带，唐永康陵、唐献陵、唐端陵和唐庄陵位处浊峪河、清峪河及石川河的环护之中。处于两条河流夹持中间地带的还有：唐乾陵和靖陵处于漠西河与泔河的夹持地带，唐贞陵被泾河与冶峪河所夹护等；唐简陵、唐元陵、唐定陵、唐章陵及唐丰陵的西、南为石川河、温泉河，东北有赵氏河护绕；唐泰陵、唐光陵、唐景陵及唐桥陵似乎为白水河、洛河所半环绕护。这些都表明唐帝陵选址中受制于所选陵墓葬地的环境条件，其“得水”的风水诉求存在差异。而几乎每一座唐陵（尤其“依山为陵”者）都注重陵墓左右两侧山形，陵前以宽阔的空地为宜，模仿朝堂，体现出将陵墓置于相对封闭的山水环境中。此方面较为典型的，如唐昭陵所在的九嵕山，高宗与武则天合葬的乾陵所在的梁山、唐定陵所在的凤凰山、唐泰陵所在的金粟山、唐建陵所在的武将山等，恕不赘述。

（四）考虑政治、军事和交通因素

关中地区秦、汉、唐等王朝的帝陵选在都城（秦咸阳和汉、唐长安）附近的骊山北麓、咸阳原、白鹿原和杜东原等地势高亢的黄土台塬、山前冲积平原和北山山脉，还有着政治、军事和交通等因素的考虑。[②] 例如，秦始皇陵选址在西距都城咸阳宫城约 40km 的骊山北麓的山前冲积平原（渭河二级阶地）。《史记·秦始皇本纪》：“十六年九月……魏献地于秦，秦置丽邑。”[③] 即秦始皇十六年（前 231 年）在陵旁设置“丽（骊）邑”，实为 70 万治陵囚徒“徒谪，实之初县”所设。[④] 这种在陵园旁边设置陵邑的现象开创了我国古代帝王陵旁设县置邑的先河。[⑤] 始皇三十五年（前 212 年）又从关中和全国各地迁徙三万户豪富及手工业者于丽邑，估计人口数量在十余万之多。此举的目的：一是驱使十余万人口奉守陵园，以壮声势，以助国威；二是汇集各地豪富和手工业工匠，以繁

① 邵崇山：《风水对古代帝陵选址的影响》，西安：陕西师范大学硕士学位论文，2013 年。
② 焦南峰、马永嬴：《西汉帝陵选址研究》，《考古》2011 年第 11 期，第 76—83 页。
③《史记》卷 6《秦始皇本纪》，第 165 页。
④ 陈益民：《秦汉陵邑考》，《中国社会经济史研究》1996 年第 1 期，第 77—78 页。
⑤ 朱学文：《秦始皇陵园设计规划问题之研究》，《文博》2009 年第 5 期，第 44—48 页。

华陵园之地，客观上有利于技术文化交流；三是借此削弱六国旧贵族和地方豪强的势力。[①]这在秦立国之初期，从政治上打击反秦势力，削弱其经济根基，对巩固秦王朝统治和国家统一具有积极意义。

西汉11座帝陵选址在都城长安附近的咸阳原、白鹿原和杜东原(乐游原或少陵原)，并且在咸阳原上的汉高祖长陵、汉惠帝安陵、汉景帝阳陵、汉武帝茂陵和汉昭帝平陵，以及白鹿原的汉文帝霸陵和杜东原的汉宣帝杜陵均建有陵邑，诸陵邑迁居官僚豪富与各地望族等。其中惠帝安陵、文帝霸陵、景帝阳陵邑各万户，人口十万左右；平陵、杜陵三到五万户，人口不下十万。[②]《汉书·地理志》载，汉末，长陵邑户口已多达五万零五十七户，人口达七万九千四百六十九。茂陵邑户六万一千八十七，口二十七万七千百七十七。[③]

诸陵邑既保卫和供奉陵园，同时形成繁华异常、直属朝廷的若干准都市，成为京师长安周围起辅卫作用的卫星城。尤其是位于长安城西北的咸阳原上的五座陵邑，构成西汉前期防御匈奴威胁的屏障，同时迁徙关东大族和各地豪杰、高官，以及家产百万以上的“高訾”家族聚居陵邑，发挥了“充实京师，强干弱枝”的历史作用。

此外，秦、汉等朝的帝陵选址及其陵邑设置与交通因素具有密切联系。研究表明，关中古代帝陵陵地选定祈求临近交通大道确定在通衢要道之侧。例如，秦始皇陵位处都城咸阳东面，沿渭水经今临潼、华阴境至潼关，继而东至洛阳的“潼关道”旁侧；汉长陵位于长安城正北，控制着北向甘泉宫的驰道，由甘泉宫再向北，有“秦直道”连接北边长城防线；汉阳陵扼制着长安东北方向经栎阳、夏阳通往河东的大道；汉霸陵踞临长安通向关东的大道——“新丰道”“走邯郸道”，也是长安通往东南方向，过武关、沿丹水直指江汉平原的“武关道”的实际上的起点；汉茂陵地处由长安向西北交通大道的要冲，而且联结西南的褒斜道交通也曾经归结于此，成为长安地区通往西南和西北的重要交通枢纽；杜陵位处“直绝南山，径汉中”[④]的“子午道”的起点；唐乾陵所在梁山是周太王（古公亶父）逾梁山而载弘基，秦始皇筑宫梁山而御夷狄，汉张骞越梁山而通西域，以至唐代的“丝绸之路”都经过此山，等等。[⑤]不仅如此，秦汉帝陵陵区也是“驰道迳通”，陵园内具有较好的规划道路和通行条件（表4–1）。

---

① 刘炜：《秦始皇陵布局浅谈》，《文博》1985年第2期，第20—24页。

② 曾晓丽、郭风平、赵长兴：《西汉陵邑设置刍议》，《西北农林科技大学学报（社会科学版）》2005年第3期，第120—123页。

③ 《汉书》卷28《地理志》，第1545、1547页。

④ 《汉书》卷99《王莽传上》，第4076页。

⑤ 王子今：《西汉帝陵的方位与长安地区的交通形势》，《唐都学刊》1995年第3期，第29—33页。

表 4–1 关中秦汉帝陵考古钻探与调查发现的道路遗迹

帝陵	陵园门道宽度	陵邑及其他道路遗迹
秦始皇陵	内、外城垣东、西门均宽 77m，内城垣南门宽 65.4m，外城垣南门宽 68m	—
汉高祖长陵	东门道宽 22m，西门道宽 14m，北门宽 27m，西南道宽 12m，中南道宽 22m	陵园北门道路面宽 5m，路土厚 0.3—0.5m；陵邑主干道路东西延伸，路土厚 0.1—0.3m
汉惠帝安陵	东门宽 19m，西门宽 24m，北门宽 38m，南门宽 48m	陵园东墙有 8m 宽的"绕陵路"，北门门址中路土直通陵园和陵邑
汉景帝阳陵	西门宽 12.4m，南门宽 14m	陵邑内南北向街道 31 条，东西向街道 11 条，主街道宽度 62m（当时车宽 1.3m）
汉武帝茂陵	东门道宽 10m，南门道宽 11—12m，西门道宽 9m，北门道宽 8m	陵邑西北发现两条南北向道路，间距 60m，路宽 6m
汉昭帝平陵	东陵东门道宽 6m，南门道宽 9m，西门道宽 8—10m，北门道宽 10m	西陵东门道宽 18m，南门道宽 26m，西门道宽 12m，北门道宽 17m
汉宣帝杜陵	陵园四门大小、形制基本相同；其中东门遂宽 13.1m，通道道宽 6.3m，北门遂宽 12.8m	陵邑南墙以南有平行的路土遗迹，路宽约 6m，厚度 0.2m
汉元帝渭陵	东门道宽 15m，南门道宽 12m，西门道宽 10m，北门道宽 13m，外垣东门门道宽 10m	后陵园东门道宽 10m，西门道宽 12m，南门道宽 8m，北门道宽 9m
汉成帝延陵	东门道宽 8m，西门道宽 10m，南门道宽 9m，北门道宽 9m	—
汉哀帝义陵	东门道宽 20m，西门道宽 10m，南门道宽 14m，北门道宽 12m	各门道内外皆发现路土延伸，其垣墙外钻探发现 7—8m 宽的绕陵路
汉平帝康陵	帝陵东门道宽 10m，西门道宽 10m，南门道宽 12m，北门道宽 8m	后陵东门道宽 9m，西门道宽 9m，南门道宽 3m 北门道宽 12m

注：本表数据资料基本来源：王丕忠、张子波、孙德润：《汉景帝阳陵调查简报》，《考古与文物》（创刊号），1980 年，第 1 期，第 34—38 页；咸阳市文物考古研究所编著：《西汉帝陵钻探调查报告》，北京：文物出版社，2010 年，第 6—139 页。

这些表明，帝陵选址及陵邑设置有着交通条件基础，而帝陵陵园及陵邑建设进而改变了旧有的交通状况，促使都城长安（咸阳）形成新的交通格局。究其原委，既有适应规模大、频数高的陵寝祭祀礼仪的需要，也有便于追怀凭吊和筑陵工程施工的考量。

（五）帝王个人喜好及意愿

关中古代帝王陵位置的具体确定还与帝王本人的喜好和意愿相关。有的帝王陵的葬地和位置或许是帝王自己所选定的。例如，秦始皇陵选址固然是诸多因素综合作用的结果，但是据《汉旧仪》记载丞相李斯冒死进谏"旁行三百丈乃止"，说明最终的墓圹定位还是秦始皇本人修订的结果。[①]又如汉武帝茂陵葬地选定在渭北咸阳原主陵区的最西端，当与其宣扬威德，展示“文治武功”的主观愿望有关。[②]西汉文帝、宣帝皆非正常继位，史学家称之为“平辈冲突”和“代际缺环”。因此，文帝霸陵和宣帝杜陵均未葬于渭北主陵区，而是分别选址在长安东南的白鹿原和杜东原，其中奥妙或许要从陵墓主人的自身喜好和心理情感上去寻找缘由。

汉文帝刘恒对其生活多年的代国（今河北邯郸）怀有特殊感情，念“代”之情溢于言表。据《史记·张释之传》记载：“(张释之)从行至霸陡，居北临厕。是时慎夫人从，上指示慎夫人新丰道，曰：‘此走邯郸道也。使慎夫人鼓瑟，上自倚瑟而歌，意凄怆悲怀，顾群臣曰：嗟乎！以北山石为椁，用纻絮斮陈漆其间，岂可动哉。’”[③]霸陵所处的白鹿原北端，地当长安东北向去河东地区（今山西、河北等地）的交通干线（新丰故道）之要冲，也是文帝即位之初自晋阳启程来长安的道路。文帝情系故地，选择位处长安东郊、地势高亢，且能望见去代(邯郸市一代)之路的白鹿原头作为“身后地”，其用心良苦矣。此外，霸陵选址的另一因素也在于汉文帝崇尚节俭，认为山为陵不起封土，可节省劳力和物力。

汉宣帝刘询是汉武帝曾孙、汉昭帝侄孙，自幼因巫蛊之祸流落民间，后被霍光等辅政大臣迎回，承昭帝之绪登基称帝。《汉书·宣帝纪》载：宣帝微时“数上下诸陵，周遍三辅，尝困于莲勺卤中。尤乐杜、鄠之间，率常在下杜”[④]。是故宣帝刘询念旧，喜恋“杜、鄠之间”的杜东原(又名乐游原)作为“宜葬地”。另外，其曾祖母卫子夫、祖母史良娣，以及母亲王翁须等因“蛊惑之祸”被灭门后皆葬于长安城东南，“旁近祖考”也可能是其选择陵址的重要因素。[⑤]另一实例是汉成帝陵墓的选址和营建。据《汉书》记载：“成帝起初陵，数年后，乐霸陵曲亭南，更营之（昌陵）。”[⑥]后因这一地带地势较低，不利于防盗，又劳民伤财，而“故陵（延陵）因天性，据真土，处势高敞，旁近祖考，前又已有十年功绪，宜还复故陵”[⑦]，最终选择营建延陵。

唐代帝陵陵址的选定，史载由皇帝本人生前选择陵址或按其生前意愿确定陵地的有

---

① 朱学文：《试论秦始皇陵园选址的相关问题》《考古与文物》2010年第6期，第50—55、72页。

② 刘尊志：《西汉帝陵分布及相关问题浅析》，《中原文物》2010年第5期，第42—49页。

③《史记》卷120《张释之冯唐列传》，第2122页。

④《汉书》卷8《宣帝纪第八》，第237页。

⑤ 焦南峰、马永赢：《西汉帝陵选址研究》，《考古》2011年第11期，第76—83页。

⑥《汉书》卷70《陈汤传》，第3023页。

⑦《汉书》卷70《陈汤传》，第3024页。

三位：一是唐太宗将昭陵选定在九嵕山。据《唐会要》卷二〇《陵议》载："昔汉家皆先造山陵，既达始终，身复亲见，又省子孙经营，不烦费人工。我（唐太宗）深以此为是。古者因山为坟，此诚便事。我看九嵕山孤耸回绕，因而旁凿，可置山陵处，朕实有终焉之理。"[①]又据《唐鉴》卷四《太宗二》记载，文德皇后崩，（贞观十年）十一月葬于昭陵。及葬，（太宗）帝复为文（德皇后）刻之石，称"皇后节俭，遗言薄葬。以为盗贼之心止求珍贷，既无珍货复何所求。朕之本志，亦复如此"[②]。从这些记载可见，唐太宗选定昭陵既有看中九嵕山"孤耸回绕"的龙脉大势，又有节俭薄葬、防盗安全的考虑。二是唐高宗和武则天的临终遗愿与乾陵选址梁山。据文献记载，弘道元年（683 年）唐高宗死于洛阳宫，遗诏太子柩前即位，"军国大事有不决者，取天后处分"[③]，武则天以皇太后的身份临朝称制，即着手为唐高宗修建陵寝。按照唐朝的礼制，帝王陵墓的具体位置要通过堪舆的办法来选择。唐高祖献陵和太宗昭陵皆在关中，加之高宗有"得还长安，死亦无恨"的遗愿，武则天派出卜陵使前往关中堪舆，最后选中梁山为唐高宗修建陵寝。二十二年后的神龙元年（705 年），武则天病故。《旧唐书·则天皇后本纪》："则天将大渐，遗制祔庙，归陵。"[④]并遗嘱："令取帝号，称则天大圣皇后。"唐中宗李显为满足母亲的"归陵"遗愿，不顾众臣反对，将武则天合葬入乾陵玄宫。从此，乾陵成为中国古代陵墓中唯一一座一陵合葬两帝的陵园。[⑤]三是唐玄宗选定金粟山为泰陵。《唐会要》卷二〇《陵议》记载，开元十七年（729 年），玄宗因拜谒桥陵至金粟山，观其冈峦有龙盘凤翔之势，谓左右曰："吾千秋后，宜葬于此地。后遂追先旨葬焉。"显然，唐玄宗也是看中金粟山"龙盘凤翔之势"，亲自选定了其身后"宜葬地"[⑥]。以上诸多实例表明，古代皇帝本人的喜好及其意愿影响或决定帝陵陵址的选择乃至陵园的规模、陵墓的形制及结构、礼制建筑设施和陪葬墓的内容等。

总而言之，帝王陵墓的选址和营建在各自所处的朝代均属于国家工程和中央政府行为，往往表现为具有整体规划和严格管理机构的复杂系统工程，其影响因素包括诸多方面，如考虑陵址对国家、对民族的长远影响，靠近都城并模仿都城的形态结构，甚至表

---

① 王溥：《唐会要》卷 20《陵议》，第 457 页。

② （宋）范祖禹：《唐鉴》卷 4《太宗二》，郑福田、王槐茂、杨飞云主编：《名家藏书》卷 26，呼和浩特：内蒙古大学出版社，2008 年，第 62—63 页。

③《旧唐书》卷 5《高宗下》，第 112 页。

④《旧唐书》卷 6《则天皇后传》，第 132 页。

⑤ 樊英峰：《乾陵历史地理初探》，《中国历史地理论丛》2000 年第 3 辑，第 183—196 页。

⑥ 沈睿文：《唐陵的布局：空间与秩序》，北京：北京大学出版社，2009 年，第 50 页。

现出压胜前朝，象征皇权的至高无上等因素。可以说帝王陵墓的选址体现的不仅是个人（皇帝本人或堪舆师）的智慧与能力，而且是民族的大智慧与国家大智慧的体现和展示。历史上有影响的帝王陵，无不成为包括风水思想在内的规划、建设的典范，具有里程碑般的意义。

二、关中地区古代帝陵的营建形制

关中地区周、秦、汉、唐等时期帝王陵墓的建造形制，分为三种类型：不封不树、堆土为陵和因山为陵。"不封不树"的帝王陵以西周至战国中期的秦王公陵（包括十六国时期部分少数民族政权的王陵）为代表，"堆土为陵"以秦始皇陵和西汉帝陵（文帝霸陵除外）为代表，"因山为陵"以大部分唐代帝陵为典型。

（一）不封不树

从我国古代陵寝制度的起源及其演变来看，中原地区殷周时代的墓葬是没有坟丘的。《易・系辞传下》说："古之葬者，厚衣之以薪，葬之中野，不封不树。"① 坟丘式墓葬起始于春秋晚期，据称是孔子为了便于识别，将其父母亲的合葬墓筑为四尺高的坟丘。最早的君王"陵"墓当是公元前 335 年（赵肃侯十五年）"起寿陵"，然后是秦惠文王的坟墓称为"公陵"②。

据《汉书・楚元王传附刘向传》记载："殷汤无葬处，文、武、周公葬于毕，秦穆公葬于雍橐泉宫祈年馆下，樗里子葬于武库，皆无丘垅之处。"③ 从考古发掘和调查资料来看，春秋以前的墓葬是"不封不树""墓而不坟"的，即墓葬之上既没有封土也不种树。④ 例如，已经发现的我国目前已知最早最完整的王陵墓葬群——殷墟王陵遗址，共发现有 13 座王陵大墓和 2500 多座祭祀坑，即属于"不封不树""皆无丘垅之处"的葬制形式。⑤ 前已述及，关中地区的西周王陵（尤其是周文、武王和周公）可能埋葬在

---

① （清）陈梦雷：《周易浅述》，第 1089 页。

② 杨宽：《中国古代陵寝制度的起源及其演变》，《复旦学报（社会科学版）》1981 年第 5 期，第 59—68 页。

③《汉书》卷 36《楚元王传附刘向传》，第 1592 页。

④ 徐卫民：《秦帝王陵墓制度研究》，《唐都学刊》2010 年第 1 期，第 43—51 页。

⑤ 彭夫、马丽：《殷墟探幽》，《前进论坛》2005 年第 11 期，第 38—40 页。

其国都丰镐京附近的“毕”原[①]或早期都邑岐周（今宝鸡市岐山县和扶风县境内的周原一带）附近[②]，只是因为西周王陵“墓而不坟、不封不树”的埋葬形制，人们迄今还难觅其踪迹。

根据对甘肃省礼县大堡子山秦公陵园和陕西关中地区雍城秦公陵园的调查和发掘来看，从春秋中期到战国中期的秦国先公陵墓上亦均无封土。尤其是凤翔雍城秦公陵园，在东西长约 12km、南北宽近 3km 的范围内，发现了 14 个陵园、49 座大墓、21 座“中”字形大墓、5 座“甲”字形大墓，所埋葬的 21 位秦君的墓葬均属于“不封不树”“墓而不坟”的营建形制。[③]此外，咸阳五陵原上已经发掘的十六国时期的北周武帝孝陵，以及可能分布于此地的其他 4 座北周帝陵，也是采用“不封不树”的埋葬形式。

（二）堆土为陵

据《睡虎地秦墓竹简·法律答问》记载，“可（何）谓甸人？守孝公、献公冢者也”[④]，说明秦献公和孝公墓是最早出现封土丘（墓冢）的秦国王公陵墓[⑤]。汉代刘向曰，“（周）文、武、周公葬于毕，无丘垅之处。及秦惠文、武、昭、（孝文、）庄襄五王，皆大作丘陇，多所瘗藏”[⑥]，说明至少到秦惠文王时期，建筑坟丘已成为定制且普遍流行。咸阳市文物考古研究所 2004 年对处在汉成帝延陵和汉平帝康陵附近的三处“秦陵”（编为Ⅰ、Ⅱ、Ⅲ号陵园）进行了初步调查钻探，2007 年陕西省考古研究院会同咸阳市文物考古研究所对Ⅱ号陵园又作了全面复探。此外，咸阳市文物考古研究所在汉哀帝义陵的钻探中发现和认定该陵北 900m 处的一座墓冢为“战国秦陵”（编为Ⅳ号陵园），从而将秦咸阳早期的陵墓区（“咸阳原陵区”）圈定在了今西咸新区秦汉新城周陵街道办事处附近。[⑦]该四处“秦陵”长期以来被混作西周王陵和西汉帝陵的陪葬墓。经钻探调查并根据“陵园、

---

① 郑红利：《与西周王陵相关的几个问题》，《文博》2000 年第 6 期，第 30—34 页。

② 辛玉璞：《西周王陵今何在》，《陕西教育学院学报》2007 年第 2 期，第 50—54 页。

③ 徐卫民：《秦帝王陵墓制度研究》，《唐都学刊》2010 年第 1 期，第 43—51 页。

④ 睡虎地秦墓竹简整理小组编：《睡虎地秦墓竹简·法律答问》，北京：文物出版社，1978 年，第 99—100 页。

⑤ 王学理：《咸阳原秦陵的定位》，《文博》2012 年第 4 期，第 11—18 页。

⑥《汉书》卷 36《楚元王传附刘向传》，第 1592 页。

⑦ 王学理：《咸阳原秦陵的定位》，《文博》2012 年第 4 期，第 11—18 页；刘卫鹏、岳起：《咸阳塬上“秦陵”的发现和确认》，《文物》2008 年第 4 期，第 62—72 页。

封土、外葬坑、陪葬墓及遗物的分析研究”，考订为战国晚期秦陵。[①]关于咸阳原秦陵性质（陵墓主人）的考订，专家学者的意见却不尽一致。咸阳原战国时期秦陵的建造形制均属于“堆土为陵”的形式，同凤翔三畤塬秦雍城陵区和芷阳（今临潼）秦东陵区诸秦公王陵比较，该四处秦陵具有承上启下的关系。其中被考订为秦惠文王公陵（Ⅰ号陵）和武悼王永陵（Ⅱ号陵）的墓葬形制相对于雍城陵区诸秦公陵具有两条墓道的“中”字形大墓及其陵园四周单壕沟围绕，演变为具有四条墓道的“亚”字形大墓和陵园四周双重壕沟环绕[②]，并且开创了古代帝王陵墓帝后“同茔异穴”合葬的先例[③]，并为嗣后的秦汉帝陵所承袭。

1986 年发现的“秦东陵区”（或称“芷阳陵区”）有 4 个陵园，并勘查出“亚”字形墓葬 3 座，“中”字形墓葬 4 座，“甲”字形墓葬 8 座。[④]据钻探勘查调查资料，这些陵墓基本都属于封土陵，其中 1 号陵园呈南北向长方形，南北长 1180m，东西宽 695m，陵园面积 $82.42\times10^4m^2$；两座“亚”字形墓冢封土残高 2—4m；2 号陵园的“中”字形墓冢底面积 $400m^2$，封土高 11m；3 号陵园的“中”字形墓冢封土残高 6m（因后期破坏，底面积不详）；4 号陵园最初发现两座上园下方的“甲”字形墓冢，西土冢底面积 $361m^2$，封土高 7m，东土冢底面积 $289m^2$，封土高 5m。据史籍记载，葬于秦东陵的秦王公贵族有昭襄王与唐太后、庄襄王与帝太后、悼太子、宣太后等。[⑤]这里需要说明的是，秦东陵迄今所发现的秦王陵（包括高级贵族墓）的封土基本都是残高，加之受被切割的山前洪积扇倾斜地形影响，其“大作丘陇”的外观不是十分明显。此外，秦东陵 4 个陵园皆发现数量不等的陵寝建筑表明蔡邕《独断》所云“古不墓祭，至秦始皇出寝”并不确切，事实上在陵旁建立寝殿应始于咸阳原秦陵或秦东陵的陵园。[⑥]

关中地区帝王陵墓“堆土为陵”的建造形制及其陵墓制度发展到极致和成熟的是秦始皇陵和西汉帝陵。通过对秦始皇陵和西汉帝陵的封土规模及陵园形制的比较（表 4–2），可以看出：

---

① 焦南峰、杨武站、曹龙，等：《咸阳“周王陵”为战国秦陵补证》，《文物与考古》2011 年第 1 期，第 53—57 页。
② 咸阳市文物考古研究所编著：《西汉帝陵钻探调查报告》，北京：文物出版社，2010 年，第 167 页。
③ 焦南峰、杨武站、曹龙，等：《咸阳“周王陵”为战国秦陵补证》，《文物与考古》2011 年第 1 期，第 53—57 页。
④ 张海云、骆希哲：《秦东陵勘查记》，《文博》1987 年第 3 期，第 16—19 页。
⑤ 赵化成：《秦东陵刍议》，《考古与文物》2000 年第 3 期，第 56—63 页。
⑥ 徐卫民：《秦东陵考论》，《咸阳师范学院学报》2002 年第 5 期，第 13—17 页。

表 4–2　秦始皇陵与西汉帝陵的封土规模与陵园形制

陵名	封土规模		陵园		
	底面积/10^4m^2	高度/m	形状	城垣	内城面积/10^4m^2
秦始皇陵	12.08	52.5	长方形	双重	78.59
西汉长陵	2.07	32.8	近方形	单重	60.84
西汉安陵	2.38	25.0	近方形	单重	78.96
西汉阳陵	2.82	32.3	正方形	双重	17.48
西汉茂陵	5.81	46.5	正方形	双重	18.49
西汉平陵	2.56	29.0	近方形	双重	13.68
西汉杜陵	2.96	29.0	正方形	双重	18.75
西汉渭陵	3.06	25.0	正方形	双重	16.40
西汉延陵	2.99	31.0	长方形	双重	15.28
西汉义陵	3.06	30.0	近方形	双重	17.43
西汉康陵	4.51	26.6	正方形	双重	17.64

资料来源：陕西省考古研究院秦汉考古研究部：《陕西秦汉考古五十年综述》，《考古与文物》2008 年第 6 期，第 96—160 页

首先，秦始皇陵的封土规模、陵园面积在秦汉“堆土为陵”的帝陵陵园乃至在中国历代帝王陵园中是无与伦比的。其次，秦汉帝王陵园“堆土为陵”的营造形制蕴含着古代帝王陵墓制度的承袭、发展与创设。例如，封土形制，以秦始皇陵为代表的秦汉帝陵既超越战国秦公王陵封土体量，也为后世同形制帝王陵（如东汉、北宋等）所不及；又如陵邑制度的创设堪称空前绝后。至于在陵墓旁建寝殿寝园，秦始皇陵园的寝殿、便殿规模成型，西汉诸帝陵园“承中有变”，多将寝园置于帝、后陵园的外侧。还有陵园的“双重”或“单重”城垣，都可看作是对商周，乃至春秋战国帝王陵墓“兆沟”（隍壕、围沟）的发展和创新。其数量不等的陪葬坑、陪葬墓制度，以及帝后“同茔异穴”合葬制都给后世立下典范。

隋唐帝陵中有隋文帝泰陵和唐高祖献陵、敬宗庄陵、武宗端陵、僖宗靖陵皆承袭西汉帝陵“堆土为陵”的葬制。其覆斗形封土底面积为方形，陵园方形或长方形，四面陵垣各开神门、设门阙，陵垣四角建阙楼。献陵、端陵和靖陵保存有乳台阙。献陵下宫遗址位于乳阙西南 1.2km 处、端陵下宫距陵 2km。通过将该 5 座隋唐帝陵的封土及陵园规模（表 4–3）与上述西汉封土陵作比较，可以看出，隋文帝泰陵的陵园形制和封土规模

与西汉封土陵极为相近。4 座唐代封土陵较西汉封土陵的封土体量变小，陵园面积小于西汉初期的长陵和安陵的陵园规模，却大于汉景帝阳陵及其之后的帝陵陵园（帝、后分设陵园）。以封土体量最大的唐高祖献陵来看，其封土丘低于汉武帝茂陵封土丘 27.5m、封土底面积小于茂陵 $4.28\times10^4m^2$；甚至比高度最低的汉平帝康陵的封土丘低 7.6m；比封土占地面积最小的汉高祖长陵还差 $0.54\times10^4m^2$；其陵园占地面积不及长陵和安陵陵园面积的三分之一，却大于阳陵、茂陵、平陵、杜陵等 8 座西汉帝陵的陵园面积。至于其他 3 座唐代封土陵的高度，还不及大多数西汉帝后（妃）陪葬墓的高度。

表 4-3　隋唐堆土陵陵园与封土规模

陵园面积/10^4m^2	封土底面积/10^4m^2	陵名	封土高度/m
49.29	2.37	隋文帝泰陵	27.4
21.95（内城）	1.53	唐高祖献陵	19.0
20.69	0.32	唐敬宗庄陵	17.0
32.02	0.35	唐武宗端陵	15.0
23.04（内城）	0.24	唐僖宗靖陵	8.6

注：表中数据源：陕西省地方志编纂委员会编：《陕西省志》第 66 卷《文物志・古墓葬》，西安：三秦出版社，1995 年，第 104 页；刘向阳：《唐代帝王陵墓》修订本，第 6、272、286—287、318—319 页。

（三）依山为陵

“因山为陵，凿山为藏”是我国古代葬制的一种，是将墓葬埋在自然山体中，形成背依大山的恢宏气势。据考证，最早记载“依山为陵”葬制的是《汉书・文帝纪》：“治霸陵瓦器，不得以金、银、铜、锡为饰，因其山，不起坟。”这表明现存于西安市东郊灞桥区白鹿原北端凤凰嘴一带的汉文帝霸陵是中国古代帝王陵墓演化史上最早采用“依山为陵”营建形制的帝陵。但考古资料揭示，汉文帝霸陵是从平地挖坑，再用条石砌筑墓室①，既不是纯粹的“平地起坟”，也不是成熟的“因山为陵”，实际是远古在山岩中开凿竖穴墓与后世横穴“依山为陵”墓葬之间的过渡形制。②

关中地区唐代帝陵的营建形制及构造方式除了前述献陵、端陵、庄陵、靖陵 4 座“封土陵”以外，其余包括昭陵、乾陵、定陵、桥陵、泰陵等 14 座帝陵均属于“依（因）山

① 狮子山楚王陵考古发掘队：《狮子山楚王陵出土文物座谈会纪要》，王恺等编著：《 2000 天和两千年——廿世纪徐州最大的考古发现》，徐州市汉兵马俑博物馆内部资料，1999 年。

② 张建林：《唐代帝陵陵园形制的发展和演变》，《考古与文物》2013 年第 5 期，第 82—90 页。

为陵”（简称“依山陵”）。这些“依山陵”西起乾县北部梁山（乾陵），沿北山山脉跨越礼泉、泾阳、三原和富平诸县境，迄于蒲城县东北的金粟山（泰陵），形成一个以唐长安城（今西安）为基点的扇面。每一座帝陵都选择了该陵区范围内的“岛状山丘”作为陵山（冢）。① 其营建和构造除昭陵因南临悬崖峭壁，故“缘山傍岩，架梁为栈道”，通至墓门之外。② 其他各陵则完全由山下凿成阶梯式的墓道，达于墓门。埋葬之后，一无形迹，“欲使易代之后，不知其处”③。因此，该 14 座依山为陵的帝陵代表了帝王陵墓形制演化中属于较为成熟的“横穴”依山陵。其所依山体海拔介于 743—1188m。陵山海拔≥1000m 的有昭陵（九嵕山，1188m）、乾陵（梁山，1069m）、光陵（尧山，1091m）、贞陵（北仲山，1003m）4 座帝陵；陵山海拔≤800m 的有定陵（凤凰山，751m）、桥陵（丰山，743m）、建陵（武将山，783m）、崇陵（嵯峨山，797m）、章陵（天乳山，783m）5 座帝陵；其余 5 座帝陵的陵山海拔介于 800—900m：泰陵（金粟山，852m）、元陵（檀山，853m）、丰陵（金翁山，851m）、景陵（金帜山，872m）、简陵（紫金山，889m）。

其陵园占地面积昭陵最大（约 200km^2），其余诸陵陵园面积介于 1.33km^2（泰陵）—10.33km^2（贞陵）。陵园形制一般建四角阙，辟四神门、门外双阙（三出阙），神门有过殿式、阙楼式和过洞式等，存有番酋殿、乳台、鹊台遗址等④（表 4–4）。

表 4–4 唐代帝陵“依山陵”陵园形制及规模

陵名	陵山/海拔（m）	形状	面积/km^2
昭陵	九嵕山/1224.9	无陵垣	200
乾陵	梁山/1047.3	方形陵垣	2.15
定陵	凤凰山/751	陵垣长方形	6.0
桥陵	丰山/734	不规则方形	8.52
泰陵	金粟山/852	不规则五边形	1.33
建陵	武将山/783	不规则长方形	1.40
元陵	檀山/851	近方形、	6.75
崇陵	嵯峨山/955	不规则梯形	2.65

① 王双怀：《关中唐陵的地理分布及其特征》，《西安联合大学学报》2001 年第 1 期，第 63—66 页。

② 王溥：《唐会要》，第 458 页。

③《旧唐书》卷 72《虞世南传》，第 2568 页。

④ 刘向阳：《唐代帝王陵墓》修订本，第 359—360 页；周明：《陕西关中唐十八陵陵寝建筑形制初探》，《文博》1994 年第 1 期，第 64—77 页。

续表

陵名	陵山/海拔（m）	形状	面积/km^2
丰陵	金瓮山/851	不详	—
景陵	金炽山/872	不规则长方形	6.51
光陵	尧山/872	长方形	6.82
章陵	乳山/783	近方形	1.76
贞陵	北仲山/1003	不规则多边形	10.13
简陵	紫金山/889	方形	4.41

与秦汉帝陵相比较，唐代帝陵具有的明显特征①：

（1）陵墓构筑方法与封土形制的关系。西汉文帝霸陵“因山为陵”的构筑形制堪称唐代 14 座“依山陵”的滥觞，但在具体修筑方法上，西汉霸陵“从平地挖坑，再用条石砌筑墓室”，而且迄今未发现陵园遗迹。②同唐昭陵“在九嵕山南面悬崖开凿玄宫”和乾陵“环绕陵山修筑方形城垣，四面辟四门，门外置双阙、列戟廊和双石蹲狮，南门外三重门阙（鹊台阙、乳台阙和门阙）、神道西侧建下宫、东侧分布陪葬墓，以及神道两侧对称排列石刻群、番酋石像”的定制截然不相同。③西汉 10 座“堆土陵”的封土体量和形制是唐代 4 座“封土陵”所无法比拟的。前者封土高度介于 26.6—46.5m、其底面积介于 2.07×10^4—$5.81\times10^4m^2$，后者封土高度介于 8.6—19m、其底面积介于 0.16×10^4—$1.53\times10^4m^2$。

（2）唐代帝陵，尤其是依山陵的气势较汉代封土帝陵更为雄伟恢宏。这主要体现在汉代封土型陵冢（封土丘）与其所在地平面的高差充其量不超过 50m（茂陵最高为 46.5m），唐代依山陵所在山峰与山麓洪积扇或黄土台塬的相对高差达数百米。例如，乾陵所依梁山与山前靖陵所在台塬相对高差 260m，礼泉县境内建陵和昭陵所依的武将山、九嵕山高出山前洪积扇 200—230m，泾阳县境内的贞陵和崇陵所在山峰与山前台塬相对高差 210—420m，富平县境内的定陵和简陵等 4 座依山陵，与山前洪积扇高差 110—250m，蒲城县桥陵和泰陵等 5 座依山陵，与山前黄土台塬高差 100—190m。④此

① 刘根良：《汉唐陵寝制度之异同》，《南昌职业技术师范学院学报》1996 年第 2 期，第 36—39 页。

② 周学鹰：《“因山为陵”葬制探源》，《中原文物》2005 年第 1 期，第 62—68 页。

③ 张建林：《唐代帝陵陵园形制的发展和演变》，《考古与文物》2013 年第 5 期，第 82—90 页。

④ 唐代 14 座依山陵所在山峰与山前洪积扇或黄土台塬的相对高差按其所在山峰的海拔高度与山前地形平均标高值计算得出。

外，西汉帝陵陵园占地面积 0.14km^2—0.80km^2，唐代依山陵陵园占地面积 1.33km^2—10.13km^2（未包括昭陵）。显然，无论是从平面范围，还是立体高度，汉代堆土陵与唐代依山陵的气势不可同日而语。

整个汉、唐时期的所有大项目，如都城长安城的宏大规模、城中恢宏雄伟的宫殿、极为宽阔的主干街道等，除了其实际的功能外，精神价值占有很大的比重。例如，汉初丞相萧何主持建造壮丽恢宏的未央宫，其实际功能为君臣朝会之处，精神意义则在于“天子四海为家，（宫室）非壮丽无以重威”。唐诗“九天阊阖开宫殿，万国衣冠拜冕旒”道出了唐长安城大明宫使一个国家有了傲视群雄的气度，令世界各国纷纷前来进行贸易和文化交流，可谓万国来朝，德化远播。其所铸造和体现的强盛国力及开放包容的心态使一个民族赢得了外族空前绝后的尊重。至于帝王陵这样的实际功能与精神需求并重的特殊项目更是有着超乎寻常的精神因素。西汉选择地势高亢开阔的黄土台塬建筑高度数十米的陵冢，唐代依山而建的帝陵以巍峨的山峰作墓冢、高耸的山梁为神道，其俯览大地、傲指苍穹的雄强气势，令后世至多十余米高的土筑帝陵陵丘所望尘莫及。尤其是唐代帝王以大山为陵而不是筑小丘为冢，追求的是一种理想境界、一种恢宏气势，并非单纯建造一个死后的栖息地。

第五章　关中地区古代帝陵的结构

古代帝王陵墓的结构可分为地上和地下两大部分。陕西关中地区古代帝王陵发掘的极少，从而帝王陵墓的结构（尤其地下部分）多不能详知。根据文献记载和考古研究资料，可以对关中地区不同历史时期帝陵的结构作概括性了解和揣测。

一、西周到战国中晚期王公陵的结构

西周到战国中期的丧葬是“不封不树”“墓而不坟”，因而关中地区战国中期以前的西周王陵和战国秦公陵的地面上没有封土丘和树木。

有关西周王陵的葬制至今缺乏直接的考古实证资料。近些年来，考古工作者在岐山周公庙遗址调查和钻探发现商周时期墓地 6 处，探明 37 座墓葬，其中有四条墓道（“亚”字形）者 10 座，有三条、两条（“中”字形）和一条墓道（“甲”字形）者各 4 座，另有长方形竖穴土圹墓或车马坑 15 座，并发掘了“亚”字形大墓（M18）和“中”字形大墓（M32）各 1 座，其中的“亚”字形大墓（M18）位于墓地中部偏东，墓室长 6.8m、宽 6.4m，东墓道长 12.4m、宽 0.9m，西墓道长 7.5m、宽 1.3m，南墓道长 17.6m、宽 4.2m，北墓道长 17.7m、宽 0.9m，南墓道呈斜坡状，其他三条墓道均为阶梯式，墓底四周有宽近 1m 的生土二层台。因盗扰严重，只在盗洞填土中残留有青铜车马器、小件玉器、石磬、原始瓷器等；“中”字形大墓 M32 位于墓地近南端，系方形竖穴土坑墓室，阶梯式北墓道残长 9m、宽 1.9—2.1m，斜坡式南墓道残长 13.3m、宽约 5m，此墓亦多次被盗扰，墓室内随葬器物被洗劫一空，盗洞填土中出土有 700 多片原始瓷片（可辨识出豆、尊等 10 余种器类）、残铜鼎耳、铜泡、蚌泡、象牙器等。[①] 比照殷商王陵葬制，“亚”字形（四

① 徐天进：《周公庙遗址的考古所获及所思》，《文物》2006 年第 8 期，第 55—63 页。

条墓道）和“中”字形（两条墓道）大墓应属王陵和高等级贵族墓葬。因此，被多数专家考证为“周公家族墓”的周公庙遗址墓葬，无疑提供了西周王陵地下结构状况的参照。①

多年来，在凤翔秦雍城陵区发现了21座“级别高，无疑为秦公墓”的“中”字形墓，其墓室之上均有建筑遗迹，应为享堂建筑。②此外，雍城秦公陵园中还有外、中、内三重隍壕，即整个陵地的外围沟（外壕），若干座陵墓组成的陵园围沟（中隍），陵墓单体建筑遗址3处等。③

凤翔雍城陵区秦公陵墓葬的地下部分结构，由已发掘的秦公一号大墓（根据墓中出土的石磬刻文，基本确定为春秋晚期的秦景公墓）可见一斑。该墓平面为“中”字形（图5–1）全长300m，面积5334m^2，深24m，是已发掘的先秦墓葬中最大的一座。墓室由主椁室、副椁室、72具箱殉、94具匣殉等组成（另在填土中发现20具殉人骨骼）。该墓屡经严重盗扰，仍出土铜、铁、金、陶、玉、漆器及纺织品等各类文物3500多件；该墓为土圹竖穴墓，由底到顶有三层台阶，台阶环绕墓壁，宽2—6m，第三台阶中部即为椁室，长14.4m，宽5.6m，高5.6m，面积约80m^2。紧靠主椁室西南有一个副椁室，长7m，宽4m，高2.6m。椁室全部由一根根四方木头构成，木头两端还有榫头伸出，凑成长方体的木屋，初步认为是我国古代最早的一套“黄肠题凑”葬具，并发现“目”字形车马坑2座，已发掘的1座坑长17.5m、宽3.1m，距地表深12.5m。坑底东西向依次放置五组车，每组车前分别有挽马两具。④

据考古调查和钻探，咸阳原发现的战国中后期的诸秦王陵园中位于现今西咸新区秦汉新城周陵街道办事处附近，形制和规模颇具代表性的II号陵园是由内、外两重垣墙及内、外两重围沟组成的双重陵园。该陵园的两座“亚”字形大墓（一直被认作“周王陵”），其南墓（可能是秦悼武王永陵或秦惠文王公陵）覆斗形封土高度14.0m，底面积$0.95\times10^4m^2$⑤；封土四面各伸出一条墓道，东墓道长74m、宽24—42m，西墓道长63m、宽26—45m，南墓道长42m、宽25—40m，北墓道长89m、宽25—42m。墓道填土均为夯土，两壁大多设有台阶。以东墓道为例，钻探发现2级台阶，第一级台阶宽1.5m，距

① 赵丛苍：《周公庙墓地性质管窥》，《西北大学学报（哲学社会科学版）》2004年第6期，第21—23页。

② 徐卫民：《秦帝王陵墓制度研究》，《唐都学刊》2010年第1期，第43—51页。

③ 刘卫鹏、岳起：《咸阳塬上“秦陵”的发现和确认》，《文物》2008年第4期，第62—72页。

④ 陕西省考古研究院秦汉考古研究部：《陕西秦汉考古五十年综述》，《考古与文物》2008年第6期，第96—160页。

⑤ 丁岩：《咸阳原两座秦陵园主人之蠡测》，《考古与文物》2015年第2期，第58—60页；刘卫鹏、岳起：《咸阳塬上“秦陵”的发现和确认》，《文物》2008年第4期，第62—72页。

图 5-1　凤翔雍城秦公一号大墓（资料来源：陕西考古研究院秦汉考古研究部：《陕西秦汉考古五十年综述》，《考古与文物》2008 年第 6 期，第 96—160 页）

地表 3.5m，第二级台阶宽 2m、距地表 5.5m。封土周围地层深 1.2—2.2m。北墓道北部东边紧连墓道发现一个长方形陪葬坑，坑南北长 12m，东西宽 7m，距地表 7.5m，北墓（王后陵）园丘形封土高度 17.5m，底面积 $0.35\times10^4m^2$。其封土四面各探出墓道一条，东墓道长 70m、宽 11—30m，西墓道长 52m、宽 11—28m，南墓道长 45m、宽 17—23m，北墓道长 36m、宽 12—26m。四周地层深 2m。墓道两壁有生土台阶，南墓道西壁的台阶发现三级，台阶宽 1.8m，高 3m。第一级台阶距地表 4m，第二级距地表 7m，第三级距地表 10m。墓道填土均为夯土，比较坚硬。东墓道南部和南墓道西部各有一个陪葬坑。其中东墓道的陪葬坑东西长 11m，南北宽 8m，距地表 7m，探孔内发现有绿色铜锈和红色的漆皮。南墓道上的陪葬坑平面呈五边形，南北长 10m，东西宽 4—7m，距地表 5.5m，探孔内发现有木灰痕迹。①

在该陵园还发现外葬坑 27 座（其中内陵园 9 座，外陵园 18 座），其平面形制呈长条形、曲尺形等，长度 3.7—117.1m，宽 2.4—12m，深 8m。其位置、排列凌乱无章。又在内、外垣城发现三处小型陪葬墓群，共 168 座，其中详细钻探的 120 座墓葬中，洞室墓

① 焦南峰、杨武站、曹龙，等：《咸阳“周王陵”为战国秦陵补证》，《文物与考古》2011 年第 11 期，第 53—57 页。

占 83.3%，竖穴土坑墓占 16.7%。[①]

1986 年以来，考古工作者在秦东陵先后发现 4 个陵园，勘查出“亚”字形墓葬 3 座，“中”字形墓葬 4 座，“甲”字形墓葬 8 座。其中 1 号陵园最具代表性，陵园隍壕由东面人工壕沟和南西北三面的天然围沟组成，园内有性质和大小相若、东西并列的两座“亚”字形大墓（已确定为秦昭襄王及唐太后的“芷陵”），其封土残高 2—5m，底面积 $3.75\times10^4m^2$。据现场勘查，1 号“亚”字形墓（南墓）墓室为“黄肠题凑”结构，保存状况较佳[②]。还勘查出建筑遗址 4 处、陪葬坑 14 座（钻探出马骨、木迹、漆皮和骨饰等）[③]、陪葬墓 161 座、陵园道路（“王路”）2 条。其他陵园类似，周围围沟环绕、以“亚”字形或“中”字形大墓为主，具有数量、规格不等的陪葬墓、陪葬坑和建筑遗址等[④]。

二、秦始皇陵的结构

（一）秦始皇陵的地上部分结构

秦始皇陵的地上部分结构复杂、内涵丰富（图 5-2）。帝陵现存封土呈三层阶梯的方形台体，底面积 $12.08\times10^4m^2$，高 52.5m。封土下围绕墓室筑成九级台阶式夯土建筑，可能是历史文献记述的“中成观游”之类的庞大建筑物[⑤]；陵园内外两重城垣均为长方形，内城东北角用两条隔墙形成小城；内城垣辟 6 门（北垣上有 2 门，其余三面各 1 门。内城中部东西向隔墙上有一门），外城垣辟 3 门（东、西、南三侧城墙各 1 门）；陵园内共发现建筑遗址 4 处：内城建有寝殿、便殿遗址 2 处（封土北侧），内外城之间西侧的东西轴线北发现园寺吏舍遗址和丽山飤官遗址 2 处，陵园外有鱼池建筑遗址、防洪大堤遗址和石料加工场遗址等；还在陵园北侧设有奉守陵园的“骊邑”（陵邑）[⑥]。

---

① 刘卫鹏、岳起：《咸阳塬上“秦陵”的发现和确定》，《文物》2008 年第 4 期，第 62—72 页。

② 孙伟刚、杜应文、高海峰：《新发现秦漆器及秦东陵相关问题探讨》，《人类文化遗产保护》2012 年 1 期，第 149—152 年；郝娟、武淑丽：《新形势下秦东陵的保护管理与展示利用》，《德宏师范高等专科学校学报》2018 年第 3 期，第 26—29 页。

③ 赵化成：《秦东陵刍议》，《考古与文物》2000 年第 3 期，第 56—63 页。

④ 徐卫民：《秦东陵考论》，《咸阳师范学院学报》2002 年第 5 期，第 13—17 页。

⑤ 段清波：《秦始皇帝陵的物探考古调查——“863”计划：秦始皇陵物探考古进展情况的报告》，《西北大学学报（哲学社会科学版）》2005 年第 1 期，第 80—86 页。

⑥ 陕西省考古研究所秦汉考古研究部：《陕西秦汉考古五十年综述》，《考古与文物》2008 年第 6 期，第 96—160 页。

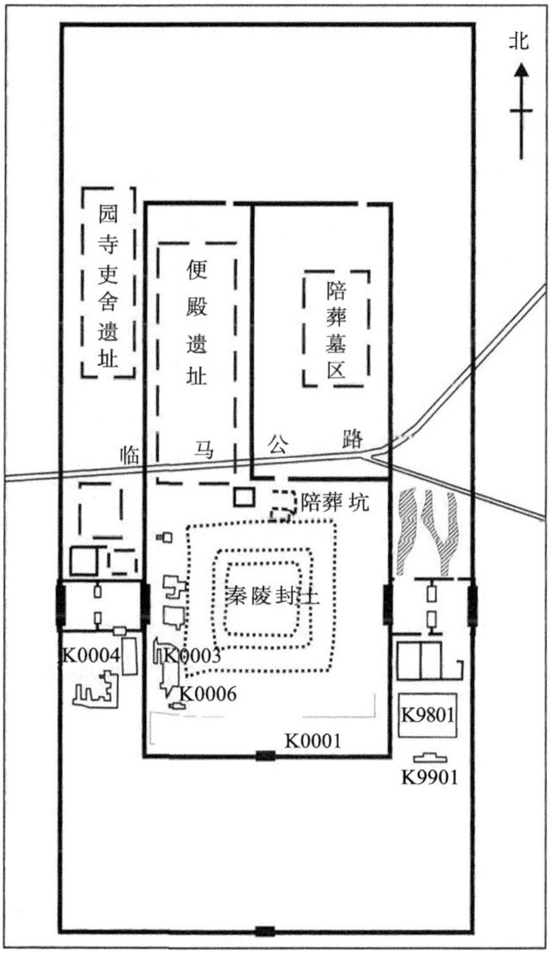

图 5–2　秦始皇陵园平面布局图（资料来源：陕西省考古研究所秦汉考古研究部：《陕西秦汉考古五十年综述》,《考古与文物》2008 年第 6 期，第 96—160 页）

（二）秦始皇陵的地下部分结构

秦始皇陵地下部分包括地宫（墓室）、陪葬坑、陪葬墓和地下组排水系统等。其中地宫墓圹主体东西长 170m，南北宽 145m，在墓室的四周该开挖范围内为精细夯筑的夯土宫墙，墙的主体范围东西长 145m、南北宽 125m。墓室东西长 80m，南北宽 50m，空间高度 15m。据《史记 · 秦始皇本纪》记载:（秦始皇陵地宫）“穿三泉，下铜而致椁，宫观百官奇器珍怪徙藏满之。令匠作机弩矢，有所穿近者辄射之。以水银为百川江河大海，机相灌输，上具天文，下具地理，以人鱼膏为灯烛，度不灭者久之。”[①]《汉

① 《史记》卷 5《秦始皇本纪》，第 188 页。

书·楚元王传》也载："石椁为游馆，人膏为灯烛，水银为江海，黄金为凫雁，珍宝之藏，机械之变，棺椁之丽，宫馆之盛，不可胜原。"① 物探考古探明地宫距地面深约 34m，并验证"封土堆中部发现了明显的高汞异常现象"，"有可能地宫中以汞造就的'江河'、'大海'现在还没有干涸"②。在地宫的东、西部各有一条墓道，地宫南、北两边尚未发现类似东西墓道结构存在。围绕地宫分布着一些大型陪葬坑，西侧有铜车马坑等 3 座，东、南侧各 3 座，北侧 7 座，共 16 座。有些陪葬坑原被封土的边沿覆盖，是地宫周围的外藏椁。③

在陵墓周围勘探出一组大型地下阻排水系统，现已探明长度为 1303m，其中阻水渠长 778，最深处为 39.4m，排水渠长 525m。阻水渠下层由厚 17m 的青膏泥夯层组成，上层为 21m 厚的夯土层，其走向：始于陵墓封土东侧东西轴线的偏北处，向南至封土东南角折西，至封土西南部折北，在封土西侧正中含铜车马陪葬坑下折向西去。排水渠由 8 段明井、7 处暗渠构成，最深处 23m，从封土西侧向西穿过内城西门，沿内城西墙折向北去（图 5–2）。阻排水系统的作用是为阻挡地宫以外的潜水进入，从而达到永久性地保证地宫安全的目的，它是秦代大地勘测技术、地质学应用技术、"坎儿井"技术综合应用的结果。④

陵园西侧内外城垣之间，以司马道为界分为南、北两区。⑤ 南区有大、中型马厩坑各 1 座，小型府藏坑 16 座，珍禽异兽坑及跽坐俑坑 31 座；北区贴近司马道有后宫人员陪葬墓区 1 处，其余部分为飤官遗址及园寺吏舍遗址。东侧内外城垣之间，在司马道的南侧有百戏俑坑、石铠甲坑及 1 座大型府藏坑。司马道北侧的情况不明。外城垣以外东侧有上焦村陪葬墓 17 座、马厩坑 101 座、兵马俑陪葬坑 1 组，北侧发现有储藏肉食类的府藏坑 1 座、青铜水禽陪葬坑 1 座。

震惊中外的秦兵马俑坑有三个（另有一个是尚未建成的空坑），均为地下土木结构坑道式建筑，其构筑包括开挖土圹、处理地基（包括抄平、夯筑）、夯筑隔墙、铺地砖、置地栿、立柱、置枋、棚木等。隔墙区隔出一个个坑道式空间——过洞，过洞内放置陶俑、陶马、木质战车等，覆土前棚木上还要铺以苇席，最后再用泥土覆盖起来。其中一号坑呈东西向长方形，长 230m，宽 62m，面积 $1.43\times10^4 m^2$。俑坑东西两端各有一条南北向长

---

①《汉书》卷 36《楚元王传》，第 1954 页。

② 段清波：《秦始皇帝陵的物探考古调查——"863"计划：秦始皇陵物探考古进展情况的报告》，《西北大学学报（哲学社会科学版）》2005 年第 1 期，第 80—86 页。

③ 陕西省考古研究所秦汉考古研究部：《陕西秦汉考古五十年综述》，《考古与文物》2008 年第 6 期，第 96—160 页。

④ 陕西考古研究所、秦始皇兵马俑博物馆：《秦始皇帝陵园考古报告（2000）》，北京：文物出版社，2006 年。

⑤《秦始皇帝陵的物探考古调查——"863"计划：秦始皇陵物探考古进展情况的报告》，《西北大学学报（哲学社会科学版）》2005 年第 1 期，第 80—86 页。

廊，中间有 10 道东西向的夯土隔墙，分割出 11 条东西向的过洞。过洞长约 180m，宽 3.25m。过洞和长廊内放置兵马俑。东西长廊分置前锋和后卫，南北两侧过洞各置侧翼，中间 9 个过洞则置 36 路纵队，成为有前锋、后卫、侧翼，并且以步兵和战车混合编组的大型军阵。一号兵马俑坑只发掘了一部分，据排列密度估算，整个俑坑内有武士俑和军吏俑约 6000 件，驷马战车 40 乘，陶马 160 匹。①

二号坑平面呈曲尺形（东北角突出），东西通长 124m，南北通宽 98m，面积约 6000m^2，东、西、北三面共有门道 11 条。俑坑由四个单元构成：东北部为弩兵阵，由 300 多尊跪射俑和立射俑组成；北部三个过洞为骑兵俑阵，有 6 辆战车和 108 名骑兵；骑兵俑群南部二个过洞是步兵、战车混编的俑阵；俑坑南部 8 个过洞则为纯粹的驷马战车编组。整个二号俑坑计有弩、车步、骑俑 939 件，陶马 472 匹，战车 89 乘。②

三号坑平面呈“凹”字形，东西长 28.8m，南北宽 24.57m，面积 520m^2，东面正中有斜坡门道。其平面布局分南中北三区，坐西面东。该坑已全部揭露。由于三号坑面积较小，加之特有的“凹”字形结构，故中间不设承重墙，只是在坑周筑夯土二层台，以搭建棚木。中区置驷马华盖车一乘，车前驾有陶马 4 匹，车后有陶俑 4 件；南区有铠甲武士俑 42 件，北区有铠甲武士俑 22 件，皆作夹道式排列。三号坑出土铜殳 30 件，表明卫士手中所持兵器主要是铜殳。③

三、西汉帝陵的结构

（一）西汉帝陵的地上部分结构

西汉帝陵的地上部分类似于秦始皇陵，如双重陵垣、高大的覆斗形封土丘、礼制建筑（寝殿、献殿和便殿）、陪葬墓等。此外，西汉帝陵陵园帝后“同茔异穴”合葬，前期的汉高祖长陵至汉宣帝杜陵等 7 座帝陵陵园附近设置有陵邑。例如，汉武帝茂陵陵园（图 5–3）为内、外双重城垣。其外围墙、外壕沟组成的外城垣及其以内的区域，是整个陵区的核心区（即茂陵陵园），包含帝陵陵园、李夫人墓园、11 处建筑遗址、244 座外藏坑（不包括武帝陵园和李夫人墓园内的外葬坑）及 9 座（中字形 1、甲字形 8）陪葬墓等。帝陵陵园方形，四周垣墙（内城垣）各设 1 门、四角建阙（楼）。帝陵覆斗形封土位于陵园中心，底面积 5.81×10^4m^2，高度 46.5m。在墓室四周呈放射状分布有 150 座外藏坑。

① 陕西省考古研究所秦汉考古研究部：《陕西秦汉考古五十年综述》，《考古与文物》2008 年第 6 期，第 96—160 页。

② 陕西省考古研究所秦汉考古研究部：《陕西秦汉考古五十年综述》，《考古与文物》2008 年第 6 期，第 96—160 页。

③ 陕西省考古研究所秦汉考古研究部：《陕西秦汉考古五十年综述》，《考古与文物》2008 年第 6 期，第 96—160 页。

李夫人墓园四周围垣长方形，封土覆斗形（带二层台），底面积 $1.38\times10^4m^2$，高度 28m。封土北侧有建筑遗址 1 处、墓园内还有外葬坑 6 座、祭祀坑 7 座。此外，茂陵陵园（外城垣）以外的区域，东侧 380m 有四周壕沟环护的长方形陵邑，占地面积 $2.81km^2$，该陵邑内被“三纵七横”的主干路划分为 30 多个里坊；陵园四周有陪葬墓 113 座（其中大中型墓葬 51 座），以及长（1760—3120m）、宽（32—80m）不等的 4 条司马门道。①

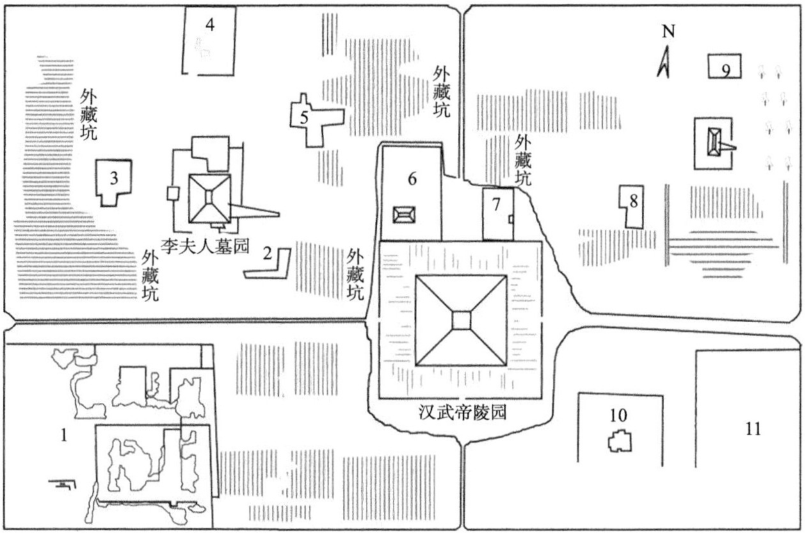

图 5-3 汉茂陵陵区遗迹平面图（资料来源：陕西省考古研究院、咸阳市文物考古研究所、茂陵博物馆：《汉武帝茂陵考古调查、勘探简报》,《考古与文物》2011 年第 2 期，第 3—14 页）

又如汉景帝阳陵自 20 世纪 90 年代始进行了大规模的考古钻探和发掘，基本了解了陵园的整体布局、规模和帝陵的形制，发现了大量的从葬坑和陪葬墓园。阳陵陵区平面呈不规则葫芦形，东西长近 6km、南北宽 1—3km，面积约 $12km^2$。由帝陵、后陵陵园，南北区从葬坑、刑徒墓地、陵庙等礼制建筑、陪葬墓及阳陵邑等部分组成。②帝陵坐西面东，居于陵园的中部偏西；后陵、南、北区从葬坑、一号建筑基址等距分布于帝陵四角；北区陪葬墓和罗经石遗址位于帝陵南北两侧，左右对称；刑徒墓地及三处建筑遗址在帝陵西侧，南北一字排列；东区陪葬墓园棋盘状分布于帝陵东侧的司马道两侧；阳陵邑则设置在陵园的东端。整个陵园以帝陵为中心，四角拱卫，南北对称，东西相连，布局规整，结构严谨。③

① 陕西省考古研究院、咸阳市文物考古研究所、茂陵博物馆：《汉武帝茂陵考古调查、勘探简报》,《考古与文物》2011 年第 2 期，第 3—14 页。

② 晏新志、刘宇生、闫华军：《汉景帝阳陵研究的回顾与展望》,《文博》2009 年第 1 期，第 25—30 页。

③ 陕西省考古研究所秦汉考古研究部：《陕西秦汉考古五十年综述》,《考古与文物》2008 年第 6 期，第 96—160 页。

（二）西汉帝陵的地下部分结构

从对西汉帝陵的勘探发掘来看，西汉帝陵陵墓皆为“亚”字形，大多“坐西面东”。例如，汉景帝阳陵帝陵陵墓四侧各有一条墓道，东墓道长 69m，南墓道长 17m、西墓道长 21m，北墓道长 23.1m。在帝陵陵园四门以内，封土以外分布从葬坑 86 座。各坑间距一般在 4m 左右。坑的宽度 3—4m。最长的坑超过 100m，最短的坑只有 4m。坑深 3m 左右，坑底部距现地表 8—14m（图 5–4）。后陵墓葬形制亦为“亚”字形，坐西朝东。东、南、西、北各有一条墓道，东墓道最长、最宽。其封土外围亦发现从葬坑 28 座。此外，在帝陵东南约 500m（南区）和西北约 500m（北区）各发现从葬坑 24 座；在阳陵园北区陪葬墓园发现从葬坑 30 座；又在阳陵东区陪葬墓园先后发现从葬坑 3 座。因此，阳陵陵园内外共发现 195 座陪葬坑。①

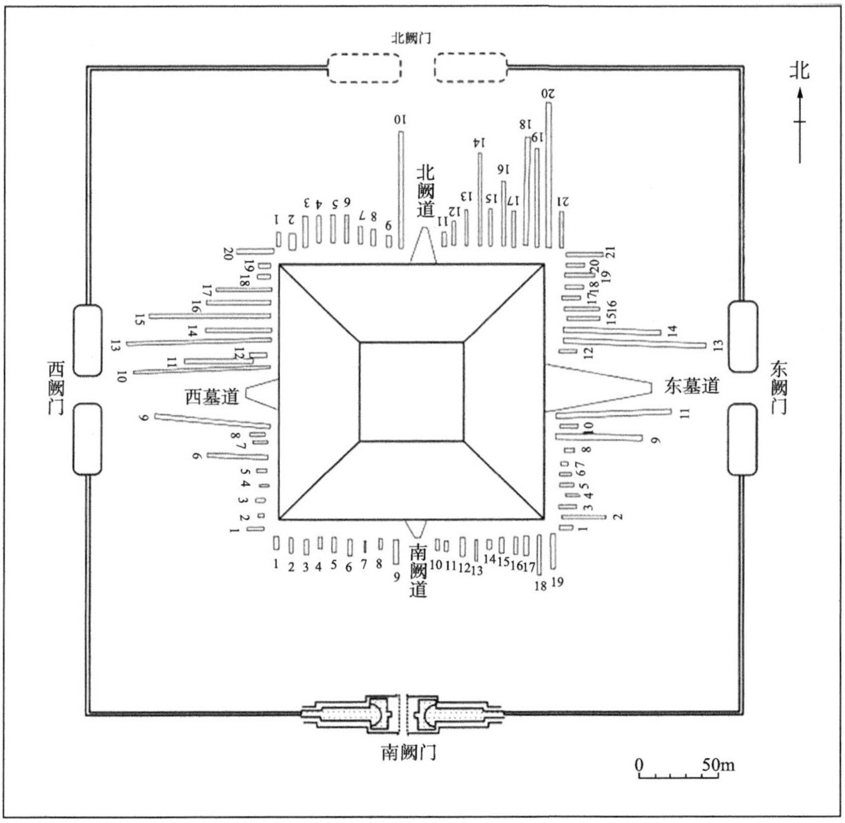

图 5–4　汉阳陵帝陵从葬坑分布图

（资料来源：焦南峰：《汉阳陵从葬坑初探》，《文物》2006 年第 7 期，第 51—57 页）

① 陕西省考古研究所秦汉考古研究部：《陕西秦汉考古五十年综述》，《考古与文物》2008 年第 6 期，第 96—160 页。

根据对汉阳陵帝陵南、北区（各24座）从葬坑试掘出土的大量彩绘武士俑（骑兵、步兵等），兵器中铜镞、弩机（远射程）、铁戟、矛、铍（长兵器）和铁剑（短兵器）等，以及与军队编制有关的印章和封泥等，表明其代表和象征西汉军队，即“北军的左、右两翼”；帝陵封土以外、陵园之内分布的86座从葬坑主要出土不同身份（官吏、武士和侍从等）陶俑、陶塑家畜（猪、狗、羊、牛和鸡等）、生活器皿（陶、铁、铜器和石、骨质器等）和兵器、粮食、纺织品等多种生活消费品，以及车马、印章、封泥等；代表或象征西汉王朝的宗正、少府等官署机构；帝后陵封土外的28座从葬坑象征和代表后宫系统的机构和设施；其他33座从葬坑分属4座陪葬墓，其数量和规格反映墓主生前的等级、职务及其所属机构和设施（象征墓主与皇家关系的密切性）。①

四、南北朝时期帝陵的结构

“十六国”及南北朝时期，关中地区相继有前赵、前秦、后秦、西魏和北周等封建政权以长安为都城，长安及其周围的关中地区仍保持中国北方政治中心的地位，从而遗留有这一历史时期的帝王陵墓，如散布在咸阳原、彬县、富平、高陵、白水诸县区的十六国前赵刘曜之父的永垣陵（白水）、前秦宣帝苻坚墓（彬县）、后秦太祖原陵和高祖偶陵（高陵）；西魏文帝永陵和北周文帝成陵（富平）、武帝孝陵（咸阳原）等。②这些帝王陵有的地面保留有封土和其他遗迹，如前赵刘曜之父的永垣陵墓封土高40m，南北长340m，东西宽96m，占地$3.26×10^4m^2$；前秦宣帝苻坚墓（彬县水口镇九田村），墓冢为斜长角锥形，南端高3m，宽7m，北端高2m，宽3m，南北总长21m，俗称“长角冢”；西魏文帝元宝炬永陵（富平县城东南约15km处）冢高15m，周长230m，陵园地面建筑无存，仅有石兽1对（獬豸）；北周文帝（宇文泰）成陵（富平县宫里乡宫里小学院内）陵冢现高12m，周长142.8m等。③有的则地面无封土和其他遗迹，如后秦太祖姚苌原陵（高陵县通远乡灰堆坡村西南）在高仰田地内，封土已无存（营建在新石器时代仰韶文化遗址的台地上）；后秦高祖姚兴偶陵（高陵县东药惠乡麦张村附近）亦如此；北周武帝宇文邕的孝陵（空港新城底张街道办陈马村东南）也是地面无封土。

① 焦南峰：《汉阳陵从葬坑初探》，《文物》2006年第7期，第51—57页。

② 参照国家文物局编主编：《中国文物地图集·陕西分册（上册）》，西安：西安地图出版社，1998年。

③ 参照陕西省地方志编纂委员会编：《陕西省志·文物志》第13卷·文化第2章《古墓葬》第5节《三国晋南北朝》。

以上诸陵中，北周武帝宇文邕孝陵，因 1993 年及 1994 年接连被盗后，经考古部门正式发掘，出土了武帝孝陵志石、墓室棺椁遗迹，武德皇后志石及天元皇太后金玺等，判定此墓确为北周武帝与皇后阿史那氏合葬的孝陵。该陵位于今西咸新区空港新城底张街道办陈马村东南约 1km 处，西距唐顺陵（武则天之母杨氏墓）约 1.5km。墓葬总体坐北向南，墓道全长 68.4m，由斜坡墓道、5 个天井、5 个过洞、4 个壁龛及甬道、土洞单墓室组成。这样的形制与已发现的北周皇室、贵族、大臣的大中型墓大体相同。北周武帝孝陵虽经多次盗掘，但出土物仍较丰富，其中有各类陶俑 150 多件、陶瓷器近 40 件、玉器 8 件、铜带具 1 套、金器 21 件及志石 2 合。金器中的“天元皇太后玺”尤为珍贵，纯金，重 802.56 克，獬钮，正方形玺面，边长 4.45cm、宽 4.55cm、盒钮通高 4.7cm。玺面篆书阳刻“天元皇太后玺”6 字，章法独特，世所罕见。①

据《周书》记载，孝闵帝葬静陵、明帝葬昭陵、武帝葬孝陵、宣帝葬定陵、静帝葬恭陵。② 但这五座帝陵究竟位于何处，史书语焉不详。加之北周帝陵不封不树，地面没有封土及其他标志物，后世全不知其所在。北周武帝孝陵的发掘不仅确定了其埋葬之地，也为探寻其他几座北周帝陵提供了重要线索。自孝陵所在的陈马村至底张街道一带地势高亢开阔，东有孝陵，西南有谯王宇文俭、骠骑大将军叱罗协等皇族、勋贵之墓，是迄今发现北周大、中型墓葬最多的区域。显然，该区域当是为北周皇室及贵族的重要墓葬区。此外，孝陵的发掘还为了解南北朝时期帝陵结构提供了重要参照。③

五、唐代帝陵的结构

（一）唐代帝陵的地上部分结构

关中唐十八陵的建造形制分为依山为陵（依山陵）和堆土为陵（封土陵）两大类。14 座依山陵中，昭陵最早，开创“依山为陵”的先河。其地面结构为依九嵕山建造玄宫，未发现环绕陵山的垣墙，只是建造了南、北司马门，并将“昭陵刻石文”碑、“昭陵六骏”和“十四国番君长”等石像群设置在北司马门，寝宫建筑群（由 3 组大型建筑和多座中小型建筑组成，其中大型建筑含寝殿）在陵山西南缓坡处，193 座陪葬墓分布在九嵕山

① 参照陕西省考古研究院、咸阳市考古研究所:《北周武帝孝陵发掘简报》,《考古与文物》1997 年第 2 期，第 8—28页。

②《周书·帝纪》，北京：中华书局，1971 年，第 50—136 页。

③ 陕西省考古研究院、咸阳市考古研究所:《北周武帝孝陵发掘简报》,《考古与文物》1997 年第 2 期。

南侧和东侧的山坡及山下东、南部的开阔平原地带。唐高宗与武则天合葬的乾陵，依梁山凿建玄宫，具有双重陵园（唐陵中唯一的），内外城垣相距约 220m。内城垣环绕陵山构成近方形陵园，四角建角阙，城垣辟四神门、殿堂式门外建双阙、各立石蹲狮 1 对；北神门（玄武门）阙外置石虎、石兽各 1 对，仗马及牵马人组合 3 对；南神门（朱雀门）内为寝宫，门外由门阙、乳（台）阙和鹊台（阙）各 1 对构成三重阙。乳阙与门阙间的神道两侧自南而北设立华表、翼马、鸵鸟（朱雀）各 1 对，仗马及牵马人 5 对，翁仲 10 对，碑 1 对（东为无字碑，西为述圣记碑），门阙内左右排列番酋石像 61 座；鹊台与乳阙之间的神道西侧置方形下宫（双重城垣，外城占地面积 $14.52\times10^4m^2$）建筑群；东侧分布 17 座陪葬墓，其中皇子墓 5 座、公主墓 4 座、大臣墓 8 座，这些墓均具有围沟或围墙的墓园建筑。至于后来的依山陵，基本因循“乾陵模式”[①]。有所不同的：一是迄今尚未发现诸依山陵有双重陵垣，基本为单重城垣；二是神道石刻群的种类和数量的微调变化，如番酋石像数量不一，泰陵陵园出现 12 生肖石像，贞陵陵园南门（朱雀门）外有 4 个守门武士雕像等；三是诸陵北门外均未发现石虎与石兽雕像；四是自泰陵及其后的唐陵石刻体量变小、雕刻粗糙（建陵石刻体量虽不大，雕刻却精细）；五是陵园规模越接近唐朝末期越小[②]（贞陵例外，其陵园面积在唐陵中仅次于昭陵）。唐代 4 座封土陵中，唐高祖献陵构筑最早，其地面建方形陵园，占地面积 $20.20\times10^4m^2$。夯筑的陵垣四角建曲尺形角楼，陵垣四面辟四神门、各门形制、规格相同，均由殿堂式门、门外三出阙 1 对、石虎 1 对构成。[③]南门石虎以南神道两侧置石犀牛 1 对、石柱 1 对。寝宫建筑群在陵园东北 200m 处，下宫建在陵园西南 1260m 处。陪葬墓分布在陵园东北 $10km^2$ 范围内，探明 93 座、保存封土的有 28 座。唐代的其他封土陵地面陵园多方形，占地面积 23×10^4—$32\times10^4m^2$；夯筑陵垣的四角建角阙（楼），四面辟四神门，门外均有门阙 1 对、石蹲狮 1 对。陵墓封土（陵台）处于陵园东西居中偏北，底面积 0.16×10^4—$0.35\times10^4m^2$，高度 8.6—17m。寝宫建在南神门内，下宫在陵园西南；陵园石刻群沿袭“乾陵模式”，但体量变小，雕刻粗糙。[④]

---

① 张建林：《唐代帝陵陵园形制的发展和演变》，《考古与文物》2013 年第 5 期，第 82—90 页。

② 周明：《陕西关中唐十八陵陵寝建筑形制初探》，《文博》1994 年第 1 期，第 64—77 页。

③ 陕西考古研究院：《唐高祖献陵陵园遗址考古勘探与发掘简报》，《考与文物》2013 年第 5 期，第 31—44 页。

④ 周明：《陕西关中唐十八陵陵寝建筑形制初探》，《文博》1994 年第 1 期，第 64—77 页。

（二）唐代帝陵的地下部分结构

唐代帝陵的地下部分结构，迄今因缺乏考古发掘资料而难知其详。不过，可借助历史文献记载和已经发掘的高等级陪葬墓的地下结构揣摩其端倪。例如，《唐会要》记载昭陵是“因九嵕层峰，凿山南面，深七十五丈，为玄宫。缘山傍岩，架梁为栈道，悬绝百仞，绕山二百三十步，始达玄宫门。顶上亦起游殿”[①]。《新五代史·温韬传》卷四〇记载：“韬在镇七年，唐诸陵在其境内者，悉发掘之，取其所藏金宝。而昭陵最固，韬从埏道下，见宫室制度闳丽，不异人间。中为正寝，东西厢列石床，床上石函中为铁匣，悉藏前世图书。钟、王纸墨、笔迹如新。韬悉取之，遂传民间。惟乾陵，风雨不可发。”[②]综合文献记载和近些年来先后发掘的韦贵妃墓、长乐公主墓等较高等级的昭陵陪葬墓的墓道及其玄宫的状况，推断唐昭陵的地下玄宫建造及其结构为：①依山凿石为玄宫（墓室），从墓道口至墓室深约 75 丈（约 230m），前后安置了 5 道石门。墓室内富丽堂皇，不异于长安城的九重宫阙。墓道东西两侧有许多大型壁龛，壁龛内列置石床，石床上放置大量石函，石函内装有铁匣，匣内装着无数的奇珍异宝。根据已发掘的 40 余座昭陵陪葬墓来看，当时的墓道都是多天井斜坡土（石）洞式，墓道两侧设置有若干组壁龛，壁龛内放置着陪葬器物，墓室皆为弧方形穹隆顶式，穹窿顶高约 4—5m，边长 4—5m。昭陵墓道地宫形制应与昭陵陪葬墓墓道地宫形制相似，不过规模要更大一些，并且应有前后两个墓室。②《唐会要·陵议》载，昭陵因墓道口山势陡峭，故而沿山体分别架设两条栈道，直达玄宫门。[③]一条起自寝宫建筑群侧后，从山体西南脚下沿山体盘曲而上，直达山体顶部正南面的玄宫门；一条起自北司马院建筑群侧后，从山体北面脚下蜿蜒而上，经山体东面再西绕，直达玄宫门。在接近陵山顶部的地方，又凿石扩地，修建了房舍游殿，供墓主人灵魂游乐，用一条石阶与墓道口连接。③我国书法史上钟繇、王羲之各领风骚，这两位大家的经典法帖被酷爱书法的唐太宗收罗殆尽，又将精品中的精品带进昭陵，藏于铁匣之内。《唐会要·书法》《述书赋》《书断》《法书要录》等书记载，自武德时，唐太宗想方设法从王羲之后人那里得到《兰亭帖》，爱不释手。贞观时，他又购买天下著名法帖，得到真行书作品二百九十页，装为七十二卷；得到草书作品两千张，装为八十卷。每在听政闲暇之时，就临摹观赏。他最推崇王羲之的书法，在贞观六年（632

① 王溥：《唐会要》卷 20《陵议》，第 458 页。

② 《新五代史》卷 40《温韬》，北京：中华书局，1974 年，第 441 页。

③ 王溥：《唐会要》卷 20《陵议》，第 458 页。

年）正月八日命令整理御藏的“钟王”真迹，装成一千五百一十卷。[①] 他临驾崩时安排李治将一部分精品陪葬昭陵，其中最为著名的就是王羲之的《兰亭帖》。④欧阳询、虞世南、褚遂良是初唐书法三大家，其中欧阳询和褚遂良在昭陵地表都留下了书石作品，欧书有《文德皇后碑》《虞恭公温彦博碑》，褚书有《房玄龄碑》、《裴艺碑》（存疑）等，成为人们心慕手追的艺术瑰宝；虞世南和褚遂良在昭陵地宫里留下了书丹作品，它们分别是虞世南于贞观十年（636年）撰书的《文德皇后哀册文》和褚遂良于贞观二十三年（649年）撰书的《唐太宗文皇帝哀册文》。这两件价值连城的珍宝迄今“藏在深闺人未识”。⑤唐代最著名的绘画艺术大师阎立本的传世作品仅有《步辇图》和《历代帝王图》而已。据对昭陵陪葬墓中韦贵妃墓发掘清理出的部分壁画的分析研究，如《给使图》《韦贵妃图》《唐太宗图》等作品，笔法、布局和人物造型与阎立本《步辇图》如出一辙。据此专家推断在昭陵墓道地宫极有可能保留有数百幅阎立本的壁画作品。[②]

据史料记载和考古工作者在20世纪60年代的试掘发现，乾陵墓道口位于梁山主峰中腰部，墓室由墓道、过道、天井、前后通道、左右宫殿组成。墓道为南北向，呈斜坡形，全长631m，全部由刨凿的自然石头砌成。当时试掘出的隧道呈斜坡形，全凿在自然石之上，全长63.10m，南宽北窄，宽处达3.9m，窄处仅为2.8m。在棺椁放进之后，便用长方形或正方形石条砌堵，由南到北共39层，410块。石条与石条上下、左右之间均以铁细腰挂板、铁棍拴拉，然后再在其缝隙之间浇灌铁浆，从而使石条之间不能移动，成为一体。隧道石条上面全用石块、石灰、黄褐色和赭色的夯土打成，质地坚硬。通过隧道进入达五重之多的宫门，进入宫门便抵达墓室。墓室结构呈上园下方，顶部为穹窿式，底部是四方形，且至少是前、中、后三室，墓室的大小可能要比已发掘的永泰公主、懿德太子墓室大得多。在前后通道的两侧又各有四间石洞，洞里装满了盛唐时最值钱的宝贝。在通向金刚墙的近百米过道两旁，摆满了各种金银祭器。而最让世人感兴趣的就是那件顶尖级国宝——王羲之的真迹《兰亭序》。[③]

以上所述昭陵和乾陵的地宫工程及其结构堪称唐代依山陵的代表。至于封土陵，可以从已发掘的唐僖宗靖陵和“让皇帝”（李宪）惠陵的地下部分结构窥其概貌。

“让皇帝”李宪惠陵地面封土呈覆斗形，边长约60m，高约14m，据发掘和钻探，

---

① 《唐会要》卷35《书法》，第754页。

② 胡元超：《昭陵地宫之谜》，杜文玉主编：《贞观长歌：大唐崛起风云录》，西安：三秦出版社，2007年，第219—222页。

③ 王晓如、樊英峰编著：《乾陵》，西安：三秦出版，2003年，第1—21页。

其陵园建筑包括阙台、神道、石刻、门阙、围墙及角楼等。[①]神道石刻仅存 1 件残华表和 1 件残翼马。惠陵坐北向南，最深处距现地表约 6.5m；墓室平面为正方形，四壁高约 4m，穹窿顶最高处 10m。墓室西部置石椁，通高 2.2m，长 3.96m，宽 2.35m。石椁顶盖由 6 块雕刻成庑殿式顶的石块组成，周壁由 10 个方形石柱和 10 块壁板组成，石椁上雕刻有精美的线刻画。该墓墓道宽 2.45m，长约 60m，6 个天井，6 个壁龛。墓道、过洞、天井、甬道及墓室的墙壁上绘有颜色鲜艳、线条流畅的壁画，壁画的内容主要反映的是宫廷生活，走进墓道就可以看到东西两壁各绘有一副由两位仙人引导的青龙和白虎（均长约 5.6m），如此大面副壁画在唐墓壁画中罕见，且保存尚好。

惠陵出土的文物约 860 余件，主要为各类彩陶俑，出土陶俑特点是形体较大，其中天王俑高达 1.6m，大立俑高约 0.74m，立马近 0.7m，立驼高 0.8m 以上。另外，该墓还出土哀册残片、银饰等。根据哀册残片得知，惠陵是让皇帝和恭皇后的合葬墓，但低于帝陵规格，表明该墓是在李宪生前所营建，死后被追赠为“让皇帝”后，其地面建筑参照帝陵的陵园建制。[②]

唐靖陵（封土陵）1995 年发掘，其地宫由墓道、甬道、墓室三部分组成，出土文物 100 余件，主要有石碑、石函、龙凤玉璧、玉佩、哀册玉残片、鎏金铜锁、鎏金宝石铜花等。[③]该陵经多次盗扰，墓内壁画仅存原来的三分之一，壁画的艺术水平远不能和盛唐墓壁画相比。靖陵墓室的石棺床是用乾陵陪葬墓、尚书左仆射豆卢钦望和左仆射杨再思的墓碑改作成的。这也是第一次发现乾陵陪葬墓碑，对研究当时的情况相当重要。靖陵还出土了一批文物，具有较高的研究和利用价值。例如，在出土的“玉哀册”残片中，有证明靖陵主人身份的文字。

---

① 马志军、张蕴、王文阁：《唐惠陵发掘取得重大考古成果》，《陕西日报》，2008 年 8 月 8 日，第 4 版。

② 马志军、张蕴、王文阁：《唐惠陵发掘取得重大考古成果》，《陕西日报》，2008 年 8 月 8 日，第 4 版。

③ 刘向阳：《唐代帝王陵墓》修订本，第 321—325 页。

第六章　关中地区古代帝陵制度的嬗变及影响

从西周始，先后有秦、西汉、隋、唐等十多个王朝建都于关中平原，历时千余年。按照古代“陵随都移、城陵相依”的普遍规律，关中地区遗存和分布着西周王陵、秦国先公王陵，以及秦、西汉和隋、唐等王朝的帝王陵墓。这些帝王陵墓制度有其自身的嬗变规律，在中国古代帝陵发展演化史上具有一定的历史地位和影响。

一、先秦时期秦公王陵对商周帝陵制度的继承和发展

商周时期，王及诸侯方国国君（包括夫人、宗族成员在内）死后普遍实行多代集中埋葬于同一公共墓地的公墓制度。例如，以安阳殷墟侯家庄西北岗的商代后期王陵为代表的多代王墓集中埋葬的公墓墓地；以山西省曲沃县北赵晋侯墓等为代表的多代诸侯国君及其夫人并穴而葬的公墓墓地；以北京琉璃河镇西周燕国公墓为代表的国君及夫人、宗族成员共同埋葬的公墓地。此种“集中公墓制”的特征：一是因迁都或重大事变，同一国家有几处“多代国君集中埋葬于同一墓地”的公墓地；二是公墓地多数没有兆沟或围墙以显示墓地范围和界限；三是每处公墓地具有统一的地理名称，每位国君陵墓却无无独立名称。[①]

陕西凤翔县春秋时期秦雍城陵区勘探和发掘出14个陵园、49座大墓，其中1座“丰”字形墓、21座“中”字形大墓、5座“甲”字形大墓，以及“目”字形、“凸”字形车马坑21座。该14座陵园平面多作长方形，墓葬集中于陵园南部，根据陵园内“中”字形墓葬数量，可分为三种类型[②]：第一种只有1个陵园，陵园内有3座“中”字形墓，埋葬的国君在2位以上。第二种陵园内只有1座“中”字形墓，即只埋葬1位国君。第三种

---

① 赵化成：《从商周“集中公墓制”到秦汉“独立陵园制”的演化轨迹》，《文物》2006年第7期，第41—48页。

② 徐卫民：《秦帝王陵墓制度研究》，《唐都学刊》2010年第1期，第43—51页。

陵园内有两座“中”字形墓和车马坑，应是国君和其夫人并穴合葬。其中21座“中”字形墓室之上均有建筑遗迹，应为享堂建筑。这些秦公陵园出现外、中、内三重的隍壕（兆沟），可分为双兆型、单兆型、组合型三种。双兆型是以马蹄形的内兆围绕“中”字形主墓，再以中兆环绕主墓、附葬墓及车马坑等；单兆形即有中兆而无内兆；组合型为共用中兆及陵中套陵的特殊类型。外壕（兆沟）是整个雍城秦公陵区的外围保护设施和界沟。经钻探发现，在凤翔县南指挥镇境内有北、西、南三条外兆，由地势最高处的西南角向北、向东展开，即西兆、南兆。西兆全长2170m，北至太尉村又东折形成北兆，北兆全长1530m。南兆绕过8号、12号陵园的部分兆沟，向东折而南行至塬楞，全长3320m①。该墓地不同类型陵园拥有隍壕（甚至单独的陵园兆沟）是新出现的情况，可将其视为从商周的“集中公墓制”向秦汉“独立陵园制”过渡的一种中间形态，抑或是后来典型“独立陵园制”的萌芽，其出现意义较为重大。②

战国时期秦国国君王陵的分布与秦雍城陵区多代国君集中葬于一地的情形不同，开始出现分散的状况。例如，葬于咸阳原陵区的秦惠文王公陵、悼武王永陵（长期被误作“周王陵”），经调查和勘探③，二者相距3800m，且各自有独立的陵园兆沟（其中被确定为秦悼武王永陵和秦惠文王公陵的Ⅱ号陵园具有内、外双重兆沟和内、外双重垣墙）④。在Ⅰ号陵园钻探出中字形陪葬墓1座，3座可能是园寺吏舍或寝殿类建筑遗址；而在Ⅱ号陵园勘探出建筑遗址4处、从葬坑27座（长方形或曲尺形等）、小型陪葬墓168座。另外，在Ⅱ号陵封土东部440m处有一座“甲”字形墓葬，其东北1300m处（贺家村北部）还探明高级贵族墓2座（推测为夫妻并穴合葬墓）。秦“公陵”“永陵”（Ⅰ、Ⅱ号陵园），以及贺家村北部的两座墓葬，均采用这一时期流行的夫妇异穴合葬形式，而且起有较为高大的封土：王陵的封土呈覆斗形，后陵的封土多为圜丘形。⑤据《汉书·楚元王传》记载，“及秦惠文、武、昭、严（庄）襄五王，皆大作丘陇，多其瘗臧”⑥，表明最晚从秦惠文王开始，墓葬上覆盖封土成为趋势和流行，封土的高低、大小已成为墓主身份、等级的标志之一。此外，秦公陵和永陵修筑的覆斗形和圜丘形封土成为后世最为流

① 徐卫民：《秦帝王陵墓制度研究》，《唐都学刊》2010年第1期，第43—51页。

② 赵化成：《从商周“集中公墓制”到秦汉“独立陵园制”的演化轨迹》，《文物》2006年第7期，第41—48页。

③ 刘卫鹏、岳起：《咸阳塬上“秦陵”的发现和确认》，《文物》2008年第4期，第62—72页；焦南峰、杨武站、曹龙，等：《咸阳“周王陵”为战国秦陵补证》，《文物与考古》2011年第11期，第53—57页。

④ 丁岩：《咸阳原两座秦陵园主人之蠡测》，《考古与文物》2015年第2期，第58—60页。

⑤ 咸阳市文物考古研究所编著：《西汉帝陵钻探调查报告》，北京：文物出版社，2010年，第160—166页。

⑥ 《汉书》卷36《楚元王传》，第1954页。

行的封土形式，对中国古代帝陵封土的演变影响极大。

同凤翔春秋秦公陵相比，秦“公陵”和“永陵”表现出新的特点[①]：①“公陵”和“永陵”陵园平面呈南北向的长方形，陵墓位于陵园的中央，南北向排列。而凤翔秦公陵园除了南北向的长方形外，东西向的长方形、梯形也占有一定的比例；其陵墓大多数位于陵园的南半部，均为东西向排列。②“公陵”和“永陵”皆有高大的封土，凤翔雍城陵区秦公陵未发现封土。③“公陵”和“永陵”皆为带有四出墓道的“亚”字形墓，凤翔秦公陵基本是带有东、西墓道的“中”字形墓。

秦“公陵”和“永陵”的这些特点在后继的芷阳陵区（秦东陵）诸秦王陵园得到了延续和体现。秦东陵钻探出4座陵园和若干座带封土的大墓，该4座陵园彼此相连，且每座陵园周围有人工开凿或是利用自然沟壑修整而成的“兆沟”。陵园内有主墓、祔葬墓、陪葬墓、地面建筑设施等。其中的Ⅰ号陵园呈南北向长方形，陵园面积$82.42\times10^4m^2$。陵园内居中的两座“亚”字形大墓（确定为秦昭襄王及唐太后的“芷陵”）、四面有壕沟，并有14个陪葬墓、11处建筑遗址及161座小型陪葬墓。[②]

尤其值得注意的是，陵寝作为帝王及后妃的坟墓及墓地的宫殿建筑。据东汉蔡邕所著《独断》中说：“古不墓祭，至秦始皇出寝，起之于墓侧，汉因而不改，故今陵上称寝殿，有起居衣冠象生之备，皆古寝之意也。”[③]由此有人推断，陵园设置陵寝的制度是从秦始皇时期开始的。但在咸阳原陵区的秦惠文王公陵和秦悼武王永陵，以及秦东陵“一号陵园”考古勘探中都发现了陵寝建筑的踪迹。这就意味着陵寝制度可能在秦始皇陵之前就出现了。

二、秦始皇陵对古代帝陵制度的创立及其影响

秦始皇陵是中国历史上第一个中央集权制的封建大帝国创造的奇迹和第一座带有统一标志的历史丰碑，在中国古代陵墓制度演化史中具有划时代的意义。多年来的考古发现所揭示出的秦始皇陵园的地面布局及其墓葬的地下结构表明，秦始皇陵既是“悉纳六

① 刘卫鹏、岳起：《咸阳塬上“秦陵”的发现和确认》，《文物》2008年第4期，第62—72页。

② 孙伟刚、杜应文、高海峰：《新发现秦漆器及秦东陵相关问题探讨》，《人类文化遗产保护》2012年00期，第149—153页。

③（汉）蔡邕：《独断》卷下，《四库全书》第850册，上海：上海古籍出版社，1987年，第88页。

国礼仪”“采择其善”[①]，集战国各诸侯王陵墓制度之大成，又吸收了秦国都城的布局，尤其是以秦先公的陵墓制度为基础，并将三者融为一体，建造出堪称中国历史上最大的帝王陵墓之冠的秦始皇陵园。[②]

在中国古代帝王陵墓制度发展演变史上，秦公帝王陵墓制度代表了中国古代陵墓制度从发生到定型的整个阶段，其所开创定型而成熟的陵寝制度对后代帝王陵墓制度产生了深远的影响。

（一）秦始皇陵对秦先公王陵和战国诸侯王陵墓制度的继承与创新

从时空维度考察秦始皇陵对秦先公王陵墓和战国诸侯王陵墓制度的继承、发展与吸收，主要表现在下列方面。[③]

1. 从“集中公墓制”到“独立陵园制”的出现

前已述及，秦国早期国君（公）陵园的分布带有商周时期“集中公墓制”的烙印。例如，春秋中期的雍城陵区钻探出49座大墓，根据形制、布局和隍壕设施分成基本坐西向东的14座陵园。这些陵园的典型特征是整个陵区外部以隍壕为界标和防护设施，内部以中、内壕沟分隔成相对独立的区域（陵园），具有明显的公墓制特征。[④]至战国中晚期的咸阳原陵区和秦东陵（芷阳陵区），其陵园建制开始出现分散迹象和以一个国君为中心的陵墓。例如，咸阳原陵区的战国秦王陵（秦惠文王、悼武王）的陵园，二者相距3800m，且各自具有独立的陵园兆沟及垣墙[⑤]；秦东陵发现和勘探出4座陵园（共发现“亚”字形墓3座、“中”字形4座、“甲”字形墓8座），各自以人工壕沟和天然冲（河）沟环绕，形成独立陵园，陵园之间间隔距离为1500—2500m。其中的Ⅰ号陵园由出土文物及其文字记载证实为秦昭襄王及其（唐）后陵等。

秦始皇吞并六国，建立了中国历史上第一个中央集权的封建王朝，成为天下至尊的始皇帝，具有至高无上的权威。反映在其陵园布局上，便是陵园之内“一家独尊”[⑥]。春

① 《史记》卷23《礼书》，第1024页。

② 尚志儒：《秦始皇陵园布局结构渊源浅谈》，《文博》1987年第1期，第14—17页；李自智：《试论秦始皇陵园布局对后代帝陵的影响》，《文博》1990年第5期，第151—157页。

③ 徐卫民：《秦帝王陵墓制度研究》，《唐都学刊》2010年第1期，第43—51页；田有前：《试论秦陵墓制度的演变特征》，《秦汉研究》2011年第5辑，第139—149页。

④ 赵化成：《从商周“集中公墓制”到秦汉“独立陵园制”的演化轨迹》，《文物》2006年第7期，第41—48页。

⑤ 刘卫鹏、岳起：《咸阳塬上“秦陵”的发现和确认》，《文物》2008年第4期，第62—72页。

⑥ 田有前：《试论秦陵墓制度的演变特征》，《秦汉研究》2011年第5辑，第139—149页。

秋战国时期诸侯王陵（如平山中山王陵，辉县魏国王室墓，以及咸阳原陵区、芷阳陵区的秦先王陵等）都是陵园内并列有两座或两座以上形制基本相同的陵墓，属于国君及其夫人的异穴合葬形式，而秦始皇陵则是建成独立的陵园，陵园之内“一冢独尊”。秦始皇墓冢高大如山，直接称为“山”、“丽山”或“丽山园”。这一切充分体现了“帝陵独尊”的思想，也是独立陵园制度出现的标志。

2. 从围沟到垣墙

春秋时期的西陲陵区（甘肃礼县）和雍城陵区（陕西凤翔）开创陵墓周围建筑隍壕（兆沟）的先例，春秋战国时期东方诸侯王陵（如河北省平山县中山王陵“兆域图”、河南辉县固围村的魏王陵等）均为双重垣墙构成的“回”字形陵园①（可能模仿其都邑城墙而作）。与这些做法不同的是，秦始皇陵园的周围建筑了双重垣墙及其角楼等附属设施。②显然，秦始皇陵园的双重墙垣正是对秦先公王陵传统的继承和发展，陵园垣墙强化了围墓壕沟的功能并与坟丘墓几乎同步而流行。从形制和功能上，秦始皇陵陵垣融合春秋战国时期陵墓周围的壕沟和垣墙并形成定制，进而影响到后代帝王陵园的垣墙形制。

3. 从“不封不树”到高大墓冢

春秋中期到战国中期的秦公陵墓均没有封土。③秦国君王陵墓堆筑封土，最早应为咸阳原陵区的秦惠文王公陵和秦悼武王永陵陵园的 4 座“亚”字形大墓，其封土高度 14.5—17.5m（其中Ⅰ号陵园南墓残高 2—5m），封土底面积 3739—9506m^2。芷阳陵区（秦东陵）发现的 10 座大型秦王室贵族墓上都有封土，残高 2—10m 不等，即史书所说的“皆大作丘垅”④。

秦始皇陵将我国古代封土墓发展到极致，其封土呈覆斗形，底面南北长 350m，东西宽 345m，高 52.5m。⑤经磁法探测发现，封土堆下墓室周围有高出现地表的精细夯土墙（宫墙）。宫墙东西长 170m，内墙长约 145m；南北宽约 145m，内墙宽 125m。同考古勘探出的台阶式墙状夯土台顶部（内侧东西长 124m，南北宽 107m；外侧东西长 168m，南北宽 142m；南墙顶宽 16m，北墙顶宽 19m，东西墙顶宽 22m）的探测数据几乎一致。

① 河北省文物管理处：《河北省平山县战国时期中山国墓葬发掘简报》，《文物》1979 年第 1 期，第 1—31、97—105 页；中国科学院考古研究所编著：《辉县发掘报告 · 第二编（固围村区）》，北京：科学出版社，1956 年。

② 陕西省考古研究所秦汉考古研究部：《陕西秦汉考古五十年综述》，《考古与文物》2008 年第 6 期，第 96—160 页。

③ 徐卫民：《秦公帝王陵发展演变的特点及其在历史上的地位》，《文博》2001 年第 6 期，第 18—26 页。

④ 田有前：《试论秦陵墓制度的演变特征》，《秦汉研究》2011 年第 5 辑，第 139—149 页。

⑤ 徐卫民：《秦公帝王陵发展演变的特点及其在历史上的地位》，《文博》2001 年第 6 期，第 18—26 页。

考古勘探还证实秦始皇陵封土内的墓圹周围，地面以上有一周高 30m 的台阶式墙状夯土台，该夯土台顶部有体量巨大、以瓦铺设的木构屋面建筑。[①] 试想在没有被封土覆压之前，该九级高台建筑呈现出的“高台榭，美宫室”，堪称战国时期建造高台建筑的典范，它出现的原因及意义对中国古代陵墓制度的研究所能起到巨大的推进作用现在还无法预知。[②]

4. 从墓上建筑到陵寝的发展

春秋中期至战国中期的秦雍城陵区所发现的 14 个陵园中的 21 座“中”字形墓室之上均有建筑遗迹（发现春秋时的筒瓦、板瓦等）。这些建筑遗迹是目前有关先秦墓上建筑的最可靠的资料[③]；战国中晚期的秦惠文王公陵和秦悼武王永陵的陵园也都发现若干处建筑遗迹[④]；秦东陵发现的 4 座秦公陵园内均发现有地面建筑遗迹。其中Ⅰ号陵园主墓西北发现一组建筑范围较大的建筑遗存，其结构可能与秦始皇帝陵园封土西北部发现的陵寝建筑遗址形制相同，可象征陵寝建筑的起源。Ⅳ号陵园发现的礼制建筑平面呈“凹”字形，东西长 55m、南北宽 40.5m，夯筑墙体宽 4.8m，总面积 2230m^2。[⑤] 这些地面建筑的空间分布尚无规律性，可能依照墓地的地理环境及各种设施的整体布局来安排，其建筑规模却相当壮观。[⑥] 秦始皇陵封土西北部约 50 余米处及内城北部的西区勘探出大型礼制建筑——寝殿和便殿[⑦]，其中寝殿位置正合“至秦始皇出寝，起之于墓侧”[⑧] 的记载。基址平面略呈长方形，中部为高台殿基，周围环绕有回廊。寝殿之北排列便殿建筑基址。寝殿和便殿是陵园进行祭祀的重要场所，所谓“日祭于寝，月祭于庙，时祭于便殿”[⑨]。尤其是寝殿，是陵园的主体建筑，为陵园的“正殿”[⑩]。很明显，秦始皇陵园内的陵寝建筑继承了战国中晚期咸阳原陵区和芷阳陵区各陵园在墓侧建立地面建筑的做法，并使其

---

① 段清波：《秦始皇帝陵的物探考古调查——“863”计划：秦始皇陵物探考古进展情况的报告》，《西北大学学报（哲学社会科学版）》2005 年第 1 期，第 80—86 页。

② 段清波：《秦始皇陵封土建筑探讨——兼释“中成观游”》，《考古》2006 年第 5 期，第 70—76 页。

③ 徐卫民：《秦帝王陵墓制度研究》，《唐都学刊》2010 年第 1 期，第 43—51 页。

④ 焦南峰、杨武站、曹龙，等：《咸阳“周王陵”为战国秦陵补证》，《文物与考古》2011 年第 11 期，第 53—57 页。

⑤ 孙伟刚、杜应文、高海峰：《新发现秦漆器及秦东陵相关问题探讨》，《人类文化遗产保护》2012 年 00 期，第 149—153 页。

⑥ 田有前：《试论秦陵墓制度的演变特征》，《秦汉研究》2011 年第 5 辑，第 139—149 页。

⑦ 王学理：《秦始皇陵研究》，上海：上海人民出版社，1994 年。

⑧（汉）蔡邕：《独断》，《四库全书》第 850 册，第 88 页。

⑨《汉书》卷 73《韦贤传》，第 3115—3116 页。

⑩ 李自智：《试论秦始皇陵园布局对后代帝陵的影响》，《文博》1990 年第 5 期，第 151—157 页。

成为定制，对西汉及其以后帝王陵园的建制产生了较大影响。

5. 地宫（墓室）形制、规模及其结构的演变与发展

秦始皇陵地宫位于整个陵园的西南部。同雍城陵区绝大多数秦公陵主墓位于陵园的西南部（即使同一陵园有两座以上相同规格的陵墓，也要把地位较高的一座放在陵园的西南部）和咸阳原陵区Ⅰ、Ⅱ号陵园中的王陵（南墓），以及芷阳陵区4个陵园的主墓（如Ⅰ号陵园中M1和M2、Ⅱ号陵园的M3、Ⅲ号陵园的M6及Ⅳ号陵园的M8）皆位于整个陵园的南部或西南部的做法一脉相承，沿袭着以"南向北向、西方为上"①的礼制文化。

在秦公帝王陵墓的地宫（墓室）形制、规模及其结构的嬗变中，秦始皇陵的突破性发展体现在：一是地宫形制。春秋早期至战国中期的西陲陵区和雍城陵区发现的秦公大墓均为两条墓道的"中"字形墓。战国中晚期的咸阳原陵区和芷阳陵区勘探出的秦君王陵墓基本为四条墓道的"亚"字形墓（其中陪葬墓或高级贵族墓为"中"字形和"甲"字形），秦始皇陵地宫四面设置墓道，封土东侧开五条墓道，西侧开"巾"字形墓道，北侧开两排斜坡状多条墓道，南侧因淤土过厚未探明，或称始皇陵墓为"超亚"字形。②二是地宫规模（墓室深度和面积）。春秋早期秦西陲陵区（礼县大堡子山墓地）探明"中"字形大墓2座，瓦刀形车马坑2座，以及中小型墓葬200多座。发掘清理两座"中"字形墓（M2、M3），其中M2墓室呈斗状，长6.8—12.1m、宽5—11.7m、深15.1m；M3墓室呈斗状，长6.75—24.65m、宽3.35—9.8m、深16.5m。③春秋中期至战国中期的雍城陵区发现21座"中"字形大墓，其深度多在20m左右，超过20m以上的占63.6%，最深的可达25.5m。其中唯一被发掘的秦公一号大墓，墓室面积2296m^2（东西长59.4m，南北宽38.45—38.8m），深24m。芷阳陵区发现3座"亚"字形墓，其中Ⅰ号陵园的M1深达26m，M2深约23—26m，墓室面积分别为3306m^2（东西长58m，南北宽57m）和3248m^2（东西长58m，南北宽56m）；Ⅳ号陵园的M8深27m，墓室面积3080m^2（东西长56m，南北宽55m）。④ 近年来物探成果揭示，秦始皇陵地宫开挖范围$2.47\times10^4m^2$（东西长170m，南北宽145m），墓室面积4000m^2（东西长约80m，南北宽约50m），地宫深

① 钱玄、钱兴奇、徐克谦等注译：《礼记·曲礼》，长沙：岳麓书社，2001年，第11页。

② 尚志儒：《秦陵及其陵寝制度浅论》，《文博》1994年第6期，第7—14页。

③ 戴春阳：《礼县大堡子山秦公墓地及有关问题》，《文物》2000年第5期，第74—80页。

④ 徐卫民：《秦帝王陵墓制度研究》，《唐都学刊》2010年第1期，第43—51页；朱学文：《秦始皇陵园设计规划问题之研究》，《文博》2009年第5期，第44—48页。

约 30m 左右。[①] 三是地宫结构（墓室葬具与随葬品等）。从已发掘的几座秦公墓来看，西垂陵区所发现的秦公墓葬具均为已腐朽的木椁和漆棺，漆棺周围有金箔残片，应为原漆棺上镶嵌有金箔棺饰。凤翔雍城陵区的秦公一号大墓的椁室分主、副两部分，主椁室位于墓室中部，副椁室位于主椁室西南。主、副椁室中各有柏木椁具一套。主椁形同一座长方体的木屋，用截面边长 21cm 的方木叠筑而成。副椁亦用类似的方木叠筑。副椁四壁及底和盖均为单层，方木两端无榫头，与主椁室有门洞相通。[②] 此种用方木叠垒而成的椁室应是为汉代实行的“黄肠题凑”的早期形态。该大墓至少经过 270 多次盗扰，仍出土文物 3500 余件，且文物质地高贵，造型精美。芷阳陵区一号陵园南侧“亚”字形大墓被盗掘后追缴 1 件“八年造”漆木高足豆、3 件“大官”铭漆木高足豆座、7 件长 48cm 的螭龙纹竹笥（造型同竹简）等保存程度完好的漆木器，并在现场勘查出墓室椁具为方木砌筑的黄肠题凑结构，保存状况较佳。[③]

近年来，多种物探方法与传统勘探结合的综合成果证实，秦始皇陵地宫位于封土堆下，墓室周围的宫墙东西长 170m，内墙长约 145m；南北宽约 145m，内墙宽 125m。该墓室宫墙实为一周夯层厚约 6—8cm 的细夯土台，台的顶面高出秦代地面达 30m（即前述九级台阶式高台建筑）。地宫内还存在石质墓室或石质宫墙（位居台阶式墙状夯土台之下，东西长约 145m，南北宽约 125m，高约 14m，墙厚 8m），以及墓圹外围存在着规模巨大且将地宫的东、南、西侧面区域同地宫内部阻断的细夯土台（宫墙），使得不同地层的潜水不能进入墓室。这些都验证了历史文献记载的“穿三泉”和“下锢三泉”。此外，《史记》还“以水银为百川、江河、大海，机相灌输”[④] 等记载，不同年份的化探测量成果证明，在封土堆中部发现了明显的高汞异常现象，而且东南部汞异常强，北西侧异常最弱，表明地宫内存在大量的水银，也许地宫中以汞造就的“江河”“大海”现在还没有干涸。[⑤] 另据《汉书·楚元王传》记载：（秦始皇陵墓）“石椁为游馆，人膏为灯烛，水银为江海，黄金为凫雁，珍宝之藏，机械之变，棺椁之丽，宫馆之盛，不可胜原”[⑥]。

① 段清波：《秦始皇帝陵的物探考古调查——“863”计划：秦始皇陵物探考古进展情况的报告》，《西北大学学报（哲学社会科学版）》2005 年第 1 期，第 80—86 页。

② 田有前：《试论秦陵墓制度的演变特征》，《秦汉研究》2011 年第 5 辑，第 139—149 页。

③ 杨永林、张哲浩：《秦东陵考古新发现陵园四面壕沟和陪葬坑等大量遗迹，推测“一号陵园”为秦昭襄王唐太后“芷陵”》，《光明日报》2013 年 1 月 6 日，第 3 版。

④ 《史记》卷 5《秦本纪》，第 188 页。

⑤ 田有前：《试论秦陵墓制度的演变特征》，《秦汉研究》2011 年第 5 辑，第 139—149 页。

⑥ 《汉书》卷 36《楚元王传》，第 1954 页。

结合《史记》中“下铜而致椁，宫观百官奇器珍怪徙臧满之”[①]的记载，加之陪葬坑出土造型精美绝伦的铜车马（通体彩绘，装饰豪华，金银饰件重量达 15kg），足见秦始皇陵地下宫殿富丽豪华的程度是空前绝后的。

6. 从葬坑（外葬坑）

从葬坑最早为车马坑，属于“外藏椁”的范畴。商周时期车马坑多为长方形，春秋早期西陲陵区秦公墓的两座车马坑均为刀把形，已发掘的车马坑 K1 全长 6.5m，共有殉车 12 乘、骖马 48 匹。风翔秦公陵园发现的每座陵园都随葬有 1—4 座“凸”字形或“目”字形车马坑，车马坑的规模相差悬殊。其中最大的车马坑 M16，长 106.4m、宽 24.1—24.7m，最小的车马坑 M32，长 9.7m、宽 4.2m、深 11m。[②] 咸阳原陵区Ⅱ号陵园共发现外藏坑 27 座。其平面形制呈长条形、曲尺形等，体量规模不等，位置、排列无规律。[③] 芷阳陵区（秦东陵）Ⅰ号陵园和Ⅳ号陵园亦发现长方形车马坑，位置不固定，主陵墓之东、西皆有分布。长安神禾原战国秦陵园（夏太后陵）发现外藏坑 10 余座，均位于内陵园主墓四侧，多为长方形。[④] 秦始皇陵目前已发现外藏坑 180 余座，分布在内陵园、外陵园及外陵园之外，形状有“巾”字形、曲尺形、方形、长方形等，面积、规模不等。除大型兵马俑坑而外，还包括铜车马坑、石铠甲坑、文官俑坑、百戏俑坑、府藏坑、马厩坑、珍禽异兽坑和青铜水禽坑等。[⑤] 这些从葬坑有的在陵墓封土周围，有的在陵园内、外城之间，有的在陵园外墙之外，对墓冢而言，其北、南、西、东皆有，有的近，有的远，远的在陵园 1.5km 以外，近的就在封土四周。这种分布状况大大突破了雍城陵区及芷阳陵区的格局，呈现出前所未有的结构形式并为汉代帝王陵所承袭。

7. 陪葬墓

据考古资料，春秋时期西陲（礼县）陵区秦公墓旁边，有数以百计的中小型陪葬墓。雍城陵区（战国中期以前）陵园中的“中”字形大墓（主墓）居右，其余的字形、“甲”字形陪葬墓依次向左下方排列[⑥]；战国中晚期的咸阳原陵区和芷阳陵区陪葬墓由点向面发展，不仅有一两个大型墓葬，还有成片的陪葬墓群。例如，咸阳原陵区Ⅱ号陵园的外陵

① 《史记》卷 6《秦始皇本纪》，第 188 页。
② 尚志儒：《秦陵及其陵寝制度浅论》，《文博》1994 年第 6 期，第 7—14 页。
③ 焦南峰、杨武站、曹龙等：《咸阳“周王陵”为战国秦陵补证》，《考古与文物》2011 年第 11 期，第 53—57 页。
④ 焦南峰、孙伟刚、杜林渊：《秦人的十个陵区》，《文物》2014 年第 6 期，第 64—74 页。
⑤ 陕西省考古研究所秦汉考古研究部：《陕西秦汉考古五十年综述》，《考古与文物》2008 年第 6 期，第 96—160 页。
⑥ 徐卫民：《秦帝王陵墓制度研究》，《唐都学刊》2010 年第 1 期，第 43—51 页。

园内和东侧外围墙、外围沟之间共发现小型墓葬168座，分布在三个片区：外陵园西北部（73座）、外陵园东北部（34座）和东侧外围墙、外围沟之间（61座）。①芷阳陵区Ⅰ号陵园（秦昭襄王芷陵）亦勘探发现3处小型陪葬墓区（共计161座）。②秦始皇陵园的陪葬墓群发现7处，即陵墓封土西北角有“甲”字形大墓1座；陵园内城东北部“小城内”墓区探查出中小型墓33座（可能为秦始皇后宫妃嫔从葬墓）；西内、外城之间墓葬61座，有“甲”字形、长方形、曲尺形、刀形（似为预先选好的空墓）；东内外城之间小型墓葬3座；兵马俑坑附近发现“甲”字形墓1座；上焦村西有陪葬墓17座（可能是秦王室宗族成员被杀害后陪葬）；砖房村陪葬墓数十座，勘探出级别较高的墓葬6座。其中“中”字形墓葬1座，呈南北向，总面积1685m^2，深15.5m。另有大型“甲”字形墓葬5座，墓道皆居北，南北通长47—71.6m。这些是迄今为止秦始皇陵陵区发现的为数不多的级别较高的贵族墓葬，对陵园的陵寝制度研究有着重要的学术价值。此外，还发现刑徒墓与修陵工匠墓多处。例如，秦始皇陵西赵背户村西探出墓葬114座（清理32座，出土瓦志刻文表明系来自关东六国地区的刑徒墓）、姚池头村南修陵刑徒墓地（发现上下叠压、骨骼凌乱的大量人骨）、第五砂轮厂东侧墓地数百座小型秦代墓葬（发掘19座，可能为修陵工匠的墓葬）、秦始皇兵马俑博物馆东北秦代窑址及窑场，清理出层层叠压、摆放凌乱的人骨架121具（可能是修陵人中的自由人或刑徒）。③

8. 从人殉到人俑的殉葬制度

据《史记》记载，秦武公时期的人殉制度，不仅殉葬人数多达六七十人，其中还“有子一人”。到秦穆公葬于雍城陵区时，殉葬人数更是高达一百七十余人。④这当是秦人殉制度的最早记载。而从考古发掘资料看，春秋早期的礼县大堡子山（西陲陵区）发现的秦公墓已有殉人（其中两座“中”字形墓分别清理出殉人19具和10具）。⑤秦雍城陵区及其附近发现几座殉人墓，其中秦公一号大墓共清理出殉人186具。殉人秦墓在关中地区的鄠邑区和咸阳也有发现。而凤翔秦都雍城附近则是发现殉墓人最多的地区，这也与史书记载的秦国人殉制度主要发生于定都雍城时相符。

---

① 焦南峰、杨武站、曹龙，等：《咸阳“周王陵”为战国秦陵补证》，《文物与考古》2011年第11期，第53—57页。

② 杨永林、张哲浩：《秦东陵考古新发现陵园四面壕沟和陪葬坑等大量遗迹，推测“一号陵园”为秦昭襄王唐太后“茝陵”》，《光明日报》2013年1月6日，第3版。

③ 陕西省考古研究所秦汉考古研究部：《陕西秦汉考古五十年综述》，《考古与文物》2008年第6期，第96—160页。

④ 《史记》卷5《秦本纪》，第132、140页。

⑤ 戴春阳：《礼县大堡子山秦公墓地及有关问题》，《文物》2000年第5期，第74—80页。

秦献公时明令“止从死”[①]，“俑”应运而生，用来殉葬。目前发现较早的秦俑是铜川枣庙秦墓中的小泥俑，以及咸阳战国秦墓中有骑马俑。到秦始皇时，用陶俑陪葬发展到极致，如著名的秦兵马俑大型陪葬坑（包括Ⅰ号坑、Ⅱ号坑和Ⅲ号坑），3个俑坑成品字形排列的俑坑，组成规模宏大、内涵丰富，拥有各类栩栩如生的陶俑近8000件，战车百余乘，陶马600余件，兵器数万件。[②]此外，在秦始皇陵园中还发现有养马的跪坐俑、圉人俑等，这些完全写实的陶塑品，体量与真人真马相同。

（二）秦始皇陵对古代帝王陵墓制度的创设性贡献

从文献记载和考古资料来看，秦始皇陵园的规划布局和营筑，呈现出有别于先祖陵园建制的新特征，对中国古代帝陵制度具有创设性贡献。

1. 改称“陵”为“山”

《水经·渭水注》：“秦名天子墓曰山，汉曰陵。”[③]战国时期将君王陵墓称“陵”，称为“丽山”和“丽山园”。譬如，出土的铜钟铭文作“丽山园”和出土的陶壶盖的陶文作“丽山飤官”。将陵改称山，表示皇帝陵墓的等级要比战国时代各君王陵墓的等级要高。[④]

2. 确立“独立陵园”制度

我国古代帝陵的“独立陵园制”萌芽于春秋，创立于战国，其全面确立则是以秦始皇陵园为标志。[⑤]主要体现在：①秦始皇陵园与芷阳陵区相距在10km以上，完全脱离后者而构成独立的单元。该陵园占地范围相当于芷阳陵区的数倍，并有独立的陵园名称和独立的管理机构；其规划营建似乎未考虑继任者（所谓二世、三世乃至百世）陵地位置的安排，陵园布局为“一陵独尊”。②秦始皇帝陵陵区占地面积近60km^2，陵园占地面积为2.13km^2，呈南北长方形，方向坐西面东，内城占地面积近78.59×10^{4}m^2。陵冢封土为覆斗形台体（封土表层下覆盖高出地面30m左右的九级台阶式木构建筑是为秦始皇帝陵园的创举之一[⑥]），其设计高度“高五十丈”（折合115m），现存封土底面积12.08×10^{4}m^2

---

① 《史记》卷5《秦本纪》，第144页。

② 朱学文：《试论秦始皇陵园选址的相关问题》，《考古与文物》2010年第6期，第50—55、72页。

③ （北魏）郦道元著，陈桥驿校证：《水经注校证》卷19《渭水注》，北京：中华书局，2013年，第441页。

④ 朱学文：《试论秦始皇陵园选址的相关问题》，《考古与文物》2010年第6期，第50—55、72页。

⑤ 赵化成：《从商周“集中公墓制”到秦汉“独立陵园制”的演化轨迹》，《文物》2006年第7期，第41—48页。

⑥ 段清波：《秦始皇帝陵的物探考古调查——“863”计划：秦始皇陵物探考古进展情况的报告》，《西北大学学报（哲学社会科学版）》2005年第1期，第80—86页。

（底边南北长350m、东西宽345m）、高52.5m。地宫范围东西长170m、南北宽145m；墓室四周为精细夯筑而成，厚度20—30cm的宫墙。墓室底面积4000m^2，空间高度15m。[①]这些数据所反映的秦始皇陵园的建造规模在战国中期至秦汉的封土陵中是空前绝后的。③秦始皇陵园内外遗迹众多，数以百计的地下从葬坑模拟“宫观百官”，其象征意义极为明显。秦始皇陵寝殿移至墓冢北侧，并与便殿、“丽山飤官”寺园吏舍、陵邑等构成陵寝建筑群，这些作为“独立陵园”的管理功能趋于完善。

3. 规范陵寝制度

秦雍城陵区发现的21座“中”字形大墓上均发现有建筑遗迹，应是享堂。[②]在咸阳原陵墓区的秦惠文王、悼武王的陵园中主墓封土周围皆探明有陵园建筑遗迹。[③]例如，Ⅰ号陵园（秦惠文王与惠文后合葬陵）南北并列着两座覆斗形陵冢。该陵园西围沟内侧、两座覆斗形陵冢西侧自北而南分布着3处建筑遗迹。Ⅱ号陵园（秦武悼王及其王后合葬陵）探明建筑遗迹5处，陵园内城北陵的西北和东南各1处，外城北部和东部分布3处。表明早先雍城陵区秦公陵墓上勘探出享堂至此时已移至墓侧。位于临潼骊山西麓芷阳陵区的战国后期秦国国君的4座陵园，其中Ⅰ号陵园内有秦昭襄王和王后两座残高2—4m的“亚”字形墓冢南北并列，陵侧地面上有建筑遗址11处[④]，应当是进行墓祭的场所，即陵寝。秦始皇陵继承了咸阳原和芷阳陵区陵墓的特点，把原来建于墓上的享堂移至墓冢北侧，构成寝殿、便殿等礼制性建筑。从而证实了东汉蔡邕《独断》中“古不墓祭，至秦始皇出寝，起之于墓侧”[⑤]的记载，也是中国古代帝陵的陵寝制度基本形成的标志。

4. 创新陪葬制度

陪葬系统在战国诸王陵普遍存在。如秦东陵的1号陵园两座主墓各在东墓道右前方有一较大的陪葬坑；中山国王陵的M1周围有6座陪葬墓、陪葬坑有2处，车马坑、杂殉坑和葬船坑各1处，并有东西两库；河北邯郸的赵王陵也发现有殉葬坑和车马坑。[⑥]

秦始皇陵的陪葬系统在内容和形式上都有较强的创新性。

---

① 陕西省考古研究所秦汉考古研究部：《陕西秦汉考古五十年综述》，《考古与文物》2008年第6期，第96—160页。

② 高崇文：《试论先秦两汉丧葬礼俗的演变》，《考古学报》2006年第4期，447—472页。

③ 刘卫鹏、岳起：《咸阳塬上“秦陵”的发现和确认》，《文物》2008年第4期，第62—72页。

④ 杨永林、张哲浩：《秦东陵考古新发现陵园四面壕沟和陪葬坑等大量遗迹，推测“一号陵园”为秦昭襄王唐太后“茝陵”》，《光明日报》2013年1月6日。

⑤（汉）蔡邕：《独断》，《四库全书》第850册，第88页。

⑥ 赵海洲：《试析秦始皇陵墓葬制的渊源》，《华北水利水电学院学报（社会科学版）》2011年第6期，第22—24页。

首先，秦始皇陵园迄今所发现的180多座陪葬坑，按距离陵墓地宫的远近依次划分出四个层次[①]：①地宫之内的陪葬坑，《史记·秦本纪》载“奇器珍怪，徙藏满之”，或可证明其随葬有高等级、高规格的陪葬品。②内城之内的陪葬坑，即陵园内城之内、地宫外圹之外的陪葬坑，以铜车马坑最为著名，还有象征着“百官”（廷尉机构）的K0006坑等。③内、外城之间的陪葬坑，集中在内、外城之间的西部和东部，包括马厩坑、葬仪坑、珍禽异兽坑，以及石铠甲坑和百戏俑坑等。④外城之外的陪葬坑，主要发现有兵马俑坑、马厩坑、动物府藏坑及青铜水禽陪葬坑等。

其次，秦始皇陵园陪葬坑表现出如下特征：①形制不拘一格。秦始皇陵陪葬系统突破了战国诸侯王陵车马坑或者单独器物坑的局限，呈现多样化格局，这就突破了先秦时期单一外藏系统设置的束缚，又不像汉代帝陵陪葬坑的规模制度化的特点。②规模宏大，内容丰富。据统计，秦始皇陵园已经发掘清理的55座陪葬坑中[②]，平面面积＞10 000m^2的2座（Ⅰ号兵马俑坑$1.43\times10^4m^2$、石铠甲坑$1.37\times10^4m^2$）；10 000—5000m^2的2座（KOOO3坑6024m^2、Ⅱ号兵马俑坑6000m^2）；5000—1000m^2的7座；1000—600m^2的4座；＞500m^2的40座。特别是秦兵马俑坑组合总面积＞20 000m^2，石铠甲坑面积达13 689m^2，地宫北、西侧铜车马坑组合面积达8025m^2等。秦始皇帝陵园的陪葬坑有象征宿卫军队的兵马俑坑和代表“百官宫观”的陪葬坑（如K0006）以及皇家御养的马厩坑等。其规模之宏大、设置内容之丰富是先秦帝王陵墓外藏系统中的车马坑、器物坑等所难可比及的。③体现出前制度时期的不成熟性。同20世纪90年代以来的考古勘探和发掘所揭示出的汉代陵墓制度较明显的规范化特征相比较，秦始皇帝陵园表现出一定的不成熟性。例如，汉阳陵的帝陵周围发现81座陪葬坑，皇后陵周围也有28座陪葬坑，分别代表或象征西汉王朝的宗正、少府等官署机构和后宫系统等；而在汉景帝陵园的西北（北区）和帝后陵园之南（南区）各有24座从葬坑，代表和象征西汉军队，或“北军的左、右两翼”。这种规范化的分布特征在秦始皇帝陵园似乎看不到。[③]

最后，秦始皇陵园陪葬坑（外藏系统）是将施行于人世间的封建管理体制及其生前居住的宫廷规格缩置在陵园之内、模仿布设于地下。因而多数陪葬坑所反映的是秦帝国的三公九卿等“百官”，由此开创了一个以陪葬坑来表现帝国政权机构的先例。如内城之

① 焦南峰：《试论西汉帝陵的建设理念》，《考古》2007年第11期，第78—87页。

② 陕西省考古研究所秦汉考古研究部：《陕西秦汉考古五十年综述》，《考古与文物》2008年第6期，第96—160页。

③ 段清波、张颖岚：《秦始皇帝陵的外藏系统》，《考古》2003年第11期，第67—74页。

内、封土西南角的文官俑坑（K0006）象征执掌杀伐诸权的廷尉；铜车马陪葬坑模拟执掌皇帝出行的太仆。内外城之间的双门道马厩坑、葬仪坑、珍禽异兽坑，以及石铠甲坑和百戏俑坑等，象征府库、武库、宫廷厩苑，供其娱乐的百戏和皇家园囿，等等。外城垣以外东侧有象征着守卫京师宿卫军的兵马俑坑和反映京师厩苑的百余座小型马厩坑。北侧的大型动物府藏坑及青铜水禽坑象征府库、珍禽苑等。①

5. 创设陵邑制度

陵邑的设置始于秦始皇陵园的“丽邑”。《史记》记载，始皇十六年，“秦置丽邑”。秦始皇二十六年统一全国后，即“徙天下豪富于咸阳十二万户”，同时“因徙三万家丽邑……皆复不事十岁”。秦始皇三十五年又发“隐宫徒刑者七十余万人，乃分作阿房宫，或作丽山”②。如此大规模的动用人力，设置丽邑的目的主要是为了更方便地组织和管理修陵人员，以及将天下豪富迁集和充实丽邑，达到强干弱枝的政治目的。③考古发掘资料证实，在秦始皇陵园内多次发现刻有“丽邑”陶文的陶器和砖瓦。“丽邑”遗址可能是位于秦始皇陵园北侧约 2.5km 的刘家村东，地面上堆积着大量的残砖瓦片、红烧土，以及许多有陶文印记的陶片。④

（三）秦始皇陵对后世帝王陵墓制度的影响

“百代皆行秦政事”“汉承秦制”，总结性地概括了后世对秦制度的延续。秦始皇陵陵墓制度对后代产生了深刻而广泛的影响，主要体现在独立陵园制及其陵园布局结构、陵寝制度、陵邑制度、陪葬制度、陵园仿照都邑设计和“一陵独尊”格局等方面。

1. 独立陵园制及其陵园布局结构的影响

我国古代帝陵制度的嬗变演化中，秦始皇陵是从先秦时期“集中公墓制”演变为“独立陵园制”的典范，主要表现在秦始皇陵远离秦东陵而自成独立单元，并有了独立的陵园名称及其管理机构，其陵区、陵园、封土和墓室面积与高度等规模空前绝后，以及陵园内外遗迹众多、功能齐全。可以说秦始皇陵是在“悉纳六国礼仪”“采择其善”（《史记·礼书》）、集战国各国陵墓制度之大成的基础上，经过精心规划营建，发展成为一种

① 段清波、张颖岚：《秦始皇帝陵的外藏系统》，《考古》2003 年第 11 期，第 67—74 页。

② 《史记》卷 6《秦始皇本纪》，第 182 页。

③ 田有前：《试论秦陵墓制度的演变特征》，《秦汉研究》2011 年第 5 辑，第 139—149 页。

④ 徐卫民：《秦帝王陵墓制度研究》，《唐都学刊》2010 年第 1 期，第 43—51 页。

新的陵园建筑格局。诸如，陵园的内外两重城垣建有角楼类防卫性建筑，平面呈南北向“回”字形，内外城垣四面辟神门；覆斗形墓冢位居陵园中心、封土下的地宫宫墙四面设门、正对内外城四面城门；寝殿和便殿位于封土西北部约 50 余米处（“墓侧起寝”）；陵园内外城西垣之间设寺吏舍（“丽山飤官”）；秦公子、公主及秦始皇的旧臣陪葬墓设在陵园东门大道的南侧；包括兵马俑坑、马厩坑、铜车马坑、珍禽异兽坑等陪葬坑遍布陵园内外，等等。这些基本组成单位作为有机的整体布局在秦始皇陵陵园，呈现出一种新格局：陵园坐西朝东，墓冢居于城垣内右部，寝殿位于墓冢的左侧，整个陵园以墓冢为中心，形成了一个贯通陵园东西的中轴线，以该轴线为基准，陵园城垣内外的陪葬墓、陪葬坑等错落分布于南北两侧。秦始皇陵园对后世封建帝王陵园的建造有着深刻影响。[①]譬如，汉、唐、宋等王朝的帝陵陵园布局结构和构筑形制都表现出与秦始皇陵的一致性或相似性。陵园布局结构上有重大变革的明清两代帝陵，仍然受到秦始皇陵的一定影响。

2. 陵寝制度的影响

自汉唐直到明清时期的帝王陵基本都实行秦始皇陵确立的陵寝制度。例如，西汉帝陵的寝殿由陵园内移到陵园外，构建成以寝殿为中心，包括便殿在内的寝园。20 世纪 80 年代汉宣帝杜陵寝殿的考古发掘，证实其寝园是在陵园之东南，寝园内寝殿在西、便殿在东。[②]《汉书·韦贤传》云：“园内中各有寝、便殿。日祭于寝，月祭于庙，时祭于寝殿。”[③]唐代帝陵的寝殿建筑分设：陵园的朱雀门内、陵山前面设寝宫（献殿）和陵园西南数公里处建下宫（便殿）等。[④]

3. 陪葬制度的影响

秦始皇陵的陪葬系统分为陪葬墓和陪葬坑两类。其陪葬墓主要有内城东北部的后宫妃嫔墓葬及陵园西北部的一座“甲”字形大墓，分布在内外城间的后宫人员墓葬（空墓）和陵园外上焦村一带非正常死亡的王公大臣的墓葬，以及在陵园西侧赵背户村的刑徒墓地等。陪葬坑则相当丰富，包括陵园东部的兵马俑坑和马厩坑、东北侧的动物府藏坑及青铜水禽坑；内外城间的双门道“马厩坑”、葬仪坑、珍禽异兽坑，以及石铠甲坑和百戏俑坑等；内城中封土丘附近的曲尺形马厩坑、铜车马坑和文官俑坑（廷尉机构）等。[⑤]这

① 李自智：《试论秦始皇陵园布局对后代帝陵的影响》，《文博》1990 年第 5 期，第 151—157 页。

② 高崇文：《试论先秦两汉丧葬礼俗的演变》，《考古学报》2006 年第 4 期，第 447—472 页。

③《汉书》卷 73《韦贤传》，第 3115—3116 页。

④ 张建林：《唐代帝陵陵园形制的发展和演变》，《考古与文物》2013 年第 5 期，第 82—90 页。

⑤ 赵海洲：《试析秦始皇陵墓葬制的渊源》，《华北水利水电学院学报（社会科学版）》2011 年第 6 期，第 22—24 页。

种陪葬制度对后世帝王陵墓具有深远影响，尤其是关中地区的汉、唐帝陵陪葬制度从内容（包含陪葬墓和从葬坑）和形式（陵园内外规范布设从葬坑）上都可以视为是对秦始皇陵陪葬制度的继承和发展。

4. 陵园设计模仿都城理念的影响

在先秦时期，模仿都城建造陵园已见端倪。据《吕氏春秋·安死》记载："世之为丘垄也，其高大若山，其树之若林，其设阙庭，为宫室，造宾阼也，若都邑。"[①]秦始皇陵园的布局建造，基本上是仿照都城咸阳而规划营建的。其陵园布局的象征意义极其显明[②]：如封土北侧的寝殿和便殿象征秦始皇生前的正殿路寝，以及象征京师宿卫军的兵马俑坑、象征宫廷厩苑的马厩坑、象征宫廷乘舆的铜车马坑、象征宫廷苑囿的珍禽异兽坑等。在整个陵区范围内位置偏西，模仿都城咸阳的小城（即宫城）建在大城偏西边的位置。

秦始皇陵仿照都邑设计陵园的思想为后代帝陵所效仿。[③]首先，西汉帝陵实行帝、后"同茔异穴"的合葬制度，在茔域内帝陵和后陵呈"帝西后东"（长陵等）布局，与汉长安城内未央宫（皇帝居）在西、长乐宫（太后居）在东极为相像。至于长陵为帝、后共用一座陵园，当是西汉初年汉高祖一直以长乐宫为皇宫，且病死在该宫殿，而吕后身为太后仍居住长乐宫的皇宫布局的缩影。汉景帝阳陵的帝、后陵、"罗经石"遗址，外城分别是汉长安城的未央宫、长乐宫、礼制建筑、城垣在陵区的地下再现；其陵园内外的各种陪葬坑代表着"宫观及百官位次"，反映不同的国家机器及防卫设施。阳陵的陪葬墓园代表其管辖的王国，其中公主和郡太守的墓园是其管理的邑和郡的地下微缩。因此，汉阳陵被认为是模仿现实中的西汉帝国（都城）建设而成的。[④]早于阳陵的长陵、安陵、霸陵，晚于阳陵的茂陵、平陵、杜陵、渭陵、延陵、义陵等西汉帝陵，大致都采用了"阳陵模式"[⑤]，都体现着帝陵对宫城形制和布局的模拟。

其次，唐代帝陵陵园司马道上依次布局乳台、"鹊台"和陵园（内城）朱雀门构成三重门阙，并将陵园分为三个区域：城垣范围内的陵寝建筑和朱雀门象征着皇帝生前居住的长安城内的宫城及其承天门，陵园朱雀门与乳台间神道两侧，对列众多石刻，象征皇帝的仪卫军及百官衙署，体现长安城内的皇城；乳台与"鹊台"间的神道东侧是埋藏皇

---

①（战国）吕不韦等编著，（东汉）高诱注：《吕氏春秋》，《诸子集成》（第6册），北京：中华书局，1954年，第98页。

② 朱学文：《秦始皇陵园设计规划问题之研究》，《文博》2009年第5期，第44—48页。

③ 李自智：《试论秦始皇陵园布局对后代帝陵的影响》，《文博》1990年第5期，第151—157页。

④ 焦南峰：《汉阳陵从葬坑初探》，《文物》2006年第7期，第51—57页。

⑤ 焦南峰：《试论西汉帝陵的建设理念》，《考古》2007年第11期，第78—87页。

亲皇族、达官显宦的陪葬墓区，代表长安城的外郭城。这些陪藏墓星罗棋布，犹如郭城里坊中达官显宦的宅第，鹊台如同外郭城的明德门。[①] 这些都表明，唐代帝陵也是仿照都城长安的布局而设计建造的。

最后，明清帝陵陵园模仿故宫（宫城）从天安门、端门至午门进入宫城，沿南北中轴线布局有多重宫门和宫殿建筑。从大红门经神道、陵门进入陵园的多重院落（包括享殿、方城、明楼和宝顶）等主体建筑，全都布局在南北中轴线上。显然，明清两代帝陵陵园也是仿照都城中的宫殿建筑布局的。

5．“一家独尊”格局的影响

春秋战国时期诸侯国的国君陵园多是陵园内并列有两座或两座以上形制体量相同（近）的陵冢，体现了国君及其夫人异穴合葬的形式。如雍城陵区、咸阳原陵区、芷阳陵区的秦先公王陵等都是如此。而秦始皇陵陵园内墓冢高大如山，封土高度为“五十丈”（折合 115m），陵区占地近 60km^2，陵园面积 2.13km^2，内城面积 0.79km^2。陵冢现存封土底面积 0.12km^2、高 52.5m。地宫（墓圹）面积 $2.47\times10^4m^2$，墓室底面积为 4000m^2。[②] 此种陵园内“帝陵独尊”的格局为后代帝陵所效法。譬如，西汉帝陵是帝、后同茔不同陵，大多数皇帝、皇后各为独立陵园，但后者比前者规模小，皇后陵园处于袝葬的地位。[③] 唐代帝、后同穴合葬于帝陵，其袝葬性质更明显。[④] 其次，后代帝陵封土罕有超过秦始皇陵之高大者，但帝陵墓冢位居陵园中心几乎一脉相承。在称谓上也如秦始皇陵一样称为“山”或“山陵”，如汉高祖长陵就称作“长山”等。而且汉唐帝陵更有直接“因山为陵”，显示出帝陵独尊于天下。再比如汉、唐代帝陵的陵园建筑中都将“三出阙”作为不可僭越的“天子之制”，唐陵前规模庞大的石刻群，都显示着“帝陵独尊”的思想。

三、西汉帝陵对秦公帝王陵墓制度的继承与革新

中国古代帝王陵墓制度历经商、周、秦诸朝代一千多年的发展演变，至西汉时期成

① 刘向阳：《唐乾陵文化景观的内涵与特性研究》，《文博》2011 年第 5 期，第 45—51 页。

② 陕西省考古研究所秦汉考古研究部：《陕西秦汉考古五十年综述》，《考古与文物》2008 年第 6 期，第 96—160 页。

③ 咸阳市文物考古研究所编著：《西汉帝陵钻探调查报告》，第 6—139 页。

④ 刘根良：《汉唐陵寝制度之异同》，《南昌职业技术师范学院学报》1996 年第 2 期，第 36—39 页。

熟。该时期的帝陵完全摆脱了商周“多代国君集中埋葬于同一墓地”、带有原始“氏族遗痕”的“集中公墓制”，继承了秦始皇陵的布局特点而有所发展，形成“陵园独立化、陵区规模化、设施复杂化、功能完善化”的独立陵园，从而确立了中国古代帝王陵寝制度演化史上较为完善的“独立陵园制”。①

（一）西汉帝陵形制构成及其特征

根据历史文献和田野考古资料，西汉帝陵建筑的基本形制要素包括陵园、封土、墓穴、门阙、寝园、陵庙、外藏坑、道路、陪葬墓、祔葬墓、陵邑、刑徒墓地及园省、园寺吏舍、修陵人居址等部分。②

1. 陵园

陵园在陵墓结构中是圈定陵墓、界划陵区的重要标志。西汉帝陵陵园被称为“园陵”或“园”。据考古勘探资料，西汉中早期的长陵、安陵采用帝、后同陵园的单重陵垣制，汉文帝霸陵采用“依山为陵”的葬制，迄今尚未发现陵垣的踪迹；汉景帝阳陵及其后的7座帝陵均已发现了较为完整的双重陵垣，且帝、后各设陵园（表6-1）。如汉武帝茂陵有两重陵园，外垣墙、外壕沟环围的区域为茂陵陵园，是整个陵区的核心区。其平面呈东西向长方形，长2080m、宽1390m，面积$2.89km^2$，内含帝后（李夫人）陵园、十余处建筑遗址、244座外藏坑及9座中型祔葬墓；帝陵陵园近方形，平面面积的428m×435m，四周围墙各设一门；帝陵封土位于陵园的中心，呈覆斗形，底部面积243m×239m；顶部面积38m×42m；现存封土高度46.5m。墓穴压在封土之下，在墓室四周呈放射状分布有150座外藏坑；李夫人墓（英陵）园位于陵园内西北部，呈南北向长方形，平面面积223m×175m；陵墓封土为二层台的覆斗状，底部面积为127m×108m；顶部面积为35m×15m。③又如汉元帝渭陵亦为双重陵园，由外垣墙、外壕沟所环围的陵园呈东西向长方形，平面面积为1776m×1618m。外垣墙四面共辟七门，除东垣墙辟一门之外，其余三面各辟二门，分别与汉元帝、王皇后陵园门址相对。园内有帝陵陵园、王皇后陵园、傅昭仪墓园及多处建筑遗址，还有陪葬墓园（含31座祔葬墓）等。④

---

① 赵化成：《从商周“集中公墓制”到秦汉“独立陵园制”的演化轨迹》，《文物》2006年第7期，第41—48页。

② 焦南峰：《西汉帝陵形制要素的分析与推定》，《考古与文物》2013年第5期，第72—81页。

③ 陕西省考古研究院，咸阳市文物考古研究所，茂陵博物馆：《汉武帝茂陵考古调查、勘探简报》，《考古与文物》2011年第2期，第3—13页。

④ 陕西省考古研究院、咸阳市文物考古研究所：《汉元帝渭陵考古调查、勘探简报》，《考古》2013年第11期，第22—34页。

表 6-1 西汉帝陵陵园规模、结构与形制

陵名	陵园/km^2	帝陵陵园/10^4m^2	后陵陵园/10^4m^2	建筑遗址/处	形制
长陵(1)	无外陵园	78.0		6	帝、后同陵园，单重陵垣，帝西后东
安陵(2)	无外陵园	85.40		18	帝、后同陵园，单重陵垣，帝东后西
霸陵	不详				文帝依山为陵，孝文窦皇后独立陵园
阳陵(3)	2.60	17.48	12.25	5	帝、后异陵园，双重陵垣，帝西后东
茂陵(4)	2.91	18.62	2.04	14	帝、后异陵园，双重陵垣，帝东后西
平陵(5)	2.93	17.81	14.14	7	帝、后异陵园，双重陵垣，帝东后西
杜陵(6)	不详	18.49	11.06	12	帝、后异陵园，双重陵垣，帝西后东
渭陵(7)	2.87	17.43	14.21	6	帝、后异陵园，双重陵垣，帝东后西
延陵(8	2.79	21.15	3.79	16	帝、后异陵园，双重陵垣，帝东后西
义陵(9)	2.86	17.47	2.94	9	帝、后异陵园，双重陵垣，帝西后东
康陵(10)	2.40	11.90	13.34（内）	19	帝、后异陵园，双重陵垣，帝西后东

资料来源：（1）陕西省考古研究院：《2011 年陕西省考古研究院考古发掘新收获》，《考古与文物》2012 年第 2 期，第 3—13 页。（2）陕西考古研究院：《2010 年陕西省考古研究院考古调查发掘新收获》，《考古与文物》2011 年第 2 期，第 31—39 页；咸阳市文物考古研究所编著：《西汉帝陵钻探调查报告》，北京：文物出版社，2010 年，第 21—26 页。（3）岳志勇：《西风残照，汉家陵阙——汉景帝阳陵考古新成果》，《文物世界》2000 年第 1 期，第 32—34 页。（4）陕西省考古研究院，咸阳市文物考古研究所，茂陵博物馆：《汉武帝茂陵考古调查、勘探简报》，《考古与文物》2011 年第 2 期，第 3—13 页。（5）陕西省考古研究院：《2013 年陕西省考古研究院考古发掘调查新收获》，《考古与文物》2014 年第 2 期，第 3—23 页。（6）陕西省考古研究院：《2012 年陕西省考古研究院考古发掘新收获》，《考古与文物》2013 年第 2 期，第 3—23 页；（7）陕西省考古研究院、咸阳市文物考古研究所：《汉元帝渭陵考古调查、勘探简报》，《考古》2013 年第 11 期，第 22—34 页。（8）刘卫鹏、岳起：《陕西咸阳市西汉成帝延陵调查记》，《华夏考古》2009 年第 1 期，第 65—72、101 页。（9）陕西省考古研究院、咸阳市文物考古研究所：《汉哀帝义陵考古调查、勘探简报》，《考古与文物》2012 年第 5 期，第 18—27 页。（10）陕西省考古研究院、咸阳市文物考古研究所：《汉平帝康陵考古调查、勘探简报》，《文物》2014 年第 6 期，第 50—63 页

2. 墓穴

墓穴是放置墓主尸身及其棺椁葬具的地下空间。据《后汉书·礼仪下》记载："天子即位明年，将作大匠营陵地，用地七顷，方中用地一顷，深十三丈。堂坛高三丈，坟高十二丈。武帝坟高二十丈，明中高一丈七尺，四周二丈，内梓棺柏黄肠题凑，以次百官藏毕。"① 西汉帝陵的墓穴位处陵园的正中，平面近方形，占地一顷（$6.67 \times 10^4m^2$），深十二或十三丈（40—43m），"穿筑为方城"，四面开四门。② 考古调查与钻探资料证实，西汉帝陵中帝、后陵的墓圹（"方中"）大多为平面方形、有四条墓道的大型竖穴土圹，

① 《后汉书》志第 6《礼仪下》注引《汉旧仪》，北京：中华书局，2005 年，第 2133 页。
② 焦南峰：《西汉帝陵"夫人"葬制初探》，《考古》2014 年第 1 期，第 77—83 页。

属于天子级别的“亚”字形大墓。譬如，已经考古探明的汉宣帝杜陵帝陵、汉景帝阳陵帝陵和孝景王皇后陵、汉武帝茂陵帝陵、汉哀帝义陵帝陵、汉元帝渭陵帝陵和后陵、汉平帝康陵帝陵和孝元王皇后陵等均为“亚”字形墓穴形制（汉高祖父亲刘太公“太上皇陵”墓穴亦呈“亚”字形）。另据《后汉书·刘盆子传》:“乃复还，发掘诸陵，取其宝货，遂污辱吕后尸体，凡贼所发，有玉匣殓者率皆如生，故赤眉得多行淫秽。”① 据《汉书·霍光传》所记载，“光薨……赐金钱、缯絮，绣被百领，衣五十箧，璧、珠几、玉衣，梓宫、便房、黄肠题凑各一具，枞木外藏椁十五具”② 等来看，西汉帝陵墓穴应具备“玉匣（棺）”、金缕玉衣、黄肠题凑等天子级别的葬具和随葬品。③

3. 封土（陵冢）

西汉帝陵方形墓穴之上有覆斗形封土（称“方上”）。据《后汉书》注引《汉旧仪》载：西汉诸帝寿陵“……坟高十二丈。武帝坟高二十丈……四周二丈”④，“长陵山，东西广一百二十步，高十三丈”⑤，“阳陵山，方百二十步，高十四丈”⑥，关中地区现存的西汉帝王陵，历史上遭到多次盗扰，经过多次修复，加之两千余年农林生产活动及风霜雨雪的侵蚀，故现存的封土与始建原貌必然会有所差异。⑦ 虽则如此，西汉帝陵封土高度仍介于 25.7m（延陵）—46.5m（茂陵），其后（妃）陵封土的高度也在 11m 之上，陵冢规模不失壮观雄伟（表 6–2）被誉为“东方金字塔”。

表 6–2 西汉帝、后陵封土规模实测数据

陵名		陵底（m）		陵顶（m）		陵高（m）	封土底面积/10^4m^2
		东西	南北	东西	南北		
长陵	帝陵	160	134	50	17	30	2.14
	吕后陵	160	136	46	18	30	2.14
安陵	帝陵	141	165	60	30	28	2.33
	张皇后陵	69	68	31	33	10.6	0.47

① 《后汉书》卷 11《刘玄刘盆子列传》，第 322 页。
② 《汉书》卷 68《霍光金日磾传》，第 2948 页。
③ 刘振东：《中国古代陵墓中的外藏椁——汉代王、侯墓制研究之二》,《考古与文物》1999 年第 4 期，第 75—85 页。
④ 《后汉书》第 6《礼仪下》注引《汉旧仪》，第 2133 页。
⑤ 何清谷校注：《三辅黄图校注》，西安：三秦出版社，2006 年，第 425 页。
⑥ 何清谷校注：《三辅黄图校注》，西安：三秦出版社，2006 年，第 432 页。
⑦ 焦南峰：《秦、西汉帝王陵封土研究的新认识》,《文物》2012 年第 12 期，第 52—58 页。

续表

陵名		陵底（m）		陵顶（m）		陵高（m）	封土底面积/10^4m^2
		东西	南北	东西	南北		
霸陵	帝陵	依山为陵，不起坟					
	窦皇后陵	137	143	30	35	19.5	1.96
阳陵	帝陵	167.5	168.5	63.5	56	32.3	2.82
	王皇后陵	156.5	159.5	63	50	26.5	2.50
茂陵	帝陵	243	239	37.6	41.7	46.5	5.81
	李夫人陵	127	108	35	15	28	1.37
平陵	帝陵	159	159	28	30	33	2.53
	上官皇后陵	145	145	48	48	29	2.10
杜陵	帝陵	172	172	50	50	29	2.96
	王皇后陵	148	148	45	45	24	2.19
渭陵	帝陵	168	168	38	40	29	2.82
	王皇后陵	85	79	32	34	17.5	0.67
延陵	帝陵	166	161	56	53	25.7	2.67
	许皇后陵	84	83	25	26	18	0.70
义陵	帝陵	164	173	55	57.5	30	2.84
	傅皇后陵	78.3	72.3	20.3	18	19.3	0.57
康陵	帝陵	234	219	55	59	36	5.12
	王皇后陵	81	80	29	32	11	0.65

数据来源：陕西省考古研究所秦汉考古研究部：《陕西秦汉考古五十年综述》，《考古与文物》2008 年第 6 期，第 96—160 页

4. 门阙

从考古资料来看，西汉帝陵陵垣所开的神门均设有门阙（或称阙门、三出阙等）。20 世纪 80 年代以来，考古调查和钻探先后发掘了汉宣帝帝陵后陵的东门遗址，以及汉景帝阳陵帝陵南门遗址及其后陵东门遗址等，证明西汉帝陵门阙结构一般由门道、阙台、门塾及回廊、散水等组成。[①]

① 焦南峰：《西汉帝陵形制要素的分析与推定》，《考古与文物》2013 年第 5 期，第 72—81 页。

5. 寝园

寝园是西汉帝陵的建筑构造中最基本、最重要且使用时间最长的祭祀性建筑。寝园由寝殿（正殿）和便殿（别殿）组成。据《后汉书·祭祀下》记载："寝有衣冠几杖象生之具，以荐新物……起居衣服象生人之具，古寝之意也。"[①] 如《后汉书·肃宗孝章帝纪》："寝者，陵上正殿，若平生露寝矣。便殿者，寝侧之（别）殿耳。"[②] 西汉帝陵中已经发掘和确认汉宣帝帝陵及其后陵的寝园。此外，汉景帝阳陵东南的 3 号建筑遗址，汉武帝茂陵北侧的 8 号和 9 号建筑遗址，汉元帝渭陵北侧的 4 号、5 号遗址，汉元帝帝陵后陵北侧的 1 号、3 号遗址，以及汉哀帝义陵北侧的 1 号、2 号建筑遗址等，经考古调查和勘探，推测是为寝园或寝园的组成部分（寝殿或便殿）。[③]

6. 陵庙

西汉建设帝陵陵庙的最早记载是惠帝四年"诏有司立原庙"[④]，即在渭北陵区长陵开创陵庙建筑。据文献和考古资料，从汉高祖长陵到汉成帝延陵，西汉前九座帝陵都修建有陵庙。譬如，汉高祖、汉惠帝庙等皆"在长安城中安门里"，汉文帝顾城庙"在长安城南"，汉景帝德阳庙（阳陵东南），汉武帝龙渊庙（茂陵东南），汉宣帝乐游庙（杜陵西北）等大多在各自所属的帝陵附近。[⑤]

7. 外藏坑

考古勘探和发掘证实，所有西汉帝陵均发现数量不等的外藏坑。从空间分布来看，西汉帝陵的外藏坑主要分布在帝陵陵园外的独立陪葬坑区、帝陵封土周围（放射状）和后陵封土周围或附近。其数量规模以西汉前中期明显大于后期，如西汉后期四陵（汉元帝渭陵、成帝延陵、哀帝义陵和平帝康陵）的陪葬坑数量较前期诸陵（汉文帝霸陵之外的长陵、安陵、阳陵、茂陵、平陵和杜陵）明显减少（表 6–3）。种类上包括车马坑、兵马俑坑、动物俑坑、粮食（仓）坑、钱物坑、和珍禽异兽坑等。[⑥]

① 《后汉书》志第 9《祭祀下》，第 2174 页。

② 《汉书》卷 73《韦贤传》，第 3115—3116 页。

③ 焦南峰：《西汉帝陵形制要素的分析与推定》，《考古与文物》2013 年第 5 期，第 72—81 页。

④ 《汉书》卷 43《叔孙通传》，第 2130 页。

⑤ 何清谷校注：《三辅黄图校注》，西安：三秦出版社，2006 年，第 359—365 页。

⑥ 刘卫鹏：《西汉帝陵的陪葬坑》，《秦汉研究》2010 年第 4 辑，第 148—158 页。

表 6-3　西汉帝陵陪葬坑分布

陵名	陪葬坑/座	帝陵冢周围/座	后陵冢周围/座	陵园外独立陪葬坑区/座
长陵	285	275	10	不详
安陵	168	168	—	
霸陵	47	—	47	
阳陵	162	86	28	48
茂陵	400	150	6	244
平陵	1288	46	8	1234
杜陵	98	38	3	57
渭陵	26	8	2	16
延陵	20	3	—	17
义陵	17	—	—	17
康陵	7	无	7	无

注：①此表数据来源同表 6-1。②独立陪葬坑区位处内、外陵垣之间。③霸陵陪葬坑数量包括窦皇后陵园西侧 47 座，薄太后南陵陵园西侧 20 座

8. 陵邑

陵邑作为帝陵的组成部分，起源于秦始皇陵的“丽邑”。西汉继承秦始皇陵的做法，陵邑同所属的帝陵同步营建。据相关文献记载与考古勘探发掘资料，“西汉时代，总共置陵邑 11 座”（表 6-4）。陵邑的基本功能是为帝陵修建、保护、供奉、管理服务等，借助陵邑还可实现“迁徙关东大族、达官巨富，消除不安定因素，巩固中央统治，繁荣陵邑附近地区的经济和文化”的政治目的。①

表 6-4　西汉帝陵陵邑设置状况

陵邑	位置	面积/km^2	人口/万人	设置	废弃
长陵邑	长陵陵园北侧	2.95	17.95	高祖十二年（前 195 年）	东汉
安陵邑	安陵陵园北侧	1.19	10.0	惠帝置	晋代
霸陵邑	霸陵以北 5km	—	3.59—4.54	文帝九年（前 171 年）	—
阳陵邑	阳陵陵园东部	4.50	10.0	景帝五年（前 152 年）	—
茂陵邑	茂陵东北 1.1km	2.81	27.73	武帝建元二年（前 139 年）	东晋
平陵邑	平陵陵园东北部	12.15（7.44）	10.0	本始元年（前 73 年）	魏晋
杜陵邑	杜陵陵园北 2.5km	1.56	12.3—20.5	元康元年（前 65 年）	—

① 孙尧奎、周光亮：《西汉陵邑制度考略》，《临沂师专学报》1998 年第 4 期，第 27—29 页。

续表

陵邑	位置	面积/km^2	人口/万人	设置	废弃
万年邑	万年陵西约 0.5km	—	0.41	汉高祖十年（前 197 年）	北魏
南陵邑	陵园西南 3km	—	—	汉文帝七年（前 173 年）	—
云陵邑	云陵西北 0.5km	0.26	1.23	汉昭帝元年（前 86 年）	东汉
奉明邑	奉明园附近	—	0.66	元康元年（前 65 年）	东汉

注：据《汉书·地理志》，西汉末长陵县有户 50 057，人口 179 469。汉末茂陵县“户六万一千八十七，口二十七万七千七十七”。由此可推算西汉陵邑每户平均约 3.59—4.54 人（或 4.1 人）。据《文献通考》卷 124《王礼考十九》（山陵）：“惠帝安陵，文帝霸陵，景帝阳陵，邑各万户，徙民与长陵等。”①葛剑雄、梁安和估测西汉末安陵邑、平陵邑和阳陵邑人口近 10 万人（其中含《关中记》：“徙关东倡优乐人五千户以为（安）陵邑。”）;《汉旧仪》：“武帝治茂陵，昭帝平陵，邑皆取二千石将相守陵，故三陵（含杜陵）多贵，皆三万户至五万户。”②可知，杜陵人口约 12.30—20.50 万人;《汉书·外戚传》：“昭帝即位，追尊钩弋婕妤为皇太后，发卒二万人起云陵，邑三千户。”③故云陵邑人口 1.23 万人。据《汉旧仪》：“太上皇万年邑千户。徙天下民赀三百万以上，与田宅，守陵。”④故万年邑人口约 0.41 万人;《文献通考》卷 95《宗庙考五》：“益奉园民满千六百家，以为奉明县。”⑤故奉明县人口当为 0.66 万人

西汉诸帝陵的陵邑经考古调查与勘探，基本确认了陵邑位置、范围与形制的有：汉高祖长陵邑、汉惠帝安陵邑、汉景帝阳陵邑、汉武帝茂陵邑、汉武帝钩弋夫人云陵邑以及汉昭帝平陵邑和汉宣帝杜陵邑等，其中汉景帝阳陵邑曾局部发掘。这些处于西汉都城附近的陵邑，形成环围长安城的卫星城市群，对现代城市发展及城镇体系规划具有一定的启示。

9. 陪葬墓与祔葬墓

西汉 11 帝陵陵区除了帝、后妃“同茔异穴”合葬之外，绝大多数陵园区还发现有数量不等、与帝陵有一定从属关系的陪葬墓。⑥这些陪葬茔域的人物，有开国元勋、鼎柱之臣，以及皇亲国戚、妃嫔宫人。根据考古资料及相关研究，西汉帝陵的陪葬墓中埋葬在帝陵外陵园以外，呈朝列参拜状者，其墓主多为开国元勋、鼎柱之臣和皇亲国戚，相

① （元）马端临著，上海师范大学古籍研究所、华东师范大学古籍研究所点校：《文献通考》卷 124《王礼考十九·山陵》，北京：中华书局，2011 年，第 1115 页。

② （元）马端临著，上海师范大学古籍研究所、华东师范大学古籍研究所点校：《文献通考》卷 124 《王礼考十九·山陵》，第 1116 页。

③ 《汉书》卷 97《外戚传上》，第 3957 页。

④ （元）马端临著，上海师范大学古籍研究所、华东师范大学古籍研究所点校：《文献通考》卷 124 《王礼考十九·山陵》，第 1115 页。

⑤（元）马端临著，上海师范大学古籍研究所、华东师范大学古籍研究所点校：《文献通考》卷 95《宗庙考五》，第 859 页。

⑥ 刘庆柱、李毓芳：《西汉十一陵》，西安：陕西人民出版社，1987 年。

当于“列侯、公主和郡太守”[1]；墓主为婕妤及五官以上等皇帝的高级嫔妃墓葬，称为祔葬墓。[2]前者多见于西汉帝陵外陵园东司马门道南、北两侧附近，中后期帝陵亦见于外陵园外西、南、北侧附近；后者多见于帝陵外陵园内东北部、西北部或西南部（表6–5）。

表6–5　西汉帝陵的陪葬墓与祔葬墓

陵名	陪葬墓		祔葬墓	
	数量	分布及封土形状	数量	形制与分布
长陵	63	东司马道南北两侧，东西成行、南北成列。 35座保留封土，呈覆斗形、圜丘形和尖锥形等，部分残缺		
安陵	50	东司马道南北两侧。19座保存封土，以覆斗形为主（个别圜丘形），多数残缺		
霸陵	—	不详		
阳陵	5000	东司马道南北两侧，130余座陪葬墓园		
茂陵	113	茂陵陵园外大中型墓葬东侧26座、南侧8座、西侧12座、北侧5座；封土形状有覆斗、山形和圜丘形	9	茂陵陵园内东北部，M2覆斗形封土，其余8座无封土，墓型皆为“甲”字形
平陵	30	平陵陵园四周皆有分布，北、东侧较集中。以覆斗形和圜丘形封土为主	8	平陵陵园东北部，墓型皆为“甲”字形
杜陵	140	杜陵陵园东侧司马门道两侧，南侧（东南部）大中型墓葬集中、北侧多小型墓葬。其中62座保留封土，以覆斗形和圜丘形为主	不详	
渭陵	57	陵园的西南、东南和南部，东侧和西北角零星分布着一些墓葬，以覆斗形和圜丘形封土为主	31	渭陵陵园内东北角独立墓园，墓葬排列整齐，南北5排，其中4座有墓园，12座保留封土。墓型皆为“甲”字形
延陵	54	陵园外东、南、西三面，分布散乱。以覆斗形和园丘形封土为主	19	延陵陵园内西北部，呈排列整齐的独立小墓园，10座保留覆斗形封土，墓型皆为“甲”字形
义陵	16	陵园外东、南部，共发现16座，12座保留封土，均为圜丘形	7	义陵陵园内东北角独立墓园4座，西南角3座。仅一座保留封土。墓型皆为“甲”字形
康陵	无			

注：此表资料数据来源同表6–3

10. 其他形制要素

西汉帝陵陵园还包含道路、园寺吏舍等形制要素。其中西汉帝陵的道路有：神道（与羡道对应的帝陵四侧到外城司马门之间的道路）、徼道（陵垣内、外侧的环城路）、司马

① 焦南峰：《西汉帝陵的“夫人葬制”初探》，《考古》2014年第1期，第77—83页。

② 焦南峰：《西汉帝陵形制要素的分析与推定》，《考古与文物》2013年第5期，第72—81页。

门道（司马门以外横贯陪葬墓园的道路）、衣冠道（由寝园至陵庙的专用道路，又称宗庙道或游道）。据田野考古和钻探资料发现汉景帝阳陵陵园的神道、徼道、司马门道和衣冠道齐备，构成规整有序的道路系统。并在汉武帝茂陵、汉昭帝平陵、汉宣帝杜陵、汉元帝渭陵、汉哀帝义陵等帝陵陵园均发现有数量不一、保存状况不同的道路遗迹。[①] 见于历史文献记载的西汉帝陵的园寺吏舍（管理用建筑）等，有待考古发掘的甄别和确认。

根据上述西汉帝陵形制构成要素，结合考古勘探发掘资料，可见西汉帝陵的特点：①西汉 11 陵除霸陵"依山为陵"外，其余帝陵均系"堆土为陵"。封土多为覆斗状、平面为方形。②帝陵、后陵墓室均为"亚"字形，东、南、西、北四条墓道。前期帝陵"坐西面东"，以东墓道为主道；后四陵（汉元帝、成帝、哀帝、平帝）陵墓有坐北面南的趋向，以南墓道为主道。③帝、后实行"同茔异穴"的合葬制，帝陵居中，后陵多在其东北（西北）；帝陵较大，后陵略小。④西汉前期，帝、后陵同陵园，一般为长方形，面积较大。阳陵以后，帝后各置陵园，间距一般在 450—700m 之间。平面方形，帝陵陵园边长 400m 左右，后陵陵园边长约 350m。陵园四周夯筑垣墙，每面垣墙中央各辟一门。阳陵帝陵四门为三出阙式，杜陵四门为两出台式。⑤帝陵、后陵陵园的封土与垣墙之间有大量的从葬坑（最多的是汉武帝陵封土四周 150 座从葬坑，最少的汉平帝陵封土周围无从葬坑）；帝、后陵园的外围也分布有数量不等的从葬坑（最多的是汉昭帝平陵帝、后陵园外围从葬坑 1234 座，最少的汉平帝康陵帝、后陵园的外围无从葬坑）。⑥陵区内均有陵庙、寝殿、便殿等礼制建筑，寝殿和便殿一般在陵园内或陵园附近。⑦西汉早中期（汉高祖—汉宣帝）诸帝陵均置陵邑，一般在帝陵的东或北侧，汉元帝及其后的西汉帝陵罢置陵邑。⑧西汉帝陵陪葬墓规模大、分布规整，多数在陵东司马道的南北两侧，东西成排，南北成列，其间有壕沟分隔。陪葬墓冢外形分覆斗形、馒头形和山形。部分大型陪葬墓的周围也有数量不等的祔葬墓和陪葬坑。⑨大约从汉武帝起始至汉哀帝，其内、外陵园间出现数量不等的高级嫔妃的墓葬（祔葬墓）。此种祔葬墓多数分布在外陵园的东北部，最多的是渭陵陵园有 31 座祔葬墓构成的独立墓园。⑩大多数西汉帝陵附近应有大片的刑徒墓地，如阳陵的刑徒墓地在帝陵西北约 1500 米处，茂陵刑徒墓地在茂陵陵园西围墙西南约 3.8km 处，等等。[②]

---

① 焦南峰、杨武站、曹龙：《神道、徼道、司马门道——西汉帝陵道路初探》，《文物》2008 年第 12 期，第 52—70 页；焦南峰：《宗庙道、游道、衣冠道——西汉帝陵道路再探》，《文物》2010 年第 1 期，第 73—77、96 页。

② 焦南峰：《西汉帝陵考古发掘研究的历史及收获》，《西部考古》2006 年第 1 辑，第 289—303 页。

（二）西汉帝陵对秦公帝王陵墓制度的继承与革新

帝陵制度的变化有其自身的规律和原因，是受社会发展和历史环境多方面因素影响的结果。将关中地区的秦雍城陵区、秦咸阳原陵区、秦东陵、秦始皇陵、西汉帝陵（乃至嗣后的隋唐帝陵）进行时间维度上的考察和比较分析，不难发现在帝陵制度的发展演化上，西汉帝陵既有“汉承秦制”的表现，又有许多创新和变化。

1. 西汉帝陵同秦公帝王陵建造时间、陵墓及陵园形制的异同

（1）陵墓营建的周期。秦汉帝王陵墓建造的起始时间基本相近，皇帝多在即位之初便已开始营建寿陵。据《史记》记载：（秦始皇）“年十三，庄襄王死，政代立为王”[①]，嬴政在公元前 247 年登基之初就开始了骊山陵墓的营建，直至秦二世“复土”，前后长达三十七八年的时间。西汉皇帝即位不久就为自己营筑陵墓。据《汉书》诸帝记载：汉景帝于“五年春正月，作陵邑（作寿陵）”，汉武帝“（二年）初置茂陵邑（自作陵也）”，汉宣帝即位第 10 年，即“元康元年春，以杜东原上为初陵”，汉元帝即位第 8 年，即“（永光四年）今所为初陵”，成帝二年“以渭城延陵亭部为初陵”，等等。[②] 又如《文献通考·王礼考》所记载：“汉法，天子即位一年而为陵。天下贡赋三分之一供宗庙，一供宾客，一供山陵。”[③]这种生前起“寿陵”至死方休的做法，秦汉是一脉相承的。

（2）陵墓的形制与规模。从秦的先公（王）到秦始皇，后至西汉诸帝的墓室都作竖穴式土圹。经探测，咸阳原陵区的秦先王陵墓、秦东陵一号陵园内的 M1 和 M2 大墓均呈“亚”字形（四条墓道），秦始皇陵墓室也应有四出墓道，西汉帝陵皆为四出墓道的“亚”字形。就陵墓封土和地宫规模来看，秦始皇陵封土底面积 $12.25\times10^4m^2$（底边长 350m×345m）、封土高 52.5m；地宫（墓圹）底面积 $2.47\times10^4m^2$、地宫深 34m；近些年探明西汉帝陵封土底面积介于长陵 $2.14\times10^4m^2$（底边长 160m×134m）—茂陵 $5.81\times10^4m^2$（底边长 243m×239m）、封土高度介于延陵的 25.7m 至茂陵的 46.5m（表 6–2）；据《汉旧仪》[④]的记载，西汉帝陵“方中（墓圹）百步或用地一顷，深十二或十三丈”[⑤]。

---

① 《史记》卷 6《秦始皇本纪》，第 159 页。

② 《汉书》卷 5、卷 6、卷 8、卷 9、卷 10《诸帝纪》，第 143、158、253、292、305 页。

③ （元）马端临著，上海师范大学古籍研究所、华东师范大学古籍研究所点校：《文献通考》卷 124《王礼考十九·山陵》，第 1115 页。

④ （元）马端临著，上海师范大学古籍研究所、华东师范大学古籍研究所点校：《文献通考》卷 124《王礼考十九·山陵》，第 1117 页。

⑤ 据西汉一尺约 23.1cm，十尺为一丈、六尺为一步、则一百步为 138.68m，由此可推算西汉帝陵墓圹底面积为 $1.92\times10^4m^2$，墓穴深 27.72—30.03m。

由此可推算西汉陵墓圹底面积为 $1.92\times10^4m^2$，墓穴深为 27.72—30.03m。显然，除地宫深度相近之外，西汉帝陵的陵墓封土、地宫（墓圹）规模明显逊色于秦始皇陵，亦不如秦始皇陵奢华与壮观。

（3）陵园形制及结构。秦始皇陵园属双重陵垣建制，是将先祖的地下“重兆”变为地上之“城”。汉陵修筑陵园时，高祖长陵与惠帝安陵为单重墙垣，文帝霸陵“因山为陵”未发现陵垣，其余西汉帝陵均发现双重垣墙和外围沟（陪葬墓园及其陪葬墓也是双重垣墙和外围沟）组成双重陵园，并形成定制。秦始皇陵陵区占地面积 $56.25km^2$，其陵园外城面积 $2.13km^2$、内城面积 $0.79km^2$，且平面呈南北向的长方形。[①] 而西汉帝陵陵区（包括陵园、陵邑和陪葬墓区）规模在 $12—13km^2$，陵园多为东西向长方形（后四陵陵园趋近方形）。长陵和安陵（单重陵垣）的陵园面积各为 $0.78km^2$ 和 $0.85km^2$，同秦始皇陵内城面积相若。其余帝陵（霸陵“依山为陵”除外）双重陵园，其帝陵陵园面积介于 $0.12km^2$（康陵）—$0.21km^2$（延陵），外陵园面积介于 $2.40km^2$（康陵）—$2.93km^2$（平陵）。[②] 西汉帝陵的外陵园略大于秦始皇陵外城面积，内陵园（帝陵陵园）却远小于秦始皇陵园的内城。此外，秦始皇陵园东西内、外城之间各发现一组南北对称、独立的三出阙，该两组三出阙为迄今国内发现最早的三出阙。西汉帝陵从汉景帝阳陵起，帝陵陵园四门外各竖立南北对称的三出阙（仅杜陵四门为两出台式），增加了陵园外观的气势。[③]

2. 礼制建筑的扬弃

帝王陵的礼制性建筑主要是寝殿、便殿和陵庙。秦始皇陵北侧 53m 偏西处，有面积达 $3575m^2$ 的建筑基址，被确认为“形似先秦时期方形‘享堂’式”的寝殿，在陵冢北和西北部则分布着便殿、飤官和园寺吏舍等遗址群。西汉帝陵探明寝园和陵庙的有：阳陵的寝园（3 号建筑）和陵庙（2 号建筑、罗经石遗址）分别位于帝陵陵园外的西南和东南，杜陵帝陵的寝园（由寝殿和便殿组成）位于其陵园东南，后陵的寝园位于陵园的西南。陵庙位于帝陵东北 400m 处。[④] 近年来的西汉帝陵考古调查和勘探资料表明，茂陵、平陵、渭陵、延陵和义陵的寝园遗址皆位于帝陵陵园北神道两侧（康陵不详）。汉武帝陵庙（“龙

---

① 陕西省考古研究院秦汉考古研究部：《陕西秦汉考古五十年综述》，《考古与文物》2008 年第 6 期，第 96—160 页。

② 参见表 6-1。

③ 陕西省考古研究院秦汉考古研究部：《陕西秦汉考古五十年综述》，《考古与文物》2008 年第 6 期，第 96—160 页。

④ 中国社会科学院考古研究所杜陵工作队：《1982—1983 年西汉杜陵的考古工作收获》，《考古》1984 年第 10 期，第 887—894 页；刘庆柱、李毓芳：《1984—1985 年西汉宣帝杜陵的考古工作收获》，《考古》1991 年第 12 期，第 1071—1083 页。

渊宫”）位于帝陵陵园西南的“瓦渣沟”遗址、汉昭帝陵庙（徘徊庙）位于帝陵陵园东南的二道塬上、汉元帝陵庙（文献记载）位于帝陵陵园西北（孝元王皇后陵园北侧）的“长寿宫”遗址（汉成帝、哀帝和平帝陵庙遗址不详）。① 可见，西汉帝陵的寝园和庙园自汉景帝开始被移至陵园之外，且多数为寝殿与便殿组合为整体的寝园。

3. 陪（外）葬坑的演变

秦始皇陵发现外藏坑（陪葬坑）近 180 座，其中陵园内 76 座，陵园之外 104 座（未含地宫内的陪葬坑）。陪葬坑形状有“巾”字形、曲尺形、方形、长方形等，面积、规模不等（平面面积＞$1000m^2$ 的 11 座、$1000m^2$ 以下的 169 座）。包括兵马俑坑、铜车马坑、石铠甲坑、文官俑坑、百戏俑坑、府藏坑、马厩坑、珍禽异兽坑和青铜水禽坑等类型。西汉帝陵的陪葬坑数量相差悬殊，以汉昭帝平陵最多为 1288 座，汉平帝康陵最少仅 7 座（表 6–3）；西汉帝陵的陪葬坑的主要分布在帝、后陵墓封土四周和内、外陵园之间的独立陪葬坑区（长陵、安陵为单重陵园，主要分布在帝、后陵冢周围）；就种类而言包括车马坑、兵马俑坑、动物俑坑、粮食（仓）坑、钱物坑、和珍禽异兽坑等。② 已勘探出的西汉帝陵陪葬坑单体规模（面积）：长陵 19—$882m^2$、安陵 22.8—$720m^2$、霸陵的窦皇后陵 0.7—$3.31m^2$、阳陵 16—$3056m^2$、茂陵 42—$1196m^2$、平陵 10.8—$1695m^2$、杜陵 44—$125m^2$、渭陵 144—$585m^2$、延陵 $40m^2$、义陵 17.6—$512m^2$、康陵 5—$59.4m^2$。③ 此外，秦始皇陵外藏坑中的埋藏品有陶俑、官陶俑、百戏陶俑和踞坐俑，以及仿真制作的青铜水禽、木车马、铜车马和铜俑、长短兵器、石铠甲等④；西汉阳陵陪葬坑的陶俑包括送葬（卫戍）军队、宫廷侍女、侍从舞俑，以及马、牛、羊、鸡、鸭、猪等牲畜家禽形象。与军阵森严的秦兵马俑相比，汉俑更富于强烈的现实生活情趣。⑤ 在形体和艺术风格方面，秦俑形体高大雄武，雕塑手法凝练、概括，表现出题材单一、气氛悲壮、严肃等特征；汉阳陵兵马俑显得精小细微，却形神兼备、刻画细腻，充满了浪漫、天真的生活气

① 《西汉帝陵钻探调查报告》，第 160—166 页。公开发表的西汉帝陵考古调查、勘探新资料，包括陕西省考古研究院、咸阳市文物考古研究所、茂陵博物馆：《汉武帝茂陵考古调查、勘探简报》，《考古与文物》2011 年第 2 期，第 3—13 页；陕西省考古研究院：《2013 年陕西省考古研究院考古发掘新收获》，《考古与文物》2014 年第 2 期，第 3—23 页；陕西省考古研究院、咸阳市文物考古研究所：《汉元帝渭陵考古调查、勘探简报》，《考古》2013 年第 11 期，第 22—34 页；刘卫鹏、岳起：《陕西咸阳市西汉成帝延陵调查记》，《华夏考古》2009 年第 1 期，第 65—72、101 页；陕西省考古研究院、咸阳市文物考古研究所：《汉哀帝义陵考古调查、勘探简报》，《考古与文物》2012 年第 5 期，第 18—27 页。

② 焦南峰：《西汉帝陵形制要素的分析与推定》，《考古与文物》2013 年第 5 期，第 72—81 页。

③ 咸阳市文物考古研究所编著：《西汉帝陵钻探调查报告》，第 6—139 页。

④ 段清波、张颖岚：《秦始皇帝陵的外藏系统》，《考古》2003 年第 11 期，第 67—74 页。

⑤ 焦南峰：《汉阳陵从葬坑初探》，《文物》2006 年第 7 期，第 51—57 页。

息。[①]

4. 陪葬墓的变化

秦始皇陵的陪葬墓群发现有7处，分别是秦始皇陵封土西北角“甲”字形墓1座，内城东北部“小城内”墓园中小型“甲”字形墓33座（后宫妃嫔从葬墓），西侧内、外城之间有“甲”字形、长方形、曲尺形、刀形等墓葬61座（空墓），东侧内、外城之间小型墓葬3座，兵马俑坑附近“甲”字形墓1座，上焦村西侧“甲”字形墓葬17座（秦王室宗族成员陪葬墓），砖房村陪葬墓群探明“中”字形墓葬1座，大型“甲”字形墓葬5座。[②]总体上分布较为散乱，陪葬者以王室宗亲为主。西汉帝陵的陪葬墓分布在陵园之外，相对集中有一定布局规律的特点。例如，西汉前期的汉高祖长陵、惠帝安陵、景帝阳陵、武帝茂陵等的陪葬墓基本上整齐排列于帝陵的东司马道两侧。尤其以景帝阳陵陪葬墓分布更为规范。陪葬墓区有110余处陵园，帝陵东司马道北侧分布3排约20处；南侧分10排90余处。昭帝平陵及元帝渭陵、成帝延陵、哀帝义陵的陪葬墓在帝陵外陵园的周围附近都有分布。

西汉诸陵已发现陪葬墓的数量以阳陵最多，达5000余座；康陵最少，为0座（表6–5）。整体而言，西汉早中期陪葬墓数量多且规模较大，晚期（元帝至哀帝）诸陵的陪葬墓数量变小[③]；前期长陵至茂陵陪葬者多为开国元勋、良将贤臣以及皇亲国戚、嫔妃等；后期元帝及其诸帝陵大多是得势的外戚和有功的重臣陪葬。陪葬墓主身份的等级差异表现为[④]：一是距离帝陵陵园及东司马道的远近显示了陪葬者身份的高低。例如，西汉开国丞相萧何葬于长陵东司马道北边（可能为今徐家寨南的双冢），西邻长陵最近。茂陵陪葬墓中卫青墓、霍去病墓距离帝陵最近，封土为象山形。二是陪葬墓的形制规模、随葬品种类数量上亦存在差异。例如，汉阳陵已发掘的陪葬墓园中，规模比较大的皇帝重臣、近臣墓葬（如M797、M740等）形制多为“甲”字形长斜坡墓道土圹墓，其陪葬坑内出土着衣式裸体陶俑及彩绘动物俑，与阳陵帝陵外藏坑出土的同类陶俑形制相差无几。表明这些陪葬墓墓主身份等级较高。

① 雷依群：《秦汉兵马俑文化比较研究——以秦始皇陵和汉景帝阳陵为中心》，《咸阳师范学院学报》2002年第1期，第5—7页。

② 陕西省考古研究院秦汉考古研究部：《陕西秦汉考古五十年综述》，《考古与文物》2008年第6期，第96—160页。

③ 岳起：《西汉帝陵诸问题的探讨》，《秦汉研究》2010年第4辑，第51—61页。

④ 曹龙：《西汉帝陵陪葬制度初探》，《考古与文物》2012年第5期，第82—85页。

5. 陵邑的兴废

西汉帝陵设陵邑的有长陵、安陵、霸陵、阳陵、茂陵、平陵、杜陵等，且以陵名邑。[①]西汉陵邑的人口数量和空间范围较大，如汉末时茂陵邑近28万人，长陵邑、平陵邑和杜陵邑人口10—18万，平陵邑、茂陵邑的面积分别为12.15km^{2}和4.50km^2。西汉帝陵的陵邑，基本是在陵墓的北部或东北，其中长陵邑与安陵邑位于陵园北侧，且陵邑同陵园连为一体。霸陵邑（据文献记载推测）距离文帝陵5km（具体位置和范围不详）。自阳陵开始陵邑同陵园分离，考古勘探出的茂陵邑距茂陵 1.1km，杜陵邑距杜陵2.5km，阳陵邑和平陵邑都在各自帝陵（陵园）的附近[②]（表6–4）。西汉诸陵的陵邑首先是为修建帝陵工程的需要而设置，并有一些适应时代变化的功能和作用，譬如便于供奉祭祀皇帝，安置迁徙关东富豪，以加强中央政府的权力，以及拱卫京师等作用。[③]

永光四年（前40年），汉元帝下诏罢弃陵邑。据《汉书·元帝纪》记载："……奏徙郡国民以奉园陵，令百姓远弃先祖坟墓，破业失产，亲戚别离，人怀思慕之心，家有不安之意。是以东垂被虚耗之害，关中有无聊之民，非长久之策也。……今所为初陵邑，勿置县邑，使天下咸安土乐业，亡有动摇之心。布告天下，令明知之。"[④]陵邑地小人众，五方杂错，官僚、地主、富商大贾和游侠，上干王法，下乱吏治。徙民起邑以强干弱枝的初衷已形成诸多负面效应。所以，汉元帝陵罢置陵邑的目的也是"强干弱枝"，即为了巩固和强化中央政府的权力和统治。元帝罢陵邑也是为了强干弱枝[⑤]。

6."一陵独尊"与帝、后"同茔异穴"合葬制度

战国中晚期秦先王多为夫妇异穴合葬的陵园，如咸阳原陵区Ⅰ号陵园、Ⅱ号陵园（秦公陵和秦永陵）；芷阳陵区的1号陵园（秦昭襄王与王后合葬）等，都是同一陵园内王、后两座大墓南北排列异穴合葬；秦始皇陵园内内未发现后（妃）陵。考古勘探证明秦陵的布局似乎未预留后陵的位置，从而在帝陵制度上形成了"一陵独尊"的形制[⑥]；西汉诸陵均为帝、后"同茔异穴"的合葬，除长陵和安陵是帝、后共用同一陵园外，其他的都

① 孙尧奎、周光亮：《西汉陵邑制度考略》，《临沂师专学报》1998年第4期，第27—29页。

② 咸阳市文物考古研究所编著：《西汉帝陵钻探调查报告》，第6—139页。

③ 梁安和：《浅谈西汉帝陵的修建过程》，《秦汉研究》2015第00辑，第53—72页。

④《汉书》卷9《元帝纪》，第292页。

⑤ 孙尧奎、周光亮：《西汉陵邑制度考略》，《临沂师专学报》1998年第4期，第27—29页。

⑥ 朱学文：《秦始皇陵园设计规划问题之研究》，《文博》2009年第5期，第44—48页。

是帝、后各设陵园。而且帝陵在陵园内居于中心位置，后陵（陵园）处于帝陵（陵园）的东南、东北或西北，形成“帝西后东”和“帝东后西”两种格局。①

（三）西汉帝陵制度对后世帝王陵的影响

1.“大墓地”形态的影响

西汉有 9 座帝陵埋葬在汉长安城以北的渭北黄土台塬上（咸阳原），另有 2 座帝陵（文帝霸陵、宣帝杜陵）位于渭河以南、汉长安城东南一带的黄土台塬（白鹿原和杜东原）上。渭北地区 9 座帝陵自东而西一线排开、绵延 50km，各座帝陵之间，近者相距 2.61km（渭陵—义陵），远者达 7.49km（安陵—义陵），表现为一种松散的、事先未经规划的，甚至是无序的“大墓地”形态，却明显不同于商周那种“集中公墓制”。② 这种“大墓地”形态被嗣后的历代帝陵所沿袭和效仿，并逐步发展为按照某种风水思想来安排帝陵墓位的新的“大墓地”形态。例如，东汉 12 帝陵，除了汉献帝禅陵位于河南省焦作修武县境内之外，分别有 5 座帝陵布局在洛阳北兆域邙山和 6 座帝陵在洛阳南兆域万安山。③ 唐代十八陵分布在关中地区渭北西起乾县梁山（乾陵）、东至蒲城县金粟山（泰陵）的“北山”山脉及其山前黄土台塬上的东西绵延约 150km、南北宽约 20km 地域范围内。④ 北宋“七帝八陵”位于河南省巩县（今巩义市）境内以芝田镇（宋永安县治）为中心，南北约 15km，东西约 10km，约 150km^2 的范围内。⑤ 嗣后的明十三陵、清东西陵等不同时代帝陵群的陵区地域选择，受不同风水思想影响，其陵区空间均表现出类似于西汉渭北 9 陵的“大墓地”形态。

2. 完全“独立陵园制”的影响

西汉帝陵的陵园形制与秦始皇陵园相比有所发展，形成了相对完善的“独立陵园制”。其主要表现为：一是每位皇帝的陵园都有垣墙（或兆沟）作为墓域的界标。而陵邑和陵庙等布局在陵园垣墙外，从而构成独立的陵区。二是各独立陵园彼此相距较远（介于 2.61—7.49km），形成独立的单元，并拥有独立的陵园名（如高祖长陵、文帝霸陵、武帝

① 咸阳市文物考古研究所编著：《西汉帝陵钻探调查报告》，第 160—166 页。

② 赵化成：《从商周“集中公墓制”到秦汉“独立陵园制”的演化轨迹》，《文物》2006 年第 7 期，第 41—48 页。

③ 韩国河：《东汉帝陵有关问题的探讨》，《考古与文物》2007 年第 5 期，第 10—17 页。

④ 王双怀：《关中唐陵的地理分布及其特征》，《西安联合大学学报》2001 年第 1 期，第 63—66 页。

⑤ 陈朝云：《北宋陵寝制度研究》，《郑州大学学报（社会科学版）》2003 年第 4 期，第 73—77 页。

茂陵等)。三是陵园规模宏大，设施完善，并具备专门化的管理机构。西汉以后历代帝陵陵园基本承袭了秦汉的“独立陵园制”，并以关中地区唐18陵尤为典型。

3. 陪葬制度的影响

西汉帝陵的陪葬系统分为陪葬坑和陪葬墓。西汉诸陵的陪葬坑主要分布在陵墓外的独立陪葬坑区、陵墓(封土)周围和陵墓内三处，其中陵墓外的独立陪葬坑区象征着西汉拱卫宫城的苑囿、卫戍部队等；陵墓封土陪葬坑象征着宫观百官等机构，陵墓内的陪葬坑代表着宫内侍从及其衙署仪卫等。[①]西汉帝陵的陪葬墓多集中分布在帝陵东司马门道的南北两侧，形成由东向西朝拜至尊的场面。陪葬墓的墓主多为开国元勋、朝廷重(宠)臣、皇亲国戚、殡妃等。到西汉晚期，元帝至哀帝诸陵的陪葬墓数量规模减小，陪葬者大多是得势的外戚家族成员和有功的重臣。[②]皇帝的高级嫔妃以墓园的形式陪葬于帝陵外陵园的东北部、西北乃至西南。[③]

西汉帝陵陪葬制度的确立及演变，对后世帝陵陪葬制度产生了深远的影响。此后的东汉、隋唐乃至明清时期帝王陵墓的陪葬形式发生了一些大的变化，但从其陪葬墓区的设置、陪葬墓的形制、陪葬者的身份等来看，皆受到西汉帝陵陪葬制度的影响。因此，西汉帝陵陪葬制度奠定了中国古代帝陵陪葬制度的基础。[④]

4. 帝陵建设理念及其丧葬思想的影响

西汉帝陵是模仿现实中的西汉帝国及其都城建设而成的。例如，汉景帝阳陵的帝、后陵、“罗经石”遗址和外城，分别象征着长安城的未央宫、长乐宫、礼制建筑、城垣；其陪葬坑象征和代表不同的政府机构、军队等；其陪葬墓中的诸侯王墓园公主和郡太守墓园分别象征和代表侯国以及两汉的邑和郡。据研究，两汉从长陵、安陵、霸陵，至茂陵、平陵、杜陵、延陵、渭陵、义陵诸陵，基本都采用了“阳陵模式”。[⑤]

此外，西汉帝陵还反映出“事死如事生、升仙、厚葬与薄葬”等丧葬思想。[⑥]①西汉帝王陵陵园的设计建造、墓外设施的设置等模仿现实的特征；帝、后陵皆为四出墓

① 刘卫鹏:《西汉帝陵的陪葬坑》,《秦汉研究》2010年第4辑，第148—158页。
② 刘庆柱、李毓芳:《西汉十一陵》，西安：陕西人民出版社，1987，第67—69页。
③ 焦南峰:《西汉帝陵的“夫人葬制”初探》,《考古》2014年第1期，第77—83页。
④ 曹龙:《西汉帝陵陪葬制度初探》,《考古与文物》2012年第5期，第82—85页。
⑤ 焦南峰:《试论西汉帝陵的建设理念》,《考古》2007年第11期，第78—87页。
⑥ 曹龙:《西汉帝陵陪葬制度初探》,《考古与文物》2012年第5期，第82—85页。

道的“亚”字形土圹竖穴墓象征现实中宫城，体现出帝王统治四方及古代“择中立国（宫）”的观念；帝王陵墓陪葬大量食品，如粮食、酒、水果、酱等，以及钱币、动物等，体现了“事死如事生”的信念。②帝王陵园中陵庙、寝园和陪葬坑等设施的祭祀功能与活动，帝陵陪葬坑出土四驾羊车，以及诸侯王陵墓出土的“御龙图”、乘龙升仙图、“鹿车升仙图”等体现出升仙思想。③汉武帝茂陵“多藏金钱财物，鸟、兽、鱼、鳖、牛、马、虎、豹、生禽，凡百九十物，尽瘗藏之”[①]。景帝阳陵、昭帝平陵、宣帝杜陵等帝陵的陪葬坑数量大、种类多，均有大量陪葬品出土（如平陵陪葬坑有珍禽异兽等），甚至汉末平帝康陵陵园也发现数量可观的陪葬坑；西汉帝陵均有规模可观的陵园，包括陵邑、陵庙及寝园等相关设施齐备，帝陵的修建耗费全国三分之一的贡赋；帝、后陵墓内置有“梓宫”“便房”“黄肠题凑”及相关器物的储藏室等，棺椁为高级的梓木制造，尸身着金缕玉衣，并配有很多殓葬器物等，充分体现了厚葬思想及奢侈之风。④西汉文帝主张“治霸陵皆以瓦器，不得以金、银、铜、锡为饰，不治坟，欲为省，毋烦民”[②]。考古资料证实霸陵无封土，在一定程度上确实是推行了薄葬，从而得到了后世的肯定和褒扬。

西汉帝陵模仿现实西汉帝国建设的理念，上承战国时期王陵象征生前所居宫城（宫域），以及秦始皇陵模仿“象”宇宙的结构，皆成为后世唐代帝陵陵园模仿唐长安城建设乃至明、清帝陵模仿北京故宫格局建设的滥觞。其事死如事生、升仙、厚葬与薄葬等丧葬思想对东汉、魏晋，以及隋唐等帝王陵墓建设都有深刻的影响。

四、隋唐帝陵制度的创新及影响

东汉迁都洛阳之后，陕西关中地区一度失去全国政治、经济、文化的中心地位。此后的汉唐之间，北方的前赵、前秦、后秦、西魏、北周等分裂割据政权在此建都，长安及周围的关中地区多数情况下仍然保持着中国北方政治中心的地位。至公元 581 年，隋文帝结束近 3 个世纪的分裂割据局面，建立统一中央集权的隋朝，建都大兴城（唐长安城的前身）。公元 618 年唐王朝建立，此后的近 3 个世纪，关中地区的唐朝都城长安不仅

① 《汉书》卷 72《贡禹传》，第 3071 页。

② 《史记》卷 10《孝文本纪》，第 304 页。

是全国的政治经济中心，也是当时东西文化交流的国际化大都市。因此，唐王朝上承秦汉，融合魏晋南北朝时期汉族为主的丧葬文化及少数民族葬俗，发展形成唐代特色的帝陵制度和丧葬礼仪文化。

（一）隋唐帝陵的形制及演变

隋、唐朝是中国封建社会的鼎盛时期。唐王朝（618—907 年）从建立到灭亡经历约 300 年的历史，共有 21 个皇帝，建有 20 座皇陵（高宗与武则天合葬乾陵），其中 18 座皇陵分布在陕西省关中平原（或渭河盆地）的北山山脉或山前黄土台塬，号称“关中十八陵”。隋唐帝陵的营造形式有两种：一种是继承秦汉以来“封（堆）土为陵”的形式（简称“封土陵”），采用这种形式的有隋文帝泰陵、唐高祖献陵、唐敬宗庄陵、唐武宗端陵和唐僖宗靖陵等。另一种则是沿用魏晋南北朝以来，穿凿山峰，在山的中部开辟墓室，“依（因）山为陵”的形式（简称“依山陵”）。采用这种形式的有唐太宗昭陵、高宗和武则天合葬的乾陵、中宗定陵、睿宗桥陵、玄宗泰陵、肃宗建陵、代宗元陵、顺宗丰陵、宪宗景陵、穆宗光陵、德宗崇陵、文宗章陵、宣宗贞陵和懿宗简陵。

据考古发掘和文献记载，现已逐步弄清了隋、唐帝陵不同时期的陵园建筑布局和结构。尤其是 2006 年开启的“唐陵大遗址保护”考古调查项目，进一步揭示出唐代帝陵陵园形制的发展演变特征及其陵园的规划设计理念等。

1. 隋、唐帝陵陵园的形制构成

关中地区隋、唐帝陵陵区由陵园形制、下宫建筑、陵园石刻和陪葬墓区等构成（表 6–6、表 6–7）。其主要的构成要素包括：陵垣（行墙）、神门及门阙、角阙、寝宫、下宫、石刻群、陪葬墓、墓道及玄宫等部分。[①] 简述如下：

表 6–6 唐代“依山型”帝陵陵园形制及布局结构

陵名	陵园形制	下宫建筑	陪葬墓
昭陵	未发现陵垣，占地 200km^2；建南、北司马门；北司马门建筑群遗址含三出阙、列戟廊、殿堂式门址、偏殿、石像长廊及廊房等	长方形，占地 7.25×10^{4}m^2，位于九嵕山南麓。宫城内 3 处大型建筑和多座中小型建筑	193 座，分布在陵南、东南方向

① 周明：《陕西关中唐十八陵陵寝建筑形制初探》，《文博》1994 年第 1 期，第 64—77 页。

续表

陵名	陵园形制	下宫建筑	陪葬墓
乾陵	方形、双重陵垣、建四角阙，内陵园 2.15km^2。辟四神门、均由一对三出阙、一对列戟廊和殿堂式大门组成，门外蹲狮 1 对，存乳台、鹊台遗址	方形，双重城垣，位于陵园中轴线西侧、西乳阙与西鹊台之间，占地 14.52×10^{4}m^2。内城西北侧建筑遗迹密集	17 座，分布在陵东南台塬
定陵	陵垣长方形、建四角阙，占地 2.63km^2。辟四神门、门外双阙、蹲狮 1 对，存乳台、鹊台遗址	位于陵山东南 2.0km 处，其他不详	陵园东南存 10 座陪葬墓
桥陵	不规则方形陵垣、建四角阙，占地 8.52km^2，辟四神门、门外建双阙，南门殿堂式、三出门阙，存番酋殿、乳台、鹊台遗址	长方形，占地 20.65×10^{4}m^2，内城 2 组大型建筑遗迹、内城北侧 1 组建筑遗迹	陵园东南 12 座陪葬墓
泰陵	不规则五边形陵垣，建四角阙，占地 1.33km^2，辟四门、门外建双阙。存番酋殿、乳台阙址	长方形、双重城垣，占地 2.32×10^{4}m^2，位于西乳阙西南 990m 处。宫城内 16 处夯土基址，最大 1 处在宫城北部中间	陵园东南 1 座陪葬墓
建陵	不规则长方形陵垣，建四角阙，占地 1.40km^2，辟四门、门外建双阙。存献殿、乳台阙址	长方形，占地 0.77×10^{4}m^2，位于陵园西南 2.2km 处	陵园南偏西原有封土墓 3 座，现存 1 座
元陵	陵垣近方形、建四角阙，占地 6.75km^2。辟四神门、门外双阙。存乳台、鹊台阙址	存下宫遗址，位于陵西南 3.0km 处	无陪葬墓
丰陵	陵垣周长 20km，辟四神门	不详	1 座陪葬墓
崇陵	不规则梯形陵垣，建四角阙，占地 2.65km^2，辟四神门。存番酋殿、乳台阙址	长方形，占地 6.08×10^{4}m^2，位于西乳阙西南 1824m 处。宫城内 9 处夯土基址，具寝殿遗迹	无陪葬墓
章陵	近方形陵垣，占地 1.76km^2，内城辟四神门、建四角阙。存乳台阙址遗址 1 对	不详	无陪葬墓
贞陵	不规则多边形陵垣，建四角阙，占地 10.13km^2，辟四神门。存番酋殿、乳台、鹊台遗址	长方形，占地 4.28×10^{4}m^2，位于西鹊台西北 299m 处。宫城内 2 处夯土基址，分别位于宫城中部和南门内	无陪葬墓
简陵	方形陵垣，占地 4.41km^2，内城辟四神门、建四角阙。存乳台阙址 1 对	不详	无陪葬墓
景陵	不规则长方形陵园，建四角阙(存三个角阙)，占地 6.51km^2，辟四门、门外建双阙。存献殿、乳台、鹊台阙址	长方形，占地 7.0×10^{4}m^2，位于陵园西南 2.3km 处	陪葬墓 4 座，陵南现存封土 2 座
光陵	长方形陵垣，占地 6.82km^2，辟四神门，由一对三出阙、一对列戟廊和殿堂式门组成(存东门址和南、北门阙址)。存乳台阙、西南角阙遗址	献殿长方形，占地 4.50×10^{4}m^2，位于南神门北 20m	陵南陪葬墓 1 座

表 6–7 隋唐“封土型”帝陵陵园形制及布局结构

陵名	陵园形制、封土规模及下宫建筑	陪葬墓
隋泰陵	长方形陵园，占地 0.37km^2，四面辟门，门外 1 对门阙、平面呈梯形。陵垣外环绕围沟。帝、后“同坟异穴”陵墓，覆斗状封土位于陵园中部偏东南，封土底面方形，占地 2.37×10^4m^2；封土南侧有两条墓道，相距 23.8 米，均为 7 个天井、7 过洞，西侧墓道（包括天井、过洞）南北长 78.7 米，东侧墓道略短且稍窄。陵庙位于陵东南塬下 1.25km 处台地上，占地 15×10^4m^2	不详
唐献陵	陵园呈方形，占地 0.20km^2，四周墙垣、四隅建角阙；四面辟门、各门外设石虎 1 对、三出（门）阙 1 对；陵园南门外神道两侧列置石犀牛和石柱各 1 对。覆斗形封土位于陵园中部偏东，底部长方形，面积 1.54×10^4m^2、高约 18m。封土南部发现 2 条东西并列的墓道（帝、后“同坟异穴”），长度均为 61m，两墓道间距为 10.7m。西侧墓道略宽，4.9—5.5m。东侧墓道略窄，勘探出 3 处天井。下宫位于陵园西南约 1.21km。陵园北门外 180m 发现建筑群遗址（寝殿）	陪葬墓区位于陵园东北，确认 93 座，其中 28 座有封土
唐庄陵	陵园方形，占地 0.235km^2，陵垣四隅建角阙（底呈曲尺形），四神门外各石狮 1 对（体量不尽相同，造型肥硕）。封土呈覆斗形，陵台底方形，底面积 0.32×10^4m^2，高 17m。遗存乳台、鹊台阙址。下宫离陵 4km，坐北向南	陪葬墓 1 座，位于陵北
唐端陵	南北向长方形陵园，占地 0.32km^2，四隅建角阙，四神门外各石狮 1 对；陵台呈覆斗形，位于陵园中央，底面积 0.35×10^4m^2，高 15m。下宫离陵 2km	未发现陪葬墓
唐靖陵	陵园方形，占地 0.23km^2 四神门外双阙、双石蹲狮，陵垣四隅建角阙；陵台在陵园东西居中偏北，封土复斗形，底呈方形，底面积 0.16×10^4m^2，高 8.6m。遗存角阙、门阙及乳台阙遗址。该陵地宫由墓道、甬道、墓室三部分组成，出土文物 100 余件，主要有石碑、石函、龙凤玉璧、玉佩、哀册玉残片、鎏金铜锁、鎏金宝石铜花等，是我国目前唯一科学发掘的唐代帝陵	无陪葬墓

（1）陵垣（行墙）。唐陵的陵园（乾陵发现双重陵垣，其余多为单重陵园）大多数呈方形，各陵基本是坐北朝南。其中依山陵的陵垣环绕陵山而建，南墙平直，其余三面多顺山势而筑，故陵园范围大体呈“方”形或不规则多边形。

（2）神门及门阙。唐陵陵垣四面开神门，分别为南神门（朱雀门）、北神门（玄武门）、东神门（青龙门）、西神门（白虎门）。各门外均有石狮和土阙（三出阙）各一对，并列戟。唐陵神门的类型有阙楼式、过殿式和过洞式等。

（3）角阙。唐陵陵园四隅均筑有角阙，上建楼阁建筑，象征封建帝王生前所居宫城城墙四角的角楼，在视觉上具有标志的作用。

（4）寝宫。唐乾陵及其后诸陵南神门内均有一组规模庞大、殿宇考究的建筑群，是用来举行朝拜、祭献仪式的寝宫（或献殿），其与南神门之间的距离各陵不等，现存遗址范围呈方形，或东西向长方形。

（5）下宫。唐陵的下宫大多为一组规模庞大的建筑群，其遗址范围以墙垣包围，南北各开一门，而无东西门。自唐昭陵“寝”因火灾移至山下后，多数唐陵将“寝”建于山下陵之西南，距陵山多为 2.5km 左右，以及 1.5km、2km、5km 不等。“下宫”具有上陵朝拜祭祀的功能和日常供奉起居饮食的需要。

（6）石刻群。唐帝陵石刻群包括陵园四神门外设置的石狮（石虎）、北神门外的仗马和牵马人石像（昭陵北门石刻为“昭陵六骏”和“十四国番酋像”等），以及朱雀门外神道两侧对称分布的石马、犀牛、番像、石碑、石人、仗马、鸵鸟（或天禄、獬豸）、华表等。

（7）陪葬墓。唐代以宗室密戚、佐命功臣陪葬帝陵作为帝陵葬制的重要组成部分。唐初高祖献陵的陪葬墓布置在陵园东北方向，昭陵之后各陵陪葬墓基本分布在帝陵东南方向。唐陵陪葬墓极少数为依山墓，大多数为封土墓，其外形有覆斗形、圆锥形和象山形。陪葬墓墓主身份等级因封土形状、体量规模及距离帝陵的远近而不同。[①]

（8）墓道、玄宫。唐依山陵墓道均凿于山南面，向下延伸数十米，始达玄宫石门。墓道中安置石门数重。墓道均用石条砌筑，上下两层，中间铺黄土，石条间缝隙以石灰灌注。乾陵墓道石条上还凿有凹槽，用铁细腰嵌住并用铁浆灌注，上覆夯土，极为坚硬。墓道宽度一般 4m 左右，深度一般在 20m 左右。帝陵墓道两边石壁上绘有大量壁画，其内容多为帝王生前生活情景的再现。至于玄宫，根据已发掘的南唐二主陵和前蜀王建永陵均为前中后三室的形制，唐陵至少为三室，每室左右均有便房。此外，隋唐时期遗存的封土型帝陵（包括隋文帝泰陵和唐高祖献陵、唐敬宗庄陵、唐武宗端陵和唐僖宗靖陵等），其中隋文帝泰陵封土底边长 160—166m，高 27.4m，与汉陵封土规模相当。唐代封土陵陵园建筑形制同依山陵大同小异。例如，陵垣、四神门及门外三出阙、陵园四隅角阙均类似于依山陵，只是陵园面积、门阙等体量变小；陵冢为方形覆斗状，底边长一般 40—60m，献陵较大。封土高度 8.6—18m，与宋陵相近，小于汉陵。隋唐封土陵均将寝殿建于南神门内（隋泰陵和献陵例外），下宫设在陵西南。此外，封土陵的地宫由墓道、甬道、墓室三部分组成。

2. 隋唐代帝陵陵园形制的发展和演变

据近年来的隋唐帝陵考古调查，尤其是“唐陵大遗址保护”考古调查项目先后对 10 余座唐代帝陵进行地面调查、考古钻探、局部发掘和全面测绘，弄清了隋、唐代帝陵陵园形制及陵区结构，并揭示出隋、唐帝王陵寝本身发展演变的阶段性特征。[②]

---

① 程义：《唐代帝陵陪葬墓的分布及其规律》，《乾陵文化研究》2010 年第 00 期，第 80—95 页。

② 张建林：《唐代帝陵陵园形制的发展与演变》，《考古与文物》2013 年第 5 期，第 82—90 页。

1）隋、初唐创设期（包括隋泰陵、唐献陵和唐昭陵）

本阶段借鉴汉魏及南北朝时期的帝陵制度，探索隋、唐帝陵的新形制。例如，隋文帝泰陵四周陵垣及外围沟、封土体量规模及陵庙设置等均与西汉帝陵相近，但是其帝、后“同坟异穴”及未见陪葬坑、陪葬墓却明显不同于西汉帝陵；献陵的方形陵园、四门外设石虎，南门神道石刻（石犀和石柱）、下宫位于陵西南和陪葬墓分布在陵园东北方向；昭陵开创“因山为陵”的先例、下宫（寝宫）设在陵山西南、北司马门置“昭陵六骏”和“十四国番君长”石像等，皆为后来的帝陵所借鉴和采用。其中献陵南神道石刻和昭陵北司马门石刻堪称此后历代唐陵陵园中置“番酋石像”、神道石刻群及“北门石马”的先例。

2）盛唐定型期（包括唐乾陵、定陵和桥陵）

此阶段帝陵陵园平面布局呈方形（或近方形），陵垣（乾陵为双重陵垣）四角建阙楼、辟四神门、门外建双阙（三出阙）、立石蹲狮1对。神道向南设置三重阙（南门阙、乳台阙、鹊台阙），下宫布置在鹊台阙北的神道西侧，陪葬墓分布在神道东侧。陵园石刻组合形成定制，种类、数量急剧增加，形体高大，排列有序，雕刻精细。继承了创设期石刻体量较大的特点，南门石狮一般高2.7—3 m，石人通常高4 m左右。其中乾陵是唐代帝陵形制定型的标志，形成所谓“乾陵模式”（如陵园石刻：四门外各立石蹲狮1对，北门阙以外立石马和牵马人各3对等；南门阙以外神道两侧由南向北依次立石柱1对、翼马1对、鸵鸟1对、仗马和牵马人各5对、石人10对，以及番酋石像61件），为此后诸唐陵设计建造所效仿。桥陵石刻遵循“乾陵模式”，但是其体量之大、雕刻艺术之精湛，以天禄（獬豸）替代翼马等，大有超越乾陵石刻之感，被誉为“桥陵石刻甲天下”，体现了唐陵石刻的较高水平。定陵陵山形态选择中玄宫（穴）所在的山峰（龙）后部沿左右两侧向南伸出岔梁（砂），直至陵园南神墙两端附近，“使陵园呈现出一种天然的闭锁性空间”，形成风水中青龙、白虎左右山势连贯，有辅翼环抱之势的“定陵模式”及其陪葬墓的家族化为其后的唐陵所沿袭。①

3）中唐变化期（包括唐泰陵、建陵、元陵、崇陵、丰陵、景陵和光陵7陵）

本阶段陵园形制基本沿袭“乾陵模式”，却有一定的调整和变化。譬如，从泰陵开始，其后诸因山陵的陵园因地势调整，平面呈不规则形状。神道两侧石人分为左文右武。石刻个体变小，如门外石狮高1.5—1.7m，石人高度多在2.5—2.9m之间，雕刻技艺较为粗糙。陵园及其下宫规模变小，陪葬墓数量减少。泰陵是唐代帝陵形制由盛转衰的“拐点”。

---

① 姜捷：《关于定陵陵制的几个新因素》，《考古与文物》2003年第1期，第69—74、82页。

除其后的建陵体例外，其石雕刻艺术的精致细腻堪称唐陵石刻之一绝。

4）晚唐衰微期（包括庄陵、章陵、端陵、贞陵、简陵和靖陵 6 陵）

本阶段诸陵的陵园规模逐渐变小，门阙等阙台不再使用三出阙形式。石刻组合基本稳定，石刻体量更趋变小，至靖陵时，石狮高度不足 1 m，石人高度不足 2 m。陪葬制度基本消失。但贞陵陵园例外，其面积规模较大，超过除昭陵之外的其他依山陵的陵园面积。

（二）隋唐帝陵制度与西汉帝陵的异同及其创新

将关中地区的汉（西汉）、隋唐帝陵的陵寝制度进行比较，会发现两者之间的异同，进而可认识到后者对前者在承袭的基础上，有多方面的创新。

1. 陵墓构筑方法与陵冢形制规模的异同

西汉文帝霸陵“因山为陵，不起坟”堪称唐代 14 座“依山陵”的滥觞，但在具体修筑方法上，西汉霸陵“从平地挖坑，再用条石砌筑墓室”，而且迄今未发现陵园遗迹。同唐昭陵“在九嵕山南面悬崖开凿玄宫”等“依山为陵”者截然不同。[①]西汉有 10 座帝陵采取“堆土为陵”（地宫为竖穴土圹墓）的封土体量和形制是隋唐时期 5 座“封土陵”（多为长斜坡墓道洞室墓）所无法比拟的。前者封土高度介于 25.7—46.5m，底面积介于 2.07×10^4—5.81×10^4m^2，后者封土高度介于 8.6—27.4m，底面积介于 0.16×10^4—2.37×10^4m^2。唐代依山陵的气势却较汉代封土型帝陵更为恢宏。例如，汉代封土型陵冢与其所在地平面的高差最大不超过 50m（茂陵最高为 46.5m），唐代依山陵所在山峰与山麓洪积扇或黄土台塬的相对高差达百余米至数百米。譬如，乾陵所依梁山与山前台塬相对高差 260m，礼泉县境内建陵和昭陵所依的武将山、九嵕山高出山前洪积扇 200—230m，泾阳县境内的贞陵和崇陵所在的北仲山和嵯峨山同山前黄土台塬相对高差 210—420m，富平县境内的定陵和简陵等 5 座依山陵与山前洪积扇相对高差 110—250m，蒲城县桥陵、泰陵等 4 座依山陵与山前黄土台塬相对高差 100—190m[②]；此外，西汉帝陵陵园（外陵园）占地面积 0.78—2.93km^2，唐代依山陵陵园占地面积 1.33—10.13km^2（昭陵陵园 200km^2）。显然，无论是从平面范围，还是立体高度，汉代堆土陵与唐代依山陵的规模气势不可同日而语。

① 刘根良：《汉唐陵寝制度之异同》，《南昌职业技术师范学院学报》1996 年第 2 期，第 36—39 页。

② 14 座唐代依山陵所在山峰与山前洪积扇或黄土台塬的相对高差按其所在山峰的海拔高度与山前地形平均标高值计算得出。

2. 汉、唐帝陵地宫（墓室）形式和结构的变异

西汉帝陵承袭战国后期秦国王陵及秦始皇陵的墓室形制，均为竖穴式土圹、四出墓道的“亚”字形，并在封土（地宫）四周构筑数量不等的从葬坑（例如，汉景帝阳陵封土周围有86座陪葬坑，汉武帝茂陵则多达150座）；唐代帝陵地宫（墓室）形制应为两种类型：其封土陵的墓室为带天井的长斜坡墓道洞式墓，通常由墓道、过洞、天井、壁龛、门、甬道、墓室等组成（如“让皇帝”惠陵有天井7个、过洞3个和壁龛6个，墓室为外弧方形，边长5.70m，四角攒尖顶，高10.08m；唐靖陵墓室为单室，东、西、南壁对称开八龛）。[①] 依山陵墓室为石洞墓，墓道凿于陵山南面，向下延伸数十米，始达玄宫石门，墓道安置石门数重。玄宫为三室，每室左右均有便房。据史料记载，唐昭陵依山凿石为玄宫（墓室），从墓道至墓室山约75丈（1丈≈3.33米），前后安置5道石门，中室为正寝，是停放棺椁的地方。墓室内富丽堂皇，不异于长安城的九重宫阙。墓道东西两厢列置着许多石函，石函内装着铁匣，匣内盛放着珍贵的陪葬品。[②]

3. 汉、隋唐帝陵设计理念与陵园形制的比较

汉、唐帝陵陵园均模仿都城或皇宫设计建造，符合中国古代帝王陵墓“若都邑”的传统。二者的陵园形制、布局结构及其葬制等方面存在明显差异。西汉帝、后“同茔异穴”合葬，汉初高祖长陵和惠帝安陵是帝、后同陵园，汉文帝霸陵、汉景阳陵及其以后诸陵皆为帝、后各建陵园。[③] 隋唐帝陵中隋泰陵和唐献陵为帝、后“同坟异穴”合葬的封土陵（靖陵为帝、后“同坟同穴”合葬，其余封土陵应雷同），依山陵基本是帝、后同陵同穴（玄宫）合葬。[④] 此外，西汉帝陵陵园多为“坐西向东”（东墓道和东司马道为主，“后四陵”出现“坐北朝南”的倾向），隋唐帝陵陵园“坐北朝南”（南墓道和南门外神道为主）。再从陵区布局和陵园结构来看，西汉帝陵陵区由陵园（包括帝后陵园等）、陪葬墓区，以及陵邑（渭陵等“后四陵”缺失）和修陵人墓地等构成。陵园是整个陵区的核心，由外围沟、外墙垣构成外城垣，其对应帝陵墓道的位置设四门，垣内包含帝陵陵园（居中，四面城垣对应墓道设四门、建门阙及四隅角阙）、后陵陵园、多座建筑遗址、多座陪葬坑和若干中型祔葬墓（园）。帝陵陵园中心为竖穴式墓圹及封土丘（墓冢），四

---

① 程义：《关中地区唐代墓葬研究》，北京：文物出版社，2012年，第339页。

② 胡元超：《昭陵地宫之谜》，杜文玉主编：《贞观长歌——大唐崛起风云录》，西安：三秦出版社，2007年，第219—222页。

③ 焦南峰：《西汉帝陵考古发掘研究的历史及收获》，《西部考古》2006年第1辑，第289—303页。

④ 张建林：《唐代帝陵陵园形制的发展与演变》，《考古与文物》2013年第5期，第82—90页。

周分布数量不等的陪葬坑。后陵陵园结构类同，只是规模较小和陪葬坑数量较少。建筑遗址包括寝园、陵庙、园寺吏舍和修陵人居址等。[①]唐代依山陵陵园环绕陵山修筑方形城垣（仅乾陵发现双重陵垣），四面辟四门，门外置双阙、列戟廊和双石蹲狮，南门外三重门阙（“鹊台”阙、乳台阙和门阙）、神道两侧对称排列石刻群、番酋石像，以及神道西侧建下宫、东侧分布陪葬墓（4 座封土陵陵园结构与依山陵类似）。[②]

4. 汉、唐帝陵陪葬墓数量、性质与空间分布的比较

（1）陪葬墓的数量变化。二者都是前期帝陵陪葬墓多、后期帝陪葬墓少，甚至消失。例如，据考古勘探资料：高祖长陵有陪葬墓 63 座（存封土的 35 座）、惠帝安陵的陪葬墓 50 座（存封土的 19 座）、景帝阳陵陪葬墓 5000 座（发掘 280 座）、武帝茂陵陪葬墓 113 座（存封土的 26 座）、昭帝平陵陪葬墓 30 座、宣帝杜陵陪葬墓 140 座（存封土的 62 座）；后期 4 陵中元帝渭陵有陪葬墓 57 座、成帝延陵陪葬墓 54 座、哀帝义陵陪葬墓 16 座、平帝康陵无陪葬墓（表 6–5）。[③]唐初高祖献陵探明陪葬墓 93 座（存封土 28 座）、太宗昭陵陪葬墓确认 193 座；盛唐 3 陵中乾陵陪葬墓 17 座、定陵陪葬墓 10 座、桥陵陪葬墓 12 座；中、晚唐 13 座帝陵中，建陵有陪葬墓 3 座（现存封土 1 座）、景陵有陪葬墓 4 座（现存封土 2 座）、泰陵、丰陵、光陵和庄陵各有 1 座陪葬墓，其余 8 座唐陵（元陵、崇陵、景陵、章陵、端陵、贞陵、简陵和靖陵）皆无陪葬墓。[④]

（2）汉、唐帝陵陪葬墓的性质。二者前期诸陵主要是皇室宗亲和文武大臣，且以后者为主；后期诸陵则为皇室宗亲（家族化）。例如，汉高祖长陵至汉宣帝杜陵的陪葬墓为皇室宗亲和文武重臣，后者比重一般高于前者；汉元帝渭陵等后四陵的陪葬皇室宗亲与外戚宠臣的比重剧增。而且汉武帝之后的多数帝陵陵园内出现数量不等的高级嫔妃袝葬墓园。唐代初期高祖献陵的 93 座陪葬墓中仅有皇族宗亲墓 18 座，太宗昭陵已确认身份的 62 座陪葬墓中有皇族宗亲墓 16 座，高宗与武则天合葬乾陵的 17 座陪葬墓中有皇族宗亲墓 9 座，中宗定陵陪葬者 10 人中皇室宗亲占 90%，睿宗桥陵确定身份的 12 座陪葬墓全为皇室宗亲。中晚唐时期 13 个帝陵中，肃宗建陵 3 座陪葬墓、皇室宗亲 1 座；宪宗景陵陪葬者 4 人全为皇室宗亲。泰陵、丰陵、光陵和庄陵各有 1 座陪葬墓，基本都是宗亲

① 焦南峰：《西汉帝陵形制要素的分析与推定》，《考古与文物》2013 年第 5 期，第 72—81 页。
② 张建林：《唐代帝陵陵园形制的发展与演变》，《考古与文物》2013 年第 5 期，第 82—90 页。
③ 曹龙：《西汉帝陵陪葬制度初探》，《考古与文物》2012 年第 5 期，第 82—85 页。
④ 程义：《唐代帝陵陪葬墓的分布及其规律》，《乾陵文化研究》2010 年第 5 辑，第 80—95 页。

或宠臣，即从盛唐以前以功臣密戚为主渐次成为功臣与皇族对等，盛唐以后已全为皇族陪葬（即家族化）。[①]

（3）汉、唐帝陵陪葬墓的空间分布。西汉帝陵陪葬墓主要分布在帝陵东侧或东北区，唐陵陪葬墓主要在帝陵东南区。汉代帝陵以长陵、安陵、阳陵、茂陵和杜陵等为代表，陪葬墓主要分布在帝陵东司马道两侧（帝陵东北或东南区），唐代先期 5 座帝陵的陪葬墓基本都在南门外神道东侧（东南区域），只有唐高祖献陵陪葬墓分布在其东北部。[②]

5. 汉、唐帝陵陪葬墓的形制比较

（1）汉、唐帝陵陪葬墓封土形状均表现为覆斗形、山形和园丘形，而且陪葬墓封土的形状代表和象征墓主身份等级的高低。一般覆斗形和山形封土的陪葬墓墓主身份等级较圜丘形封土者为高。

（2）汉、唐帝陵陪葬墓形制。西汉帝陵陪葬墓（较高等级）的墓葬形制有竖穴土圹墓和洞室墓两种，均为单一墓道的“甲”字形。[③]唐代帝陵陪葬墓已发掘 30 余座，基本为带天井的长斜坡墓道洞室墓，分单室、双室和三室三大类。唐陵陪葬墓的墓道两侧（天井或过洞两壁等处）对称设有壁龛（存放陪葬器物），替代了汉代帝陵陪葬墓的陪葬坑。[④]

6. 汉、唐帝陵陵园石刻群的差异

汉代帝陵陪葬墓石刻群数量较少（16 件），空间分布杂乱，且仅见于汉武帝茂陵陪葬墓——霍去病墓的石雕群。[⑤]唐代陵园石刻群创设于初唐时期的献陵和昭陵，至盛唐时期乾陵形成定制，即陵园四门外置石蹲狮 1 对，南门神道两侧自南向北置石柱（华表）、翼马（或獬豸）、鸵鸟各 1 对，仗马及牵马人组合 5 对，石人（翁仲）10 对，番酋石像若干；北门外仗马和牵马人组合 3 对。此种陵园石刻群的设置方式称“乾陵模式”，并为乾陵之后的所有唐帝陵所承袭。就连“号墓为陵”的唐先祖陵（永康陵、兴宁陵）、高等级陪葬墓（惠陵、章怀太子、懿德太子等墓）、功勋卓著的重臣墓（李靖、李勣等墓），

① 姜宝莲：《试论唐代帝陵的陪葬墓》，《考古与文物》1994 年第 6 期，第 74—80 页；沈睿文：《桥陵陪葬墓地研究》，《文博》2000 年第 5 期，第 63—70 页；姜捷：《关于定陵陵制的几个新因素》，《考古与文物》2003 年第 1 期，第 69—74、82 页。

② 岳起：《西汉帝陵诸问题的探讨》，《秦汉研究》2010 年第 4 辑，第 51—61 页；王双怀：《唐陵陪葬墓的分布特征》，《陕西师范大学继续教育学报》2001 年第 1 期，第 67—68 页。

③ 曹龙：《西汉帝陵陪葬制度初探》，《考古与文物》2012 年第 5 期，第 82—85 页。

④ 程义编：《关中地区唐代墓葬研究》，第 56 页。

⑤ 雷百景、王亚庆、李雯：《霍去病墓石雕刍议》，《咸阳师范学院学报》2009 年第 5 期，第 34—37 页。

以及顺陵（武则天母亲杨氏墓）陵园或墓前都置有数量和规格不等的石刻群。[①]

7. 汉、唐帝陵陵地（山）形态选择的风水模式

西汉 11 帝陵分别选择汉长安城附近咸阳原及白鹿原、杜东原等黄土台塬作为陵地，其“土厚水深”(地表覆盖黄土沉积层厚度80—100m以上，地下潜水埋深30—50m以上)、地形地势“高敞”等地形水文因素，符合古代“凡葬必于高陵之上，以避狐狸之患，水泉之湿”的葬地选择要求，以及陵地处于地势高亢之地的风水要求，同时也突显出防水以保证墓主和地下居室及器物安全的实用性。[②]唐代帝陵整体布局在渭北较咸阳原地势更高的黄土台塬和北山的“岛状”陵山之中，陵墓群所在地势北高南低、依山（塬）面水，地下水埋藏更深，适合修筑陵墓。尤其是依山为陵的埋葬方式充分利用了周围山势和水系等自然条件。各陵均注重从陵山两侧延伸出来的山脉，将陵域囊括在相对封闭的空间环境，陵前以宽阔的空地（有水流经过）为宜。唐陵此种选择陵山形态的理想风水格局，以中宗定陵所在的凤凰山为典型，或称“定陵模式”[③]，并在睿宗桥陵、玄宗泰陵和肃宗建陵等唐陵陵山都有体现。

五、唐代帝陵制度对后世帝陵的影响

唐代所开创和建立的一系列帝陵制度对后世各个朝代的帝王陵墓制度产生了较为深刻的影响。

（一）“依山为陵”营建方式的影响

唐代帝陵“依山为陵”的埋葬形式及其制度以唐太宗昭陵开启先例，至高宗和武则天合葬的乾陵基本成熟，形成“乾陵模式”。此种帝陵葬制不仅为有唐一代乾陵之后的12 座唐陵所效仿，更是奠定了后世帝王陵墓“依山为陵”埋葬形式的基础和模式。

（二）陵园石刻群的影响

唐代开创性的在帝陵陵园（尤其是盛唐时期的乾陵、定陵和桥陵陵园）内设置各类

① 张建林：《唐代帝陵陵园形制的发展与演变》，《考古与文物》2013 年第 5 期，第 82—90 页。

② 王子今：《说“高敞”：西汉帝陵选址的防水因素》，《考古与文物》2005 年第 1 期，第 33—37 页。

③ 姜捷：《关于定陵陵制的几个新因素》，《考古与文物》2003 年第 1 期，第 69—74、82 页。

大型精美的石雕群像(如乾陵石雕群多达120台件),其形制和雕刻艺术上承六朝(南朝)而有所发展，从乾陵形成定制（“乾陵模式”），既为后来的唐代帝陵所沿袭，而且后世的北宋、明、清诸朝代帝王陵前列置石刻，无论是数量、种类，还是安放位置和序列布设等，都有对唐陵模式的模拟承袭。例如，北宋帝陵石刻群中的番邦客使石像是对唐陵番酋石像的效仿，唐陵石刻中采用的望柱（华表）、狮、虎、獬豸、翼马、仗马及牵马倌等在北宋、明、清诸朝帝王陵前石刻中都有体现。①

（三）陵域选择及其风水观的影响

唐代自太宗始，有14座帝陵将渭北山系中孤峰耸立、挺拔俊丽之山峰选作陵体（陵山），如“昭陵之因九峻，乾陵之因梁山，泰陵之因金粟堆，中峰特起，上摩烟霄，冈阜环抱，有龙蟠凤翔之状”②。这些依山陵的选址顺应地势地形占据自然之形胜，并遵循风水之说、经过术士的八卦堪舆而定，因循“以山川精气，上为星象，若葬得其所，则神安后昌，若葬失其宜，则神危后损”③的思想，在地形格局上大都选取向阳之高地，背倚岗阜，来势连绵不绝，左右山势连属，前临平野开阔之地，符合风水理念中青龙、白虎左右山势（砂山）连贯，且有辅翼环抱之势的陵山形态选择模式，深刻影响到后世帝陵的选址和建设，堪称是明十三陵、清东陵和西陵在风水理论及堪舆术主导下选定陵山、规划陵区布局，并依山而建的滥觞。④

（四）陵园形制及建筑群体布局的影响

首先，唐陵将作为朝拜祭祀场所的寝殿从“寝”中独立出来，放在了更加突出的位置(朱雀门内、陵丘前),陵寝的祭祀功能得以强化。这种将祭祀活动场所(献殿或上宫)和日常供奉场所（寝宫或下宫）分割开来的做法，为以后明清皇家陵寝制度的确立奠定了基础。⑤其次，唐帝陵在营建上体现出整体性原则，将山陵、建筑群体有机结合，互为利用，即山体作为陵园建筑的背景体系，陵寝建筑依山就势，最主要的建筑群体形成轴线序列和群体景观。最后，唐陵的陵体（陵山主峰）处于渭北平原的北部边缘山区，

① 陈朝云:《北宋陵寝制度研究》,《郑州大学学报（哲学社会科学版）》2003年第4期，第73—77页。
② （宋）宋敏求撰,（元）李好文撰，辛德勇、郎洁点校:《长安志·长安志图·昭陵图说》，第46页。
③ （宋）宋敏求撰,（元）李好文撰，辛德勇、郎洁点校:《旧唐书》卷191《方技》，第5103页。
④ 韩养民编著:《大唐盛世——风水与唐陵》，第28页。
⑤ 周明:《陕西关中唐十八陵陵寝建筑形制初探》,《文博》1994年第1期，第64—77页。

各陵的神道俱向南延伸入广袤的平原地区，整个陵寝构建是为开放的体系。而作为陵体核心的玄宫却选在具有左右两山脊所夹峙的主峰山体中，使玄宫至南门之间形成一个大体封闭的空间，既强调陵墙以内空间作为“宫城”属性的内倾性，又将外围陪葬区的广袤平原纳入体系之中，显示出陵区整体布局上封闭性与开放性有机结合。[①] 唐代帝陵的整体性建造方法，以及封闭性与开放性结合的布局为后世明清等朝代皇陵的陵园建筑和布局所借鉴。

（五）唐代帝陵葬制对域外的影响

唐代是中国封建社会的鼎盛时期，尤其是盛唐时的国力和国际影响力达到古代中国的巅峰，同时期丝绸之路也呈现兴盛畅通局面。从唐太宗昭陵北司马门石刻中设置的14国番君长像、唐乾陵石刻群中的61尊宾王像、石狮、鸵鸟和具有犍陀螺风格的翼马，以及乾陵之后诸唐陵均设置番酋殿（立番酋石像）和唐陵陪葬墓中出土的壁画《客使图》《马球图》和三彩胡俑等，皆反映出东西方经济文化交流所呈现出的繁荣景象。[②] 唐代帝陵制度被视作中国帝王陵墓建制的转折点，其规划和设计思想不仅对后世历代王朝帝王陵墓的建设规划产生了影响，还影响了我国周边的朝鲜、日本、越南等东亚和东南亚邻国的陵墓制度。譬如，日本平安时代嵯峨天皇的遣唐使者，曾在关中地区渭北的嵯峨山参与修筑唐德宗崇陵，日本天皇因此取名为嵯峨天皇，并将京都的一座山改名为嵯峨山，嵯峨天皇的陵墓嵯峨山陵（円丘）就处在该京都市右京区北嵯峨朝原山町。[③]

其他如帝陵陪葬墓的家族化趋势，祭祀大殿（献殿）的扩展及功能的强化，以及陵园布局模仿都城（宫城）形制等，均为后世宋明清等朝帝陵陵寝制度所承袭。[④]

---

① 兰英姿：《唐代帝王陵墓建筑制度研究——昭陵北司马门复原探讨》，西安：西安建筑科技大学硕士学位论文，2006年。

② 韩学山：《从乾陵文物看唐代对外文化交流》，《乾陵文化研究》（二）2006年，第210—213页。

③ 黑板胜美主编：《日本后纪》卷18《嵯峨天皇纪一》，吉川弘文馆，1980年。

④ 孙新科：《试论唐代皇室埋葬制度问题》，《中原文物》1995年第4期，第41—48页。

第七章　关中地区古代帝陵的主题思想与文化价值

关中地区古代帝陵的主题思想和文化价值是一个迄今少有论及的话题。现在能看到的事实是，只要条件许可，并非在兵荒马乱时期或者社稷动摇、山河残破的情况下仓促造就，帝陵一般都有其特殊的主题思想，或者说是营建帝陵时人们最关注、最想表达的意愿，或者一些较为重要的帝王陵所表征的意欲诉求，间或是后人所能概括出的历史文化意蕴及其价值和影响。

一、始祖陵：黄帝陵与炎帝陵

（一）炎、黄帝陵的主题思想及其文明启蒙功绩

关中地区最早的帝陵当属位于宝鸡市渭滨区境内常羊山上的炎帝陵（神农炎帝的陵寝）和地处延安市南部黄陵县的黄帝陵。这两座始祖陵是为炎黄子孙拜祖祭祀的主要场所。因此，炎、黄帝陵的主题就是祭祀华夏始祖（中华民族共同的血缘始祖）与人文初祖（中华文明的初创者）相融合的人格形象。

炎帝和黄帝作为中华民族的血缘始祖，是由汉族和五十多个少数民族组成的“多元一体”[①]华夏族的祖先。或者说构成中华民族整体的各个民族单位在历史上是有着血缘联系的，故黄帝、炎帝是为中华民族的共同始祖[②]；炎帝和黄帝作为中华民族的“人文初祖”[③]，在铸造中华民族文明发展史上起到了奠基作用。史传炎帝神农氏在长期的实践中有一系列的发明和创造[④]。例如，首创农耕制，教民稼穑，被尊为“神农”“田祖”“先农”；遍尝百草，以疗民疾，被尊为“医王”“药王”；日中为市，首辟市场，被尊为商贸之

① 费孝通：《中华民族的多元一体格局》，《北京大学学报（哲学社会科学版）》1989年第4期，第1—19页。

② 任本命：《蓝田华胥陵——中华民族的始祖陵》，《唐都学刊》2002年第2期，第62—65页；杨东晨：《中华始祖母华胥考——太昊伏羲氏和女娲氏生母的主要史迹探寻》，《西安文理学院学报（社会科学版）》2008年第1期，第1—6页。

③ 李晖、朱建军：《综论炎帝文化的传承价值》，《湖南行政学院学报》2010年第2期，第108—112页。

④ 何星亮：《炎帝与中华文明的起源》，《社会科学研究》2004年第2期，第48—53页。

祖；削桐为琴，以通天下，被尊为音乐之祖；发明茶叶，创造“国饮”，被尊为“茶祖”。此外，炎帝神农氏绩麻为布、《连山》衍易、弧矢宣威、制陶冶斧、煮海为盐、分时立节、度地经土、明堂吉礼、相土安居等伟大功绩，对中华文明起到了启蒙发端的作用。传说黄帝时代，人们“治五气”，改造自然环境；“艺五种”“佐五谷，养民人”，发展农业生产；立“礼法文度”“别男女，异雌雄，明上下，等贵贱”，建立社会秩序；“兴事创业”，创造器物文明。黄帝时代发明的器物有衣裳、水井、杵臼、釜甑、宫室、牛车、舟楫、弓箭、墓葬、书契等。[①]

（二）炎、黄帝陵祭祀及其文化价值

据《国语·鲁语》记载，“有虞氏禘黄帝而祖颛顼，郊尧而宗舜；夏后氏禘黄帝而祖颛顼，郊鲧而宗禹；商人禘舜而祖契，郊冥而宗汤；周人禘喾而郊稷，祖文王而宗武王”[②]，说明先秦时期最早祭祀黄帝的是虞舜。据《史记·封禅书》所载：“秦灵公（三年，公元前423年）作吴阳上畤，祭黄帝；作下畤，祭炎帝。”[③]综观史籍记载及现代考古资料，对炎帝和黄帝祭祀的沿袭和发展大致为源于虞舜、沿于夏商周秦、始兴于汉唐、盛于宋、濒于明清。值得注意的是，经过数千年来的历史传承，直至今天，这种古老而传统的文化形式无论是规模、周期，还是形式、载体都越来越焕发出与时俱进的时代生机。

数千年来，炎、黄帝陵祭祀在历史的烟云中持续不断，并随着时间推移彰显出旺盛的生命力。其历史意蕴和文化价值主要表现为[④]：

1. 炎、黄帝陵祭祀体现了中华民族的一种血缘聚合和血脉认同

千百年来，中华民族一直尊奉炎、黄帝为共同始祖，以炎黄子孙而自豪，形成了底蕴深厚的炎黄文化及敬祖爱国的精神。在敬祖爱国的精神主导下，一切认同炎黄始祖的爱国人士和华人都可以超越阶级、阶层、党派的信仰差别，为同一祖先的血脉相连，生发出血浓于水的民族情感，激发和增进对祖国的忠诚和热爱，共同为实现民族振兴而努力。

2. 炎、黄帝陵祭祀反映了中华民族共同的图腾崇拜和英雄敬仰

炎帝神农“奠农工基础，开医药先河”“首创八功”，是中华农耕文明的开创者和

① 赵馥洁：《黄帝文化的基本特征：历史与价值相融合》，《光明日报》2007年4月5日，第4版。

② 张永祥译注：《国语译注》卷4《鲁语上》，上海：上海三联书店，2014年，第85页。

③《史记》卷28《封禅书》，第1167页。

④ 朱建军：《炎帝陵祭祀文化意义述考》，《湖湘论坛》2008年第5期，第61—63页。

缔造者。[①]黄帝时代驯养和使用牛马，发明车、船，学会打井、养蚕和缫丝，制造并使用铜兵器；发明文字，制造历法和甲子，发展原始农业，美术、音乐乃至舞蹈创作繁荣；创制冠冕衣裳，开启设区治民。[②]因此，经过千百年来发掘、整合、提炼乃至重铸，炎帝和黄帝成为“圣帝”“明君”“农神”“药圣”的化身，受到历朝历代人们的推崇，并通过对炎、黄帝陵的追念和凭吊，使中华民族的英雄崇拜情结得以不断强化和激升，进而生化出共同推进民族复兴和国家强盛的巨大精神动力。

3. 炎、黄帝陵祭祀折射出文化寻根和文化自觉

炎帝和黄帝是华夏民族的“人文初祖”，更是一种历史文化符号。炎帝陵和黄帝陵作为华夏民族初始文明的时代地标、创新图强的精神丰碑、民族融合的情感纽带[③]，在长期的祭祀过程中，除了寻根谒祖的血脉认同之外，在更高更广的层面上反映出人们的文化认同与文化寻根，从而大大拓展和丰富了炎、黄帝陵祭祀的历史意义和时代内涵。炎、黄帝陵祭祀之所以千百年来不断地丰富、发展和创新，这种文化寻根和文化自觉因素是其重要的原因。

4. 炎、黄帝陵祭祀表现出民族寻根与价值追求的融合

炎、黄帝祭祀活动不仅具有缅怀祖先、弘扬道德的意义，还具有不同历史时期的祭祀者在民族寻根的仪式活动中表达当时人们的价值追求。炎、黄帝祭祀活动源远流长，在漫长的历史长河中无论官祭还是民祭、公祭或私祭，都在祭词、祭文中一方面追述炎、黄帝的伟大历史功绩，赞颂炎、黄帝的崇高人格；另一方面则表达祭祀者在当时所确认的某种价值追求和价值理想。[④]如抗日战争时期，在中华民族面临生死存亡的历史关头，国民政府、地方政府和国民党中央的祭文中表达的是“秉弓箭之威灵，靖烽烟于海甸”“复我疆园，保我族类”“金瓯无缺，光华复旦”“民族复兴，国维孔固”的争取抗日战争胜利的信念，以及中国共产党“各党各界，团结坚固”“民族阵线，救国良方，四万万众，坚决抵抗”“亿兆一心，战则必胜。还我河山，卫我国权”的抗日民族统一阵线的主张。

5. 炎、黄帝陵祭祀还满足了人们的心理渴望和精神抚慰的个体需求

在现实生活中，面临种种生活压力，人们的精神世界里难免发生空虚、浮躁、焦虑

① 何星亮：《炎帝与中华文明的起源》，《社会科学研究》2004年第2期，第48—53页。
② 段宝林：《论轩辕黄帝的出生及其历史内涵》，《中国文化研究》1994年第1期，第97—102页。
③ 朱建军：《炎帝陵祭祀文化意义述考》，《湖湘论坛》2008年第5期，第61—63页。
④ 赵馥洁：《黄帝文化的基本特征：历史与价值相融合》，《光明日报》2007年4月5日，第4版。

抑或无奈和恐慌，常常渴求一种心理的解脱和精神的抚慰。炎、黄帝祭祀，提供给人们一种虔诚恭敬的与先祖或神明的虚拟沟通和祈祀，在一定层面上满足了人们的精神需求，从而实现人的身心融合，这对于促进人类社会和谐有着重要的现实意义。

总之，炎黄帝陵祭祀是对中华民族繁衍历程进行探索、研究的历史认识活动，也是"慎终追远"的祖宗寻根及祖先认同活动，还是一种寄托民族美好理想，崇尚民族文明创造，弘扬民族优秀传统，表达民族历史使命和发展理念的价值追求活动。炎、黄帝祭祀从根本上说在于用历史关照现实、借先祖激励后代，不断地延续着中华民族的血脉、凝聚着中华民族的情感、锻铸和培育着伟大的中华民族精神。

二、秦始皇陵（兵马俑坑）

（一）秦始皇陵（兵马俑）坑的主题思想

秦始皇陵是我国历史上第一个皇帝陵园，也是中国古代帝王陵墓中规模最大、埋藏最丰富的一座大型陵园。其地下丰富的文物内涵，凝聚了秦代政治、经济、军事、科技、社会、文化等各个领域最具代表性的重要实物资料。数十年来，考古工作者从秦陵陵园发掘出了兵马俑坑、铜车马坑、马厩坑、珍兽坑、陪葬墓、寝殿、献殿等建筑遗址和文物。其中兵马俑坑规模最大，内涵也相当丰富，为研究秦始皇陵和秦代的历史提供了宝贵的资料。[①]秦始皇陵兵马俑还以其宏伟的气势和非凡的魅力，征服了中国和世界，被誉为"世界第八大奇迹"。

秦始皇兵马俑坑表现的主题是胜利之师和守卫之师，其严阵以待的战斗队形排列，表现出并未因统一六国的胜利而有丝毫的懈怠。从发掘情况看，秦始皇陵周围有多个陪葬坑，除兵马俑坑外还有文官、百戏、珍禽异兽坑等。但所有这些俑坑的总和都无法同兵马俑坑的规模与气势相比。气势宏大的秦兵马俑给人以雄浑壮观、气势逼人的突出感受。秦兵马俑体现的不仅是秦代高超的雕塑艺术，还是秦人的气质风范与时代精神的整体展示。秦兵马俑是数千人马组成的庞大军阵，其中每一个人、每一匹马都有固定位置和作用，它们共同存在、互相依赖和陪衬，如同万里长城上的一块块砖石，合成整体才能展示出宏大气势和高昂精神，昭示出中华民族勇于牺牲、以服从整体需要为荣的个体

① 张建忠：《中国帝陵文化价值挖掘及旅游利用模式》，西安：陕西师范大学博士学位论文，2013年。

意识和“天下兴亡、匹夫有责”的民族共识。[①] 因而，秦兵马俑更多、更深刻地体现了一个民族共同体的心理和精神。

（二）秦始皇陵（兵马俑坑）的核心价值

在中华文明发展史上，秦兵马俑坑是古代帝王陵最庞大的陪葬坑，以其场面大、数量多、兵俑塑造精美传神而著称，尤其是反映秦军事政治状况的重要场面。中国古代殉葬史上，秦始皇陵首次大规模采用陶土塑品代替真人陪葬，相对于夏商至春秋时期的真人殉葬具有鲜明的历史进步意义。若将秦兵马俑的艺术水平与古希腊、罗马的艺术品相比较更具典型的军事战略思想和传统的东方特征，堪称世界艺术精品。秦兵马俑的核心价值表现为[②]：

1. 中华文明发展的一个重要标志

秦始皇陵（兵马俑坑）展示出战国至秦的政治军事乃至整个社会发展变化中，诸侯兼并战争催使社会变革，诸如铁器与牛耕推广、手工业发展、商品经济繁荣、城市兴起和个体小农经济为基础的社会结构形成等的标志，以及郡县制和新的中央集权的官僚制度替代分封制和世卿世禄制度，思想文化方面诸子百家争鸣和战国学术繁荣等的“缩影”。

2. 中华文明发展史上极具思想性、科技性、创新性的文化典范

（1）秦兵马俑体现出经济发展和社会变革特定历史阶段军事战略思想的进步。战国时代各国的军事制度和战术、战略方式的变化，步兵、骑兵的灵活作战对车战的冲击，筑城与攻城成为相当重要的防御及进攻手段。军队的选拔和训练更加严格、军队作战能力和将士的积极性得到空前提升。这一切都促使战国时期的战术和战略思想进入一个更高水平的历史阶段。

（2）秦兵马俑坑的出土文物反映了冶金工艺、机械加工技术、兵器制造及其标准化、陶器烧制及其颜料使用、古代编织技术等科技水平。其中的青铜兵器，如剑、戈、钺、铤、弩机等实心铸件采用了相同标准的“双合范”，其制作规正对称，反映出加工工艺标准化水平先进；战车大样尺码的规格划一，其同类零部件皆是标准化的通用件，可以互相替换，实行专业化的大生产，并严格工序标准、勒名刻记督责、规定任务限额、检验把关评比、有奖有罚分明。总之，在科学技术和科学管理等方面都达到较高水平，推进了中华文明的进步与发展。

---

① 徐卫民：《陕西帝王陵墓概论》，《长安大学学报（社会科学版）》，2015年第1期，第16—21页。

② 赵士祯：《中华文明与秦兵马俑的核心价值》，《新西部（下半月）》2009年第10期，第123—124页。

（3）秦始皇陵（兵马俑坑）对中国古代帝王陵园的营建具有创设性贡献。首先，秦始皇陵墓葬的形制由商周时期“墓而不坟”[①]变为山陵般高大的封土丘，称为“陵”或“骊山”陵园。其次，陵园的布局模仿都邑建制，以墓冢为中心，由城垣、寝殿、便殿、园寺吏舍、随葬坑、陪葬墓等，有机地组合布列在一个近 60km^{2}范围的区域内，与周围的山、原、河等自然环境融为一体，气势宏大壮观。再次，城垣分内、外城。内城占地 78×10^{4}m^2，北面开两门，东、南、西各开一门；外城 2.03km^2，四面各有一门。在陵墓封土以北的内城垣内建造寝殿和便殿，供墓主日常居住、饮食和休息、闲宴之用。在内外城西垣之间建有园寺吏舍，供掌管陵寝日常祭祀的飤官休息栖居。陵园内有铜车马坑、马厩坑、珍禽异兽坑和兵马俑坑等。[②]最后，据《史记》记载，地宫墓室“穿三泉，下铜而致椁，宫观百官奇器珍怪徙藏满之。匠作弩矢，有所穿近者辄射之。以水银为百川江河大海，机相灌输，上具天文，下具地理。以人鱼膏为烛，度不灭者久”[③]，表明墓室按宫殿模型造就的并排设百官位次，上绘天文图，下设自然景象，用水银制成可以流动的百川、江河、大海，装有触发自动式暗弩和长明灯，埋藏大量珍奇异宝，其豪华程度可想而知。[④]

3. 当今中国最具代表性的世界文化遗产

秦始皇陵及兵马俑作为我国首批列入联合国教科文组织的《世界遗产名录》，堪称我国最具代表性的世界文化遗产。其最具代表性的是秦始皇陵铜车马的宏大精美、组合协调、装饰华贵、形制壮观、科技价值高，在古代车辆中无与伦比。秦始皇陵出土的两乘铜车马共重 23 吨，是商代后母戊鼎（司母戊大方鼎）重量的 3 倍多，是其体积的 10 多倍，重量和体形都达到了前所未有的程度。从仰韶文化的陶塑至殷周时期的器物造型和装饰雕塑乃至战国早期的造型艺术，罕见大型铜器。嗣后，河北平山县中山国战国墓出土的虎吞鹿器座、龙凤纠结方案和湖北随县曾侯乙的钟虡（巨）铜人和龙盘底座，虽然都表现出青铜器艺术的进步，却都难以比得上秦始皇陵铜车马的造型宏大和艺术精美。至于山西长治市分水岭出土的战国立人擎盘牺尊，河南洛阳出土的战国玩鸟铜女俑，皆不失为该时期青铜铸像的杰作，其形象和体型却都难以与秦始皇陵铜车马相匹敌。此外，三星堆青铜大立人通高 2.6m，造型还嫌单调；西汉茂陵陪葬墓外葬坑出土的鎏金铜立马，身长 0.76m，身高 0.62m，神态俊秀，造型逼真，体型却不如秦始皇陵铜车马高大；甘肃

---

① 林觥顺：《礼记我读》，北京：九州出版社，2006 年，第 77 页。

② 陕西省考古研究院秦汉考古研究部：《陕西秦汉考古五十年综述》，《考古与文物》2008 年第 6 期，第 96—160 页。

③《史记》卷 6《秦始皇本纪》，第 188 页。

④ 段清波、张颖岚：《秦始皇帝陵的外藏系统》，《考古》2003 年第 11 期，第 67—74 页。

武威雷台出土的汉末时期一套由铜车 14、铜马 39 和铜俑 45 组成的仪仗出行群体铜像，气势极为壮观。[①] 但从单体考量，仍未有能比秦始皇陵铜车高大壮观的。所以，秦始皇陵铜车马体型之高大、气势之壮观、华丽而精美，皆执古代青铜器之牛耳。

三、西汉帝陵：阳陵与茂陵

（一）西汉（典型）帝陵的主题思想

关中地区的 11 座西汉帝陵，时代明确，部分遗迹尚存，格局基本完好，是我国帝王陵墓遗址的典型代表。西汉帝陵的规划建设具有建造时间长、耗费人力和财力巨大、陵园模仿都城宫殿等共性。其主题思想却各有其内涵特征：

1. 汉景帝阳陵的主题思想

汉景帝阳陵的主题思想是对经济发展、社会财富与军事力量给予高度重视和特别关注。汉阳陵帝陵封土四周陪葬坑中埋藏有大量的骑兵、步兵武士俑，各式动物陶俑与陶、铜、漆器等生活用具，以及兵器、车马、印章、封泥等。南区 24 座陪葬坑发掘出排列密集的武士俑群、堆放粮食的仓库，以及牛、羊、猪、狗、鸡等陶质动物俑，成组的陶、铁、铜质生活用具，并展现了西汉当时的“南军”“北军’的军旅场景。[②]这些数以千百计的家畜家禽、武士俑群和满坑满谷的粮食总数量达十数万件，堪称中国数量最大的陶俑群，在其他帝陵陪葬坑中实属罕见。汉阳陵还出土有金银玉器等奢侈品，然而所占比例很小。同数量巨大、象征社会一般财富的陶俑群相比，显得微不足道。汉景帝刘启（阳陵的墓主）延续了中国历史上有名的“文景之治”[③]，成为古代中国封建社会发展的第一个高峰，而景帝本人奉行“无为而治”的黄老之学，以恪守节俭而著称，其重视一般社会财富也与其施政理念的个性特点密不可分。

2. 汉武帝茂陵的主题思想

汉武帝茂陵的主题思想是击败强敌匈奴、消除边患、仍保持警惕和展示强大的西汉王朝。该主题从茂陵陪葬墓霍去病墓前的“三马”（马踏匈奴、卧马和跃马）等大型石

---

① 赵士禛：《中华文明与秦兵马俑的核心价值》，《新西部（下半月）》2009 年第 10 期，第 123—124 页。

② 焦南峰：《汉阳陵从葬坑初探》，《文物》2006 年第 7 期，第 51—57 页。

③ 司马迁在《史记·平准书》中记载说：“非遇水旱之灾，民则人给家足，都鄙廪庾皆满，而府库余货财。京师之钱累巨万，贯朽而不可校；太仓之粟，陈陈相因，充溢露积于外，至腐败不可食。”由此可见，文景时期政治清明、经济发展，人民生活安定，确实称得上是太平盛世。因此史家称这段时期为“文景之治”。

雕中表现得淋漓尽致。“马踏匈奴”石雕像以一匹威武雄健的战马将一龇牙咧嘴、仍手持弓箭垂死挣扎的匈奴将士踩踏于腹下为题材形象，透射出为霍去病建墓冢刻石乃至营建茂陵的主题，也是霍去病率军出击匈奴并取胜的浓缩（图 7–1）。例如，祁连山战役扭转了汉匈双方政治、军事力量对比，保卫了边境安宁，并为开辟“丝绸之路”、加强中原和西域各国的经济文化交流打开了门户、铺平了道路。“马踏匈奴”概括了霍去病“六出六胜”的整个过程，以形象表达战争结果的雕像诠释了其一生的赫赫战功和建祁连山冢的渊源；以威武雄健的战马象征年轻有为的汉骠骑大将军霍去病及强大的西汉军队，乃至西汉王朝与民族。汉武帝作为一代雄君明主，深刻认识到反击匈奴胜利的最根本原因，在于对匈奴游牧集团既憎又恨的广大百姓长达十几年的流血流汗、全力支持，所以“马踏匈奴”就是通过一个石雕形象来表征反击强敌匈奴、取得胜利的精神因素和力量。以马的威武、豪迈充分表现出反击匈奴胜利后西汉王朝举国上下的自豪喜悦和扬眉吐气。[①] 此外，卧马卧在地上犹十分警觉，并没有因为“卧”而失去气魄。其象征着虽然击败强敌匈奴，仍然居安思危，保持高度警惕；跃马的雕造极其豪壮，神态生动无比，展现的是战马正准备从地上一跃而起的瞬间姿态，既完美表达了人们对马类对同类的亲情流露，更表现出西汉将士随时准备出击，痛击来犯者的精神状态。

图 7–1　茂陵马踏匈奴石雕

（资料来源：王志杰：《汉武时代文化遗产集萃》，西安：三秦出版社，2008 年，第 133 页）

茂陵霍去病基石刻中还有全身高近 5m 的“石人”，其表情、动作、肢体安排，以及高大的形象，仿佛巨人虔诚祈祷，象征汉武帝祈愿汉朝更加强大、树大汉天威、显大汉雄风的主题思想；“人与熊”殊死搏斗的胆略、气魄、力量，以及必胜的信念，艺术地再现了远征将士既要与剽悍凶顽的敌人拼杀，还要与猛兽怪兽、风沙雪雨、饥渴伤痛

① 崔彬：《气魄深沉雄大的霍去病墓石刻》，《西北美术》2002 年第 3 期，第 40—41 页。

等种种困难做斗争，也象征着后方百姓为支持战争开山启林、辛勤劳作、与各种灾害及出没的野兽斗争。正是全国民众的努力和牺牲，战争才得以长期进行。野熊的力大、凶恶，以人与熊搏斗为题，显示出胜利来之不易，表现了汉军高昂的士气和雄强的实力，以及汉民族饱满的精神和雄厚的人力。①

（二）西汉帝陵的文化遗产价值

从文化遗产的角度，西汉帝陵在具有丰富的价值和作用，具体表现在历史价值、科学价值和艺术价值等方面。②

1. 西汉帝陵的历史价值

首先，西汉帝陵蕴含着西汉时期珍贵的历史信息。《晋书·索琳传》说，汉天子即位一年而为帝陵，天下贡赋的三分之一充（作）山陵。③西汉 11 座帝陵，建造时间最短的 5 年（汉平帝康陵）、最长的 53 年（汉武帝茂陵）。因此，西汉帝陵建造时间较长、耗用国家财富量大，映射出西汉王朝国力的强盛。帝陵的营建布局模仿长安城宫殿序列，以及宗庙的设置等，反映出西汉时期古人所秉承的丧葬哲学及家族宗教等思想。帝陵的陵邑是帝国最高规格的聚落社区，更是研究西汉时期聚落布局及城市规划的极好材料。帝陵中精美的陪葬品体现了当时手工业的最高水平，凝聚着古代劳动人民的智慧。

其次，西汉帝陵是我国汉文化研究的重要载体。西汉帝陵的选址建造是中国古代早期风水文化的实践结果。西汉帝陵陵园的布局模仿都城长安城的方位、街道，以及宫殿官署等结构，陪葬墓区朝廷重臣和高级贵族的墓葬排列，体现着墓主的身份地位及其与帝王关系的差别。已发掘的汉阳陵陪葬坑出土的数量众多、排列有序的官印、封泥和仕官陶俑，象征着帝王生前所支配和控制的官署机构，甚至在阳陵陪葬坑首次发现宦官俑，表明皇帝带到地下的不仅是享受不尽的荣华富贵，更是生前所统治整个帝国的机构与其相应的制度。整个帝陵陵区的空间形态则映射着西汉王朝统治的政治版图。④

2. 西汉帝陵的科技价值

（1）西汉帝陵的选址、分布、建造方法等体现了西汉时期地理测绘、建筑学、工学等领域的发展水平。例如，帝陵封土（陵冢）、陵园门阙和垣墙遗址等反映出当时夯土

---

① 雷百景、王亚庆、李雯：《霍去病墓石雕刍议》，《咸阳师范学院学报》2009 年第 5 期，34—37 页。

② 郇滢：《论西汉帝陵的当代价值》，西安：西北大学硕士学位论文，2014 年

③《晋书》卷 60《索琳传》，北京：中华书局，1974 年，第 1651 页。

④ 焦南峰：《试论西汉帝陵的建设理念》，《考古》2007 年第 11 期，第 78—87 页。

版筑的技术水平比较成熟，可以用来建造巨大的帝陵封土及陵园周边的垣墙，其夯筑高度和密度都较前代有较大的提高，是研究我国古代建筑技术发展的难得例证。又如通过电子地图读取渭北西汉诸陵的地理坐标（该坐标值与长陵、阳陵帝、后陵的 GPS 实测结果误差均不超过 1″），发现除平帝康陵的纬度大于其东边的元帝渭陵、位置显偏北以外，其余 8 座西汉帝陵的纬度按照从西向东的顺序呈现逐渐递增的趋势。其中，从茂陵—平陵—延陵—渭陵—义陵—安陵—长陵的纬度递增幅度介于 35″到 1′30″左右（延陵—康陵—义陵纬度递增幅度为 1′23″和 10″）。异穴合葬的帝、后陵（如平陵东、西陵、长陵东、西陵等），在纬度上的差距仅 3″至 5″。渭北西汉诸帝陵经度上的差距通常都在 1′30″至 3′30″左右，最多不超过 4′40″，从而构成一条布局相对匀称、大致呈西南—东北（或东北—西南）走向的西汉帝、后陵分布带（表 7–1）。该西汉帝、后陵分布带揭示出一条超长距离的西汉帝陵布局设计基线。依据该基线所经过的咸阳原南部地区的地理特征来看，其设计者十分熟悉咸阳原的地形和地貌，并经过精确测量才可确定出这条基线。此外，汉武帝时期兴修的成国渠，也是在咸阳原上二道塬与头道塬之间的过渡地带，自西向东循着等高线递减，从上述西汉帝、后陵分布带的南侧经过，说明至迟在西汉中期，在帝陵和成国渠修建中应用的测量技术，已经达到较为精准的程度。①

表 7–1　渭北西汉诸陵相关信息表

陵名	东经	北纬	相邻陵间距/m
茂陵	108°34′12″	34°20′18″	—
平陵西陵	108°37′49″	34°21′47″	6211
平陵东陵	108°38′24″	34°21′42″	889
延陵	108°41′53″	34°22′30″	5534
康陵	108°42′45″	34°23′53″	2868
元帝王皇后陵	108°44′03″	34°23′56″	2052
渭陵	108°44′21″	34°23′26″	568
义陵	108°45′53″	34°24′03″	2614
惠帝张皇后陵	108°50′14″	34°25′23″	7089
安陵	108°50′30″	34°25′23″	401
长陵西陵	108°52′35″	34°26′05″	3467

① 杨哲峰：《渭北西汉帝陵布局设计之观察》，《文物》2009 年第 4 期，第 61—68 页。

续表

陵名	东经	北纬	相邻陵间距/m
长陵东陵	108°52′52″	34°26′23″	431
阳陵	108°56′27″	34°26′38″	5588
景帝王皇后陵	108°56′51″	34°26′47″	670

数据来源：杨哲峰：《渭北西汉帝陵布局设计之观察》，《文物》2009年第4期，第61—68页

（2）汉阳陵出土文物对西汉时期农业进步和冶金技术水平的反映。汉阳陵出土的大量动物陶俑反映了西汉时期畜牧业的发展状况。结合《汉书·艺文志》记载的《相六畜》一书，二者从实物和文献的角度反映出西汉时已经掌握了科学的动物饲养方法，尤其牲畜饲养能力大为提升。[①]另外，阳陵出土的碳化花生将使中国花生的引进从明代提前到汉代，对我国农业发展史研究具有重要意义。汉阳陵考古发现的农具和兵器等的质量，映射出西汉时期铁器得到广泛应用，冶铁技术得到进一步发展。

（3）西汉帝陵对当代文保技术的创新和促进。汉阳陵陪葬坑的保护和展示采用将展厅建在地下，进行地面绿化，避免破坏帝陵周边风貌协调性等全新的方法。整个地下博物馆全部采用中空锻膜电加热玻璃建造，将游客和遗址分隔在两种不同的气温环境中，既保证遗址部分恒温恒湿，又有利于保护文物，又能使游客感受文物遗址的魅力。展示厅采用铯钾防火玻璃分隔通廊，设置火灾自动报警系统和自动喷水灭火系统，是我国地下遗址博物馆防火节能建筑设计的首创。汉阳陵南阙门遗址保护工程是陕西省内首次采用钢结构仿古建筑的遗址保护工程，对发掘现场文物害虫的防治以及陶制文物（彩绘陶俑）主要病害、病因、结构特点和保护等方面的技术创新取得一系列的成果，为后续的文物保护工作提供了经验和借鉴。

3. 西汉帝陵的艺术价值

（1）西汉帝陵与陶俑雕塑艺术。汉阳陵出土的陶俑，其制作精巧细致，表达方式精炼写意。阳陵汉俑塑造时采用模制，面部器官和表情为手工雕刻，形象各异。陶俑多为直立姿态，部分陶俑安装有可活动的木制手臂，表现出不同的动作，增强雕塑的动感。因年代久远，陶俑当年下葬时穿着的服饰皆已朽毁，出土后大多呈现裸体形态，其表面有精细雕刻出的器官。部分非裸体的着衣彩绘俑，面容、肢体更为生动，色彩保存完整。女性发髻样式表现了汉代女性以垂髻为美，完全松散盘挽垂于脖颈及背部。其服饰挽于腰部并缠裹于身体之上，流畅华美，体现了汉朝女性审美的经典样式。柳叶眉、丹凤眼、

①《汉书》卷30《艺文志》，第1775页。

直鼻、小口。阳陵汉俑“以高度成熟的写实主义手法塑造活生生的艺术形象”，是我国雕塑艺术史上不可多得的艺术珍品，具有极高的艺术价值。[①]

（2）西汉帝陵与大地艺术。西汉帝陵中的渭北9陵，在咸阳原上自西（南）向东（北）一字排开，延亘百里，展现出帝陵的恢宏气势与宏大壮丽。加上渭河南的杜陵与霸陵，形成从三个方向拱卫长安城的空间格局。而西汉 11 陵共处于以高祖长陵为中心、半径37.5km的圆形空间范围，茂陵、霸陵、杜陵处在该圆形空间的边界，西汉其他享国的帝王陵墓均不出此圆，形成帝陵布局的空间秩序（图 7–2）。同时，西汉帝陵分为四个组群：长陵、安陵、阳陵为早期组；茂陵、平陵为中期组；渭陵、延陵、义陵、康陵为晚期组；霸陵（含薄太后陵）、杜陵为东南组群。测量数据表明，渭北早、中、晚群组的东西向间距大致在 7.5km 上下；而且西汉帝陵外陵园的规模，绝大多数以 150 步（250m）为基本规划模数。[②] 此外，北至三原县天井岸村天齐祠，南至秦岭山麓的子午峪玄都坛，一条以西汉长安城为中心，涵盖汉长陵、清河大回转段、天井岸礼制建筑遗址的南北向超长建筑基线将人工建筑与自然景观相连缀，形成天、地、人合一的奇妙格局（图 7–2）。[③]

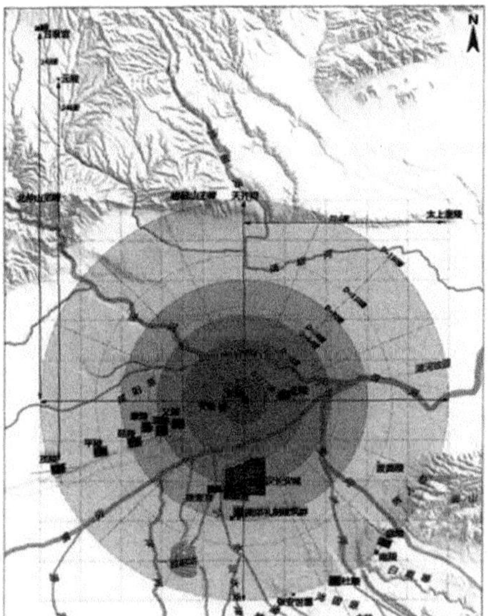

图 7–2　西汉帝陵布局的空间秩序

（资料来源：于志飞、王紫微：《经纬圆方——汉长安城及其近畿空间尺度设计研究》，《中国文物科学研究》2015 年第 3 期，第 66—75 页。）

① 赵超：《雄壮瑰丽，大汉风华——汉阳陵出土陶俑赏析》，《文物鉴定与鉴赏》2014 年第 3 期，第 25—29 页。

② 于志飞、王紫微：《经纬圆方——汉长安城及其近畿空间尺度设计研究》，《中国文物科学研究》2015 年第 3 期，第 66—75 页。

③ 秦建明、张在明、杨政：《陕西发现以汉长安城为中心的西汉南北向超长建筑基线》，《文物》1995 年第 3 期，第 4—15 页。

四、唐代帝陵：昭陵与乾陵

关中唐十八陵分布于渭河以北的陕西乾县、礼泉、泾阳、三原、富平和蒲城 6 个县境内，东西绵延 150km。若以唐长安（今西安）为基点，西连最西的乾陵，东连最东的泰陵，形成一个 102° 的扇面，蔚为壮观。唐十八陵同西汉 11 帝陵构成关中地区的“东方帝王谷”，可与埃及帝王谷相媲美，堪称世界第一帝王谷，是世界陵墓史上的奇迹。[①]

（一）唐代典型帝陵的主题思想

唐代帝王陵墓气势磅礴、恢宏壮观，特别是初唐的献陵和昭陵、盛唐时期建造的乾陵、定陵、桥陵等，主要是因山而筑的帝陵，其所依陵山的气势、陵园的规模和石刻群的规整精湛，都是唐王朝动用大量人力物力修建而成，在一定程度上反映了唐朝的物质文明和精神文明。其中最具代表性的唐太宗昭陵和唐高宗与女皇武则天合葬的乾陵，各自蕴含着鲜明的主题思想。

1. 唐昭陵的主题思想

唐太宗昭陵的主题思想是政治大团结和民族大融合，以及勿忘历史、创业维艰的政治教科书式的告诫。昭陵是唐代第二座帝陵，许多方面都开创了唐陵制度的先河。例如，昭陵陵区有皇亲、勋臣陪葬墓 193 座（数量为唐陵陪葬墓之最），以关系亲疏和功绩大小由近而远，犹如众星拱月般的扇形排列。[②]昭陵与其陪葬墓共同展示了唐初君臣和谐、共创伟业、空前的政治大团结；昭陵陵园北门立“六骏”和“十四国番君长像（分别为：突厥答布可汗、突厥颉利可汗、突厥突利可汗、突厥乙弥泥孰侯利可汗、薛延陀真珠毗伽可汗、吐蕃赞府、吐谷浑河源郡王、于阗王、焉耆王、高昌王、龟兹王、新罗乐浪郡王、林邑王、婆罗门帝那伏帝国王）”[③]是为首创。唐太宗李世民命阎立本将自己生前骑乘并壮烈战死的六匹骏马以高浮雕形式刻画上石，形成其陵园石刻群的重要组成部分，后世誉之为“昭陵六骏”。这样做与其后帝王陵上安置粉饰太平的吉祥瑞兽截然不同，所着力营造的是重温大唐创业的血与火的动荡历程，凝结的是一位身经百战的统帅对救过自己命而殒命沙场的战马的生死之情，是对大唐建功立业将士的深切缅怀，更是对大

① 朱晓彧：《寻找民族复兴的历史密码——大型纪录片〈东方帝王谷〉评析》，《中国电视》2015 年第 10 期，第 38—41 页。

② 刘向阳：《唐代帝王陵墓》，第 57—58 页。

③ 张建林：《唐昭陵考古的重要收获及几点认识》，《乾陵文化研究》2005 年第 00 期，第 224—229 页。

唐创业艰难的深情眷顾。更深层次的是，它们以杰出的艺术风范和动人的情感魅力，以具有浓郁悲壮色彩和启迪性的英雄史诗，给子孙后代和世人提出“勿忘历史”的肺腑告诫；昭陵陵园北司马门树立等身大的“十四国番君长像”，用以纪功宣威。该十四个番君长均系“贞观中擒伏归化者”，涵盖丝绸之路的四个王国（汉、唐时期中原与外国贸易、文化交流的枢纽地）、南亚的婆罗门帝那伏帝国、越南南部一带的林邑国、新罗（朝鲜半岛）乐浪女郡王及游牧在青海、甘肃一带的王国等，基本是唐王朝核心统治区周边所有政权的总和。这些写实性雕刻体现了少数民族与唐王朝的融合，以及唐王朝与周边地方政权的交往，有重大的历史价值，甚至弥补了一些史料的空缺。①

2. 唐乾陵的主题思想

唐高宗、女皇武则天合葬的乾陵，其主题思想是用大中国的视角看待中外关系和民族关系，展现中国“丝绸之路”繁盛和中外政治文化交流的盛况。乾陵陵园规模宏大、建筑富丽，开创了唐代帝陵的规制并对后世产生深远的影响。例如，陵园四神门外及神道设置各类大型精美石雕群像 120 余件，开创了以石狮守护陵园四门和帝王陵前列置石刻群的制度和模式，成为其后的唐陵乃至后代帝陵前置放石刻群（种类、数量和排序）所继承和仿照的典范。神道两侧及陵园四门分布的石刻群中，包括带有犍陀罗风格的卷翼天马、来自西域的鸵鸟和石狮，特别是陵园南门内侧现存的 61 尊番王石雕像，真实地记录了公元 7 世纪唐帝国与周边民族政权以及亚洲各国的政治文化交流互动的盛况。②乾陵陪葬墓出土的大量胡人陶俑、三彩陶俑和壁画等，充分展现了盛唐时期丝绸之路所带来的中西文化交流的成果。诸如，李贤墓出土的《客使图（礼宾图）》画面中唐朝鸿胪寺官员温良恭俭、举止温文尔雅，来自我国东北严寒地区、高丽国（朝鲜半岛）及东罗马帝国的使者个个恭敬谨行，体现了唐王朝对外开放怀柔政策的成功；《马球图》体现了通过体育项目进行文化交流，并借以了解波斯、吐蕃等时尚运动，进而融合汇通对外关系的状况；《仕女图》中众多的身穿胡服、头戴毡帽、脚蹬皮靴的汉族仕女，刻画了上层妇女的爱好风尚，是高宗、武则天时期与周边民族文化交流融合的象征。陵园石雕像及陪葬墓壁画中如此众多的外来文化元素，如三彩陶俑、胡人陶俑，壁画中的胡人、胡马、胡服形象，以及其他场合罕见的猎豹、猞猁、猎鹰、猎犬等，这些都是唐代空前的大外交和民族大团结的生动写照。③

① 刘向阳：《唐代帝王陵》，第 54—56 页。

② 韩学山：《从乾陵文物看唐代对外文化交流》，《乾陵文化研究》2006 年第 00 期，第 210—213 页。

③ 李彦、刘怡：《唐代帝王陵墓研究——以桥陵为中心》，《渭南师范学院学报》2016 年第 2 期，第 93—97 页。

（二）唐代帝陵的历史文化价值

关中地区唐十八陵，堪称中国封建社会发展高峰时期墓葬制度的代表，是中国古代帝王陵寝发展史上的重要阶段，更是唐王朝兴衰历程的见证。唐陵陵园气势宏伟，建筑布局严谨，随葬品丰富，蕴涵极高的政治经济、历史文化和科学价值。

1. 政治方面

相对于魏晋南北朝时期的帝王陵墓，唐代帝王陵墓规模宏大。据宋敏求《长安志》记载，昭陵和贞陵周围 120 里，乾陵周围 80 里，泰陵周围 76 里，定、桥、建、元、崇、丰、景、光、庄、章、端、简、靖等 13 陵周围 40 里，献陵周围 20 里。[①] 其陵园布局和结构以乾陵为典范：墓室凿在山南的半腰处，高踞陵园北部，为全陵主体建筑，四周筑围墙，分内、外两道垣墙（其他唐陵仅有一道垣墙），内城墙四面设门，南门内修筑献殿。外墙南面有 3 道阙门，神道石刻群（石狮、王宾像、碑石、石人、石马、鸵鸟和华表）置于由南而北的第二、三道门之间，第一道门外分布着皇族和文武大臣的陪葬墓（昭陵因山南地形险阻，在陵北玄武门内修筑由门阙、列戟廊、廊房、门址、围墙等构成祭祀性建筑群，是举行大典的场所，为唐十八陵所仅有）。[②]唐代帝陵，尤其是初唐和盛唐时期诸陵，反映出唐王朝统一的政局、社会稳定，专制主义中央集权制度得以加强，国家拥有强大的人力和财力，能够集中力量建造气势磅礴的帝王陵墓。这些帝王陵周边附近还有众多的陪葬墓，安葬着唐代各个时期的宗戚勋贵。据文献记载与考古勘查确认，唐太宗昭陵的陪葬墓共有 193 座，唐高祖献陵有 93 座，唐高宗与武则天合葬的乾陵有 17 座，定陵有 10 座，桥陵有 12 座等。[③]这些数量不等且相差悬殊的陪葬墓，相对于主陵呈拱卫、镇守之势，彰显了皇权的至高无上和封建三纲五常对于君臣关系的规范。

2. 经济方面

唐朝帝王陵墓不论在建造形式上，还是陪葬物品上，都体现了唐朝国力的强大。唐朝帝王陵墓总体气势雄伟，有着严格的建造规格和形制。其中 14 座依山为陵的陵墓显得更加雄伟高大，其建造工程浩大、耗时累年，需要大量的人力、物力和财力。如此大规模地修建帝王陵墓，同时还要基本保证经济秩序的稳定和百姓生活的安定，显然是唐王朝强大的经济实力所决定的。此外，唐帝陵及其陪葬墓在陪葬品的奢侈程度上也尽显国

---

① （宋）宋敏求撰，（元）李好文撰，辛德勇、郎洁点校：《长安志·长安志图》，西安：三秦出版社，2013 年，第 93—128 页。

② 张建林：《唐昭陵考古的重要收获及几点认识》，《乾陵文化研究》2005 年第 00 期，第 224—229 页。

③ 程义：《唐代帝陵陪葬墓的分布及其规律》，《乾陵文化研究》2010 年第 5 辑，第 80—95 页。

府殷实。例如，唐昭陵，最新的考古发掘发现了同秦始皇陵和汉景帝阳陵的从葬坑类似的石砌从葬窑（石室）9 座，陵山上其他地方是否存在有待继续查探。据发掘清理的从葬窑来看，共分上下两层，四孔用石条筑成拱券的窑洞，置有铠甲马、陶人佣、马、牛、犬模型明器等。其中最深的石室为 12.5m，做工非常精细，石头打磨得有大头小头，大头七寸，小头五寸；结构极其严密，连缝隙的灰缝都撬不下来，验证了史书中“糯米汁共白灰偕浇注”的记载，也表明依山为陵的昭陵是以“石窑”来放置陪葬品的。[①] 又如《新五代史》记载：“韬在镇七年，唐帝的陵墓在其境内者，悉发掘之，取其所藏金宝。昭陵最固，韬从埏道下，见宫室制度，宏丽不异人间。中为正寝，东西厢列石床，床上石函中为铁匣，悉藏前世图书，钟、王笔迹，纸墨如新。韬悉取之，遂传人间。”[②]晚唐时期唐懿宗爱女同昌公主下葬时，其夫家“韦氏之人争取庭祭之灰，汰其金银。凡服玩，每物皆百二十舆，以锦绣、珠玉为仪卫、明器，辉焕三十余里；赐酒百斛，饼啖四十橐驼，以饲体夫。……内库杂宝为其首饰，以絁八百匹为地衣，舞罢，珠玑覆地”[③]。这些从侧面反映出不仅初唐，甚至晚唐时期唐王朝都还拥有一定的经济实力。

3. 科学文化方面

唐朝帝王陵陵园列置石刻群始于唐高祖献陵，至盛唐时期乾陵将前期各陵的格式糅合为一，形成了唐陵石雕的一代制式：四门列石蹲狮，北门增设鞍马，南门外从南端神道石柱开始依次有序地排列着天马（或天禄）、鸵鸟、鞍马与马倌（牵马人）、石人、番使等，隔神道相对而立，并有石碑等。这些石雕刻群生动形象，雄伟高大，充分体现了唐代石雕刻技艺之高度发达[④]；唐代帝陵的地宫和其他的陪葬墓中还发掘出了许多墓碑、墓志铭及陪葬品，如唐三彩、陶俑、剑鞘等，这些物品制作精美，反映了唐代陶瓷业、铸造业等手工业水平之高度发达。以乾陵陪葬墓中的懿德太子墓、永泰公主墓及章怀太子墓出土的壁画来看，唐代不同时期建造的帝陵陪葬墓中的壁画呈现出不同的风格，亦反映出唐朝皇族宫室的奢侈生活和社会风俗等。

4. 对外交流和联系

唐朝帝王陵墓还反映了唐朝与其他少数民族和周边国家政治、经济、文化的交流和联系，以及唐代丝绸之路的繁荣畅通。譬如，唐昭陵“十四国蕃君长”石像和乾陵 61 宾王石像，以及在定陵、桥陵、建陵、泰陵、崇陵、庄陵和简陵等都曾发现了数量、特

---

① 张建林：《唐昭陵考古的重要收获及几点认识》，《乾陵文化研究》2005 年第 00 期，第 224—229 页。

② 《新五代史》卷 40，第 441 页。

③ （宋）司马光：《资治通鉴》卷 252，北京：中华书局，1956 年，第 8161 页。

④ 刘向阳：《唐乾陵文化景观的内涵与特性研究》，《文博》2011 年第 5 期，第 45—51 页。

征不尽一致的番臣石像残体。这些番臣石像的身份，有被征服者、归化者，也有友好国家、地区的使者，反映了唐朝对外交往范围的扩大。[①]再比如乾陵及其以后诸陵石刻中的鸵鸟和狮子。在唐陵神道石刻群中的鸵鸟被当作莺鸟，象徽莺旗，象征莺旗居前，仪仗殿后。唐陵石狮均作为陵园门兽，以狮护门，固若金汤。[②]据史料记载，鸵鸟和狮子是外国使臣献给唐朝的贡品。二者原产于距离我国非常遥远的非洲大陆。在皇帝的陵寝中摆放鸵鸟和狮子石雕像，说明我国与非洲、西亚、南亚等国家在唐朝就有了外交往来，也表明强盛的唐朝保障丝绸之路繁盛畅通，中西方经济文化交流处于极为活跃的时期。[③]

① 李毓芳：《唐陵石刻简论》，《文博》1994年第3期，第32—42页。

②（清）吴宝芝：《四库全书》子部11《花木鸟兽集类卷下》，上海：商务印书馆，1979年。

③ 李毓芳：《唐陵石刻简论》，《文博》1994年第3期，第32—42页。

第八章　关中地区汉唐帝陵的空间布局与昭穆制度

关中地区汉、唐帝陵的空间布局及其与古代昭穆制度的关系，是一个长期争论和探索的问题。本章在前人研究的基础上，就这些问题作些探究。

一、西汉帝陵的空间分布与昭穆制度

（一）西汉帝陵空间分布研究

迄今有关西汉帝陵的空间分布研究主要体现在西汉帝陵的空间排列与古代昭穆制的关系及西汉帝陵空间分布基线等方面。

1. 西汉帝陵空间分布与昭穆制的关系

西汉帝陵有 9 座呈直线形带状排列在关中地区渭北咸阳原上，文帝霸陵和宣帝杜陵分布在长安城东南的白鹿原和杜东原，另有汉太上皇陵（刘邦父刘湍墓）分布在徐木原（或荆山原）。长期以来，就西汉帝陵（尤其是渭北诸陵）的空间分布是否遵循古代昭穆之制，以及文帝和宣帝另立陵墓区是否与昭穆制有关，一直存在争论和分歧。一种观点认为，西汉帝陵空间排列不存在昭穆之序，是由皇帝生前随意选址而兴建的。[①] 与此相对的观点认为，西汉帝陵空间位序存在昭穆之序或部分存在昭穆之序，文帝和宣帝另立陵墓区与昭穆制有关。[②]

---

①《中国大百科全书·考古学卷·汉代帝陵》，北京：中国大百科全书出版社，1986 年，第 164—165 页；焦南峰、马永嬴：《西汉帝陵无昭穆制度论》，《文博》1999 年第 5 期，第 51—58 页；黄展岳：《西汉陵墓研究中的两个问题》，《文物》2005 年第 4 期，第 70—74 页；刘瑞：《昭穆制度与西汉帝陵排序》，《西部考古》2008 年第 3 辑，第 186—196页。

② 杨宽、刘根良、太田有子，等：《秦汉陵墓考察》，《复旦学报（社会科学版）》1982 年第 6 期，第 46—52 页；石兴邦、马建熙、孙德润：《长陵建制及其有关问题——汉刘邦长陵勘查记存》，《考古与文物》1984 年第 2 期，第 32—45 页；刘庆柱、李毓芳：《西汉十一陵》，西安：陕西人民出版社，1987 年，第 147—149 页；秦建明、姜宝莲：《西汉帝陵的昭穆与陵位探》，《文博》2002 年第 2 期，第 31—37 页。

2. 西汉帝陵的空间分布"基线"

（1）渭北"九陵"的布局设计基线。根据20世纪70年代以来确定的渭北西汉帝陵的排位序列（由西向东依次为：武帝茂陵—昭帝平陵—成帝延陵—平帝康陵—元帝渭陵—哀帝义陵—惠帝安陵—高祖长陵—景帝阳陵[①]），并采用现代电子地图所提供的地理坐标数据等信息，对渭北西汉9陵的布局设计进行考察发现，存在一条超长距离的东北—西南走向的西汉帝陵布局设计基线。该基线为以长陵东、西陵之间的中点与茂陵封土顶部正中的连线，其与东西向纬度线之间形成21°左右的夹角。除汉平帝康陵之外的诸帝陵均分布在上述延长线或者连线上（其中，相邻帝陵的纬度递差介于35″—1′30″，经度差距在1′30″—4′40″；合葬的帝、后陵之间纬度差为0.34″—10″），构成一条布局相对匀称、大致呈西南—东北走向的西汉帝、后陵分布带。[②]

（2）西汉11帝陵范围的设计基线。基于西汉11帝陵拱卫汉长安城的空间格局，从探讨汉长安城及其近畿空间（以西汉都城长安及周边帝陵为主体构成的空间范围）的尺度设计出发，推断出西汉11帝陵范围的设计基线应为一直径75 km的圆形。茂陵、霸陵、杜陵共同标示出该基线的边界，其他西汉实际享国的帝王陵墓方位均不出此圆，形成帝陵布局的空间秩序（图7–2）。此外，西汉太上皇万年陵、文帝母薄太后南陵、宣帝窦皇后陵等也在该设计基线范围内。[③]

（二）西汉帝陵空间分布与昭穆制

1. 陵墓位次排列的昭穆制

据《周礼·春官》云："冢人掌公墓之地，辨其兆域而为之图，先王之葬居中，以昭穆为左右。"[④]东汉经学家郑玄注："先王造茔者，昭居左，穆居右，夹处东西。"可见，昭穆制在西周时主要体现为宗庙或墓地的辈次排列规则和次序。[⑤]其基本特征是父子分列、孙祖同列，"始祖居中，左昭右穆"，如周代以后稷为始祖（属昭字辈），后稷之子不窋为穆，后稷之孙鞠复为昭。[⑥]此种空间排列规则到春秋战国时期主要体现于宗庙布局，如1981—1984年发掘的位于陕西凤翔秦雍城中部偏北的马家庄一号建筑群

① 徐苹芳：《中国大百科全书》，《考古学卷·汉代帝陵》，北京：中国大百科全书出版社，1986年，第164—165页。

② 杨哲峰：《渭北西汉帝陵布局设计之观察》，《文物》2009年第4期，第61—68页。

③ 于志飞、王紫微：《经纬圜方——汉长安城及其近畿空间尺度设计研究》，《中国文物科学研究》2015年第3期，第66—75页。

④ 杨天宇：《周礼译注》，上海：上海古籍出版社，2004年，第322页。

⑤ 秦建明、姜宝莲：《西汉帝陵的昭穆与陵位探》，《文博》2002年第2期，第31—37页。

⑥ 雷百景、李雯秦：《西汉帝陵昭穆制度再探讨》，《文博》2008年第2期，第48—51页。

遗址，由祖庙、昭庙、穆庙、亳社、都宫及都宫门等部分组成。祖庙位处北部正中，坐北向南；左侧（东部）的昭庙、右侧（西部）的穆庙在其南侧对称排列，面面相对；祖、昭、穆三庙之间的中庭及其南侧发现牛、羊、车等各类祭祀坑 181 个；整个建筑布局井然有序、规矩整齐（图 8–1）。凤翔马家庄 1 号建筑群遗址的庙数虽与《礼记・王制》《朝庙宫室考》等的记载有所不同，但其平面布局符合上述文献且有大量的祭祀坑存在，因此“一号建筑群为宗庙性质的建筑是毫无疑问的”[①]。又如 20 世纪 70 年代俞伟超先生曾指出汉高祖长陵、惠帝安陵、景帝阳陵均按“先王之葬居中，以昭穆为左右”进行排列。[②]

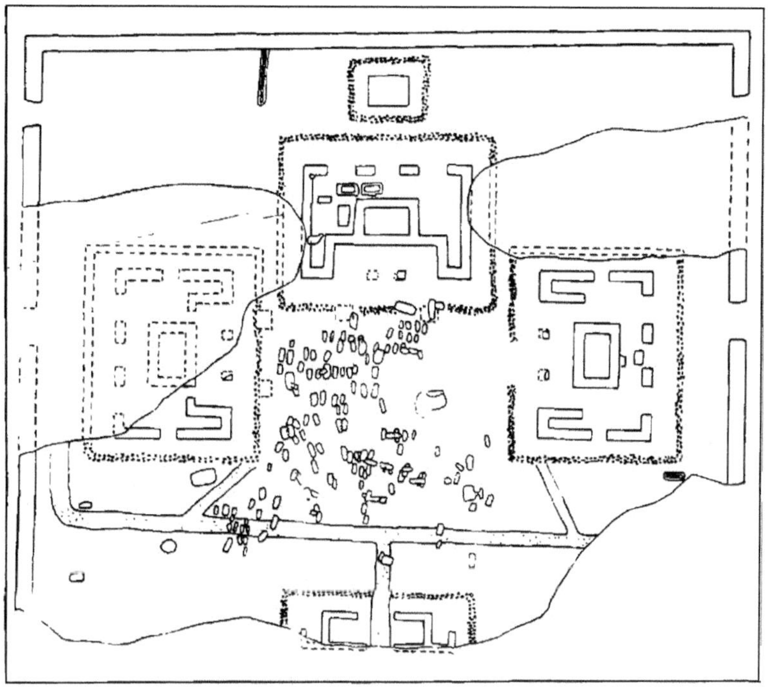

图 8–1　凤翔马家庄 1 号建筑群平面结构（据焦南峰等，2002 年）

此外，宋代王洙等撰《图解校正地理新书》说：“昭穆亦各（名）贯鱼。入先茔内葬者，即左昭右穆如贯鱼之形。……惟河南、河北、关中、垄（陇）外并用法。”[③]成书于金元时期的张景文撰《大汉原陵秘葬经・辨八葬法篇》：“凡葬者，阡陌平原，昭穆贯鱼葬大吉。余者先吉后凶，不可用之。”[④]可以看出，古代昭穆葬法主要流行于河

① 焦南峰、马永嬴：《西汉帝陵无昭穆制度论》，《文博》1999 年第 5 期，第 51—58 页。

② 邸楠：《西汉帝陵布局浅析》，《榆林学院学报》2007 年第 1 期，第 30—35 页。

③（宋）王洙等：《图解校正地理新书》卷 13《步地取吉穴》，台北：集文书局，2003 年，第 390 页。

④《永乐大典》卷 8199《大汉原陵秘葬经》十九庚《陵》，第 3823 页。

南、河北、关中和陇外等平原地带，为大吉之藏式。[①]

2. 西汉帝陵空间分布与昭穆制关系争论的焦点

西汉帝陵空间分布是否遵循古代昭穆之制争论和分歧的焦点在于西汉帝陵的朝向。认为西汉帝陵空间排列不存在昭穆之序的观点，其立论的主要依据为“西汉帝陵可能均是坐西面东的”[②]，渭北陵区“从西向东的西汉帝陵位置是：茂陵—平陵—延陵—康陵—渭陵—义陵—安陵—长陵—阳陵。这个布局显然与前面所说的昭穆制度不合”，“汉代帝陵的正门基本上都是东向”，“西汉帝陵既没有实行‘公墓制’，也没有实行‘昭穆制’”[③]，“西汉帝陵的朝向为东，高祖陵墓位于东侧，后世帝陵无法进行昭穆排序”[④]，等等。因此，西汉帝陵的朝向，以及西汉时代的方位观是解决西汉帝陵空间分布是否遵循古代昭穆制的关键之所在。

3. “坐西朝东”并非西汉帝陵通制

笔者采用 21 世纪初以来公开发表的有关西汉帝陵的最新考古调查、钻探和发掘的新资料，统计出西汉帝陵的墓道、部分帝陵陵园神道、司马门道和阙门的规格体量（表 8–1、表 8–2、表 8–3、表 8–4）。[⑤]从中可以看出：①西汉早中期阳陵和茂陵陵园的东神道和东司马门道的长度和宽度较各自陵园中其他神道和司马门道的体量为大，尤其是司马门道的宽度（体现陵园道路规模）是其他司马门道的 2—5 倍。西汉后期渭陵、义陵和康陵的东神道和东司马门道的体量大于各自陵园其他神道和司马门道的程度相对变小，有的甚至小于后者的体量。例如，渭陵西司马门道的宽度大于东司马门道，南司马门道的长度更是东司马门道的数十倍；义陵南神道的宽度远大于东神道的宽度（表 8–1、表8–2），等等。②从西汉帝陵陵园阙门的体量和结构来看，前中期的阳陵、茂陵、平陵等，其陵园东阙门相对于其他阙门的体量略大、结构较复杂。例如，茂陵东阙门面阔在其四个阙门中最大，阳陵和平陵的考古勘探报告中皆明确东阙门为陵园正门。西汉后期的渭陵、义陵和康陵则出现南阙门体量偏大的情况，如义陵的南阙门面阔和进深较其他阙门为大（表 8–3）。③西汉帝陵墓道规格同样表现出前中期的长陵、阳陵、茂陵、平陵等墓室的东墓道宽度较同陵园其他墓道为大（诸帝陵墓道长度多为钻探长度或封土外出露长度，可比性较小），而“后

① 沈睿文：《唐陵的布局：空间与秩序》，北京：北京大学出版社，2009 年，第 85—91 页。

② 焦南峰、马永赢：《西汉帝陵无昭穆制度论》，《文博》1999 年第 5 期，第 51—58 页。

③ 雷依群：《论西汉帝陵制度的几个问题》，《考古与文物》1998 年第 6 期，第 63—65、49 页。

④ 刘瑞：《昭穆制度与西汉帝陵排序》，《西部考古》2008 年第 3 辑，第 186—196 页。

⑤ 咸阳市文物考古研究所编著：《西汉帝陵钻探调查报告》，北京：文物出版社，2010 年；岳志勇：《西风残照，汉家陵阙——汉景帝阳陵考古新成果》，《文物世界》2000 年第 1 期，第 32—34 页；陕西省考古研究院、咸阳市文物考古研究所等公开发表的汉武帝茂陵、汉元帝渭陵、汉哀帝义陵和汉平帝康陵考古调查、勘探简报。

四陵”中延陵探明的南墓道宽度和长度超乎寻常的偏大（长度100m，宽度平均42.5m），义陵的西墓道和南墓道宽度皆大于东墓道，康陵的北墓道宽度大于其他墓道。唯有渭陵与前期诸陵类似，其东墓道宽度大于其他墓道（表8–4）。

表 8–1　西汉帝陵陵园神道规格体量统计表

陵名	东神道（m）		西神道（m）		南神道（m）		北神道（m）	
	长度	宽度	长度	宽度	长度	宽度	长度	宽度
阳陵	660	20	600	20	480	20	410	20
茂陵	536.6	37	906.2	7.2	206	7.2	443.7	12.5
渭陵	770.0	36	276	10	276	10	914.0	17.5
义陵	674.0	43.5	484.0	41.5	78	63	216	30.5
康陵	450	29.5	147	10.3	235	24.5	354	18

表 8–2　西汉帝陵陵园司马门道规格体量统计表

陵名	东司马门道（m）		西司马门道（m）		南司马门道（m）		北司马门道（m）	
	长度	宽度	长度	宽度	长度	宽度	长度	宽度
阳陵	2500	110	不详	20	2700	40	不详	20
茂陵	2215	76.5	3070	37.5	3120	32	1760	42
渭陵	52	27	127	33	1597	19.5	未发现	

表 8–3　西汉帝陵陵园阙门规格体量统计表

<table>
<tr><th colspan="2">阙门</th><th>阳陵</th><th>茂陵</th><th>平陵</th><th>杜陵</th><th>渭陵</th><th>义陵</th><th>康陵</th></tr>
<tr><td rowspan="3">东阙门</td><td>面阔</td><td>135</td><td>127</td><td rowspan="12">四门门址面阔 100—132m，进深 8m，门道宽 6m</td><td>85</td><td rowspan="12">四门门址面阔 95—107m，进深 14.4—17m，门道宽 4.5—6m</td><td>90.5</td><td>77.8</td></tr>
<tr><td>进深</td><td>20</td><td>16</td><td>20</td><td>13.0</td><td>13.3</td></tr>
<tr><td>门道宽</td><td>不详</td><td>12</td><td>不详</td><td>6.5</td><td>6.3</td></tr>
<tr><td rowspan="3">西阙门</td><td>面阔</td><td>—</td><td>123</td><td>—</td><td>102.3</td><td>35.8</td></tr>
<tr><td>进深</td><td>—</td><td>11</td><td>—</td><td>13.0</td><td>15.0</td></tr>
<tr><td>门道宽</td><td>—</td><td>10.7</td><td>—</td><td>6.5</td><td>4.8</td></tr>
<tr><td rowspan="3">南阙门</td><td>面阔</td><td>135</td><td>87.8</td><td></td><td>133.8</td><td>43.6</td></tr>
<tr><td>进深</td><td>20</td><td>14.4</td><td>—</td><td>13.7</td><td>13.8</td></tr>
<tr><td>门道宽</td><td>5.5</td><td>14.2</td><td>—</td><td>不详</td><td>不详</td></tr>
<tr><td rowspan="3">北阙门</td><td>面阔</td><td>—</td><td>126.8</td><td>—</td><td>86.4</td><td rowspan="3">不详</td></tr>
<tr><td>进深</td><td>—</td><td>17.3</td><td>—</td><td>12.8</td></tr>
<tr><td>门道宽</td><td>—</td><td>8.4</td><td>—</td><td>不详</td></tr>
</table>

表 8–4 西汉帝陵墓道规格、陵园形状统计表

陵名		东墓道（m）		西墓道（m）		南墓道（m）		北墓道（m）		陵园形制
		长度	宽度	长度	宽度	长度	宽度	长度	宽度	
长陵	东陵	150	34.5	未探明		96	17.5	58	19.5	—
	西陵	170	41	未探明		28	27	32	25.0	
安陵		未探明		60	20	108	28.5	未探明		—
霸陵		未探明								—
阳陵		69	20	21	11.5	17	7.8	23.1	9.5	—
茂陵		21	12.5	8	8.3	13.7	9.4	14	8.4	近方形
平陵	东陵	66.0	21.5	76	12	60	18	51	10.5	方形
	西陵	57	17.0	未探明						
杜陵		20	8	20	8	20	8	20	8	—
渭陵		13.5	9.4	3.3	3.57	6.0	4.1	8.0	5.5	方形
延陵		未发现				100	42.5	未发现		—
义陵		20.0	10.6	29	19.5	5.6	7.8	14	11.6	方形
康陵		21.0	7.5	7.0	6.8	15	7.5	14.5	8.1	近方形

表 8–1—表 8–4 中数据来源：咸阳市文物考古研究所编著：《西汉帝陵钻探调查报告》，北京：文物出版社，2010 年；陕西省考古研究院、咸阳市文物考古研究所、茂陵博物馆：《汉武帝茂陵考古调查、勘探简报》，《考古与文物》2011 年第 2 期，第 3—13 页；陕西省考古研究院、咸阳市文物考古研究所：《汉元帝渭陵考古调查、勘探简报》，《考古》2013 年第 11 期，第 22—34 页；陕西省考古研究院、咸阳市文物考古研究所：《汉哀帝义陵考古调查、勘探简报》，《考古与文物》2012 年第 5 期，第 18—27 页；陕西省考古研究院、咸阳市文物考古研究所：《汉平帝康陵考古调查、勘探简报》，《文物》2014 年第 6 期，第 50—63 页；岳志勇：《西风残照，汉家陵阙——汉景帝阳陵考古新成果》，《文物世界》2000 年第 1 期，第 32—34 页

综合上述，倘若以西汉帝陵的墓道、神道、司马门道和阙门的体量为依据，得出“西汉帝陵可能均是坐西面东的”“汉代帝陵的正门基本上都是东向”[①]的结论，依据是不够充分的，甚至可以说是牵强的。最起码西汉后期“四陵”（渭陵、延陵、义陵和康陵）出现了“坐北朝南”的变化趋势。这一点，在新近发表的有关西汉帝陵考古调查和勘探简报中有所揭示。例如，西汉中期的阳陵、茂陵，陵园均为东西向长方形，其长宽比大致为 20∶14。而渭陵的陵园虽然依旧是东西向长方形，但长宽比变为 18∶16（义陵陵园长宽比为 18.5∶15.4），近于方形。加之渭陵的南司马门道远远长于其他司马门道，陪葬墓也大多分布于陵园南侧。这些差异应非偶然，可能预示着西汉晚期帝陵形制的某种变化。[②]

① 雷依群：《论西汉帝陵制度的几个问题》，《考古与文物》1998 年第 6 期，第 63—65、49 页。

② 陕西省考古研究院、咸阳市文物考古研究所：《汉元帝渭陵考古调查、勘探简报》，《考古》2013 年第 11 期，第22—34 页；陕西省考古研究院、咸阳市文物考古研究所：《汉哀帝义陵考古调查、勘探简报》，《考古与文物》2012 年第 5 期，第 18—27 页。

康陵的形制布局与结构均发生了巨大变化。首先，陵园方向发生变化。康陵陵园由东西向长方形变为南北向长方形，而且仅在大陵园南侧开有一门，其陵园可能由原来的坐西面东变为坐北面南。[①] 因此，所谓“坐西面东”并非西汉帝陵的通制。

4. 古代地理方位观及西汉帝陵朝向

我国古代，尤其汉代人的地理方位观中，“天圆地方”“南北东西”“前后左右”基本是固定不变的。也就是说，“东”方指代“左”、“西”方指代“右”、“南”方指代“前”、“北”方指代“后”恒定不变。从考古资料及史籍文献中常见的“前（南）朱雀”“后（北）玄武”“左（东）青龙”“右（西）白虎”可以得到印证。[②] 此外，汉初张良劝议高祖刘邦“都关中”时说：“夫关中左肴函，右陇蜀，沃野千里，南有巴蜀之饶，北有胡苑之利，阻三面而守，独以一面东制诸侯。”[③] 东汉班固的《西都赋》描述关中：“左据函谷、二崤之阻，表以太华、终南之山。右界褒斜、陇首之险，带以洪河、泾、渭之川。众流之隈，汧涌其西。华实之毛，则九州之上腴焉。……。”[④]又如西汉武帝时的《盐铁论》曰：“秦左殽、函，右陇阺，前蜀汉，后山河，四塞以为固，金城千里。”[⑤] 从这些记述不难看出，先秦至两汉时期，以“左”指东、以“右”指西几乎是惯用的地理方位观。东汉文学家、科学家张衡的《西京赋》：“汉氏初都，在渭之涘，秦里其朔，实为咸阳。左有崤函重险、桃林之塞。缀以二华，巨灵赑屃，高掌远跖，以流河曲，厥迹犹存。右有陇坻之隘，隔阂华戎，岐梁汧雍，陈宝鸣鸡在焉。于前终南太，隆崛崔萃，隐辚郁律。连冈乎嶓冢，抱杜含鄠，欱沣吐镐，爰有蓝田珍玉，是之自出。于后则高陵平原，据渭踞泾。澶漫靡迤，作镇于近。”[⑥]将西汉都城长安东（左）、西（右）、南（前）、北（后）四方的地理形胜、山川地貌和物产描述得淋漓尽致。

先秦乃至秦汉时期，都城、宫殿和陵寝等大型建筑的坐落，以其中心基点所说的地理方位“左”与“右”似乎与其“正门朝向”关系不大，而始终与“左（东）青龙”“右（西）白虎”“前（南）朱雀”“后（北）玄武”相一致。[⑦]

我国地处北半球的中、低纬度地区，冬季盛行冷干性的偏北风，夏季盛行湿热性的偏南风。这样的季风型气候特征造就了我国自古以来，尤其是北方黄河流域广大地区的房屋、

① 陕西省考古研究院、咸阳市文物考古研究所：《汉平帝康陵考古调查、勘探简报》，《文物》2014年第6期，第50—63页。

② 咸阳市博物馆：《汉景帝阳陵调查简报》，《考古与文物》1980年第1期，第2页。

③《史记》卷55《留侯世家》，第1632页。

④（汉）班固：《西都赋》，陈宏天，赵福海，陈复兴主编：《昭明文选译注》，长春：吉林文史出版社，1988年，第18页。

⑤ 马百非注释：《盐铁论校注·险固第五十》，北京：中华书局，1984年，第357页。

⑥（梁）萧统编，（唐）李善注：《昭明文选》卷2《京都上·西京赋》，北京：中华书局，1981年。

⑦（汉）班固：《西都赋》，陈宏天，赵福海，陈复兴主编：《昭明文选译注》，长春：吉林文史出版社，1988年，第85页。

宫殿等建筑，以及孕育华夏民族的黄土高原早期的窑洞皆是朝南，冬季可背风朝阳，夏季可迎风纳凉，因而产生和形成于此种地理环境的中国文化具有南面特征，或者说是一种南面文化。[①] 例如，中国古代天文学将天上星象分为青龙（东）、白虎（西）、朱雀（南）和玄武（北）四宫和中宫，天文星图的方位坐标是面南的“仰观天文”所绘。中国古代地理学中早期地图绘制遵循上南下北、左西右东的方位观，也是面南的“俯察地理”而得。《易经·说卦传》：“圣人南面而听天下，向明而治。”[②]《礼记》：天子负南向而立。[③] 足见，南面意味着皇位官爵，是权力和尊严的象征。中国古代帝王（天子）、诸侯、卿大夫及州府官员等升堂都是坐北朝南；历代都城、皇宫殿堂、官府衙门和庙宇均是南向（南北向中轴线）的，这些已为考古发掘资料所证实，而且先秦以降的大型帝王陵寝大多以南向为主，西汉帝陵亦不例外。

西汉诸陵陵园皆有南北向中轴线。“天子之墓，有法象其宫室之意，核心部分法象其朝寝”（西汉都城及其宫殿皆朝南）；西汉帝陵大陵区所在的咸阳原背山面水，以此种地形格局，只能从西南的设计诸方面加以论证。[④] 如果再考虑到西汉诸陵与都城的关系，其不仅是“宜葬国都之北”，而且是形成对都城长安的拱卫之势。所以，渭北咸阳原主（祖）陵区的西汉帝陵应当是以面南为其主要方向的，而因特殊原因退出主陵区，位处都城长安东南白鹿原的文帝霸陵和杜东原的宣帝杜陵应该均为北向设置的。[⑤]

在弄清了汉代的地理方位观及西汉帝陵的朝向之后，再来考察渭北咸阳原上呈一字形排布的西汉 9 陵及太上皇陵，会发现其相对位置是高祖长陵在太上皇万年陵的右（西）边、景帝阳陵位在长陵的左（东）边，并非“前”边，惠帝安陵位在长陵的右（西）边，并不是处在长陵的“后”边，其他帝陵之间的相对位置依此类推。[⑥]

5. 西汉帝陵空间排列中的昭穆制

（1）西汉帝陵布局的昭穆规则。西汉帝陵的空间布局关系可以确定其存在着昭穆制度。特别是渭北咸阳原主陵区帝陵的理想布局，当是以始祖居中面南为昭，然后在其东西，依左昭右穆之礼，按父子辈分相排，如果父为昭，子就为穆，孙复为昭，以下类推，且左为昭，右为穆。陪葬墓多位于东司马道南北两侧。[⑦]

---

① 冯晓娜：《生态建筑学中传统风水理论的理性表达》，《江西建材》2018 年第 2 期，第 36、38 页。

② （清）陈梦雷：《周易浅述》，上海：上海古籍出版社，1983 年，第 270 页。

③ 林觥顺：《礼记我读》，北京：九州出版社，2006 年，第 59 页。

④ 秦建明、姜宝莲：《西汉帝陵的昭穆与陵位探》，《文博》2002 年第 2 期，第 31—37 页。

⑤ 秦建明、姜宝莲：《西汉帝陵的昭穆与陵位探》，《文博》2002 年第 2 期，第 31—37 页。

⑥ 雷百景、李雯秦：《西汉帝陵昭穆制度再探讨》，《文博》2008 年第 2 期，第 48—51 页。

⑦ 秦建明、姜宝莲：《西汉帝陵的昭穆与陵位探》，《文博》2002 年第 2 期，第 31—37 页。

（2）西汉帝陵的分区。西汉帝陵的分布，首先以渭河为界划分为渭北咸阳原主陵区（祖陵区）和渭河以南的南陵区（包括文帝霸陵和宣帝杜陵）。前者堪称西汉帝陵大陵区（包含西起茂陵、东至阳陵的 9 座帝陵）。考虑诸陵之间空间和年代接近性，又可将其划分为三个陵区：西汉早期高祖长陵、惠帝安陵、景帝阳陵均位于咸阳原大陵区东部，且三陵年代较为接近，可称为东陵区（以长陵为祖陵）；武帝茂陵、昭帝平陵位于咸阳原大陵区西端，二者年代接近，称之为西陵区（以茂陵为祖陵）；西汉晚期的元帝渭陵、成帝延陵、哀帝义陵、平帝康陵（即“后四陵”）均位于咸阳原主陵区中部，划分为中陵区（以渭陵为祖陵）。[①]

（3）西汉帝陵空间排列的昭穆制。根据以上西汉帝陵分区，首先讨论渭北咸阳原主陵区各分区帝陵空间布局中的昭穆之序。①在东陵区中，高祖长陵居于正中，西是惠帝安陵，东是景帝阳陵，分别距长陵 3.5km 和 5.9km。从三座陵墓墓主的辈分上看，高祖为父，惠帝、景帝分别为子、孙，正与昭穆制度吻合，且这三座帝陵恰好位于汉长安城之北，与京师隔渭河相望，符合帝陵位于都城北部的历史传统。需要说明的是，汉高祖长陵虽为东陵区的祖陵（昭位）。然而，其陵位却是以汉太上皇陵（刘邦父刘湍墓）为始祖（昭位），则高祖长陵应属穆位，位于太上皇陵右（西）侧。也就是说，高祖长陵具有双重性质，相对于太上皇（陵）是子（右穆位），而在渭北东陵区处于祖位（昭位）。惠帝安陵则属穆位居其右（西）侧，景帝阳陵属昭位居左（东）侧，即“左昭右穆”。②在西陵区中，武帝茂陵位处西侧（整个渭北主陵区的西端），昭帝平陵位于茂陵东侧、西距茂陵 6.5km。据汉韦玄成所列元帝之前诸帝昭穆序列，西汉十一帝的昭穆排行顺序应当是：

昭位：景帝、昭帝、宣帝、成帝
穆位：惠帝、文帝、武帝、元帝、哀帝、平帝

这样，昭帝平陵和武帝茂陵正好符合“左昭”“右穆”之制。[②]这里仍需说明葬于茂陵的汉武帝是继惠帝刘盈之后的“穆位”皇帝，理应葬于惠帝安陵的西邻。可能因为汉文帝时在阳陵陵区东邻地带建立了“渭阳五庙”，加之阳陵以东咸阳原区地域狭小，临近泾水与渭水的交会处。阳陵陪葬墓最东端已达原的尽头马家湾，陵邑更是位于泾河河谷地带的米家崖。[③]武帝虽位列穆位，但后世位列昭位子孙的陵区却在东边已无发展空间，

① 邸楠：《西汉帝陵布局浅析》，《榆林学院学报》2007 年第 1 期，第 30—35 页。
② 秦建明、姜宝莲：《西汉帝陵的昭穆与陵位探》，《文博》2002 年第 2 期，第 31—37 页。
③ 咸阳市博物馆：《汉景帝阳陵调查简报》，《考古与文物》1980 年第 1 期，第 2 页。

武帝另选陵址的原因当在于此。[①] 况且，武帝刘彻是一位雄才大略、颇具个性的封建君主，为了避其祖父文帝所建“五帝庙”之讳，也为了其后代子孙们有更为宽阔的茔地，便将自己的寿陵选定和营筑在远离惠帝安陵更西方向的槐里茂乡一带，从而为后世子孙在安陵以西、茂陵以东辟留出东西长达 25km 多的茔域。③在中陵区，若以元帝渭陵为祖陵（昭位），成帝延陵属右穆位、居于其右（西）侧，哀帝义陵属左昭位、居其左（东侧）。三人按辈分分别为父、子、孙。据《汉书》记载，“孝成皇帝，元帝太子也”，哀帝虽不是成帝子，但“孝哀皇帝，元帝庶孙”，成帝无嗣，生前即“使执金吾任宏守大鸿胪，持节征定陶王（哀帝），立为皇太子”。因此，中陵区三座帝陵的空间排位，同东陵区三陵（高祖长陵、惠帝安陵和景帝阳陵）十分相似（元帝渭陵具有双重性质），基本符合“左昭右穆”的制度。但是，中陵区的平帝康陵位于元帝渭陵与成帝延陵之间，且略偏北。按辈分平帝与哀帝同辈（同属昭位），其陵位同昭穆制度格格不入。平帝刘衎是西汉末代皇帝，在位五年（九岁即位），“太皇太后临朝，大司马（王）莽秉政，百官总己以听于莽”，其死因不明不白，葬于康陵，王莽遂代汉立新。营建于这一背景下的康陵不仅陵位不符合昭穆制度，其陵园形制出现康陵除了内、外陵园之外，还用一条闭合的围沟（打破康陵陵园东墙）将王皇后的陵园、汉平帝陵园界围起来。而且，王皇后陵有自己单独的两重陵园，均打破康陵陵园东墙等殊异现象。[②]

综上所述，西汉帝陵的空间排布基本符合昭穆之序（表 8–5）。但有几个问题需要说明：①长陵和平陵陵园各有大小相若的两个陵冢，致使有关该两个陵园中帝陵和后陵的位置长期存在争议。从最新的考古调查和勘探资料来看，平陵陵园中“汉昭帝陵园位于平陵陵园中部略偏东南的位置”[③]是基本一致的结论。这样一来，平陵园中后陵的位置显然与昭位皇后陵位置不一致，这可能与霍光朝时“光不学亡术，暗于大理”有关。而有关长陵陵园中帝陵的位置学界观点还不尽一致。从西汉帝陵遵循昭穆之制出发，并依据咸阳考古研究所的勘探资料，界定长陵陵园中东陵为汉高祖陵。[④] ②延陵、义陵和康陵陵园中的皇后陵陵园亦曾存有争议，甚至认为该三座陵园中因皇后曾经被废而未必陪葬帝陵，等等。[⑤] 根据西汉帝陵大遗址保护考古项目成果，确定该三座陵园皆为双重陵

---

① 邸楠：《西汉帝陵布局浅析》，《榆林学院学报》2007 年第 1 期，第 30—35 页。

② 陕西省考古研究院、咸阳市文物考古研究所：《汉平帝康陵考古调查、勘探简报》，《文物》2014 年第 6 期，第 50—63 页。

③ 咸阳市文物考古研究所编著：《西汉帝陵钻探调查报告》，北京：文物出版社，2010 年；陕西省考古研究院：《2013 年陕西省考古研究院考古发掘调查新收获》，《考古与文物》2014 年第 2 期，第 3—23 页。

④ 咸阳市文物考古研究所编著：《西汉帝陵钻探调查报告》，北京：文物出版社，2010 年。

⑤ 刘卫鹏：《秦孝文王寿陵位置蠡测》，陕西省社会科学界联合会：《秦俑博物馆开馆三十周年国际学术研讨会暨秦俑学第七届年会论文》，西安：秦俑博物馆开馆三十周年国际学术研讨会暨秦俑学第七届年会，2009 年，第 261—267 页；咸阳市文物考古研究所编著：《西汉帝陵钻探调查报告》，北京：文物出版社，2010 年。

垣的形制，其中孝成许皇后位于所陪葬帝陵的西北、孝哀傅皇后位于所陪葬帝陵的东北、孝平王皇后的陵园位于所陪葬帝陵的东南。[①] 其中汉平帝康陵的陵位及其后陵相对于帝陵的摆置皆不符合昭穆之序，可能与西汉末“大司马（王）莽秉政”有关。③文帝霸陵和宣帝杜陵位处汉都城长安的南面，二者皆面北而设，若将其转为南向并分别置于渭北陵区的安陵和茂陵之西（右），则霸陵和杜陵同样都是穆位布局。[②] ④渭北咸阳原主陵区划分为以长陵、茂陵和渭陵分别为祖陵、按昭穆之序排列的三个子系统，其本质是为了适应不同时期地域的限制而采用的三种不同的帝陵布局方案。当以昭穆之序不能入葬咸阳原祖陵区时，则葬入长安城南的南陵区，作为渭北主陵区的补充。汉元帝以前，由于未实行宗庙迭毁制，宗庙不涉及昭穆之序，使西汉帝陵一直存有争议。这可能与长期以来以高祖长陵为西汉帝陵系统唯一的祖陵（祖穴）有关。如果摒弃将开国皇帝视为万世不更”的太祖，而是“在同一陵区中，辈分最高者的陵寝应即是该陵区的祖陵（祖穴）。[③] 那么，在渭北西汉帝陵的每一个祖陵体系内昭穆之序却是规整而有规律的。昭穆制是我国古代宗法制度的基础，更是以宗法制为立国之本的封建帝国统治的核心基石。西汉帝陵所体现出来的这种昭穆关系正是宗法思想在地下王朝的集中表现，其所能体现的更深层次的意义还有待进一步的探索和研究。

表 8-5　西汉帝陵与后（妃）陵的昭穆位次表

分期	渭河南陵区	咸阳原主陵区		
		穆位	祖位	昭位
Ⅰ	■ ● 霸陵	● ▬ 长陵 ● ▬ 安陵	● ▬ 万年陵 ● ▬ 长陵	▬ ● 阳陵
Ⅱ	■ ● 杜陵	● ▬ 茂陵	● ▬ 平陵	——
Ⅲ	——	■ ● 康陵 ● ▬ 延陵	● ▬ 渭陵	▬ ● 义陵
北 ⇧		注：● 后（妃）陵；▬ 帝陵；Ⅰ早期；Ⅱ中期；Ⅲ 晚期		

① 陕西省考古研究院、咸阳市文物考古研究所：《汉哀帝义陵考古调查、勘探简报》，《考古与文物》2012 年第 5 期，第 18—27 页；陕西省考古研究院、咸阳市文物考古研究所：《汉平帝康陵考古调查、勘探简报》，《文物》2014 年第 6 期，第 50—63 页。

② 秦建明、姜宝莲：《西汉帝陵的昭穆与陵位探》，《文博》2002 年第 2 期，第 31—37 页。

③ 沈睿文：《唐陵的布局：空间与秩序》，第 85—91 页。

至于西汉南陵区的文帝霸陵和宣帝杜陵，二者皆退出渭北主陵区另辟陵地，其中缘由亦是与昭穆制有关。因为“文帝刘恒与先帝惠帝刘盈辈分相同，同属穆位”，而“宣帝是先帝昭帝的孙辈，虽为隔辈继承，但二人同属昭位”，对于文帝和宣帝来说，先帝皆已入葬咸阳原祖陵区，受昭穆制度的约束，二帝皆“不得已而为之”，各自另选陵地。文帝选定背依白鹿原、北向临灞水的陵地，并“依山为陵”；宣帝选中少年时代乐游之地且地势南高北低、傍浐水的杜东原作为陵地。其中不排除文、宣二帝的个人好恶。① 在古人心目中，该两处陵地也称得上是绝佳的风水宝地。

（4）帝、后陵的相对位置及其与祖陵的关系遵循昭穆制。西汉帝陵属于帝、后“同茔异穴”合葬制。早期的高祖长陵和惠帝安陵为帝、后同陵园异穴合葬，其后诸陵为帝、后各设陵园的双重陵垣制（文帝霸陵例外，仅建后陵陵垣）。帝、后陵相对位置出现两种模式：“帝东后西”与“帝西后东”。② 实际上，西汉诸陵帝、后陵的相对位置及其与祖陵的空间关系是遵循昭穆制的，即“皇后之陵位于帝陵的外后侧，如帝为昭，则位于其东北（帝西后东）；帝为穆，则位于其西北（帝东后西）”③。按照《周礼》“左昭右穆”之制，昭位的皇后陵绝不会置于昭位帝陵之右（西），反之亦然。也就是说，帝陵靠近祖陵，而后陵则较之帝陵离祖陵稍外而远，这是皇后从属于皇帝的地位决定的。④

二、唐代帝陵的空间布局与昭穆制

（一）唐代帝陵的空间分布研究

迄今有关唐代帝陵空间分布研究的成果不是很多，却在唐陵空间序列是否遵循昭穆制的问题上存在争论和分歧。一种观点认为关中（唐代）诸陵的排列带有很大的随意性，没有遵循昭穆关系。如有认为关中唐代帝陵“以唐都长安为中心，东连泰陵，西连乾陵，可形成一个 102°的扇面，东西长 140 公里，总面积将近 3000 平方公里，分布的地理范围相当广大”，“这些陵墓在排列上没有什么顺序，看不出有什么明显的昭穆关系”⑤。另一种观点，“仔细解析唐代关中诸陵的安排，不难发现却有一定的原则”。关中唐陵

① 焦南峰、马永嬴：《西汉帝陵选址研究》，《考古》2011 年第 11 期，第 76—82 页。
② 咸阳市文物考古研究所编著：《西汉帝陵钻探调查报告》，第 179—181 页。
③ 秦建明、姜宝莲：《西汉帝陵的昭穆与陵位探》，《文博》2002 年第 2 期，第 31—37 页。
④ 朱峰、杜忠潮：《论西汉帝陵位次排列中的昭穆制度》，《咸阳师范学院学报》2015 年第 1 期，第 25—30 页。
⑤ 王双怀：《关中唐陵的地理分布及其特征》，《西安联合大学学报》2001 年第 1 期，第 63—66 页。

的陵位排列既体现出对“北魏北邙瀍西陵地布局的模仿”，亦表现为玄宗泰陵以后对西汉帝陵秩序的摹写，实即对周礼昭穆制度的崇奉。①笔者以为，仅从关中唐代帝陵在乾陵（东经 108°13′，北纬 34°34′）、东至泰陵（东经 109°39′，北纬 35°02′）的范围内，呈一斜线展开，而且相邻帝陵之间墓主的血缘辈分貌似随意布局的现象，而认为“这些陵墓在排列上没有什么顺序，看不出有什么明显的昭穆关系”，似有武断之嫌。后一种观点很值得进一步探析。

（二）唐代帝陵的空间分布基线

关中唐代“十八座陵墓都分布在首都长安以北的渭北地区（跨乾县、礼泉、泾阳、三原、富平和蒲城六个县区）。具体些说，分布在东经 108°13′至 109°39′，北纬 34°34′至 35°03′的范围之内”②。基于前人的研究，笔者根据各帝陵陵位的经纬度数列（换算为十进制），借助 Excel 2007 系统的“图表工具”生成关中地区唐代帝陵陵位分布图（散点图）及其空间分布趋势线（基线，图 8–2），并借助现代地图（百度地图），对关中“唐十八陵”西起乾陵、东至泰陵，按相邻帝陵之间的直线距离进行测距并计算了二者之间的经纬度差异（表 8–6）。从中可以看出：

（1）关中地区唐十八陵地理位置的纬度差为 0°29′，经度差为 1°26′；空间上相邻帝陵地理位置的纬度差最大为 11′，最小为 0′，平均为 1′46″；相邻帝陵经度差最大为 16′，最小为 0′，平均为 5′07″；相邻帝陵的间距最大为 26km，最小为 3.5km，平均 14.5km。剔除三原县境内庄陵、端陵、献陵与富平境内简陵、元陵、章陵、定陵和丰陵之间的南北向间距，唐代 18 帝陵相邻陵位东西向平均间距为 8.82 km。考虑到唐代帝陵陵园的规模和形制，从整体上看，唐代帝陵在地理空间上是相对聚集的。

表 8–6　关中地区唐陵的地理经纬度位置及其差距统计表

陵名	纬度	纬度差	经度	经度差	距离（km）
乾陵	34°34′	—	108°13′	—	—
靖陵	34°34′	0°00′	108°16′	0°03′	4.5
建陵	34°37′	0°03′	108°26′	0°13′	15.5
昭陵	34°38′	0°01′	108°28′	0°02′	5.0
贞陵	34°43′	0°05′	108°39′	0°11′	19.0
崇陵	34°41′	0°02′	108°50′	0°11′	20.0

① 沈睿文：《唐陵的布局：空间与秩序》，第 85—91 页。

② 王双怀：《关中唐陵的地理分布及其特征》，《西安联合大学学报》2001 年第 1 期，第 63—66 页。

续表

陵名	纬度	纬度差	经度	经度差	距离（km）
庄陵	34°43′	0°02′	109°01′	0°11′	23.5
简陵	34°54′	0°11′	109°03′	0°02′	21.0
元陵	34°53′	—0°01′	109°05′	0°02′	3.5
端陵	34°42′	—0°11′	109°05′	0°00′	20.0
章陵	34°53′	0°11′	109°07′	0°02′	20.5
献陵	34°42′	—0°11′	109°08′	0°01′	20.5
定陵	34°52′	0°10′	109°08′	0°00′	18.0
丰陵	34°56′	0°04′	109°12′	0°04′	9.0
桥陵	34°59′	0°03′	109°28′	0°16′	26.0
景陵	35°01′	0°03′	109°31′	0°03′	4.0
光陵	35°03′	0°02′	109°34′	0°03′	7.0
泰陵	35°02′	—0°01′	109°39′	0°05′	9.5

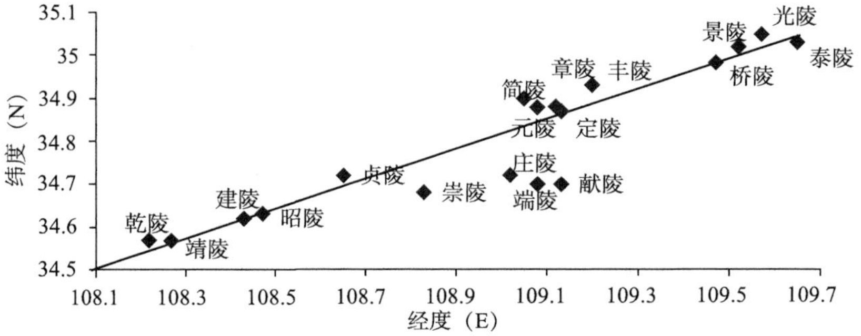

图 8–2 关中地区唐陵空间分布基线

（2）关中地区唐十八陵呈一斜线展布已成为熟识，其实则是沿着一条地理空间基线分布的。该空间分布基线是为通过昭陵（礼泉县九嵕山峰顶）与桥陵（蒲城县丰山峰顶）的连线及其延长线，并与纬线成 19°25′交角或与经线成 70°35′交角。从关中唐十八陵的分布与该基线的关系看，除昭陵和桥陵之外，泰陵、景陵、定陵、章陵、贞陵、建陵、靖陵和乾陵基本贴近该基线，距离该基线较近的还有光陵、章陵和元陵，稍为远离该基线的有简陵、崇陵、庄陵、端陵和献陵。[①] 因此，这条地理空间基线颇为耐人寻味，在东西延绵 150km 的范围内，串缀了不同时期、不同营造方式（依山为陵和堆土为陵）的 18 座帝陵，特别是唐代 14 座依山陵中的 12 座皆贴近该基线。

① 以连接昭陵和桥陵陵位点的连线为斜边作直角三角形，并以该两个陵位点的经度差 1°11′（本地区同纬度线上经度相差 1′，空间直线距离约为 1.5km）和纬度差 22′（本地区同经度线上纬度相差 1′，空间直线距离约为 1.8km）。从而可求得该唐陵空间分布基线与纬线之间夹角为 19°25′或与经线之间夹角为 70°35′。

这究竟是大自然的造化，抑或是人为的刻意设计，很值得进一步探究。

（3）从各相邻帝陵经度差来看，在唐陵所分布的6个县中，各县境内帝陵之间经度差较小，如乾县境内乾陵与靖陵（经度差3′）、礼泉县境内建陵与昭陵（经度差为5′）、三原县境内庄陵、端陵和献陵（经度差3′—4′）、富平县境内五陵（彼此间平均经度差1′—4′）和蒲城县境内桥陵、景陵、光陵和泰陵（相邻陵位经度差3′—5′），皆呈小集聚特征。其中泾阳县境内贞陵和崇陵例外，二者之间经度差达到11′，直线距离20km。若以各县境内的帝陵为聚集组，则帝陵聚集组的组间距（自西而东）：乾县组与礼泉组为15.5km，经度差13′；礼泉组与泾阳组为19.0km，经度差11′；泾阳组与三原组为23.5km，经度差11′；三原组与富平组为21 km（南北向距离），经度差2′；富平组与蒲城组为26km，经度差16′。显然，关中唐陵以县域为单元（聚集）组的组内相对聚集和组间相对分散的特征较为明显。

（4）从各相邻帝陵的纬度差考察，三原县的庄陵、端陵、献陵组和富平县简、元、章、定、丰陵组纬度差10′—11′，表现出明显的纬度差之外，其余的唐陵相邻陵位的纬度差较小，如三原县及其以西诸陵相邻陵位平均纬度差1.8′，富平县与蒲城县诸陵相邻陵位平均纬度差1.5′。这似乎印证了关中唐18陵的地理空间布局基线的存在。

（三）唐代帝陵空间排布的昭穆序列

中国古代关于宗庙和墓葬位次排列的昭穆制是随着时间推移而发展变化的。

早期《周礼·春官》记载："冢人掌公墓之地，辨其兆域而为之图，先王之葬居中，以昭穆为左右（左昭右穆）。"[①]至宋元时期《图解校正地理新书》和《大汉元陵秘葬经》等分别记载有"昭穆贯鱼葬"制。如《图解校正地理新书·步地取吉穴》卷一三载："昭穆亦名贯鱼者，谓左穴在前，右穴在后，斜而次之如条穿鱼之状也。又礼曰：冢人奉图先君之葬，均居其中，昭穆居左右也。"[②]"昭穆亦名贯鱼。入先茔内葬者，即左昭右穆如贯鱼之形……惟河南、河北、关中、陇外并用此法"[③]（图8–3）。《大汉原陵秘葬经·辨八葬法篇》："凡葬者，阡陌平原，昭穆鱼贯葬大吉。余者先吉后凶，不可用之。"[④]据以上记述，古代昭穆贯鱼葬制主要流行于黄河流域的平原河谷地区，如关中平原、华北平原等。

① 杨天宇：《周礼译注》，第322页。

② 王洙等：《图解校正地理新书》卷13，第394页。

③ 王洙等：《图解校正地理新书》卷13，第390页。

④《永乐大典》卷8199《大汉原陵秘葬经》十九庚《陵》，第3823页。

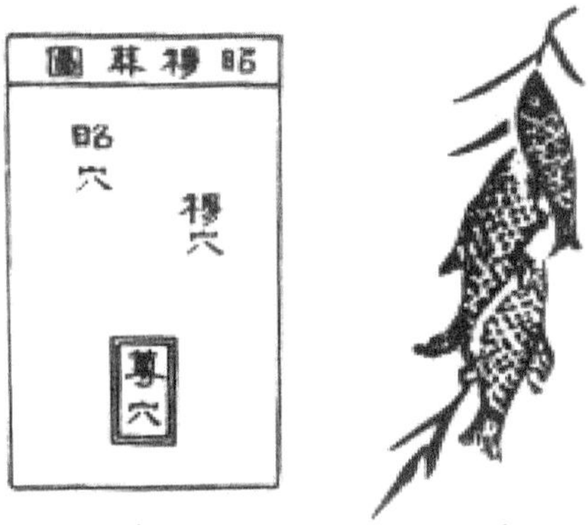

1　　2

（1）《地理新书》昭穆葬图；（2）宋妇人研鲙画砖中的以条穿鱼之状

图 8–3　昭穆葬与贯鱼图

（资料来源：沈睿文：《唐陵的布局：空间与秩序》，北京：北京大学出版社，2009 年，第 84 页）

据考证和研究，关中唐陵区“以景皇帝为始祖”，即以永康陵（景皇帝李虎墓）为陵区的祖陵。[①] 而且，唐陵的排列次序及其变化是中古以来的族葬制度、昭穆贯鱼葬综合影响的结果，它源于唐王朝在泰陵以前对北魏北邙陵墓的摹写和泰陵之后对西汉帝陵陵地秩序表面结构的采用。

基于此研究成果和思路，对比关中地区唐代帝陵的空间分布序列和血缘辈分系列（表 8–7），考虑在同一陵区中，辈分最高者的陵寝即应是该陵区的所谓祖陵（祖穴）[②]，并将这一规则应用于唐代关中陵区的不同分组中，便不难发现，关中地区唐代帝陵（包括其祖陵永康陵和兴宁陵）的空间排列并非随意杂乱，而是有一定规律，并体现和遵循古代昭穆（贯鱼）葬制和帝王聚族葬制的。其总体布局的空间秩序见表 8–8：

表 8–7　关中唐代帝陵继位辈分及空间序位表

陵名	皇帝名号	继位辈分	空间序位	陵名	帝名序号	继位辈分	空间序位
永康陵	景皇帝	—	8	元陵	代宗李豫	父子	13
兴宁陵	元皇帝	父子	6	崇陵	德宗李适	父子	7
献陵	高祖李渊	父子	11	丰陵	顺宗李诵	父子	16
昭陵	太宗李世民	父子	4	景陵	宪宗李纯	父子	18
乾陵	高宗李治	父子	1	光陵	穆宗李恒	父子	19
	武则天			庄陵	敬宗李湛	父子	9
定陵	中宗李显	父子	14	章陵	文宗李昂	兄弟	15
桥陵	睿宗李旦	兄弟	17	端陵	武宗李炎	兄弟	10
泰陵	玄宗李隆基	父子	20	贞陵	宣宗李忱	叔侄	5

① 沈睿文：《唐陵的布局：空间与秩序》，第 85—91 页。

② 沈睿文：《唐陵的布局：空间与秩序》，第 85—91 页。

续表

陵名	皇帝名号	继位辈分	空间序位	陵名	帝名序号	继位辈分	空间序位
建陵	肃宗李亨	父子	3	简陵	懿宗李漼	父子	12
—	—	—	—	靖陵	僖宗李儇	父子	2

表 8-8 关中唐代帝陵空间分布的昭穆（贯鱼）秩序表

<table>
<tr><th>组别</th><th>右穆位（西）</th><th>祖位（中心）</th><th>左昭位（东）</th><th>备注</th></tr>
<tr><td>第Ⅰ组</td><td>■ 兴宁陵</td><td>■ 永康陵</td><td>■ 献陵</td><td rowspan="2">■ 堆土为陵
▲ 依山为陵</td></tr>
<tr><td>第Ⅱ组</td><td colspan="3">▲ 乾陵 ▲ 昭陵 ■ 献陵 ▲ 定陵 ▲桥陵 ▲泰陵</td></tr>
<tr><td>第Ⅲ组</td><td colspan="3">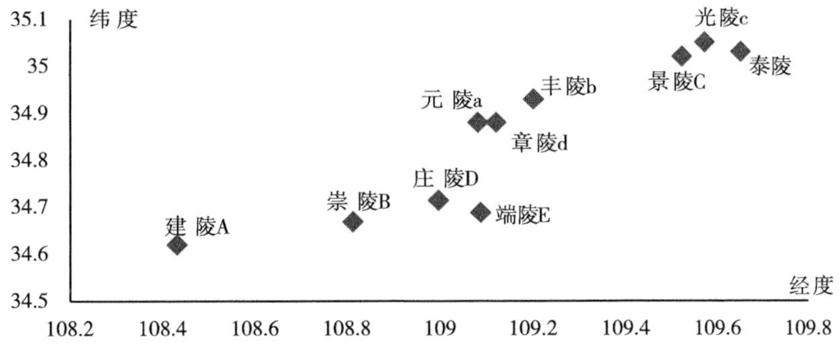
</td><td rowspan="2">◆陵位
A、B、C、D、E、F、G 表示昭位；a、b、c、d、f 表示穆位

北
西 东
南</td></tr>
<tr><td>第Ⅳ组</td><td colspan="3">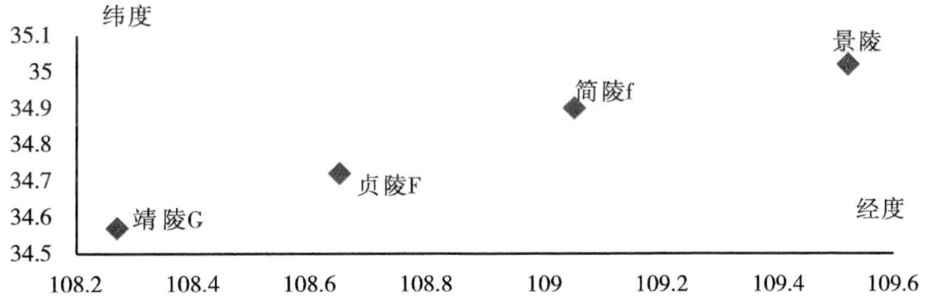
</td></tr>
</table>

第Ⅰ组：以永康陵为中心（祖陵），兴宁陵（李昺墓）居右前方，献陵（李渊墓）居左前方。该二座陵的墓主以祖陵李虎辈分最高（尊位或昭位），兴宁陵墓主为李虎子李昺居右穆位，献陵墓主李渊为李虎孙居左昭位，完全遵循“先王之葬居中，以昭穆为左右（左昭右穆）”的昭穆制度。

第Ⅱ组：献陵、昭陵、乾陵、定陵、桥陵和泰陵为族葬方式，即以献陵为中心（祖位），昭陵、乾陵依次在右侧方，定陵、桥陵和泰陵依次在左侧方。该六座帝陵基本属于初唐和盛唐所建造，按继位顺序，为唐代前九位皇帝（高宗李治与女皇武则天合葬，中宗李显先后居第四、六位，睿宗李旦先后居第五、八位）。按血缘辈分次序，居中心的高祖李渊辈分最高，太宗李世民和高宗李治为其子、孙，其陵位依次居于献陵右（西）侧，中宗李显、睿宗李旦同辈为李渊曾孙，玄宗李隆基为李渊四世孙，其陵位依次居于献陵左（东）侧。该六座陵位的排列，基本符合盛行于南北朝的“帝王聚族而葬”的模式，或被称作是“对北魏北邙陵墓的摹写”。[①]

第Ⅲ组：以泰陵为中心（祖位），建陵（昭穴）—元陵（穆穴）、崇陵（昭穴）—丰陵（穆穴）、景陵（昭穴）—光陵（穆穴）、庄陵（昭穴）—章陵（穆穴）、端陵（昭穴）等各为昭、穆组位，端陵缺失相应的穆位。其中庄陵（昭穴）—章陵（穆穴）为兄弟昭穆。该10座帝陵是以泰陵为祖陵（尊穴），呈“左穴在前，右穴在后，斜而次之如条穿鱼之状也”，体现了古代流行于黄河流域的关中平原、华北平原等平原地区的昭穆贯鱼葬制。

第Ⅳ组：以景陵为中心（祖位），贞陵（昭穴）—简陵（穆穴）、靖陵（昭穴）为昭穆祖位，靖陵缺失相应的穆位。该四座帝陵以宪宗李纯辈分最高居尊位，宣宗李忱（叔侄继位）是第Ⅲ组中宪宗李纯（景陵）子为昭穴、居其子（宪宗李纯孙）懿宗李漼简陵（穆穴）前（西）方，祖穴（景陵）居东方，仍体现的是昭穆贯鱼葬的原则。沈睿文先生认为以上第Ⅲ、Ⅳ组唐陵的空间布局“采用西汉帝陵分布原则—宫姓昭穆贯鱼葬法”，在空间上处于昭、穆位的帝陵自远而近向祖陵收敛。

① 沈睿文：《唐陵的布局：空间与秩序》，第85—91页。

第九章　关中地区秦、西汉帝陵文化艺术遗产

文化遗产是人类历史遗留下来的精神财富的总称。根据《保护世界文化和自然遗产公约》，“文化遗产”是指从历史、艺术或科学角度看，具有突出的普遍价值的建筑群、文物、遗址。①从概念上分为有形（物质）文化遗产、无形（非物质）文化遗产。其中物质文化遗产包括古遗址、古墓葬、古建筑、石窟寺、石刻、壁画、近现代重要史迹及代表性建筑等不可移动文物，历史上各时代的重要实物、艺术品、文献、手稿、图书资料等可移动文物，以及在建筑式样、分布均匀或与环境景色结合方面具有突出普遍价值的历史文化名城（街区、村镇）。②基于以上概念，笔者以为，陵寝文化遗产是指从历史、艺术或科学角度看，具有突出的普遍价值的陵寝建筑物、陵寝文物、陵寝遗址等。其具体内涵与表现形式包括陵寝制度、陵墓建筑文化、陵墓风水文化和陵墓文化艺术等。鉴于前述有关章节已讨论和涉及陵寝制度、陵墓建筑文化、陵墓风水文化等内容，本章主要从石雕刻、陶塑及墓室壁画三个方面对关中地区的秦（始皇）和西汉帝陵的文化艺术遗产作探讨和分析。

秦始皇陵、西汉帝陵及汉壁画墓的文化艺术遗产主要表现为：西汉武帝茂陵陪葬墓（霍去病墓）的石雕刻艺术、秦始皇陵和西汉帝陵（阳陵为主、包括帝陵陪葬墓）陪葬坑的陶俑雕塑艺术，以及关中地区汉代壁画墓艺术三个方面。这些文化艺术遗产透射出秦、汉时期的物质文化和精神文化的水平。

一、西汉霍去病墓的石雕刻艺术

公元前 117 年（西汉元狩六年），在西汉与匈奴战争中屡建奇功殊勋的大将霍去病

① 联合国教育、科学及文化组织：《保护世界文化和自然遗产公约》，《文明》2015 年第 C1 期，第 332—335 页。

②《国务院关于加强文化遗产保护的通知》（国发〔2005〕42 号），见《中华人民共和国国务院公报》2006 年第 5 号，http://www.gov.cn/gongbao/2006/issue_541.htm。

英年早逝（年仅 24 岁），朝野震惊。霍去病生前深入西北祁连山，六战盘踞在西北的匈奴，取得六次大捷，奠定了西汉的边界，沟通西部交通，对建立多民族国家、促进中国与中亚各国间的经济文化交流作出了卓越的贡献。霍去病被汉武帝封为“骠骑大将军”“冠军侯”，并为纪念他的丰功伟绩，特许霍去病陪葬在自己的陵墓（茂陵）附近，建造象征祁连山的墓冢。

西汉霍去病墓的大型石雕群是目前我国发现的古代大型石雕中时间最早、保存最完整的石刻艺术遗产和具有无穷艺术魅力的中国古代石雕艺术珍品。[①] 该石刻群包括“石雕 14 件，《马踏匈奴》、《卧马》、《跃马》、《卧牛》、《野人抱熊》、《残野人》、《野猪》、《蝙蝠》、《石鱼》（两件）、《怪兽吃羊》、《青蛙》、《卧虎》、《卧象》，刻石 4 件，计经人为处理之石共 18 件”[②]。自 20 世纪 20—30 年代以来，西汉霍去病墓石刻群就引起国内外专家学者的关注和研究。研究内容涉及对该石雕群艺术风格（特点）及成因、主题思想[③]、分类及功能[④]，以及有关霍去病墓前石雕材质来源[⑤]、环境因素[⑥]、总体设计[⑦]、艺术魅力及草原文化因素的影响[⑧] 等方面问题的探究。这些研究为梳理和总结西汉帝陵的石雕刻艺术遗产奠定了基础。

（一）霍去病墓石雕群的分类

20 世纪 30 年代以来，有关研究从不同角度和依据出发，对霍去病墓前石雕群进行分类，并涉及该石刻群的功能、主题思想、艺术风格及成因（表 9–1）。[⑨]

---

① 傅天仇：《陕西兴平县霍去病墓前的西汉石雕艺术》，《文物》1964 年第 1 期，第 40—44 页。

② 陈诗红：《霍去病墓及其石雕的几个问题》，《美术》1994 年第 3 期，第 85—89 页。

③ 陈诗红：《霍去病墓及其石雕的几个问题》，《美术》1994 年第 3 期，第 85—89 页；黄卫霞：《霍去病墓石刻的艺术风格》，《大众文艺》2010 年第 8 期，第 120、136 页；王宽宇、吴卫：《霍去病墓石雕艺术风格成因——兼论秦汉雕塑风格差异的根源》，《郑州轻工业学院学报（社会科学版）》2006 年第 6 期，第 16—19 页。

④ 郭伟其：《纪念与象征：霍去病墓石刻的类型及其功能》，《美术学报》2010 年第 4 期，第 50—59 页；孙琳：《霍去病墓石雕艺术风格的再探讨》，《南京艺术学院学报（美术与设计）》2016 年第 5 期，第 97—103 页。

⑤ 刘丹龙、孙平燕：《汉霍去病墓石雕艺术探微》，《文博》2004 年第 6 期，第 88—91 页。

⑥ 程征：《为冢象祁连山——霍去病墓石刻群总体设计之探讨》，《西北美术》1984 年第 2 期，第 11—18 页。

⑦ 沈琍：《略论西汉霍去病墓石雕刻群的环境因素》，《雕塑》2003 年第 1 期，第 10—11 页。

⑧ 唐培松：《浅析霍去病墓石刻的艺术魅力》，《科技信息》2010 年第 32 期，第 706—707 页；李惠东：《从西汉霍去病墓石雕看中原文化与北方草原文化的交流——“从西汉雕塑艺术看民族文化融合”艺术探讨之一》，《美苑》2005 年第 4 期，第 32—35 页；林通雁：《西汉霍去病墓石雕群的三个问题》，《美术观察》2009 年第 3 期，第 103—107 页；王志炜：《西域草原石刻对汉墓石雕的影响——以霍去病墓前石雕为例析》，《石河子大学学报（哲学社会科学版）》2010 年第 5 期，第 77—79 页。

⑨ 李以学、张梦、庄家会：《“霍去病墓及石雕群”的文献研究综述》，《艺术品鉴》2015 年第 8 期，第 188—189、232 页。

表 9–1 霍去病墓前石雕群分类研究统计表

作者	类别	代表石刻	特征
滕固	比较完成的大雕刻	足践胡人的马、甲号马及水牛	足践胡人的马，腰间骨骼纹隐隐可指，在技术上经过人工的调制
	未完成作品	乙号马、虎、野人、猩猩、野猪及野人啮猪像	在整石上施以浮雕，尤其野牛和野人啮猪像，其形简略
	建筑附属物	一对石鱼	—
傅天仇	驯良动物和家畜	马、牛、羊、猪和小象等	雕琢比较工整、精致，注意到形体的准确性和神情的特征
	线雕和形体配合造型	初起马、野人和野人抱熊等	圆雕作品采用了简单的层次处理，动态表情较强烈
	凶猛、神奇的动物	猛虎、异兽食羊	石块表面粗糙、不规则波浪式起伏，外形的感觉非常强烈有力，表现其野蛮和凶猛的性格
	未完成作品	鱼和龟（石蛙）	原形石料选择具匠心
郭伟其	表功类	马踏匈奴	雕饰最为精细繁复，旌表霍去病战胜“匈奴人”的功绩
	标识类	怪兽食羊、野人抱熊等	天然岩石上略加几刀，标识“祁连山”
	仪卫类	卧马、跃马等	造型上两两相对，仪卫石兽雏形
	建筑构件类	石鱼等	规整几何形
孙琳	材质指征类	三块题铭石块	石雕初步粗打阶段，称“石兽坯”
	形象初显型	两件石鱼和一件石蛙（龟）	简约劈削出外轮廓，简练、概括地找出物象的基本形象和体面关系，石雕的头部以阴刻线勾勒出基本的形状和位置
	形象明确型	人与熊、石蟾、怪兽食羊、石猪、石人等	轮廓形态反映出石雕的形象和姿态变化；局部形体的表现多辅以浅浮雕的形式凸起于表面，部分细节形象结合阴刻线的方法划刻出来，作品的局部深度处理更接近圆雕的表现方法
	刻画深入型	马踏匈奴、跃马、伏虎、石牛、跃马、石象	作品轮廓明晰流畅，形象清晰，肌肉和筋骨的结构变化表达的肯定到位，形体结实；形态起伏变化刻画的具体深入，体积感强，整体面貌写实，有着更典型的圆雕手法表现语言
刘丹龙等	花岗伟晶岩类	跃马、伏虎、蛙、怪兽食羊	跃马由一整块花岗伟晶岩雕成，其余三件均呈花岗伟晶岩脉侵入于黑云斜长片麻岩中
	片麻状花岗岩类	卧马、卧象、石人、人抱熊、“平原乐陵宿伯牙霍巨益”字石	岩石具明显的片麻状构造
	中粒二长花岗岩类	马踏匈奴、石鱼（两件）、卧牛、野猪、“左司空”字石	岩石具致密块状构造和镶嵌结构
	辉石岩类	蟾	暗绿色的超基性岩

上述有关霍去病墓前石刻群的分类，出发点和视角不尽一致。例如，傅天仇是从石

刻单体属性出发、郭伟其注重石雕群的功能，孙琳则以石雕制作手法和工艺流程为分类依据，刘丹龙等是为岩石学分类。[①]然而，大多数作者的共性都聚焦于石雕作品完成的程度和雕琢手法的差异，可能同长期以来人们所探究的霍去病墓前石刻群的艺术特点及风格密切相关。[②]

（二）霍去病墓石雕群的主题思想与艺术特点

霍去病墓石刻群的主题思想或象征意义极其明显，其中《马踏匈奴》是最具艺术价值和划时代意义的典范。[③]该石雕高 168cm，长 190cm，刻画了一匹傲然肃立的战马，踏住一个仰面跌倒的“匈奴”。战败的敌人虽然被马的四肢牢牢夹住，但手中仍拿着兵器，左手持弓，右手握矛，还在做垂死挣扎。《马踏匈奴》上部刻画仔细，尤其是马的四肢粗壮有力，体型雄伟，表现出霍去病将军的神勇无比和西汉的强大[④]；下部匈奴刻画简单，马的下部和“匈奴”之间用整块石头雕刻而没有镂空。这种用整体塑造的技法和浪漫主义手法表现的是思想性与艺术性完美结合的统一体。汉代雕刻家只用了一人一马，概括了霍去病一生的功绩。其独立性和高度概括性，使之成为纪念碑雕刻中的杰作；《跃马》表现出一匹矫健的战马突然昂首腾越而起，仿佛就要驰骋疆场和敌人浴血奋战，使人联想到惊险的战斗场景；《卧虎》雕刻出虎的目光锐利，肩部微耸，伏地的前肢伸张到背部和后蹲的后腿，以及卷向腰部的尾巴，构成一副特有的凶猛迅捷的警觉神态，随时准备迈开巨大的前腿冲向前方的战斗姿势，体现了虎的威猛雄风；《卧牛》雕刻了一个敦厚朴淳、身体粗壮及双眼温顺的老牛造型，貌似平静，却肩负着兵马的粮草运输；《野人抱熊》表现了大力士双手紧紧地搂住熊身，与熊扭打在一起，熊死死咬住勇士下唇不放，勇士也拼命咬住熊不放，搏杀场面令人惊心动魄；《怪兽食羊》是一个大怪兽正张口吞进一只还在挣扎、仅露出后蹄的羊，环境的恶劣不言而喻。[⑤]

据《史记》记载，骠骑将军“元狩六年（公元前 117 年）卒，天子悼之，发属国玄甲军，陈自长安至茂陵，为冢象祁连山”，说明汉武帝为寄托特殊的悼惜之情，以象征

① 傅天仇：《陕西兴平县霍去病墓前的西汉石雕艺术》，《文物》1964 年第 1 期，第 40—44 页；郭伟其：《纪念与象征：霍去病墓石刻的类型及其功能》，《美术学报》2010 年第 4 期，第 50—59 页；孙琳：《霍去病墓石雕艺术风格的再探讨》，《南京艺术学院学报（美术与设计）》2016 年第 5 期，第 97—103 页；刘丹龙、孙平燕：《汉霍去病墓石雕艺术探微》，《文博》2004 年第 6 期，第 88—91 页。

② 滕固：《霍去病墓上石迹及汉代雕刻之试察》，沈宁编：《滕固艺术文集》，上海：上海人民出版社，2003 年，第274页。

③ 邵美：《谈霍去病墓雕塑》，《艺术交流》2003 年第 4 期，第 22 页。

④ 傅天仇：《陕西兴平县霍去病墓前的西汉石雕艺术》，《文物》1964 年第 1 期，第 40—44 页。

⑤ 沈琍：《略论西汉霍去病墓石雕刻群的环境因素》，《雕塑》2003 年第 1 期，第 10—11 页。

故战场祁连山的形象为霍去病筑墓，陪葬于茂陵，以旌殊勋。这样“为冢象祁连山”成为建造霍去病墓及石雕群的设计主旨。[①] 从而诸如《卧象》《卧猪》《石鱼》《石蟾》《石蛙（龟）》等石雕组群皆象征祁连山的形状，散布在霍去病墓冢上或隐藏在附近的草丛中，表明这些雕塑全是以祁连山险峻的战争环境作衬托，以战马和野兽来体现霍去病的英勇和西汉国力的强大。

霍去病墓石雕群的艺术风格特点[②]：一是注重寓意，采用象征手法表现纪念性和旌功性主题。西汉霍去病墓石刻群象征护陵人和兽（“石象生”），在茂陵陪葬墓中独一无二，体现了帝王将相的威严神圣和尊贵，成为特殊勋荣的象征。特别是以“马踏匈奴”纪念碑性石刻象征着汉民族的胜利，并以丰富的想象和浪漫主义的手法，使被打败了的“匈奴”仰卧在马腹之下。虽然没有直接表现霍去病本身，而是用人和马的形象，象征祁连山之战的胜利，高度概括了霍去病的赫赫战功和汉王朝强盛的国力。二是巧妙运用“因势象形”的表现手法，精心选择石料，巧妙利用石块的自然形态和纹路造型。霍去病墓石雕群在雕刻技法上注重表现对象的“神”，而不刻意再现对象的“形”。汉代雕刻匠师们根据天然岩石的形状，采用“循石造型，因材施雕”的手法技巧，以石拟形，就势而凿。如《马踏匈奴》的外形轮廓雕刻的极其到位有力，形象准确醒目，马腹下作不凿空处理，加强了作品的整体感和后重感。又如石蛙是选取了一块形似青蛙的扁平石块，以极其简练的手法刻画出蛙的头部，其余很少有加工的痕迹。石鱼也是将一块长方形巨石的尖部用阴线刻出鱼头，圆圆的眼，用刀凿几条竖线代表鳞，在不似中求意趣，富有想象力，并且刻出尾巴、鱼鳍等。又如“卧虎”在虎形上运用了寥寥几条简单的阴刻线，就表达了它的内在精神。所有这些石雕造型朴实敦厚，线条自由流畅，写实而又夸张，想象浪漫而富于幽默感，在对整体艺术效果的追求中显示出雄浑沉厚的力量，正如鲁迅所言“唯汉人石刻，气魄深沉雄大”[③]。三是灵活地将圆雕、浮雕和线刻技法综合运用，形成简练、粗犷、有力的艺术风格。例如，《怪兽吃羊》《卧虎》等都是先刻削出人和其他动物的大体形，再用浮雕与线刻分别表示肢体、头部五官和毛发等重要的细部特征，把人与动物内在的生命力、精神状态与个性特征都表达出来，百战沙场的战马的镇定与勇敢，失败垂死的匈奴“休屠王”的恼怒与狞恶，其他动物，如跃马的激动、伏虎的机警、卧牛的驯良等，无不耐人寻味。这种把圆雕、浮雕与线刻有机结合起来，既自由又凝练的手法，增强了作品的整体感和重量感，既保持了岩石的自然美，又赋予雕刻的艺术美。

---

① 沈琍：《略论西汉霍去病墓石雕刻群的环境因素》，《雕塑》2003年第1期，第10—11页。

② 黄卫霞：《霍去病墓石刻的艺术风格》，《大众文艺》2010年第8期，第120、136页。

③ 鲁迅：《鲁迅书信集》，北京：人民文学出版社，1976年。

（三）北方草原文化的影响

从石雕的题材、艺术处理手法和摆列方式上看，霍去病墓石雕群带有浓郁草原艺术风格。譬如，霍去病墓石雕的内容多以森林、草原中常见的动物为题材，渗透着草原文化的气息，体现出中原文化与北方草原文化的融合。霍去病墓石刻群的艺术表现手法融入了较多粗犷、雄浑、沉稳、厚重的草原文化艺术成分。①

（1）在表现内容上，大量动物野兽的生动刻画，显示出工匠对山野、草原生活的熟悉和对动物品性的敏锐洞察力。例如，蟾、蛙、猪等的选材“因石拟形”，略加雕琢便显示出惊人的神似的艺术效果。又如马是“草原文化的核心”和古代作战中极为重要的武器。②汉武帝积极建设骑兵，并由卫青、霍去病等率领日益强大的骑兵队伍屡次与匈奴征战，最终从根本上解除了匈奴对中原的威胁。霍去病墓石雕中的《马踏匈奴》、《跃马》和《卧马》运用“因势象形”的手法，用马的三种不同姿态象征性地概括了霍去病的英雄品格，并歌颂了其一生的功绩。这种作为“草原文化核心”的马的塑造，更能体现草原文化对中原文化的补充，使汉文化体现出生机勃勃、恢宏浑厚、沉雄博大的特征。

（2）在雕刻手法上，《马踏匈奴》石雕采用了圆雕与浮雕相结合的手法，卧倒在地的“匈奴”形象填补了马腹下的空间，使马的四足得到合理的支撑，并使整件作品浑然一体。《跃马》同样采用了圆雕与浮雕相结合的手法，使石块的巨大体量同马的腾跃动作巧妙地结合起来。而《卧马》则俯卧在地，静中寓动。这种手法与西汉时期匈奴族的雕塑作品——伊盟准格尔旗速机沟出土的《蹲踞马形铜饰件》的处理方法极为接近。③

（3）在石雕群的摆置方式上，由于“霍去病墓本来竟是一座镶满大型石刻和岩石的古墓冢！完全超脱于中国两千余年陵墓石刻陈设的惯常规范”。霍去病墓石雕群“当初可分两部分：①立于墓的正前方，现存有《马踏匈奴》；②放置于墓冢上，以兽类题材为主，是现存石刻作品的大部。④因此，当地人称霍去病墓为“石岭子”。霍去病墓石雕群的此种摆置方式，一方面是与汉武帝为寄托特殊的悼惜之情，以“为冢象祁连山”给霍去病筑墓的设计主旨有关。汉代造墓者和雕刻艺术家接受了汉武帝为霍去病修筑“祁

① 李惠东：《从西汉霍去病墓石雕看中原文化与北方草原文化的交流——“从西汉雕塑艺术看民族文化融合”艺术探讨之一》，《美苑》2005年第4期，第32—35页。

② 王志炜：《西域草原石刻对汉墓石雕的影响——以霍去病墓前石雕为例析》，《石河子大学学报（哲学社会科学版）》2010年第5期，第77—79页。

③ 李惠东：《从西汉霍去病墓石雕看中原文化与北方草原文化的交流——“从西汉雕塑艺术看民族文化融合”艺术探讨之一》，《美苑》2005年第4期，第32—35页。

④ 沈琍：《略论西汉霍去病墓石雕刻群的环境因素》，《雕塑》2003年第1期，第10—11页。

连山”的诏令，不仅模仿祁连山的形象特征，用夯土竖石筑成山型，而且在山上安置“山灵水怪”，以展现山峦起伏，巨石嵯峨，草耸石隙，猛虎欲扑，野猪深潜，牛在小憩，凶残的怪兽在吞噬小羊，神奇的巨人与熊黑相抱，似嬉戏，似相搏的“叠峰重峦与山灵水怪”交互的山地景观。另一方面或许受到“古代欧亚草原的游牧民中间，立鹿石、石人、石柱、石像的丧葬习俗”的影响，甚至霍去病墓的构造方式、墓冢立石可能有来自匈奴的习惯。[①] 据《隋书·北狄传》记载：突厥人“表木为茔，立屋其中，图画死者形仪及其生时所经战阵之状。尝杀一人，则立一石，有至千百者。……大抵与匈奴同俗”[②]。霍去病墓除石雕群之外，从“墓顶及墓下四周，有巨型花岗岩石一百五十余块”。这些巨型花岗岩大概是送葬的“属国玄甲军”（投降的南匈奴士兵）按自己的风俗习惯为霍去病设置的，以示其生前奋勇杀敌的英雄气概，并增强山的感觉。[③]

二、秦始皇陵与西汉帝陵的陶俑雕塑艺术

陶俑是用陶土制作的人或动物的形象雕塑。中国古代自商朝以来，陶俑就是用于丧葬的一种随葬品，也是原始社会晚期至春秋时期流行的人殉和杀生的替代物。[④] 迄今出土和发现的数以千计的陶俑雕像汇聚了历代的各种人物造型，其中不乏工艺精湛、神态生动、栩栩如生的佳作，体现着各个时代雕塑艺术的发展水平，并成为中国古代科技文化研究的重要宝库。

由于得天独厚的优势，陕西关中地区出土的古代陶俑种类全、数量大、等级高，而且产生、演进的序列完整。其中尤以秦始皇陵（兵马俑）、西汉帝陵及其陪葬墓的陶俑最为著名。

（一）秦始皇陵陶俑

1974 年 3 月，陕西临潼西杨村的几个村民在秦始皇陵附近打井时无意间挖出了几件破碎的陶俑。由此，沉睡在地下 2000 多年、被誉为“世界第八大奇迹”的秦兵马俑坑问

① 王志炜：《西域草原石刻对汉墓石雕的影响——以霍去病墓前石雕为例析》，《石河子大学学报（哲学社会科学版）》2010 年第 5 期，第 77—79 页。

②《隋书》卷 84《北狄传·突厥》，北京：中华书局，1973 年，第 1864 页。

③ 李惠东：《从西汉霍去病墓石雕看中原文化与北方草原文化的交流——“从西汉雕塑艺术看民族文化融合”艺术探讨之一》，《美苑》2005 年第 4 期，第 32—35 页。

④ 谭前学：《陕西出土的秦汉唐陶俑简论》，《收藏家》2003 年第 12 期，第 20—25 页。

世了，并成为20世纪中国乃至世界最重要的考古发现之一。1987年，秦始皇陵及兵马俑坑被联合国教科文组织批准列为世界文化遗产。嗣后直至20世纪末，相继又勘探和发现了百戏俑、跽坐俑（“圉人”）和文官俑等。

秦兵马俑坑作为陪葬秦始皇的地下军阵，共有3个坑，实际面积达$2.08\times10^4m^2$，共有陶（兵）俑7000余件、陶马596件、战车130乘（含华盖车1乘）。[①]如此巨大规模而又围绕一个主题展现的艺术群雕，在世界范围内是罕见的。此外，秦兵马俑坑中置放的陶俑和陶马都是模拟真人真马的体量塑造的，体高分别达1.8m和1.5m左右。从现有考古资料看，此种同真人真马相仿的陶俑在中国古代陶塑史上堪称空前绝后之作。而就数量而言，秦兵马俑有7000件之多，纵使在世界雕塑史上恐难再有数量如此巨大的群体组雕。

20世纪70年代以来，秦始皇陵发现外藏坑180余座，内陵园、外陵园及外陵园之外均有分布，形状有“巾”字形、曲尺形、方形、长方形等，面积、规模不等。除大型兵马俑坑而外，还包括铜车马坑、石铠甲坑、文官俑坑、百戏俑坑、府藏坑、马厩坑、珍禽异兽坑和青铜水禽坑等。[②]这些陪葬坑中几乎都发现和出土彩绘陶俑和陶俑残片（表9–2）。由此可见，秦始皇陵陶俑除了兵马俑之外，还发现和出土有踞坐俑、百戏俑和文官俑等类型陶俑。踞坐俑（包括箕踞姿和跽姿）是最早发现的一种秦代大型陶俑，从20世纪40年代开始在秦始皇陵附近出土，它们形制高大，制作精良。[③]在秦始皇陵外藏的马厩坑、珍禽异兽坑、青铜水禽坑和府藏坑等陪葬坑中都有发现和出土（表9–2）。其象征身份是在阴间为“皇室”饲养马和鸡、猪、羊、狗、獾、鳖、鱼等动物的“圉人”，以及管理和饲养鹿、麂、飞禽等珍禽异兽的“囿人”[④]，或为驯化水禽的执掌音乐器具者（或是善于骑射的“左弋射士”等）。[⑤]百戏俑发现于1999年，共出土11件陶俑，均着彩绘厚短裙，身体上半部位裸露。俑的面部与身体裸露部分均为浅粉红色。俑的高度与真人大致相当，造型有的作直立状，有的作双手卷衣状，有的一手叉腰一手高举、双腿作前弓后箭状，有的作半跪状。这批陶俑的体形、装饰、动作均与兵马俑迥然不同，应是象征秦代宫廷百戏（杂技）活动中的倡优和角斗士。[⑥]文官俑坑最早在20世纪70年代发现，2000年在秦始皇陵封土南部普探时重新发现并进行了发掘，出土12尊“戴长

① 陕西省考古研究院秦汉考古研究部：《陕西秦汉考古五十年综述》，《考古与文物》2008年第6期，第96—160页。

② 段清波、张颖岚：《秦始皇帝陵的外藏系统》，《考古》2003年第11期，第67—74页。

③ 谭前学：《陕西出土的秦汉唐陶俑简论》，《收藏家》2003年第12期，第20—25页。

④ 段清波、张颖岚：《秦始皇帝陵的外藏系统》，《考古》2003年第11期，第67—74页。

⑤ 焦南峰：《左弋外池——秦始皇陵园K0007陪葬坑性质蠡测》，《文物》2005年第12期，第44—51页。

⑥ 陕西省考古研究所、秦始皇兵马俑博物馆编著：《秦始皇帝陵园考古报告（1999）》，北京：科学出版社，2000年。

版冠”的原大彩绘陶俑，其中 8 尊文官俑、4 尊御手俑。发掘者认为文官俑象征执掌秦帝国三公九卿中主管监狱和司法的廷尉。[①] 另在曲尺形（马厩）坑发现 11 尊“大型圉人”，其“身高 1.8—1.9 米，身着齐膝长襦，足蹬方口齐头翘尖履，头戴长冠，双手拢于袖管内，作站立状；它们与（秦始皇陵园外）上焦村马厩坑出土陶俑的造型、姿势没有任何相同之处，‘皂啬夫’之说并不成立”“其实该陪葬坑也可能与 K0006（文官俑坑）所代表的内涵相似，为‘百官’的组成部分”[②]。

表 9–2　秦始皇陵陪葬坑发现和出土陶俑情况统计表

坑别	发现和出土陶俑情况	陶俑的象征意义
兵马俑坑（3 座俑坑）	步、弩、车、骑兵俑及军吏俑 7007 件、陶马 596 匹、战车 250 乘（含华盖车 1 乘）	象征守卫京师的宿卫军
文官俑坑（K9901）	“戴长版冠”的原大彩绘陶俑 12 尊，其中 8 尊文官俑、4 尊御手俑	象征三公九卿中主管监狱和司法的廷尉
百戏俑坑（K0006）	百戏陶俑 11 尊（裸露上身、着裙）	象征宫廷内倡优、角斗士之类
曲尺马厩坑	“戴长板冠”的“大型圉人”。陶俑身高 1.8—1.9 米，身着齐膝长襦，头戴长冠，作站立状	应为“百官”之类
青铜水禽坑（K0007）	出土原大青铜水禽 46 件（有天鹅、仙鹤、鸿雁等）。原大彩绘陶俑 15 尊，分为箕踞姿和跽姿两类	象征执掌乐器驯化动物者或“宴乐俑”，间或为“左弋射士”等
马厩坑（陵园外）	探明 93 座坑，其中马坑 74 座、跽坐俑坑 4 座、俑马同坑 6 座	象征饲养马匹的“圉人”
珍禽异兽坑	有鹿、麂、飞禽等动物骨骼和陶罐、陶盆等。14 座跽坐俑陪葬坑（每坑各埋 1 件跽坐俑）	象征饲养这些珍禽异兽的圉人
府藏坑	有鸡、猪、羊、狗、獾、鳖、鱼等动物骨骼和陶俑残片	象征饲养动物的“圉人”

资料来源：①陕西省考古研究院秦汉考古研究部：《陕西秦汉考古五十年综述》，《考古与文物》2008 年第 6 期，第 96—160 页；②段清波、张颖岚：《秦始皇帝陵的外藏系统》，《考古》2003 年第 11 期，第 67—74 页

在造型艺术方面，秦俑雕塑开创了中国古代雕塑艺术写实主义的先河。秦兵马俑坑的陶马陶俑与真人真马相等，形貌服饰皆仿原物，如发髻、连缀甲片的皮筋、扣接革带的带钩、帮系腿部的裹腿、系在鞋背上的鞋带、穿纳鞋底的针眼、马匹身上披挂的鞍鞘等，全都一丝不苟地刻画来。同时秦始皇陵陶俑也注重对个体神态、气质的刻画，把外部形体与内在精神、气质融为一体，体现了“形具而神生”的中国传统审美要求，塑造出不同身份、不同年龄、不同个性的多种人物典型，如表情冷峻、披甲按剑的将军俑，

① 段清波、张颖岚：《秦始皇帝陵的外藏系统》，《考古》2003 年第 11 期，第 67—74 页。

② 段清波、张颖岚：《秦始皇帝陵的外藏系统》，《考古》2003 年第 11 期，第 67—74 页。

神色严峻、发须直立的军吏俑，双目竖立、目光深沉的兵卒；双腿伸直，脚蹬强弩，双手拉弦。一手向上，一手向下握弦的箕踞姿陶俑（“蹶张士俑”），左臂自然下垂，左手指并拢伸向下方；右臂上举，肘部微屈，拇指向上翘起，指向后方，余四指作半握状；……双膝跪地，左膝稍前，双足尖抵地，上身直挺的跽姿陶俑（“左弋射士”或“宴乐俑”）[①]，“身着齐膝长襦，足蹬方口齐头翘尖履，头戴长冠，双手拢于袖管内，作站立状”的廷尉文官，身着短裙，上身裸露，或作双手卷衣状，或双腿作前弓后箭状，有的作半跪状的宫廷百戏中的倡优和角斗士等。总之，形体高大、数量众多、栩栩如生、气势磅礴的陶兵马俑群不但把秦王朝国势的强盛、军队所向披靡的气势形象地展现在人们面前，而且让我们直接领略到了以追求宏大为特点的秦代艺术的魅力。[②]

（二）西汉帝陵及贵族陪葬墓的陶俑

汉代（西汉）是中国古代社会的第一个鼎盛时期，在“事死如事生”的厚葬观念影响下，汉代的陶俑制作非常发达，出土汉俑的数量、种类及其精美程度在中国古代雕塑史上堪称首屈一指。就目前所掌握的史料和考古实物来看，作为西汉京城所在地的今陕西关中地区集中了西汉时期种类最为丰富、艺术价值最高、数量巨大的随葬（陶制）俑像。[③]而且同秦代陶俑相比，汉代陶俑种类更加多样化、形象更加生活化，既有威严壮观的送葬军队，又有端庄娴熟的宫廷侍女，还有数量众多供家居享乐的侍从舞俑以及马、牛、羊、鸡、鸭、猪等牲畜家禽形象。总之，大凡现实生活中的各种人和事，汉俑都有表现。透过种类繁多的陶俑不但可以全面了解汉代陶俑艺术的发展成就，还可以真切感受到汉代社会的繁荣以及豪迈奔放的时代风貌。[④]

1. 西汉帝陵及贵族陪葬墓陶俑的发现

截至目前，关中地区西汉帝陵及其高等级（贵族）陪葬墓的外藏坑（陪葬坑）发现了种类多样的陶俑与陶塑动物等，较为清晰地勾勒出西汉陶俑的发展演变规律及其艺术风格和发展水平。据已公布的考古资料，按陶俑与陶塑动物出土的地点、种类、数量和发现出土年代的顺序进行统计梳理（表 9–3），并参照有关研究，可将西汉帝陵及贵族陪葬墓外藏坑（陪葬坑）发现和出土的陶俑按制作的工艺手法分为着衣式和塑衣式两大

---

① 焦南峰：《左弋外池——秦始皇陵园 K0007 陪葬坑性质蠡测》，《文物》2005 年第 12 期，第 44—51 页。

② 谭前学：《陕西出土的秦汉唐陶俑简论》，《收藏家》2003 年第 12 期，第 20—25 页。

③ 王斌：《西汉陶俑艺术研究》，西安：西安美术学院硕士学位论文，2006 年。

④ 谭前学：《陕西出土的秦汉唐陶俑简论》，《收藏家》2003 年第 12 期，第 20—25 页。

类。[①] 再根据所雕塑对象的性质进一步将着衣式陶俑分为武士俑、骑兵俑、侍女俑及少量的宦者俑，它们主要出土于帝陵陵园的从葬坑；将塑衣式俑分为骑兵俑、侍女俑、乐舞俑和文吏俑等，这些类型的陶俑主要发现于陵园内的建筑遗址和贵族陪葬墓的墓园中。[②]

表 9–3　西汉帝陵及贵族陪葬墓出土陶俑与陶动物的数量及种类统计表

发现地		种类	件数	高度（cm）	来源（公布时间）
长陵陵区	杨家湾汉墓	塑衣式骑兵俑	583	50—68	《陕西省咸阳市杨家湾出土大批西汉彩绘陶俑》(1966 年)；《咸阳杨家湾汉墓发掘简报》（1977 年）
		塑衣式步兵俑、文官、舞乐、杂役陶俑	1965	44.5—48.5（53—56）	
	三义村汉墓	着衣式男、女俑	不详	不详	《咸阳文物精华》（2002 年）
安陵 11 号陪葬墓		塑衣武士俑等	84	44—46	《汉安陵的勘查及其陪葬墓中的彩绘陶俑》（1981 年）
		陶塑动物	194	13—28	
霸陵陵区	陪葬墓	着衣式“黑色”陶俑	200	49—52	《西汉“裸体”陶俑初论》（2008 年）；《黑色陶俑的热释光年代测定》（2010 年）
	窦皇后陵陪葬坑	塑衣式女仕俑	42	53—57（立）33—35（坐）	《西安任家坡汉陵从葬坑的发掘》（1976 年）
阳陵陵区	南区陪葬坑	着衣式武士俑	1305	62	《汉景帝阳陵南区从葬坑发掘第一号简报》（1992 年）；《汉景帝阳陵南区从葬坑发掘第二号简报》（1994 年）
		陶塑动物	18	12.3—44	
	帝陵东侧陪葬坑	着衣式骑兵俑、男俑、女俑及宦者俑等	431	52—59	《汉阳陵帝陵东侧 11～21 号外藏坑发掘简报》（2008 年）
		陶塑动物	1405	7.8—44.2	
	建筑遗址	塑衣式骑马俑、伎乐俑、舞蹈俑	181	不等	《汉景帝与阳陵》（2003 年）
	9 号陪葬墓	着衣式男俑和女俑	177	60	《西汉着衣式陶俑初论》（2015 年）
茂陵封土南侧 2 座陪葬坑		着衣式男俑、宦者俑	4	不详	《茂陵博物馆新增 9 件藏品》（2014 年）
平陵封土南侧 1 座陪葬坑		着衣式骑兵俑	2000	80	《汉平陵陪葬坑发掘记》（2002 年）
杜陵陵区	1 号陪葬坑	着衣式白彩陶俑	不详	56	《1982—1983 年西汉杜陵的考古工作收获》（1984 年）
	4 号陪葬坑	着衣式白彩陶俑	9	56	《1984—1985 年西汉宣帝杜陵的考古工作收获》（1991 年）
	御赐重臣墓	着衣式陶俑	1000	60	《凤栖原汉墓——西汉大将军的家族墓园》（2011 年）

就目前已刊发的考古资料（表 9–3）来看，西汉前期自高祖长陵至宣帝杜陵及其陪

① 赵超：《雄壮瑰丽，大汉风华——汉阳陵出土陶俑赏析》，《文物鉴定与鉴赏》2014 年第 3 期，第 25—29 页。

② 谭前学：《陕西出土的秦汉唐陶俑简论》，《收藏家》2003 年第 12 期，第 20—25 页。

葬墓皆发现和出土不同种类和数量的陶俑。而且从这些帝陵和高等级（贵族）陪葬墓发现和出土的情况来看，仅仅显露出各自陵墓所陪葬陶俑等的“冰山一角”。譬如，汉高祖长陵已探明陵园内陪葬坑有 285 座，陪葬墓 63 座。[①] 目前发现和出土的仅是杨家湾汉墓（极可能是“太尉”周勃墓）陪葬坑的“三千兵马俑”和三义村汉墓（陪葬墓）陪葬坑的零星陶俑[②]；安陵陵园内探明陪葬坑 168 座，陪葬墓 50 座。20 世纪 80 年代初保留封土的有 16 座，目前出土的仅是其中 11 号陪葬墓墓室四周 80m 长的“陪葬沟”南段中部 9m 范围内的塑衣式武士俑和陶塑动物的数量[③]；阳陵已探明陪葬坑 190 多座（帝陵封土四周有 86 座），陪葬墓园 200 余座。目前仅发掘和出土了帝陵陵园外南区 24 座陪葬坑中的 6 座和帝陵封土东侧 21 座陪葬坑中的 11 座，以及 9 号陪葬墓的陪葬坑等。[④] 其出土的着衣式“裸体”陶俑和陶塑动物等的数量居诸西汉帝陵之冠[⑤]；武帝茂陵陵园已探明有 400 座陪葬坑，目前仅有帝陵封土南侧 2 座陪葬坑出土的陶俑[⑥]；昭帝平陵陵园内探明有 1288 座陪葬坑（帝陵封土四周为 46 座），目前发现的着衣式骑兵俑是在帝陵（东冢）封土南 430m 处 1 座长 105m 的东西向陪葬坑，仅发掘了其中的 10m 范围，根据骑兵陶俑的排列密度，估计该座陪葬坑有 2000 件陶俑[⑦]；汉宣帝杜陵探明陪葬坑 98 座（帝陵封土四周 38 座）、陪葬墓 140 座，目前只发掘帝陵封土北 630m 处 2 座陪葬坑和御赐茔地的大将军张安世墓陪葬坑 2 座[⑧]。“依山为陵”的文帝霸陵陵区，其陪葬墓虽为数不多，仍在距窦皇后陵园西垣 1000m 处的 37 座陶棺式陪葬坑出土 42 件塑衣式女仕俑。[⑨] 同时从盗掘分子手中缴回陪葬墓（馆陶公主墓）墓室陪葬的着衣式“黑色”陶俑 200 件。[⑩] 这些充分说明西汉帝陵及其高等级（贵族）陪葬墓瘗藏的陶俑和陶塑动物，以及各种陶器、铜器、金银器等随葬品数量和种类是十分庞大和惊人的，堪称地下文物宝库。

---

① 陕西省考古研究院：《2011 年陕西省考古研究院考古发掘新收获》，《考古与文物》2012 年第 2 期，第 3—13 页。

② 陕西省文物管理委员会、咸阳市博物馆：《陕西省咸阳市杨家湾出土大批西汉彩绘陶俑》，《文物》1966 年第 3 期，第 1—6 页；陕西省文管会、博物馆、咸阳市博物馆、杨家湾汉墓发掘小组：《咸阳杨家湾汉墓发掘简报》，《文物》1977 年第 10 期，第 10—21 页。

③ 咸阳市博物馆：《汉安陵的勘查及其陪葬墓中的彩绘陶俑》，《考古》1981 年第 5 期，第 422—425 页。

④ 陕西省考古研究所汉陵考古队：《汉景帝阳陵南区从葬坑发掘第一号简报》，《文物》1992 年第 4 期，第 1—13 页；陕西省考古研究所汉陵考古队：《汉景帝阳陵南区从葬坑发掘第二号简报》，《文物》1994 年第 6 期，第 1—23、30 页；陕西省考古研究院：《汉阳陵帝陵东侧 11～21 号外藏坑发掘简报》，《考古与文物》2008 年第 3 期，第 3—32 页。

⑤ 何倩：《西汉着衣式陶俑初论》，西安：西北大学硕士学位论文，2015 年。

⑥ 佚名：《茂陵博物馆新增 9 件藏品，充分展示考古发掘成果》，《咸阳日报》2014 年 6 月 5 日。

⑦ 李明、邢福来、谢高文：《汉平陵陪葬坑发掘记》，《文明》2002 年第 5 期，第 110—123 页。

⑧ 张仲立、丁岩、朱艳玲：《凤栖原汉墓——西汉大将军的家族墓园》，《中国文化遗产》2011 年第 6 期，第 82—91 页。

⑨ 王学理、吴镇烽：《西安任家坡汉陵从葬坑的发掘》，《考古》1976 年第 2 期，第 129—133、75 页。

⑩ 呼林贵：《黑色裸体汉俑的鉴定》，《文博》2003 年第 4 期，第 59—63 页。

2. 西汉帝陵及贵族陪葬墓陶俑表现的题材与种类

前已述及，秦代陶俑最引人注目的是发现最早、数量最多、规模巨大的兵马俑，包括步兵俑（擐甲重装俑和不擐甲的轻装俑）、军吏俑（分高、中、下三级）、御手俑和车左、车右俑（战车俑）、骑兵俑和跪射俑等，基本是同军队建制相关的俑类。同秦代陶俑相比较，西汉帝陵及贵族陪葬墓陶俑等所表现的题材更加生活化，内容更丰富，涵盖了社会生活的方方面面。如下几类[①]：

一是反映军事题材的步兵俑、骑兵俑。这一点与秦俑有所不同，秦俑主要是步兵俑和御马俑，而西汉帝陵及其陪葬墓的骑兵俑数量剧增。这种变化与西汉前期北方少数民族长期侵扰，迫使西汉政府大力发展骑兵部队、鼓励官民养马有直接关系。据《汉书·食货志》记载，“天子为伐胡故，盛养马，马之往来食长安者数万匹”，“其后，卫青岁以数万骑出击匈奴”并“始造苑马以广用，宫室列馆车马益增修矣”。武帝时，“众庶街巷有马，阡陌之间成群，乘牸牝者摈而不得会聚”。所以，西汉帝陵及其陪葬墓众多骑兵俑的出土反映了史书所记载的西汉中期骑兵数量迅猛发展的史实。

西汉早期的陶塑骑兵俑以 1965 年在陕西咸阳杨家湾汉墓（高祖时期绛侯周勃墓）陪葬坑出土的塑衣式骑兵俑（583 件）、步兵俑（1965 件，图 9–1）为代表，该类“骑马俑的马有大小两种，而骑俑的大小皆相同。大骑马俑通高 68 厘米，毛色有黑、红、紫三种。马身上都有彩画的鞯子和辔头等，骑俑有红、白、绿、紫等色的彩画服饰，有的还披有黑色铠甲；小骑马俑通高 50 厘米，毛色比大马多一种白色的，其它与大马相同。马的姿态生动，有的静立，有的昂头似在嘶鸣。骑俑作出握缰绳和举器械的姿势”[②]。此类塑衣式骑马俑除见于高等级贵族陪葬墓外，在阳陵的建筑遗址也有发现。

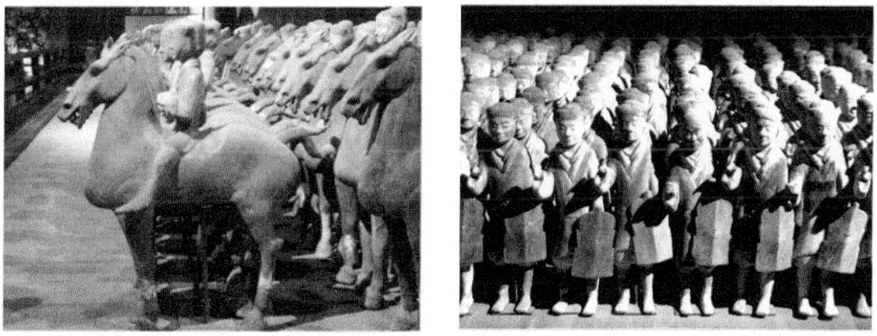

图 9–1　杨家湾西汉墓骑兵俑群（左）和步兵俑群（右）
（资料来源：王斌：《西汉陶俑艺术研究》，西安：西安美术学院硕士学位论文，2006 年）

① 王斌：《西汉陶俑艺术研究》，西安：西安美术学院硕士学位论文，2006 年。

② 陕西省文物管理委员会、咸阳市博物馆：《陕西省咸阳市杨家湾出土大批西汉彩绘陶俑》，《文物》1966 年第 3 期，第 1—6 页。

阳陵陪葬坑发现的大量着衣式木臂步兵俑、骑兵俑，其所着真实的衣甲、木臂及所跨的木雕马多已腐朽，出土时皆为无臂裸体彩绘兵俑（图 9–2）。该类俑式是西汉陶俑所特有的，继汉阳陵之后，在汉武帝茂陵、汉昭帝平陵和汉宣帝杜陵，以及汉长安故城内的窑址和作坊遗址都有出土。[①] 这一新型俑类主要流行于西汉中晚期，上起景帝，经武、昭二帝，下及宣帝，前后四代或六代，时跨一百五十余年。其出土地点主要分布在西汉都城长安一带，为帝王和皇室专用。[②]

图 9–2 汉阳陵出土的骑兵俑（左）和步兵俑（右）

（资料来源：王斌：《西汉陶俑艺术研究》，西安：西安美术学院硕士学位论文，2006 年，第 14 页）

二是表现宫廷贵族生活的文官俑、女侍俑（跽坐俑）和宦者俑等。其中前两者多为塑衣式彩绘俑，表情多恬静闲适。通过简洁的造型和艳而不燥的彩绘生动地再现出人物丰富而安详的内心世界。例如，图 9–3 中的男立俑，袖手直立，身体稍稍前倾，双腿合拢而足留少许空隙，其眉目浓重，黑睛明眸，两撇小胡平展，紧闭双唇，显得安静闲适又恭谨唯命。这就把一个忠主守职的文吏（或侍从）刻画得生动传神。女仕俑（图 9–3 右）则表现出女性的温柔、贤淑、娴雅、俊秀气质，或站立，或跽坐，静中有动。她们衣饰基本相同，色彩各有特色，姿势不一，面庞丰润，长相俊巧。但在阳陵帝陵封土东侧陪葬坑出土有全身施以白色粉彩的无臂裸体侍女俑和常见的橙红色女仕俑。前者面部和躯体着白色彩绘，通高 53cm（图 9–4）。[③]它们可能分别象征着为宫中织布裁衣的奴婢（橙红色）和失势或失宠妃嫔形象（白色粉彩）。[④] 而在杜陵北侧陪葬坑出土的无臂裸体站立男俑，其通体亦遍施白色彩绘，腿部和头部绘有黑、红色彩，高 56 厘米。[⑤] 这

① 何倩：《西汉着衣式陶俑初论》，西安：西北大学硕士学位论文，2015 年。

② 王学理编著：《汉代雄风——汉景帝与阳陵》，西安：三秦出版社，2003 年。

③ 陕西省考古研究院：《汉阳陵帝陵东侧 11～21 号外藏坑发掘简报》，《考古与文物》2008 年第 3 期，第 3—32 页。

④ 赵超：《雄壮瑰丽，大汉风华——汉阳陵出土陶俑赏析》，《文物鉴定与鉴赏》2014 年第 3 期，第 25—29 页。

⑤ 中国社会科学院考古研究所杜陵工作队：《1982—1983 年西汉杜陵的考古工作收获》，《考古》1984 年第 10 期，

些白彩无臂陶俑身上原来着有帛衣，属于着衣彩绘陶俑，其所象征的是宫廷中身份地位较高的人物。

图 9–3　汉阳陵陪葬墓出土的塑衣跽坐俑（左）、文吏俑（中）和女仕俑（右）
（资料来源：王斌：《西汉陶俑艺术研究》，西安：西安美术学院硕士学位论文，2006 年）

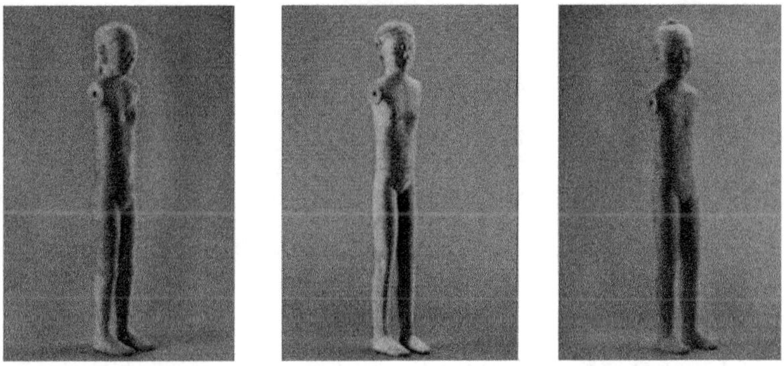

图 9–4　汉阳陵陪葬坑出土的橙红彩女俑（左）、白彩女俑（中）和彩绘宦官俑（右）
（资料来源：石宁：《汉阳陵博物馆藏陶俑概述》，《文博》2009 年第 2 期，第 70—75 页）

宦者（亦称宦官）是中国古代专供皇帝及皇室役使的人员，一般为阉割之后的男性。宦者出现在原始社会与奴隶制社会之交，《诗经》《韩非子》等先秦典籍上均有述及。汉阳陵帝陵从葬坑发现的宦者俑及“宦者丞印”的铜印，表征了它们的宦者身份。

宦者在西汉宫廷中只是供洒扫驱使的仆役，因而这类陶俑被塑造得身材矮小、神情羞涩，充满了难以遮掩的自卑与诡异。宦者俑在西汉帝陵及贵族陪葬墓中出土量非常少，目前主要有出土于汉阳陵帝陵东侧 17、18 号及 21 号从葬坑的 32 件。其脸部较圆，面带愁容。下体阳具短小，无阴囊。通高 57.5 厘米（图 9–4 右）。[①]

第 887—894 页。

① 赵超：《雄壮瑰丽，大汉风华——汉阳陵出土陶俑赏析》，《文物鉴定与鉴赏》2014 年第 3 期，第 25—29 页。

三是各式塑衣舞蹈俑、伎乐俑。舞蹈俑细腰长袍，衣服窄细而贴身，体态轻盈，长袖轻扬，似动还静中凝固了随歌而舞的瞬间形象。伎乐俑弹筝抚琴，神情专注，仿佛完全沉醉于乐曲的演奏之中。这类俑表现得自由、生动，其艺术感染力极强，是西汉陶俑中的佼佼者（图 9–5）。西汉统治集团及其领导核心大都来自楚国地区，尽管在政治、经济、法律等制度方面“汉承秦制”，但在意识形态的某些方面，特别是文学艺术领域，却依然保持了南楚故地的乡土本色。这类陶俑充分表现了西汉社会受楚风的浪漫气质的影响和对贤淑、温柔、俊秀气质皆具的美妙女子的肯定和褒扬。这类塑衣式彩绘陶俑的制作相对于着衣式陶俑要简易些，因此贵族（大臣）陪葬墓中大量使用了该俑类，象征贵族的家侍婢和属吏。[①]

图 9–5　汉阳陵陪墓坑出土伎乐俑（左）、持物女俑（中）和舞蹈俑（右）
（资料来源：石宁：《汉阳陵博物馆藏陶俑概述》，《文博》2009 年第 2 期，第 70—75 页）

四是表现少数民族人物特点的胡人俑（图 9–6）。这类俑式的出现与西汉社会的政治、军事、经济、文化的发展是密不可分的。西汉王朝初期对待北方匈奴的政策是以和亲、安抚为主，据《汉书》记载“二年……秋，与匈奴和亲”，“五年……遣公主嫁匈奴单于”，后来“匈奴绝和亲，侵扰北边，兵连而不解”，“其明年，骠骑仍再出击胡，大克获。浑邪王率数万众来降，于是汉发车三万辆迎之”，“武帝即位，明和亲约束，厚遇关市，饶给之。匈奴自单于以下皆亲汉，往来长城下”，“而单于终不肯为寇于汉边，休养士马，习射猎，数使使好辞甘言求和亲”，表明西汉与匈奴之间或战或亲长期交往，使得汉匈双方在文化、习俗上相互影响，匈奴喜汉货，汉人着胡服。被俘虏的匈奴人长期和汉人生活在一起，影响日渐加深。所以随着汉匈交往的加深和“事死如事生”观念的影响，胡人俑就成为西汉帝陵及贵族陪葬墓丧葬俑像表现的内容之一。

① 咸阳市博物馆：《汉安陵的勘查及其陪葬墓中的彩绘陶俑》，《考古》1981 年第 5 期，第 422—425 页。

图 9–6 杨家湾汉墓的（胡人）步兵俑群（左）和汉阳陵着衣式（胡人）骑兵俑
（资料来源：王斌：《西汉陶俑艺术研究》，西安：西安美术学院硕士学位论文，2006 年）

五是各种动物俑。动物俑的塑造形象逼真，堪称艺术佳作。例如，陶牛（图 9–7 左）体大肥腯，四腿如柱，颈短粗，腰宽大，牛头上阔下狭，颊似斧砍，手法洗练，简繁得当。陶马（图 9–7 右）昂首扬尾，挺胸成 90°，鼻子翕动，虽伫立处于静态，却有奔腾欲驰之势；体形高大，威武神骏，与秦代陶马的形体风格截然不同，反映出西汉社会对西域良马推崇备至，这都与西汉政治军事生活的需要和特点密不可分。再有陶猪、陶羊、陶鸡、陶鸭等，现实生活中的家禽家畜类动物都成为西汉动物陶俑表现的对象。

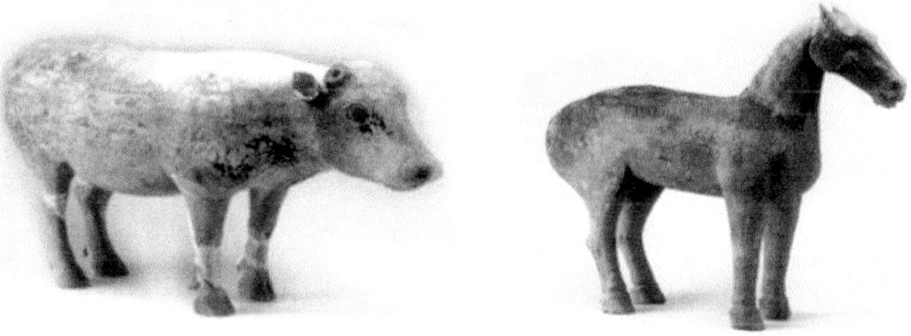

图 9–7 汉阳陵陪葬墓出土的陶牛（左）和陶马（右）动物俑
（资料来源：王斌：《西汉陶俑艺术研究》，西安：西安美术学院硕士学位论文，2006 年）

综上所述，西汉帝陵及贵族陪葬墓陶俑表现的题材内容丰富多样，俑像的制作者和使用者对现实生活的关注是全面和深入的。秦汉时期“事死如事生”“生死一体化”的丧葬风俗，要求“艺术家”尽可能全面、生动地表现现实生活中的一切内容。而西汉社会经济发展和思想开放的程度，以及陶塑艺术的水平都在秦代的基础上发展到一个新的高度。因而种类多样的陶俑和动物俑艺术地再现了西汉繁杂的政治、军事、文化生活的现实。

3. 西汉帝陵及贵族陪葬墓陶俑的艺术风格与制作工艺

历史上“汉承秦制”，陶俑艺术品的制作亦不例外，汉俑的陶塑艺术直接受秦俑艺术影响。[①]因此，论及西汉帝陵及贵族陪葬墓陶俑（简称汉俑）的艺术风格特点和制作工艺，离不开同秦兵马俑为代表的秦代陶俑（简称秦俑）进行比较。

第一，形体比例上的差异。秦兵马俑是按照真人真马原大塑造的。其俑像身高平均1.8m，最高可达2m。[②]20世纪60年代中期出土的杨家湾汉墓的塑衣式骑兵俑通高50—68cm、步兵俑通高44.5—56cm[③]；20世纪90年代汉阳陵发现的武士俑通高62cm、骑兵俑52—59cm[④]。后者不及前者的三分之一，此种变化反映了秦汉两朝人们审美情趣的变化。秦人“尚大”写实，汉人重气韵、轻体量，追求写意。

第二，陶俑造型题材及其体现古代军阵作战形式上的差异。秦俑造型基本是军事化氛围占据主导地位，集中体现秦人“重事功”的思想性格，以及“事于战功”的尚武之风和“贵奋战”的牺牲精神。而西汉帝陵及贵族陪葬墓陶俑题材就显得丰富而多样，具有浓郁的生活气息。例如，汉阳陵出土大量的家畜、动物类陶俑以及人物舞俑，都是当时社会富足现实的真切写照。此外，秦兵马俑坑的军阵显示秦代战车仍有一定数量，且以步兵为主，同时骑兵兵种开始出现。而在杨家湾汉兵马俑坑中代表作战部队的俑坑共11个，骑兵就占了6个（步兵俑坑4座、战车坑1座），表明西汉初期骑兵在军队编制中已经成为主要的作战力量。[⑤]汉昭帝平陵发现的一座俑坑排列有2000件着衣式骑兵俑，象征西汉中期（武帝、昭帝）骑兵力量的发展和强大。[⑥]据史籍记载，西汉王朝在与匈奴的长期交战中，逐渐认识到骑兵的优势并尽国家之力饲养马匹、发展骑兵，终于建立起一支强大的骑兵部队，并在汉武帝时期击败了匈奴，成为世界历史上农业民族大规模战胜游牧民族的实例，其主要原因当在于“采用匈奴擅长的骑兵战法抗击匈奴”。[⑦]

---

① 王学理：《阳陵春色　大汉风采——二论著衣式木臂陶俑与塑衣彩绘陶俑的艺术特色》，黄留珠主编：《周秦汉唐研究》（第一册），西安：三秦出版社，1998年，第186—201页。

② 黄倩茜：《秦兵马俑与阳陵汉俑艺术特色之比较》，《西北大学学报（哲学社会科学版）》2000年第4期，第141—143页。

③ 陕西省文物管理委员会、咸阳市博物馆：《陕西省咸阳市杨家湾出土大批西汉彩绘陶俑》，《文物》1966年第3期，第1—6页。

④ 赵超：《雄壮瑰丽，大汉风华——汉阳陵出土陶俑赏析》，《文物鉴定与鉴赏》2014年第3期，第25—29页。

⑤ 涂师平：《汉军雄风今犹在——陕西咸阳杨家湾长陵陪葬墓汉兵马俑鉴赏》，《宁波通讯》2010年第12期，第41页。

⑥ 李明、邢福来、谢高文：《汉平陵陪葬坑发掘记》，《文明》2002年第5期，第110—123页。

⑦ 谭前学：《陕西出土的秦汉唐陶俑简论》，《收藏家》2003年第12期，第20—25页。

第三，人物造型风格的不同。秦始皇陵陶俑几乎是清一色的北方威武大汉的造型，且全为男性。[1]其塑绘之“真”，几近写实之能事。人物面相各有不同，年龄上老少皆有，表情各具特点，发式、衣服多种多样，刻画深入而精准。西汉帝陵及陪葬墓陶俑的人物造型是概括和含蓄的。例如，杨家湾汉兵俑眼睛的处理就不像秦俑那样细致，鼻子和嘴的处理也相对简单，头发、胡须及身上的铠甲都是彩绘完成。塑造的部分只交代大的动态关系、大的服装层次，具体细节靠丰富的彩绘加以补充和完善，整体特征既简洁又不失其内容的丰富性。此外，西汉陶俑中除武士俑和骑兵俑之外，还有大量的男女立俑、舞蹈俑、跽坐俑等（图 9–8），其塑造注重俑像的形态、韵味的把握和表现。如众多的西汉长袍俑（俗称喇叭俑），几近概括、含蓄、柔美之能事，不过分倾力细节的刻画，但肩背臀腿的关系就是在若隐若现中表达着某种耐人寻味的美感。其他如舞蹈俑飞扬的姿态、飘举的衣袖与饰带、动物俑的欢腾跃动，意态昂扬等。突出的是高度概括的形体姿态、手舞足蹈的大动作，是异常单纯简洁的整体形象，就在这些不事细节修饰的夸张姿态和大开大合的动态中，表现出一种静动结合的运动美感。[2]

图 9–8　汉阳陵出土男女立俑（左）、舞蹈俑（中）和跽坐俑（右）
（资料来源：王斌：《西汉陶俑艺术研究》，西安：西安美术学院硕士学位论文，2006 年）

第四，艺术表现手法的不同。秦兵马俑以写实的手法形象地展示出“秦王扫六合，虎视何雄哉”的雄武神威。这些陶俑制作细腻，手艺精湛。每个陶俑的发式、神态、衣服甚至战袍的扣子都有细微的差异。譬如按客观真实性原则表现的人物和马匹，人物的发髻、棉衣臃肿的领、铠甲的金属硬片等皆细致刻画。更为惊奇的是兵俑和马俑的躯体各部分比例竟然同古希腊雕塑家们确认的“七头身高”人体标准美，以及人体各部分的

① 赵超：《雄壮瑰丽，大汉风华——汉阳陵出土陶俑赏析》，《文物鉴定与鉴赏》2014 年第 3 期，第 25—29 页。
② 王斌：《西汉陶俑艺术研究》，西安：西安美术学院硕士学位论文，2006 年。

恰当比例非常接近。

西汉帝陵及陪葬墓陶俑多运用写意的艺术表现手法。汉代工匠们用精湛的技艺与丰富的想象力将杨家湾汉墓（长陵陪葬墓）一件件兵俑刻画得惟妙惟肖、活灵活现。汉阳陵出土的立俑、跽俑、骑俑、射俑、舞俑、仪卫俑、杂技俑，以及陶屋、陶猪、陶鸭等。其形体规格虽小，但塑造的题材内容远比秦俑丰富。更重要的是，汉武士俑的脸部一扫秦兵俑那般紧张的神情，充满了平静与自信。从彩绘乐舞杂技群俑塑像上可以看到汉人充满活力的生活场景。从拂袖舞女俑可以看到汉朝优美飘逸的舞蹈以及汉人娴雅的生活状态。汉代陶俑凸显出对神韵的追求，以神似求形似。例如，憨态可掬的说唱俑（图 9–9），看似头大身小，躯体粗短，比例失调，但其丰富的说唱表演形式及艺者的自然流露，被刻画得惟妙惟肖，恰到好处，不失为以形体夸张及人物面部表情变化来突出艺术形象的杰作。[①]

图 9–9 西汉说唱俑

西汉帝陵及陪葬墓陶俑不如秦俑那样注重写实，而是力求形态的逼真和对神韵的刻画，注重总体把握对象的精神内涵和传神之处，强调动势和表情语汇在形象塑造中的作用，表现出一种豪放雄迈、飞扬流动的美学格调，体现出汉代的时代审美特征。相比之下，缺乏动感及神采刻画正是秦俑雕塑的不足。

第五，工艺流程及特点不同。据研究，秦俑的烧制温度为 805℃（马）—940℃（俑），同普通砖瓦的烧制温度相当。这种塑衣式陶俑的塑造需采用塑、堆、捏、贴、刻、画等手法。其制作工艺首先以堆塑、盘筑、模印制成粗胎，再以圆雕、浮雕和线刻结合处理细部细节，尤其注重诸如发式、发簪等细节刻画。这样，秦俑的形体（粗胎）比例适度，身高与头部比例为 7∶1，符合真人比例，且细部（如手指关节、肌肉、脚趾和眼皮等）刻画合理。[②] 秦俑绘塑结合，色彩对比强烈，使用的矿物颜料多达十余种，一般先打底（白色）或涂胶，然后平涂彩绘。其不同身份的服饰颜色差别不大，多采用朱红、大红、粉红、深绿、粉绿、粉紫、天蓝、中黄、橘黄、黑、白、赭等。故秦俑看起来色彩艳丽、色调明快，体现了对靡丽之服的崇尚。

---

① 方啸、王亚红、喻斐：《秦汉陶俑风格浅析》，《中国陶瓷》2010 年第 9 期，第 56—57 页。

② 王斌：《西汉陶俑艺术研究》，西安：西安美术学院硕士学位论文，2006 年。

西汉帝陵及陪葬墓陶俑有塑衣式和着衣式。着衣式木臂陶俑（即“无臂裸俑”）的制作工艺为[1]：分模（分件模制头、躯干和腿脚）—刻塑（以概括简洁的手法雕刻五官、发式、膝盖、脚部和阳具等，对主模工艺作细部处理，以及雕刻各种造型的木质臂膀）—烧制（烧制温度≥800℃，采用窑顶渗水还原法烧制出青灰胎，此种灰陶色泽纯正、密度高、硬度强、烧结良好）—敷色［使用红土（橙红色）、白云母等（白色）、无定形炭黑（黑色）和朱砂（朱红色）等矿物颜料彩绘人的躯体特征。西汉早期彩绘陶俑打有底色，中期则直接涂施彩绘于胎体表面，使颜色牢固不易脱落］。汉俑制作工艺由秦俑“手塑为主，模制为辅”转变为“以模制为主，手塑为辅”。西汉陶俑较之秦俑尺寸的缩小，大造型的概括和服饰的简约、整体表现风格的含蓄质朴使得大批量制作陶俑成为可能。此外，西汉陶俑制作塑绘一体，以绘补塑。彩绘与雕塑结合的技法起源很古老，秦俑施彩的风格大胆、对比强烈、色彩基调明快醒目，而且施彩较厚，胶质层与颜料层有的竟超过0.5mm。西汉陶俑的施彩方法虽和秦俑一样是根据不同部位的需要进行平涂，颜料层涂刷薄而均匀，俑表面光滑油亮，保存情况甚佳，同时，色彩的选择较秦俑要少很多，呈现出清闲素雅的美感。总的来说，西汉陶俑“形”之魅力来源于“模塑”，而“神”之赋予则来源于“绘”的高超和灵动。以清新、淡雅、灵动的彩绘为补充，提升模印、塑造时的外形简约风格，使得西汉陶俑的艺术性得以大大的提升。

三、关中地区汉代墓室壁画艺术

汉代墓室壁画在我国壁画艺术发展史上占有重要地位。自20世纪60年代以来，在陕西省以古长安为中心的关中地区和陕北榆林地区相继有西安交通大学壁画墓、曲江池壁画墓、旬邑“彬王墓”、西安南郊西安理工大学新校区壁画墓，以及定边郝滩墓和靖边杨桥畔的彩绘墓葬壁画的发现与公布。半个世纪间发现不断，丰富了壁画类型，并相继填补了空白，为中国美术史的深入研究提供了丰富的实例[2]，也引起专家学者对汉代壁画墓的源头地区与汉代墓葬画像的历史作用的重新思考和审视，关中地区“在整个墓室壁画发展史上所担当的角色，也应该比我们以往所认识的更重要”[3]。以下仅就陕西关中地区汉代壁画墓的发现、墓室壁画题材内容、绘画水平及其价值作简要论述。

① 何倩：《西汉着衣式陶俑初论》，西安：西北大学硕士学位论文，2015年。

② 呼林贵、尹夏清：《汉墓壁画的大展示——陕西发现汉代墓室壁画述评》，《上海文博论丛》2004年第4期，第76—78页。

③ 黄佩贤：《近年关中地区出土西汉壁画墓的启示》，《文博》2011年第3期，第9—14页。

（一）关中地区汉代壁画墓考古发现概况

从已发表的考古资料来看，20 世纪 60 年代以来，在以古长安（今西安）为中心的关中地区相继发现了彬县雅店村砖室壁画墓（1961 年）、千阳县壁画墓（1972 年）、咸阳龚家湾 1 号壁画墓（1983 年）、西安曲江池 1 号壁画墓（1985 年）、西安交通大学壁画墓（1987 年）、旬邑县百子村壁画墓（2000 年）、西安理工大学 1 号壁画墓（2004 年）①、西安曲江翠竹园壁画墓（2008 年）②等较重要的汉代壁画墓（表 9–4）。这些壁画墓多为斜坡墓道竖穴土圹砖室墓，年代跨西汉中晚期至东汉晚期。除了出土数量和种类不等的随葬器之外，基本都保存有较为完好的墓室壁画。21 世纪初在陕北长城沿线的定边县郝滩和靖边县杨桥畔等地分别发现新莽至东汉时期的壁画墓，亦出土有保存较为完好的墓葬壁画。③ 此外，见诸考古资料和文献记载的还有西安市灞桥区新筑镇砖室壁画墓、韩城市芝川镇芝西村砖室墓、潼关县吊桥村杨震家族墓地和扶风县揉谷姜嫄壁画墓等，都有完好程度参差不齐的墓室画像出土。

表 9–4 关中地区发现和出土的汉代典型壁画墓概况

名称位置	壁画位置及内容
西安交通大学壁画墓	壁画遍及墓壁及券顶，券顶绘有两个同心圆，内圈分别绘有日、月，日中金乌，月中藏蟾、兔。两同心圆之间以青龙、白虎、朱雀、玄武四方神灵定位，绘出各种星宿，并用人物和多种动物表现二十八宿天象图。券顶圆圈内外绘满彩云和飞翔的仙鹤。后壁上部云间画一手持灵芝引导墓主之魂升天的羽人，其间有卧鹿、仙鹤。菱格下绘装饰性较强的勾连纹，间绘仙鹤、天鹅、斑鹿、虎等多种奇禽异兽
西安理工大学 1 号壁画墓	壁画遍布墓壁及券顶，券顶南部朱雀，东侧龙前有日，西侧龙后有月，后部东西两侧各为仙鹤。后壁绘乘龙羽人，下部为蛇、兽等。东壁为车马出行、骑马射猎等。西壁为宴乐、斗鸡等场景
西安曲江翠竹园壁画墓	壁画遍及墓室内部，主要为生活场景和天象，墓壁有婢女、贵妇人、女侍、男卫士、胡人等人物 20 个；券顶绘星宿、太阳、月亮、青龙、白虎、云气等
旬邑县百子村壁画墓	壁画分布在前室四壁与顶部，及后室墙壁和东西侧室前部。壁画内容：一是表现庄园生活的农耕、放牧、射猎、仓楼、苑厩等；二是反映墓主仕宦身份的车骑出行、妻眷、属吏等；三是墓主享乐生活的燕居、庖厨、宴饮等；四是羽人、芝草等天人感应形象下的祥瑞图；五是日月、星宿、云气天象，以及象征方位的四神等

（二）关中地区汉代墓室壁画的题材内容与布局

根据已公开发表的汉代壁画墓葬资料，关中地区汉代墓葬壁画的题材可分为天象祥

① 西安市文物保护考古所：《西安理工大学西汉壁画墓发掘简报》，《文物》2006 年第 5 期，第 7—44 页。

② 西安市文物保护考古所：《西安曲江翠竹园西汉壁画墓发掘简报》，《文物》2010 年第 1 期，第 26—39 页。

③ 呼林贵、尹夏清：《汉墓壁画的大展示——陕西发现汉代墓室壁画述评》，《上海文博论丛》2004 年第 4 期，第 76—78页。

瑞、神话神物与升天思想，以及体现现世生活或生产活动等内容，具体分为八类：天象，辟邪，升仙、天界，车马出行，庖厨、宴饮、乐舞、斗鸡、狩猎，仓廪、农牧，飞禽、走兽，人物等。

一是天象类，主要包括日、月、星辰及四神等，布置在墓室的券顶之上。例如，西安交通大学壁画墓、千阳壁画墓、西安理工大学壁画墓和西安曲江翠竹园壁画墓等的墓顶均有天象图，其中西安交通大学壁画墓中的天象图最具代表性（图 9–10）。墓顶中间绘两个同心大圆圈，大圆圈中间偏南为朱红色太阳，太阳之中为黑色金乌，中部偏北为月轮，月中有绿色蟾、兔。日、月周围绘云气、仙鹤。两个圆圈之间绘星辰和四神（左青龙，右白虎，南朱雀，北玄武），四神周围有数颗星。另有簸箕形星组、北斗星组、牵牛星组、织女星组、四方星组、五角星组、圭形星组、人捕兔子星组、猫头鹰星组、四方星组等。这幅星象图所绘的“二十八宿”被认为是“以图画的形式，再现了《天官书》成书前人们对二十八宿的认识”，“对研究天体运行规律更具历史价值”，“对研究中国古代天文史提供了重要的实物资料”。[①]

图 9–10　西安交通大学壁画墓中的天象图

（资料来源：后晓荣、陈晓飞：《关中地区两汉壁画墓初探》，《中国历史文物》2006 年第 4 期，第 18—23 页）

二是辟邪类，主要布置于墓门两侧及门楣之上。此类墓葬壁画仅见于西安理工大学西汉壁画墓和咸阳龚家湾 1 号墓，内容较为简单。如西安理工大学西汉壁画墓墓门两侧的龙、虎（图 9–11）与咸阳龚家湾 1 号墓墓门之上的羊角兽。

① 呼林贵：《西安交大西汉墓二十八宿星图与〈史记·天官书〉》，《人文杂志》1989 年第 2 期，第 85—87 页。

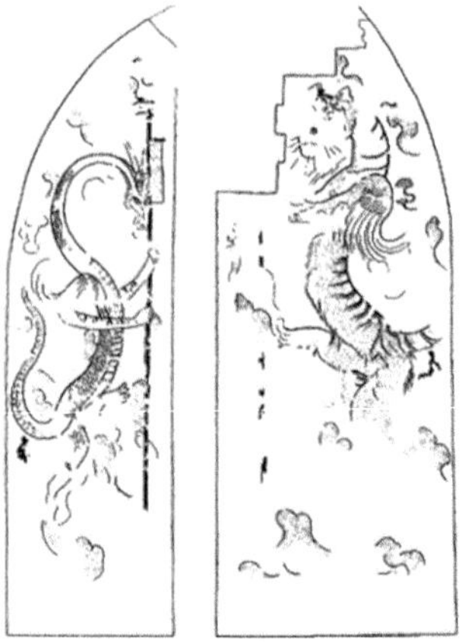

图 9–11　西安理工大学壁画墓青龙、白虎图

（资料来源：孙福喜、程林泉、张翔宇：《西安理工大学西汉壁画墓初探》，《西北大学学报（哲学社会科学版）》2005 年第 3 期，第 46—49 页）

三是升仙和天界类。该类画像一般位于墓室券顶及后壁上部。例如，西安理工大学壁画墓的券顶绘有流云、朱雀、翼龙、仙鹤（图 9–12）及日、月等，构成仙界景致，券顶南端正中一展翅飞翔的朱雀为先导，之后券顶东、西两侧的翼龙、仙鹤随其后，共同构成一幅浩荡的升天队伍，墓室后壁上部乘龙羽人引导墓主人灵魂进入天界。西安交通大学壁画墓券顶后部的三足乌也应与升仙有关，券顶及后壁上部的流云、仙鹤等象征天界。

图 9–12　西安理工大学壁画墓的仙鹤图

（资料来源：程林泉、张翔宇：《关中地区汉代壁画墓浅析》，《考古与文物》2006 年第 3 期，第 47—53 页）

四是车马出行类。此类壁画在西安理工大学西汉壁画墓共有三处，均在东壁之上。其中南端上部一幅较完好，由三部分组成，前面二人乘奔马开道，中间一人乘马引导，后面主人乘二马驾车。南部偏下一幅仅车轮可辨，北部一幅为单马双辕车，车上二人。旬邑东汉壁画墓有车马两乘，分别在后室的北壁和西壁后部，均为单马双辕车，车上乘一人。

五是反映墓主人家居、享乐生活的内容类。此类包括庖厨、宴饮、乐舞、狩猎、斗鸡等。譬如，西安理工大学壁画墓的宴饮乐舞图（图 9–13），女主人与宾客并排踞坐于围屏之前的木榻上欣赏面前的乐舞。前方两侧各有一组人物，均为女性，席地而坐，欣赏乐舞，面前有圆案，案上有漆樽、耳杯等。中间舞人身姿婀娜，双手执红飘带，翩翩起舞。又如西安理工大学壁画墓室东壁的狩猎图。其中可辨识轮廓的人物形象有：二人并驾齐驱，虽奔马疾驰如飞，却神态安然，似在轻松交谈；枣红马上一灰衣猎手正拉满弓射杀前面的猎物；一红衣猎人徒步追逐一拼命奔逃的野猪；奔马之上一白衣猎手握长枪，刺杀猎物；飞奔的红马之上一黄衣猎手回射远处的猎物等（图 9–14），将一幅狩猎场面展现得惟妙惟肖、淋漓尽致。

图 9–13　西安理工大学壁画墓宴饮乐舞图

（资料来源：程林泉、张翔宇：《关中地区汉代壁画墓浅析》，《考古与文物》2006 年第 3 期，第 47—53 页）

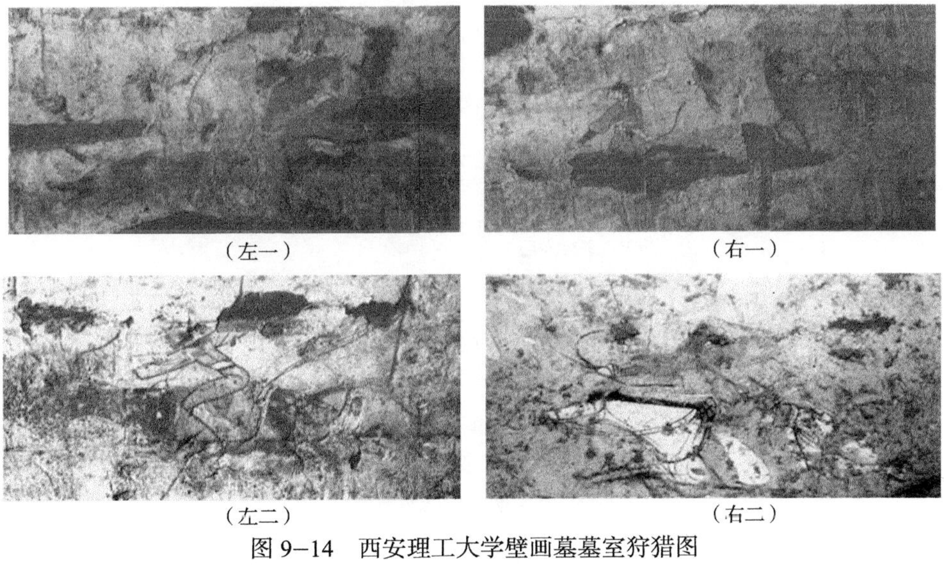

图 9–14　西安理工大学壁画墓墓室狩猎图

（资料来源：程林泉、张翔宇：《关中地区汉代壁画墓浅析》，《考古与文物》2006 年第 3 期，第 47—53 页）

西安理工大学西汉壁画墓西壁中部的斗鸡图，二十三人围成一圈，主人席地而坐，神态各异，有说有笑，仆人或手捧斗鸡，或拱手侍立，中间仅一只鸡可辨清，该图南侧偏下也有四只鸡（图 9–15）。

图 9–15　西安理工大学壁画墓墓室斗鸡图摹本

（资料来源：程林泉、张翔宇：《关中地区汉代壁画墓浅析》，《考古与文物》2006 年第 3 期，第 47—53 页）

六是反映乡野庄园经济的仓廪、农牧等内容。仓廪图出土于旬邑百子村东汉壁画墓的前室西壁券门南侧。大树下有一廊房式两间仓廪，南侧一间内坐一人（负责仓廪的管家），身旁有两个囷形仓；北侧开间较大，分上下两层，之间有楼梯相通，上层三个囷形仓，后壁有方形窗口，下层有两囷形仓，两仆人正背粮袋往楼上运粮，仓廪前面的院子有两堆金黄的粟和两个囷形仓（图 9–16 左）。耕作图位于前室东壁南侧，开满白花的大树下拴两匹红马，远处还立一匹红马，树前一农夫正赶黑牛挽犁耕作（图 9–16 右）。

图 9–16　陕西旬邑县百子村东汉壁画墓仓廪图（左）和耕作图（右）

（资料来源：郑岩：《一千八百年前的画展——陕西旬邑县百子村东汉墓细读》，《中国书画》2004 年第 4 期，第 54—59 页）

七是飞禽、走兽类。该类内容主要见于西安交通大学西汉壁画墓、西安理工大学壁画墓和曲江池西汉壁画墓。其中西安交通大学西汉壁画墓墓壁菱形网格下绘有数组走兽和飞禽，有猛兽扑禽、卧鹿、猛虎逐鹿、堆鸡、鹤等。[①]曲江池 1 号墓墓圹东壁南部为一犀牛，西壁为一大鱼，鱼下有水波纹，南壁为 4—5 头黄牛，北壁有卧马图等，墓道西壁为一动物。

八是人物类。此类壁画主要见于西安理工大学西汉壁画墓、西安曲江翠竹园西汉壁画墓和旬邑百子村壁画墓等，包括乐舞、侍女、力士及乘龙羽人等多种多样类型。例如，西安理工大学壁画的人物主要是乘龙羽人，以及饮宴乐舞、斗鸡和狩猎等场面中的人物（图 9−14、图 9−15）。西安曲江翠竹园壁画墓的人物有贵妇人、身材高大的门吏、手捧熏炉的小婢、拱手侍立的侍者，以及为主人看管孩子的婢女和护院的家丁等（图 9−17）。旬邑县百子村壁画墓人物有“邠王力士”、“亭长”、庖丁、侍女，以及“邠王”、“郭将军”、小吏、“画师工”及其“夫人”（图 9−18）。

比较而言，关中地区汉代墓室壁画的空间布局具有明显的地域特色。譬如，洛阳地区发现的西汉昭、宣时期壁画墓的壁画分布在墓顶平脊及门额、后山墙上部，稍晚者墓顶斜坡砖上开始出现壁画（云气）。西汉后期墓室壁画扩展至前后室隔梁及其雕砖隔栏上。新莽至东汉时期，壁画开始遍及墓室顶及四壁甬道内也出现壁画。关中地区西汉晚期的曲江池 1 号墓壁画仅绘于墓圹和墓道的第一级二层台之上的壁面上（其原因还有待进一步研究），同期的西安理工大学壁画墓和西安交通大学壁画墓的壁画遍及整个墓室，顶部、后壁为升仙、天界，两侧壁为现实生活画面或飞禽、走兽，墓门两侧为龙、虎辟邪，甬道内也出现壁画。这些与洛阳地区西汉晚期壁画墓壁画扩展至前后室隔梁及其雕砖隔栏上的布局明显不同。[②]

图 9−17　西安曲江翠竹园壁画墓的门吏（左一）、贵妇人（左二）、侍女（右二、右一）
（资料来源：程林泉、张翔宇：《关中地区汉代壁画墓浅析》，《考古与文物》2006 年第 3 期，第 47—53 页）

① 陕西省考古研究所、西安交通大学：《西安交通大学西汉壁画墓发掘简报》，《考古与文物》1990 年第 4 期，第 57—63 页。

② 程林泉、张翔宇：《关中地区汉代壁画墓浅析》，《考古与文物》2006 年第 3 期，第 47—53 页。

图 9–18 旬邑县百子村唐壁画墓庖丁（左），邠王、郭将军及夫人（右）
（资料来源：郑岩：《一千八百年前的画展——陕西旬邑县百子村东汉墓细读》，《中国书画》2004 年第 4 期，第 54—59 页）

（三）关中地区汉代墓室壁画的艺术风格、绘画水平与制作工艺

汉墓壁画以简洁大气、雄浑质朴、生动传神为其时代风格，造型多注重大的形体的描绘，忽略具体细节的刻画，动态形象的表现常使用夸张和变形的手法。关中地区汉代墓室壁画既有汉代壁画简洁大气、雄浑质朴的一般特征，又有其构图准确严谨、画面细腻写实的工笔特点。有的画面粗犷、画风朴拙，有的画面细腻、工笔重彩；有的形体高大、写实性强，有的形体细小、重在装饰；有的画面色彩斑斓、多姿多彩，有的画面仅绘轮廓、朴素淡雅。曲江池 1 号壁画仅绘出动物轮廓，内不施彩，牛、马等草食动物大小与实物相当，如墓圹东壁上犀牛长 3.4m、墓圹西壁上的鱼长达 4m、墓圹北壁中部的卧马长 2.25m，充分体现了汉画粗犷豪放的艺术风格。[①] 而西安理工大学墓室壁画中狩猎、乐舞画面则完全与其他地区墓室壁画“粗犷朴拙”的风格不同，整体上采用分层、分栏式构图，上层为天境仙界，下层为现世生活，前为镇墓辟邪，后为升天羽人。局部采用独幅构图和长卷式构图相结合，西壁的宴乐歌舞、斗鸡等均为独幅画面，顶部天境仙界、东壁的狩猎场景则以长卷式展开画面，场面宏大，气势壮观。构图技巧上采用散点透视原理，券顶上的仙禽、瑞兽采用正视平列法则，使得灵魂升天队伍显得浩浩荡荡，两壁的狩猎、乐舞现世生活画面采用鸟瞰散布法则，图像层次井然，物象错落有致，远近比例协调。画面线条自然、流畅、准确，色彩丰富，运用自如、巧妙和谐，所绘人物或温文尔雅、庄重肃穆，或眉清目秀、俊俏艳丽（图 9–14、图 9–15、图 9–16、图 9–18）。[②] 此外，西安曲江翠竹园 1 号墓的壁画具有较强的写实性。人物形象高大，部分与真人等

① 张翔宇：《西安地区汉代壁画墓特点浅析》，《文物》2012 年第 10 期，第 71—76 页。

② 孙福喜、程林泉、张翔宇：《西安理工大学西汉壁画墓初探》，《西北大学学报（哲学社会科学版）》2005 年第 3 期，第 46—49 页。

高，甚或超过真人，这与曲江池 1 号墓壁画有相似之处，但画面普施彩绘，表现细腻，又与曲江池 1 号墓有所不同。墓门两侧的门吏身高近 2 米，已经超过真人，其他人物身高也多在 1.4 米以上（图 9–19）。又如侍女头上复杂的发髻、东壁两位拱手站立的侍女耳上的红色耳珰、西壁侍女所背包袱上的云纹图案、束扎幄帐的绳节（甚至能辨出其扎束方法）等，无不体现了画面的写实风格。

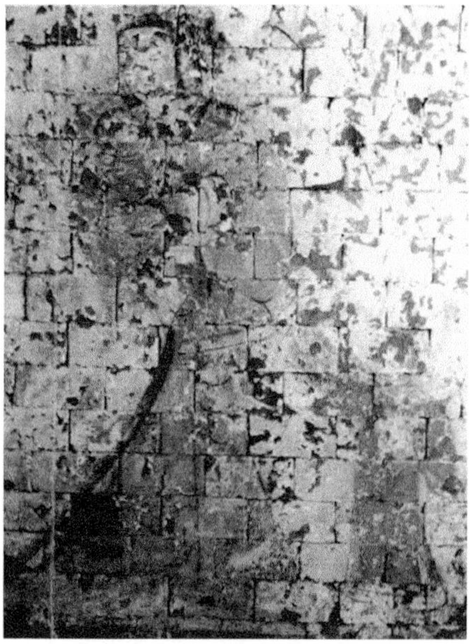

图 9–19　西安曲江翠竹园壁画墓的抱婴夫人及儿童

（资料来源：程林泉、张翔宇：《关中地区汉代壁画墓浅析》，《考古与文物》2006 年第 3 期，第 47—53 页）

关中地区汉代墓室壁画人物形象的绘画水平亦非同一般。例如，西安理工大学壁画墓的人物像包括墓室东壁的车马出行、狩猎，西壁的看斗鸡、宴饮舞乐图等（图 9–14、图 9–15、图 9–16），众多彩绘人物像的体型比关中或洛阳地区出土的汉墓壁画人像要小巧得多，却仍以简练的线条准确造型，以灵动流畅的线条表达人物的各式姿态与动作，尤其对骑射人物的描绘用笔快速自由，别具特色（图 9–14）。这些壁画人物体型小巧，对画者的绘画准确性与精细度有着较高的要求，并非一般画工的艺术水准。[①]

西安曲江翠竹园壁画墓以各式各样的人像为全墓壁画的主题，直接表达或烘托出贵族生活。其体形高大、绘画水平上佳的墓室壁绘人像，在迄今发现的墓室壁画中是罕见的。全墓合计有人像 20 个，包括手持各式器物的门吏、婢女、贵妇、抱婴妇人、儿童、仆人、执环刀男士、佩剑男士、胡人等。它们的高度绝大部分在 1 米以上，其中墓室北

① 黄佩贤：《近年关中地区出土西汉壁画墓的启示》，《文博》2011 年第 3 期，第 9—14 页。

壁墓门两侧的一对门吏，更高是达 2 米，其配剑亦长达 1.5 米，是迄今所发现最大的汉代壁绘人物画像。此外，部分人物的衣服似运用没骨法绘成，但细看可见人像外沿颜色明显较深，应该是先用彩色线勾画出轮廓，再以相同的色彩平涂而做成没骨效果，如抱婴妇人及儿童（图 9–19）。[①] 壁绘如此高大的人像，采用最常见的勾线后平涂的绘画手法，写意味道较为浓厚，足见画者对用笔技艺的掌握、对物像形貌与精神气韵的表达等。这批壁画人像跟同年代的其他出土墓室壁画比较，艺术水平相对较高。

此外，西安理工大学壁画墓和西安曲江翠竹园壁画墓的壁画绘制方法基本是相同的，即先在壁面刷一层白膏泥，然后于其上以墨线或彩色线起稿，最后再以平涂手法填充上红、青、灰、黑等各种颜色。此种绘制模式（砖面+白灰层+颜料层）应是西汉墓室壁画较为流行的绘制工艺。[②]

① 黄佩贤：《近年关中地区出土西汉壁画墓的启示》，《文博》2011 年第 3 期，第 9—14 页。

② 王伟锋、李蔓、夏寅：《中国古代墓葬壁画制作工艺初步研究》，《文博》2014 年第 5 期，第 88—93 页。

第十章 唐代帝陵及陪葬（贵族）墓的文化艺术遗产

唐代帝陵及其陪葬（贵族）墓艺术遗产主要包括唐代帝陵石雕刻艺术及帝陵陪葬墓墓室壁画、陶塑（陶俑及唐三彩）艺术三个方面。

一、唐代帝陵的石雕刻艺术

唐代是中国古代封建社会经济和文化艺术高度发展的鼎盛时期，唐陵石刻堪称古代陵墓石刻演变的高峰。陕西关中地区唐代帝陵分布在渭北高原和北山山脉，西迄乾县梁山，东至蒲城金粟山，东西绵延 150km。唐陵石刻从艺术造型到雕刻技法都大大超越前代，并为后代帝陵石刻之宗范。其雄壮豪迈的时代气魄和成熟完美的艺术风范，展示了社会鼎盛时期独特的石雕刻艺术风貌，被誉为“露天石刻艺术展览馆”。

（一）唐代帝陵石刻的设置和遗存

关中地区唐陵涵盖“唐十八陵”和按照帝陵规格所建的四座陵墓。前者包括唐高祖李渊的献陵、唐太宗李世民的昭陵、唐高宗李治与武则天的乾陵、唐中宗李显的定陵、唐睿宗李旦的桥陵、唐玄宗李隆基的泰陵、唐肃宗李亨的建陵、唐代宗李豫的元陵、唐德宗李适的崇陵、唐顺宗李诵的丰陵、唐宪宗李纯的景陵、唐穆宗李恒的光陵、唐敬宗李湛的庄陵、唐文宗李昂的章陵、唐武宗李炎的端陵、唐宣宗李忱的贞陵、唐懿宗李漼的简陵、唐僖宗李儇的靖陵。[①] 后者是唐高祖李渊祖父李虎的永康陵、李渊父亲李昞的兴宁陵、武则天之母杨氏的顺陵和唐让皇帝李宪的惠陵。[②] 据考古资料和文献记载，这些陵墓皆以帝陵的形制和规格建制石雕（刻）群，包括神道和陵园四神门设置的石雕像（表 10−1）。

---

① 刘向阳：《唐代帝王陵墓》，第 59—60 页。

② 刘向阳：《唐代帝王陵墓》，第 337—355 页。

唐代帝陵石刻群历经千余年沧桑变迁，多有残损和遗失，现今保存相对完好的帝陵石刻群及其单体只是极少数。2006年实施的“唐陵大遗址保护”考古调查项目，已历经十数年，先后对唐高宗乾陵、唐肃宗建陵、杨氏顺陵、唐德宗崇陵、唐宣宗贞陵、唐睿宗桥陵、唐玄宗泰陵、唐宪宗景陵、唐穆宗光陵、唐高祖献陵等进行了地面调查、考古钻探、局部发掘和全面测绘，在多数唐帝陵陵园中皆发现和出土数量和类别不同的石雕像（表10–1）。[①] 唐陵石刻群的建制（包括石雕刻种类组合、造型式样和空间列置方式）及遗存表明：其一，唐陵石刻群的设置多样化；其二，唐陵石刻遗存及保护值得重视。

表10–1　关中地区唐陵石刻群的建制和遗存状况统计表

陵名	石刻群建制（件）	石刻群遗存和新发现（件）
永康	神道：石柱2、天禄2、石马4、石人6、蹲狮2	神道：石柱2、天禄2、石马2、蹲狮1
兴宁	神道：石柱2、天禄2、石马4、石人6、蹲狮2	神道：天禄2、石马4、蹲狮2。发现南门石狮2件，神道石刻13件
献陵	神道：石柱2、石犀牛2、石人6；石虎8（陵园四门外各立虎2）	神道：石柱1、石柱底座1。发现石犀牛1、石柱柱身1；另有犀牛、石虎各1件存于碑林博物馆；石虎6（南门1、西门2、北门1和东门1）
昭陵	北司马门：“昭陵刻石文”、“昭陵六骏”（浮雕石屏）、十四国番君长石像。陵南发现“石走狮”	基本残损和盗失
顺陵	外城南神道：石柱2、獬豸2、石人6、石走狮2；外城东、西、北门各有蹲狮2，北门外石马并牵马人组合6；内城南门：石人16；封土前：石虎4、石羊 4、石人2	南神道（外城）：獬豸2、石走狮2；外城东、西、北门各有蹲狮2，北门外石马4；内城：石人14、石羊4，石虎4
乾陵	南神道：石柱2、翼马2、鸵鸟2，仗马及牵马人组合10，石人20，无字碑1、述圣记碑1、蕃酋石像64；北门外：仗马及牵马人组合6，石虎及驯虎人4；蹲狮8（四门外各2）	南神道石刻、石碑基本完好，蕃酋石像61；北门外：仗马10、牵马人10；发现石虎及驯虎人组合4（其中1对为石础座）、蹲狮8（四门外各2）
定陵	石刻群形制及类别与乾陵相同（南门仅番酋石像2）	南神道：石人2（半埋土中）；石狮3（南、北、东门各1，东门石狮残）；北门外残仗马2、发现石虎及驯虎人组合1
桥陵	石刻群形制及类别与乾陵相同，但神道瑞兽为天禄2，北门外未见石虎及驯虎人	神道：石柱2、天禄2、鸵鸟2、仗马及牵马人组合9、石人16；发现番酋石像残驱3件；石狮8（四门外各2），北门外仗马6
惠陵	石刻群形制及类别与桥陵相近	残石柱1、残翼马1
泰陵	石刻群形制及类别与乾陵相似（神道石人分左文臣、右武将各半对置）	南神道：石柱1、翼马2、鸵鸟2、仗马5及牵马人3、石人19；发现番酋石像残驱14件；石狮8（四门外各2）；北门外仗马4、牵马人3；石蹲虎1
建陵	石刻群性质及类别与泰陵相同，但未见番酋石像	南神道：石柱2（西侧石柱扑倒沟底）、翼马2、鸵鸟2、仗马10，石人20；石狮（陵园四门外各2）

① 张建林：《唐代帝陵陵园形制的发展与演变》，《考古与文物》2013年第5期，第82—90页。

续表

陵名	石刻群建制（件）	石刻群遗存和新发现（件）
元陵	陵园石刻群形制和类别与建陵相同	南神道：翼马1（残驱），残石人2；陵园西门石狮2、东门石狮1；北门外石马5（均残）
崇陵	石刻群性质及类别与泰陵相同，但有祭台石人若干	南神道：石柱2、翼马2、鸵鸟1、仗马6及牵马人2、石人11、发现石人4；发现番酋石像残驱25件；石狮6（南、北、西门各2；北门外仗马4、牵马人1；祭台残石人6
丰陵	与建陵相同	南神道：残华表1；北门外石狮1、仗马2、；西门石狮2（均残）
景陵	陵园石刻形制同建陵，但北门外增加小型石狮2对	南神道：华表2（东扑西裂）、翼马2、鸵鸟2、石人5、仗马8，发现残石人4；石狮8（四门外各2）；北门外仗马6、小石狮4
光陵	与泰陵相同	神道：石柱2（东扑西残）、翼马2、鸵鸟1（残体）、残仗马2、石人5（均残），发现石人8（文臣、武将各4）和番酋石像5（残驱）；石狮8（四门外各2）
庄陵	陵园石刻群形制和类别与泰陵相同	南神道：石柱、翼马和鸵鸟各2、石人6；神道两侧发现石人11（其中7件头部完整），番酋殿遗址出土6件番酋石像（4件保存身躯部分，2件只剩下残块）；在陵东南发现小残损石人2个
章陵	陵园石刻群形制和类别与泰陵相同	南门神道：石柱2（东石柱倒扑）、石马1（残损）、石人1（无头部、持剑），石人础石1；番酋石像1，南门石狮1（均残）
端陵	陵园石刻群形制和类别与泰陵相同	南神道：石柱1（西侧石柱倒扑）、翼马2、石人、石马2；发现和清理石刻37处、近50件组（其中残损番酋石像10件，北门发现石虎）
贞陵	陵园石刻群形制和类别与泰陵相同	神道：石柱2、翼马2、鸵鸟1（东侧）、仗马6、发现牵马人2、石人11（残缺）、发现石人4和番酋石像6（残驱）；石狮8（四门外各2）；北门外仗马4、发现牵马人1
简陵	石刻群形制及类别与景陵相同	南神道·翼马2、仗马2、石人2。仗马础石5个（与东列翼马南北一线），础石旁各有小石人2件。南门石狮1；北门小蹲狮、小走狮若干
靖陵	石刻群形制及类别与泰陵相近	南神道：石柱1、翼马2、石马3、石人；南门石狮1（残驱），其余绝大部分残毁和倒扑

表中资料数据来源：①姜宝莲、秦建明：《永康陵调查》，《文博》2002年第6期，第21—25页；②员安志：《兴宁陵石雕艺术》，《美术》1984年第4期，第62—63页；③献陵、昭陵、乾陵、桥陵、泰陵、崇陵和贞陵石刻群参见：张建林：《唐代帝陵陵园形制的发展与演变》《考古与文物》2013年第5期，第82—90页；④赵荣、权东计：《唐顺陵遗址现状与形制探讨》，《考古与文物》2002年第4期，第68—71页；⑤姜捷：《关于定陵陵制的几个新因素》，《考古与文物》2003年第1期，第69—74、82页；⑥建陵、景陵石刻群遗存参见范坤：《唐代建陵石刻雕塑造型语言的再探讨》重庆：重庆大学硕士学位论文，2009年；⑦刘随群：《唐崇陵调查简报》，《文博》1997年第4期，第11—15页；⑧陕西省考古研究院：《2008年陕西省考古研究院考古调查发掘新收获》，《考古与文物》2009年第2期，第13—26页；⑨丰陵、靖陵石刻群遗存参见刘向阳：《唐代帝王陵墓》，第361—362页；⑩巩启明、王保东、李江红：《唐章陵调查简报》，《文博》2003年第3期，第3—8、16页；⑪兴宁陵、元陵、景陵、光陵、庄陵、端陵、简陵石刻群参考陕西省考古研究院：2008—2014年《陕西省考古研究院考古调查发掘新收获》（发表于《考古与文物》）；其他如惠陵石刻群遗存参见马志军、张蕴、王文阁：《唐惠陵发掘取得重大考古成果》，《陕西日报》2000年8月8日，第4版。

1. 唐陵石刻群的建制模式

关中地区唐陵石刻群的建制（雕刻种类组合、造型式样和空间列置方式），初唐时期的献陵、昭陵，以及追谥的永康陵、兴宁陵和顺陵，该五座陵墓的石刻群建制被认为是“斟酌汉魏，以为规矩”的探索期，涵盖三种模式：一是永康陵与兴宁陵为主（包括河北省“隆尧祖陵”）的“祖陵模式（永康陵模式）”；二是献陵和顺陵（外城）为主（包括河南省偃师市唐恭陵）的“献陵模式”；三是昭陵所体现的“昭陵模式”（表 10–2）。① 该三种模式对后来的唐陵石刻群建制定型皆产生了较大的影响，如“祖陵模式”中神道石刻的石柱、瑞兽、石人、石马的设置，“献陵模式”中石刻群“四门—神道”的列置方式及四门外的石立虎（或者立狮和蹲狮），“昭陵模式”中北司马门祭坛立“六骏”浮雕石屏和十四国番君长石像等，在后来盛唐时期的乾陵、定陵、桥陵及追谥的惠陵为主的“乾陵模式”（被视作唐陵石刻群建置的类型），以及中晚唐时期泰、建、元、崇、丰、景、光、庄、章、端、贞、简、靖陵所循奉的“泰陵模式”（唐陵石刻群形制的转折点）中都有所体现。

表 10–2　关中地区唐陵石刻群形制的设置模式统计表

模式	包括帝陵	石刻群形制	备注
祖陵模式	永康陵、兴宁陵及“隆尧祖陵”	南神道（自南向北）：石柱 2、瑞兽 2、石马 4、石人 6；南门外蹲狮 2	陵前刻立蹲狮、石人像和八棱石柱等沿袭北朝风格
献陵模式	献陵、顺陵（外城）及偃师唐恭陵	南神道（自南向北）：石柱 2、石犀牛（瑞兽）2、石人 6；陵园四门外各石立虎（或走狮和蹲狮）2	陵墓雕刻群随建筑格局作四门—神道列置方式，效仿东汉陵墓雕刻体制
昭陵模式	昭陵	北司马门（祭坛）：“昭陵刻石文碑”、“昭陵六骏”（浮雕石屏）、十四国君长石像	昭陵祭坛雕刻群属西汉霍去病墓纪念碑式雕刻群之遗风
乾陵模式	乾陵、定陵、桥陵和惠陵	南神道：石柱 2、翼马 2、鸵鸟 2、仗马及牵马人组合 10、石人 20、无字碑 1、述圣纪碑 1、番酋石像 64 件；北门外：仗马及牵马人组合 6、石虎及驯虎人 4；蹲狮 8（四门外各 2）	石刻内容丰富，种类繁多。有石柱、石碑、人物、动物等。盛唐陵园雕刻融合初唐三种模式，体现为北朝模式与东汉体制的结合
泰陵模式	泰陵及其后至靖陵（13 座唐陵）	南神道：石柱 1、翼马 2、鸵鸟 2、仗马及牵马人组合 10、石人 20；番酋石像若干；石蹲狮 8（四门外各 2）；北门外仗马及牵马人组合 6、石蹲虎若干	承袭乾陵模式，但石刻体量明显变小；神道石人分文臣武将各半，东侧为文臣，褒衣博带，手持笏；西侧武官衣着裲裆，手拄仪刀。此后的唐陵石刻均延续泰陵石刻制度，少有变化

2.唐陵石刻的遗存及保护

从唐陵石雕刻的遗存和发现状况来看，陵墓石刻群遗存比较完好的有乾陵（缺失北

① 秦波：《唐代陵墓石刻研究——以乾陵为中心》，北京：中央美术学院博士学位论文，2014 年。

门仗马 1、牵马人 5 和石虎 1、驯虎人 2）、建陵（缺失北门仗马 6）、顺陵（外城南神道缺失石人 6，北门缺失仗马 2、牵马人 6；内城缺失石人 4）、贞陵（南神道缺失鸵鸟 1、仗马 4、牵马人 8、石人 5；北门外缺失仗马 2、牵马人 5 等）、崇陵（南神道缺失仗马 4、牵马人 8、石人 5；北门缺失仗马 5、牵马人 3；东门缺失石狮 2）、桥陵（缺失南神道仗马及牵马人组合 1、石人 4）、景陵（南神道缺失石人 11、石马 5）和泰陵（南神道缺失石柱 1、仗马 5、牵马人 7，北门外缺失仗马 2、牵马人 3 等）。其余唐陵石刻群遗存状况较差，如昭陵，其北司马门内祭坛及其上的"六骏"浮雕石屏和十四国番君长石像，几乎荡然无存。2002 年的考古发掘中清理出六骏与十四国番君长像残块 15 块，其中十四国番君长像的残块有头面部，也有躯体和基座的部分，至少属于 7 个人的个体；"六骏"残块为马的足腕和后腿飞节处。[①] 又如盛唐时期的定陵和惠陵，前者仅遗存南神道石人 2 尊，且半埋于土中，陵园南、北、东门各 1 尊石狮，且东门石狮残损，北门外存残仗马 2 件，2010 年发现北门石虎及驯虎人组合 1 件[②]；后者仅残留南门神道的残石柱和残翼马各 1 件。此外，中晚唐时期的丰、光、章、贞、简、靖陵等石刻群遗存状况皆较差。如丰陵南神道仅存残华表 1 件，陵园北门外石狮 1 件、仗马 2 件、西门石狮 2 件均残；光陵南神道遗存有石柱 2 件（东扑西残）、翼马 2 件、鸵鸟 1 件、仗马 2 件、石人 5 件均残，近年考古发现的石人 8 件均为残驱；章陵现存的神道石柱 2（东石柱倒扑）、石马 1 件、石人 1 件、石人础石 1 件、番酋石像 1 件和南门石狮 1 件均残；靖陵南神道存留石柱 1 件、翼马 2 件、石马 3 件、石人 1 件和南门石狮 1 件均残，其余绝大部分石雕像残毁和倒扑。[③]

笔者分别于 2011 年和 2015 年暑期两度组织相关人员对关中地区汉唐帝陵进行了系统考察，并对分布在咸阳市诸县的唐代乾陵、靖陵、建陵、昭陵、贞陵和崇陵作过专程勘察。大多数唐陵石刻的现状令同行者感慨不已，更多的是觉得憾惜。不用说那些石雕刻保存较差的陵墓，纵使像乾陵、桥陵、泰陵、顺陵和建陵、景陵、贞陵等石刻保存相对较好的陵墓，其石刻单体的残损状况令人触目惊心。例如，乾陵 61 番臣像头部尽失；桥陵南神道的仗马，多数头部残损或缺失；泰陵、景陵、贞陵等陵墓神道石人头部缺失或残损极为普遍；除乾陵、桥陵和建陵等少数陵墓四门石狮保存相对完好外，大多数唐陵陵园的四神门石狮残损或佚失。此外，2011 年考察时，乾陵和桥陵因建有博物馆，其

① 陕西省考古研究所、昭陵博物馆：《2002 年度唐昭陵北司马门遗址发掘简报》，《考古与文物》2006 年第 6 期，第 3—16 页。

② 姜捷：《关于定陵陵制的几个新因素》，《考古与文物》2003 年第 1 期，第 69—74、82 页。

③ 刘向阳：《唐代帝王陵墓》，第 361—362 页。

神道石刻群位于景区内部，保护措施等情况良好。其余唐陵的石刻群基本处于自然状态，尤其是神道石刻基本是分布在农田或果木树林中。例如，元陵南神道矗立于农田的残翼马、丰陵的残裂石柱及贞陵残石人（图 10–1）等，让每一位同行考察者感叹惋惜。此外，部分唐陵的石刻还发生移位、倒扑、碎裂等（图 10–2）。

图 10–1　唐元陵残翼马（左一）、简陵残石狮（左二）、丰陵残石柱（右二）、贞陵残仗马（右一）

图 10–2　唐端陵被移位的残翼马（左）、石雕底座（中）、庄陵倒扑翼马（右）

追索关中地区唐陵石刻遭受破坏的原委，有不以人的意志为转移的自然因素，如自然风化、雨淋水蚀、地震雷击等，更有人为破坏盗掘的缘故。前者可使陵墓石刻表面发生溶蚀、破裂或倒扑，后者则致使陵墓石刻残损或佚失。例如，2013 年春节期间，唐懿宗简陵石狮被盗；2010 年 4 月 1 日，唐肃宗建陵陵园东门（青龙门）遗址前两尊石蹲狮被盗，此方面的实例不胜枚举。

历史上也曾有过不同时期的封建朝廷对唐陵石刻及其陵园建筑进行修整的记载。然而文物古迹的国家立法保护是在中华人民共和国成立后，特别是改革开放以来，国家对包括帝陵在内的文物古迹的保护日益重视。2015 年笔者在汉唐帝陵考察过程中，关中地区汉唐帝陵保护方面的重大举措给我们的印象极深，如唐乾陵国家考古遗址公园大景区建设、顺陵遗址公园免费对公众开放、桥陵遗址公园建设、泰陵南神道硬化及石刻群的保护栏栅设置、丰陵“御果庄园”景区建设等，昭示出唐陵石刻群正在受到全面科学的保护。这些现象的背景是 20 世纪 90 年代以来陕西省文物部门开展的唐陵石刻的保护研究。国家文物局批准陕西省文物局 2004 年至 2009 年组织西安文物保护修复中心、陕西省考古所和乾陵博物馆等选择乾陵、桥陵和顺陵进行了石刻科技保护修复项目以及 2006

年开始实施、历时十余年的“陕西唐陵大遗址保护项目”，国家文物局还将“唐十八陵（石刻）保护”作为“十三五”文物局重点保护项目。这一切，使我们看到了唐陵石刻艺术遗产资源保护利用的良好态势及美好前景。

（二）唐陵石刻的发展演变

唐代帝陵石刻群作为帝陵陵园的重要组成部分与唐代社会的发展变迁息息相关。在唐代近三百年的发展历史中，唐陵石雕也发生着相应的变化。根据唐陵石雕的布局、造型、艺术风格并结合唐陵陵园形制的演变，可将其分为四期（表 10–3）。不同时期唐陵石雕刻发展变化的特点如下①：

表 10–3　关中地区唐陵石刻发展变化分期表

分期	包括陵墓	主要石雕类型
初唐探索期（618—649 年）	永康陵、兴宁陵、献陵、昭陵等	武将、番王像、石马（包括昭陵六骏）、坐狮、走狮、麒麟、辟邪、石犀、石虎、望柱
盛唐形成期（664—741 年）	顺陵、乾陵、定陵、桥陵、惠陵等	文臣、武将、控者、蕃民、仗马、翼马、坐狮、走狮、鸵鸟、麒麟、石羊、望柱、石碑等
中唐守成期（764—824 年）	泰陵、建陵、元陵、崇陵、丰陵、景陵、光陵和庄陵	坐狮、望柱、翼马、鸵鸟、仗马、控者、文臣、武将、番民、僧佛等
晚唐衰退期（825—888 年）	章陵、端陵、贞陵、简陵、靖陵	坐狮、望柱、翼马、鸵鸟、仗马、控者、文臣、武将、番民、僧佛等

1. 初唐探索期

初唐时期建造的永康陵、兴宁陵、献陵、昭陵等帝陵的石刻雕塑表现出以下特点：第一，石雕风格承袭东汉、北朝的传统，同魏晋南北朝时期比较接近。譬如，永康陵拄剑武将、坐狮源自北魏静陵的同类石刻，永康陵辟邪和兴宁陵麒麟皆与西魏文帝永陵石兽密切相关，献陵石虎造型承袭北朝陵墓前石兽造型，献陵和永康的八棱石望柱与北朝神道石柱相似，而献陵石柱头上有小蹲狮则受南朝影响较大。第二，石雕内容以狮、马、虎等现实中的动物为主体。例如，源自魏晋南北朝陵墓前的石狮，永康陵和兴宁陵为门狮、献陵则为蹲坐在神道石柱顶的蹲狮；永康陵开创帝陵前列置仗马的先河，昭陵列置“六骏”浮雕战马继承西汉霍去病墓记功性石雕马的传统，充满神异色彩的辟邪、麒麟在初唐帝陵中出现的数量渐趋减少，其所占比例很小。第三，首创番民群体像列置，体现民族融合与团结。昭陵番民群体像的列置形象反映出唐王朝的繁荣昌盛和唐代的

① 张建林：《唐代帝陵陵园形制的发展与演变》，《考古与文物》2013 年第 5 期，第 82—90 页。

民族融合团结，更突出体现了初唐时期唐人的自信与追求现实的心态。第四，石刻群布局模式多样化。初唐四个帝陵石雕列置的格局明显不同：永康陵和兴宁陵的石刻群布局表现为“祖陵模式”（即陵墓南神道自南向北列置石柱 2、瑞兽 2、石马 4、石人 6；南门外石蹲狮 2）、献陵石刻群布局为“献陵模式”［即陵墓南神道自南向北列置石柱 2、石犀牛（瑞兽）2、石人 6；陵园四门外各石立虎 2；整体表现为“四门—神道”列置方式］、昭陵石雕集中在北司马门列置十四番民像和浮雕战马六匹，呈独特的“昭陵模式”。[①] 显然，初唐探索期的石雕布局尚无固定模式，只是按照传统或者是当时的政治需要而确立。

2. 盛唐形成期

盛唐时期包括顺陵（外城）、乾陵、定陵、桥陵、惠陵等，是唐陵石雕风格和列置模式的形成期。这一阶段唐陵石雕的造型和布局的特点如下：

第一，石雕群列置以乾陵石刻布局为范式，形成固定的制度化模式（乾陵模式）。本阶段诸陵中，乾陵石雕的布局：神道由南向北依次为石（望）柱 1 对、翼马 1 对、鸵鸟 1 对、仗马及控者 5 对、武将 10 对、石碑两通、番民像 64 尊。石刻分东西两列，对称分布，望柱、翼马、鸵鸟、仗马、武将东西列的间距为 25m。望柱位于神道最南端，向北 30m 为翼马，翼马往北 23.5m 为鸵鸟，鸵鸟往北 18.5m 为仗马，仗马北 17.7m 为武将，武将北 17.4m 为石碑，石碑东西间距 61.6m，石碑北 21.6m 为南神门外阙址，南门阙址北 18m 为 64 尊番民像（现存 61 尊）。另外，四神门各列置石蹲狮 1 对。北神门外 90m 有仗马及牵马人组合 3 对、石虎及驯虎人组合 2 对（现存 1 对、石底座 1 对），东西分列。[②]对比盛唐时期诸帝陵（顺陵、惠陵属追封为帝陵级别）石雕群的组合布局同乾陵石刻群列置方式，不难看出：定陵石刻群类别组合及列置与乾陵石刻群建制基本相同，差别在神道仅有无字碑、缺失述圣纪碑，其南门番酋石像 1 对。近年在定陵北门外发现石虎及驯虎人 1 对（印证其遵循乾陵模式）；桥陵石刻群除神道獬豸（天禄）替代翼马、仗马无牵马人，以及北门外未见石虎及驯虎人组合之外，其余同乾陵石刻组合；惠陵石刻组合与列置方式基本同乾陵，只是同类石雕的体量略显小些；顺陵内城石刻非帝陵石刻，其外城石刻类别组合及列置方式类似于“祖陵模式”，其实雕刻风格与乾陵、桥陵类似。整体上来看，盛唐形成期石雕的类别组合与

---

① 窦志强：《唐陵石雕的考古学研究》，济南：山东大学博士学位论文，2007 年。

② 张静、张媛：《乾陵石狮造型艺术分析》，《美术大观》2009 年第 6 期，第 60—61 页。

列置方式制度化、模式化。[①]

第二，石雕数量多、规模宏大、形象雄壮，彰显出完美成熟的艺术风格。首先，本阶段各陵墓石刻数量较多，乾陵石刻 123 件（组）、其余四陵石刻数都在 50 件（组）以上。其次是石雕刻的体量规模相对较大。例如，乾陵、桥陵、定陵和顺陵等的石望柱、石狮、瑞兽、仗马、石人、石碑等的体量皆较初唐诸陵的同类石雕规模为大（表 10–4）。最后是雕刻艺术精细高超。例如，乾陵朱雀（南）门外的一对石蹲狮，东侧雄狮通高 3.02m、宽 1.50m、长 2.40m，西侧雌狮通高 2.8m、宽 1.38m、长 2.83m，皆蹲坐于台座上，台座长 2.8m、宽 1.60m、高 0.55m。[②]其体量规模在唐陵石蹲狮中首屈一指。该两尊石狮底座皆有蔓草、祥云和瑞兽图案，狮子整体造型浑厚有神，显示出顶天立地的气概，将“兽中之王”狮子的凶猛、威武的精神表现得非常准确。从正面看，四足拄地，跃跃欲试，似有拔地而起之势。侧面观，后蹲的身躯和直撑的前爪呈现出庄严稳重的金字塔造型，威风凛凛，鬣毛或披卷或卷髻。头部刻画按理想的完美造型而雕琢，突睛隆眉，利齿丰颐，双耳紧贴脑门，机警而聪慧。紧张的肌肉、圆睁的双目与突出的眉弓加强了震撼人心的力量，真正达到了中国艺术精神的“神气俱足”的意境。[③]同期陵墓石狮堪与乾陵石狮媲美的还有桥陵和顺陵的石狮。又如桥陵神道的两尊獬豸（天禄），各由一整块青石雕塑而成，高 2.95m、长 2.90m、胸宽 1.10m，体态雄壮、威严雄伟。其头部上昂、独角高耸，双目圆瞪，目视前方；口型欲吼，露出如锥獠牙。双耳向后伏贴，眼角的毛发卷曲，被刻画为卷云纹，鼻翼外侧及口唇上方的皮肤褶皱，用线刻手法概括为几笔长线条，刀痕富于张力与弹性，将獬豸机警、凶猛、犷悍的神情刻画得惟妙惟肖。獬豸的躯体雕刻得浑圆、硕壮、丰满，其背部微耸，腹部浑圆。四肢短粗，四足蹄状。尾部与石座相连，臀部丰满，坚实有力。石像身前两侧采用浮雕手法雕饰双翼，翼羽呈卷云纹图案，似层层云朵贴双肩，向后飘逸。刻工细腻、规整，富有浓厚的装饰效果和艺术魅力。獬豸腹下雕刻腰鼓状石柱，上承兽体，下连石座。石柱表面用浮雕手法雕刻成优美的如意卷云纹饰数十朵，象征獬豸可腾云驾雾、展翅飞翔。[④]

---

① 陕西省考古研究院隋唐考古研究部：《陕西南北朝隋唐及宋元明清考古五十年综述》，《考古与文物》2008 年第 6 期，第 161—197 页。

② 孙焱：《试论唐陵雕刻艺术精神》，《西北师大学报（社会科学版）》1998 年第 2 期，第 80—85 页。

③ 张辉：《重大社会变迁下的唐陵雕塑》，《美术》2012 年第 9 期，第 109—111 页。

④ 王士立：《唐桥陵獬豸石刻造像初探》，《大舞台》2010 年第 11 期，第 221—222 页；高起胜：《桥陵石雕》，《美术》1989 年第 9 期，第 62—63 页。

表 10–4　初唐与盛唐时期帝陵石刻体量规模比较统计表

石雕类	盛唐形成期（m）		初唐探索期（m）	
石望柱	乾陵	高 7.8	献陵	高 7.40
瑞兽	桥陵天禄	长 2.9，宽 1.1，高 2.95	永康陵辟邪	长 2.6，宽 0.9，高 2.10
	顺陵天禄	长 4.2，宽 1.9，高 4.15	兴宁陵麒麟	长 2.25—2.50（高度不详）
仗马	桥陵	长 2.40	兴宁陵	长 2.05—2.20
石人	桥陵	高 3.67—4.28	永康陵	高 2.23
石蹲狮	乾陵南门	高 3.02，宽 1.50，长 2.40（雄）	永康陵	高 2.05
石碑	乾陵无字碑	通高 7.46，宽 1.20，厚 0.40	河南偃师恭陵	通高 5.47，宽 2.53，厚 0.40

注：表中数据资料来源于相关唐代陵墓的考古调查、勘测和发掘报告

同期的顺陵獬豸（天禄）头部似鹿，头顶有弯曲的独角，身体健硕。身躯两侧有双翼，用浮雕雕刻成卷云纹，四肢粗壮、足似蹄，腹部下方为透雕，这一点与桥陵獬豸有所不同（图 10–3）。顺陵獬豸表情平和、性温顺，体积硕大（高 4.15m、长 4.20m、胸宽 1.90m）、气势磅礴、雕工精致，也是唐陵獬豸（天禄）石刻的代表。①

图 10–3　唐桥陵獬豸（左）、顺陵獬豸（右）

相比较而言，顺陵獬豸在浪漫色彩上略有欠缺，桥陵獬豸狮头、牛身、马蹄，面目凶猛，丰硕利牙，四肢沉稳，矫健有力，挺拔如柱。多种动物形象的组合体现出雕刻师丰富、浪漫的想象力，在刻画中则超越自然规范，运用象征手法，充分体现了唐王朝博大的胸怀和富有开拓精神、生气勃勃的宏阔气势。

第三，石雕内容组合更加丰富。首先是牵马人（控者）与仗马组合出现在神道仪卫石刻群中，使仪仗更加完善和丰富。其次是武将及番像数量大大增加，如乾陵、定陵、

① 窦志强：《唐陵石雕的考古学研究》，济南：山东大学博士学位论文，2007 年。

桥陵和惠陵神道列置的武将的数量高达 10 对，乾陵番像数量达到 64 尊，定陵、桥陵皆列置数量不等的番酋像。众多的武将组合列置在神道两侧，使得陵寝显得威严庄重，充分显示出了帝王作为国家最高统治者的地位。[①] 最后是出现翼马、鸵鸟、石羊、石碑等祥瑞和纪念性石雕。翼马采用不带鞍鞘的“天马”形象列置在神道望柱之北的重要位置，具有以祥瑞示盛世明君“怀远之德”和帝王升仙上天的精神诉求；鸵鸟石像是中外文化交流的产物，设置鸵鸟既是象征“圣君世”“祥瑞出”的珍禽，又显示大唐帝国德威怀远、印证中外友好往来；石羊只出现在顺陵中，象征吉祥；乾陵、定陵、顺陵等陵墓神道都立有石碑，其功能在于记述对墓主的评价和追念之情，以及宣扬唐代的文治武功和盛世局面。[②]

3. 中唐守成期

中唐帝陵包括泰陵、建陵、元陵、崇陵、丰陵、景陵、光陵和庄陵 8 座陵墓，是唐陵石雕刻的守成期或持续发展期。本期石雕继承“乾陵模式”，布局上基本没有变化。石雕群的内容和造型表现出如下的特点：一是现实性动物完全占据石刻内容，翼马定型化，麒麟、辟邪等消失。本期石雕刻主要有坐狮、望柱、翼马、鸵鸟、仗马、控者、文臣、武将、番民等。前两期陵墓神道中的麒麟、辟邪类神兽被翼马（飞马或天马）取代，曾经出现于顺陵等陵园南门的走狮和神道碑消失。石蹲狮的基本造型是蹲坐姿势，其造型皆肌肉饱满、爪掌劲利、双目圆瞪、张口怒吼或龇牙发威、头披鬣毛，与真狮形象特征一致，给人以稳重感、深沉感。此种石狮造型更能满足中晚唐时期皇帝渴望恢复到盛唐时期稳定与繁荣局面的心理需求。因此，中晚唐诸陵陵园四门皆为蹲（坐）狮，具有更强的动态感和韵律感的走狮消失。二是神道石人出现文臣和武将对置的“泰陵模式”。从泰陵开始，诸陵墓石刻群布局在继承“乾陵模式”的基础上，神道列置的 10 对石人中，左右分列，东列 5 对为文臣，西列 5 对为武将。此变动为后来的唐陵神道石人的列置所效仿。建于盛唐时期的隆尧唐陵神道亦曾列置文臣石像被认为是唐朝廷用人政策发生变化的开端。[③] 而泰陵前石雕塑形制的变化更是唐代政治变更的具体体现。唐玄宗之前的历代帝王多是以武功建立大统一的经济强国，这其中包括“因子之功”的桥陵墓主人睿宗李旦，故而在陵前翁仲（侍臣）雕塑的设立上多是呈现阳刚之气的武将形象。但是，从玄宗和肃宗两朝开始，外戚当政、宦官专权，国力日趋衰微。故而在象征皇权的陵墓

---

① 张辉：《重大社会变迁下的唐陵雕塑》，《美术》2012 年第 9 期，第 109—111 页。

② 孙焱：《试论唐陵雕刻艺术精神》，《西北师大学报（社会科学版）》1998 年第 2 期，第 80—85 页。

③ 吴真：《从陵墓前仪卫装饰雕刻寻绎盛唐衰微迹象——桥陵与泰陵石雕对比》，《艺术探索》2015 年第 2 期，第92—94 页。

雕塑载体中以增加翁仲像中的文臣数量来确定文官在现实中处于朝野“英雄”的地位，具体反映这一特定的历史背景。三是石雕造型的体量规模比盛唐时期同类石雕要小很多，石雕艺术水平具有变化性。首先，唐玄宗的泰陵、肃宗的建陵及其后诸陵的石柱、石马、石人和蹲狮等相对盛唐时期的乾陵、桥陵等的石雕体量变小（表 10–5），如中唐帝陵神道石（望）柱高度在 5.5m 以下，石人和翼马高度皆在 2.5m 以下，蹲狮高度基本在 1.6m 以下，而盛唐帝陵神道石柱高度在 7.5m 以上，石人和翼马高度在 3.5m 以上，蹲狮高度在 2.8m 以上。其次，从石雕的工艺水平及艺术风格来看，泰陵石雕中不乏优秀制作。例如，翼马造型雄伟，体态矫健，英姿飒爽，神态炯炯，不失为唐陵石刻艺术中精工细凿的珍品；东西对列的文臣、武将像，文臣雍容华贵，武将深目缌须、勇武彪悍，仍不失大唐风韵；四门蹲狮隆鼻突起，呈蹲踞状，亦属泰陵石刻的上乘之作。[①]整体而言，泰陵石雕虽然在体量上不如乾陵和桥陵，但在艺术风格上，摒弃唐陵早期石雕为过分追求雄伟而采用头大身小、比例失调的创作手段，转而注重比例匀称的写实手法，为我国绘画雕塑逐步走向写实打下良好的基础。

表 10–5　盛唐与中晚唐帝陵雕刻体量规模比较　　　　（单位：m）

类别		石柱	石人	石马	蹲狮
盛唐	顺陵	不详	不详	鞍马：高 1.8，长 2.6，宽 1.0	高 3.10，宽 1.10
	乾陵	高 7.8，底径 1.12	高 3.8—4.2，宽 1.0—1.3	翼马：高 3.45，长 3.53 鞍马：高 1.9，长 2.8	朱雀门东狮高 3.02，宽 1.40，长 2.32；西狮高 2.8，宽 1.38，长 2.83
	桥陵	高 8.64，底径 1.40	高 3.67—4.28	高 1.7—2.0，长 2.3—2.6	高 2.48—2.8，宽 1.15—1.26
中唐	泰陵	高 4.5	高 2.50	翼马：高 2.4，长 2.1[③] 鞍马：高 1.8，长 1.7	高 1.60，宽 1.0，长 1.2
	建陵	高 5.5	高 2.3—2.5，宽 0.7—0.9	翼马：高 3.17，长 2.8，宽 1.1 鞍马：高 1.80，长 1.90	高 1.5，宽 0.9，长 1.2
	庄陵	高 5.65	高 2.77	—	高 1.8，宽 0.85
晚唐	端陵	高 6.77	高 2.98	翼马：高 2.80，长 2.85	高 1.70，宽 1.0
	贞陵	高 6.95	高 2.47—2.88	翼马：高 2.80，长 2.83	高 1.72，宽 1.0

注：表中数据来源：①秦波：《唐代陵墓石刻研究——以乾陵为中心》，北京：中央美术学院博士学位论文，2014 年；②周飞：《〈乾陵持剑石人像雕塑形式的研究〉——几个关于雕塑问题的思考》，北京：中央美术学院硕士学位论文，2012 年；③张静、张媛：《乾陵石狮造型艺术分析》，《美术大观》2009 年第 6 期，第 60—61 页；④张寅斐：《唐代桥陵石刻造型艺术分析与研究》，西安：西安建筑科技大学硕士学位论文，2013 年；⑤孙常吉：《唐泰陵石刻翼马造型的艺术特色初探》，西安：西安美术学院硕士学位论文，2008 年；⑥吴夷：《从陵墓前仪卫装饰雕刻寻绎盛唐衰微迹象——桥陵与泰陵石雕对比》，《艺术探索》2015 年第 2 期，第 92—94 页；⑦范坤：《唐代建陵石刻雕塑造型语言的再探讨》，重庆：重庆大学硕士学位论文，2009 年等

① 吴夷：《从陵墓前仪卫装饰雕刻寻绎盛唐衰微迹象——桥陵与泰陵石雕对比》，《艺术探索》2015 年第 2 期，第92—94 页。

唐肃宗的建陵石雕刻群整体保存相对完好，其中石狮、翁仲（石人）和翼马等石雕刻的艺术手法和表现风格在唐陵石雕刻群中独具特色。建陵陵园朱雀门前的一对石蹲狮，气势宏伟，头昂而微颔，胸部挺出，张口厉吼，粗壮的前腿斜撑着竖起的巨大躯体，正面呈梯形，侧面为等边三角形，空间视觉高耸而稳定，既有挺拔劲健的气魄，又不失生动活泼的神韵，庄严而不呆板。其艺术特色还表现出显明的装饰性，狮头的鬃毛齐整垂披于后，肢体饱满雄壮，衬上精美华丽的腿边鬃毛和尾束细毛，增强了其华丽俊美感，堪称唐陵石狮中的优秀之作（图 10–4）。[①]

建陵神道石人的高度和比例搭配合理，且增强了塑像基本形态的稳定性，特别是石人的面部处理以汉字“国”“风”“用”形居多。“国”字形脸庞长方，阔板宽胳，高颧骨，下巴浑厚，五官粗犷，显示出一种健康、结实、纯朴的气质。“风”字形脸近似于方形的圆脸，面部丰满，五官端正，气质纯朴，通常身材不高，但却粗壮结实，“用”字形脸与“国”字形近似，脸和下巴稍宽且扁，眼睛睁圆，下巴上翘，目光中常含着机敏和智慧（图 10–5）。[②] 所以，建陵石人雕像的创作既不脱离真实，又不全然写实，体现出形神兼备的辩证统一。

图 10–4　唐建陵石狮

图 10–5　唐建陵翁仲

建陵翼马身躯高大、强悍雄健、造型优美。两肩飞翅形象卷曲自然，造型典雅华美，富有和谐的韵律，而且两匹翼马姿态各异、风格有别。西侧翼马轮廓爽朗、分明，东侧翼马线条柔和平顺（图 10–6）。翼马背平、体圆、尾垂、腿直立，腹下是整块浮雕与

① 郭逃昌、范坤：《浅谈唐代建陵石刻群艺术——渭北石刻艺术考论之一》，《知识经济》2007 年第 10 期，第 177—178 页。

② 范坤：《唐代建陵石刻雕塑造型语言的再探讨》，重庆：重庆大学硕士学位论文，2009 年。

马腿浑然一体，两胁雕饰五层卷云纹翼翅，翼翅呈扇面形，前锐后阔，栩栩如生。从头部、颈部、脚部、腹部、臀部无不使人感受到其生动。稍远看去，青色的石料变得丰润柔滑，有活灵活现的艺术效果。[①]

图 10–6　唐建陵翼马

综合上述，泰陵和建陵建造于盛唐转向中唐的过渡时期，二者的石雕刻具有追求华丽、精细的共性。泰陵石刻吸收了唐代早期帝陵石刻的雕刻工艺手法和艺术特色，具有明显的时代特征。如改变盛唐陵墓中石人一律为武将的格局，泰陵神道两侧是文臣和武将分列对置，显得井然有序。而武将中还出现了胡人形象，反映了玄宗后期“文用汉、武用胡”的用人观念。此外，泰陵石雕刻体型和体量不如盛唐陵墓石雕像高大和宏伟，但却注重了石刻的写实性，石雕刻造型比例显得和谐统一，给人一种真实的感受（图 10–7）。[②]

图 10–7　唐泰陵翼马

① 孙常吉：《唐泰陵石刻翼马造型的艺术特色初探》，西安：西安美术学院硕士学位论文，2008 年。

② 吴夷：《从陵墓前仪卫装饰雕刻寻绎盛唐衰微迹象——桥陵与泰陵石雕对比》，《艺术探索》2015 年第 2 期，第 92—94 页。

建陵石刻基本效仿泰陵，神道两旁石人列置为左文右武，文持圭，武拄剑。建陵石刻中的石人、石马和蹲狮等虽不如盛唐时期的乾陵和桥陵石雕像那么高大，但却比后者雕刻得精细。石雕刻手法讲究比例，追求形似和神态的一致，特别是神道翼马的精工细雕，有跃然欲奔之势。其艺术特色和工艺水平甚至超越盛唐，更是晚唐石刻所难以相比的。所以说，建陵石刻堪称唐帝陵石刻中的佼佼者。然而，“安史之乱”毕竟致使盛唐时期繁荣的政治、经济急骤衰落，盛唐发展起来的包括陵墓石刻雕塑的文化艺术水平也相应退化[①]。因此，中唐时期自唐代宗的元陵以后，包括崇陵、丰陵、景陵、光陵、庄陵等，其实雕刻共同表现出体型瘦弱，制作工艺粗疏、体态无力、线条松散粗陋的特征。这些帝陵石雕刻在造型上缺失中唐初期泰陵和建陵石刻群的灵巧细致等艺术特色，更没有盛唐时期石刻宏伟高大和夸张的艺术效果。[②]

4. 晚唐衰退期

晚唐包括章陵、端陵、贞陵、简陵、靖陵 5 座陵墓，是唐陵石雕刻发展的衰退期。石刻体态瘦小，神情萎靡不振（图 10–8），反映了唐王朝濒临灭亡，政治、经济均极窘困，无力再雕琢耗资巨大、气势恢宏的陵前石刻群了。[③]

图 10–8　唐简陵残石狮

① 范坤：《唐代建陵石刻雕塑造型语言的再探讨》，重庆：重庆大学硕士学位论文，2009 年。

② 张辉：《重大社会变迁下的唐陵雕塑》，《美术》2012 年第 9 期，第 109—111 页。

③ 张辉：《重大社会变迁下的唐陵雕塑》，《美术》2012 年第 9 期，第 109—111 页。

（三）唐代帝陵石刻的题材类型及艺术风格

唐代是中国封建社会发展的鼎盛时期，也是包括陵墓石刻雕塑在内的中国古代文化艺术发展的高峰。唐代陵墓石刻数量巨大、内容题材广泛、种类繁多，从艺术造型到雕刻技法都大大超过前代，并为后代帝陵石刻之宗范。因而，唐代陵墓石刻堪称中国古代陵墓雕刻走向巅峰的里程碑。

根据唐代帝陵石雕的题材内容和艺术造型的不同，可以分为人物、动物、石柱、石碑四大类。[①]各石雕题材类型及其艺术风格简述如下：

（1）人物类。根据人物身份的不同，可将人物石雕分为文臣、武将、控者、番民四种。其中文臣和武将在神道最北端相对列置，武将数量较多，造型为头戴（束发）高冠、着广袖长袍、双手拄剑。不同时期武将面部神情和衣饰区别明显（图 10–9）。文臣主要出现在泰陵及其之后的陵墓神道东列，与武将对置。其基本造型呈头戴高冠，身穿宽袖大袍，双手持笏板。面部由前期（泰、建陵）的肥硕丰满转变为后期的清癯瘦长、神情呆滞；控者（牵马人）多列置在仗（鞍）马旁边，二者形成固定组合。控者多为身穿圆领窄袖袍，腰系带，足着小靴，作牵马姿态；番民（亦称番酋或宾王） 像呈少数民族或外国使者打扮，现存的列置番民的帝陵有：昭陵 14 尊（石座）、乾陵 61 尊、泰陵 1 尊、崇陵 1 尊、庄陵 8 尊和简陵 2 尊。[②]

图 10–9 唐贞陵武将（左）与桥陵武将（右）

① 窦志强：《唐陵石雕的考古学研究》，济南：山东大学博士学位论文，2007 年。

② 郭选昌、范坤：《浅谈唐代建陵石刻群艺术——渭北石刻艺术考论之一》，《知识经济》2007 年第 10 期，第 177—178 页。

（2）动物类。唐陵石雕中动物内容数量众多、造型极为丰富，可分为石马、石狮、鸵鸟、瑞兽、石犀、石虎、石羊等类型。其中石马按造型分为仗马和翼马两类。仗马（鞍马）主要列置在神道两侧和北神门外，其造型高大，威武雄壮，身上有鞍鞯、障泥等装饰物品。“昭陵六骏”战马浮雕开唐陵北门列置石马像的先河，且充分运用浮雕手法的艺术表现力，刻画出骏马的劲健，给人以强烈的立体印象，堪称中国古代石雕艺术的佳作，在中国乃至世界美术史上都有重要的地位。唐陵（除顺陵和桥陵等外）神道皆列置翼马（亦称“天马”、“飞马”或“龙马”），目的在于表明君王英明和宣扬盛世，代表着皇帝升仙上天的欲望。翼马的躯体造型比仗马大，并且浮雕有形状与图案各异的翅膀。其中乾陵、泰陵和建陵石雕中的翼马被称为唐陵神道翼马（天马）雕像中的佳作（图 10–10）。①

图 10–10　唐乾陵（左）、泰陵（中）与建陵（右）翼马

石狮主要列置在陵园四神门外（少数在神道），按造型分为坐（蹲）狮和走（立）狮两类。坐狮的基本造型为蹲坐状，整体呈三角形。初唐祖陵（永康陵和兴宁陵等）石狮头部较小，阔口半开，胸部突起，双腿粗壮，坐姿后仰。造型浑朴，雄建威武；盛唐（乾陵、顺陵和桥陵等）蹲狮高大威猛，头昂而微颌，前腿粗壮劲健，头额隆眉，胸肌突出，整体造型高大威猛②（图 10–11）；中唐（泰陵、建陵等）石狮头颈披卷毛，前腿直立，颧骨突出，面部含蓄稳重，表情严肃；晚唐（庄陵、简陵等）石狮头呈方形，额和眉脊突出，体形肥硕，雕刻粗疏。走狮见于顺陵（外城）南门和昭陵下宫遗址等，其造型为四腿站立的行走状。昭陵走狮头颈部有卷发，口微张，背平，四腿外撇，身躯健壮，无肥硕感；顺陵走狮高大雄伟，头颈披卷发，嘴巴张开，突目隆鼻，胸肌发达，四足有力（图 10–12）。③

① 孙常吉：《唐泰陵石刻翼马造型的艺术特色初探》，西安：西安美术学院硕士学位论文，2008 年。
② 张静、张嫒：《乾陵石狮造型艺术分析》，《美术大观》2009 年第 6 期，第 60—61 页。
③ 王洪汀：《唐代顺陵石刻中走狮形象分析》，西安：西安美术学院硕士学位论文，2012 年。

图 10-11　唐乾陵石狮（左雄右雌）

图 10-12　唐顺陵走狮

自乾陵开始，鸵鸟成对列置在唐陵陵墓神道仗马之南、翼马之北。现存有较为完好的神道鸵鸟的帝陵有乾陵、桥陵、泰陵、建陵、崇陵、景陵、庄陵、端陵和贞陵等。据《旧唐书·高宗纪上》载，永徽元年（650 年）“吐火罗（今阿富汗境内）遣使献大鸟如驼，食铜铁，上遣献于昭陵”。这是最早记载鸵鸟出现在唐陵的资料，同时说明鸵鸟系由外域异国传入的珍禽，唐陵鸵鸟的刻形立像有政治标榜的缘由，也有对于珍禽好奇的原因，以及由此衍生出来的祥瑞祈愿心理的缘故。唐陵鸵鸟以浮雕与剔地相结合的雕刻手法，借助石料的体量烘托鸵鸟整体的张力。从鸵鸟的造型看，属于写实性较强的作品，并与有翼的天马相匹配，形成神道石雕群中的珍禽异兽陈设。尤以乾陵、桥陵和泰陵的鸵鸟石雕最有代表性。乾陵鸵鸟以浮雕形式将鸵鸟之形体姿态与石料平底相映衬，工匠巧妙构思及其精细雕琢，使得毛羽的质感也颇为真实。桥陵的鸵鸟石像雕刻于高、宽均约 2m 的石屏上。鸟高 1.96m，长 2m，回首贴翼，行于山间，双腿粗壮、矫健，羽毛丰满、细密，整体完整、高大、精美而写实。泰陵鸵鸟雕刻于长 2.1m、宽 1.8m 的石屏上。鸟身高 1.15m，身躯肥硕，腿较短，毛羽不甚清晰，表明盛唐后期雕刻趋向华丽，雕刻艺术手法显粗疏（图 10–13）。[1]

图 10–13　唐桥陵（左）、乾陵（中）和泰陵（右）鸵鸟

唐陵中设置瑞兽的有永康陵、兴宁陵、顺陵和桥陵四陵，主要为天禄（獬豸）和辟邪。置獬豸（俗称“独角兽”）于陵前，取其忠勇、廉明正直、可除凶祟，所以唐代用它来看守阙门和神道，守护陵寝。[2]其中桥陵獬豸由整块青石（石灰岩）雕塑而成，石像高 2.95m，长 2.90m，胸宽 1.10m，体态雄壮、威严雄伟。其头部状似石狮却独角高耸，双目圆瞪，口形欲吼，露出如锥獠牙，鼻孔扩张，双耳向后伏贴，神情警觉凶猛、犷悍，体现了一种静中有动、气吞山河的气魄。躯体用圆雕手法雕刻出浑圆、硕壮、丰满的体态。石像身前两侧雕饰着卷云纹图案的双翼，背部微耸、腹部浑圆、四肢短粗、臀部丰满、腿部肌肉矫健、尾部与石座相连。腹下的腰鼓状石柱，上承兽体，下连石座，雕刻成卷云纹饰数十朵，象征腾云驾雾、翱翔疾飞。整个躯体方中有圆，比例协调，体态矫健质朴、雄浑，厚重有力（图 10–14）。顺陵獬豸头部似鹿，头顶独角弯曲、身体健硕。身躯两侧有浮雕刻出的卷云纹双翼，四肢粗壮、足似蹄，腹部下方为透雕（不同于桥陵獬豸），其表情平和温顺，体积硕大、气势磅礴、雕工精致，堪称唐陵獬豸、天禄石刻的代表。

图 10–14　唐永康陵（左）和桥陵（右）天禄

① 袁玉生：《唐陵石雕——鸵鸟刍议》，《画刊》2008 年第 9 期，第 74—75 页。

② 王士立：《唐桥陵獬豸石刻造像初探》，《大舞台》2010 年第 11 期，第 221—222 页。

石犀、石虎和石羊在唐陵石雕刻中皆为数量较少的石雕像。石犀仅在献陵神道列置2尊，其体态庞大，通长3.4m，高2.17m。犀牛独角，瞋目，合口，蹄分三瓣，通体饰鳞纹，呈走动姿态（图10–15）。其造型模仿水犀牛的“黑色鳞甲”，具有汉魏石雕厚重、拙朴的风格。唐献陵四个神门各列置石虎1对（现存6个，另有1个遗存西安碑林博物馆）。献陵石虎形制、大小相同，通高1.7—1.8m，长2.4—2.8m。石虎头部硕大，颈粗短，身躯浑圆，背平阔，四腿伫立，尾巴下垂，腹下为透雕。四足同石座相连，作行走状（图10–15）。石羊只在顺陵封土前列置2对，皆头部上昂，凸目，小鼻孔，闭嘴，犄角从上向内盘卷，造型呈前蹄跪，后蹄曲，卧于石座之上。此外，近年来在乾陵和定陵的北门外发现石立虎和驯虎人组合，在泰陵和端陵的北门外皆发现石蹲虎。[①]

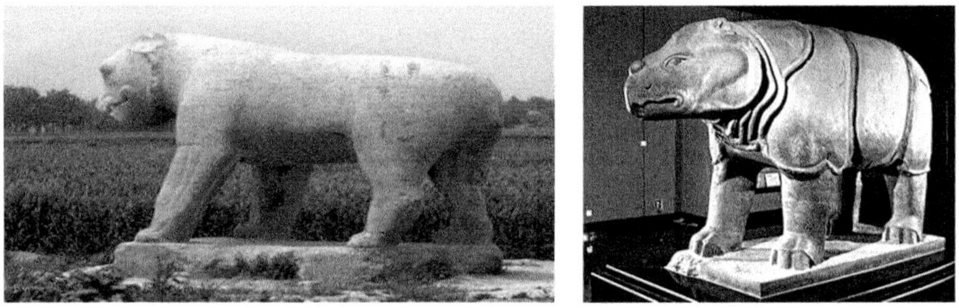

图10–15 唐献陵石虎（左）和石犀（右）雕像

（3）石柱类。石柱是陵墓神道前端两侧置立的柱状石刻，由柱头、柱身、柱础三部分组成。唐代帝陵及其高等级陪葬墓的神道前端皆列置石柱。按其现存样式和造型（主要是柱头和柱础）的变化分四种代表型：一是献陵神道石柱。柱头为八棱台盘上置带方形扁踏座的蹲坐石狮，八棱柱身，础座上层为方形台基上置覆盆式首尾相接的双盘螭造型，下层为大于上层的方形台基底座（明显带有南北朝时期石柱风格）；二是乾陵神道（东侧）石柱。柱头为仰莲上承八棱台盘，其上置桃形宝珠（现已残），覆盆式莲花础座，柱身同上；三是桥陵神道石柱。柱头为八棱台盘上置仰覆莲和略扁的球形宝珠；柱身及础座部分同乾陵石柱；四是泰陵神道石柱。头部八棱台盘上置仰覆莲和桃形宝珠，中部突起的圆珠上雕刻纹饰，不同于其他陵造型，八棱柱身（两段卯套连接），础座上部为素面覆盆，下为双层方台座（建陵及其后诸陵的石柱均与泰陵相仿）。[②]

（4）石碑类。石碑在唐陵石雕群中数量极少，只有顺陵和乾陵、定陵等少数帝陵列置石碑。例如，乾陵列置的无字碑（通高7.46m，宽1.2m，碑座长3.37m，宽2.61m。碑侧雕刻螭龙纹，四周线雕狮、马等祥兽纹。宋、金之后游人题刻13条）和述圣纪碑［通

① 曾科：《试论唐陵石狮的造型演变》，《文博》2013年第3期，第58—63页。

② 胡春勃：《唐代陵墓及陪葬墓神道石柱样式分析》，《文博》2014年第2期，第33—41页。

高 6.91m，边长 1.86m。碑身（5 段）、庑顶和碑座共 7 段，又称“七节碑”。碑头为庑殿式盖顶，庑顶下两角刻浮雕力士。碑文约 8000 字，歌颂高宗李治文治武功，现仅存 1700 余字］至今尚保存较好，其他如定陵无字碑和顺陵大周无限孝明高皇后碑均已遗失。[①]

唐陵石雕群还可按性质和用途分为：①标志类：石柱（华表）和“昭陵六骏”；②护卫类：石狮、石虎、武将等；③依仗类：文臣、仗马（仪仗中使用的战马）和控马者（御马人）等；④文化交流类：鸵鸟、犀牛和番酋（番民或“宾王”）等；⑤升仙思想类：翼马（天马）、瑞兽（獬豸、辟邪）等。[②]

二、唐陵及皇室贵族（陪葬）墓壁画艺术

20 世纪 50 年代以来的考古发掘在陕西省关中地区（西安为主）发现大量有明确纪年的唐代壁画墓，构成唐代墓室壁画清晰的发展脉络。西安市（唐代都城长安）及其附近诸县集中分布着唐代帝陵和皇族、贵戚及京畿大族的坟墓，这些陵墓的装饰集中了当时最优厚的物质条件和水平最高的工匠群体，是目前国内唐代墓室壁画发现数量最多、画艺最精湛的地区。在与陕西东西相邻的山西、宁夏境内也不断发现唐代墓室壁画。除此以外，新疆（吐鲁番阿斯塔那墓地）、湖北、广东、河北、北京等地也零星发现过唐代壁画墓。[③]以下主要就关中地区唐陵及皇室贵族（陪葬）墓壁画的发现和分布、墓葬形制及壁画布局、墓室壁画题材类型及演变分期等问题作简要阐述。

（一）唐陵及皇室贵族（陪葬）墓壁画的考古发现和分布

20 世纪初以来唐代墓室壁画不断被发现和发掘。唐代壁画墓正式的、科学考古发掘和清理起始于 20 世纪 50 年代，其后的数十年以来，在陕西省关中唐代京畿地区发掘或清理了百余座唐代壁画墓。这些壁画墓发掘和清理按时间序列，20 世纪 50 年代发掘和清理壁画墓 21 座，60 年代发掘 2 座，70 年代发掘 24 座，80 年代发掘 24 座，90 年代发掘 18 座，21 世纪初新发现 25 座（表 10–6）。[④]这些已经发掘和清理的唐代壁画墓绝大多数葬年和墓主明确，纪年不详的壁画墓仅有 3 座、墓主不详的有 12 座。总体来看，纪年明确的壁画墓在时间上跨越了初唐、盛唐、中晚唐的各个时期，有初唐时期（高祖至

---

① 刘毅：《中国古代帝王陵墓碑制探析》，《南开学报（哲学社会科学版）》2012 年第 5 期，第 51—57 页。

② 赵顺利：《唐陵石雕艺术漫谈》，《建筑设计管理》2011 年第 12 期，第 75—78 页。

③ 杨泓：《美术考古半世纪：中国美术考古发现史：彩图版》，北京：人民美术出版社，2015 年。

④ 李星明：《唐代墓室壁画研究》，西安：陕西人民美术出版社，2005 年。

睿宗，618—711年）壁画墓57座、盛唐（玄宗）时期（712—755年）26座、中晚唐（肃宗至唐末）时期（756—907年）20座。在空间分布上，西安市及近郊县区集中分布57座、咸阳市三原（高祖献陵）、礼泉（太宗昭陵）和乾县（高宗与武则天乾陵）分布陪葬的皇室贵胄壁画墓34座、渭南市富平（中宗定陵）、蒲城（睿宗桥陵和玄宗泰陵）分布皇戚贵族陪葬壁画墓12座、宝鸡市和铜川市亦有零星分布。多数唐代壁画墓的规格、级别较高，分别属于不同级别的官僚贵族的墓葬，且大多出土有墓志。因此，这些墓葬基本代表着唐代墓室壁画的整体风貌和绘制水平。

表10-6 关中地区发现和发掘的唐代壁画墓概况

发掘年代	序号	墓葬（发现）地点	葬年/墓主
20世纪50年代	1	西安市长安区郭杜街道	显庆三年（658年）/执失奉节
	2	西安市长安区郭杜街道大居安村	麟德二年（665年）/薛元暇
	3	西安市雁塔区曲江街道羊头镇村	总章元年（668年）/李爽
	4	西安市灞桥区洪庆街道田王村	圣历三年（700年）/李则政
	5	西安市长安区韦曲街道南里王村	景龙二年（708年）/韦泂
	6	西安市西咸新区底张街道	景云元年（710年）/万泉县主薛氏
	7	西安市东郊经一路	开元十六年（728年）/薛莫墓
	8	西安市东郊高楼村	开元十七年（729年）/冯君衡
	9	西安市东郊郭家滩	天宝三载（744年）/史思礼
	10	西安市东郊韩森寨	天宝四载（745年）/宋氏
	11	西安市东郊兴庆宫遗址	天宝四载（745年）/苏思勖
	12	西安市西咸新区底张街道	天宝六载（747年）/张去奢
	13	西安市西咸新区底张街道	天宝七载（748年）/张去逸
	14	西安市东郊高楼村	天宝十五载（756年）/高元珪
	15	西安市长安区大兆街道庞留村	至德三年（758年）/清源县主
	16	西安市东郊洪庆村	永泰元年（765年）/韩氏
	17	西安市西咸新区底张街道	贞元三年（787年）/郯国大长公主
	18	西安市东郊韩森寨自来水厂	大和九年（835年）/姚存古
	19	西安市东郊郭家滩	会昌四年（844年）/梁元翰
	20	西安市东郊高楼村	大中元年（847年）/高克从
	21	西安市西郊枣园	咸通五年（864年）/杨玄略
20世纪60年代	22	西安市西咸新区底张街道陈村	总章元年（668年）/苏君（定方）
	23	乾县乾陵陪葬的永泰公主墓	神龙二年（706年）/李仙蕙（永泰公主）
20世纪70年代	24	三原县献陵陪葬墓	贞观五年（631年）/李寿
	25		咸亨四年（673年）/房龄大长公主
	26		上元二年（675年）/李凤
	27	礼泉昭陵陪葬墓	贞观十四年（640年）/杨温

续表

发掘年代	序号	墓葬（发现）地点	葬年/墓主
20世纪70年代	28	礼泉昭陵陪葬墓	永徽二年（651年）/段简璧
	29		显庆元年（656年）/韦尼子
	30		显庆二年（657年）/张士贵
	31		显庆二年（657年）/宫女
	32		麟德元年（664年）/郑仁泰
	33		麟德二年（665年）/程知节
	34		麟德二年（665年）/李震
	35		咸亨元年（670年）/李勣
	36		上元二年（675年）/阿史那忠
	37		永淳元年（682年）/李孟姜（临川长公主）
	38		光宅元年（684年）/安元寿
	39	乾县乾陵陪葬墓	永徽年间（650—655年）/李谨行
	40		垂拱元年（685年）/薛元超
	41		神龙二年（706年）/李重润（懿德太子）
	42		神龙二年（706年）/李贤（章怀太子）
	43	礼泉昭陵陪葬墓	开元九年（721年）/契苾夫人
	44		开元二十六年（738年）/李承乾
	45	富平县宫里镇石家村	不详（定陵陪葬墓）
	46	蒲城县桥陵陪葬墓	天宝四载（745年）/王芳媚
	47	西安市席王街道草滩村	咸通十年（869年）/王氏（唐懿宗德妃）
20世纪80年代	48	西安咸阳机场	武德四年（621年）/贺若厥
	49	三原县陵前镇三合村	不详（永康陵陪葬墓）
	50	礼泉县昭陵陪葬墓	贞观十七年（643年）/长乐公主李丽质
	51		贞观二十年（646年）/窦诞
	52		乾封元年（666年）/韦贵妃
	53	西安市西郊枣园街道曹家堡	初唐（麟德二年，665年）/不详
	54	西安市灞桥区洪庆街道	贞观二十三年（649年）/司马睿
	55		证圣元年（695年）/韦仁约
	56	西安市长安区韦曲街道南里王村	景龙二年（708年）/韦浩
	57		景龙二年（708年）/韦洵
	58		景龙二年（708年）/韦泚
	59		景龙二年（708年）/韦城县主
	60		景龙二年（708年）/卫南县主
	61	蓝田县孟村镇田禾村	太极元年（712年）/邓温（右卫率）
	62	三原献陵陪葬墓	开元十八年（730年）/臧怀亮
	63	西安市长安区韦曲街道南里王村	天宝元年（742年）/胡氏（韦君夫人）

续表

发掘年代	序号	墓葬（发现）地点	葬年/墓主
20世纪80年代	64	泾阳太平镇石刘村	天宝十二载（753年）/张仲晖
	65	西安市东郊王家坟	兴元元年（784年）/唐安公主
	66	富平留古镇白家堡	中晚唐墓/不详
	67	西安市长安区韦曲街道西韦村北	
	68	西安市长安区韦曲街道西韦村西北	
	69	西安市长安区大兆街道东曹村	
	70	西安市长安区206所	
	71	扶风县南阳孙家山村（2号墓）	
	72	西安市长安区韦曲街道南里王村	中唐前期/韦氏家族墓
20世纪90年代	73	礼泉昭陵陪葬墓	贞观二十一年（647年）/李思摩
	74		龙朔三年（663年）新城长公主
	75		咸亨二年（671年）/燕妃
	76	蒲城泰陵陪葬墓	宝应元年（762年）/高力士
	77	西安市未央路	总章元年（668年）/王善贵
	78	岐山枣林镇郑家村	垂拱二年（686年）/元师奖
	79	蒲城保南镇山西村	永昌元年（689年）/李晦
	80	西安市灞桥区新筑街道于家	天授元年（690年）/金乡县主李氏
	81	咸阳渭城区药王洞村北	万岁通天元年（696年）/契苾明
	82	西安市东郊纺正街向阳院	万岁登封元年（696年）/温思暕
	83	西安华山机械制造厂（幸福路）	神龙元年（705年）/华文弘
	84	富平定陵陪葬墓	景云元年（710年）/李重俊（节愍太子）
	85	蒲城桥陵陪葬墓	开元十二年（724年）/李撝（惠庄太子）
	86	西安市西郊陕棉十厂	天宝初年（742年）/不详
	87	西安市高陵区崇皇街道船张村	天宝八载（749年）/独孤张氏
	88	西安市西郊热电厂工地	会昌六年（846年）/李升荣
	89	西安市临潼区西泉街道椿树村	元和六年（811年）/李宁（惠昭太子）
	90	乾县铁佛镇南陵村	文德元年（888年）/李儇（唐僖宗靖陵）
21世纪初	91	渭南市临渭区崇凝镇	初唐时期（618—683年）/不详
	92	西安市长安区韦曲街道韩家湾村	贞观十七年（643年）/王怜
	93	西安咸阳机场二期扩建工程	龙朔年间（661—663年）/执失思力
	94	西安市长安区郭杜大学城	显庆二年（657年）/李博乂（陇西郡王）
	95	铜川新区坡头镇冯兰村	咸亨元年（670年）/窦及
	96	西安市长安区西兆村	武周时期（683—705年）/不详
	97	西安咸阳机场二期扩建工程	武周时期（683—705年）/武太（高唐县令）
	98	西安市长安区韦曲街道高望堆村	垂拱三年（687年）/吴思元
	99	西安市长安区韦曲街道高望堆村	垂拱三年（687年）/诸葛芬

续表

发掘年代	序号	墓葬（发现）地点	葬年/墓主
21世纪初	100	西安市长安区韦曲街道高望堆村	垂拱三年（687年）/武士逸
	101	富平县城关镇焦家村	天授二年（691年）/李澄霞（淮南大长公主）
	102	西安市高陵区崇皇街道桑军路东	先天元年（712年）/窦孝谌（幽国公）
	103	西安市北郊芙蓉西路南端	开元九年（721年）/不详
	104	西安市长安区郭杜街道茅坡村	开元十五年（727年）/韦慎名
	105	富平县杜村镇北吕村西北	开元十五年（727年）/李邕（嗣虢王）
	106	西安市曲江新区孟村	开元二十四年（736年）/李倕
	107	西安市长安区大兆街道庞留村西	开元二十五年（737年）/武惠妃（敬陵）
	108	渭南市富平新庄村	开元二十六年（738年）/李道坚
	109	泾阳太平街道北	不详/唐墓
	110	西安市长安区大兆街道郭新庄村	开元二十八年（740年）/韩休（丞相）
	111	蒲城桥陵镇三合村	开元二十九年（741年）/李宪（让皇帝）
	112	西安市长安区韦曲街道东兆余村	会昌二年（842年）/郭仲文
	113	西安市韦曲街道韩家湾村 M29	晚唐/不详
	114	西安市韦曲街道韩家湾村 M33	
	115	西安市雁塔区新开门附近	乾符元年（874年）/崔氏（博陵郡夫人）

注：①本表中20世纪50—90年代资料来源：杨泓：《美术考古半世纪：中国美术考古发现史：彩图版》，北京：人民美术出版社，2015年；李星明：《唐代墓室壁画研究》，西安：陕西人民美术出版社，2005年，第1—5页。②21世纪初期的资料源于陕西省考古研究院等部门公开发表的相关壁画墓发掘清理简报及网络报道资料

（二）唐陵及皇室贵族（陪葬）壁画墓的形制及壁画布局

关中地区唐陵及其陪葬墓壁画大多规模较大，结构完备，在墓道、天井、甬道、墓室等不同位置绘制不同内容的壁画，包括表现现实社会中与墓主人有关的农耕、放牧、宴会、乐舞、马球及车马出行、仪仗、驯豹、驾鹰等生活场景，并通过对各种城阙、楼阁、庭院、佛寺、道观以及床榻、屏风、柱、斗拱等环境细节的描绘，使这种场景更接近于实际的生活；还包括体现宇宙观念和神瑞思想的天象（金乌、蟾蜍、银河、星斗等）、四神（青龙、白虎、朱雀、玄武）、十二生肖、瑞鸟、仙人、飞天、祥云、云中车马等。[①]这些壁画在初唐高祖（618—626年）、太宗（627—649年）和高宗（650—683年）诸朝的皇室成员、王公大臣和贵族高官墓葬中的配置形成了该时代特有的、完备的布局形式，并在后来的武周（684—704年）、中宗（705—710年）和睿宗（710—711年）乃至盛唐玄宗（712—755年）时期得到发展和延续，从而形成初、盛唐时期长安附近京畿

① 韩伟：《陕西唐墓壁画》，《人文杂志》1982年第3期，第107—109页。

地区皇戚贵族壁画墓中普遍流行和使用的“初唐京畿（墓葬文化）模式”和典型风格，并在中晚唐的一个半世纪里逐渐式微和散解。[①]

唐代长安京畿地区（今西安市及近郊县区）墓室壁画保存较好的有陪（祔）葬献陵的李寿墓、李凤墓、李邕墓，陪葬昭陵的长乐公主墓、新城长公主墓、韦贵妃，陪葬乾陵的懿德太子墓、永泰公主墓、章怀太子墓，陪葬定陵的节愍太子墓，桥陵的“让皇帝”李宪墓、惠庄太子墓，以及西安市长安区韦浩墓、韩休墓，西安市东郊唐安公主墓、苏思勖墓、高陵区李晦墓及乾县唐僖宗靖陵等。这些壁画墓的墓主多为三品以上官员，皇戚、太子公主乃至帝王。其墓葬结构与壁画布局体现出唐代的墓葬文化模式和典型风格，反映出从初唐到盛唐乃至中晚唐时期的审美习惯、社会风尚及绘画风格的发展轨迹（表10–7）。[②]

表 10–7 关中地区唐代典型壁画墓的形制结构及壁画布局

墓主（葬年）、墓葬形制	墓道、过洞、天井、甬道和墓室壁画配置
淮安郡王李寿（631 年），斜坡墓道、过洞 4、天井 5、壁龛 2、甬道和墓室	墓道东西壁分栏对称绘狩猎图及山丘树木、飞天（上）、骑马仪仗图（下）；第一、二、三过洞和相应天井两壁绘步行仪仗队、第四天井东西两壁各绘 7 杆列戟图（以上构成庞大的仪仗场面）；第三天井上方绘牛车、牛耕、播种和牛栏，以及庭院背景下的饲养鸡鸭、推磨、担水等生活场景，且第一、二、三、四过洞口和甬道口皆绘门楼图、残存飞天（过洞和天井未见影作木构建筑）；甬道口东西壁下方各绘 3 个侍卫、上方绘飞天（持莲花），中段东西壁各绘十多个内侍、侍女，后段东西壁各绘寺院和道观以及僧人、道士和仆役等；拱券顶绘忍冬，两边各绘 3 个持莲华飞天。墓室西壁残存马厩和草料库，北壁存庭院图，墓顶有天象图（已坍塌）
长乐公主李丽质（643 年），斜坡墓道、过洞 4、天井 5、壁龛 4、甬道和墓室	墓道东西壁对称绘青龙（白虎）、云中车马、仪仗队；墓门（第一过洞口）上方绘双层门楼，第一天井北壁（第二过洞口）上方绘单层三间门楼，楼顶绘祥鸟和瑞云；第一、二天井东西两壁绘拄仪刀仪卫行列，第三、四天井东西壁绘内侍，拱券顶会团花藻井图案；甬道第一石门外东西壁各绘男侍，第一、二石门间两壁绘侍女群像。墓室四角及四壁绘角柱、立柱、斗拱等影作木构建筑，模拟厅堂或居室空间格局，穹窿顶绘星辰、银河等天象图
新城长公主（663 年），斜坡墓道、过洞 5、天井 5、壁龛 8、甬道和墓室	墓室东西壁对称的绘青龙、白虎，门吏（前后）、朱红大门，前、后仪仗队，鞍马、轿辇（牛车）、内侍；墓门（第一过洞口）绘门楼与持长柄团扇侍女；过洞拱券顶及两壁绘影作木构建筑，壁面绘南、女侍；天井均影作木构建筑，第一天井东西壁各绘 6 杆列戟架和两个仪卫，其余天井壁面的小龛两侧各绘一侍女，龛口上方绘宝相花；甬道拱券顶绘方形平闇与团花、花卉、火焰纹，东西两壁影作木构建筑各分 3 间，每间绘 2—3 个侍女；墓室穹窿顶绘天象图（日、月、银河），东、西、北壁面影作木构建筑分三间，每间绘 3—4 个侍女，南壁残存侍女群像
韦贵妃（666 年），斜坡墓道、过洞 4、天井 4、壁龛 4、双甬道和双墓室	墓道东西两壁绘仪仗队、门吏，北壁过洞口上方绘五间两层门楼图；第一、二、三过洞东西两壁绘内侍，第一天井东西壁各绘胡人备（牵）马图，第二、三天井东西两壁绘内侍；第四过洞和前甬道东西两壁绘宫女，后甬道东西两壁绘 4 个伎乐和舞女；前后墓室内绘宫女群像。过洞、甬道和墓室配置成套影作木构建筑与人物图像匹配

① 李星明：《唐代墓室壁画研究》，西安：陕西人民美术出版社，2005 年。

② 王仁波、何修龄、单暐：《陕西唐墓壁画之研究（上）》，《文博》1984 年第 1 期，第 39—52 页。

续表

墓主（葬年）、墓葬形制	墓道、过洞、天井、甬道和墓室壁画配置
李晦（689 年），斜坡墓道、过洞 7、天井 7、壁龛 6、甬道 3 和墓室 3	墓道残存牵马图；第二过洞东壁存 6 杆列戟图；前甬道西壁存两个伎乐，旁边有红色立柱；3 个墓室顶部均存有天象图，其中旁侧墓室绘有影作木构建筑与人物图像相匹配，东壁绘两根立柱分三间，上方绘斗拱、阑额，中间绘舞女；北壁的侍女像身后墙角存有红色角柱
李凤（675 年），斜坡墓道、过洞 3、天井 3、壁龛 8、甬道和墓室	墓道仅存两个持旗人物；过洞两壁和天井四壁均赭红色影作木构建筑，拱券顶绘图案花纹藻井，西壁面存胡人牵驼图、仪卫、内侍等；甬道两壁面影作木结构，每间绘两个侍女，或间以花草，顶绘团花藻井；墓室四壁影作木结构脱落，残存西壁上部，每个壁面分三间，存人物、花草和山石残迹，穹窿顶绘银河、星辰、日月等天象图
永泰公主李蕙仙（706 年），斜坡墓道、过洞 5、天井 6、壁龛 8、双甬道和双墓室	墓道东西壁对称绘有青龙（白虎）、仪仗武士、单阙楼、宫墙等影作木结构，列戟架、胡人牵马图等；过洞顶部绘宝相花、云鹤等，仅存第五过洞东壁 1 幅 9 人抬檐子图；天井均影作木构建筑（角柱、斗拱等），壁面小龛两侧残存人物画；甬道拱券顶绘平阇、云鹤图，两壁存人物、花草、假山、红珊瑚残迹；墓前室四壁影作木构建筑，每个壁面分两间，东西壁每间各绘一组宫女，南北壁拱券门两侧各绘男（女）侍，穹窿顶绘天象图（星辰、日月、银河等）。后室壁画与前室类似
懿德太子李重润（706 年），斜坡墓道、过洞 6、天井 7、壁龛 8、双甬道和双墓室	墓道东西壁对称绘青龙（白虎）、仙人、阙楼和城墙，出行仪仗（骑马、步行和车队）；第一过洞口（墓门）上方绘五开间门楼、阙楼（三重阙），第一、二过洞壁面绘侍从（持弓箭或驯猎鹰等），第一、二天井两壁各绘一幅 12 杆列戟架，第三过洞壁面绘内侍和宫女，第三天井两壁各绘一幅轺车图，第四过洞至前、后甬道绘宫女系列、间以花草树木，拱券顶绘宝相花藻井；墓前室影作木构建筑绘彩色流云，壁面分为两间，东西壁每间绘宫女群，南北壁中央各开拱券门，两侧绘宫女。后室北、东、西壁影作木构建筑分两间，每间绘宫女群，南壁东侧开拱券门，穹窿顶绘天象图（日月、星辰、银河等）
章怀太子李贤（706 年），斜坡墓道、过洞 4、天井 4、壁龛 6、双甬道和双墓室	墓道东西壁对称绘青龙（白虎）、狩猎出行（马球）图、客使图、仪仗队；第一过洞两壁影作廊式木建筑分三间，内绘人物（官吏），第二过洞壁面各绘 7 杆列戟架，第三、四过洞两壁各绘内侍和侍女（2—4 人）；前、后甬道东西两壁各绘侍女和内侍若干；墓前室四壁影作木构建筑将东西壁面分二开间，内绘宫女消闲图，南北壁面拱券门两侧绘宫女和侏儒，穹窿顶绘天象图（日月、星辰）；后室四壁影作木构建筑、将壁面分作 2 间，内绘宫女游憩图，穹窿顶绘天象图（日月、星辰和银河）
韦浩（708 年），斜坡墓道、过洞 1、天井 1、壁龛 4、双甬道和双墓室	墓道东西壁绘青龙、白虎、狩猎出行图，北壁墓门（过洞口）上方绘门楼图；甬道东西壁上端红色影作木构建筑，绘飞鸟、云朵，壁面绘系列男侍和女侍；墓前室四角及四壁上端影作木构建筑，东西壁面无立柱、各绘树石花草和褒衣高士，穹窿顶有天象图；后甬道东西两壁绘影作木构，壁面无立柱，各绘侍女，间以花草；后室四角及四壁上端影作木构建筑绘云朵，壁面无立柱，东壁存男女侍 6 人，南壁存男、女侍各一，北壁存两个侍女残体，间以拂菻狗，西壁绘 5 幅褒衣高士连山屏风画
节愍太子李重俊（710 年），斜坡墓道、过洞 3、天井 3、壁龛 4、双甬道和双墓室	墓道东西壁对称绘青龙（白虎）、山石树木、骑马人物（打马球）、持刀侍卫、仪仗队；第一过洞口（墓门）上方绘五开间门楼及影作木构建筑，两壁红色影作廊柱和阑额，各绘 5 个属吏，第一天井四壁皆影作木构建筑，东西壁小龛两侧绘男侍，南北过洞口两侧绘男侍，其上部残存仙女、仙鹤、云气图案，第二、三过洞和第二、三天井影作木构建筑及壁画布局与第一过洞和天井相同（第三天井未开小龛）；前、后甬道两壁影作阑额和廊柱，将壁面分若干间，内绘 4—5 个宫女，拱券顶绘仙鹤、鸾鸟、孔雀及祥云（后甬道壁画大部分脱落）；前墓室墙皮全部脱落，后室四壁影作木构建筑，绘飞鸟和云气，四壁图画以棺床为中心布局，西壁和南、北壁西侧绘 12 扇树下仕女画，东壁和北壁东侧绘宫女群，穹窿顶绘天象图（星辰、日月、银河、云气）

续表

墓主（葬年）、墓葬形制	墓道、过洞、天井、甬道和墓室壁画配置
惠庄太子李撝（724 年），斜坡墓道、过洞 3、天井 3、壁龛 6、甬道和墓室	墓道东西两壁残存山石、树木、鞍马人物、车舆、骑从、步卫仪仗队和青龙（龙首）等，北壁（第一过洞南口）上方绘门楼（残缺）；第一过洞两壁绘 6 个文吏像，第一天井存影作木构建筑，第二过洞两壁各绘 9 杆列戟架，第二天井绘影作木构建筑（角柱、斗拱等），东西两壁小龛两侧绘步卫仪仗队，北壁过洞两侧各绘文吏、上方绘云朵和仙鹤，第三过洞东西两壁存拄仪剑武士行列画面，第三天井存完整影作木构建筑，东西两壁小龛两侧各绘男侍，北壁过洞口两侧各绘文吏；甬道仅残存影作木构建筑，东西壁存侏儒、男侍、小数、幼童和侍女（两壁画面对称、西壁脱落更严重）；墓室四壁壁画脱落，仅存穹窿顶星辰、银河等天象
李邕（727 年），斜坡墓道、过洞 5、天井 5、壁龛 6、双甬道和双墓室	墓道东西两壁绘青龙、白虎、出行仪仗等，北壁（第一过洞口）绘城楼图；过洞与天井绘出行人物图、列戟图、门卫图、调鸟仕女图、牛车图、檐子图、抬箱出行图、牵马出行图、花树草木图等；前甬道两壁绘马球图、狩猎图；前室影作厅堂式建筑，东西两壁布局壁画，西壁主题为六扇屏高士图（部分落）；后甬道两壁对应绘 6 位人物（残破），后墓室四壁影作木构建筑，东壁绘乐队、舞女、童子与贵妇图，北壁残存人物三人、树木、花草，西壁绘 6 扇屏风仕女图（仅存一幅图画），南壁绘白鹤戏花方障图（下部缺失），穹隆顶绘星空（未见日、月）图案
韩休（740 年），斜坡墓道、过洞 4、天井 5、甬道和墓室	石门边框绘如意卷草纹，门扇上刻有头戴幞头，手持笏板文官，甬道两壁绘侍女图、宦官抬箱图；墓室南壁绘朱雀，北壁西侧为玄武图、东侧为山水图（深红彩影作方形画框，绘山峰、茅亭、树木、溪流等），西壁为六扇屏风画树下高仕图（配风鸟），东壁绘乐舞图，墓顶为日月星象图
让皇帝李宪（742 年），斜坡墓道、过洞、天井 7、壁龛 6、甬道和墓室	墓道东西壁对称绘飞仙、青龙（白虎）、仪仗队及仙鹤、瑞草，北壁墓门（第一过洞口）两侧及上方绘单层四柱三开间门楼（影作木构）；第一、二、三过洞东西两壁小龛两侧绘持笏男侍、祥云，第一、二、三天井东西两壁绘宫女、持笏男侍，点缀飞花；甬道东西壁各绘 28 个平行排列的裙装或男装持物（团扇、笏板、拂尘、马球杖等）宫女，拱券顶绘祥云、团花和飞花；墓室四壁上部散布云朵纹，东壁南侧绘 6 人乐队，北侧为仕女、宫女图，北壁绘宫女群，南壁西侧绘朱雀，西壁壁画粉化严重，穹窿顶有天象图（日、月和星辰）
苏思勖（745 年），斜坡墓道、过洞、天井、壁龛 4、甬道、墓室	墓道壁画脱落；甬道东西两壁各绘 6—7 个男侍和侍女（平排列）；墓室东壁绘乐舞图（胡人舞者和乐队），西壁为 6 扇高士图屏风，南壁绘朱雀、四角云朵和边框，北壁西侧绘玄武、云朵和边框，东侧绘男女使者，穹窿顶绘星辰、日月等天象图
韦氏家族墓（中唐前期），墓道、甬道和墓室	甬道拱券顶绘祥云，东西两壁各绘 6 个并列的南女侍者；墓室四角及四壁上端影作木构建筑（角柱、斗拱和阑额）、西壁绘 6 扇屏风仕女画，东壁南侧为南女侍者、北侧绘饮宴图，南壁西侧绘朱雀和祥云，靠近甬道口绘男侍，东侧会南女侍者，穹窿顶绘粗率的天象图
唐安公主（784 年），墓道、甬道、小龛 2、墓室	甬道东西两壁各绘男、女侍者 6 人（石门外 4 人、石门内 2 人）；墓室四角绘红色边框，西壁模拟床榻通屏画绘花鸟画，南壁绘朱雀、祥云，北壁西侧绘玄武、祥云，东壁残存侍女、山石、花草和男侍残体，北壁东侧残存男侍、侍女残体，顶部存有天象图（流云、星辰和新月）
唐僖宗李儇（888 年），斜坡墓道、甬道（壁龛 4）、墓室（壁龛 8）	墓道东西壁绘青龙、白虎、仪仗图、牵马图；甬道的壁龛之间绘执戟武士（相对而立）；甬道两壁和墓室四壁绘有 12 个侍臣图，壁龛内按子午方位各绘兽首人身十二生肖图，拱券顶绘天象图

注：表中资料和数据来源：陕西省考古研究院隋唐考古研究部：《陕西南北朝隋唐及宋元明清考古五十年综述》，《考古与文物》2008 年第 6 期，第 161—197 页

（三）唐陵及皇室贵族（陪葬）墓壁画的题材类型与演变分期

唐墓壁画题材极为丰富，除了指示方位的四神和极具装饰美化作用的各类图案外，炫耀墓主生前显赫气势的仪卫、表明墓主等级尊卑的建筑与戟架、反映墓主阔绰豪华生活的各种场面是壁画的主要题材，有的还绘制了与国外人民及国内兄弟民族友好往来的画面等。这些绘制在各个部位（包括墓道、过洞、天井、甬道、墓室等）的壁画是用来装饰整个墓葬的，壁画题材从各个不同的角度反映了唐代社会生活。根据已经发掘的唐墓壁画的题材分析，大致可分为两个不同的图像系统[①]：一是表现贵族府邸（宫苑）内外场景的现实性图像系统，包括墓道东西两壁的仪仗队（步行和骑马）、车舆、马（马伕）、骆驼（驼伕）、狩猎出行、打马球、客使和门吏等，过洞、天井和甬道两壁的仪卫武士、列戟架、文吏、内侍、侍女、宫女和贵妇，天井和墓室壁的阙、城墙、楼阁、斗拱、柱、枋和平綦图案等影作木构建筑，以及墓室中的侍女、宫女、乐舞、屏风等构成一个从外向里井然有序的以现实人物为主的图像系统。二是体现宇宙时空和升仙吉祥愿望的宇宙神瑞图像系统，包括墓室穹顶的天象图、墓室南北两壁的朱雀、玄武及十二生肖（部分墓室），甬道顶部或天井上方的瑞鸟、仙人、飞天、祥云，以及墓道东西两壁前段的青龙、白虎、仙人、云中车马、飞天、祥云、忍冬、莲花等。其中天象（金乌、蟾蜍、银河、星斗等）、四神（青龙、白虎、朱雀、玄武）、十二生肖是表示天穹和空间时序、含有数术思想的宇宙图像，瑞鸟、仙人、飞天、祥云、云中车马等是表示升仙、吉祥和厌胜愿望的神瑞图像。这些图像系统可概括性地划分为八大类型[②]：

（1）标示方位及保护墓主的四神类，包括青龙、白虎、朱雀、玄武。

（2）表示升天成仙的形象类，包括金乌、蟾蜍、银河、星斗等。

（3）模仿现实和升天成仙的宗教类，包括佛寺、道观、僧侣、善男信女等。

（4）表现墓主生前所居宫府宅第及其所享官品爵位的建筑类，包括阙、城墙、楼阁、斗拱、柱、枋和平綦图案等。

（5）象征墓主身份、地位、等级的仪仗（卫）类，包括步行仪仗队、骑马仪仗队、车、马、伞，马（马伕）、骆驼（驼伕）、戟架等。

（6）反映贵族地主经营农牧、从事田猎以及内廷生活的宫廷、家居生活类，包括男侍、女侍，乐舞、庭院行乐、马球、观鸟捕蝉、墓主人像、农耕、农牧、杂役、六鹤屏风等。

---

① 程义：《关中地区唐代墓葬研究》，北京：文物出版社，2012年，第189—196页。

② 杨泓：《美术考古半世纪：中国美术考古发现史：彩图版》，北京：人民美术出版社，2015年；郭素华：《唐代人物陶俑造型艺术研究》，开封：河南大学硕士学位论文，2010年。

（7）反映贵族畋猎喜好和炫耀武功的狩猎类，包括猎骑、架鹰、架鹤、驯豹等。

（8）刻画与兄弟民族往来交流的友好往来类，包括客使、马球、乐舞图等。

前人曾就关中地区唐墓壁画的演化分期进行了较深入的梳理和研究，其中有代表性的如着眼于唐墓壁画布局和内容的变化，划分出唐高祖至唐太宗中期，唐高宗和武则天时期，唐中宗、睿宗到唐玄宗天元十七年，唐肃宗、代宗、德宗时期，唐宪宗元和年间到唐亡五个阶段。[①]根据唐墓壁画题材的演变并参照其艺术风格的变化将唐墓壁画分为唐高祖武德至唐中宗景龙年间、唐睿宗景云至唐玄宗天宝年间和唐至德至唐末三期。[②]从唐代壁画墓形制与壁画配置的“初唐京畿模式”历史性嬗变出发，划分出初唐（高祖至睿宗：618—711 年）形成和发展、盛唐（玄宗时期：712—755 年）延续和简化、中晚唐（肃宗至唐末：756—907 年）式微和散解三个时期，等等。[③]基于对已发掘和清理的唐代壁画墓在初、盛、中、晚唐时期的数量分布并参照上述前贤的分期依据，可将唐代壁画墓的发展演变分为如下三个阶段：唐初时期（高祖至高宗，618—683 年）和武周、中宗和睿宗时期（684—711 年），盛唐时期（玄宗，712—755 年）和中晚唐时期（肃宗至唐末，756—907 年）。

又从关中地区唐代典型壁画墓的形制结构、壁画布局（表 10–7）及其分期情况可以梳理出唐代不同时期壁画墓的壁画布局及其题材内容的变化特征如下：

（1）初唐（高祖至睿宗）时期（618—711 年）

该时期由唐开国历经高祖、太宗、高宗、武周及中宗、睿宗诸朝，尤其是太宗朝“贞观之治”、高宗“永徽之治”和武周时期“贞观遗风”的发展，国家经济社会逐渐走向强盛。在此社会背景下的近一个世纪中，发现有壁画墓 57 座，平均每 10 年 6 座，从一个侧面印证了初唐不俗的国家经济实力。同时，关中唐代京畿地区的皇室贵族、文武高官的墓葬形制及其壁画布局方式形成一种普遍流行、等级森严、规范化的墓葬文化模式——“初唐京畿模式”[④]。该模式的特征：①墓葬坐北朝南，结构为斜坡墓道、拱券顶过洞（3—7 个）、天井（3—7 个）、拱券顶甬道（2—3 段）和穹窿顶弧方形（或方形）墓室（单室或双室、个别三室）。②壁画布局方式为墓道东、西壁绘仪仗出行和门吏等，墓门（第一过洞南口及部分墓葬第二过洞口）上方绘门楼，过洞与天井两壁绘

① 宿白：《西安地区唐墓壁画的布局和内容》，《考古学报》1982 年第 2 期，第 137—154 页。

② 陕西省考古研究院隋唐考古研究部：《陕西南北朝隋唐及宋元明清考古五十年综述》，《考古与文物》2008 年第 6 期，第 161—197 页。

③ 杨泓：《美术考古半世纪：中国美术考古发现史：彩图版》，北京：人民美术出版社，2015 年。

④ 李星明：《唐代墓室壁画研究》，第 37—58 页。

仪卫、列戟架和男侍，以及侍女和宫女（近墓室），甬道东、西两壁绘侍女或宫女、伎乐，拱券顶多绘藻井图案或云鹤、瑞鸟，墓室四壁绘侍女或宫女、内侍、伎乐和舞女、屏风画等，穹窿顶绘天象图（日月、星辰及银河）。③从墓门（第一过洞外口）到墓室的门吏、仪卫、列戟架、内侍、侍女或宫女、伎乐舞女与屏风画等，均布局在一套由门楼、廊柱、角柱、立柱和斗拱，以及橑檐枋、阑额、柱头枋等组成的影作木构建筑构成的宅院空间中。④壁画墓的规模、天井数量、列戟数量、是否双室，以及有无石椁、石门等体现墓主的身份地位和官品等级。这些特征在唐高祖至高宗（618—683 年）时期已经形成，在该时期的 33 座有明确纪年的壁画墓中得以体现，并在武周及其后的中宗、睿宗时期的 24 座皇室成员和外戚的高规格墓葬中得到更为充分的发展。[①]

（2）盛唐（玄宗）时期（712—755 年）

这一时期为唐玄宗“开天”（开元至天宝）时期，为史家称道的“开元盛世”[②]（713—741 年）是唐代经济社会发展的全盛时期，政局稳定，经济繁荣，文化昌盛，成为当时世界上最强盛的国家。本阶段帝陵及皇室贵族（陪葬）壁画墓的发展却没有像以睿宗桥陵为代表的帝陵石雕刻那样雄浑大气、技艺精湛而成为唐陵石雕群中的佼佼者，相反，出现壁画墓的形制结构简化、壁画规模节缩的趋向，表现特征为[③]：①墓葬的结构和规模节缩、简化，天井数量减少或被省略，多由墓道、甬道和墓室构成，仍保持严格的等级差别。②继续沿用影作木构建筑与人物图像匹配的做法，但有一定数量的壁画墓出现不成套的影作木构建筑，甚或完全缺失。③绝大多数壁画墓为单室结构（仅有嗣虢王李邕墓为双室结构）；墓室结构普遍简化，壁画整体面积和单幅壁画的规模（如墓道壁仪仗场面）缩小，墓室中屏风图像比例增大。

（3）中、晚唐（肃宗至唐末）时期（756—907 年）

由于经历长达 7 年多的“安史之乱”，唐朝由盛世太平走向衰败分裂的局面，经济社会相应由兴盛走向衰微。本时期发现的王公贵族壁画墓 20 座，每 10 年不到 2 座，与初、盛唐时期每 10 年 6 座形成鲜明对照，似乎也印证着唐帝国的衰落。该时期壁画墓形制结构及其壁画配置表现出的特征为：①墓葬结构由墓道、甬道和墓室组成（其中清远县主墓、高力士墓、郯国大长公主慕、懿宗德妃墓和杨玄略墓为斜坡墓道天井洞室墓），大多数壁画墓中影作木构建筑简化或完全退化。②墓室中盛行屏风画，并以花鸟和时装侍女为主要内容。③墓葬结构体现墓主身份等级的趋向、反映墓主身份地位的

① 李星明：《唐代墓室壁画研究》，第 58—71 页。

②《旧唐书》卷 8—9《玄宗纪》，北京：中华书局，1975 年，第 172—238 页。

③ 李星明：《唐代墓室壁画研究》，第 85 页。

仪仗场景和列戟架等内容淡化或消失。④墓室棺床南北两壁分别绘朱雀和玄武图像，唯一发掘的唐僖宗靖陵墓室和甬道开壁龛绘十二生肖图像，标志着本阶段墓室壁画的重要变化。

（四）唐陵及皇室贵族（陪葬）墓典型壁画内容及艺术风格

关中地区（唐长安京畿地区）已经发现和发掘的纪年明确的唐陵及皇室贵族（陪葬）墓壁画不仅勾画出唐代墓室壁画发展演变的轨迹，而且为唐代绘画史研究，尤其是唐墓壁画题材内容及绘画风格演变研究提供了重要的实物资料。下面我们通过唐代不同时期典型墓室壁画的内容、设计与创作分析，来观察唐墓壁画的演变特征和艺术风格。

1. 初唐前期（高祖至高宗，618—683 年）典型墓室壁画及艺术风格

现已发掘或清理的唐高祖至高宗时期（618—683 年）的壁画墓相对较多，能够较为准确地反映长安京畿地区唐代初期墓室壁画的总体面貌。该时期典型的壁画墓可分为两种群类：一是李寿墓（631 年）、杨温墓（640 年）、苏君（苏定方）墓（668 年）、李勣墓（670 年）、李凤墓（675 年）、李爽墓（668 年）、房龄大长公主墓（673 年）、段简璧墓（651 年）、执失奉节墓（658 年）等，主要是对北朝及隋代墓室壁画式样的传承和变革；二是长乐公主墓（643 年）、新城长公主墓（663 年）、韦贵妃墓（666 年）、燕妃墓（671 年）、李震墓（665 年）、郑仁泰墓（664 年）、阿史那忠墓（675 年）等，主要体现出初唐京畿地区墓室壁画的（长安）主流风格。①

（1）初唐墓室壁画对北朝及隋代墓葬壁画式样的传承与蜕变。初唐墓室壁画承袭南北朝墓室壁画多元化的绘画风格，一方面人物造型仍保持北朝及隋代的式样，另一方面在线条笔画及敷色上又有新的发展，呈现出风格多元化的局面，并在服饰方面渐渐形成唐代服饰的常制。譬如贞观五年（631 年）淮安君王李寿墓墓室北壁东部的乐舞图中伎乐及贞观十四年（640 年）杨温墓墓室东壁侍女群像皆身穿窄袖小襦，身搭帔帛，长裙系至胸乳之上（图 10-16）。这些侍女的造型和服饰尚带有隋代侍女俑的印痕。李寿墓第一过洞东壁仪仗队中头戴介帻、身穿袴褶服，或外套裲裆甲的领队所着服饰亦体现出北朝的传统衣冠。而总章元年（668 年）苏君墓及上元二年（675 年）李凤墓的仪卫武士皆头戴黑色幞头，身穿圆领长袍，腰束黑带，足登黑靴，手持笏板或佩横刀；李凤墓甬道东西两壁的持物侍女皆头梳高髻或双髻、单环髻，身着窄袖小襦、帔帛、长裙；有的侍女着翻领大衣或圆领长袍，条纹裤、尖头鞋。总章元年（668 年）李爽墓甬道和墓室

① 李星明：《唐代墓室壁画研究》，第 56—57 页。

的侍女和伎乐，皆头梳高髻、双环髻或堆髻，身穿窄袖小襦，肩搭帔帛，着长裙，脚着云头履或尖头履。伎乐演奏长箫、排笛、横笛等。其中吹长箫的伎乐和捧包裹的侍女身着男装，头扎黑色带子，身穿圆领长袍、下着紧口裤，腰束黑带，挂一鞶囊（图 10–17）。这些实例中的男装侍女反映了当时已经流行妇女着男装的时尚。

图 10–16　礼泉杨温墓墓室东壁侍女图

图 10–17　唐李爽墓甬道东壁侍女和伎乐图（左）（右）
（资料来源：陕西省文物管理委员会：《西安羊头镇唐李爽墓的发掘》，《文物》1959 年第 3 期）

以上初唐时期壁画墓中的人物皆头部较大，面部圆润，身体显得较为窄小。一般人物身躯约为五个或五个半头高，体型较为纤小。其中李爽墓甬道和墓室中人物身躯约五个半至六个头高，头部显得略大，脸庞较圆，而身躯较为细小，且面带稚气。这种风格的人物形象在同期出土的线刻画、陶俑等作品中皆有体现，应是承袭北周和隋代关陇地区的传统风格。①

然而，房龄大长公主墓（673 年）中的侍女像身躯为七个半头高，面部圆润，身材长大健硕，饱满敦实，姿态沉稳。线条粗细均匀、略有粗细变化，行笔稳健磊落，有刚

① 杨泓：《美术考古半世纪：中国美术考古发现史：彩图版》，北京：人民美术出版社，2015 年。

韧之感，衣纹简洁洗练（图 10–18）。[①]永徽二年（651 年）段简壁墓中的仕女像，其形象俊美，身材较高，身躯为六个半至七个头高，肥瘦适中，仪态娴雅，脸庞丰润，衣饰描绘精细（图 10–19 左）。[②]用色有红、天蓝、紫、白等，平涂为主。该墓壁画人物造型严谨，笔法精湛，用线用色堪称初唐壁画中工细严谨画风之代表。又如显庆三年（658 年）执失奉节墓墓室北壁所存的一幅舞女图，是典型的简洁粗放画法。图中舞女舒臂而舞，头梳高髻，着短襦衫，袒胸，穿红色条纹裙，双手持红绫。人物身材苗条，身躯近七个头高，身姿婀娜，呈现“S”曲线形扭动。线条有粗细变化，运笔粗犷豪放，用色简约，只有红色和墨色（图 10–19 右）。[③]这些壁画墓人物造型风格当是对北朝隋代那种头大身小样式进行变革的表现。

图 10–18 初唐壁画墓侍女图

图 10–19 唐段简壁墓仕女（左）和执失奉节墓舞女图（右）

（2）初唐墓室壁画与长安主流风格的形成。初唐墓室壁画在多元化背景下发展，并

① 安峥地：《唐房陵大长公主墓清理简报》，《文博》1990 年第 1 期，第 2—6 页。

② 陈志谦、张崇信：《唐昭陵段蔄璧墓清理简报》，《文博》1989 年第 6 期，第 3—12 页。

③ 陕西省戏剧志编纂委员会编，鱼讯主编：《陕西省戏剧志》西安市卷《唐执失奉节墓舞女壁画》，西安：三秦出版社，1998 年。

形成一种统一的新时代风格——“长安京畿主流风格”[①]，对当时全国的绘画产生了一定影响。从长乐公主墓（643 年）、新城长公主墓（663 年）、郑仁泰墓（664 年）、李震墓（665 年）、韦贵妃墓（666 年）、燕妃墓（671 年）、阿史那忠墓（675 年）等人物壁画可以清楚地反映出初唐长安主流风格。例如，长乐公主墓墓道两壁仪仗队中的武士，形象俊伟，比例协调，面部和手用笔清淡细润，晕有淡赭红色，肌肉有起伏感，衣袍线条均匀细秀，用墨较清淡，富有弹性，甚至甲胄描绘都十分精细，甲片与连缀甲片的细线都清晰地勾画出来（图 10–20 左）。[②]甬道两壁残存的侍女群像中，侍女额发剃齐，长裙系至胸乳上，仍保留隋代某些遗风，但在艺术处理上具有较高水平，身材比例适中，脸庞丰润，面部、胸颈和手均肌肤晕有淡赭色，富有起伏感，堪称初唐新风格的精品（图 10–20 右）。

图 10–20　唐长乐公主墓仪卫武士（左）和侍女图（右）（资料来源：书画纵横网）

新城公主墓（663 年）的墓室、甬道、过洞、天井和墓道皆保存较多的壁画，其中数量最多的是侍女图像。例如，第二过洞至第五天井两壁绘有四十多个侍女，或徐行、伫立，或交谈，手持烛台、卷轴、包裹、团扇、盘洗等物。这些侍女身材比例不一，高者身躯近六个半至七个头高，矮者身躯近五个半头高，脸较长，肩较窄，表情显呆板。墓室东、西、北壁各分三间，均绘侍女群（图 10–21）。其中东壁和北壁东间侍女身材修长，颈较长，椭圆头，身躯为六个半至七个头高，身段苗条，体态自然，神情娴雅。服饰和首饰描绘精细，发髻染以浓墨。其余壁面侍女亦是身材适中，身躯为六个头高，颈部较长，身段显苗条，发髻以淡墨晕染，更显清雅。[③]

① 李星明：《唐代墓室壁画研究》，第 58 页。

② 陈志谦：《唐昭陵长乐公主墓》，《文博》1988 年第 3 期，第 10—30 页。

③ 陕西省考古研究所、陕西历史博物馆、昭陵博物馆：《唐昭陵新城长公主墓发掘简报》，《考古与文物》1997 年第 3 期，第 3—24 页。

图 10–21　唐新城公主墓侍女群图

韦贵妃墓（666 年）墓道东西壁仪仗图中的领队头戴介帻，内穿紧袖衫，套大袖圆领外衣，下着大口裤，脚蹬高鞠靴，左手按腰间所挎之剑。其身后的仪卫皆头戴幞头，身穿圆领长袍，脚登高鞠靴，手持旒旗（图 10–22 左）。第一天井东壁绘备马图，由两个深目高鼻卷发的胡人和白马组成（图 10–22 中）。这些仪卫及内侍皆身材修长，身躯约七个或七个半头高。墓室中侍女画眉多长而粗犷，为长阔眉。有的侍女面饰绿色花钿或饰黑色笑靥，是初唐妇女面饰的写照（图 10–22 右）。[①]

图 10–22　唐韦贵妃墓仪卫图（左）、备马图（中）和侍女图（右）

燕妃墓（671 年）前后甬道中的宫女头梳高髻或螺髻，着小襦、半臂、帔帛、长裙，少数着男装，有的手持团扇、盘、包裹、花等物，均姿态优雅。墓前室东、西壁各分两间、南北壁拱券门两侧皆绘宫女。北壁西侧的宫女头梳高髻，上身着白色小襦，红色半袖，肩搭绿面黄里帔帛，下着赭色与白色相间的长裙，双手捧羃䍦（图 10–23 左）。后墓室东壁南侧绘四人奏乐图，南边的旁观者头梳高髻，袖手而立。其余三人为伎乐，头梳大双环髻，戴花簪，分别弹琵琶、吹洞箫和操箜篌，个个服饰华丽，半臂的袖口或领

① 陕西省考古研究院、昭陵博物馆编著：《唐昭陵韦贵妃墓发掘报告》，北京：科学出版社，2017 年。

缘镶有锦边，演奏乐器的手势姿态准确而灵动（图 10–23 右）。该墓甬道和墓室中的宫女身躯多为七个或六个至六个半头高，身材修长，胖瘦适中，有的呈“S”形曲线，姿态婀娜，富有韵致。①

图 10–23 唐燕妃墓侍女（左）和伎乐图（右）

李震墓（665 年）壁画中第三过洞东壁南侧的嬉戏图（图 10–24 左），一侍女左手持团扇，其后一侍女双手从她的腰部伸过来搂住，两人臀部向左摆动，十分生动。第四过洞东壁南侧的侍女戏鸭图（图 10–24 中），侍女右手揽裙，左手举起，鸭子伸颈、张嘴、鼓翅，二者神情呼应，极富情趣。第三过洞西壁北侧一侍女正面而立，身穿赭色条纹长裙，肩帔帛巾，双手持杖横于胸前（图 10–24 右）。②

图 10–24 唐李震墓嬉戏图（左）、戏鸭图（中）和持杖侍女图（右）

① 李一乐：《唐昭陵陪葬墓壁画艺术初探》，西安：西安美术学院硕士学位论文，2008 年。

② 董朝霞：《李震墓壁画赏析》，咸阳文物旅游网。

以上初唐墓室壁画中的仪卫武士和侍女等人物画，用笔流畅洗练，服饰颜色以平涂为主。其中侍女的造型，脸庞圆润丰腴，身材矫健，头梳高髻或双角髻，身穿窄袖小襦、半臂、帔帛、长裙，衣纹简洁，线条粗细均匀。服饰颜色有红、紫、绿、淡黄等色，自然率意。各墓人物画的身躯比例一般为六个到七个头高，个别甚至达到八个头高，身材明显地变得高大起来，显得形态气质落落大方，内敛大气，俨然形成一种全新的唐代“长安京畿主流风格”。

2. 初唐后期（武则天、中宗、睿宗时期）的墓室壁画与武周风格

这一阶段包括武则天时期（684—704年）和中宗、睿宗时期（705—711年），现已发掘和报道的关中地区较为重要的壁画墓有安元寿墓（684年）、薛元超墓（685年）、元师奖墓（686年）、李晦墓（689年）、金乡县主李氏墓（690年）、永泰公主墓（706年）、懿德太子墓（706年）、韦浩墓（708年）、韦泂墓（708年）、节愍滑太子李重俊墓（710年）、万泉县主墓（710年）、章怀太子墓（711年）等。这一时期壁画墓中人物画表现出相对于初唐前期“长安京畿主流风格”的精进和升华，称之为“武周风格”。[①]其中的韦泂墓（708年）、节愍太子李重俊墓（710年）、万泉县主墓（710年）以及章怀太子墓（711年）中的人物画皆已显露出向“盛唐风格”转换的端倪。

（1）“武周风格”的形成。通常代表某个时期的艺术风格往往在前一个时期的某些作品中会显露端倪，并在后一个时期的作品中得到传承和延续。初唐龙朔三年（663年）新城公主墓和咸亨二年（671年）燕妃墓中的侍女像，大多身材修长，颈部较长，椭圆头，身躯多为七个或六个半头高，身段苗条而呈“S”形三曲状，姿态自然而有韵致。该两座墓中的侍女像有两个显著特征：一是形态造型。身材修长，苗条匀称，轻盈灵动，富有转动舒展的韵律。二是线条使用。该两座壁画墓中的人物画注重线条的美感。[②]此种造型和用线正是武周风格身段呈三曲状、用线洗练清爽、柔中含有力度的端倪。

关中地区武则天时代（684—704年）的墓室人物壁画多已体现“武周风格”的特点。例如，永昌元年（689年）李晦墓侧室东壁中间绘一舞女，头梳高髻，上身穿红色窄长袖襦，外套黄色半臂，肩披绿色帔帛，下着白色长裙，双臂上举，上身向左倾斜，臀部向右摆动，帔帛飘卷，长裙轻拂，婆娑起舞（图10-25左）。北壁绘一侍女，头梳高髻，上身穿黄色窄长袖襦，肩披红色帔帛，袒胸，下着绿色长裙，云头履，双手捧一钵状物

① 李星明：《唐代墓室壁画研究》，第58—71页。
② 李星明：《唐代墓室壁画研究》，第261—262页。

于胸前（图 10–25 中）。[①]又如天授元年（690 年）金乡县主墓室南壁和西壁各存一侍女，皆头梳抛家髻或高髻，着窄袖襦衫、帔帛、半臂和长裙，其中一侍女袒胸（图 10–25 右）。[②]这些墓室壁画中女性的身躯为六个半至七个头高，身材修长，面部丰腴，体态略胖，身段呈“S”形曲线的三曲状，形象优雅，富有韵致。

图 10–25 唐李晦墓侧室舞女（左）、侍女图（中）和金乡县主墓墓室侍女图（右）

建于中宗神龙二年（706 年）的永泰公主墓和懿德太子墓的人物壁画则反映出成熟的武周风格，其中部分壁画堪称完美范例。例如，永泰公主墓前室东壁南侧存有较完整而清晰的九人宫女群像（图 10–26 左），画面中九位风姿绰约的宫女头梳高髻，肩披纱巾，长裙曳地，个个体态丰盈，婀娜多姿。她们手中拿着各种宫廷用具，神态各异，有的似乎在悄声细语，有的点头赞许，仿佛正在去侍奉主人的路上。其中一端杯侍女颇为引人注目，神态自若，身姿婀娜，一低头一弯腰的娇柔，让人有瞬间惊艳的诧异（图 10–26 右）。[③]东壁北侧及西壁等也保存类似的宫女群像。该墓前室的宫女群像堪称唐墓壁画中最精美的作品之一，人物身躯相当于六个半至七个头高，身材修长，脸庞丰腴，头梳高髻，反绾髻、螺髻或双环髻，身段呈三曲状，富有节奏感。裙装者多袒胸，双乳半露。线条略有粗细变化，属于劲健有力且富有弹性的铁线描。

懿德太子李重润墓（706 年）墓道东西两壁所绘的仪仗队中的武士身材匀称，身躯为六个或六个半头高，线条粗细均匀，行笔稳健。用色有红、绿、紫、白、黑、赭等，衣服敷色以平涂为主，人物面部晕淡赭或淡红，马匹毛色多用晕染（图 10–27）。第三过洞东西两壁均绘内侍和宫女，内侍分前后两排站立，手持笏板，躬身侧向南面。宫女手持用布包裹的团扇，身侧向北而立（图 10–28）。该墓前室东西两壁影作立柱间各绘两组

① 李一乐：《唐昭陵陪葬墓壁画艺术初探》，西安：西安美术学院硕士学位论文，2008 年。

② 李一乐：《唐昭陵陪葬墓壁画艺术初探》，西安：西安美术学院硕士学位论文，2008 年。

③ 雒长安：《唐墓壁画鉴赏》，《文博》1999 年第 2 期，第 14—21 页；陕西省文物管理委员会：《唐永泰公主墓发掘简报》，《文物》1964 年第 1 期，第 7—33 页。

宫女图，南北两壁拱券门，两侧也画有侍女。其中东壁南侧绘七人宫女群，六人着裙装，一人着袍服男装，参差排列西北行进，前面一人双手端盘，后面六人或拢手，或捧包、持烛台，服饰颜色有白、红、赭、绿等色。东壁北侧亦绘七人宫女群，皆着裙装，参差排列向南徐行，分别捧盘、烛台、杯和团扇等物。西壁的两组宫女与东壁略同。后室东、北、西三壁及南壁西侧均绘宫女群像，构图与前室东西两壁略同。其中东壁南、北侧各绘有九人宫女群，大部分着裙装，少数穿袍服男装，参差排列前行，手持烛台、方盒、瓶、箜篌、琵琶等物。北侧宫女群中间一正面宫女，头梳惊鹄髻，上身穿白色小襦，套白色半臂，再外穿红坎肩，袒胸，下身着红三色长裙，双手向两侧举起持白色帔帛于身后，姿态窈窕，极其生动。懿德太子墓中宫女行列的风格和构图形式与永泰公主墓室中的宫女类似，身材修长，大多呈三曲状，头梳高髻、反绾髻、螺髻和双环髻等，服饰颜色有红、绿、白、紫、黄等。①

图 10–26 唐永泰公主前室东壁南侧宫女图（左）及端杯侍女图（右）

图 10–27 唐懿德太子墓墓道仪仗队局部

① 樊英峰主编：《乾陵陪葬墓壁画的历史价值和艺术价值》，《乾陵文化研究·9》，西安：三秦出版社，2015 年，第 34—40 页；陕西省博物馆、乾县文教局唐墓发掘组：《唐懿德太子墓发掘简报》，《文物》1972 年第 7 期，第 26—32页。

图 10–28　唐懿德太子墓内侍图（左）和宫女图（右）

章怀太子墓（711 年）墓道东西两壁前段绘有狩猎出行图，由四十多个骑马人物、两只骆驼、五棵树和山丘组成。出行队伍前有四骑奔驰在前，接着在一持旗的骑者后面数十骑簇拥着一身穿灰蓝色衣、骑高大白马的人，其后又有数十骑马扈从，有的抱狗、架鹰。马有枣红、杏黄、白、黑诸色，马上扈从头戴幞头，身穿各色短袍，腰间佩挂弓韬和胡禄。有的左手持缰、右手擎旗，十数面旗帜迎风招展（图 10–29）。最后是骆驼队和马队，骆驼驮有铁锅、木材等物。西壁对称地绘马球图，共有二十多骑马打球者，均穿各色窄袖袍，头戴黑幞头，足穿黑靴，左手执缰，右手执鞠杖。最南面的骑者呈疾驰中回身反手击球状，后面一骑者挥杖欲抢球（图 10–30）。其后十余骑跟随而来，有的半掩于山丘之间。最后一骑为枣红马，向南疾驰，骑者穿淡绿色袍，红翻领，皮肤红润，未持鞠杖。狩猎出行图和马球图构图疏密得当，人物与马匹之间的呼应、遮掩关系，处理得切合实际。马的奔跑和人物动作自然协调。线条粗细变化不大，行笔洗练严谨。

图 10–29　唐章怀太子墓狩猎出行图（左）（右）

图 10-30 唐章怀太子墓打马球图（左）（右）

墓道东、西两壁中段对称绘制的客使图，人物形象刻画精细，毛发根根毕现，神情入微。人体身高比例六个或五个半头高，线条圆润均匀，行笔持重洗练。衣纹疏密得当，敷色以晕染为主，浅深变化明显，富有凹凸感（图 10-31 左）。这种题材目前仅见于章怀太子墓，表明唐朝与中亚或周边各国以及少数民族地区之间的往来和交流成为政治经济生活中的重要事务，是特定历史情境中具有一定政治文化意义的象征性图像。客使图之后为对称的仪仗队图，均由十人组成，仪卫武士形象俊伟，身材匀称，身躯一般为六个至六个半头高，面部晕有淡红色，头发须眉丝丝可见，用笔劲健。线条大体均匀，略有粗细变化，衣纹舒朗，微带动感。其中东壁仪卫队的领队圆脸长须红唇，头戴黑色幞头，身穿青色翻领胡服，双手拄仪刀而立，神情自若，身材比例协调（图 10-31 右）。第三过洞东、西两壁有内侍四人，多作执笏拱手状。第四过洞东壁有二侍女，西壁有内侍和侍女各一（图 10-32）。过洞人物身躯一般为五个半头高，头部略大，身躯较小，动态角度多样。[①]

图 10-31 唐章怀太子墓道东壁客使图（左）和仪卫图（右）

① 雒长安：《唐墓壁画鉴赏》，《文博》1999 年第 2 期，第 14—21 页；陕西省博物馆、乾县文教局唐墓发掘组：《唐章怀太子墓发掘简报》，《文物》1972 年第 7 期，第 13—25 页。

图 10–32　唐章怀太子墓内使和侍女图

上述三座高规格的皇室墓葬中的壁画，从内容和形式上都是最具有宫廷色彩的作品，集中体现了宫廷生活的华丽场景，完美反映了初唐与盛唐之间武周风格人物画的特征和美感。此种风格萌生于初唐晚期，成熟于武则天时期，在中宗、睿宗两朝的壁画墓中出现这种风格的极品。除了懿德太子李重润墓、永泰公主李蕙仙墓和章怀太子李贤墓之外，景龙二年（708 年）韦浩墓的侍女像也表现出这种风格。其身躯为六个至六个半头高，体态协调适中，有的身段呈三曲状，颇具风韵[①]（图 10–33 左）。该风格的侍女形象甚至延续到开元九年（721 年）的契苾夫人墓中的窈窕淑女（侍女）画像（图 10–33 右）。

图 10–33　唐韦浩墓（左）和契苾夫人墓（右）侍女图

（2）盛唐风格的端倪。中宗和睿宗时期的韦泂墓、万泉县主墓、节愍太子墓的壁画，以及章怀太子墓甬道和墓室的人物壁画表现出与武周风格的显著不同，显现出盛唐风格的端倪。例如，景龙二年（708 年）韦泂墓的男、女侍者图像，比例适中，人物造型面

① 李星明：《唐代墓室壁画研究》，第 269—270 页。

庞圆润，身躯丰满，脸颊、耳根和颈部等处用淡朱色晕染出弧形褶皱，表现出肌肤丰腴柔润的滑感（图 10–34 左）。景云元年（710 年）万泉县主墓人物壁画的人物身躯约六个或六个半头高，姿态自然，用色有红、紫、白、灰等，平涂晕染兼有，脸部晕淡红色。该墓壁画线条有明显的轻重按提和粗细变化，用笔豪爽，有飞动感，为典型的兰叶描（图 10–34右）。①

图 10–34　唐韦洞墓侍女图（左）和万泉县主墓内侍图（右）

章怀太子墓（711 年）前甬道东、西壁均绘内侍和侍女十余人，侍女着裙装或男装。其身躯为五个或五个半头高，头大而面庞丰腴，身材有较窄小者或肥硕者，姿态自然。线条粗细变化明显，行笔粗重爽快，衣纹疏密得当，用色有红、赭、绿、黄和墨绿等，以晕染为主，有深浅凹凸变化，面部晕有淡红色（图 10–35 左）。该墓前室东西壁各绘两组宫女，南北壁拱券门两侧各绘一组宫女和侏儒，共八组壁画。西壁南侧为观鸟捕蝉图（图 10–35 中），由三侍女和蝉、鸟、树组成。南侧侍女头梳高髻，穿圆领对襟衫，披红巾、袒胸，着红裙、云头鞋，右手上举插簪，作仰首观鸟状。中间侍女头梳双髻，身穿黄色圆领窄袖长袍、黄裤、尖头鞋，腰束黑带。右手抬起欲捕捉树干上的蝉。北边侍女着黄衣黄裙，披灰帔帛，双手交叉于腹前伫立。南壁东侧绘侍女和侏儒，北壁西侧为两侍女和树石（图 10–35 右）。该墓后甬道东西两壁各绘内侍和侍女十余人，间有树石篁竹，人物姿态各异（图 10–36 左）。其中东壁一侍女头梳高髻，穿淡绿色窄袖衫，披黄帔帛，着白色长裙、云头履，手捧卷轴，面向簇竹而立（图 10–36 中）。后室东、北、西三壁的影作立柱间各绘两组侍女和内侍，其中保存较好的为东壁南北两侧和北壁东侧壁画。东壁南侧绘两个贵妇、两个侍女和两个内侍在庭院花园的山石树竹间游憩的场景；东壁北侧绘有九个侍女和一个内侍在园中游玩，右边五个侍女簇拥而立，中间四

① 李星明：《唐代墓室壁画研究》，第 269—270 页。

人并肩朝右行，后边两人向后顾盼。左边下方一内侍拱手而立（图 10–36 右）。①侍女头梳高髻、反绾髻或丫髻，皆着窄袖小襦、帔帛、长裙。

图 10–35　唐章怀太子墓前甬道和墓室侍女图（左）（中）（右）

图 10–36　唐章怀太子墓后甬道侍女群（左）、高髻侍女（中）和后室游憩图（右）

章怀太子墓的甬道和墓室壁画基本表现出“盛唐风格”的特点：一是人物造型头部略大，身躯为五个或五个半头高，侍女和贵妇显得肥硕，意态懒慵，而且动作多样，灵动自如，表现出潇洒、随意和轻松。二是线条粗细变化明显，运笔灵活豪爽，既轻快飘逸，又磊落雄浑，衣纹顺来逆往，突出衣服的质感。三是设色灵活多变，晕染使用频率较高，平涂减少。服饰纹理的敷色浅深、浓淡过渡，写实性极强。敷色具有笔触魅力，如侍女发际的淡墨渲染，笔触着色按物象结构而转折顿挫变化，并适当留白。清晰的颜色笔触与抑扬园转的线条相互交融，浑然一体，堪称线色并举的典范。四是壁画场面多为侍女在庭院游玩消遣的情境，人物组合有较明显的情节化倾向，画面洋溢着轻松、恬适的温情。②

景云元年（710 年）节愍太子墓的壁画保存较好，其风格属于盛唐，绘制得比章怀太子墓壁画更加精致考究。譬如其墓道东、西壁皆绘山石树木，其北段上方对称绘打马

① 雒长安：《唐墓壁画鉴赏》，《文博》1999 年第 2 期，第 14—21 页；樊英峰主编：《乾陵陪葬墓壁画的历史价值和艺术价值》，《乾陵文化研究·9》，西安：三秦出版社，2015 年，第 34—40 页。

② 李星明：《唐代墓室壁画研究》，第 277 页。

球图（图 10–37 左），仅西壁存有五人骑马疾驰和五人骑马等待的画面，人物俊美，马匹彪健，较章怀太子墓的马球图略胜一筹。东西壁北端下方对称地绘仪仗队（图 10–37 右），前有一人领队，后面九人分列三排，有中原人和胡人，皆矫健壮硕，英武俊美，气宇轩昂。人物身躯一般为六个至六个半头高，线条有粗细变化，行笔稳健而爽利，肤色顺着衣袍的褶纹晕染，富有浓淡和深浅变化。第一过洞和第一天井的东西两壁绘有袍服人物，均头戴黑色幞头，身穿紫、红、青、灰等色圆领长袍，足登黑靴，手持笏板（图 10–38 中、右）。第二过洞东、西壁影作阑额和立柱间各绘五人宫女群像，均服饰华丽。南起第一个宫女头梳高髻、上网珠络。上穿黄色窄袖襦，肩搭淡橘黄色帔帛，饰有黑色梅花点，下穿红色长裙，云头高履。第二个宫女服饰大体相同，仅色彩不同。后面三个为男装宫女，最后一个手提凤头鎏金小壶（图 10–38 左）。后室东壁和北壁东侧绘有宫女群，西壁、北壁西侧和南壁西侧绕棺床绘十二扇联屏画，其中西壁北端和北壁靠棺床边缘图幅保存较好，内容为树下侍女，每幅中两个侍女相对而立，穿窄袖襦和长裙，肩搭帔帛，婀娜飘逸。①

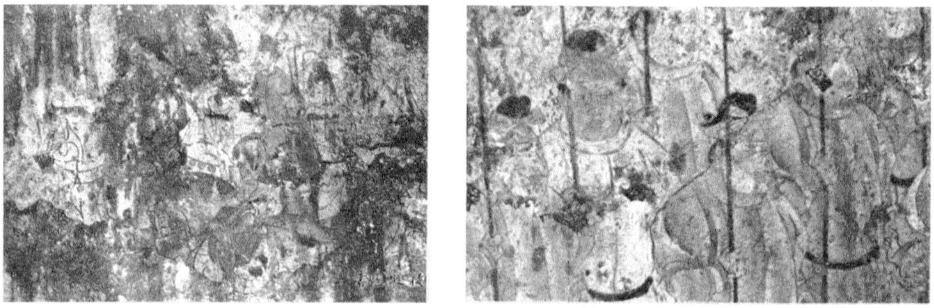

图 10–37 唐节愍太子墓墓道打马球图（左）和仪仗队图（右）

图 10–38 唐节愍太子墓男装侍女、华装仕女（左）和袍服人物图（中、右）

① 陕西省考古研究院编著：《壁上丹青：陕西出土壁画集》，北京：科学出版社，2009 年。

节愍太子墓的墓道、过洞、天井、甬道和墓室中的仪卫、文吏和内侍身躯一般为五个半至六个头高，姿态自然，体型或胖或瘦，线条类型和敷色方法大致相同。宫女的描绘十分精美，身躯为六个至六个半头，或有五个半头高者。形象大多为宽黛眉，小朱唇，脸庞丰润，晕有淡红，体态胖瘦适宜。有的三曲状身段，有的体态较为肥硕。衣纹线条有浓有淡，粗细变化自然，采用红、黄、绿、赭、青、灰等色，以晕染为主，兼有平涂，均表现出盛唐风格的特征。[①]

3．盛唐（玄宗）时期的墓室壁画与盛唐风格

初唐和武则天时期墓室人物壁画的造型特点为面庞丰润，身躯较为高大，尤其是“武周风格”的侍女更以三曲状修长身材为特征。而盛唐时期侍女造型不仅面庞丰润，而且身躯趋向肥硕。这种追求丰润造型的风格是盛唐时期人们充满惬意和消闲生活的体现，也表明唐人审美情趣发生了深刻变化。

关中地区盛唐（玄宗）时期墓室壁画保存较好的墓葬有惠庄太子墓（724 年）、韦慎名墓（727 年）、李邕墓（727 年）、薛莫墓（728 年）、臧怀亮墓（730 年）、李道坚墓（738 年）、韩休墓（740 年）、让皇帝李宪墓（742 年）、韦君夫人胡氏墓（742 年）、苏思勖墓（745 年）、陕棉十厂墓、张去奢墓（747 年）、张去逸墓（748 年）、张仲晖墓（753 年）和高元珪墓等。其中开元十二年（724 年）惠庄太子李撝墓中第一过洞、第二天井和甬道有保存较好的壁画。其中第一过洞东、西两壁各绘有相同的六个文官，西壁文官第一人头戴黑色虎弁大冠，冠下饰黑色介帻，冠前附玉蝉，冠顶加貂饰，缨绥系于颔下，上身内穿白纱曲领单衣，外罩绯色圆领宽袖白大袍，腰系大带，足穿黑舄，长绅曳地，双手持笏前行（图 10–39 左）。后面五人头戴大冠并加貂饰，冠前插笄，双手持笏于胸前（图 10–39 中）。这些文官身材较匀称，姿态自然。面部以淡墨线表示，五官刻画细腻入微，颇为生动。第二天井北壁东侧和南壁东侧各有一男侍，均头戴黑色幞头，身穿圆领窄袖长袍，腰间束带，足穿黑靴，双手持笏于胸前（图 10–39 右）。[②]这些文官和内侍身材比例约五个半至六个半头高，姿态生动，线条粗细略有变化，行笔轻快舒爽，灵动活泼，较好地表现出衣袍柔软的质感。用色有黄、绿、留白等，敷色以平涂为主。天宝元年（742 年）“让皇帝”李宪墓，保存较好的人物壁画有墓道的仪卫武士，过洞及天井中的持笏内侍（宦官）和宫女，甬道中手持团扇、拂尘、马球杖、盒等

① 李星明：《唐代墓室壁画研究》，第 279 页。

② 陕西省考古研究院编著：《壁上丹青：陕西出土壁画集》，北京：科学出版社，2009 年。

物的宫女，以及墓室中的乐舞图和宫女群像。其中内侍均头戴黑色幞头，穿白色或红色圆领袍，足着黑靴。袍服的袖口较初唐和武周时期为宽大。宫女面庞丰润，体态肥硕，画眉粗阔，脸饰“晓霞妆”，分别梳螺髻、高髻、披发高髻、双球高髻。发髻前倾，大多簪花，有的加义髻，所着裙装较为宽大。该墓室东壁绘有《观赏乐舞图》，这幅壁画的上部为如意云朵，下部分为三组，南部为坐于方毡上的六人乐队（图 10–40 右），分为前后两排，有打铜钹者、吹笛者、打鼓者、吹笙者、拨琴者、弹琵琶者等。其中有男有女，有中原人也有胡人。中部为双人共舞，女的站立，上肢略舞，似唱似舞，而身旁一男作蹲姿，面向女子，双手击节而舞，动静相宜，生动感人（图 10–40 中）。最引人注意的是北部的一组四人（图 10–40 左），以中间坐于腰鼓形墩上的持团扇妇女为中心，两侧各一侍女拱手侍立，共同观赏，后有一男装侍女，拥白布袋装洞箫相随而立。其中坐姿女，“头梳披发低髻，容貌清秀略显稚气，腮红较浓，朱唇鲜亮。上身着绿色襦衫，下系黄色高腰曳地长裙，肩搭黄色披帛，双手露出袖外合于胸前，斜持长柄团扇一把……悠闲享用乐舞表演”①。这些人物身躯多为六个半至七个头高，体型比较高大，服饰用色以白、红、绿、淡绿、淡黄为主，色调较为淡雅。衣纹线条稠密，粗细变化不大，与人体结构和动作配合贴切，表现出服装的质感，突出体现了盛唐风格特点。其中六人乐队中的乐人面部和手部敷色，在阴凹处染赭红色，向隆起处渐次淡出，是典型的西域画风，足见西域画风对盛唐绘画的影响。此外，李宪墓第二天井东、西壁仕女图中六位女吏面妆基本保存完好，除额头、鼻梁、下颌露出白粉底妆外，余处皆涂红彩，浓艳如戏妆，与初唐女妆的淡雅含蓄形成鲜明对比。

图 10–39　唐惠庄太子墓文官图（左、中）和男侍图（右）

① 呼林贵、尹夏清：《唐李宪墓研究拾遗》，《上海文博论丛》2005 年第 2 期，第 28—33 页。

图 10-40 唐李宪墓墓室东壁贵妇及宫女（左）、中部双人舞（中）和乐队（右）线描图（资料来源：呼林贵、尹夏清：《唐李宪墓研究拾遗》，《上海文博论丛》2005 年第 2 期，第 28—33 页）

盛唐壁画墓人物画的显著特点是肤色趋向简淡，有的墓室壁画人物甚至完全用墨线勾勒，只是在面部晕有淡红色，显然是受吴道子设色简淡的画风影响。诸如以上诸墓的人物画主要以墨线描绘，着色较少。身躯为六个半头高，侍女脸庞丰腴，下颌圈明显，体态胖大，发髻多蓬松下垂。线条粗细变化明显，行笔舒爽，衣纹的聚散呼应自然而富有节奏感，敷色清淡，晕染为主。

盛唐时期沿着丝绸之路传入长安的外来乐舞有“十四国之乐”，列入“十部乐”的“八国之伎”中还有一个杂有龟兹音乐成分的《西凉乐》，以及来自西域康国的《胡旋舞》，来自石国、安国、史国的《胡腾舞》和来自河西的“胡部新声”等。如开元二十六年（738 年）李道坚墓（富平朱家道唐墓）墓室东壁的乐舞图，北侧是七个男乐人群像（图 10-41），乐人前后错落坐于方毯上，均头戴黑色幞头，穿圆领长袍，脚穿黑靴或平头履。前面两人，一人操箜篌，一人弹琵琶。第二排四人分别演奏笙、萧、横笛、拍板，最后面一人敲击铜钹。南侧有一舞女，曼舒长袖而舞。后有二女拱手向北而立，皆穿大袖襦裙，似为伴唱者。从其乐器的组合来看，兼有中原和西域成分，当属西凉乐。①

图 10-41 唐李道坚墓墓室东壁乐舞图

① 程旭：《唐墓壁画中的丝路乐舞》，《中国文化遗产》2017 年第 2 期，第 96—102 页。

天宝四载（745 年）苏思勖墓墓室东壁的乐舞图（图 10–42）。该图分为三部分，正中绿色氍毹上为深目高鼻的胡人舞者，头戴尖顶番帽，身穿圆领袖窄长衫，腰系黑带，足穿黑皮靴，右手叉腰，左臂高举挥袖，屈腿腾踏，跳跃起舞。左右两边为坐、立伎乐十一人，其中右边五人，身穿圆领袖窄长衫，头戴幞头，前排三人跪或坐，分别持箜篌、筝、筚篥，后排立二人，一人吹排箫，另一人左手叉腰，右臂前伸，面向舞者及对面乐人，似伴唱或作乐队指挥；左边六人，亦身穿圆领袖窄长衫，头戴幞头，前排三人或跪或坐，分别执琵琶、笙、钹，后排立三人，一人吹横笛，一人击拍板，另一人，左臂前伸，口圆张，似合着舞蹈的节拍作伴唱。舞者跳跃旋转，乐者管急弦繁，气氛热烈。经考证认为，这幅乐舞图中的舞蹈就是盛唐时非常流行的《胡腾舞》，而演奏的音乐当是唐玄宗新创的“胡部新声”。[①]

图 10–42　唐苏思勖墓墓室东壁乐舞图（左）（中）（右）

与苏思勖墓壁画风格相似的还有陕棉十厂盛唐晚期墓的甬道东、西两壁的文吏、内侍、侍女像和墓室东壁乐舞图中的人物像。这些人物像身躯一般为五个半头高，侍女较为肥胖。线条粗细变化很大，笔触宽厚，有浓淡变化；行笔磊落，挥洒自如，具有明显的顿挫旋转节奏感；主要运用墨笔描绘，略晕以黄、赭等淡彩（图 10–43 左）。乐舞图画面由八位身穿圆领衫袍的男子组成（图 10–43 右），左侧原有三人，其中一人上身已脱落，前面坐的一人头戴黑色幞头，脚穿黑色靴子，神情专注地弹奏着竖箜篌，后面一位站立着的童子头梳双垂髻，嘴巴微微开启，好像是随着曲子吟唱。右边有四人，前面两人头戴黑色幞头，一人右手持拨弹奏四弦琵琶，一人吹奏筚篥，后排一戴黑色幞头的男子拢袖而立，似乎等着唱和。另一位头梳双垂髻的童子，两手击钹。中间是一位舞者，他也头戴黑幞头，身穿长袍衫，腰里系着腰带，脚穿高鞫黑靴，右臂上曲，左臂下垂，

① 程旭：《唐墓壁画中的丝路乐舞》，《中国文化遗产》2017 年第 2 期，第 96—102 页。

袖长及膝，踏地起舞。[①]从这些声乐、器乐、舞蹈三者结合在一起的场面推断，他们也许是唐代“胡部新声”表演的场面。该乐舞图完全用墨线勾画，不见色彩，属盛唐流行的人物画之典型风格。

图 10−43　陕棉十厂唐墓甬道东壁文吏、侍女图（左）及墓室东壁乐舞图（右）（资料来源：程旭：《唐墓壁画中的丝路乐舞》，《中国文化遗产》2017 年第 2 期，第 96—102 页）

西安市长安区少陵塬韩休墓的《乐舞图》也尤为珍贵。图中共绘十六人，左边站一男一女舞伎，男伎头戴幞头，穿黄色圆领袍服腰，束革带，左手拿一条状物，类似今日的指挥棒，右手扬起，应是乐队的指挥，女伎形象损毁；其后三女坐于方毯之上，一人使用箜篌、一人使用筝、一人吹笙；中间一男一女分别站于圆毯上跳舞，其中女伎头梳倭堕髻，身穿袒胸长裙作旋转状，一男伎头戴黄色抹额，身穿圆领袍衫，腰束革带，右脚抬起，亦作旋转状；右边六人似乎全为胡人，五人跪于方毯之上，正在演奏，乐器有笙、琵琶、箜篌、萧、钹，旁站一人，面前放一筝。整个乐舞置于山水画中，气氛和谐热烈，是唐墓壁画《乐舞图》中难得的精品（图 10−44）。[②]根据文献资料和乐舞场景分析，舞应是唐代著名的男女双人胡旋舞或汉化之后的胡舞，乐则有可能是“胡部新声”或《龟兹乐》。该墓墓室西壁绘六扇屏风画，每屏均为一树一老人的组合，墨线勾勒轮廓，藤黄涂色，地面点缀小草。画中老者多戴芙蓉形冠，褒衣博带，或拢袖拱手，或持杖挑书札，或目视前方，或侧头回望。树种分针叶树、阔叶树等不同种类（图 10−45）。[③]

---

① 陕西省考古研究所：《西安西郊陕棉十厂唐壁画墓清理简报》，《考古与文物》2002 年第 1 期，第 16—37 页。
② 周伟洲：《唐韩休墓“乐舞图”探析》，《考古与文物》2015 年第 6 期，第 73—79 页。
③ 刘呆运、赵占锐：《唐韩休墓墓室壁画布局解析》，《中国书画》2015 年第 11 期，第 20—22 页。

图 10–44　唐韩休墓墓室东壁乐舞图（资料来源：刘呆运、赵占锐：《唐韩休墓墓室壁画布局解析》，《中国书画》2015 年第 11 期，第 20—22 页）

图 10–45　唐韩休墓墓室西壁六扇屏风画图（资料来源：程旭：《长安地区新发现的唐墓壁画》，《文物》2014 年第 12 期，第 64—80 页）

从风格与绘画技巧上看，这组树下高士图与苏思勖墓、韦浩墓和节愍太子李重俊墓中的高士形象基本相同，画中人物可能是竹林七贤之类的古圣先贤。

开元二十五年（737 年）贞顺皇后（武惠妃）敬陵被盗卖出境后又被追缴回国的五幅精美壁画（图 10–46），分别绘制在墓室南壁和甬道的东、西两壁。其中的红衣男装仕女为两名并肩站立、体态丰腴的仕女，均头戴网状裹头巾与乌纱幞头，眉修长，两颊红润，目视前方，身着红色圆领窄袖长袍，腰系黑色革带，脚穿麻线鞋（图 10–46 左 1）。右侧仕女双臂拱于胸前，双手隐于袖中，持一首端残损的云头形如意（图 10–46 左 2）。高髻持如意仕女头梳蓬松高髻，蛾眉丹唇，两鬓抱面，上着淡青糯衫，下着赭色曳地长裙，双手持云头形如意于胸前，神情恬静端庄，雍容华贵（图 10–46 左 3）。男装捧盒仕女头戴乌纱幞头，体态丰腴，面庞圆润，身着淡青色圆领窄袖长袍，腰系黑色革带，双手捧一饰有宝相花的盝顶方盒（图 10–46 右 2）。高髻捧包裹仕女头梳蓬松高髻，上着淡青色襦衫，下着赭色曳地长裙，肩披帔帛，足穿高头履，双臂半举，双手捧一赭色包裹（图 10–46 右 1）。[1]

图 10–46　唐贞顺皇后墓墓室南壁和甬道东西壁侍女图（左一）（左二）（左三）（右二）（右一）
（资料来源：程旭：《长安地区新发现的唐墓壁画》，《文物》2014 年第 12 期，第 64—80 页）

以上这些壁画中侍女皆手持如意，或手捧盒子、包袱等器物，有的还女扮男装，均为宫廷内服侍帝后的贴身近侍。诸壁画层次分明、线条流畅、色彩鲜明，仕女均面庞圆润、体态丰腴，体现了盛唐女性以艳妆丰腴的身躯和宽大飘逸的长裙为美的时尚风格。

4. 中晚唐时期（肃宗至唐末）的墓室壁画与盛唐风格的延续渐变

从“安史之乱”至唐朝覆亡的中晚唐时期（756—907 年）历时 152 年，这一时间段比高祖至高宗时期（618—683 年）、武则天至睿宗时期（684—711 年）及玄宗时期（712—755 年）的总和（共 138 年）还要长。目前已发掘和清理该时期的唐代壁画墓数量较少（20 座），占已发现和发掘唐壁画墓总数（115 座）的 17.39%，相对于一个半世纪的岁月显得较为稀少。这一时期墓室壁画保存较好的墓葬有高力士墓（762 年）、韩氏墓（765 年）、唐安公主墓（784 年）、郯国大长公主墓（787 年）、长安南里王村（韦氏家族）墓、杨玄略墓（864 年）、懿宗德妃王氏墓（870 年）、唐僖宗李儇靖陵（888 年）等。

关中地区中晚唐时期壁画墓中人物画的主要特征是在延续盛唐风格的基础上发生渐变，并在晚唐时期向五代和两宋新的时代风格转换。该时期墓葬规模的简缩导致结构发生变化，天井数量减少乃至消失，从而连接墓道和墓室的甬道缩短，可供绘制壁画的墙面空间大为缩小，致使壁画相应大减。例如，盛唐以前墓室壁画中象征等级官品的仪仗和戟架，以及持刀（拄剑）武士大减而不多见，男女侍者、文吏、舞伎和屏风成为主要

---

① 师小群、呼啸：《唐贞顺皇后敬陵被盗壁画初释》，《文博》2011 年第 3 期，第 20—23 页。

题材，初现于章怀太子李贤墓壁画中的游憩场景更加流行。[①]又如宝应元年（762年）高力士墓甬道西壁中部所存以墨线勾勒的三个男侍、树木、花草和蝴蝶。画面中南起第一男侍，面目丰腴清秀，着圆领长袍，腰间系绛带垂于腰侧，双手拱于胸前作侍立状，前有飞舞的蝴蝶和花草，身后也有一只蝴蝶飞舞，其下两只花草，向北为竹凳或竹辇。第二、三人面目不清，穿长袍作侍立状，两人之间绘有花草，应为庭院游玩闲居场景。[②]

长安南里王村中唐晚期韦氏家族墓甬道东、西两壁各绘有六个南女侍者，男侍头戴黑色幞头，身穿绿色或红色、黄色圆领长袍，腰间系带，足登黑靴，双手拱于胸前或手持笏板；女侍头梳抛家髻，朱唇小口，身穿黄色襦，套半臂，下着绿色或黄色长裙，脚着翘头履，拱手胸前（图10—47）。该墓墓室西壁绘六扇屏风仕女画，每屏画面均绘一仕女，携一侍女或男侍在树下游憩，或漫步赏花，或抚琴摇扇，周围有山石花草（图10—48）。墓室东壁绘饮宴图，中间值长方形低案，上面摆放各种食物，有杯、碟、羽觞、筷子等餐具，案前的方形座上置莲花型羹盆，内放曲柄勺。低案后面及两侧各摆有红面连榻，每榻上坐三个男性即席者，均头戴黑色幞头，身穿翻领或圆领长袍，腰间系带，或举杯，或击掌，或咀嚼，或顾盼。两边各有一梳羊角髻的侍童，双手端有酒杯的盘子侍立。宴席两侧各有一组旁观的人。画面上方有浮云和花草，前方有岩石，表现室外景致（图10—49）。

图10—47 长安南里王村韦氏家族墓甬道男女侍者图（左）（右）

① 李星明：《唐代墓室壁画研究》，第302页。
② 陕西省考古研究所：《唐高力士墓发掘简报》，《考古与文物》2002年第6期，第21—32页。

图 10–48　长安南里王村韦氏家族墓墓室西壁屏风仕女图（左）（右）

图 10–49　长安南里王村韦氏家族墓墓室东壁宴饮图

上述韦氏家族墓的屏风仕女画和饮宴图反映了当时较为流行的游玩享宴之风，这些壁画人物身躯为五个半头高，头部较大。仕（侍）女脸庞丰腴圆润，体态肥胖，动态自然。线条粗细变化明显，行笔迅速率意，圆润流畅，有浓淡变化，为典型的兰叶描。衣纹简率，富有飘动感。服饰颜色主要有赭色、土红、石青、石绿和藤黄等，敷色以晕染为主。衣袖较盛唐时期稍宽，侍女皆梳倭堕髻。[①]

兴元元年（784 年）唐安公主墓甬道东、西两壁各绘男女侍者六人，其中男侍头戴黑色幞头，身穿黄色圆领宽袖袍，腰系黑色宽带，或拢手于胸前，或手持马球杆（图 10–50 左）。侍女头梳高髻或惊鸿髻，两侧髻发蓬松抱面，身穿对襟宽袖及地长裙，肩搭帔帛，双手拢于胸前（图 10–50 右）。人物身躯为六个或六个半头高，男侍身体胖瘦适中，侍女脸颊丰满，腰腹肥大，衣裙宽大，与初盛唐的紧窄式样明显不同，且长裙束至胸乳以

① 赵力光、王九刚：《长安县南里王村唐壁画墓》，《文博》1989 年第 4 期，第 3—9、19 页。

上，非武周和盛唐时期袒胸式样。人物画线条粗细变化明显，行笔富有顿挫，转折灵活，衣褶纹理穿插自然，有飘动感。服饰颜色有黄、绿、蓝等，敷色多沿衣纹走向晕染，有深浅变化，留白运用得当。①

图 10–50 唐安公主墓甬道男女侍者图（左）（右）

文德元年（888 年）唐僖宗李儇靖陵墓道西壁残存步行仪卫十余人，均头戴黑色尖顶冠，身穿绯色圆领长袍，腰悬弓囊，着白色窄腿裤，足登线鞋，作前行状。甬道东、西两壁各有两个壁龛，壁龛之间绘有执戟武士相对而立。保存较好的西壁执戟武士头戴黑色翘幞头，外扎白巾，脸庞圆润，细目直鼻，身穿圆领绯色袍衫，外裹白色蔽膝，下着白色窄腿裤，足着线鞋，右手握拳于胸前，左手执戟。墓室四壁各开两个小（壁）龛，加上甬道东、西两壁的四个小龛，共计十二个小龛，小龛内按子午方位绘十二生肖，卯兔和午马保存较好，均首兽面人身。身穿高龄宽袖长袍，腰间系博带，袍下露岐头履，双手拱于胸前持笏（图 10–51）。②

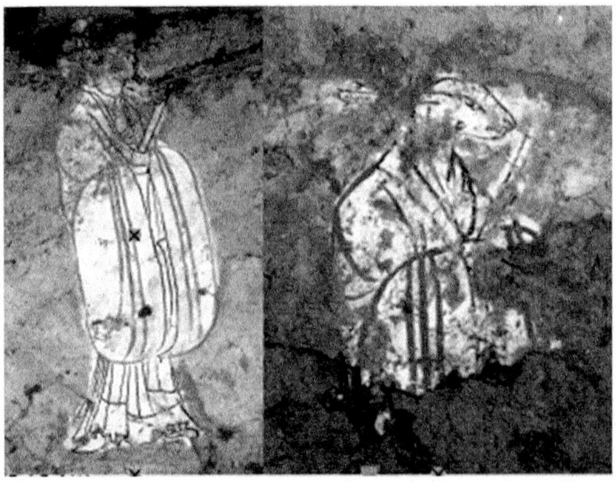

图 10–51 唐僖宗靖陵生肖图

① 陕西省考古研究院编著：《壁上丹青：陕西出土壁画集》，北京：科学出版社，2009 年。

② 韩伟、张建林主编：《陕西新出土唐墓壁画》，重庆：重庆出版社，1998 年。

靖陵是唯一被抢救性科学发掘和清理的唐代帝陵，该墓中人物画身材较为适中，身躯为六个头高，墨线粗细变化不大，行笔稳健，人物轮廓以较粗的白线勾勒，有的地方再用墨线复醒，生肖衣袍用墨线和赭红线勾描，赭红线较宽厚且有粗细变化。用色以赭红、白色为主，服饰以平涂为主。脸部晕以淡赭红色而有深浅变化，鼻梁和上眼睑染有白色。此墓壁画先用白色宽线勾勒轮廓，再填色，最后以较均匀的细墨线和较宽厚的赭红线勾定，画法为唐墓壁画中所仅见，与关中地区中晚唐（人物）壁画那种挥洒奔放、突忽变幻的兰叶描和简淡敷色为主要特征的画风存在明显区别，整体表现出的造型更趋向理性，用线写实而机巧，敷色考究的作风昭示着后世五代北宋人物画的某些风格因素。

（五）唐陵及皇室贵族（陪葬）墓壁画的特点

纵观唐代绘画，宫廷、衙署、寺观、墓室的壁画作为主要的绘画形式占据了相当比重。其中石窟及寺观壁画的规模之宏伟、技艺之精湛在历史上都是空前的。而墓室壁画是随着帝王厚葬之风的发展，以及国力的强大、经济的繁荣，其规模和艺术水平均令前代望尘莫及。总的来看，唐代墓室壁画与石窟、寺观壁画相比，既有共同的时代性，又有着自己鲜明的特点。

1. 从创作思想和绘画内容来看，现实主义是最突出的特征

唐代墓室壁画依据“事死如事生”的意图创作绘制，所以壁画的内容和取材是现实生活的直接反映。佛教洞窟壁画中虚无缥缈的经变故事和因果报应的虚构假设，以及对“极乐世界”虚幻的憧憬极为少见，其题材和内容都是活生生的人和触目可见的现实社会的结合，充满着浓郁的生活气息。从唐墓壁画画匠使用的艺术语言来看，作品中的人物有欢快，有沉默；有善美，有邪恶；有劳作，有享乐；场景有热烈奔放，也有悠闲清雅。尤其在皇室的太子公主墓中，极力表现出墓主生前的豪华奢侈和纵情享乐。以建筑而言，懿德太子李重润墓中的阙楼图是唐皇宫宫殿建筑的真实写照。这些亭台楼阁高大雄伟，彼此错落有致。从近年对唐长安城中大明宫等处宫殿、楼阅遗址的发掘和复原来看，皇家宫苑的规模之大是相当惊人的。例如，唐大明宫城周长 7km，面积为 3.2km^2。南北长超过 3100m，东西宽 800m 以上，并建有前中后毗连的三殿，周围绕以回廊。这些考古发掘资料与墓室壁画所反映的宫殿建筑情况是一致的。在宫中，那些太子公主使用着成群的男女侍从，前呼后拥，内外相随。从他（她）们的生活起居到重要的礼仪场合，有宫女、宦官这些近侍，也有浩荡威武的持械仪卫队列，这岂是一般人家的排场？在唐代，依照身份地位的高低，列戟制度规范等级森严，三品以上的官员一般置于公府门

前。睿宗景云年间开始，对列戟制度进一步完善，而且每5年进行一次调查。皇室成员的列戟情况体现其身份和地位，唐代墓室壁画的内容比较真实地反映了皇家大族的列戟实况。皇室墓中的皇家仪卫的威仪盛况也非一般贵族所可比拟。如永泰公主和长乐公主的仪卫就显赫异常，永泰公主墓墓道东、西壁各有30人的仪仗队伍，大体上分为5组，每组6人，两边对称排列。陪葬昭陵的长乐公主墓中墓道两壁各有仪卫11人，分由两人领班，佩剑持刀。此种仪卫场面是除了未经发掘的帝王陵之外，仅在少数公主、太子墓中才会有的。

2. 人物形象鲜明生动，具有强烈的个性

由众多唐墓壁画真迹可见，画匠们对不同身份人物的个性刻画是经过对现实中各类人物的详尽观察和研究，匠心独具地用画笔再现出来。这些壁画具有鲜明的艺术形象和强烈的感染力。这些人物或者引起读者的共鸣与同情，或者触发人们的憎恶和鄙视。这种对社会生活的观察和审视之后创作出的人物，总是或明显或隐约地成为一个个审美对象，给人以较强的艺术感染力。譬如壁画中出现最多的宫女和内侍形象，在人物性格的刻画上明显体现出画匠自身的感情与好恶。那些经过挑选之后入宫的窈窕美貌的宫女，反映在壁画中侍女们温文尔雅、言听计从的行为举止和表情神态，很符合她们的身份。无论是面目清秀、身材苗条、婀娜多姿的“赵飞雁”，还是丰满俊美、雍容华贵的“杨玉环”，都值得人们同情和赞美。她们身在深宫禁苑，有着捕蝉观鸟的片刻欢笑，但更多的却是随人使唤、并无多少人身自由的仆从生活，在主人的欢宴歌舞声中虚度自己美好的青春。读者不难体味到这些美丽、善良女子们永无期限的感情折磨和无声的痛苦呻吟。那些男侍（宦官或给使）们的形象则大不相同，这些人本来与宫女属于同一社会阶层，但在画匠的笔下却成为一个个卑躬屈膝、满幅奴才相的丑恶嘴脸。宦官大都被描绘成圆鼻深目、神态诡秘的人物，这使人不难想起鱼朝恩之流在唐代政治生活中的地位和扮演的角色。太宗时定制内侍不得置三品官，充其量也只是四品。但从玄宗时宦官的地位发生了明显变化，杨思勖多次率军南征，一次斩首六万级，后官至骠骑大将军，封虢国公。高力士不离玄宗左右，皇上对其言听计从。肃宗时的李辅国、代宗时的程元振，均官至高位，控制了朝廷的军国大事。至于臭名昭著的鱼朝恩作恶多端，更为人所不齿。①

3. 壁画构图的统一性和意境的深远性

唐墓壁画群像中人物的姿态动作和面部表情均达到了整体上的和谐，且各有个性。人物的艺术语言表达是在一个既丰富多彩又主题突出的氛围中，即使一幅画面上同样身

① 楚启恩：《中国壁画史》，北京：北京工艺美术出版社，2000年。

材、同样服饰、同样姿势的人物，也不显得呆板和单调。人物较少的篇幅似乎更为紧凑。其次，壁画中人物间的关系围绕某一个主题存在一种潜在的联系，如李贤墓狩猎出行图的猎手之间，以及李贤墓、李仙蕙墓、李重润墓、李凤墓、房陵长公主墓、杨恭仁墓、李寿墓中许多人物出现在同一画面上，虽然没有交谈和手势，人们却可以通过眼神和动作来理解他（她）们的思想。

总的来说，唐代墓室壁画是中华古代文明的一笔极为宝贵的财富。迄今已发掘和清理出土的壁画也只是整个唐代墓葬的冰山一角。关中地区北部东西一线的150km内，分布着唐代18座帝王陵墓，至今基本未被发掘，与目前这些陪葬墓和发掘清理的贵族墓葬相比，帝王陵中必然有更为丰富多彩、令人震惊的壁画出现。相信待到这一座座地下宫殿被开启之后，人们看到的又将是一番更为壮观的景象！虽然社会各界亦曾表达过期望发掘唐陵的呼声和意愿，只是这个时机至今尚未成熟。帝王陵中一幅幅琳琅满目、光彩照人的艺术佳作，只能留待后人们去发掘和观赏了。

三、唐陵及皇室贵族（陪葬）墓陶塑艺术

唐代是中国封建社会中最为强盛的时期，宽松开明的政治环境促使了经济稳步发展，强盛为文化艺术的发展奠定了坚实的基础，加之奢侈浮华的生活风尚和厚葬习俗的盛行，造就了唐代陶俑艺术的辉煌。其陶俑的种类之多、造型之丰富、塑造之美和数量之大，都超过唐代之前的任何朝代，并全面地反映出多姿多彩的社会生活和时代风貌。[①]唐代陶俑兼具殉葬的实用功能与唐代的审美意识，融合了雕塑与绘画技法，尤其是人物陶俑造型形成独特的艺术风格，取得了很高的艺术成就。陶俑的造型艺术和制作技巧对相关姊妹艺术具有深远的影响，甚至对世界艺术都产生了不同程度的影响。[②]因此，唐代被称作中国陶俑艺术的鼎盛时期。

（一）唐陵及皇室贵族墓陶俑的考古发现和分类特征

1. 关中地区唐陵及皇室贵族墓陶俑的考古发现

20世纪50年代以来，关中地区大规模、系统的隋唐墓葬考古调查和发掘清理持续展开，与之相伴随的是唐陵及皇室贵族（陪葬）墓的陶俑等随葬器物不断被考古发现和

① 谭前学：《陕西出土的秦汉唐陶俑简论》，《收藏家》2003年第12期，第20—25页。

② 杨泓：《美术考古半世纪：中国美术考古发现史：彩图版》，北京：人民美术出版社，2015年。

出土。据前人统计，陕西关中地区，尤其是西安附近，迄至2008年已发掘的唐代墓葬数量达4000余座，其中出土陶俑者145座（有明确纪年的58座）。[①]这些已发掘的唐墓主要分布于两大区域：一是渭北北山及山前黄土台塬带唐十八陵的陪葬墓，这些墓葬等级高，且墓主和纪年明确的较多；二是西安郊区唐墓，大中小型墓皆有，以南郊分布较集中，如近年在长安区郭杜大学城清理唐代墓葬1000余座，东郊、西郊（宫女和宫廷人员墓葬集中）也清理了大量唐墓，北郊发现较少。考古工作者将关中地区的唐墓划分为5个等级类型：皇室重臣、三品以上、三至五品、五品以下、庶人等。其中皇室重臣、三品或三品至五品以上大多属于渭北唐陵的陪葬墓，五品以下、庶人等中小墓葬及少数皇室重臣墓在西安市近郊。[②]事实上，近10年来西安地区又有大批唐墓被发掘和清理，其中出土陶俑和壁画的不在少数。基于前人的研究成果及笔者的资料收集，至2017年公开发表的关中地区出土陶俑且墓主明确的唐代记年墓112座（表10–8），其中属于帝陵陪葬墓的35座，其余为主要分布在西安（唐长安）附近的非帝陵陪葬墓。此外，出土陶俑的无纪年墓有胡丽女士罗列的99座（引用资料至2006年），笔者将2007—2017年关中地区出土陶俑的无纪年墓辑录出25座（表10–9），二者合计124座。也就是说，截至2017年年底，关中地区（西安为中心）出土陶俑的唐代墓葬达到236座。

表10–8 关中地区唐代纪年墓出土陶俑情况统计表

序号	墓主	葬年	陶俑出土情况			资料来源
			总数	男俑	女俑	
1	贺诸氏	621	?	立俑8、小立俑、胸像俑	立俑	《咸阳市渭城区志》1996年
2	李寿	630	?	立俑，骑俑、骑乐俑	立俑、舞俑、骑俑	《文物》1974年第9期
3	段元哲	639	66	立俑、骑乐俑	立俑5、跪俑9	《西安郊区隋唐墓》
4	杨恭仁	640	93	立俑42、骑勇12、文官俑4、武士1、侏儒俑1、胡俑头1	立俑29	《咸阳市文物志》2008年
5	郑乾意	640	87	武士2、骑俑25、立俑27	立俑28	《文博》2014年第4期
6	李丽质	643	80	武士4、立俑40、骑勇11	骑俑11	《咸阳市文物志》2008年
7	王怜	643	119	立俑27、骑俑50	立俑9、骑俑18	《文博》2012年第3期

① 程义：《关中唐代墓葬初步研究——以纪年墓为中心》，西安：西北大学博士学位论文，2007年；程旭：《唐墓壁画中的丝路乐舞》，《中国文化遗产》2017年第2期，第96—102页。

② 陕西省考古研究院隋唐考古研究部：《陕西南北朝隋唐及宋元明清考古五十年综述》，《考古与文物》2008年第6期，第161—197页。

续表

序号	墓主	葬年	陶俑出土情况			资料来源
			总数	男俑	女俑	
8	司马睿	649	149	立俑、鼓吹俑 21	立俑 5、骑俑 9	《考古与文物》1985 年第 1 期
9	段简璧	651	143	武士 20、立俑 41、骑俑 26	立俑 21、骑俑 22	《文博》1989 年第 6 期
10	牛进达	651	2	不详	女坐乐俑 2	《咸阳市文物志》2008 年
11	董僧利	652	74	立俑、骑俑 9、胡人	立俑 6、骑俑 2	《考古与文物》1991 年第 4 期
12	韦尼子	656	59	武士 2、立俑 29、骑俑 4	立俑 9、骑俑 4	《文物》1987 年第 1 期
13	亡宫五品	657	19	立俑 14	未发现	《文物》1987 年第 1 期
14	张士贵	657	324	瓷骑乐俑 22；立俑 139、胡俑 4、牵马 4、骑马 3、骑马胡俑 6、残男俑 12	立俑 48、骑俑 23、坐俑 2	《考古》1978 年第 3 期
15	蒋少卿	657	25	立俑 8、骑俑 2	立俑 4	《文物》2012 年第 10 期
16	尉迟恭	658	31	立俑 2、陶俑头 15、陶俑履 9	未发现	《文物》1978 年第 5 期
17	许氏	661	22	立俑 6、骑俑 2	立俑 8、骑俑 1	《文博》2014 年第 6 期
18	张楚贤	662	57	武士 2、立俑 31、骑俑 13、武官 1	骑俑 7	《考古与文物》1983 年第 3 期
19	新城公主	663	293	武士 2、立俑 172、骑俑 33	立俑 9、骑俑 30	《考古与文物》1997 年第 3 期
20	冯孝约	663	7	立俑 6、天王俑 1	未发现	《文博》2015 年第 5 期
21	张楚贤妻	664	4	未发现	立俑 4	《考古与文物》1983 年第 3 期
22	郑仁泰	664	483	立俑、骑乐俑 38、骑（猎）俑 51	立俑 55、骑俑 36、乐舞俑 16	《文物》1972 年第 7 期
23	刘宝	665	2	不详	立俑 2	《西安郊区隋唐墓》
24	三品亡尼	665	8	立俑 1、武士 1	立俑 2、骑俑 2	《文物》1987 年第 1 期
25	薛元暇	665	40	武士 2、立俑 24、骑俑 3	立俑 4	《考古与文物》2009 年第 6 期
26	苏定方	667	352	立俑 225、骑乐俑 24、骑俑 82、武士 2	未发现	《考古》1963 年第 9 期
27	段伯阳	667	80	胡牵马（驼）俑 4、武士俑 1、骑俑 1	立俑 6	《文博》2013 年第 5 期
28	达溪令婉	667	28	立俑 13	立俑 8、骑俑 1	《文博》2013 年第 4 期
29	李爽	668	344	立俑 105、骑乐俑（男女）47	立俑 27	《文物》1959 年第 3 期

续表

序号	墓主	葬年	陶俑出土情况			资料来源
			总数	男俑	女俑	
30	张臣和	668	135	立俑 34、骑乐俑 13、骑俑 11、胡俑 1、侏儒 2、昆仑俑 1、牵驼俑 2、武士 2、武官 2	立俑 29、骑马 11	《文物》2004 年第 2 期
31	张智慧	668	16	立俑 8	立俑 4	《文物》2004 年第 2 期
32	刘智	669	92	立俑 62（残 5）、骑乐俑 12、骑俑 7、残骑俑 2	骑俑 7	《考古与文物》2016 年第 3 期
33	温绰	670	10	木俑 6	未发现	《文物》2002 年第 12 期
34	房龄大长公主	673	?	立俑、乐俑、骑俑	乐俑、骑马	《文博》1990 年第 1 期
35	李凤	675	225	立俑 123、骑乐俑 86	骑俑 16	《考古》1977 年第 5 期
36	阿史那忠	675	78	立俑 60、骑俑 8	立俑 6	《考古》1977 年第 2 期
37	宝手	675	21	武士 2、立俑 10	骑马 3	《文物》2012 年第 10 期
38	李孟姜	682	351	立俑 149、骑俑 56	立俑 32、骑俑 47	《文物》1977 年第 10 期
39	西宫二品	682	21	立俑 12	立俑 5	《文物》1987 年第 1 期
40	安元寿	684	138	立俑 84、骑乐俑 8	三彩立俑 2、立俑 1	《文物》1988 年第 12 期
41	元师奖	686	82	立俑 11、胡人俑 10、骑乐俑 9、骑俑 8	立俑 6	《考古与文物》1994 年第 3 期
42	诸葛芬	687	123	立俑 95、骑马 6	骑俑 11	《文博》2015 年第 2 期
43	董务忠	691	60	立俑 28、骑俑 7	立俑 1、骑俑 5	《文博》1996 年第 2 期
44	温思暕	696	241	立俑 182、骑乐俑 29	未发现	《文物》2002 年第 12 期
45	契苾明	696	?	三彩牵马（驼）俑	未发现	《文博》1998 年第 5 期
46	姚无陂	697	21	男骑 2、侏儒、胡人	立俑、女骑 1	《文物》2002 年第 12 期
47	康文通	697	25	三彩俑 6（武士 2、文官、武官、立俑、牵驼俑各 1）、骑俑 1	立俑 3（三彩俑 1）、骑俑 1	《文物》2004 年第 1 期
48	颜氏	697	17	立俑 12	立俑 1	《考古与文物》2017 年第 1 期
49	梁行义	697	85	立俑 35、骑俑 8（残 2）	骑俑 7	《中原文物》2017 年第 2 期
50	独孤思贞	698	141	立俑、骑乐俑 22、舞俑、胡俑	三彩立俑 2	《唐长安城郊隋唐墓》
51	杨氏	703	11	立俑 6	立俑 5	《考古通讯》1958 年第 1 期
52	殷仲永	703	31	骑（乐）俑 10、立俑 17	残女俑 1	《考古与文物》2007 年第 5 期
53	华文弘	705	76	立俑 38、骑俑 14	立俑 3、骑俑 6	《文博》2003 年第 6 期

续表

序号	墓主	葬年	陶俑出土情况			资料来源
			总数	男俑	女俑	
54	李仙蕙	706	845	立俑 264、骑俑 192、骑乐俑 27、骑胡俑 18；三彩骑俑 25（含三彩胡骑俑 1）、三彩胡立俑 24	立俑 100、女骑 76；三彩立俑 6、三彩骑俑 3	《文物》1964 年第 1 期
55	李重润	706	905	三彩骑俑、贴金骑俑、骑乐俑、骑俑	未发现	《文物》1972 年第 7 期
56	阎识微	706	87	文官 8、武官 1、骑马 4、牵马（驼）俑 6、立俑 55	立俑 9	《文物》2014 年第 10 期
57	严任氏	707	22	立俑、胡俑	不详	《关中唐代墓葬初步研究》2007 年
58	韦洞	708	157	骑（乐）俑 69、立俑 14	女骑 19	《文物》1959 年第 8 期
59	独孤思敬	709	31	武士 2、文官 2、立俑 8、骑驼 1、牵马驼胡俑 7	立俑 1	《考古通讯》1958 年第 1 期
60	李重俊	710	265	武士俑 62、骑俑 105、立俑	三彩立俑 5	《考古与文物》2004 年第 4 期
61	李仁	710	18	立俑、骑俑 10	立俑 2	《唐长安城郊隋唐墓》
62	章怀太子	711	600	陶立（骑）俑、伎乐俑，三彩立（骑）俑、武士俑、牵马俑	骑俑、三彩立俑	《文物》1972 年第 7 期
63	李贞	718	91	立俑 26（含文官俑）、三彩立俑 13、三彩骑牵马、牵驼俑 4	三彩女骑 2	《文物》1977 年第 10 期
64	杨贵	721	27	三彩立俑 11、胡俑 1、骑马 2	三彩仕女俑 9	—
65	张泰	722	42	立俑 2	立俑 7	《文博》2014 年第 4 期
66	鲜于庭诲	723	124	立俑 26、骑俑 19；三彩牵马胡俑 4、三彩立俑 4、三彩载乐驼俑 1、骑驼 1	女骑 16、三彩女俑 4	《考古通讯》1958 年第 1 期
67	李撝	724	1103	立俑 563、骑俑 507（含骑马乐俑）	立俑 18	《考古与文物》1999 年第 2 期
68	金乡县主	724	138	立俑 20、骑马乐俑 23、骑马狩猎 8、牵马、牵驼（胡）俑 7、百戏俑 13、侏儒 1	立俑 19、骑俑 5、骑俑 5、坐俑 1、跪俑 1	《文物》1997 年第 1 期
69	李邕	727	1	立俑（残）1	未发现	《考古与文物》2012 年第 3 期
70	苏三夫人	729	4	立俑（残）1	立俑（残）2	《文博》2001 年第 3 期
71	热里瓌	730	97	立俑 40	立俑 4	《考古》2014 年第 10 期
72	韦美美	732	6	小陶俑	未发现	《考古与文物》1992 年第 5 期
73	张夫人	733	9	立俑 2、胡俑 1	立俑 3	《文博》2013 年第 1 期

续表

序号	墓主	葬年	陶俑出土情况			资料来源
			总数	男俑	女俑	
74	韦慎名	736	238	立俑 54、骑（胡）俑 22	未发现	《考古与文物》2003 年第 6 期
75	孙承嗣	736	149	立俑、胡（牵驼）俑 3、坐乐俑 4、百戏俑 4	立俑 2、乐俑 2	《考古与文物》2005 年第 2 期
76	李倕	736	37	小立俑 2	小立俑 8	《考古与文物》2015 年第 6 期
77	李承乾	738	123	立俑 54、骑乐俑 10	立俑 1	《文博》1989 年第 3 期
78	俾失十囊	739	57	立俑、男骑 7	立俑、坐乐俑	《文博》1985 年第 6 期
79	杨思勖	740	121	石俑 2、立俑	立俑	《唐长安城郊隋唐墓》
80	李宪	741	853	立俑、骑俑 193、胡人	立俑、骑俑 57	《考古与文物》2006 年第 1 期
81	韦胡氏	742	71	立俑	立俑	《考古与文物》1989 年第 5 期
82	豆卢建	744	?	立俑	立俑	不详
83	史思礼	745	?	立俑	立俑	《西安隋唐墓葬的形制》
84	雷宋氏	745	33	立俑	立俑 14、跪、匍、坐俑各 1	《考古通讯》1957 年第 5 期
85	苏思勖	745	194	立俑、骑俑 24	未发现	《考古》1960 年第 1 期
86	张去逸	748	?	立俑、骑俑、跪拜俑	立俑、舞女俑	《咸阳市渭城区志》1996 年
87	吴守忠	748	15	武士、文官、小立俑、骑俑	立俑	《文物参考资料》1955 年第 7 期
88	王府君	750	20	立俑 5、小立俑 3	仕女 4、小立俑 1	《文博》2014 年第 3 期
89	高夫人	751	23	立俑 4	立俑 8	《西部考古》2013 年
90	裴利物	752	9	立俑	未发现	《考古与文物》1991 年第 6 期
91	米氏	755	24	立俑 2、生肖俑 12	立俑 4	《文博》2015 年第 4 期
92	不详	756	1	未发现	胸像俑 1	《江汉考古》2006 年第 3 期
93	章令信	758	68	立俑 18、胸像俑 4、骑马 4	立俑 5（头像 2、残 1）	《考古与文物》1981 年第 2 期
94	清源县主	758	17	立俑	立俑	《文物》1958 年第 10 期
95	王氏	761	47	立俑 11、胡俑 3、骑马 1、伎乐坐俑 6	立俑 12、女胡俑 1、女骑 1	《文博》2016 年第 6 期
96	高力士	762	222	立俑 74、骑（乐俑）16	未发现	《考古与文物》2002 年第 6 期

续表

序号	墓主	葬年	陶俑出土情况			资料来源
			总数	男俑	女俑	
97	突骑施光绪	766	50	立俑 13、胡俑 4、骑驼俑 3、小立俑 1、小坐俑 1、跪拜俑 1	立俑 5	《文物》2013 年第 8 期
98	曹景琳	782	6	不详	立俑 6	《西安郊区隋唐墓》
99	唐安公主	784	50	立俑 8、奏乐 10、骑俑 2、牵马胡俑 1、俑头 5	立俑 1、俑头 2	《文物》1991 年第 9 期
100	杜江	784	3	胸像俑 1	胸像俑 1	《文博》2016 年第 4 期
101	史氏	792	26	立俑	立俑 4	《考古与文物》1988 年第 1 期
102	翟氏	793	6	坐俑 1、胡俑 1	立俑 4	《文博》2016 年第 4 期
103	荀令则	797	9	立俑 2	胸像女俑 1	《文博》2015 年第 1 期
104	李良	801	36	坐俑 1、胸像男俑 3	胸像女俑 4	《考古学报》1956 年第 3 期
105	董楹	807	5	不详	立俑 3、胸像俑 2	《西安郊区隋唐墓》
106	崔纮	811	1	未发现	立俑 1	《考古与文物》1983 年第 3 期
107	不详	815	2	未发现	胸像俑 2	《江汉考古》2006 年第 3 期
108	俾失氏	823	1	立俑 1	未发现	《考古与文物》1981 年第 2 期
109	不详	824	29	立俑 5、胸像俑 2	立俑 1、胸像俑 10	《江汉考古》2006 年第 3 期
110	裴太	850	48	立俑 14、牵马胡俑 6、骑俑 1、黑人俑 2、贴金武士俑 2	立俑 6	《文博》1993 年第 1 期
111	赵氏	876	2	未发现	女俑头 1	《四川文物》2011 年第 6 期
112	裴氏	878	2	石文官俑 1、石武官俑 1	未发现	《文博》2011 年第 5 期

注：表中“？”表示出土陶俑数量报告不详；未罗列镇墓俑（包括镇墓兽及天王俑）和动物俑（包括马、骆驼、牛、羊、猪、狗、鸡、鸭、雁、狮等），出土俑类数量包括镇墓俑和动物俑，不包含各种陶器类

表 10-9　2007—2017 年西安地区出土陶俑的无纪年墓统计表

序号	墓号		葬年	数量	男俑	女俑	资料来源
1	户县（鄠邑区）兆伦遗址	M22	盛唐	9	小立俑 2	仕女俑 2	《文博》2015 年第 5 期
2		M17	晚唐	5	小立俑 4	未发现	
3		M14	初唐	11	立俑 5、小立俑 1	仕女俑 1	
4		M47	盛唐	8	小立俑 2	仕女俑 1	
5		M23	晚唐	1	小立俑 1	未发现	

续表

序号	墓号		葬年	数量	男俑	女俑	资料来源
6	凤翔翟家寺 M31		中唐	13	立俑 5	立俑 3	《文博》2013 年第 1 期
7	凤翔孟家堡 M1		盛唐	13	立俑 4	立俑 2	《文博》2012 年第 6 期
8	咸阳底张龙枣村		唐代	10	瓷俑：立俑 8、侏儒 1、胡俑 1	未发现	
9	西安南郊上塔坡村 M132		初唐	40	立俑 2	胸像俑 1	《文博》2016 年第 1 期
10	西安南郊上塔坡村 M128		初唐	46	立俑 26、骑马 1、胡俑 1	骑俑 4（残 3）	《文博》2017 年第 5 期
11	西安金滹沱小学 M5		盛唐	2	立俑 1	立俑 1	《文博》2016 年第 2 期
12	西安立丰惠泽苑	M2	初唐	3	立俑 2	立俑 1	《考古与文物》2017 年第 2 期
13		M13		8	立俑 4、骑马 2	未发现	
14		M24		9	武士 1、立俑 5	立俑 1	
15	西安西郊杨家围墙 M1		晚唐	9	未发现	立俑 4	《考古与文物》2013 年第 2 期
16	西安市长安区韦曲街道韩家湾村	M29	晚唐	1	未发现	胸像俑 1	《文博》2017 年第 5 期
17		M33		1	未发现	立俑 1	
18	西安南郊马腾空村 M24		盛唐	2	立俑 1、胸像俑 1	未发现	《江汉考古》2006 年第 3 期
19	西安南郊傅村	M14、M19、M35、M42	初唐	39	立俑 17	立俑 11	《考古与文物》2010 年第 3 期
20		M5	盛唐				
21		M38	中晚唐				

从 112 座纪年墓来看，属于初唐（高祖—高宗，618—683 年）时期的有 39 座，出土陶俑 3866 件；盛唐（武则天—玄宗，684—755 年）时期 52 座，出土陶俑 7590 件；中晚唐（肃宗—唐末，756—907 年）时期 21 座，出土陶俑 631 件。这些纪年墓共计出土陶俑数量（至少）达 12 087 件（未包括出土陶俑数量报告不详的 7 座纪年墓），出土陶俑的墓葬及其陶俑数量的比例构成为：初唐时期墓葬占 35%、出土陶俑数量占 32%；盛唐时期墓葬占 46%、出土陶俑数量占 63%；中晚唐时期墓葬占 19%、出土陶俑数量占 5%。这些数据印证了史书所记载的盛唐时期“厚葬风气”盛行的史实，以及“安史之乱”前后唐帝国的盛衰变化。纪年墓中出土陶俑数量最多的是开元十二年（724 年）惠庄太子李撝墓（1103 件）；最少的仅出土陶俑 1 件，有开元十五年（727 年）年唐嗣虢王李

邕墓、西安马腾空 M22、元和六年（811 年）崔纮墓及长庆三年（823 年）李文贞妻俾失氏墓 4 座。除了出土陶俑数量报告不详的 7 座墓葬之外，出土陶俑 10 件以下的墓葬有 21 座，10—99 件的 54 座，100—500 件的 25 座，500 件以上的 5 座。出土陶俑 500 件以上的墓葬除惠庄太子李撝墓之外，还有神龙二年（706 年）懿德太子李重润墓（906 件）和永泰公主李仙蕙墓（805 件）、景云二年（711 年）章怀太子李贤墓（600 件）、天宝元年（742 年）"让皇帝"李宪墓（853 件）。

至于无纪年的 124 座墓葬，其中 2006 年之前公开发表资料的 99 座，出土女俑 312 件（有 2 座出土陶俑数量不详）。[①]2007 年至 2017 年发表资料的 25 座出土陶俑的无纪年墓，出土陶俑数最多的是西安南郊上塔坡村 M128（初唐）墓（46 件），最少的为一墓一件，这种墓葬有鄠邑区兆伦遗址 M23、西安市南郊韩家湾村 M29、M33 三座。该 25 座无纪年墓共出土陶俑 230 件。

2. 关中地区唐陵及皇室贵族墓陶俑的分类特征

就关中地区唐陵及皇室贵族墓出土的数以万计的随葬陶俑，按不同的分类标准，建立的主要分类体系如下：

按陶俑的质地、色彩和制作工艺分为：灰陶、红陶、彩绘陶俑（含彩绘贴金俑）和釉陶（单色、三彩）。[②]此外，还有少数木俑、瓷俑、石俑、铅俑和牙雕等。

按陶俑的造型姿势分为：立俑、骑马俑、舞蹈俑、乐俑、跪（拜）俑、坐俑、匍匐俑等。[③]

按陶俑的性质分为四大类[④]：第一类为镇墓俑，包括武士俑、天王俑和镇墓兽；第二类是（墓主人）出行的仪仗俑，包括各种人物俑和动物俑，如男、女骑马（驼）俑、文官俑、武官俑、仕女（贵妇）俑、骑乐俑，以及随行载物的马、骆驼俑等；第三类是家内侍仆俑，包括侍吏俑（女侍和男侍）、伎乐俑、舞俑等；第四类是庖厨明器和动物模型，包括马、牛、羊、骆驼、猪、狗、鸡、鸭、鹅等。

以上按陶俑性质的分类较为全面且使用普遍，其中组成仪仗俑和侍仆俑的人物俑是唐陵及皇室贵族（陪葬）墓陶俑的主体。这些人物俑又细分为仕女（贵妇）俑、女侍俑、天王俑、武士俑、文官俑、武官俑、男侍俑、骑马俑、乐舞俑、胡俑、百戏（戏弄）俑等。[⑤] 为了系统认识各个种类陶俑整体的造型艺术特点，分类概述如下：

---

① 胡丽：《试论西安地区唐墓出土的女陶俑》，天津：南开大学硕士学位论文，2011 年。

② 谭前学：《陕西出土的秦汉唐陶俑简论》，《收藏家》2003 年第 12 期，第 20—25 页；郭素华：《唐代人物陶俑造型艺术研究》，开封：河南大学硕士学位论文，2010 年。

③ 胡丽：《试论西安地区唐墓出土的女陶俑》，天津：南开大学硕士学位论文，2011 年。

④ 谭前学：《陕西出土的秦汉唐陶俑简论》，《收藏家》2003 年第 12 期，第 20—25 页。

⑤ 郭素华：《唐代人物陶俑造型艺术研究》，开封：河南大学硕士学位论文，2010 年。

（1）仕女（贵妇）俑，为唐代陶俑制作所首创。该类女俑形体肥胖丰腴，丰肌秀骨、额宽脸圆、严妆高髻、态浓意远，穿着当时最为时髦考究的开领短衫，外罩半截袖的锦袍，前胸坦露，下着纱裙，多是中年妇女，表情动作悠然娴雅，举手投足间流露出富足骄奢的贵妇人神态，反映了当时宫廷生活和贵族社会的一个方面，充分体现唐代人的审美特征，让人感受到唐代崇尚肥腴的时代风尚。例如，西安市鄠邑区兆伦遗址唐墓 M47、M22 出土的红陶仕女（贵妇）俑，其中 M47 出土的仕女俑（图 10–52 左）头发分梳，头两侧各束一髻垂于两鬓，面部丰润，神态自然，着圆领宽袖长裙，手部残损，脚踩薄踏板，发髻黑彩。与之类似的 M22 出土的仕女俑双手隐于袖，合拱胸前，脚踩薄踏板（图 10–52 右）。又如西安市西郊中堡村唐墓出土的三彩仕女俑（图 10–53 左），其面庞丰润，双眼微眯，红唇微启，站姿优雅，轻薄的衣裙与丰腴的体态完美结合，体现出唐朝女性崇尚丰满、圆润体态的审美观和充满生命力的健康美。唐安元寿墓（684 年）出土的蓝彩仕女俑（图 10–53 右），高 22.5cm；高髻，面庞丰满，以墨描画眉目，以朱点染嘴唇；身穿小领窄袖长袍，束腰，双手拢袖于腹前；袍施深蓝彩，追撒白花团，花团中又略点淡棕色，衣纹清晰，自然流畅。[1]

图 10–52　鄠邑区兆伦遗址唐墓出土的仕女俑（左）（右）（资料来源：陕西省考古研究院、户县文管所：《户县兆伦遗址隋唐墓葬发掘简报》，《文博》2015 年第 5 期）

图 10–53　唐三彩仕女俑（左）（右）（资料来源：昭陵博物馆：《唐安元寿夫妇墓发掘简报》，《文物》1988 年第 12 期）

① 陕西省考古研究院、户县文管所：《户县兆伦遗址隋唐墓葬发掘简报》，《文博》2015 年第 5 期，第 7—28 页；陕西省文物管理委员会：《西安西郊中堡村唐墓清理简报》，《考古》1960 年第 3 期，第 34—38 页；昭陵博物馆：《唐安元寿夫妇墓发掘简报》，《文物》1988 年第 12 期，第 37—49 页。

（2）女侍俑，是较早出现的一种陪葬俑类。该类女俑的形象和神态多种多样，有的兴高采烈，外向开朗；有的愁苦郁闷，内敛寡欢；有的打扮简洁，但身段窈窕；有的脸部稍显丰腴，但身体却不像贵妇那样富态，柔顺的线条凸显出体态的修长。多数侍女俑形象优美，眉清目秀，五官端正，衣着朴素，色彩淡雅。从她们面部、手、身段丰柔的轮廓上，表现出健康的美。她们高高的发髻助长了少女们特有的活泼与天真。衣着色彩素雅，飘逸的短襦长裙、披巾与她们的年龄、身份很相称。有的站立着，或双手下垂，或抱手于胸前，或捧物侍立；有的俯首帖耳，或为主人梳妆。她们侍候主人的态度谦恭，但举止落落大方并不卑贱，这种精神状态增添了侍女的光彩（图 10−54）。

（3）男装女俑是指女穿男装、胡装的俑像。例如，陕西省咸阳市杨谏臣墓出土的彩绘胡服女俑（图 10−55 左），该俑头戴卷沿高顶华锦帽，身穿大花翻领小袖上衣，下着绿色小裤和红色软锦靴，腰系革带，上挂鞶囊，女俑身上残存墨书“阿谏”二字。[①]“胡服”是对波斯、突厥、回纥等游牧民族服装的总称。唐代女性在公开场合穿胡服，服饰胡化之风渗透到社会的各个阶层，并成为唐代贵族女性的一种时髦和追求。又如礼泉唐郑仁泰墓出土的男装侍女（图 10−55 右）[②]，其面部微笑，头带黑色幞头；身着圆领窄袖长袍，腰束带，着尖头鞋；两手于胸前作捧物状，手隐袖内，站立于低矮的台座上，通高 56.2cm。

图 10−54　唐粉彩女侍俑

图 10−55　唐彩绘胡服女俑（左）和男装女俑（右）
（资料来源：陕西省博物馆、礼泉县文教局唐墓发掘组：《唐郑仁泰墓发掘简报》，《文物》1972 年第 7 期）

（4）文官俑和武官俑，是唐代社会文臣武将形象的再现。文官俑的外表一般呈现出峨冠博带、气度不凡，却仍难掩内心的惶恐与不安。其形象多表情拘谨，温顺虔诚，唯命是从。艺匠们对文官的刻画独到而有韵味，如西安西郊突骑施光绪（奉德可汗王子）墓出土的 9 件文官俑，有的头戴高冠，面部丰腴，双眼细长，鼻梁挺直，抿嘴；有的头

---

① 该唐彩绘陶胡服女立俑，是 1952 年陕西省咸阳市杨谏臣墓出土，陕西历史博物馆藏。

② 陕西省博物馆、礼泉县文教局唐墓发掘组：《唐郑仁泰墓发掘简报》，《文物》1972 年第 7 期，第 33−42 页。

微侧；有的面微昂；有的身着交领广袖长袍（图 10–56）。该墓出土的武官俑头戴高耸鹖冠，头微仰，面庞丰腴，五官轮廓清晰，双目圆睁，眉头微皱，鼻梁挺直，抿嘴；身着交领大袖及膝袍服，外着裲裆，腰束绦带，下着宽口曳地长裤，脚穿黑履；右手握拳置于胸前，左手握拳置于腹侧，两手均中空，似原持物；通体施白衣彩绘（已脱落），高 68.6cm，尽显武将的威武阳刚和肃穆威严。[①]

（5）武士（天王）俑威武有力，刚强勇猛，能为主人出生入死、赴汤蹈火，是多数墓葬中都会发现的随葬镇墓俑，常与天王俑、镇墓兽相关。例如，西安市南郊上塔坡村唐代故济州司马郝君夫人达奚令婉墓（667 年）出土的 2 件形制相同的武士俑（图 10–57），身着明光铠，中间束甲带，胸前两个圆护，内衫长出铠甲，下缘三层重叠，肩露披膊。左手握拳置于腰侧，右臂微曲下垂置于腹前，腰间系带，铠甲至膝上，下着黄裤，裤长及脚面，脚蹬尖履，呈外“八”字站立于薄托板上，铠甲施白彩，束带、臂部和裙袍施红黑彩。头戴尖顶盔，怒目圆睁，八字须，双唇紧闭，通高 53cm。[②]

图 10–56　唐文官俑（左）（右）（资料来源：西安市文物保护考古研究院：《西安西郊唐突骑施奉德可汗王子墓发掘简报》，《文物》2013 年第 8 期）

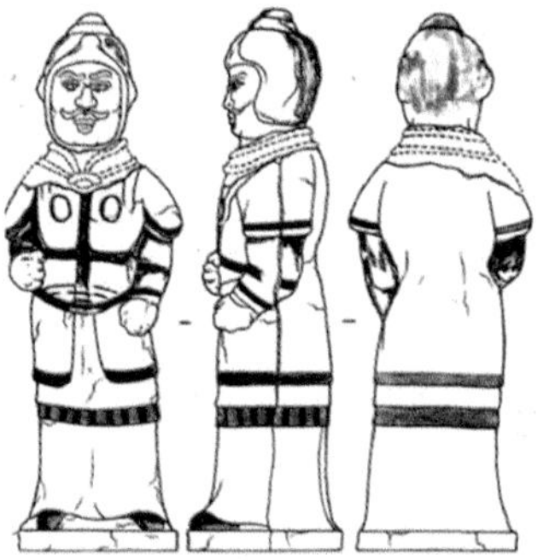

图 10–57　唐武士俑正（左）、侧（中）和背面（右）（资料来源：西安市文物保护考古研究院：《唐代故济州司马郝君夫人达奚令婉墓发掘简报》，《文博》2013 年第 4 期）

① 西安市文物保护考古研究院：《西安西郊唐突骑施奉德可汗王子墓发掘简报》，《文物》2013 年第 8 期，第 4—19 页。
② 西安市文物保护考古研究院：《唐代故济州司马郝君夫人达奚令婉墓发掘简报》，《文博》2013 年第 4 期，第 11—17 页。

天王俑是高宗时期由武士俑逐渐转变而来的陶俑，继而取代武士俑发展成为脚踏怪兽或小鬼的艺术造型。盛唐以后，天王俑完全转变成护法神的形象，形体高大，仪表威严，充满了神奇的色彩。例如，唐康文通墓（697 年）出土的三彩武士俑（图 10–58 左），头戴盔，上有头鍪并描金，浓眉，大眼，高鼻，闭嘴；身着盔甲，带颈项，肩饰龙首，腰系带，下着战袍，脚穿高靿靴；左手叉腰，右手半举握拳，直立于椭圆形高底座上；周身主要施褐、绿、白色釉，衣裙用釉点染，釉上描金彩绘，通高 104.8cm。[①]而章怀太子墓（711 年）出土的 2 件高达 130cm 的三彩天王俑（图 10–58 右），其双目圆睁，浓阔眉呈倒“八”字状，嘴巴微张，身穿甲，头戴盔，脚蹬长靴，通身施褐、绿色釉彩。天王一手叉腰、一手上举，脚下所踩小鬼表情痛苦不堪，凸显出天王神态威武，气宇轩昂。

图 10–58　唐康文通墓（左）三彩武士俑和李贤墓（右）三彩天王俑（资料来源：西安市文物保护考古所：《唐康文通墓发掘简报》，《文物》2004 年第 1 期）

（6）男侍（立）俑，是唐墓陶俑中发现较多的俑类。男侍俑多按头饰特征分为笼冠俑、风帽俑和幞头俑等。例如，西安市南郊西北大学新校区唐刘智夫妇合葬墓（669 年）出土 63 件泥质红褐陶男侍俑。[②]其中笼冠俑（标本）头戴长方形笼冠，圆脸，五官模糊；上身着窄袖内衣，外罩对襟广袖袍，领口敞开，袍长及膝；袖口轩敞下垂，下摆饰流苏状装饰，袍下露出窄长条状蔽膝；腰间束宽腰带；下着曳地裳，露出圆头鞋，双手合拱于胸前；高 19.6cm。风帽俑（标本）头戴白色风帽，帽屋扁平；面相方正，低眉顺目，直鼻小口，面部和颈部敷粉红色；上身着白色团领长袍，外披白色团领直襟长袍，襟口敞开，领口较厚重，袍长皆过膝；内袍腰间系黑色腰带，下穿白色大口裤，足尖微露；

① 西安市文物保护考古所：《唐康文通墓发掘简报》，《文物》2004 年第 1 期，第 17—30、61 页。

② 陕西省考古研究院、西北大学考古学系：《陕西西安唐刘智夫妇墓发掘简报》，《考古与文物》2016 年第 3 期，第 18—33 页。

右手握拳自外袍内伸出置胸前，拳心向上，手中有一贯通的圆孔，原执物已佚；左手隐于袍下，外袍两袖皆自然下垂；高 20.9cm。幞头俑（标本）头裹黑色幞头，额前露巾角；方面，高颧骨，浓眉大眼，阔鼻抿嘴，嘴角上翘微露笑意，表情生动有神；身着白色团领直襟窄袖衫，襟缝位于身前右侧，领口外翻；腰系绦带，衫角提起掖入腰带；下穿裤，双腿叉开立于椭圆形踏板上；袖口高高绾起，右手横握拳护在身前，左手握拳贴胯，拳心皆有孔，原执物已佚；高 26.5cm（图 10–59）。

图 10–59　唐刘智墓出土笼冠俑（左）、风帽俑（中）和幞头俑（右）
（资料来源：陕西省考古研究院、西北大学考古学系：《陕西西安唐刘智夫妇墓发掘简报》，《考古与文物》2016 年第 3 期）

（7）胡俑，大多为深目高鼻，头戴尖顶帽，身穿折领衣，牵着骆驼、骏马，或者抱着西域乐器。譬如，陕西咸阳唐契苾明墓（696 年）出土的三彩牵马胡俑（图 10–60 左），高 48.5cm，头戴尖顶帽，高额、深目、方口，身着深绿色大翻领酱黄色彩釉燕尾形胡服，发、眉、眼睛、胡须及粉红面颊和朱红嘴唇均系描绘而成，非常精美[①]。西安市西郊唐突骑施光绪墓（766 年）出土的泥质红陶牵马（驼）胡俑（图 10–60 右），头戴幞头，面部微侧仰，深目高鼻，身着圆领窄袖长袍，腰束带，长袍曳地，足穿靴；两手作持缰状，两脚分开立于低矮底座上；通体施白衣彩绘（脱落严重），面部及颈部残留红彩，袍服残留黑彩；面部有络腮短须，右手握拳于身前，左手握拳于腰侧；彩绘保存较差；高 39.5cm。[②]

① 王英、刘晓东：《契苾明墓出土的罕见唐三彩》，《收藏》2011 年第 8 期，第 31—34 页。

② 西安市文物保护考古研究院：《西安西郊唐突骑施奉德可汗王子墓发掘简报》，《文物》2013 年第 8 期，第 4—19页。

图 10-60　唐三彩牵马胡俑（左）和红陶牵马胡俑（右）
（资料来源：王英、刘晓东：《契苾明墓出土的罕见唐三彩》，《收藏》2011 年第 8 期；西安市文物保护考古研究院：《西安西郊唐突骑施奉德可汗王子墓发掘简报》，《文物》2013 年第 8 期）

（8）乐舞俑，贯穿于唐代的全部历史过程。唐代乐舞俑大体分为驼载歌乐俑、骑马乐俑、立部伎乐俑和坐部伎乐俑。乐俑多以群像组合的形式出现，操着不同的乐器；舞俑载歌载舞，姿态万千，生动鲜活，大唐的那种歌舞升平的气象尽现眼前，别具风采。例如，西安唐鲜于庭诲墓（723 年）出土的三彩骆驼载乐俑（图 10-61 左），整个俑高 66.5cm。由五位在骆驼之上的西域髯须"胡人"所组成，骆驼为黄褐色，人物皆深目高鼻，头戴幞帽，身着深绿色长袍，有一人为黄褐色长袍，脚穿长靴。四人坐在花色条纹毛毯上，手持弹奏和吹奏的乐器，一人立于其间，卷袖挥臂，在乐队的伴奏下纵情歌唱，表情自然生动。[①] 陕西历史博物馆收藏的三彩骑马乐俑（图 10-61 右），头戴笼冠，身穿红、绿色袍，双手举排箫、箫和笛子，做吹奏状。又如唐郑仁泰墓（664 年）出土的彩绘釉陶乐舞俑（图 10-62），由两件舞俑和十四件跪坐舞乐俑组成，舞俑梳双髻，身穿窄白衫，外套红短襦衫，黄色长裙高系于胸，身体右倾，随着两臂的挥动而翩翩起舞。长袖随舞摆动，突显舞者飘逸优美的舞步和身姿。十四件女坐俑，头顶梳单螺髻或双螺髻，身穿窄长袖衫，外套红白色短襦衫，黄色长裙，跪坐于舞者的四周，有的敲击，有的吹笛，其中有两个双手相交与膝前。未执乐器的伴唱者，从打扮和身材来看，全是妙龄少女，脸容丰润，表情温婉，衣袖窄且长。持乐器的跪坐少女神情专注，或吹笛箫，或击鼓，或持乐器。[②]

① 任江：《初论西安唐墓出土的粟特人胡俑》，《考古与文物》2004 年第 5 期，第 65—73 页；马得志、张正龄：《西安郊区三个唐墓的发掘简报》，《考古通讯》1958 年第 1 期，第 42—52 页。

② 陕西省博物馆、礼泉县文教局唐墓发掘组：《唐郑仁泰墓发掘简报》，《文物》1972 年第 7 期，第 33—41 页。

图 10-61 唐三彩骆驼载乐俑（左）和三彩骑马奏乐俑（右）（陕西历史博物馆藏品）

图 10-62 唐彩绘釉陶女乐舞俑

（9）骑马俑，多出现在仪仗俑群中，有男骑俑、女骑俑、狩猎俑、打马球俑等。例如，西安市南郊航天城武则天的婶母诸葛芬墓（687 年）出土的男骑马俑，骑者头戴幞头，目视前方，上身着翻领紧袖胡服，下着窄腿裤，足蹬长靴，右臂曲肘，握拳置于胸前，左臂曲肘，左手置于腹部，作持物状，坐于马鞍之上。[①]马面狭长，双目圆睁，鼻孔微张，口紧闭，通高 33.3cm。女骑马俑头挽小高髻于顶，面庞浑圆，小眯眼，鼻梁微挺，嘴紧抿，细长颈，上身穿窄袖襦衣，肩披帔帛，下着长裙，足蹬履，右臂下垂，左手置于腹前，作握缰状。马面狭长，双目圆睁，鼻微张，口紧闭。马通体施红彩，通高 34cm。又如懿德太子墓（706 年）出土的胶胎釉陶狩猎骑马俑（图 10-63 左），右手擎鹰，左手持食，目光专注，神情逼真，马鞍后置一猎物，应是为唐代贵族官僚专门驯养鹞鹰人员的骑俑。[②]金乡县主墓（723 年）出土的 5 件骑马伎乐女俑（图 10-63 右），皆着男装，

① 西安市文物保护考古研究院：《西安航天城两座唐代壁画墓发掘简报》，《文博》2015 年第 2 期，第 3—16 页。
② 王自力：《唐代狩猎俑与狩猎活动》，《收藏家》2004 年第 1 期，第 39—42 页。

穿戴华丽，手持各种乐器，骑于马上作演奏状。乐器有腰鼓、琵琶、箜篌、筚篥和钹，造型生动。马配鞍鞯，立于长方形底板上，通高 35.5—37.5cm。该墓还出土一组八件骑马狩猎胡俑（图 10–64）。[①]骑者有的带豹，有的抱犬，有的架鹰或带猞猁，这些胡人俑多数高鼻深目，红脸膛、黑眉毛，八字胡飞扬，领下还有浓密的络腮胡。带豹者左手控缰，右手策马，倾身探脑，目光犀利。身后的猎豹脖颈上戴着黑色项圈，伏于圆垫上，竖耳瞪目，前腿趴伏，露出利爪，后腿半弓，呈随时扑向猎物的姿态。抱犬者的猎犬紧贴在主人的胸腹前，竖耳抬头，机警地注视着前方。架鹰者右手擎鹰高举于头的右上方，回首望鹰，似与之语。鹰则圆睁双目，注视前方，严阵以待。带猞猁女俑梳双髻垂于耳际，穿圆领窄袖缺袴袍，腰系褡裢，足蹬高鞠靴，细眉黑目，粉面朱唇，右手握拳，左手控缰，骑一枣红大马，身后置红色圆垫，一只猞猁蹲伏其上，竖耳瞪眼，前腿直立，后腿屈蹲，十分机警。

图 10–63 唐釉陶狩猎骑马俑（左）和骑马伎乐女俑（右）

（左一）

（左二）

（右二）

（右一）

图 10–64 唐骑马狩猎陶俑

此外，国家博物馆收藏的一组彩陶打马球女俑（图 10–65），表现的是一场唐代女

① 王自力：《唐代狩猎俑与狩猎活动》，《收藏家》2004 年第 1 期，第 39—42 页。

子马球比赛。这些女子身着紧身服，所骑马匹都将尾巴束起，以防争抢中马尾相互缠绕。她们手拿的木质球杖虽已朽失，但她们策马击球的身姿神情却仍栩栩如生。

图 10–65 唐陶打马球女俑

（10）百戏伎乐（戏弄）俑。唐代戏弄是指除纯粹的歌舞、杂技而外，在当时颇为流行的一种戏剧性的表演，如参军戏、踏谣娘、兰陵王、钵头、苏中郎、西凉伎、弄孔子、樊哙排君难、麦秀两歧和其他专以科白为主的戏弄，围绕着简单的情节，通过音乐、舞蹈、演唱和科白来表达出戏中人物的感情和意志。戏弄俑在关中地区的隋唐五代陵墓中多有发现。例如，西安西郊唐鲜于庭诲墓（732 年）出土的戏弄俑（图 10–66），二俑服饰相同，头戴软巾，身穿圆领窄袖绿色长衣，腰系带，足穿长筒靴，雕刻简朴，形象地记录了当时流行的戏剧性表演。又如西安西郊枣园唐墓戏弄俑，一老者拱手仰面、神态怡然。西安插秧村唐墓戏弄俑，双腿微曲，握拳作态。西安十里铺唐墓戏弄俑，缩颈歪头，双手交叉胸前，面容嬉笑。[①] 西安金乡县主墓（724 年）出土 2 件戏弄俑，皆戴幞头，穿长袍，足蹬靴，相对表演。其中 1 件为长髯胡人，高 6.3cm。西安金乡县主墓还出土 3 组（7 件）竿木杂技俑（图 10–67），其中间一组撑竿者头扎黑色短巾，身躯挺直，双臂平举，呈“大”字造型。[②]另一俑身穿紧身长裤，双臂展开，头顶一小孔，应是头顶竿悬空的表演者；左侧一组撑竿者似为女性，脑后梳一小髻，双腿前后开立，左手护竿旁，头略上仰，注视表演者。另一俑头扎短巾，脑后露出小髻，身穿紧身衣裤，骑坐于竿的顶部，头顶悬物或有童子表演高空动作的支架。右侧一组撑竿者亦为女性，脑后发髻下垂，双腿前后开立，左手护于竿旁，头上仰注视两个表演者。一俑穿紧身长

---

① 马得志、张正龄：《西安郊区三个唐墓的发掘简报》，《考古通讯》1958 年第 1 期，第 42—52 页。

② 岳敏静：《唐墓出土的竿木杂技俑》，《文物世界》2016 年第 1 期，26—30 页。

裤，肩顶长竿，头朝下、脚朝上倒立；一俑穿红色上衣，紧身裤，肩部着竿，双手朝下抓竿，挺腹伸腿侧悬于空中的竿上表演。

图 10–66　唐鲜于庭诲墓出土戏弄俑

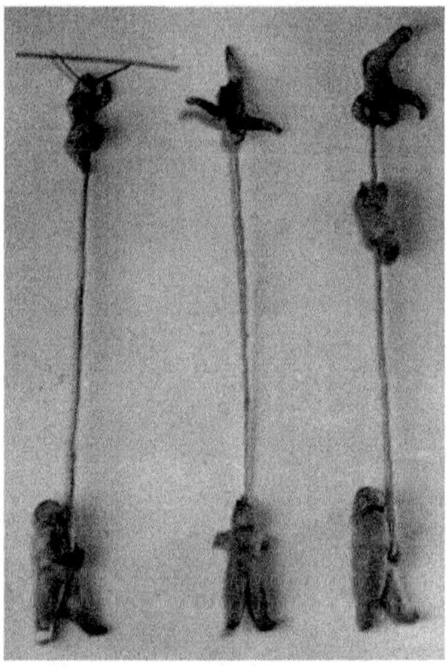

图 10–67　唐竿木杂技俑（资料来源：岳敏静：《唐墓出土的竿木杂技俑》，《文物世界》2016 年第 1 期）

西安南郊唐孙承嗣夫妇墓（736 年）出土 6 件泥质红陶百戏俑，其中的胡人俑高鼻，凸眼，龇牙，络腮胡；头戴尖顶胡帽，身着圆领窄袖袍，下露袴，腰束带；左臂长伸体侧，右臂弯于体侧，屈膝，前后分腿，作侧首表演状。小戏俑头扎黑色双瓣幞头，高耸前倾，身着白色圆领宽袖袍，腰系宽带，履头露于袍下；头微右侧，身躯左拧，微前俯，双臂伸于体前下侧，作握持状，身形较胖，通高 10.4cm。揽壶俑眯缝眼，头顶扎束发髻，颈部患瘿疾；身着圆领窄袖袍，长及膝下，下着袴，足蹬麻鞋；左臂揽一敞口长颈壶，右臂下垂，手露袖外；双足分开，作侧首站立状，通高 15cm。[①]

① 陕西省考古研究所、西安市文物保护考古所：《唐孙承嗣夫妇墓发掘简报》，《考古与文物》2005 年第 2 期，第 18—28 页。

此外，西安西郊唐墓曾发现一组唐代说唱俑。一长须长者坐在圆拱形墩上，仰面讲唱，神态幽默。两人伴奏，一人吹笙，一人作双手弹拨状，乐器已失，似为琴筝类乐器。这是一组生动的唐代说唱艺人形象（图 10–68）。

图 10–68　唐说唱俑

（11）其他俑类。关中地区唐陵及皇室贵族墓葬出土的陶俑中，还有一些数量较少的俑类，如侏儒俑、黑人俑（昆仑奴）、生肖（十二时）俑等，以及唐代晚期墓葬中开始出现的胸像俑等。例如，咸阳市底张镇（现属西咸新区空港新城）龙枣树村出土的唐代侏儒瓷俑，其身材异常矮小，面部表情生动，应该是唐代的戏弄俑，主要用于在宴会上打诨取笑的滑稽表演，喜剧色彩强烈。这些侏儒一般为地方进贡，有些还是国外进贡给唐朝的。又如唐孙承嗣夫妇墓（736 年）出土的 12 件生肖（十二时）俑（图 10–69），皆兽首人身，着褒衣博带，作拱手直立状，双手隐于袖内；身着交领广袖右衽袍服，胸下高束博带，下饰襕边，袍长曳地；足蹬高墙履，为顶部略圆的方头，履头露于袍下；绯色袍服，黑色领缘、袖缘，紫色襕边；履头外缘用墨线勾勒，眼、须皆施墨绘；胎质皆为泥质红陶，高度相近，在 21.5—25.8cm 之间。陕西长武县郭村唐张臣和墓出土的“昆仑俑”，头发卷曲成螺旋状，圆目，高鼻，厚唇，袒胸露腹，颈戴项链，皮肤涂黑；身缠红带，从臀部缠绕至背披于两肩，扭腰屈膝，右手前伸，左手举至脑后握拳，作舞蹈状；四指皆戴环饰，高 27cm（图 10–70）。[①]

① 吴红艳：《咸阳市底张镇龙枣村出土的唐代瓷俑探析》，《文博》2012 年第 6 期，第 22—25 页；陕西省考古研究所、西安市文物保护考古所：《唐孙承嗣夫妇墓发掘简报》，《考古与文物》2005 年第 2 期，第 18—28 页；长武县博物馆：《陕西长武郭村唐墓》，《文物》2004 年第 2 期，第 40—45 页。

图 10–69　唐十二时俑（资料来源：陕西省考古研究所、西安市文物保护考古所：《唐孙承嗣夫妇墓发掘简报》，《考古与文物》2005 年第 2 期）

图 10–70　唐昆仑俑（资料来源：长武县博物馆：《陕西长武郭村唐墓》，《文物》2004 年第 2 期）

此外，西安南郊紫薇田园都市工地唐墓出土的胸像俑中，侍女胸像俑头梳丛髻，面部丰满，眉清目秀；脸上绘红彩，发着黑彩，高 7.3cm。幞头胸像俑头裹幞头，五官端正，眉清目秀；头绘黑彩，面、身着红彩，高 8.8cm。[1] 此类胸像俑在中晚唐时期的墓葬中多有发现。

其他如唐墓中多有发现的镇墓兽，以及不同墓葬中数量悬殊的动物俑类恕不赘述。

（二）唐陵及皇室贵族（陪葬）墓陶俑发展分期及造型艺术演变

唐陵及皇室贵族（陪葬）墓出土的种类丰富、数量巨大的随葬陶俑，尤其是各种人物俑同墓前侍臣以及佛窟供养人像相比较，只有这种随葬俑才是真实的人物造像。从人物的表现题材及其技法上看，唐代陶俑是表现人世间美的典范，达到了中国雕塑艺术，特别是现实人物雕塑的高峰。甚至其他题材，如表现动物的马、骆驼等，在动物形象的刻画上也不失生动真实。因此，唐代陶俑艺术堪称中国陶塑史上的巅峰。

根据不同时期唐代纪年墓葬出土的陶俑在艺术风格上的变化，参考有关研究成果，将唐陵及皇室贵族（陪葬）墓所出土陶俑艺术的演变可分为三期：第一期为初唐（高祖

① 陕西省考古研究所：《西安紫薇田园都市工地唐墓清理简报》，《考古与文物》2006 年第 1 期，第 17—24 页。

至高宗）时期（618—683 年），此期为陶俑艺术的继承和新风格的形成时期；第二期为盛唐（武周至玄宗）时期（684—755 年），为陶俑艺术大发展的鼎盛时期；第三期为中晚唐（肃宗至唐末）时期（756—907 年），相当于唐“安史之乱”之后，此期陶俑艺术以及随葬陶俑发生减少衰退（此分期与墓室壁画艺术演变分期稍有差异）。①

1. 初唐时期陶俑的艺术特点

初唐时期（618—683 年）的半个世纪，唐代陶俑在隋及北朝艺术的基础上孕育着新的艺术特征，如陶俑中人物的造型由清秀向圆润渐变。这一时期关中（西安）地区代表性的纪年墓葬主要有三原县唐李寿墓，礼泉唐昭陵长乐公主墓、唐司马睿墓、唐段简璧墓、唐张士贵墓、唐新城长公主墓、唐郑仁泰墓，西安羊头镇唐李爽墓，富平县唐李凤墓，咸阳苏定方墓等。这些墓葬多为陪葬唐代帝陵的文武大臣或皇室贵族墓，出土的陶俑种类多、数量大。除了李寿墓陶俑数量报告不详外，这些高等级墓葬单体出土陶俑数量达 80—483 件之多（表 10–8）。这些出土陶俑，尤其是人物俑反映出该时期陶俑艺术的风格特点：首先，初唐时期陶俑造型较多地受到隋朝及北朝时期的影响，在一定程度上或多或少地保留隋代及北朝时期陶俑的造型特征。例如，唐代骑马俑不仅有武士形象，也有官吏、女性、胡人形象和狩猎形象等。但在李寿墓乃至懿德太子墓中发现有隋代骑马俑中常见的甲马骑俑的形象。武士俑由按盾伫立态势变为不持循，并逐渐由武士俑向天王俑形式转变。如隋代武士俑为按盾伫立的形式（图 10–71 左），初唐郑仁泰墓（664 年）出土的武士俑，头戴圆顶兜鍪，身着明光铠，腰束带，下着裤或裙，身体稍有倾斜，为实战武士俑形象（图 10–71 中）。稍后的李爽墓（668 年）则出土有头戴圆顶兜鍪，身着明光铠，内着战裙，肩有护膊，足蹬靴，脚踏怪兽的天王形象（图 10–71右）。②

图 10–71　隋武士俑（左）、唐郑仁泰墓武士俑（中）和唐李爽墓天王俑（右）

① 王志霞：《隋唐两京陶俑艺术初探》，郑州：郑州大学硕士学位论文，2007 年；张春燕：《秦至唐陶俑艺术风格流变研究》，青岛：青岛大学硕士学位论文，2011 年。

② 陕西省博物馆、礼泉县文教局唐墓发掘组：《唐郑仁泰墓发掘简报》，《文物》1972 年第 7 期，第 33—42 页；陕西省文物管理委员会：《西安羊头镇唐李爽墓的发掘》，《文物》1959 年第 3 期，第 43—53 页。

唐初女侍俑仍保留着隋代及北朝侍女清瘦的形态，发髻以低平髻为多，稍晚出现丫髻和单刀半翻髻等。女侍俑身着半臂衫，内穿紧袖衣，长裙曳地，束腰高至胸部。至唐高宗时期的新城长公主墓、郑仁泰墓、李爽墓、张臣和墓等出土的女侍俑（图 10-72），身形丰满，面部丰润，上着小袖衣，下束高腰长裙，或肩披帔帛，大致与盛唐时期的女俑造型接近。[①]

图 10−72 唐新城公主墓（左一）、郑仁泰墓（左二）、张臣和墓（右二）和李爽墓（右一）出土女侍俑（资料来源：陕西省考古研究所、陕西历史博物馆、昭陵博物馆：《唐昭陵新城长公主墓发掘简报》，《考古与文物》1997 年第 3 期；陕西省博物馆、礼泉县文教局唐墓发掘组：《唐郑仁泰墓发掘简报》，《文物》1972 年第 7 期；长武县博物馆：《陕西长武郭村唐墓》，《文物》2004 年第 2 期；陕西省文物管理委员会：《西安羊头镇唐李爽墓的发掘》，《文物》1959 年第 3 期）

其次，初唐时期陶俑以彩绘俑和素烧俑为主。素烧陶俑（灰陶和红陶）的制作工艺分为捏塑（用手捏制泥土做成人、物形象）、模制（将陶土和成泥，填入模子，制成陶坯，等到半干时取出。分单模制与合模制）、轮制（将泥料放在转动的陶车上，利用陶轮的旋转，用双手将泥料拉成规整匀薄陶器坯体）、夹芯（在模制陶俑四肢中夹铁芯）、粘接（利用泥还未干时的黏性，将各个部分连接在一起组成整体）、刻画（用竹刀、木刀或其他尖状器在陶坯上刻画出陶俑的五官、衣褶或其他装饰）等工艺，然后入窑烧制成形，无需后期加工创作。[②]彩绘陶俑是在素烧陶俑的表面施一层白色物质（白土粉），再用矿物质颜料对俑体作色彩上的描绘和渲染，使立体雕塑艺术与平面的绘画技巧有机地结合起来，产生出具有较强视觉冲击力的艺术效果。彩绘陶俑的制作工序分为三个步骤：第一步，设计图形，制成模具。第二步，开采原料，经过挑选、舂捣、淘洗、沉淀、捏练、陈腐等工序，使泥料质地细腻，增强延展性和稳定性，然后在制好的模具中捺制成形。小型俑按单范一次成型，大型俑（马、驼、镇墓兽、天王俑等）构件多，采用多模分制，待晾半干后，再接拼修饰，制成整胚，然后入窑经 800—1000℃的火温烧制成

① 朱伟：《唐代女俑造型研究》，景德镇：景德镇陶瓷学院硕士学位论文，2011 年。

② 辛龙：《陶俑制作工艺的研究——以西安地区魏晋南北朝时期为中心》，西安：西北大学硕士学位论文，2012 年。

素胎俑。第三步是在素胎陶俑外施一层白粉，再绘制出不同颜色的图案。常用的彩绘原料有红、黄、蓝、绿、紫、褐、黑、白等。俑胎质多为红陶和高岭土，也有少数的灰陶。[①]

彩绘陶俑中有大量彩绘贴金装饰的陶俑，如唐太宗贞观四年（630 年）李寿墓出土的陶俑全部采用彩绘贴金装饰。已发现和清理的唐皇室贵族墓中使用彩绘贴金装饰陶俑的还有贞观二十年（646 年）司马睿墓、显庆三年（658 年）张士贵墓、麟德元年（664 年）郑仁泰墓、总章元年（668 年）张臣和墓等正四品以上、级别较高的墓葬。[②]

此外，初唐晚段个别墓葬中出现彩绘釉陶俑，如上述唐高宗显庆三年（658 年）张士贵墓出土单色釉加彩的彩绘釉陶俑，麟德元年（664 年）郑仁泰墓出土黄、绿双色釉加彩的陶俑（图 10–72 中）。唐代彩绘釉陶俑一般以高岭土作胎，以 1100℃的火温烧制成素胎俑后，再施铅釉，然后再次入窑以 800℃的氧化焰烧成釉陶俑。这种新型陶俑绝大多数需要在釉上敷彩和描绘，故称彩绘釉陶。彩绘釉陶俑色彩绚丽且不易脱落，深受世人喜爱。由于其制作技术相对于单纯的彩绘陶俑复杂得多，烧制的难度相对较大，很难得以迅速普及，多是在贵族和级别较高的官员墓中才可以使用，如张士贵和郑仁泰官爵均为二品。[③]

总的来说，初唐时期的陶俑受经济水平所限，远不如盛唐陶俑那么精美、细致、有气势，数量上也没有盛唐时期多。在艺术风格上与盛唐时期明显不同，陶俑造型处于南北朝向盛唐过渡的阶段，显示出隋及北朝时期陶俑的某些特征。但从唐高宗时期开始孕育一种新的艺术风格，显露出从较为清瘦、装饰较少的特征向饱满、丰腴、重装饰等特征转变的端倪。

2. 盛唐时期陶俑的艺术特点

盛唐时期（684—755 年）约 70 年，目前已发现的关中地区唐皇室贵族和文武大臣的纪年墓 52 座、出土陶俑 7590 件（分别占唐纪年墓总数的 46%、占其出土陶俑数量的 63%）。这一时期的代表性纪年墓主要有唐安元寿夫妇墓、唐诸葛芬墓、西安郊区唐独孤思贞墓、永泰公主墓、懿德太子墓、韦洞墓、节愍太子李重俊墓、章怀太子李贤墓、唐越王李贞墓、西安郊区唐鲜于庭诲墓、惠庄太子李撝墓、唐金乡县主墓、唐韦慎名墓、唐孙承嗣夫妇墓、唐李承乾墓、西安郊区唐杨思勖墓、“让皇帝”李宪墓、唐苏思勖墓等。这些纪年墓多为皇室贵族和文武重臣等高等级墓葬，其单墓出土陶俑数量 91（李贞

① 王志霞：《隋唐两京陶俑艺术初探》，郑州：郑州大学硕士学位论文，2007 年。
② 张春燕：《秦至唐陶俑艺术风格流变研究》，青岛：青岛大学硕士学位论文，2011 年。
③ 郭素华：《唐代人物陶俑造型艺术研究》，开封：河南大学硕士学位论文，2010 年。

墓）—1103（李宪墓）件，大多出土有骑马俑、骑马乐俑、骑马狩猎俑和贴金彩绘俑等象征高级别（四品以上）墓葬的随葬品（表 10−8）。

盛唐时期的政治经济皆达到空前繁荣强盛，丧葬礼数制度更加完备，中外文化交流频繁，为儒雅平和的唐文化注入了强悍奔放的异国风情，带来了审美境界的纵横开拓，铸就了博采众长、涌动开放的大唐文化。在这种背景下陶俑艺术的发展产生出新的艺术特色，主要表现如下[①]：

第一，题材方面的变化。首先是镇墓武士俑在盛唐时期基本消失，代之而起的是形象威猛奇伟，脚踏小鬼的天王俑（图 10−73 左），其原型应是现实中战功显赫的将军形象，体现出唐朝将士的精神面貌。其次，镇墓兽形象多身材高大，头和双臂均饰有角，双翼及有的背上有火焰状的鬃毛，分为人面、兽面，蹲坐，前腿直立，后腿蹲坐在地上，脚多马蹄或兽蹄，都是善于奔跑的动物（图 10−73 右）。在制作上，较之前期越发显得精美，特别是三彩镇墓兽，那斑驳艳丽的色彩更加渲染了恐怖、神秘、狰狞的气氛。再次，鼓吹俑成为最具特色、象征官宦贵族们身份、等级地位的新俑类，其形制组合为步行和骑马俑两类，一般由武士俑、男女侍俑和鼓吹俑（图 10−74）等组成声势浩大的主人出行场面。其中武士俑用来威吓路人、保护主人安全；鼓吹俑则是吹奏乐曲，供主人一路欣赏消遣之用，烘托一种愉快、安适的气氛；男女立俑主要是侍奉主人，男立俑头戴佛帽，身着宽袖长袍，神态谦卑安详，一般是双手握于胸前呈握物状，可能所握之物因年代久远而腐烂。女俑除着装仍是窄袖长衫、袒胸、长裙外，还有着男人服饰、胡人服饰的装束出现。[②]

图 10−73　唐三彩天王俑（左）和独孤思敬墓镇墓兽（资料来源：马得志、张正龄：《西安郊区三个唐墓的发掘简报》，《考古通讯》1958 年第 1 期）

① 张春燕：《秦至唐陶俑艺术风格流变研究》，青岛：青岛大学硕士学位论文，2011 年。

② 张春燕：《秦至唐陶俑艺术风格流变研究》，青岛：青岛大学硕士学位论文，2011 年。

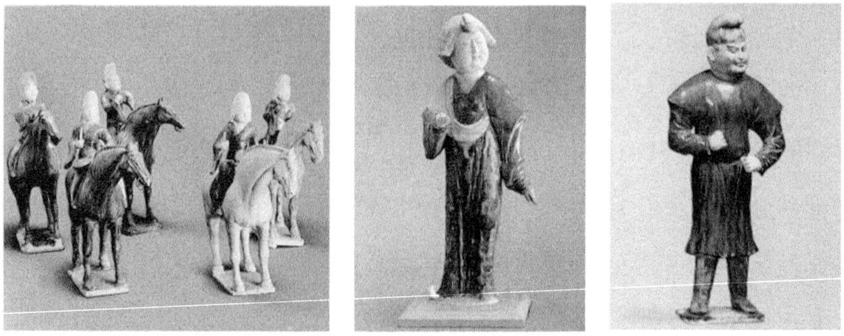

图 10–74 唐三彩奏乐骑马俑（左）、三彩女俑（中）和绿釉男俑（资料来源：中国瓷网）

题材变化的另一方面是出现了为主人出行演奏之用的驼载歌乐俑（图 10–61）和侧重于表现墓主人肖像的陶俑。例如，陕西礼泉安元寿夫妇墓中蓝彩女主俑（图 10–53），墓的女主人头上挽高髻，面相饱满圆润，眉眼多以墨线描出，细眉凤眼，面容清秀恬美，樱桃般小嘴，上身着短领窄袖长袍，这是唐朝贵妇常见的着装。下身长裙曳地，周身绣满团花纹样，色调和谐，线条自然飘逸，更加展现出异乎寻常的气质和雍容华美的气度。

第二，随葬俑数量和尺寸的变化。唐代经由贞观之治以后，国力显著增强，加之高宗、武则天励精图治，为唐朝的繁荣强盛做出了卓越的贡献。玄宗时期国力更是达到了高峰。反映在陶俑方面，就是数量俱增，高度比唐初显著增高。从出土陶俑的情况来看，盛唐时期出土的陶俑数量占全部纪年墓出土陶俑数量的 63%。出土陶俑数量超过 500 件的纪年墓全在武周至玄宗时期（684—755 年）。据有关研究，陶俑高度的增加主要体现在人物俑类（包括天王俑、文吏俑等）和动物俑（马和骆驼）上。根据对唐代纪年墓所出土陶俑高度的统计[①]，盛唐时期立俑（29 座墓）平均高度 35cm，骑俑（19 座墓）平均高度 35cm，天王俑（14 座墓）平均高度 104cm，镇墓兽俑（13 座墓）平均高度 84cm。初唐时期立俑（14 座墓）平均高度 28cm，骑俑（13 座墓）平均高度 38cm，天王俑（10 座墓）平均高度 68cm，镇墓兽俑（13 座墓）平均高度 48cm。两相对比，除了骑俑之外，盛唐时期的主要俑类的高度较初唐时期同类俑高度明显增高。尤其是天王俑和镇墓兽，比初唐时期同类俑高度各增加 36cm。况且，盛唐时期（984—755 年）出土天王俑的 14 座墓，有 9 座墓的天王俑超过 100cm，其中章怀太子墓、越王李贞墓、永泰公主墓、“让皇帝”李宪墓等“号墓为陵”的皇室贵胄墓葬的（三彩）天王俑高度超过 130cm。反观初唐时期的 8 座纪年墓，天王俑高度超过 100cm 者仅 1

① 谭前学：《陕西出土的秦汉唐陶俑简论》，《收藏家》2003 年第 12 期，第 20—25 页。

例（667 年苏君墓）。

第三，兼容并蓄外来文化所带来的新特点。盛唐时期政治经济繁荣、社会开放，中外经贸文化交流畅通。这些反映在陶俑上，一方面是胡人俑的数量增多。这些胡人形象大多是来自波斯、大食，还有一些非洲黑奴的形象。波斯、大食多为身背行囊，手牵骆驼来中国贸易的商人，黑人奴隶则以牵马、牵骆驼或以侏儒杂技的形象出现，还有一些是手执乐器的伎乐形象（图 10−75），这些题材在盛唐随葬俑中极其多见。另一方面是在开放自信的社会风气下，兼容并蓄外来文化，汉人争相穿胡服胡衣、住帐篷，俨然成为当时的一种风尚。表现在陶俑上就是头戴毡帽，身着翻领大衣，足蹬乌靴的形象类胡装陶俑大量增加（图 10−76）。[①]

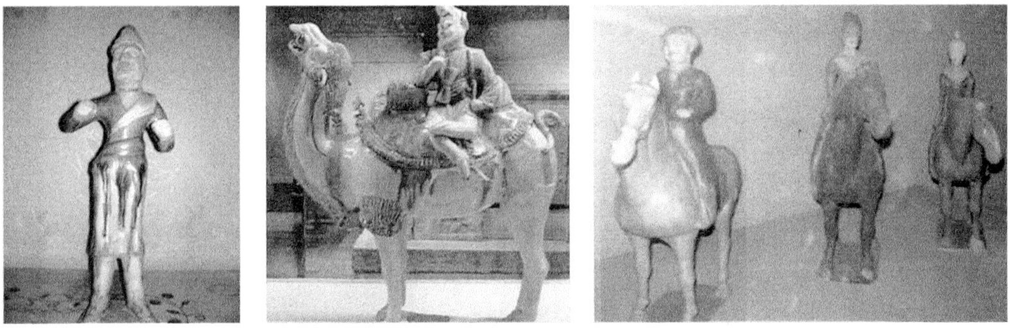

图 10−75　唐三彩牵马胡人俑（左）、驼载胡乐俑（中）和骑马胡人俑（右）

图 10−76　唐胡装女俑

第四，制俑技术及表现手法的创新。盛唐时期烧制陶俑的方法多种多样，烧制的陶俑在初唐时期素烧陶俑、彩绘陶俑、单色釉陶和彩绘釉陶的基础上，增加了瓷俑、三彩

① 张春燕：《秦至唐陶俑艺术风格流变研究》，青岛：青岛大学硕士学位论文，2011 年。

陶俑（唐三彩）等。其中瓷俑的原料多为瓷石或瓷土，精加工以后去除杂质，再经一定温度的窑烧成型，质感细腻光滑。彩绘釉陶俑是在釉陶的基础上施彩，使陶俑在色彩上更加丰富、复杂，有助于增加表现对象的真实性和深刻地再现对象的内在精神。这两种制陶工艺在初唐晚段已经出现，至盛唐更加成熟和普及。盛唐时期出现的三彩釉陶俑是一种低温釉陶器，在色釉中加入适量的铅，经过高温烧制利用铅的熔点低的特性，使色彩相互浸染融合，从而形成色彩绚丽、斑驳的艺术效果，在多彩的相互辉映中显出富丽堂皇的艺术魅力。[①] 绚丽多彩的唐三彩之所以在盛唐出现并达到鼎盛，除了三彩材质本身的特点外，也得益于这一时期经济的发展和文化的繁荣，以及外来文化的影响。这些元素促成唐三彩以一种独特的表现形式，反映当时社会的审美风尚和追求。三彩器物造型饱满、圆润，该风格与唐代其他的艺术门类所追求的丰腴、健硕的特征相一致。唐三彩的种类较多，以人物俑和动物俑为主。三彩俑比例和谐，形体表达自然生动，线条洒脱流畅，衣着纹饰也追求似“吴带当风”[②]般的艺术效果。人物多描绘贵妇、仕女、文武将、天王、胡人，并根据他们不同的社会等级来表现特定人物的性格和特征。一般地位较高的贵妇，面部饱满，神情高雅大方，头饰各种发髻，身着艳丽时装；文官文质彬彬，神态谦和庄重；武士威猛奇伟，怒目圆睁；胡人俑深目高鼻；女俑则头梳高髻，身着长裙宽袖，亭亭立玉，神态悠然恬静（图 10–77）。动物俑中以三彩马的形象塑造最胜，造型繁多，有的扬足飞奔，有的徘徊伫立，有的引颈嘶鸣，形象姿态逼真生动（图 10–78）。

图 10–77 唐三彩女乐俑（左）和三彩骑马胡俑（右）
（资料来源：张春燕：《秦至唐陶俑艺术风格流变研究》，青岛：青岛大学硕士学位论文，2011 年）

① 辛龙：《陶俑制作工艺的研究——以西安地区魏晋南北朝时期为中心》，西安：西北大学硕士学位论文，2012 年。
②（宋）郭若虚：《图画见闻志》，中央美术学院美术史系中国美术史教研室编著：《中国美术简史》增订本，北京：中国青年出版社，2002 年。

图 10-78　唐三彩牵马俑、三彩马（左）和三彩骆驼（右）
（资料来源：王英、刘晓东：《契苾明墓出土的罕见唐三彩》，《文博》2011 年第 8 期）

总之，唐三彩在唐代陶瓷史上是一个划时代的里程碑。盛唐以前单色釉、两色釉并用，唐三彩的出现突破了这种格局，这或许与当时社会审美观发生变化有关。唐三彩的伟大历史贡献是其他艺术无法替代的，它同绘画、陶塑、金银器共同构成了绚丽灿烂的大唐艺术文化雍容华贵、超凡脱俗的气韵。盛唐时期陶俑从整体上完全摆脱了隋及北朝时期清秀的风格，以一种清新奔放、饱满愉悦的形象展现出来。从武则天初年即开始形成唐代雕塑独特的写实艺术风格——丰满、华丽、娴静、夸张。盛唐（玄宗）时期发展了这一特征，陶俑富有浑厚、劲健、清新、柔润的特点，且装饰华丽，姿态多样，形象夸张，色彩丰富，彰显着大唐风韵。这类人物陶俑主要取材于上流贵妇雍容华贵的姿态，悠闲慵懒的闲适生活。[①]这种风格的陶俑总的来说多是面部圆润丰满，周身丰腴匀称，总体上散发出异于寻常的活力，不过五官的刻画比较集中，好似是有意捏成一团，眉毛细短上调，眼睛眯成一线，唇红小巧，带有唐代佛像的相貌，应是受石窟造像的影响（图 10-79）。就连动物，特别是马及骆驼都富有这种造型特征和审美意识（图 10-80）。

图 10-79　唐三彩仕女俑（左）和女侍俑（右）
（资料来源：张春燕：《秦至唐陶俑艺术风格流变研究》，青岛：青岛大学硕士学位论文，2011 年）

① 张春燕：《秦至唐陶俑艺术风格流变研究》，青岛：青岛大学硕士学位论文，2011 年。

（左一）（左二）（右二）（右一）

图 10–80　唐金乡县主墓出土的彩绘骑马女俑

3. 中晚唐时期陶俑的艺术特点

中晚唐时期（755—907 年）的一个半世纪中，仅有纪年墓 21 座，出土各种俑类 631 件，分别占唐纪年墓总数的 19%和出土俑类数量的 5%。无论从数量上，还是造型艺术上来看，该时期陶俑都已失去了昔日的繁华，其制作由繁褥而草率、粗糙，远不如盛唐陶俑那么精致、华美。唐三彩俑也在盛唐阶段盛极一时之后，急剧减少，天宝初年后便难得见其踪迹。

这一时期较为典型的纪年墓葬有唐高力士墓、西安南郊唐韦君夫人墓、西安东郊唐章令信墓、西安西郊突骑施光绪墓、西安王家坟唐安公主墓、西安西郊唐西昌县令夫人史氏墓、唐李良墓、西安市长安区裴太（裴氏小妇人）墓及西安韩森寨唐墓、西安东郊唐墓等。本阶段的陶俑艺术特点为：一是陶俑的数量较盛唐时期大为减少。除了中晚唐初期的唐高力士墓（762 年）出土陶俑 222 件之外，其余的典型纪年墓出土陶俑数量均不足百件，介于 26 件（唐西昌县令夫人史氏墓）至 68 件（章令信墓）之间。中晚唐时期越是在时间上越靠后的墓葬，其随葬陶俑的数量就越少，往往一座墓中随葬陶俑的数量仅有数件、十数件，最多者也不过数十件。譬如，唐崔纮墓（811 年）和俾失氏墓各出土 1 件陶俑，唐赵氏墓和裴氏墓各出土陶俑 2 件，出土陶俑不足 10 件的还有唐杜江墓、曹璟琳墓和翟氏墓，甚至清源县主墓出土的陶俑亦不过 17 件（表 10–8）。二是中晚唐时期人物俑的体态过于丰肥，显示出雍容倦怠之态。例如，天王俑的塑造，其面部和形体都过于肥胖，以致失去了盛唐时期天王俑的神武气势。又如西安紫薇田园都市工地唐墓出土天王俑，头顶一只卧姿展翅竖尾的朱雀，双手握拳，一手置膝上，一手置腰际，身着铠甲，双脚踏二小鬼；镇墓兽则由以前的蹲、坐式变为立式（图 10–81）。其装饰变得越来越简化，并在天宝之后逐渐消失，个别墓内又见武士俑。镇墓兽多双耳如扇，鬃毛减少，多一前爪上举，一爪抓蛇，足下踩怪兽。例如，天宝四载（745 年）西安韩森寨雷君妻宋氏墓出土的镇墓兽，两前爪一上举一抓蛇，鬃毛上竖，怒目凶相，脚下怪兽作挣扎状，台座呈树墩形。天王俑也较为肥胖，面容凶狠，脚踩坐姿作挣扎状的小鬼。又如西安西郊突骑施光绪墓出土的天王俑（图 10–82），头戴侧翻沿盔，盔顶饰尾翼开屏上翘展翅的朱雀，面部略侧仰，眼圆睁，眉头紧皱，阔口微张露牙，身着贴金箔明光铠，双肩各饰一骨朵，龙头形护膊，龙大张嘴吐袖，当腰系绦带，内着长袍，两侧袍提于膝上，后摆右飘，足穿高靿靴；左手握拳抵膝，右手握拳于体侧，两拳均中空，似原各握一物；踏于一蹲卧的鬼怪身上，高底座；通体施白衣彩绘，局部贴金箔，头顶孔雀颈部施红彩，身及尾翼施绿彩，其上贴饰金箔；龙头形护膊施绿彩，龙双目涂红，头顶毛发施橘红彩，从龙嘴吐出衣袖上亦施橘红彩；铠甲上革带涂红，腰系绦带涂绿；明光铠上护心镜及其周围以及肩上两骨朵贴饰金箔；通高 103cm。①此外，同时出土的女侍俑多体态臃肿，发髻为单调的垂发髻（图 10–83）。三是中晚唐时期陶俑的制作显得粗糙，人物俑的面目多刻画得模糊不清，神情呆滞，缺乏生气，与盛唐时期的陶俑差别明显。又因世风日趋奢靡，出现了大量的半身俑，常用陶质胸俑，下接木体，外披绢衣，更显华美。但这一时期厌胜用的十二时俑大量出现，俑的颈部也变得较长，且制作则较为精细，成为此期最常见的随葬俑类。②

图 10–81　唐镇墓兽（左）和天王俑（右）
（资料来源：陕西省考古研究所：《西安紫薇田园都市工地唐墓清理简报》，《考古与文物》2006 年第 1期）

图 10–82　西安西郊突骑施光绪墓天王俑
（资料来源：西安市文物保护考古研究院：《西安西郊唐突骑施奉德可汗王子墓发掘简报》，《文物》2013 年第 8 期）

① 西安市文物保护考古研究院：《西安西郊唐突骑施奉德可汗王子墓发掘简报》，《文物》2013 年第 8 期，第 4—19页。
② 张春燕：《秦至唐陶俑艺术风格流变研究》，青岛：青岛大学硕士学位论文，2011 年。

图 10–83　西安西郊中晚唐女侍俑（左）（右）（资料来源：西安市文物保护考古研究院：《西安西郊唐突骑施奉德可汗王子墓发掘简报》，《文物》2013 年第 8 期）

（三）唐陵及皇室贵族（陪葬）墓陶俑艺术的成就及其影响

唐代是中国古代封建社会的黄金时期，经济的空前繁荣，文学、艺术、科技等各方面都取得了空前的成就。加之奢侈浮华的生活风尚和厚葬习俗日益盛行，造就了陶俑艺术的辉煌。唐代陶俑的种类之多、造型之丰富、塑造之美和数量之大，都超过此前任何朝代，不仅全面地反映了多姿多彩的社会生活和时代风貌，也标志着唐陶俑艺术所取得的举世瞩目的艺术成就。此外，唐代陶俑的制作工艺、塑造技巧及造型艺术还对后世产生了较为深远的影响。

1. 唐陵及皇室贵族墓陶俑的艺术成就

唐陵及皇室贵族墓陶俑所取得的艺术成就，可以概括如下[①]：

（1）内容丰富，题材广泛。唐代陶俑的题材和内容涉及达官贵人、侍从、厌胜、仪仗、动物模型等，完整地再现了唐代社会经济、政治、文化，以及社会生活的各个方面。例如，唐代的镇墓俑，包括天王、武士俑、镇墓兽（分人面兽身及兽面兽身）、龙头人身俑和十二时俑等。仪仗、侍从类包括文武官俑、男女侍俑和装饰华丽的马、骆驼，以及骑马、牵马、牵驼俑等。胡俑、伎乐、杂耍等俑也不少见。其中镇墓兽、武士、天王俑、女侍俑和盛装的马俑等，这些都是唐代陶俑表现的常规而典型的题材。仕女俑、侏儒俑、昆仑奴、载乐驼俑、胡装女俑、伎乐俑、马、骑马乐俑、骑马狩猎俑、打马球俑等，是唐代陶俑出现的较新颖的题材，有着强烈的时代特征，体现出唐代人们积极向上的精神面貌和生活状况。

① 王志霞：《隋唐两京陶俑艺术初探》，郑州：郑州大学硕士学位论文，2007 年；张春燕：《秦至唐陶俑艺术风格流变研究》，青岛：青岛大学硕士学位论文，2011 年。

（2）塑造手法简练概括，艺术形象各具特色。唐代俑的塑造和造型是将写实性和浪漫手法有机结合，显得非常简练、概括，使不同类型陶俑各具独特的艺术魅力。例如，天王俑和镇墓兽的塑造就采取了高度夸张和浪漫主义的想象手法，着重从外形上突出表现天王和镇墓兽的凶神恶煞及威武气势，以达到一种强烈的震撼效果。文官俑或深思熟虑，或恭敬聆听，表现出一种身为人臣的谦逊。胡人形象的塑造体现出其乐观的性格和神采飞扬的表情。乐舞俑更是通过轻松、愉快的舞姿反射出唐代社会的欢悦气氛。此外，唐代陶俑多用白色高岭土或红色陶土做胎，在模制基础上加以塑制，尤其是手、发髻与手中所持的器物等更辅以捏塑，衣纹则全是在脱模之后刻画的，无论大小，均经过艺术匠师的修饰，即使是出于同一模型的陶俑，其姿态神情也变化多端，各不相同。

（3）陶塑运用绘画手法，写实与写意融合，线条流畅自如。唐代陶俑的塑造运用了大量的绘画手法，且表现手法灵活多样。陶俑匠师们“写实”性地捕捉了社会生活的各个方面，又以“写意”的手法表现出来。例如，在女俑的塑造上着重突出了唐代女性姿态婀娜、面容丰腴、肌肤柔润细腻、双手纤巧的形象特征。着彩时根据不同的人物、服装、材料等“随类赋彩”，使陶俑的色彩与其造型完美结合。如三彩女俑（图10–84），身穿不同色彩的窄袖上衣，袒胸，下系色彩、花样各一的长裙，面庞略施粉色淡彩，俊眉秀眼。轻飘的裙褶构成几条非常柔和的直线，加上透明光莹和釉色，充分显示出丝质衣服的质感，尤其是在陶俑的衣着处理上多用阴线纹和阳线纹，线条流畅自如，疏密相间。①

图 10–84 唐三彩女俑（左）（右）

① 朱伟：《唐代女俑造型研究》，景德镇：景德镇陶瓷学院硕士学位论文，2011年。

（4）色彩装饰丰富，雕塑手法多样。唐代陶俑的色彩装饰更加丰富多彩。例如，唐俑中最为常见的彩绘陶俑和三彩釉陶，后者多呈绿、黄、红、棕、蓝釉，因铅釉在烧制过程中流动性特强，形成釉彩下流现象，反而创造出绚丽多彩的彩墨画的艺术效果，此种鲜艳华丽的唐三彩备受时人和世人喜爱。又如陕西礼泉唐安元寿墓出土的一件蓝彩女俑（图 10–53），全身均施蓝釉，头部却采用彩色晕染，巧妙地表现了贵族妇女服装的华丽与高贵。彩绘陶俑多绘红、褐、蓝、绿彩，其色彩是在素烧之后的俑胎上直接描绘，艺术匠师们具有“随类赋彩”的创作空间，营造出极为丰富多变的艺术效果。唐代女俑的服装色彩搭配非常大胆，并不忌讳反色调的运用，如红绿搭配的强烈反差既体现出唐代艺术匠师们的高超手艺，更是当时女性社会的一种风格（图 10–85）。少数俑还在彩绘和施釉的基础上描金，从而在原有的色彩效果上又添加了金碧辉煌，也成为使用者身份地位显赫的标志。

图 10–85　唐三彩女俑

唐代陶俑的塑造技法和雕塑手法多样，如划花、刻花、堆塑、捏塑，以及浮雕等各种雕塑语言都得到充分的体现，块、面、点、线的结合在陶俑塑造中运用更加自如。初唐女俑多典雅清秀，身着多褶长裙。流畅自如的线条形象地刻画出长裙的裙褶，不仅表现出女性所特有的柔美，也使人物看起来更为挺拔。盛唐女俑丰腴华贵，形象圆润饱满。为了突出面部形象，发式采用上大下小的体积变化来反映“丰颊体肥”的审美特征。天王俑的塑造，用阴刻线表示天王身上的甲胄，用各种堆塑来装饰盔甲上的花纹，飘带和兵器则用捏塑来表现，使之生动形象，气势雄阔。乐舞俑采用粗犷的线条、简单的衣着、扭动的身躯等来表现自由奔放、活泼乐观的情趣。骑马射猎俑的姿态各异，有的背弓荷箭，有的带犬奔驰。为了渲染猎手们的英武勇敢，在构图上不拘常规，有的单手向上伸出，或身躯向外倾斜，充分表现人物的动作和神态等细节。牵马俑通过脸部造型和体格、衣履装束等方面，塑造自信的神态和熟练、内行的牵马动作，表现出富有御马本领的西亚人的特色。马和骆驼的塑造，在形式上追求四方造型，其塑造手法用“圆、方、圆”的雕塑语言，即头圆、体长方、臀圆，整个外轮廓的平行线与垂直线基本相等，在形体构成的“骨架”上，用准确、生动的肌肉刻画给以装饰，使作品达到一种独特浪漫的艺术效果，有效地突出雕塑的体量和气势。唐代陶俑的细节表现也很丰富，发髻、妆面、姿态、神情以及不同陶俑的装饰各有不同，尤其是塑、刻并用，更体现了艺术匠师熟练的雕塑技法。雕塑造型完美，衣饰色彩艳丽的女俑，以及装饰华美的天王俑和马俑，皆达到了唐代艺术光辉灿烂的高度。①

（5）以人为主要表现对象，善于刻画典型艺术形象。唐代陶俑的主要题材是人物造型，对不同阶层、不同性格、不同地位的各类人物的成功塑造是最突出的特点。雕塑匠师们紧紧抓住不同人物的心理特征，塑造出一群最典型的人物艺术形象。例如，文官俑拱手而立，虔诚恭敬；武官俑形象高大威武；侍俑形象各异，神态安详；伎乐、杂耍俑活泼生动。唐代陶俑中女俑的比例最大，形象最鲜明、造型也最丰富。各式的女侍俑、伎乐女俑、骑马女俑、胡装女俑、男装女俑、打马球女俑等，这些不同女俑造型构成一个完整的、开放的大唐女性世界。

唐俑的艺术价值还在于深入地反映现实生活，善于刻画人物鲜明的性格及其健康而丰富的思想感情。譬如唐三彩女坐俑，一手拿镜，头微微斜向左侧方，对镜微露笑容，右手作鲜明的戏剧性的表现，简练的表现梳妆这个情节，也成功地展现了年轻少女的心理特征和当时社会妇女们的内心世界（图 10–84 左）。唐三彩女侍俑，在侍立、拱手的侧向姿态下，匠师们着重于其面部表情的刻画，表现出其对主人的虔诚态度和温柔的性格。又如西咸新区空港新城底张街道办张去逸墓出土的游山群俑（图 10–86），有坐有立，虽然人物极小，可是远望细观的神态极其生动。这件作品群像后面处理为一座高山，表现了题材处理上的新颖意念。从中不难看出艺术匠师们熟悉各种人物的性格特征和内在情感，并加以概括表现。其独创性构图令人感到熟悉而亲切，反映了唐代陶俑艺术的最高成就。

① 王志霞：《隋唐两京陶俑艺术初探》，郑州：郑州大学硕士学位论文，2007 年。

图 10-86 唐张去奢、张去逸墓陶俑群

（6）写实基础上的夸张和象征手法。唐代陶俑注重写实性，又采用夸张和象征手法。例如，镇墓兽，肌肉紧张有力，胸腹肌特别健壮，姿态动作很大，手足相应缩小，更显得全身雄健，体现出一种征服者的胜利和自豪。唐代艺术匠师们更多地运用了夸张和象征手法，塑造了现实与佛国相结合的天王、武士俑。往往是身着戎装、英姿飒爽、肌肉暴突的武士，或手持兵器，或脚踏卧兽、小鬼。武士俑、天王俑、镇墓兽的制作总是以独树一帜的造型、绚丽的色彩、神秘的宗教气氛强烈地震撼着人们的心灵，它们所反映出的雄壮与狞厉之美，是与宁静秀美的女俑和沉稳劲健的男俑截然不同的一种艺术风格。①

唐代陶俑中的人物俑传神生动。匠师们手法细腻，同时又特别注意陶俑的细部刻画，于细部表现或突出整体，在深刻、充分表现真实生活的基础上，采取了夸张的手法，把现实生活和夸张的艺术手法巧妙地结合起来，以简练、强化形象的手法，表现出作品的精神实质。这种精细而真实的表现手法，在陶俑的优美造型上得到了充分体现。例如，以非常写实的手法塑造了毕恭毕敬的官吏形象，却在恭敬的神态中透出的那种英气。男、女侍俑的衣纹刻画，简单几笔已生动自然，既表达出衣裙的质感，又能从衣裙转折中，显露出人物健美的躯体。尤其是那些乐舞俑，比例合度、形态自然，神态和动作也各不相同，其夸张的舞蹈动作，不仅体现了写实手法的优越成就，也展现了高度夸张和概括的塑造技巧。对各阶层人物不同姿态、神情的把握源于艺术匠师深入生活，细致观察，取于现实，又高于现实技法的成熟与高超。

2. 唐陵及皇室贵族墓陶俑艺术对后世的影响

随着时间的推移，至中晚唐和五代十国时期的陶俑艺术已经渐次失去往日的光彩和

---

① 张春燕：《秦至唐陶俑艺术风格流变研究》，青岛：青岛大学硕士学位论文，2011 年。

华美。首先是数量明显减少，人物造型虽然仍以胖为美，姿态却显得臃肿单调，神态猥琐。唐代“前期出行依仗、歌舞、竞技、商旅等等陶俑题材大都消失，尤其是出行仪仗陶俑在五代时期南唐和闽国贵族墓中均未出现”[①]。五代时期的陶俑艺术在塑造技法上有其成功的一面，如陶俑衣服线条的刻画流畅洗练，富于质感，装饰性线条可圈可点。但总体风格基本仍是唐代晚期陶俑造型的延续，标志着中国古代陶俑的由盛转衰。

宋代纸质明器的使用在一定程度上影响了陶俑的发展，陶俑的制作和使用皆显衰落，其数量明显减少。但是，宋代瓷器烧造迅猛发展，瓷窑遍布全国各地，瓷器的质量和数量，以及烧造技术、装饰工艺和造型皆超越前代。从而随葬品种以瓷俑陪葬的习俗大量出现，同时还出现了唐代并不多见的石俑、木俑等。这些随葬俑在内容上更多地继承了唐代南方的陶俑题材，北方因素较少，且多是反映墓主人日常生活起居为主的俑类。其总体造型艺术承袭唐代的写实风格，瓷俑塑造以写实为主。[②] 例如，1990 年安徽望江县城郊护城村发现一座北宋砖室墓葬，出土人物瓷俑 26 件，其中武士俑 2 件，文吏俑 12 件。武士俑通高 22.2cm，形体相似，宽脸高鼻，头戴武士帽，身着武士服，双手抚剑置于胸前，倒悬两眉，怒目而视、雄壮威武。文吏俑大小相似，通高 21.8cm，面部方正，眉清目秀，头戴冠，身着阔袖长袍，双手捧笏板，温文尔雅，文质彬彬，富有文人雅士之风（图 10–87）。另有生肖俑 12 件，大小相似，通高 19.5cm，面部方正，头戴冠，身着阔袖长袍，每俑胸前置有一生肖动物，即鼠、牛、虎、兔、龙、蛇等属相（图 10–88）。[③] 这些瓷俑，形象逼真，栩栩如生，质地系青白瓷，釉色晶莹温润，制作精细，应属北宋时期江西景德镇窑之器物。

图 10–87　宋代武士（左）和文官（右）瓷俑
（资料来源：周卫国、宋康年：《望江北宋墓出土的青白瓷俑》，《收藏界》2011 年第 9 期）

① 呼林贵、刘恒武：《替代殉葬的随葬品——中国古代陶俑艺术》，成都：四川教育出版社，1998 年，第 230 页。

② 周卫国、宋康年：《望江北宋墓出土的青白瓷俑》，《收藏界》2011 年第 9 期，第 53—55 页；韩建武、胡薇、万晓：《风姿绰约——陕西古代陶俑艺术展》，《收藏家》2010 年第 7 期，第 10—12 页。

③ 周卫国、宋康年：《望江北宋墓出土的青白瓷俑》，《收藏界》2011 年第 9 期，第 53—55 页。

图 10－88　宋代生肖瓷俑（左）（中）（右）
（资料来源：周卫国、宋康年：《望江北宋墓出土的青白瓷俑》，《收藏界》2011 年第 9 期）

此外，受唐代“参军俑”和“踏谣娘”等俳优俑的影响，宋代墓葬戏剧俑大量出现，引人注目。比如，1975 年在江西鄱阳县殷家村出土的南宋时期洪子成夫妇合葬的石椁墓，随葬无釉彩绘瓷俑三十多件，其中有二十一件属于戏剧俑（图 10－89），有的扬臂作势，有的拱手胸前，或以袖掩口，或躬身施礼，或作笑容，或现愁颜，神态各异，表现出正在演唱中的各种姿态。[①]

（左一）　（左二）　（左三）　（右三）　（右二）　（右一）

图 10－89　宋代戏剧瓷俑
（资料来源：唐山：《江西鄱阳发现宋代戏剧俑》，《文物》1979 年第 4 期）

以上数例表明，宋代瓷俑造型手法圆润，神态自然，多受唐代南方柔婉风格的影响，并结合当时手工业技术的发展，继承唐代写实的艺术手法，塑造出比唐代更为写实的造型艺术，有一种栩栩如生的艺术气息。

蒙元时期居统治地位的蒙古贵族不实行墓葬和随葬墓俑的习俗，加之宋代以来兴起的焚烧纸扎人马代替陶俑殉葬的风气更为流行，以及释迦牟尼“火葬”之说的影响，促进了纸扎人马取代随葬陶俑的趋势。不过，蒙元时期的汉族人仍然遵循本民族的习

① 唐山：《江西鄱阳发现宋代戏剧俑》，《文物》1979 年第 4 期，第 6—11 页。

俗，延续着随葬陶俑的风俗。此外，忽必烈定都北京后，不少蒙古族贵族陆续离开草原进入中原地区，他们的生活习俗或多或少地受到了汉族文化影响，在丧葬习俗上也不例外。自20世纪50年代以来考古发掘的蒙元时期墓葬出土的陶塑数量并不在少数，且造型各异。据统计，迄至2015年，陕西关中地区发现和发掘蒙元时期墓葬31处（52座），除宝鸡市和渭南市蒲城县各发现1座之外，其余皆位于今西安市的辖区范围内。[①]这些蒙元墓葬出土陶俑数量逾千件，其中出土陶俑较多的纪年墓有西安曲江池西村段继荣夫妇墓（1266年）、西安市长安区凤栖原傅元明夫妇墓（1254年）、西安长安区韦曲街道办夏殿村刘黑马墓（1262年）、刘元振夫妇墓（1302年）、西安长安区韦曲街道办黄子坡村武敬墓（1313年）、西安南郊元代王世英夫妇墓（1316年）、周至县西关刘氏墓（1321年）、西安雁塔区曲江街道办岳家寨李新昭墓（1325年）、西安市长安区韦曲街道办耶律世昌夫妇墓(1326年)、鄠邑区秦渡街道办张良寨村贺胜墓(1327年）、西安雁塔区曲江街道办新开门村张弘毅夫妇墓（1339年）、西安灞桥区洪庆街道办惠家庄刘义世夫妇墓（1344）等。[②]此外，20世纪60年代以来，先后发现的北京耶律铸夫妇墓、河南省洛阳道北王英墓、焦作市新李封村许衎墓和东王封村靳德茂墓等，以及南方地区的四川华阳、成都和江西高安地区元墓，都有数量不等、种类不同的陶俑出土。[③]总的来说，蒙元时期出土随葬陶俑的墓葬主要集中在陕西关中(西安）地区和豫西（焦作）地区。

关中地区蒙元时期随葬的灰黑色胎质陶俑，主要由镇墓神煞、出行仪仗、随侍供奉及家畜动物俑等类型组成。其中镇墓神煞俑类包括武士（将军）俑及坐龙两种，镇墓武士俑见于鄠邑区贺胜墓、西安郊区耶律世昌墓两例，分为立姿、坐姿两型（图10–90）；坐龙则在多数墓葬中皆有发现，以前肢直立、后肢蹲踞姿为主。出行仪仗类以出行车马组合及仪仗俑两部分组成，其中车马组合包括骑驼俑、骑马俑（图10–91）、牵马组合、牵驼组合及驭车马组合等。[④]仪仗俑多表现为手持器杖（多已佚失）的壮年男子形象。驭车马组合有一车一马组合及一车四马组合两种。陶马造型分为背上配有辕具的辕马及光背仅有络头的稍马两种。陶车多为厢体车造型，车盖平面呈长方形，顶部略呈穹窿状，上插饰顶珠，前端出檐，四周流苏下垂；车厢左右两壁上部为仿木竖向窗棂格，下侧有弧形防泥板；双车辕；双车轮轴中间穿圆孔，以木轴连接。

① 杨洁：《陕西关中蒙元墓葬出土陶俑的组合关系及相关问题》，《考古与文物》2015年第4期，第85—91页。
② 杨洁：《陕西地区出土蒙元陶俑类型分析》，《文博》2013年第5期，第29—39页。
③ 侯新佳：《蒙元墓葬研究》，郑州：郑州大学硕士学位论文，2009年。
④ 杨洁：《陕西关中蒙元墓葬出土陶俑的组合关系及相关问题》，《考古与文物》2015年第4期，第85—91页。

图 10–90　蒙元墓出土立姿（左）、坐姿（右）武士俑
（资料来源：杨洁：《陕西地区出土蒙元陶俑类型分析》，《文博》2013 年第 5 期）

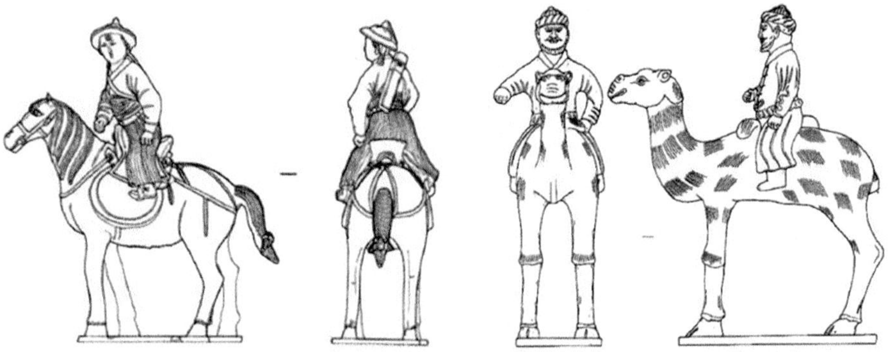

图 10–91　蒙元墓骑马俑（左一）（左二）和色目人骑驼俑（右二）（右一）
（资料来源：杨洁：《陕西地区出土蒙元陶俑类型分析》，《文博》2013 年第 5 期）

随侍供奉类包括男、女侍俑两种。从其塑造形象上观察，男侍俑多表现为少年形象，其造型在发式、帽式及服式方面皆有明显特点。例如，按帽式可分为银笠帽、前檐帽、后檐帽、瓦楞帽、幞头、武弁、平巾帻、巾子等。女侍俑按发式分为盘龙髻、双鬟髻、垂辫样式等，其服饰多表现为两种：一是上身穿窄袖衣外罩半臂，下着长裙微露尖头履；二是上身穿左衽窄袖短衣，下着长裙微露尖头履。一般胸前皆有结带饰，而系长裙的飘带也从衣下露出垂在身前。身姿造型多为笼袖侍立、搭巾侍立、捧盒侍立、执物侍立等四种（图 10–92）。[①] 此外，家畜动物类以牛、羊、猪、犬、鸡等形象为主，个别墓葬中出现卧猫的形象为特例。

① 杨洁：《陕西地区出土蒙元陶俑类型分析》，《文博》2013 年第 5 期，第 29—39 页。

（左一） （左二） （右二） （右一）

图 10–92 蒙元女侍俑

（资料来源：杨洁：《陕西地区出土蒙元陶俑类型分析》，《文博》2013 年第 5 期）

以上关中地区蒙元时期的随葬陶俑，不乏造型风格写实、比例谐调，胎质纯粹、模具标准、刻画细致且烧制工艺讲究者，塑造的人物形象服饰、发型等时代特点鲜明，如人物俑所带的钹笠冠、四楞尖帽等是典型的蒙古服饰。[①]就人物形象看，陶俑中多为典型的蒙古人形象，也有阔鼻深目、络腮胡须的西域人形象，还有众多的汉人形象，反映出蒙元时代多民族融合、民族混居的社会状况和时代特征。尤其是蒙元早期随葬陶俑中的出行仪俑中保留了不少“唐代模式”，如骑驼或牵驼的胡人俑，以及头梳鹦鹉髻的女俑等。[②]

豫西地区出土随葬陶俑的蒙元墓葬有焦作中站至元二十九年（1292 年）靳德茂墓、洛阳道北延祐四年（1317 年）王英墓、焦作新李封村至和元年（1323 年）许衎墓等。特别是河南省焦作市西冯封村元墓的砖雕陶俑、新李封村元代许衎墓和东王封村元代靳德茂墓的彩绘陶俑等为蒙元时期随葬陶俑罕见的珍品，对元代社会文化及地方风俗研究有着重要的价值。例如，西冯封村元代墓出土的一批雕砖俑，其形象生动，神态活泼，反映了我国北方民间的社火形式。这些陶俑有的吹口哨，有的吹笛子，有的持节板，有的打腰鼓，有的在诙谑地说唱表演，有的四肢躬举作舞蹈状，还有的扛伞或扛旗等（图 10–93）。[③]东王封村靳德茂元墓出土彩绘仪仗俑群，反映了元代贵族官员的仪仗出行情况。该俑群以两辆单马驾辕、装饰华丽的两轮车为中心，马车为长方体屋宇式舆，白色和黑色瓦形顶，车厢为红色。其中一辆马车顶部有一白色蒙古包塑型，顶钮为红色。蟾首式双辕，辐式车轮，毂、辖齐全。马车左右排列着单马和驭马俑。车前为两排仪仗俑，这类俑手握中空，似持一些仪仗物件；车后为两排侍女俑，或捧彩盒、香炉、书卷，或捧瓶、杯、酒坛，或捧摇钱树和金元宝等；左右侧为持物男俑，有的手拿雨伞，有的背

① 侯新佳：《蒙元墓葬研究》，郑州：郑州大学硕士学位论文，2009 年。

② 袁泉：《略论“洛—渭”流域蒙元墓葬的区域与时代特征》，《华夏考古》2013 年第 3 期，第 105—114 页。

③ 郭建设：《意韵灵动，蒙元遗风——焦作元代陶俑及其艺术特色》，《收藏家》2011 年第 9 期，第 3—11 页。

着椅子，有的提着盆、桶、壶等器物，还有的拿着毛巾、鞭或拂尘等（图 10–94）。[①]

（左一）（左二）（左三）（右三）（右二）（右一）

图 10–93 焦作蒙元社火砖雕俑

（资料来源：郭建设：《意韵灵动，蒙元遗风——焦作元代陶俑及其艺术特色》，《收藏家》2011 年第 9 期）

图 10–94 焦作蒙元彩绘仪仗俑群

（资料来源：郭建设：《意韵灵动，蒙元遗风——焦作元代陶俑及其艺术特色》，《收藏家》2011 年第 9期）

蒙元时期陶俑多为细泥灰陶或黑陶，彩绘的较少。而焦作靳德茂墓和新李封村许衎墓的陶俑，通体施彩，色泽艳丽，为元代陶俑所少见。此类元俑彩绘基本采用唐代以来的勾勒渲染法，一般先在俑体通施白色底粉，然后在人物脸、手、脖等部位施粉彩，再在相关部位细部绘描、点缀。例如，在脸部绘出胡须、毛，手部绘出细微的纹饰等，在人物嘴唇、女俑的靴头等部位点以红彩，在衣服上分别施黑、白、红、绿、粉红等色彩（图 10–95）。又如焦作靳德茂元墓中的两件彩绘捧摇钱树女俑，其面、颈部皆涂粉彩，唇处留有涂朱痕迹，额前花饰及发髻涂墨，发卡为红色，身着白领、红领内衣，白色和绿色外衣，大红和粉红长裙，裙下微露尖头鞋，靴头点红彩，女俑双手持白色和红色搭巾，上置摇钱树，摇钱树施红、绿、金彩等。艳丽的彩绘加之面颊丰肤、神态恬静的仪态，使得这两件女俑显得更为端庄、秀丽（图 10–96）。[②]

① 郭建设：《意韵灵动，蒙元遗风——焦作元代陶俑及其艺术特色》，《收藏家》2011 年第 9 期，第 3—11 页。

② 郭建设：《意韵灵动，蒙元遗风——焦作元代陶俑及其艺术特色》，《收藏家》2011 年第 9 期，第 3—11 页。

图 10-95 焦作蒙元彩绘侍俑群
（资料来源：郭建设：《意韵灵动，蒙元遗风——焦作元代陶俑及其艺术特色》，《收藏家》2011 年第 9 期）

图 10-96 焦作蒙元彩绘持摇钱树女俑
（资料来源：郭建设：《意韵灵动，蒙元遗风——焦作元代陶俑及其艺术特色》，《收藏家》2011 年第 9 期）

南方地区的四川华阳和成都郊区元代墓葬出土有三彩及黑褐色俑，主要包括文俑、武俑、仆从俑、牵马俑、跪拜俑等，动物俑有马、龙、鸡等。江西高安县元墓出土的陶俑，人物俑有供奉俑、侍立俑、仰卧俑、伏听俑；四神俑包括青龙、白虎、朱雀和玄武；动物俑包括鸡、狗等。和北方元墓出土的陶俑相比，南方地区出土的四神俑、伏听俑、仰卧俑等不见于北方地区，反映了当地深厚的宗教迷信观念和神权思想，具有较强的地区特色。[①]

综上所述，元代蒙古贵族“深墓不坟”的葬制及其“匠户”管理体制，在一定程度上阻碍了雕塑技术的发展，使中国雕塑艺术进一步走向世俗化和衰萎时期。然而，陕西（关中）地区出土的陶俑在塑造技法上，虽显得简单，但交代明确，更能以抓住人物的典型形象，并充分体现出中国古代造型艺术的地方民族风格[②]，加之通体施彩，色泽艳丽的焦作靳德茂墓和新李封许衎墓的彩绘陶俑，充分展示出元代社会生活及各民族文化交流融合的“缩影”，在历经宋金蒙元的百余年战争之后，在中国古代陶俑衰落期中呈现出峰回路转的景致。以至有人称这些数量众多、造型各异的元代陶俑，无论是坚硬细腻的黑陶，还是造型质朴的灰陶，其“五官精雕细刻，服饰刀法粗犷，可谓刚柔并济，张弛有度”[③]。因此，蒙元时代亦可称为中国陶俑史上的最后一个高峰。

明代的陶俑艺术在元代之后又迎来一个小高潮，不但数量增多，陶俑使用的范围也在扩大。这一时期陶俑的高度基本没有增加，一般在 20cm 左右。其题材内容较元代更为丰富，基本延续了唐代陶俑的类型。譬如 1999 年西安雁塔区曲江街道办金滹沱村发掘

① 侯新佳：《蒙元墓葬研究》，郑州：郑州大学硕士学位论文，2009 年。
② 王子云：《中国雕塑艺术史》第 8 章，长沙：岳麓书社，2005 年。
③ 谭晓玲：《刚柔相济张弛有度——首都博物馆“大元三都”展元代陶俑解析》，《荣宝斋》2017 年第 8 期，第 38—61 页。

的明代汧阳王墓出土的79件陶俑，其形态逼真，比例适度。陶俑的衣冠装束和动作表情皆高度写实，人物体积虽小，但神态毕具（图10–97左），与宋、元两代的同类俑像相比，显得更具世俗的生活气息。[①]1960年上海市黄浦区肇嘉浜路潘允徵墓（1589年）出土明代木仪仗俑群，木俑中有文有武，神态各异。其中的乐俑、仪仗俑、隶役俑、侍吏俑、侍僮俑和轿夫俑等45个，呈奏乐、捧印、抬轿、执棍等多种姿态（图10–97右）。[②]

图10–97　明代陶仪仗俑群（左，西安明汧阳王墓出土）和木仪仗俑群（右，上海潘允徵墓出土）

1966年在南京市中华门外大定坊马家山发现的明代司礼太监吴经墓（1533年）的仪卫俑独具神采，堪称精品，这批陶俑包括陶马与马夫俑、书吏俑、内臣俑、仆从俑、骑马甲士俑、骑马近侍俑、骑马旗仗俑、骑马吹鼓俑等。文武内臣，旗鼓乐队，前呼后拥，组成了一个浩浩荡荡的行进队伍，体现出墓主人生前出行时的浩大声势（图10–98左）。[③]1990年长安区明简王墓（1498年）出土彩绘陶仪仗俑300多件，表现出行仪仗，陶俑手中都拿有各式各样表示其身份的物品，如旗、幡或乐器、花灯、团扇等（图10–98右）。[④]该仪仗俑群的出土，弥补了陕西陶俑在这段时期的空白。

图10–98　明代陶仪仗俑群（左，南京司礼太监吴经墓出土；右，西安明简王王墓出土）

① 西安市文物保护考古所：《西安南郊皇明宗室汧阳端懿王朱公镨墓清理简报》，《考古与文物》2001年第6期，第29—45页。

② 刘刚：《潘允徵墓出土家具模型的启示》，《东方早报·艺术评论》2014年06月18日。

③ 佚名：《明吴经墓陶仪卫俑群 》，南京市博物总馆网。

④ 国家文物局主编，陕西省文物事业管理局编制：《中国文物地图集·陕西分册（下）》，西安：西安地图出版社，1998年，第110页。

1970 年，在四川成都凤凰山南麓发掘了明初蜀王世子朱悦燫墓，该墓内发现了 500 余件各种类型的釉陶俑（图 10–99 左）[①]，包括文官俑、武士俑、乐俑、仪仗俑、侍俑等五大类别。它们形象生动、制作精细、色彩艳丽，被誉为明初陶制工艺的精品，反映元明之际四川成都雕塑艺术的发展水平。山东博物馆展出朱元璋第十子朱檀墓出土的由 397 件木俑、16 匹马俑、2 辆车复原件组成的仪仗队，规模宏大，队列齐整（图 10–99 右）。[②]其他公开发表的出土陶俑的明代墓葬有 1960 年云南大理发掘的明进武德将军韩政、王秀瀛夫妇墓[③]，出土陶俑 36 件，其中牵马俑 4 件、武士俑 11 件、仆役俑 9 件、侍女俑 12 件，这些陶俑具有浓厚的中原风格，人物塑造生动形象、姿态各异、栩栩如生，具有较高的艺术和研究价值。1958 年发掘的明宪宗时期益庄王朱厚烨与元妃王氏、继妃万氏合葬墓，出土有 204 个陪葬陶俑。[④]该批陶俑数量多，雕塑水平高，包括有轿夫、男侍、女侍、文武官员和乐队。陶俑的胖瘦甚至神情、动作皆因人而异，或昂首远望，或低头沉思，或含嗔微笑，或眉飞色舞，或温文尔雅，或恭顺虔诚，或老成持重，或幽默诙谐，或全神贯注在鼓腮吹奏，或目送飞鸿而手弹五弦，无不形象逼真，惟妙惟肖。男女侍者或抱水壶，或捧妆盒，或持脸盆；奏乐者或弹琵琶，或拨月琴，或吹笙箫，各具神态，活灵活现（图 10–100）。此外，江西南城县益端王朱祐槟墓出土仪仗陶俑 110 件，按其身份可分为骑马乐俑、仪仗俑、吏俑、男女乐队俑、轿夫俑、男女侍俑等，前呼后拥，威风显赫，形象地再现了朱祐槟生前的权势，也体现了明代高超的雕塑技艺。[⑤] 1960 年发掘清理的河北阜城明代吏部尚书廖纪墓（1534 年），出土陶俑 74 件，分为两组，一组反映吏部仪仗，另一组反映兵部仪仗，包括鼓号骑俑 16 件、侍从骑俑 2 件、仪仗俑 16 件、鞍马及牵马俑 2 组（以上俑类吏部及兵部各半）、吏部扶轿俑 2 件、抬轿俑 8 件，兵部扶轿俑 2 件、抬轿俑 4 件、持物侍女俑 22 件。[⑥] 这些陶俑形体较大，彩绘鲜艳，造型生动，别具风格，在明代墓中是极为罕见的特例和不可多得的艺术品。

---

① 李嘉裕：《浅析明代朱悦燫墓陶俑的艺术特征》，《明日风尚》2017 年第 5 期，第 74 页；中国社会科学院考古研究所、四川省博物馆、成都明墓发掘队：《成都凤凰山明墓》，《考古》1978 年第 5 期，306—313 页。

② 山东博物馆、山东省文物考古研究所编：《鲁荒王墓（上、下册）》，北京：文物出版社，2014 年。

③ 李艾东：《云南大理明代王氏墓和韩政墓陶塑艺术辨析》，《民族艺术研究》2009 年第 1 期，第 64—67 页。

④ 许智范：《藩王贪财势随葬夸豪富——介绍江西的几座明代藩王墓》，《江西历史文物》1982 年第 4 期，第 87—90 页。

⑤ 许智范：《江西明代藩王墓考古收获》，《中国历史文物》2003 年第 4 期，第 14—23 页。

⑥ 天津市文化局考古发掘队：《河北阜城明代廖纪墓清理简报》，《考古》1965 年第 2 期，第 73—79 页。

图 10–99 明代成都蜀王世子朱悦燫墓（左）与山东朱檀墓（右）出土的釉陶仪仗俑群

图 10–100 明朱厚烨墓出土的陶乐俑

以上实例表明，明代一般墓葬中因烧纸钱等习俗的流行，很少出土随葬陶俑，而在王公贵族和高级官员的墓中却大量、大规模地出现陪葬陶俑，包括文武官俑、士卒俑、生肖俑、仪仗俑及马牛羊骆驼俑等，涉及现实生活的各个方面，显示出他们生前的社会地位与财富。明代陪葬人物造型更趋写实，风格也真实生动，比例适度，尤其是一些男侍俑和伎乐俑，衣着装束和动作表情都高度写实，人物体积虽小却神态毕具。这一时期还有相当多的木俑出土。与唐、宋、元的同类俑像相比，显得更具有世俗的生活气息（图 10–101）。[①]

图 10–101 明仪仗木俑群
（资料来源：郭素华：《唐代人物陶俑造型艺术研究》，开封：河南大学硕士学位论文，2010 年）

① 郭素华：《唐代人物陶俑造型艺术研究》，开封：河南大学硕士学位论文，2010 年。

清代墓葬因纸扎冥器随葬的普及和流行，陪葬陶俑的风俗渐趋式微，出土的陶俑数量少之又少，仅有少数皇室贵族、显官富户的墓室有少数陶俑、木俑陪葬。例如，在总兵吴六奇的墓中出土有制作非常精美的陶俑，其艺术手法，似乎要高出于元、明墓俑之上。不仅是体躯比例适称，而且眉目清秀，神态如生，衣纹塑法也细致流动，富有变化，尤以个别女侍俑，形象秀美，周身衣纹简洁自然，可以与同时代的牙雕仕女或观音像媲美。[①]

宋、元、明、清时期的陶俑艺术是在唐代陶俑艺术达到鼎盛之后，随着时间的推移和社会政治环境的改变，以及丧葬习俗的变化，逐渐走向衰微。盛唐时期成熟的陶俑造型艺术，伴随中国封建社会的发展和延续，一直在走下坡路。一方面，唐代陶俑艺术深刻地影响着后世每一历史时期的陶俑艺术；另一方面，不同时期的陶俑艺术在历史的长河中延续着其使用价值和审美价值，并且创造出独具特色的艺术风格和时代特征。虽然唐代之后的宋、元、明、清等时期陶俑艺术皆未达到盛唐时期的繁荣，但每一时期的陶俑艺术发展都不失其独特之处，为研究中国陶俑艺术的发展演变提供了丰富的历史资料。

① 王子云：《中国雕塑艺术史》上册，北京：人民美术出版社，1988年，第424页。

第十一章　陕西关中地区大遗址保护与产业开发

大遗址是指大型古文化遗址，由遗存及其相关环境组成。一般是指在我国考古文化上具有重大意义或在我国历史上占有政治、经济、文化、军事重要地位的原始聚落、古代都城、宫殿、陵墓和墓葬群、宗教遗址、水利设施遗址、交通设施遗址、军事设施遗址、手工业遗址、其他建筑遗迹。①或者“大遗址主要包括反映中国古代历史各个发展阶段涉及政治、宗教、军事、科技、工业、农业、建筑、交通、水利等方面历史文化信息，具有规模宏大、价值重大、影响深远的大型聚落、城址、宫室、陵寝、墓葬等遗址、遗址群”②。据我国《“十一五”期间大遗址保护总体规划》，在目前已公布的6批2351处全国重点文物保护单位中，约有500余处是大遗址，占总数的1/4左右。而在7000余处省级文物保护单位中，属于大遗址的有近2000处，约占总数的1/3。其他有关统计也都与此接近，认为大遗址约占全国重点文物保护单位的1/4至1/3。③

我国已经进入城市化与区域一体化加速发展时期。随着人口、经济等要素不断向大城市聚集，城市化发展既表现为城市数量快速增长，又表现为都市圈扩张速度加快的趋势。我国遗址密集区越来越多的遗址快速进入都市圈发展范围内，乃至成为大城市中社会经济发展水平较为低下的“城中村”。在经济快速发展的今天，如何保护大遗址，实现遗址保护与区域民生建设的和谐同步，日益成为城乡和谐发展面临的新课题。

一、国内外大遗址保护概述

文化遗产是一个民族的历史积淀，大遗址作为文化遗产的重要组成部分，其保护理念因各民族文化渊源的影响而有所差异。世界上许多国家和地区都在执行和探索保护自

---

① 陆建松：《中国大遗址保护的现状、问题及政策思考》，《复旦学报（社会科学版）》2005年第6期，第120—126页。

② 国家文物局、财政部：《“十一五”期间大遗址保护总体规划》，文物办发〔2006〕43号，2006年11月29日。

③ 傅清远：《大遗址考古发掘与保护的几个问题》，《考古》2008年第1期，第27页；孟宪民：《梦想辉煌：建设我们的大遗址保护展示体系和园区——关于我国大遗址保护思路的探讨》，《东南文化》2001年第1期，第8页。

己文化遗产的方式方法，在遗址保护与利用方面已取得了显著的成果。

（一）国外大遗址保护理念及模式

从世界范围来看，当前大遗址保护理念形成了三种较为成熟的模式。①

1. 欧洲模式

该模式的特点是以严格讲求保护的真实性和完整性为倾向，这一保护理念在世界范围内具有主导性的作用。诸如希腊通过遗产保护相关法律的约束，文物工作者对古物的修复极为严谨审慎。雅典卫城的修复，为了保留其原始风貌，对城市的建筑高度、城市密度、城市色彩都做了严格的限制，使遗址保护与城市发展达到了完美的契合。土耳其在使当地社区融入遗址保护的实践中，始终以文化遗产得到妥善保护为宗旨。意大利在文物保护方面严格保护遗址本身及其周围的地形地貌，对遗址的残缺部分不会轻率地修补，以保留其原真性，重视遗址遗迹艺术风格的完整统一。

2. 日本模式

该模式主要采取保护与利用协调共进的方式，并注重遗存环境的展示与保护。日本对古代都城遗址的保护走在世界前列。其主要特点是保护对象从物至人，并通过遗址公园的建设，逐渐扩大到遗址周边环境，使得保护内容逐渐深化。从 20 世纪 70 年代起，日本大力推进史迹公园建设，使用复原设计和“重建”手段“再现”历史场景，以大遗址及其周围环境为保存展示的主要内容，讲求文化遗产的可观赏性。在保护大遗址的同时，不仅带动了旅游业的快速发展，也化解了遗址保护与城市发展的矛盾。

3. 美国模式

该模式以灵活多样的历史文化保护体系和政策激励机制为主要特征。美国大遗址保护形成了与其政治、经济体制相适应，并且具有鲜明个性的历史文化遗产保护体系和保护机制。建立起由联邦政府、州政府、地方政府、民间团体和私人共同参与并紧密联结的保护体制。美国的大遗址保护强调以市民为主体，通过建立完整的法律体系和政府机构，在景观控制、环境教育等方面展开多方位的保护运动，在保障遗址区社区能力的基础上，实现历史遗产功能的转换和持续发展。

---

① 冉淑青、裴成荣、张馨：《国内外大遗址保护的经验借鉴与启示》，《人文杂志》2013 年第 4 期，第 45—48 页。

（二）国内大遗址保护的经验模式与特点

国内对大遗址保护工作的探索和实践起步较晚，曾一直采取以“限制型保护”为中心的传统保护模式，虽在一定程度上对保护大遗址起到积极作用，却也抑制了多数大遗址保护区的发展。近些年来，根据我国大遗址类型复杂多样、遗址价值、遗址周边的地理环境特征以及遗址区社会文化效应差异性，国内因地制宜地提出各有特色的大遗址保护与利用模式，包括整体和局部保护与利用。前者主要有：传统的遗址博物馆；将整个遗址区建成遗址公园；将遗址区与风景区结合，建成旅游景区；将整个遗址区建成森林公园；将遗址保护与现代农业园区结合，建成遗址历史文化农业园区等模式。后者主要是将部分遗址建成遗址展示区。①

1. 遗址博物馆

该模式即通过遗址博物馆空间展示手段，使人们对遗址本体的历史环境、文化氛围具有良好的感知，以便了解到更为丰富的历史文化知识。遗址距离人们的现实生活常常是遥远的、生疏的，需要一定的展示空间和手段使人们对遗址有所认知，博物馆展示空间形象与意境的构建是和遗址的历史环境、文化氛围息息相关的。人们通过对特定历史意境的感受而逐步认知遗址。目前国内已建造的著名遗址博物馆，如北京周口店遗址博物馆、西安半坡遗址博物馆、浙江余杭良渚文化博物馆、四川广汉三星堆博物馆、北京琉璃河燕都遗址博物馆和山东临淄齐故城遗址博物馆等。这种模式主要是在封闭性空间里的陈列型展示，表现方式较为单一，在人们具有更多诉诸真正文化心理诉求的当今社会，只是把文化遗产的数量和现存状态作为保护重点是不够的，还应更加关注文化遗产在当今社会的生命力、认同度和未来的发展空间。

2. 遗址公园

该模式是将大遗址保护与公园设计相结合，将已发掘或未发掘的大遗址完整保存在公园范围内，运用保护、修复、重新整合、再生等一系列手法对有效保护下来的大遗址进行展示，是目前对大遗址进行保护、发掘、研究、展示的极好模式。从国内大遗址保护的发展来看，遗址公园的类型主要有遗址绿化公园、考古遗址公园、遗址文化公园等。②

（1）遗址绿化公园。遗址绿化公园以保护大遗址本体为主，对大遗址重点实施绿化

① 李海燕：《大遗址价值评价体系与保护利用模式研究》，西安：西北大学硕士学位论文，2005年；马建昌、张颖：《近年来国内大遗址保护与管理运营问题研究述评》，《江汉考古》2014年第5期，第118—124页。

② 冉淑青、裴成荣、张馨：《国内外大遗址保护的经验借鉴与启示》，《人文杂志》2013年第4期，第45—48页。

保护，同时对遗址周边进行环境整治，主要运用于古城墙的保护与展示，最具代表性的案例是北京元大都城垣遗址公园、西安明城墙遗址公园等。大面积绿化使遗址得到了较好保护的同时，改善了城市的生态环境，为居民提供了开放式的观赏、休闲和娱乐空间，使城市发展与遗址保护得到有机结合。但由于游客数量不易控制，往往造成对遗址本体以及周边环境的破坏，加大了遗址保护管理的难度。

（2）考古遗址公园。考古遗址公园的显著特征是将考古遗址作为主体进行展示，同时通过对遗址周边环境的综合治理，逐步恢复历史原貌，确保遗址环境风貌的完整性和真实性。例如，陕西省的秦始皇陵遗址公园、汉阳陵遗址公园等。这类公园主要是依托文物保护与展示，发展当地的文化旅游业，从而提高地方在国内外的知名度和美誉度。由于具有较强的专业性，这类遗址公园对于大多数游客来说，重复旅游的吸引力较小。

（3）遗址文化公园。遗址文化公园是将考古发掘的成果，在大遗址的保护范围之外或近边依照历史的原貌，借助于现代技术科学地复原历史场景，同时对遗址进行绿化，使人们从现实与远古历史文化遗址的鲜明对比中体会其丰富的文化内涵。例如河南安阳殷墟史前文化遗址公园。这类遗址公园以保护历史文化遗迹为主，兼具旅游功能，同时带动了关联产业，促进地方经济的发展。然而，一旦开发不当，在文物景点和景区内兴建各种商业设施、娱乐设施和旅游接待设施，就会严重污染或破坏大遗址的环境，甚至对文物本体构成严重威胁。

3. 森林公园

森林公园的建设多见于城市郊区的大遗址区，以墓葬区为主，其主要特点是将陵墓的保护与城市森林公园的建设相结合，在保护了遗址本体的同时，更从生态保护角度防止了大遗址区的水土流失，提高了城市生态环境质量。例如，位于邯郸市近郊的赵王陵被开辟为森林公园，从建设陵区生态农业林入手，实现大面积的森林覆盖，创造了生态环境效益和经济效益，培育成新的经济增长点。由于这类遗址公园大多位于城市边缘区，快速发展的城乡建设对大遗址保护构成了极大威胁，过多的人力营造和大中型基础设施对有些大遗址产生了较为严重的负面影响。

4. 旅游景区

处于风景名胜区之中的大遗址，在风景区开发的过程中，将遗址区作为旅游景区的一个景点，在严格保护的前提下，对其进行展示性开发。例如，青岛的琅琊台遗址拥有丰富的人文资源和自然景观，利用其自然、人文资源，综合开发特色旅游产品，形成集历史文化、山海风光为一体的特色旅游景区。又如重庆黄山陪都遗址将遗址的修复保护与陈列展览结合起来，将保护遗址与建设南山风景区，开展旅游事业结合起来，充分保护和利用现有自然生态环境，逐步开发周围丰富的风景、文物旅游资源，不断完善基础设施建设，创造良好的外部条件与内部条件，形成高品质的集自然、人文景观于一体的旅游环境。[①]

5. 遗址历史文化园区

遗址历史文化园区是以大遗址为依托，采取大遗址保护区与文化产业园区相结合的方式，将遗址的考古文化研究成果转化为文化产业，从而产生良好的经济效益和社会效益。文化产业园将大遗址文化融入企业文化中，形成极具吸引力的产业，具备文化旅游、科考博览、休闲度假、探索等功能。这种模式以大遗址保护与利用相互促进、协调发展为基本出发点，可配套多个文化产业园区，从不同角度发展文化产业，是实现遗址保护可持续发展的有效途径，在我国具有广泛的适用意义。例如，像汉长安城这样面积巨大、遗址区内居民众多的大遗址，采用把常住人口迁出遗址区，政府拨出大量资金对遗产资源实施无偿保护是不现实的，政府难以负担居民搬迁和构建再生产体系的费用。况且，让居住在景区内的人口远离故土去适应一种新的生活方式也不是一件容易的事情。所以，有学者提出在汉长安城遗址区内发展都市农业，在有效保护遗址的前提下，建设观光农园、市民休闲体验农园、现代高科技农业园区等。

二、关中地区大遗址的类型及特征

（一）关中地区大遗址类型

根据大遗址的历史文化内涵及功能属性，并参照国家文物局“十一五”期间公布的重要大遗址名单，将陕西关中地区的大遗址分为如下类型[②]：

（1）石器时期文化遗址。其中旧石器时代文化遗址与猿人化石地点有蓝田猿人遗址等，新石器时期文化遗址有姜寨遗址、半坡遗址、杨官寨遗址等。

（2）历史时期城市遗址。其主要有周原遗址、丰镐遗址、秦雍城遗址、秦咸阳城遗址、汉长安城遗址、唐长安城遗址等。

（3）古代大型建筑群遗址。其主要有阿房宫遗址、甘泉宫遗址、唐九成宫遗址、大

---

① 李海燕：《大遗址价值评价体系与保护利用模式研究》，西安：西北大学硕士学位论文，2005年。

② 李海燕：《大遗址价值评价体系与保护利用模式研究》，西安：西北大学硕士学位论文，2005年，第4—5页。

明宫遗址、华清宫遗址、周公庙遗址等。

（4）古代大型军事、交通、仓储等工程遗址。例如，郑国渠首遗址、丝绸之路、秦直道等。

（5）古代大型手工业遗址。其主要有黄堡镇耀州窑遗址等。

（6）古代帝王陵寝和墓葬群。其主要有秦始皇陵、西汉帝陵（含薄太后陵）、唐代帝陵（含唐顺陵）、黄帝陵等。

以上陕西关中地区的大遗址中，秦咸阳城遗址、周原遗址、阿房宫遗址、汉长安城遗址、秦始皇陵、秦雍城遗址、西汉帝陵（含薄太后陵）、唐代帝陵（含唐顺陵）、黄堡镇耀州窑遗址、丰镐遗址、杨官寨遗址、黄帝陵等被国家文物局大遗址保护“十三五”专项规划列为重要大遗址，其中秦始皇陵、汉阳陵、汉长安城未央宫和唐大明宫已入列国家考古遗址公园，秦咸阳城遗址、乾陵、阿房宫遗址、周原遗址、杜陵已进入国家考古遗址公园立项名单。这些大遗址大多分布在关中地区渭河北岸。①

（二）大遗址特征

陕西关中地区的大遗址具有如下特征②：

（1）历史序列完整。从史前文明到周、秦、汉、唐文明，构成非常完整的历史遗址序列。

（2）分布广、数量多。全省 107 个市县都有遗址分布，特别是在关中地理位置优越、自然条件好、经济发达的地区尤为密集；在全省不可移动文物资源中，古遗址 10 497 处，陵园遗址（指帝陵陵园遗址或贵族墓园遗址）4368 处，占陕西省不可移动文物总量的近 1/2。

（3）类型齐全、内容丰富。陕西的大遗址包括了古代中国政治、经济、文化、社会生活的方方面面，内涵非常丰富，展示和体现出了完整的中国文明史。例如，中华文明的起源遗址（史前遗址），皇帝陵园遗址，都城遗址（城墙遗址）等。

（4）面积大。大遗址占地面积大，如西汉帝陵和唐代帝陵的陵园遗址，每个占地都在十几平方千米到几十平方千米。特别是西周周原、丰镐、秦雍城、秦咸阳城、汉长安城、唐长安城等九大都城遗址，面积都在 $10km^2$，多到 70—$80km^2$ 左右。

（5）等级高。我国古代发展鼎盛时期的周、秦、汉、唐的都城遗址和帝王陵寝基本

---

① 国家文物局：《大遗址保护“十三五”专项规划》，文物保发〔2016〕22 号，2016 年 11 月 22 日。

② 赵荣：《陕西省大遗址保护新理念的探索与实践》，《考古与文物》2009 年第 2 期，第 3—7 页。

全都分布在陕西关中地区，其地上、地下的建筑遗址、遗迹和文物均是当时科技、文化发展最高水平的典型代表，是当时中华文明辉煌成就的典型代表，具有很高的历史、文化和科学价值。

三、大遗址的价值、保护原则与关中地区大遗址保护新理念

（一）大遗址的价值

"大遗址"是我国《"十一五"期间大遗址保护总体规划》中提出的特有的概念，其内涵包括我国"历史各个发展阶段涉及政治、宗教、军事、科技、工业、农业、建筑、交通、水利等方面历史文化信息，具有规模宏大、价值重大、影响深远的大型聚落、城址、宫室、陵寝、墓葬等遗址、遗址群"[①]。大遗址的价值主要表现如下几点[②]：

（1）历史文化价值。历史文化价值是大遗址价值系统的核心和灵魂。大遗址作为一定条件产生的遗迹和历史产物，必然打上时代的烙印，反映当时的自然生态状况，以及社会的政治、经济、科技、军事、文化等状况。首先，大遗址本身蕴含着特有的、丰富的文化信息，是人类社会发展进程中主要事件（包括政治、军事、经济与文化等）的见证。其次，大遗址的史学价值及其社会影响力突出，其所携带的历史信息能够反映出的历史事件的重要程度、社会关系和制度变革等。这些共同构成大遗址历史文化价值的内涵，支撑着大遗址历史文化价值的展示。

（2）科学价值。科学价值是指大遗址能够给人类研究历史提供可以反映特定时期社会生产力发展水平、科技水平和人们的创造能力的重要的、有价值的证据和信息，为研究人类科技发展史提供了实物资料，并为现代科技的发展提供可资借鉴和参考的资料。主要包括大遗址的布局、功能、形态（对建筑学或科学）的价值，结构、施工与建造技术（对建筑学或科学）的价值，制作工艺、材料的（对建筑学或科学）价值以及对考古学的价值。其中大遗址的功能形态和结构技术是其科学价值的两个主要方面，通过大遗址的功能形态研究可以了解特定历史时期人类的居住、土地利用形式，以及其功能结构的发展演化趋势；借助大遗址结构体系、建造技术和材料技术等方面研究，可以为全面了解大遗址所处历史时期的社会状况提供丰富而确切的实物依据。

---

① 国家文物局、财政部：《"十一五"期间大遗址保护总体规划》，文物办发〔2006〕43号，2006年11月29日。

② 戴俭、侯晓明、冯晓芳：《大遗址价值评估体系研究》，《中国文物科学研究》2012年第3期，第25—27页；冯晓芳：《大遗址价值评估体系保护》，北京：北京工业大学硕士学位论文，2006年。

（3）艺术价值。大遗址的艺术价值主要包括审美、欣赏、愉悦、借鉴以及美术史料等方面的价值。其中审美价值主要是从美学的深层次给人以艺术启迪和美的享受；欣赏价值主要是从观赏角度给人以精神作用，陶冶情操；愉悦价值是给人以娱乐、消遣体验；借鉴作用主要是从中汲取精华，在艺术表现手法、技巧方面学习借鉴以创新；美术史料价值主要是作为研究美术史的实物资料。其具体表现为：一是大遗址从美学角度给人以艺术启迪，蕴藏着丰富的艺术内涵。例如，都城遗址的整体布局，工程遗址的巧妙设计等。二是大遗址从观赏角度陶冶人们的情操，给人愉悦的享受。其巧妙的构思、奇特的造型、精湛的工艺、严整的布局，无不令人陶醉。三是大遗址为艺术史的研究提供大量的实物资料。例如，出土的碑石刻有大量的字画等，砖瓦等文物雕刻有大量的艺术图案。[①]

（4）社会价值。大遗址在一定角度向相关联的人群宣泄精神的、政治的、民族的或其他的文化情绪，标志一个群体共同的精神图腾，同时体现了人类历史文化的地域性与多样性。它对一个国家或民族能够产生强大的凝聚力和激励作用。作为传统文化的载体，大遗址蕴含着弥足珍贵的文化信息，是民族精神的象征，体现着前人的精神品格和力量，通过有形的遗址表达了无形的精神。其社会价值具体表现如下：①旅游价值。大遗址的旅游价值在于它记载了特定历史事件和当时人们的生产生活方式，部分反映了当时的社会现实。许多国家的发展经验证明，文化遗产作为一种旅游资源和文化创新资源，对社会发展起到积极的推动作用，大遗址所具有的极高的社会知名度和美誉度， 吸引大众参观、欣赏文化遗产，能够促进现代旅游业的发展。②经济价值。文化遗产的经济价值是其历史、艺术、科学价值的衍生物。当社会公众普遍以观赏、体验、休憩等方式享用这些价值时，大遗址的经济价值和功能便随之产生。而且公众在大遗址历史文化价值的享用中，同时实现大遗址的经济价值，理论上不会造成对大遗址的耗损，这与一般经济资源的使用方式迥然不同。③教育价值。大遗址是提高民族自信心、进行爱国主义教育的良好课堂，是精神文明建设的重要基地。借助遗址博物馆建设展示国家、民族或地方的文化传统和文化特色，可以促进人们了解历史，增强民族凝聚力。④精神价值。历史文化遗产是民族精神的载体。每个国家和民族都有自己独特的文化传统，并成为维护民族尊严，以及争取民族独立、解放和复兴的精神支柱。历史文化遗产体现了各个国家和民族长期以来形成的共同心理结构、意识形态、生活习俗等特点，是民族精神和传统文化的象征。

① 李海燕：《大遗址价值评价体系与保护利用模式研究》，西安：西北大学硕士学位论文，2005年。

（二）大遗址保护的原则

我国的大遗址保护，遵循如下基本原则[①]：

（1）原真性（真实性）原则。原真性是大遗址文物的灵魂，是衡量大遗址有无价值及其价值大小的根本属性。

（2）完整性原则。大遗址应该形成一个整体，如把秦始皇兵马俑、车马坑和秦始皇陵一起来保护，否则它的整体性就破坏了。

（3）可读性原则。可读性原则要求尊重历史事实，采用3D、动漫等手段予以展示，使观众和游客来理解这些东西，即有可读性。

（4）可持续性原则。大遗址是全人类的共同遗产，目前的技术水平达不到科学保护这些大遗址的要求，就不要随意去开发。例如，秦始皇陵和乾陵等，社会各界曾有发掘开发的呼声和诉愿。但是现在的文物保护技术达不到，可以留给后人来解决。每代人都有体验、享受、保护遗址的责任，在某些方面条件成熟了才能去做。

（三）关中地区大遗址保护新理念

陕西省文物保护领域通过长期的理论思考、探索和研究大遗址保护、管理工作的新思路，通过各种方式和途径使当地政府和居民从大遗址保护工作中受益，把大遗址保护工作纳入到国民经济和社会发展的大系统、大体制中，纳入到提高人民群众生活水平的层面上来，从而调动和激发全社会保护大遗址的主动性和自觉性，使大遗址保护工作富有生命力和号召力，使大遗址的保护与区域社会、经济和谐发展，共生共荣。也就是说，将大遗址保护管理工作从单一的限制性保护思维，转向“四个结合”的新理念和原则[②]：

1. 大遗址保护要和当地的经济社会发展相结合

从中外实践考察，文化遗产保护有助于提升和构建优越的文化软环境。比如，2002年英国历史建筑和古迹委员会发表的《变化的伦敦：一个变化的世界中的古老城市》指出，“伦敦所有最繁华、最有吸引力的地方，那些人们最愿意居住、工作和参观的地方，是那些历史环境保持完整的地方”。文化遗产保护还有助于拉动地方经济发展，促进区域社会经济繁荣。显然，大遗址与当地社会、经济之间的联系非常紧密，不能人为地割裂两者间的必然联系，应当主动地将大遗址保护工作与当地的经济社会发展紧密结合起

① 王建新：《丝绸之路：长安—天山廊道的路网》，《世界遗产》2015年第1—2期，第177—182页。

② 赵荣：《陕西省大遗址保护新理念的探索与实践》，《考古与文物》2009年第2期，第3—7页。

来，以发挥出文化遗产保护事业在区域社会、经济中的引导作用。

2. 大遗址保护与当地群众生活水平提高相结合

过去受单一的限制性文物保护思维束缚，对大遗址区域的生产活动有严格限制，当地群众只能从事传统、低效的农业生产，产业结构单一导致群众生活来源单一，生活水平很低，地方经济发展也受到制约，与遗址周边区域的反差越来越大。例如，对汉长安城遗址区内外居民生活水平的实地调研结果显示，遗址区居民的生活满意度与区外存在明显差距，就业、收入、基础设施、环境这几方面所存在的问题是影响居民生活质量的重要因素，正是遗址保护区内外居民收入的巨大差距挫伤了当地居民保护遗址的积极性，致使大遗址保护表现出以当地居民的贫困为代价，而保护工作又处于消极被动的局面。因此，当前解决众多大遗址所面临的诸多人为因素干扰的途径，除了需要进一步加强文化遗产保护宣传工作外，更为重要的是充分认识和理解遗址区内群众对于发展经济的强烈渴望，关注和引导当地居民实施产业结构优化调整战略，将大遗址的保护、管理工作与提高当地居民生活水平结合起来，让当地居民切实受到实惠，从而调动和激发全社会保护文化遗产的主动性和自觉性。

3. 大遗址保护和当地的城乡基本建设相结合

大遗址是人类社会发展进程中某一阶段的产物，或是作为过去的某一重要事件、重要阶段和重要人物密切相关的线索和物证。作为一个国家、一个民族，或者一个区域的文化演进、历史积淀的物质遗存，大遗址凝聚着世界不同民族、不同文化的智慧结晶，也体现着人类文明发展各阶段的成果。营造和谐的城市文化景观是未来城市的发展趋势，而保护好、管理好大遗址，可以确立一个城市或地域在人类发展进程中的文化坐标，并进一步提升其文化形象和地位，从而为区域社会经济发展构建出无可替代的优越文化软环境。与此同时，我们还可以积极争取到更多当地城乡建设的资金，投入到以大遗址保护为核心的城市建设中，推动和促进大遗址保护事业发展。因此，大遗址的保护、管理工作，应当与当地城乡建设结合起来，通过对大遗址的有效保护和合理利用，彰显一个城市、一个地域的文化特色。

4. 大遗址保护与当地环境改善相结合

大遗址是地域文化景观的核心要素，是现代地区文化景观的有机组成，营造和谐的地域文化景观是未来区域发展的趋势。2005 年在西安举行的 ICOMOS 第 15 届大会，国内外学者通过了《关于历史建筑、古遗址和历史地区周边环境保护的西安宣言》，提出了文化遗产保护的新理念，即将文化遗产的保护范围扩大至遗产周边环境，以及环境所包含的一切历史的、社会的、精神的、习俗的、经济的和文化的活动。这一文化遗产保护新理念，反映了国内外学者对于文化遗产保护的观念由单纯注重遗产本体的保护，进而延伸到与遗产有相关联系的空间区域内生态环境、人文环境的整体保护。作为文化遗产重要组成部分的大遗址，在实施相应的保护与管理工作时，应当不仅仅要注重对遗址本体的保护，还应当关注遗址所依存生态环境、人文环境的保护，将遗址本体的保护与生态环境、人文环境改善相结合，促进区域的全面协调可持续发展。

四、关中地区大遗址保护利用模式

通过多年实践，陕西（关中地区）探索了适合于不同类型大遗址保护的运作模式。[①]

（一）“国家公园模式”——秦始皇陵国家考古遗址公园、汉阳陵国家考古遗址公园和杜陵考古遗址公园

1. 秦始皇陵国家考古遗址公园

秦始皇陵是世界上规模最大、结构最奇特、内涵最丰富的帝王陵墓之一。秦始皇陵兵马俑是可以同埃及金字塔和古希腊雕塑相媲美的人类文化的宝贵财富，而它的发现本身就是20世纪中国最壮观的考古成就。秦始皇陵兵马俑坑充分表现了2000多年前中国人民巧夺天工的艺术才能，是中华民族的骄傲和宝贵财富。秦俑坑的发现不仅是我国，而且也是世界考古史上的一次重大发现，被誉为世界八大奇迹之一，是公认的世界人类文化的宝贵财富。

秦始皇陵遗址公园自1984年提出意向作为国家、陕西省重点建设项目与国家大遗址保护工程，该项目2003年经国家发改委相继批复了秦陵遗址公园可行性研究报告和《秦陵遗址公园初步设计方案》。2006年国家发改委批复将遗址公园建设项目的总投资调增至65 571万元。2009年2月24日，秦陵遗址公园建设工程正式启动。2010年底全部完工并对外开放。

现已建成的秦始皇陵遗址公园（丽山园），南北长约2220m、东西宽约1010m，占地3386亩（1亩≈666.7平方米），2010年被国家文物局列为首批国家考古遗址公园。[②]

① 赵荣：《陕西省大遗址保护新理念的探索与实践》，《考古与文物》2009年第2期，第3—7页。

② 国家文物局：《关于公布第一批国家考古遗址公园名单和立项名单的通知》（附件），《第一批国家考古遗址公园名单》，文物保发〔2010〕35号。

该遗址公园由秦始皇兵马俑博物馆、秦始皇帝陵博物院（由石铠甲坑博物馆、文吏俑坑博物馆和百戏俑坑博物馆等组成），形成了百戏俑坑遗址保护展示厅、文吏俑坑遗址保护展示厅、石铠甲坑遗址保护展示厅等四大“看点”。整个陵园内规划齐整，庄严肃穆，目光所到之处，不时可见历史的沉淀，感受到丰富而玄妙的内涵。遗址公园通过科学的解说系统、规范统一的标识以及为游客设定最合理的参观线路，展示园区地上和地下遗址。在秦始皇陵内城、外城城墙基址上，栽种浅根植物把城墙的轮廓勾画出来，并配合解说标识，让游客了解城墙的走向和位置。对已探明的主要建筑遗址、陪葬坑、陪葬墓，则在地面上用不同的铺装材料和不同颜色的植被把地下的陪葬坑位置和范围标识出来。在秦始皇陵遗址公园建设中还采用退耕还林将文物遗址区及周边 3.2km^2 的范围绿化。根据历史研究和考古资料，鉴于陵园外城以内 80%为遗址，在不破坏文物遗址和陵园风貌的前提下，加强绿化种植改善陵园的生态环境，并运用草木的品种和形态来标识地上、地下遗址，从而显示陵园的整体格局、规模等，达到恢复陵园自然风貌的目的。

2. 汉阳陵国家考古遗址公园

汉阳陵遗址是中国封建社会的第一个盛世“文景之治”缔造者汉景帝刘启及皇后王氏的合葬陵园，位于陕西省西安市西咸新区秦汉新城正阳街道办张家湾村北的原上。该陵园由帝、后陵园，南、北区从葬坑，陵庙等礼制建筑遗址，陪葬墓园，刑徒墓地及阳陵邑遗址等部分组成，遗迹分布面积约 20km^2，规模宏大、布局完善、内涵丰富，保存较为完好，承载了丰富的历史信息和文化内涵，充分体现了西汉时期帝王陵墓的完整格局和雄浑气势。

1990 年，汉阳陵陵园考古勘探和发掘了众多外藏坑、陪葬墓等，并清理出大量形神毕肖的汉代陪葬裸体俑群，使得阳陵成为国内外关注的热点，并跻身“全国十大考古发现”之列。从而被陕西省政府确定为汉代文化遗产保护与利用的核心区域，并投资 1.16 亿元，征用文物保护用地 2894 亩，成为当今国内占地面积最大的遗址博物馆。2001 年，汉阳陵被国务院公布为第五批全国重点文物保护单位。2005 年，国家文物局、财政部颁布《“十一五”期间大遗址保护总体规划》，汉阳陵被列为 100 处重要大遗址之一。经过多年的大遗址保护和发展建设，现已成为首批国家考古遗址公园、国家一级博物馆、国家 AAAA 级旅游景区。

基于汉阳陵遗址自身的文物资源特质和旅游资源优势，汉阳陵考古遗址公园的发展建设，定位于“以汉阳陵大遗址出土文物为主要内容的博物苑；大型考古发掘与展示现场、文物保护的示范工程；城郊绿化生态区和具有休闲观光功能的遗址公园”①。截至目前，该遗址公园相继建成考古陈列馆、帝陵外藏坑遗址保护展示厅、南阙门遗址保护展示厅和宗庙遗址保护展示厅，以及汉阳陵陶艺馆等。其中于2006年建成的帝陵外藏坑遗址保护展示厅，在大跨度空间内展示了帝陵81座外藏坑中的10座，采用文物保护的新理念，将文物和游客分隔在两个不同温湿度环境中，并利用国际上最先进的影视成像技术再现了昔日的真实历史事件，充分注意了遗址本体保护与周边环境协调、现代科技与古代文明以及文物与旅游利用的有机结合，使这一项目成为文物科学保护与合理利用的示范工程，也是对国际古迹保护准则和理念的积极探索和成功实践，对促进我省乃至我国古迹遗址保护和推动旅游产业发展具有非常重要的意义。此外，宗庙（即“德阳宫”）遗址是阳陵陵园中极为重要的建筑遗迹，占地面积60 000m^2，平面为“回”字形双回廊结构，形制规整，规模宏大，可与当年汉长安城的礼制建筑媲美，是目前发现保存最完整的帝陵陵庙建筑遗址。在保护和展示手法上采用了将遗址局部复原，并水平上移、大面积进行绿化的方式，使游客既能领略到西汉宗庙建筑的恢宏气势，又可使这一珍贵遗址得到有效的保护。②

3. 汉杜陵考古遗址公园

杜陵是西汉“中兴之主”宣帝刘询及王皇后的陵园。陵墓所在地原来是一片高地，浐、浐两河流经此地，汉代旧名“鸿固原”（少陵原）。宣帝少时好游于此原上，他即帝位后，遂在此选择陵地，建造陵园。1956年，杜陵被陕西省公布为第一批省级重点文物保护单位；1988年，被国务院公布为第三批全国重点文物保护单位；2005年，被国家发改委、财政部、国家文物局列入国家100处重要大遗址；2017年底，杜陵被列入第三批国家考古遗址公园立项单位。③

2009年，国家文物局批复同意《杜陵文物保护规划》，2013年陕西省政府审议通过《杜陵文物保护规划》并公布实施。④近年来，坚持“保护为主、抢救第一、加强管理、合理利用”的方针，依据《杜陵文物保护规划》分工协作，进行杜陵的文物保护与展示、文化旅游、生态建设，以旅游观光休闲产业带动区域经济发展，进而实现文化遗产的有效保护与传承、文物保护与经济发展的双赢。

---

① 吴晓丛、薛凯、谭平：《汉阳陵大遗址保护与利用项目定位研究》，《文博》2001年第3期，第53—58页。

② 汉阳陵博物馆：《帝陵外藏坑遗址保护展示厅》，汉景帝阳陵博物院网：http://www.hylae.com/index.php?ac=article&at=read&did =49。

③ 刘园香（责编）：《第三批国家考古遗址公园立项名单公布》，中国经济网：http://www.ce.cn/culture/gd/201712/04/t20171204_27083269.shtml。

④ 庞博：《陕西省政府公布汉杜陵和统万城遗址保护规划》，《中国文物报》2013年10月23日，第2版。

依据上述《规划》，杜陵考古遗址公园将按“一心五区”的功能模式发展建设。“一心”即杜陵遗址核心保护区，“五区”包括文物展示区、汉文化综合体验区、陪葬墓保护与生态观赏区、城市运动休闲区和明秦藩王十三陵遗址公园区。①

（1）杜陵遗址核心保护区，是以杜陵的帝陵封土为核心，包括皇后陵墓、从葬坑的遗址展示及陵庙、寝园的遗址为主体的文物保护核心区与陵园遗址旅游区。该区重点是保护文物遗存和陵园格局风貌，陵墓封土以地被、低矮灌木的绿化为主要方式，严禁游客随意攀爬，避免对封土植被的破坏。区域内严格控制种植树木类型，以松、柏科常绿树种为主，务必要清除遗址上种植的乔木树种。调整林种结构，增加常绿植物比例，体现陵园特色。并对将遗址区进行围合、遮挡、强化等，实施遗址本体保护和展示的功能。

（2）陪葬墓保护与生态观赏区，主要是陪葬墓遗址保护与陵园历史环境风貌保护。在有效展示和保护陪葬墓的前提下，营造具有特色的现代休闲观光农业生态景观区。譬如以观赏植物为主题，形成摄影、观光等产业形式和以经济为主的苗木培训基地。该区域内的甘家寨村、余王扁村可以发展供消费者参与互动的体验性观光农业等，这类产业的发展与遗址保护利用可形成互利共赢的效果。

（3）城市运动休闲区。在杜陵生态遗址公园的最北部，通过建设大众康体健身、野外宿营基地、单车运动俱乐部、森林氧吧健身区、真人CS基地、野外生存拓展基地等运动休闲项目，为城市居民提供便捷的日常休憩和改善身体素养的运动场所。

（4）文物展示区，主要目标是形成一个博物馆集群区域。首先要建设杜陵综合博物馆，目前已有秦砖汉瓦博物馆，需增建以杜陵遗址的历史内涵为主题，展示杜陵遗址出土的大量精美文物的大型帝陵博物馆。其次，兼容民间博物馆、文化民俗博物馆等。创建杜陵遗址博物馆集群区，以利于整合全国民间社会文化资源，形成体验式特色的民间民俗文化消费市场、博物馆教育产业市场，助推曲江新区文化软实力的提升。

（5）汉文化综合体验区。主要是展示汉文化与当地的民俗文化，包括传统汉服和礼仪文化体验、青少年素质教育、传统乐器、绘画、书法教育以及陶塑制作体验等。逢传统节日可举办主题性祭祀活动、寿诞生日庆典活动。并考虑和周边学校合作，周末节假日举行“礼仪文化培训”“穿越回汉朝”等相关主题性讲座及体验活动，同时举办以汉代乐舞为主题的大型实景演出。

---

① 黄翊珊：《汉宣帝杜陵保护利用与曲江新区二期互动发展研究》，《文物鉴定与鉴赏》2018年第11期，第93—95页。

（6）明秦藩王十三陵遗址公园。包括：①明秦王陵遗址公园。以明秦藩王“十三陵”为重心，在尊重和保护原貌的基础上，增加遗址保护开发的纵深度，为杜陵形成有效的文化补充，打造历史意义更为广泛的大遗址典范。②明秦王陵博物馆。该博物馆具备典藏、科学研究、社会教育三大功能，融科普、教学、学术交流、观赏、休闲于一体，建成名副其实的历史文化教育的窗口和青少年素质教育的平台。③建造大型生态停车场及公共交通综合换乘中心，为整个杜陵考古遗址公园提供配套服务。

（二）“市民公园模式”——曲江遗址公园和唐大明宫国家遗址公园

1. 曲江池遗址公园

曲江池遗址公园位于西安南郊曲江风景带，与曲江寒窑遗址公园、秦二世陵遗址公园、唐城墙遗址公园等，形成1500亩的城市生态景观带，成为西安实现城市现代化和历史文化遗产保护和谐共生的成功典范，为西安市民和游客提供了一个人文、自然、休闲、和谐的城市活动区。该遗址公园是集历史文化保护、生态园林、山水景观、休闲旅游、民俗传承、艺术展示为一体的开放式城市生态文化公园。曲江是我国历史上著名的风景园林胜地和“长安八景”之一“曲江流饮”所在地，还是古城西安曾经的经济活动中心。西安南郊曲江城市生态景观带为西安国际化大都市建设中将隐性文化资源转化为显性文化资源树立了典范。①

2. 唐大明宫国家遗址公园

唐大明宫遗址是1961年国务院首批公布的全国重点文物保护单位。

唐大明宫是唐长安城“三大内”（太极宫、大明宫、兴庆宫）中最为辉煌壮丽的建筑群，地处长安城北部禁苑中的龙首塬上。历史上大明宫的范围较大，共有11座城门。平面略呈梯形，已探明的殿台楼亭等遗址有40余处。大明宫周长7628m，面积3.2km^2，充分显示了唐代宫城建筑的雄伟风貌。唐大明宫堪称东方园林建筑艺术的杰出代表，是中华民族协和万邦的重要场所，被誉为“丝绸之路”的东方圣殿。

唐大明宫遗址公园为西安城市建设、大遗址保护和改善民生的重点工程，是西安的“城市中央公园”。这使大明宫遗址区保护成为带动西安率先发展、均衡发展、科学发展的城市增长极。大明宫遗址公园遵循“文化大策划和超前规划为先导，组织大

① 张宏、赵荣：《城市休闲功能区建设的影响——以西安曲江新区为例》，《西北大学学报（自然科学版）》2006年第4期，第671—675页。

型城市运营商参与土地一级开发为主导，以‘整体拆迁、整体建设’为保障，以改善区域人民生活水平、提升城市品质为宗旨，努力建设人文、活力、和谐西安的示范新区，探索大遗址带动城市发展的新模式”的发展思路，经过“十一五”以来的建设和发展，基本形成“一心两翼三圈六区”的大空间形态格局，其中“一心”为大明宫国家遗址公园；“两翼”即以火车站北广场为轴心，沿陇海线形成东西两大城市改造板块；“三圈”是指形成未央路、太华路、北二环三个商业圈；“六区”为规划建设的文化旅游区、商贸服务区、商务核心区、改造示范区、中央居住区、集中安置区等六个功能区。①

现今唐大明宫遗址公园，在全面完成大明宫遗址区保护改造的基础上，基本建成为一个功能完备、环境优美、历史文化特色鲜明的现代化城市示范新区，已成为2010年国家文物局公布的首批国家考古遗址公园之一②，是2014年被联合国教科文组织列入《世界遗产名录》的“丝绸之路：长安—天山廊道的路网”中的重要遗址点③。未来随着城市与公园的同步发展，该遗址公园将成为西安城市居民的休闲场所和心灵家园，以及最具生态意义的城市森林。也将成为“以大明宫遗址保护改造和展示盛唐文化为特色，集文化、旅游、商贸、居住、休闲服务为一体的、具有国际水准的城市新区”。

（三）“遗址博物馆模式”——半坡遗址博物馆和大唐西市遗址博物馆

1. 半坡遗址博物馆（西安半坡博物馆）

该遗址博物馆位于陕西省西安市东郊浐河东岸、半坡村北。西安半坡遗址1953年被发现，该遗址揭示了距今大约6000多年前的一处典型的新石器时代仰韶文化母系氏族聚落的社会组织、生产生活、经济形态、婚姻状况、风俗习惯、文化艺术等丰富的文化内涵。半坡博物馆1958年正式对外开放，陈列展览面积约4500m^2，具有出土文物陈列、遗址大厅和辅助陈列三部分。其中半坡遗址大厅占地面积3000m^2，是原始村落的一部分，其房屋建筑早期是半穴式，到了原始社会晚期，形成后来中国传统房屋建筑的基本模式。遗址中有一条长300m、深约5m、宽约6m的大鸿沟（护卫村落的防御工事）。遗址中可见到公共墓地，有的墓地上放着瓮棺，瓮棺上边盖着陶盆，陶盆中间钻有一小孔（方便死者的灵魂进出）。遗址中还有储藏物品的地窖和公共仓库等先民遗迹，生动而具体

---

① 西安曲江大明宫遗址地区保护改造办公室编：《大明宫国家遗址公园·规划篇》，北京：人民出版社，2009年。

②《国家文物局关于公布第一批国家考古遗址公园名单和立项名单的通知》（附件），《第一批国家考古遗址公园名单》，文物保发〔2010〕35号。

③ 王建新：《丝绸之路：长安—天山廊道的路网》，《世界遗产》2015年第Z1期，第177—182页。

地展现了半坡人开拓史前文明的艰难足迹。

半坡遗址博物馆是国家一级博物馆和首批全国重点文物保护单位，具有中国第一座史前遗址博物馆、首批“百个爱国主义教育示范基地”、“西安旅游十大景点”之一等桂冠。

2. 大唐西市遗址及丝绸之路博物馆

建于唐长安西市遗址的大唐西市及丝绸之路博物馆是中国首座民营遗址类博物馆，占地面积 15 亩，建筑面积 $3.4\times10^4m^2$，其中遗址保护面积 $0.25\times10^4m^2$。该馆建筑分为七大功能区：博物馆入口区、遗址展示区、博物馆展示区、城市客厅区、商业服务区、库房及设备辅助区、地下车库区，主要包括唐长安城西市十字街遗址保护、西市出土文物展示、丝绸之路历史文化展示以及相关辅助内容。其馆藏文物两万余件，以西市遗址出土文物和博物馆创办人二十年来精藏文物为主，上起商周，下迄明清，跨越三千余载。精美神秘的青铜器，绚丽多彩的陶瓷器，千姿百态的陶俑，璀璨夺目的金银器，精美绝伦的丝绸，巧夺天工的玉器，还有大量的货币、墓志、宗教、建筑类文物充盈库藏，为精彩纷呈的陈列展览奠定了坚实的基础。国际古迹遗址理事会主席米歇尔佩赛特指出：“大唐西市是丝绸之路的起点。它不仅是中国的，也是世界的。”大唐西市博物馆为中国文化遗产保护提供了一个成功的范例。①

（四）“遗址特区模式”——汉长安城遗址公园

汉长安城遗址位于今西安市西北部未央区境内，西为皂河，东为团结水库（汉城湖），遗址周边有渭、泾、灞、沣等多条河流，宏观自然环境涵盖南部的秦岭和北部的渭北台塬景观体系。汉长安城遗址保护区总体保护范围 $75.02km^2$，核心区 $36km^2$。虽然历经 2200 多年沧桑变迁，仍是中国现存规模宏大、遗迹丰富、格局明确、保存较为完整的古代统一帝国的都城遗址。该都城遗址的建筑格局对古代东方的城市营造产生了深远影响，并孕育出了博大精深、传承至今的“汉文化”“汉人”“汉族”等中华标志文化。②

汉长安城作为全国首个大遗址保护特区，得到国家文物局、陕西省和西安市政府的高度重视。按照 2012 年制定的《西安汉长安城国家大遗址保护特区实施方案》，该大遗址保护特区规划范围包括城址区、建章宫遗址区、礼制建筑区和景观协调区，分三个阶段实施。其中，建章宫遗址区面积 $9.38km^2$，礼制建筑遗址区 $10.83km^2$，核心区域汉长

① 刘克成：《西安唐西市遗址及丝绸之路博物馆》，《建筑与文化》2013 年第 1 期，第 23—27 页。

② 杨永林、张哲浩、刘柯：《西安汉长安城未央宫遗址：丝绸之路的历史起点》，《光明日报》2014 年 6 月 17 日，第 4 版。

安城城址区 36km^2。近些年来，汉长安城国家大遗址保护特区按照“保护为主、抢救第一、合理利用、加强管理”“统筹城乡、改善民生”“文化遗产保护与城乡建设相融合”和“统一规划、统一领导、分步实施”等“四大原则”实施建设，先后完成和即将完成的阶段性工程有①：

（1）启动和完成汉长安城未央宫遗址申报丝绸之路世界文化遗产项目。该项目范围西至西三环路东缘，北至直城门大街北缘外扩 20m，东至安门大街东缘外扩 20m，南至护城河外扩 30—100m 不等，包括西安门外由城市快速干道进入遗址入口区域，共计 7.14km^2，已经完成申遗区域内建筑拆除、环境整治、道路系统建设、遗址保护展示、考古工作现场展示，以及博物馆建设等。2010 年，汉长安城未央宫遗址被国家文物局列为首批国家考古遗址公园；2014 年 6 月，汉长安城未央宫遗址作为“丝绸之路：长安—天山廊道的路网”的起点，被成功列入《世界遗产名录》。

（2）完成汉长安城遗址考古普探成果的规划调整与主要文物本体的保护和展示，全面启动特区建设范围内的基础设施。如 2016 年编制完成《汉长安城国家考古遗址公园未央宫片区保护展示服务提升项目方案》及其 5 处游客服务设施建设，实施直城门大街、南宫门等文物保护展示项目和丰产路（东段）改造提升工程，并进行遗址区绿化，修改完善《徐家湾地区城市综合改造规划》，并完成报审；以幸福新农村试点建设为契机，与省市文物部门及省文化遗产研究院反复沟通，提出特区村庄建设的初步意见，进行保护规划修编稿的调整优化并报批。

（3）未来完成汉长安城考古遗址公园等保护工程建设，包括汉长安城国家遗址公园（将汉长安城遗址保护工程作为文化建设和城市建设中“国家背景，城市行动”的典型工程）、汉长安城遗址陈列馆（建成汉长安城遗址的专题性陈列馆，展示西汉长安城的历史沿革、布局规模、社会风俗，以及遗址的保护现状、考古成果等）、汉长安城长乐宫四号、五号遗址博物馆等。

通过对特区的整体保护及其建设，使汉长安城这个国家的、民族的辉煌历史遗迹得到更好的保护、利用和展示；使其成为体制机制完善、管理科学高效、人民安居乐业、生态环境良好、历史文化特色显明，集文化观光旅游区、城市生态体系规划区、民风民俗建筑特色区为一体的城市新区；使其成为彰显华夏文明历史文化的重要基地，为建设富有历史文化特色的国际化大都市提供文化支撑。

①《西安：以“特区”模式保护汉长安城遗址》，《西安晚报》2013 年 5 月 27 日，第 1 版。

（五）“文物旅游景区模式”——茂陵、乾陵

1. 茂陵——西汉断代史博物馆、国家AAAA（帝陵遗产）级旅游景区

茂陵是西汉武帝刘彻的陵墓，始建于1956年的茂陵博物馆，以汉武帝茂陵、霍去病墓及大型石刻群而蜚声海内外，是融文物、古建、园林为一体的西汉断代史博物馆。现为全国重点文物保护单位、首批国家AAAA级旅游景区、中国汉文化经典景区。

茂陵景区以茂陵陵区为载体，以汉武帝茂陵、霍去病墓，汉代大型石雕群，以及众多高等级陪葬墓而闻名于世的帝陵遗产（文物）旅游景区。据最新考古勘测显示，茂陵陵区平面大致呈长方形，东西长9.5km，南北宽7.0km，面积66.5km^2，由茂陵陵园、陪葬墓、陵邑遗址组成，遗址遗迹、从葬坑400多处，点多、线长、面广，形成了天然的立体博物馆。茂陵陵园范围内的覆斗形汉武帝茂陵陵冢，现存残高 46.5m，其底部基边长240m，陵园呈方形，边长约420m，至今东、西、北三面的土阙犹存。茂陵周围有大将军卫青、骠骑将军霍去病、三朝重臣霍光、车骑将军金日磾等人的陪葬墓123座。特别是茂陵陵冢东1km处的霍去病墓，是汉武帝痛惜他的英年早逝，为表彰其征战匈奴的赫赫战功，特下诏修建的形拟祁连山的墓冢，其墓前和墓上散置大型石雕群作为陪葬。

茂陵博物馆选址于霍去病墓前，正是为了保护、研究和展示这批石刻。经过半个多世纪发展，如今的茂陵博物馆内园林景色宜人，仿汉建筑群林立，亭台楼阁、碧波荡漾、苍松翠柏、三季有花、四季常青。游览内容丰富，“戏观茂陵一绝、琳池鱼追游人”、千年编钟展演，聆听悦耳古曲，夜景流光溢彩，浮桥喷泉迷人。欣赏《汉武帝事造像艺术展览》，遐想那两千多年前的西汉历史典故，令人身临其境，叹为观止。

茂陵帝陵遗产旅游景区的主要看点：一是霍去病墓前的16件石刻，包括“马踏匈奴、卧马、跃马、石人、人与熊、怪兽吃羊、野猪、伏虎、卧牛、卧象、蛙、蟾”等12件国宝，以及石鱼2件、石刻题记2件国家一级文物。这些陈列在霍去病墓东西两侧的长廊内巨石群雕，其题材多样、雕刻手法简练古拙、造型雄健粗犷，是中国迄今为止发现时代最早、保存最为完整的大型圆雕工艺品，也是汉代石雕艺术的杰出代表，在中国美术史上占有重要的地位。二是馆藏文物珍品，包括高62cm，长76cm，通体铜铸鎏金，昂首，翘尾，四腿直立，体态矫健的鎏金马和高58cm，底径13.3cm，口径9cm，盖高6cm的鎏金银高擎竹节熏炉国宝2件，以及错金银铜犀尊、鎏金虎镇、鎏金银铜漆耳杯、四神纹青玉雕铺首和铜漏壶等精美工艺品。这些文物珍品皆具有极高的历史价值和艺术价值，是研究西汉工艺美术史和计时科学的珍贵实物资料。①

① 王志杰：《汉武时代的文化遗产集萃》，西安：三秦出版社，2008年，第99—139页。

2. 乾陵——全国重点文物保护单位、国家 AAAA 级旅游景区

乾陵位于陕西省乾县城北 6km 的梁山上（因在唐长安城西北方向，即八卦的乾位，故称乾陵），是唐朝第三位皇帝高宗李治和女皇武则天的合葬陵，始建于 684 年，历时 23 年修建完成。乾陵最为著名的是其气势磅礴的陵园建筑，以及地表上的大量石雕刻群。此外，乾陵有 17 座皇室成员与功臣的陪葬墓，截至 2013 年已开掘了其中的 5 个陪葬墓，从中出土了大量的精美壁画和（三彩）陶俑等珍贵文物。

依托乾陵陵区发展建设的乾陵景区，主要景点有唐高宗和武则天的合葬陵乾陵、永泰公主墓、章怀太子墓、懿德太子墓、仿唐乾陵地宫、乾陵博物馆等，简述如下：

唐高宗和武则天合葬的乾陵是唐 18 陵中唯一保存完好、未被盗掘过的帝陵，为一对夫妻皇帝合葬陵，号称世界上独一无二的一座帝陵。[①]该景点的内涵与看点：①天人合一的设计理念。乾陵所依的梁山有三座峰，其主峰为陵丘（象），山脊前端的两座山峰为陵园的天然门户，从东边眺望，乾陵犹如一位静卧在天地之间的“睡美人”，北峰为睡美人的头；南二峰为睡美人的胸，民间有武则天“头枕梁山，脚蹬渭水”之说。梁山为天然锥状石灰岩质山体，在“东方帝王谷”的帝王陵中，或许只有唐乾陵堪与埃及金字塔、印度泰姬陵相媲美。乾陵的整体设计充分体现了中国古代“天人合一”的理念。②历代诸皇陵之冠。乾陵修建于盛唐时期，历时长达 57 年之久。陵园地面建筑仿唐长安城格局营建，分为宫城、皇城和外郭城，是唐代帝王陵墓中唯一发现有双重城垣的陵墓，反映了唐代都城长安的整体格局。陵园占地 100 余公顷，规模宏大，建筑富丽雄伟，石雕高大浑厚，堪称“历代诸皇陵之冠”。③依山为陵的典范。唐太宗的昭陵开“依山为陵”的先例，乾陵堪称依山为陵的典范。乾陵创建了围绕山峰安置陵寝的整体格局，奠定了唐代“依山为陵”葬制的基本模式，如内外两重城墙、一座陵寝、三重天然阙台、一条笔直宽阔的神道、对称排列成组布置的石雕群等，整个陵域设计与周围的自然环境和谐地融为一体，成为后代帝陵，尤其是明、清帝陵修建陵园时所效仿的对象。④露天石雕艺术博物馆。乾陵原有地表石刻 120 多件，分布在东、西、南、北四个城门外，其中 113 件集中在南朱雀门外神道两侧，由南向北依次对称排列，有石柱（或称华表）、翼马、鸵鸟、仗马和牵马人、直阁将军（翁仲）、无字碑、述圣纪碑、六十一番臣像和石狮。它们以陈设位置的高低层次不同和数量的差异，组成了一组中国封建社会帝王陵园内最庞大的石雕群像，代表了唐代高度发展的封建文化和石雕艺术，故有“唐代露天石雕艺术博物馆”的美誉。

① 张建林：《唐代帝陵陵园形制的发展与演变》，《考古与文物》2013 年第 5 期，第 82—90 页。

永泰公主墓是唐高宗李治与武则天的孙女、唐中宗李显的第七个女儿李仙蕙的墓葬，是目前发掘的“号墓为陵”的唐代女性陪葬墓中规模最大的一座。该墓葬为原始的“土洞、砖式”结构，虽屡经盗掘仍出土各类珍贵文物1300余件，尤其是被定为国宝级文物的高级葬具“石椁”，有着“中国古代第一美女”之称的唐代仕女壁画，蜚声海内外。①

章怀太子墓是唐高宗李治和女皇武则天的次子李贤（655—684年）的墓葬。唐睿宗景云二年（711年）被追谥为“章怀太子”，并迁其妻清河房氏与之合葬。该墓葬发掘清理出各类文物数以百计，其内容丰富、题材广泛的墓室壁画被誉为“地下画廊”。其中国宝级的《马球图》《出行图》，以及反映唐代对外交流的《客使图》等，再现了1300多年前唐代宫廷生活的真实场景。出土的色釉亮丽、体型高大的唐三彩也是难得的文物珍品。②

懿德太子墓是唐中宗李显的长子、唐高宗李治和武则天的长孙李重润（682—701年）的墓葬，706年中宗李显将其灵柩以帝王礼陪葬乾陵，并“号墓为陵”。该墓是迄今陕西境内已发掘唐陵陪葬墓中规模最大、等级最高的一座，墓中很多礼制建筑属帝王等级，还发掘清理出许多精美的墓室壁画和陶俑（唐三彩）等随葬品。③

1978年在唐永泰公主墓遗址上建立的乾陵博物馆，馆藏文物极其丰富。其乾陵文物精华展，集中展出了20世纪发掘的唐乾陵陪葬墓出土的各类精美文物100余件，其中色彩亮丽的唐三彩、雕刻精美的石椁线刻画，以及绚丽多彩的唐墓壁画，被称为“唐墓文物三绝”。做工精美、雕刻细腻的金银玉器和铜镜，从不同角度展现了盛唐文化的精彩纷呈。专题陈列——唐代胡俑展，收集展出了1949年以来陕西境内出土的各类胡俑精品100多件。其形象生动，表情各异，有的络腮胡须，有的深目高鼻，有的身穿翻领开叉胡服等，反映出1300年前胡人在唐长安城的生活情景。④

据《乾陵景区旅游发展总体规划》，在以乾陵为中心，环陵路北2km以南，西平铁路以北、福银高速公路以西、漠谷河以东，总面积约66km^{2}的规划范围内，未来将实施和建造如下旅游项目⑤：

一是建设“乾陵国家考古遗址公园”。即以唐乾陵、靖陵帝王陵墓为重点，辐射乾陵17座陪葬墓群，展示唐代盛世帝王和衰落帝王不同的墓葬格局以及唐代帝王陵墓、陪

① 陕西省文物管理委员会：《唐永泰公主墓发掘简报》，《文物》1964年第1期，第7—33页。

② 陕西省博物馆、乾县文教局唐墓发掘组：《唐章怀太子墓发掘简报》，《文物》1972年第7期，第13—23页。

③ 陕西省博物馆、乾县文教局唐墓发掘组：《唐懿德太子墓发掘简报》，《文物》1972年第7期，第26—31页。

④《陕西名馆：乾陵博物馆》，人民网：unn.people.com.cn/GB/channel346/349/1413/1415/200011/20/9840.html。

⑤ 罗丽、杨明：《文物保护与利用的新模式探索：以陕西乾陵景区为例》，《环球市场信息导报（理论）》2012年第6期，第127—128页。

葬墓群的宏大气势，建设独具特色的陵墓生态景观走廊，使游客观其陵、闻其事、赏其景，感受唐陵文化的陶冶及心灵的震撼。

二是建设大唐小镇和游客服务区。在文物保护区之外，“龟城”西侧营建大唐小镇，与游客服务区合并建设。大唐小镇主要展示唐代的市井生活，把乾陵景区打造成一个现代旅游产业与帝王陵墓遗址公园相结合的典范。

三是武则天和武周时代博物馆。为了充分展示一代女皇武则天的生平历史、重大事件和对中国唐代政治、经济、军事等领域的影响，使人们参观了乾陵后能够全面了解武则天和唐代历史文化，真正起到教育基地的作用，建设一座以武则天为主题、具有现代展示水平的高规格的博物馆已迫在眉睫。

四是建设乾陵水上乐园。通过引入羊毛湾库区水源，建设 500 亩水面的人工湖，使岸上绿树成荫，湖中绿波荡漾，远处鲜花飞红、果实流金，乾陵主峰如画，让游客可以在其中戏水游乐、击水扬帆，形成别具一格的帝王陵寝水上乐园。

五是建设乾陵“唐诗碑林苑”。唐诗碑林苑的园林设计以再现唐诗文化内涵为基础，同时融入中国书法、绘画、雕刻、雕塑、乐舞、茶艺、城市园林、公卿园林、私家园林和自然园林之特点，并与现代造园、古建工艺手段与生态学、博物馆学及现代科学技术相结合，进行总体设计。

六是建设帝陵露天石刻博物园。将唐 18 陵的田野文物统一收集或进行复制，按唐代格局分陵排布，形成唐代帝陵形制的集中展示区，增强大唐历史文化的震撼力和冲击力。

七是建设奉天古城墙遗址公园。加强对乾县城北残存的古城墙进行抢救性开发保护，实施修旧复旧工程，恢复县城北门楼，使县城唐风貌街区、盛唐大观园、北大街乾县仿唐名吃一条街相互连接，形成唐风唐韵风景线。

八是建设牡丹花田观光园。依据武则天与牡丹的故事传说，在乾陵主陵南麓，种植千亩牡丹花田，营造“富贵风流拔等伦，百花低首拜芳尘”的富贵意境，提升乾陵生态观赏色彩。

九是建设“守陵人居”农家乐。以守陵人为文化主题，以无字碑、番臣像为主要文化意象，对陵前旧村及东门柳池村进行基础设施改造和文化包装，打造一个具备历史纵深感和游览趣味性的村镇，用这个村镇讲述千年来守陵人的故事，再现历史上守陵人的习俗和规矩，把这段历史说活，用建筑和景观说话，把守陵的故事说生动。改造后的村镇，其核心旅游功能仍是以农家乐为代表、具有关中特色的乡村旅游。

十是乾陵大地艺术（生态农业休闲项目）。依托乾陵景区及周边的关中特色地形地貌景观资源，采用大面积植物景观营造方法，将这里打造成独特的黄土沟壑花谷型摄影基地、写生基地、婚纱拍摄基地，一改黄土高原略显苍凉的游览观感，增加乾陵新的看点。

（六）帝陵遗产廊道模式—西汉帝陵遗址带和唐代帝陵遗址带

1. 西汉帝陵遗产廊道

陕西省成阳市以北的五陵原（现属西安市西咸新区秦汉新城）西起兴平市南位镇，东到西安市高陵区泾渭街道，北接泾阳县高庄镇、太平镇，南达渭水北岸，东西长约 40km，南北最宽处约 13.5km，总面积 517.37km^2。该范围内分布着数量众多的文物古迹，不仅有大秦帝国都城遗址、唐代女皇武则天母亲的墓冢——顺陵，还有被誉为“中国金字塔”群的 9 座西汉帝陵廊道绵延雄陈。尤其是西汉帝陵数量之众多、规模之宏大、内涵之丰富、时代序列之完整，在全国占有重要地位，具有极高的保护利用价值，构成具有申报世界文化遗产潜质的西汉帝陵遗产廊道和城郊型大遗址区。①

近些年来，国家级新区——西咸新区的秦汉新城、空港新城和咸阳市渭城区政府联手在五陵原实施大遗址绿化工程和都市农业长廊建设。譬如，秦汉新城结合“民生之都、文化之城、田园之城、健康之城”的城市定位和产业结构优化，把突破点放在“绿起来”。在帝陵展示带上设置了以安陵、长陵为中心的文化主题森林公园展示区，以渭陵、延陵、义陵、康陵和平陵等为中心的西咸都市农业生态田园展示区。2010 年启动的大遗址绿化工程，对长陵、安陵、赵王如意墓周边区域进行退耕还林，栽种松树、柏树等树种 1.5km^2，不仅对陵园封土、现存文物、地下墓葬起到了有效的保护作用，还提升了城市区域景观品质，使历史厚重的五陵原重现大气之美。其他如义陵、平陵和茂陵等的绿化已经开展或初具规模，“十三五”期间还特对五陵原上其他陵墓遗址进行绿化，建成大西安“三条绿化带”（即秦岭北麓绿化带、渭河生态景观带和五陵原帝陵绿化廊道）中最具文化特色的一条绿色生态廊道。② 此外，打造西起茂陵、东至阳陵的东西长 50km，南北宽 2—3km 的五陵原现代都市农业长廊，着力建设集农业生产、休闲体验、旅游观光田园项目，总占地面积约 3 万亩。③ 按照“两带十园多轴”的产业布局，大力发展以花卉苗木、设施果菜、名优杂果、休闲观光为主的现代都市农业，建成省级现代农业示范园区 3 个、

①《在更高的站位上做好文物保护工作——西咸新区文物保护工作观察》，《陕西日报》2017 年 8 月 3 日，第 13 版。

②《当国家级新区遇见历史大遗址》，《经济日报》2016 年 5 月 20 日，第 13 版。

③《西咸新区秦汉新城：五年新跨越 扬帆再启航》，《陕西日报》2016 年 6 月 14 日，第 6 版。

市级现代农业示范园区 5 个，使五陵原都市农业长廊初具规模。[①] 其中位处汉高祖长陵景区的省级正阳现代农业示范园，主要开展蔬菜水果名优新特品种的引进、示范、推广工作，园区内配套建设农民教育培训中心，辐射带动周边村庄发展大棚蔬菜种植。介于安陵景区和秦咸阳宫遗址区的西部芳香园种植大马士革、路易十四、伊豆舞女等 30 余种玫瑰（800 亩）和薰衣草（300 亩），是集芳香植物栽植、精深加工、旅游观光、研发育种、科普教育五位一体的都市农业观光园。义陵景区的张裕瑞那城堡酒庄占地 1078 亩，建成为集葡萄新品种示范、高端葡萄酒生产、葡萄酒文化展示、产品销售和观光旅游休闲五大功能区为一体的国际一流葡萄酒酒庄，并且带动了周边地区的鲜食葡萄发展。西咸国际农庄（占地 570 亩）建成为集花卉苗木生产、交易、研发、科普展示、文化创意、休闲观光的生态农业观光园。渭陵景区的西部国际鲜花港，占地面积 3400 亩，现已完成园区整体规划，并初步实施建设，将全力建设国家级现代旅游农业示范园及花卉生产、交易、研发和文化创意于一体的生态农业观光园。延陵景区的田园居现代农业示范园，集生态、景观、体验、教育等功能于一体，现已开园营业。陶园居省级现代农业园地处西咸新区秦汉新城、空港新城交汇处，东临迎宾大道，南依汉成帝延陵，规划总占地面积 6068 亩（核心区 2188 亩），园区分为农业科技示范、观赏采摘、休闲体验和农产品加工展示四个功能区，是集高科技农业示范、绿色农产品加工、休闲采摘、餐饮娱乐为一体的生态型现代农业示范园。平陵景区华夏现代农业园区，将建成集苗木培育、生态观光、科普教育、休闲度假为一体的现代农业示范园区。[②] 大秦农庄占地面积约 1000 余亩，园区内现已建成 2000m^2 标准化智能化温控大棚（有花卉展厅、生态餐厅，羽、乒球馆，生态办公室等区域），园区内建有 QQ 农场、水上乐园、老兵客栈、老兵垂钓园、专家公寓、足疗服务中心等旅游产品，园区的整体发展框架已初步形成。茂陵现代农业产业园总面积 1.5 万亩，是一座集设施农业、生态观光、科技示范、生产加工、旅游餐饮等诸多功能于一体的综合型现代农业园区。其核心区建成大樱桃生态博览园（占地 5000 余亩），是以现代农业为基础的休闲观光科技园区，属省级无公害生态示范园和西安农业精品园区之一。[③]

在文化产业方面，以秦咸阳城遗址及西汉帝陵文物保护与展示利用为主的历史文化旅游项目，打造集考古遗址展示、文物发掘陈列、视觉光影秀、休闲购物于一体的一站式旅游休闲体。例如，大秦文明园区是集历史文化遗产的保护与展示、游客深度参与和

---

①《渭城区倾力打造五陵原都市农业长廊》，《陕西日报》2013 年 8 月 5 日，第 5 版。
②《渭城区倾力打造五陵原都市农业长廊》，《陕西日报》2013 年 8 月 5 日，第 5 版。
③《兴平市茂陵现代农业产业园总投资 2.9 亿元》，《咸阳日报》2016 年 6 月 21 日。

体验、现代休闲度假与商务服务于一体的大型历史文化旅游园区。由秦咸阳宫遗址保护区、咸阳博物院区、秦文明广场区三大板块组成。其中，咸阳博物院区总体布局运用秦朝宫殿“象天法地”的规划思想，采用映射北斗七星的布局，是一座功能完善、技术先进且具有浓郁传统风格的现代建筑。①

2. 唐代帝陵遗产廊道

唐十八陵分布在关中盆地北缘，跨越陕西省乾县、礼泉、泾阳、三原、富平和蒲城6个县境，自西向东延亘150km范围，形成了我国历史上规模最大的“依山为陵”葬制形式的帝陵带。该帝陵带的帝陵陵园规模宏大，陪葬墓群数量多，地面石雕艺术水平高，为世所罕见。该东西向展布的唐代帝陵遗产文化轴线，被誉为“三百里大唐帝陵遗产旅游廊道”②，具有开发和建设廊道式帝陵大遗址公园的厚实基础和资源条件。目前唐代帝陵中只有乾陵（景区）、昭陵和桥陵3座帝陵（博物馆）正式对外开放，其他唐陵参观和游览的条件差强人意，其沿线道路上缺乏标识（少数唐陵甚至无公路可达），国内外知名度也不高。

针对唐代帝陵遗产保护利用及展示方式的现状，陕西省文物、旅游部门近年来先后实施了“陕西唐陵大遗址保护项目”、“唐帝陵旅游开发和建设专项规划”及“汉唐帝陵周边乡村旅游发展规划”等举措。其中陕西省文物局2006年起组织实施的“陕西唐陵大遗址保护项目”③，旨在对关中地区唐十八陵进行系统的考古勘探和调查发掘。陕西省旅游局2014年颁布的《陕西省汉唐帝陵旅游专项开发建设规划（2014—2020）》，提出汉唐帝陵综合提升项目和汉唐帝陵旅游道路网建设。2016年陕西省旅游局暨省发改委颁布的《陕西省汉唐帝陵周边乡村旅游发展规划（2016—2025）》，按照“一陵带一村，一村护一陵”的发展思路，将文物保护、乡村旅游开发与农村经济发展、农民增收致富紧密结合，以唐帝陵周边乡村为重点，对帝陵周边乡村旅游的空间布局、产品打造、项目建设、文化展示、品牌营销等进行详细设计，分批建设唐帝陵周边乡村文化旅游名村，打造都市休闲娱乐、唐石刻—梨园、休闲农业—田园乡村、大唐时代等组团产品，培育唐陵周边行政村作为增长极，形成北山乡村旅游景观带。④

---

① 《传承东方历史文明 树立华夏文化自信——西咸新区秦汉新城大秦文明园区专题报道》，《陕西日报（多媒体数字报）》2015年5月24日，第4版。

② 陕西省旅游局编：《我们一同走向辉煌：改革开放三十年陕西旅游发展文集》，西安：陕西旅游出版社，2009年，第234—240页。

③ 陕西省考古研究院唐陵考古队：《唐陵大遗址考古的思路与方法——2007～2008年度中国田野考古一等奖获奖项目介绍》，《考古与文物》2010年第1期，第103—106页。

④ 陕西省旅游局、长安大学旅游规划设计研究所编制：《汉唐帝陵周边乡村旅游发展规划（2016—2025）》，陕西省发展与改革委员会（颁布），2016年。

此外，除了乾陵景区建设之外，唐昭陵景区建设在完成《唐昭陵旅游景区旅游发展总体规划》、《唐昭陵文物保护总体规划》和《唐昭陵景区绿化规划》编制的基础上，以昭陵博物馆和全国文明示范村袁家村为代表的景区建设风生水起，有关单位还就唐昭陵旅游开发提出大手笔方案。唐桥陵创建国家考古遗址公园和国家 AAAA 级旅游景区成效显著。唐泰陵所在的渭南市蒲城县编制完成了《陕西蒲城唐泰陵景区总体概念性规划》等。渭南市加快推进境内 9 座唐陵的基础设施（道路）建设。桥陵、泰陵、昭陵、顺陵和乾陵均已列入首批“陕西省文化遗址公园”名单。[①]至 2017 年，西起乾陵，东至泰陵的乾县、礼泉、泾阳、三原和富平、蒲城诸县域，现代农业产业园区建设也卓有成效。

由上述可见，唐代帝陵遗产廊道，首先是文化遗址公园点缀的帝陵大遗址带，正在开发建设的北山乡村旅游景观带和现代农业园区荟萃的廊道。尤其是唐帝陵遗产旅游廊道建设，作为彰显唐文化特色的旅游绝品项目，是全国著名的唐文化特色精品旅游线路。

五、关中地区大遗址产业化路径

随着，近年来文化及相关产业发展迅猛，并且随着居民可支配收入的提高，文化及相关产业的消费水平也在逐年攀升。

（一）投资经营主体的多元化

由政府主导型向社会主导型转变，实现投资经营主体的多元化，充分利用社会资金，发挥社会优秀人才的管理经营能力。在严格保护的前提下，将大遗址的经营权以出租、承包、合资、合作、联营、股份等方式进行转让。非营利组织、团体、营利性文化企业和个人都可成为合法的经营主体。

（二）保护和展示技术的现代化

传统的展示就是露天护栏展示、遗址回填后在原址地表模拟展示、建设保护厅棚展示、原遗址复原重建、数字模型等复原展示。如，唐大明宫遗址采用虚拟市景漫游、虚拟体验式漫游、360°全景展示，给观众以体验。要借助虚拟现代艺术对已消失的历史遗迹进行恢复，让游客可以切实地感受到遗址的原貌，如秦始皇兵马俑博物馆的红外线感应器，给游客以切身体验。所以，展示要现代化，这样才能吸引游人和增加体验质量。

① 《首批 25 个“陕西省文化遗址公园”公布》，《陕西日报》2017 年 12 月 2 日，第 2 版。

（三）陕西大遗址文化产品的商品化、市场化

遗址文化产品体系分为文化产品和文化服务。主流文化产品是展示品。如遗址主题公园、遗址旅游景区、遗址森林公园、遗址文化产业园等。副产品可以承包和转让，诸如遗址复制品、遗址仿制品、遗址影视产品、遗址网络产品、旅游纪念品等，可进行多元化的经营。文化服务包括遗址保护服务、文物鉴定服务、文物修复服务、文物复制服务等。另外，公共性社会服务包括娱乐演出、餐饮宾馆、陈列展览服务及遗产展览策划等。大遗址保护的遗址展示旅游、文物交易和出租、文化产品开发等，有些是非营利的，有些则是营利的。例如，遗址保护和研究属于非营利的，由政府和专业机构来负责；遗址展示和旅游、文物交易和出租、遗址文化产品等开发是部分营利，可以搞合资，民营企业、外资都可适当参与。也可以引入市场机制和法律约束，民营资本进入和企业法人运作，要按照法律手续来进行。

（四）陕西大遗址资源开发的深度化

所谓遗址深度开发，主要是宣传营销推广，应该重视遗址资源延伸为文化产品，如虚拟成像及网络产品，大遗址书籍和报刊，大遗址为题材的影视、音像产品，大遗址文物仿制、复制产品，大遗址旅游纪念品，利用大遗址资源形成的娱乐服务等，可适度加大宣传推介力度。例如，《大唐芙蓉园》《大秦帝国》等电视剧，以及《长恨歌》等情景歌舞剧演艺，既能取得显著经济效益，更促进了大遗址的推广和影响力的扩大。

（五）大遗址管理科学化

对于大遗址产业化，各级行政主管部门应建立产权清晰、权责明确、利益分配合理、监督体系健全的科学管理体制。陕西省在大遗址保护方面取得了成绩、积累了经验，尤其是建设西安国际化大都市和新一轮西部大开发中，要把大遗址保护利用作为一个最重要的文化产业项目来做。陕西省大遗址资源比较丰富，有的已成为品牌，加上做得时间比较早，积累了成功的经验，所以，应该在全国大遗址保护和利用方面起到示范和表率的作用。[①]

---

① 赵荣：《有效保护、科学展示、传承文化、服务社会——陕西省大遗址保护新理念的探索与实践》，《中国文化遗产保护》2009年第4期，第22—25页。

参 考 文 献

一、历史文献及校释

（春秋）左丘明撰，上海师范大学古籍整理组校点：《国语》，上海：上海古籍出版社，1978 年。

（战国）管仲撰，（唐）房玄龄注，（明）刘绩补注，刘晓艺校点：《管子》，上海：上海古籍出版社，2015 年。

（汉）班固撰，（唐）颜师古：《汉书》，北京：中华书局，1962 年。

（汉）刘安撰，（东汉）高诱注：《淮南子》，《诸子集成》第 7 册，北京：中华书局，1986 年。

（汉）刘向辑录：《战国策》，上海：上海古籍出版社，1985 年。

（汉）司马迁撰，（宋）裴骃集解，（唐）司马贞索隐，（唐）张守节正义：《史记》，北京：中华书局，2005 年。

（汉）赵岐等撰，（清）张澍辑，陈晓捷注：《三辅决录 · 三辅故事 · 三辅旧事》，西安：三秦出版社，2006 年。

（汉）刘向、刘歆撰，（清）姚振宗辑录，邓骏捷校补：《七略别录佚文 · 七略佚文》，上海：上海古籍出版社，2008 年。

（晋）郭璞撰：《葬书》，台北：商务印书馆，1986 年。

（南朝宋）范晔撰，（唐）李贤等注：《后汉书》，北京：中华书局，1994 年。

（北魏）郦道元撰，陈桥驿译注，王东补注：《水经注》，北京：中华书局，2009年。

（梁）萧统编，（唐）李善注：《昭明文选》，北京：中华书局，1981 年。

（唐）杜佑撰，王文锦、王永兴、刘俊方，等点校：《通典》，北京：中华书局，1988 年。

（唐）房玄龄等：《晋书》，北京：中华书局，1974 年。

（唐）李泰等著，贺次君辑校：《括地志辑校》，北京：中华书局，1980 年。

（唐）令狐德棻等：《周书》，北京：中华书局，1971 年。

（唐）刘悚、李肇撰，黄绍筠、盛钟健、张嵩岳选译：《隋唐嘉话　唐国史补》，杭州：浙江古籍出版社，1986 年。

（唐）魏徵等：《隋书》，北京：中华书局，1973 年。

（后晋）刘昫等：《旧唐书》，北京：中华书局，1975 年。

（宋）范祖禹撰，刘韶军、田君、黄河译注：《唐鉴》，北京：中华书局，2008 年。

（宋）乐史：《太平寰宇记》，中华书局，2007 年。

（宋）李昉等：《太平御览》，北京：中华书局，1960 年。

（宋）罗泌：《路史》，北京：北京图书馆出版社，2003 年。

（宋）欧阳修撰，柴德庚点校：《新五代史》，北京：商务印书馆，2014 年。

（宋）司马光：《资治通鉴》，北京：中华书局，1956 年。

（宋）宋敏求撰，（元）李好文撰，辛德勇、郎洁点校：《长安志·长安志图》，西安：三秦出版社，2013 年。

（宋）王溥：《唐会要》，北京：中华书局，1955 年。

（宋）王洙等：《图解校正地理新书》，台北：集文书局，1985 年。

（宋）郑樵：《通志》，杭州：浙江古籍出版社，2000 年。

（元）马端临撰，上海师范大学古籍研究所、华东师范大学古籍研究所点校：《文献通考》，北京：中华书局，2011 年。

（明）董斯张：《广博物志》，上海：上海古籍出版社，1992 年。

（明）解缙等纂修：《永乐大典》，北京：中华书局，1959 年。

（明）赵廷瑞修，马理、吕楠纂，董健桥总校点：《陕西通志》，西安：三秦出版社，2006 年。

（清）陈立校释：《白虎通疏证》（全 2 册），北京：中华书局，1994 年。

（清）陈梦雷：《周易浅述》，上海：上海古籍出版社，1983 年。

（清）董诰等：《全唐文》，上海：上海古籍出版社，2007 年。

（清）焦循：《孟子正义》，北京：中华书局，1987 年。

（清）饶应祺修，（清）马先登，（清）王守恭纂：《光绪同州府续志》，南京：凤凰出版社，2007 年。

（清）王念孙撰，张靖伟、樊波成、马涛等校点：《广雅疏证》，上海古籍出版社，2016 年。

（清）王梓材辑：《世本集览》，北京：北京图书馆出版社，2007 年。

（清）吴乘权等辑，施意周点校：《纲鉴易知录》，北京：中华书局，1960 年。

（清）许秉简编撰，谭留根、党鸣校注：《洽阳记略》（校注本），西安：陕西人民出版社，2004 年。

（清）袁了凡、王凤洲：《纲鉴合编》，北京：北京市中国书店，1985 年。

（民国）马千里、马屏西、冯孝伯编撰，武功县志办校注：《武功县志》（稿簿），2009年。

高明注译：《大戴礼记今注今译》，台北：商务印书馆，1977 年。

何清谷：《三辅黄图校释》，北京：中华书局，2005 年。

黄怀信等：《逸周书汇校集注》，上海：上海古籍出版社，1995 年。

黄怀信主撰：《大戴礼记汇校集注》，西安：三秦出版社，2005 年。

黄永年分史主编：《二十四史全译 · 新唐书》，上海：汉语大词典出版社，2004 年。

林觥顺：《礼记我读》，北京：九州出版社，2006 年。

慕平译注：《尚书》，北京：中华书局，2009 年。

睡虎地秦墓竹简整理小组：《睡虎地秦墓竹简》，北京：文物出版社，1978 年。

苏宝荣：《〈说文解字〉今注》，西安：陕西人民出版社，2000 年。

孙雍长分史主编：《二十四史全译 · 晋书》，上海：汉语大词典出版社，2004 年。

唐明邦主编：《周易评注》，北京：中华书局，1995 年。

杨天宇：《周礼译注》，上海：上海古籍出版社，2004 年。

张湛注：《列子注》，《诸子集成》第 3 册，北京：中华书局，1986 年。

二、著作、文集

西安半坡博物馆、陕西省考古研究所、临潼县博物馆：《姜寨——新石器时代遗址发掘报告》，北京：文物出版社，1988 年。

宝鸡市考古研究所编著：《五代李茂贞夫妇墓》，北京：科学出版社，2008 年。

陈安利：《唐十八陵》，北京：中国青年出版社，2001 年。

陈忠实著，吉粗评点：《陈忠实散文》，北京：文化艺术出版社，2009 年。

程义编：《关中地区唐代墓葬研究》，北京：文物出版社，2012 年。

咸阳市文物事业管理局编：《咸阳市文物志》，西安：三秦出版社，2008 年。

巩启明：《仰韶文化》，北京：文物出版社，2002 年。

国家文物局主编，陕西省文物事业管理局编制：《中国文物地图集 · 陕西分册（上册）》，西安：西安地图出版社，1998 年。

韩养民编著：《大唐盛世——风水与唐陵》，西安：三秦出版社，2003 年。

贺西林：《古墓丹青：汉代墓室壁画的发现与研究》，西安：陕西人民美术出版社，2001 年。

呼林贵、刘恒武：《替代殉葬的随葬品——中国古代陶俑艺术》，成都：四川教育出版社，1998 年。

胡汉生：《明十三陵》，北京：中国青年出版社，2007 年。

惠焕章、张劲辉、王国强编著：《陕西名人墓》，西安：陕西旅游出版社，2000 年。

蓝田县地方志编纂委员会：《蓝田县志》，西安：陕西人民出版社，1994 年。

李星明：《唐代墓室壁画研究》，西安：陕西人民美术出版社，2004 年。

刘沛林：《风水——中国人的环境观》，上海：上海三联书店，1995 年。

刘庆柱、李毓芳：《西汉十一陵》，西安：陕西人民出版社，1987 年。

刘庆柱、李毓芳：《西汉诸陵调查与研究》，《文物资料丛刊》（6），北京：文物出版社，1982 年。

刘向阳：《唐代帝王陵墓》，西安：三秦出版社，2012 年。

马冀：《新发现的唐韦应物夫妇及子韦庆复夫妇墓志考》，西安碑林博物馆编：《纪念西安碑林九百二十周年华诞国际学术研讨会论文集》，北京：文物出版社，2008 年。

秦浩：《隋唐考古》，南京：南京大学出版社，1992 年。

陕西省考古研究所、秦始皇兵马俑博物馆编著：《秦始皇帝陵园考古报告·2000》，北京：文物出版社，2006 年。

陕西省地方志编纂委员会编：《陕西省志·文物志》，西安：陕西人民出版社，2016年。

陕西省考古研究所、始皇陵秦俑坑考古发掘队：《秦始皇帝陵一号兵马俑坑发掘报告》（上、下），北京：文物出版社，1988 年。

陕西省考古研究所、秦始皇兵马俑博物馆编著：《秦始皇帝陵园考古报告（1999）》，北京：科学出版社， 2000 年。

陕西省考古研究所、西安交通大学：《西安交通大学西汉壁画墓》，西安：西安交通大学出版社，1991 年。

陕西省考古研究院编著：《壁上丹青：陕西出土壁画集》，北京：科学出版社，2008 年。

陕西省考古研究院、昭陵博物馆编著：《唐昭陵韦贵妃墓发掘报告》，北京：科学出版社，2017 年。

陕西省旅游局编：《我们一同走向辉煌：改革开放三十年陕西旅游发展文集》，西安：陕西旅游出版社，2009 年。

陕西省戏剧志编纂委员会编，鱼讯主编：《陕西省戏剧志·西安市卷》，西安：三秦出版社，1998年。

陕西师范大学地理系编：《西安市地理志》，西安：陕西人民出版社，1988 年。

陕西省考古研究所、西安交通大学：《西安交通大学西汉壁画墓》，西安：西安交通大学出版社，1991 年。

沈睿文：《唐陵的布局：空间与秩序》，北京：北京大学出版社，2009 年。

史鉴、陈兆丰、邢大伟，等：《关中地区水资源合理开发利用与生态环境保护》，郑州：黄河水利出版社，2002 年。

史念海、萧正洪、王双怀：《陕西通史·历史地理卷》，西安：陕西师范大学出版社，1998年。

史念海：《河山集（四集）》，西安：陕西师范大学出版社，1991 年。

滕固：《霍去病墓上石迹及汉代雕刻之试察》，沈宁编：《滕固艺术文集》，上海：上海人民出版社，2003 年。

王双怀撰稿：《陕西帝王陵》，西安：西安出版社，2010 年。

王学理编著：《汉代雄风——汉景帝与阳陵》，西安：三秦出版社，2003 年。

王学理：《秦始皇陵研究》，上海：上海人民出版社，1994 年。

王学理主编：《秦物质文化史》，西安：三秦出版社，1994 年

王学理：《阳陵春色　大汉风采——二论著衣式木臂聊俑与塑衣彩绘陶俑的艺术特色》，黄留珠主编：《周秦汉唐研究》第一册，西安：三秦出版社，1998 年。

王志杰：《汉武时代文化遗产集萃》，西安：三秦出版社，2008 年。

王子云：《中国雕塑艺术史》，北京：人民美术出版社，1988 年。

西安曲江大明宫遗址区保护改造办公室编：《大明宫国家遗址公园·规划篇》，北京：人民出版社，2009 年。

咸阳市文物考古研究所编著：《西汉帝陵钻探调查报告》，北京：文物出版社，2010 年。

徐锦圣：《匹热迷能：探索金字塔能量之谜》，北京：中国青年出版社，2006 年。

杨泓：《美术考古半世纪：中国美术考古发现史：彩图版》，北京：人民美术出版社，2015年。

袁仲一：《秦始皇陵兵马俑研究》，北京：文物出版社，1990 年。

袁仲一主编：《秦文化论丛》第 8 辑，西安：陕西人民出版社，2001 年。
中国科学院地理研究所渭河研究组：《渭河下游河流地貌》，北京：科学出版社，1983年。

三、学术论文

安峥地：《唐房陵大长公主墓清理简报》，《文博》1990 年第 1 期。
宝鸡市博物馆、千阳县文化馆：《陕西省千阳县汉墓发掘简报》，《考古》1975 年第 3期。
蔡杰：《黄帝何以被称作“人文初祖”》，《协商论坛》2008 年第 4 期。
曹龙：《西汉帝陵陪葬制度初探》，《考古与文物》2012 年第 5 期。
曾科：《试论唐陵石狮的造型演变》，《文博》2013 年第 3 期。
曾晓丽、郭风平、赵常兴：《西汉陵邑设置刍议》，《西北农林科技大学学报（社会科学版）》2005 年第 3 期。
柴怡：《西安地区汉代人物俑的发现与分析研究》，《文博》2017 年第 4 期。
常丕兴、王亨方：《渭河盆地地貌特征水系格局与新构造活动》，《西安地质学院学报（地球科学版）》1992 年第 2 期。
陈朝云：《北宋陵寝制度研究》，《郑州大学学报（哲学社会科学版）》2003 年第 4 期。
陈诗红：《霍去病墓及其石雕的几个问题》，《美术》1994 年第 3 期。
陈益民：《秦汉陵邑考》，《中国社会经济史研究》1996 年第 1 期。
陈云、童国榜、曹家栋，等：《渭河宝鸡段河谷地貌的构造气候响应》，《地质力学学报》1999 年第 4 期。
陈正奇、王建国：《华夏源脉钩沉》，《西北大学学报（哲学社会科学版）》2014 年第 6 期。
程林泉、张翔宇：《关中地区汉代壁画墓浅析》，《考古与文物》2006 年第 3 期。
程旭：《唐墓壁画中的丝路乐舞》，《中国文化遗产》2017 年第 2 期。
程义：《唐代帝陵陪葬墓的分布及其规律》，《乾陵文化研究》2010 年第 5 辑。
程征：《为冢象祁连山——霍去病墓石刻群总体设计之探讨》，《西北美术》1984 年第 2期。
崔建华：《论皇权传承规范对西汉帝陵布局的制约》，《考古与文物》2012 年第 2期。
崔玲英、刘安麟、周微红，等：《陕西省渭北地区气候资源及分区》，《干旱地区农业研究》1992 年第 1 期。

戴春阳：《礼县大堡子山秦公墓地及有关问题》，《文物》2000年第5期。

戴俭、侯晓明、冯晓芳：《大遗址价值评估体系研究》，《中国文物科学研究》2012年第3期。

党小娟：《秦始皇陵与汉阳陵陶俑的比较研究——探讨秦汉两种文化的关系问题》，《文博》2006年第3期。

邸楠：《西汉帝陵布局浅析》，《榆林学院学报》2007年第1期。

丁岩：《咸阳原两座秦陵园主人之蠡测》，《考古与文物》2015年第2期。

窦志强：《唐陵石雕的考古学研究》，济南：山东大学博士学位论文，2007年。

杜保仁、夏振英、呼林贵：《东汉司徒刘崎及其家族墓的清理》，《考古与文物》1986年第5期。

杜葆仁：《西汉诸陵位置考》，《考古与文物》1980年第1期。

杜俊平：《汉代茂陵霍去病墓石雕造型艺术特点及其历史原因》，《职大学报》2007年第2期。

杜忠潮、贺宝园：《五陵塬边坡侵蚀地貌发育及其影响因素》，《水土保持通报》2014年第3期。

段宝林：《论轩辕黄帝的出生及其历史内涵》，《中国文化研究》1994年第1期。

段清波、张颖岚：《秦始皇帝陵的外藏系统》，《考古》2003年第11期。

段清波：《秦始皇帝陵的物探考古调查——“863”计划秦始皇陵物探考古进展情况的报告》，《西北大学学报（哲学社会科学版）》2005年第1期。

段清波：《秦始皇陵封土建筑探讨——兼释“中成观游”》，《考古》2006年第5期。

樊英峰：《乾陵历史地理初探》，《中国历史地理论丛》2000年第3辑。

樊英峰：《乾陵陪葬墓壁画的历史价值与艺术价值》，《乾陵文化研究》2015年第00期。

范今朝：《论风水的地理学价值及其在中国古代地理学中的地位》，《地理研究》1994年第1期。

范坤：《唐代建陵石刻雕塑造型语言的再探讨》，重庆：重庆大学硕士学位论文，2009年。

范立民、岳明、冉广庆：《泾河南岸崩岸型滑坡的发育规律》，《中国煤田地质》2004年第5期。

方啸、王亚红、喻斐：《秦汉陶俑风格浅析》，《中国陶瓷》2010年第9期。

费孝通：《中华民族的多元一体格局》，《北京大学学报（哲学社会科学版）》1989年第4期。

傅清远：《大遗址考古发掘与保护的几个问题》，《考古》2008年第1期。

傅天仇：《陕西兴平县霍去病墓前的西汉石雕艺术》，《文物》1964年第1期。

高崇文：《试论先秦两汉丧葬礼俗的演变》，《考古学报》2006年第4期。

高兴学：《关于华胥氏及其子女在蓝田地区活动传说的初探》，《西北大学学报（哲学社会科学版）》1992第3期。

郭建设：《意韵灵动　蒙元遗风——焦作元代陶俑及其艺术特色》，《收藏家》2011年第9期。

郭素华：《唐代人物陶俑造型艺术研究》，河南大学硕士学位论文，2010年。

郭伟其：《纪念与象征：霍去病墓石刻的类型及其功能》，《美术学报》2010年第4期。

郭选昌、范坤：《浅谈唐代建陵石刻群艺术——渭北石刻艺术考论之一》，《知识经济》2007年第10期。

韩国河：《东汉帝陵有关问题的探讨》，《考古与文物》2007年第5期。

韩恒悦、米丰收、刘海云：《渭河盆地带地貌结构与新构造运动》，《地震研究》2001年第3期。

韩伟：《陕西唐墓壁画》，《人文杂志》1982年第3期。

韩学山：《从乾陵文物看唐代对外文化交流》，《乾陵文化研究》2006年第00期。

何倩：《西汉着衣式陶俑初论》，西安：西北大学硕士学位论文，2015年。

何小林、雷鸣、何刚雁：《边坡防护技术的研究现状与发展趋势》，《科技资讯》（工程技术）2012年第13期。

何星亮：《炎帝与中华文明的起源》，《社会科学研究》2004年第2期。

侯新佳：《蒙元墓葬研究》，郑州：郑州大学硕士学位论文，2009年。

后晓荣、陈晓飞：《关中地区两汉壁画墓初探》，《中国历史文物》2006年第4期。

呼林贵、尹夏清：《汉墓壁画的大展示—陕西发现汉代墓室壁画述评》，《上海文博论丛》2004年第4期。

呼林贵、尹夏清：《唐李宪墓研究拾遗》，《上海文博论丛》2005年第2期。

呼林贵：《黑色裸体汉俑的鉴定》，《文博》2003年第4期。

呼林贵：《西安交大西汉墓二十八宿星图与〈史记·天官书〉》，《人文杂志》1989

年第 2 期。

胡春勃：《唐代陵墓及陪葬墓神道石柱样式分析》，《文博》2014 年第 2 期。

胡丽：《试论西安地区唐墓出土的女陶俑》，天津：南开大学硕士学位论文，2008年。

黄佩贤：《近年关中地区出土西汉壁画墓的启示》，《文博》2011 年第 3 期。

黄倩茜：《秦兵马俑与阳陵汉俑艺术特色之比较》，《西北大学学报（哲学社会科学版）》，2000 年第 4 期。

黄卫霞：《霍去病墓石刻的艺术风格》，《大众文艺》2010 年第 8 期。

黄玉华、雷祥义：《模糊信息优化处理方法在陕西泾阳南塬塬边斜坡稳定性区划中的应用》，《灾害学》2005 年第 4 期。

黄展岳：《西汉陵墓研究中的两个问题》，《文物》2005 年第 4 期。

霍彦儒：《炎黄二帝与华夏族发端》，《中央民族大学学报》2002 年第 4 期。

佳雨：《炎帝与姜炎文化研究述略》，《寻根》1997 年第 1 期。

姜宝莲：《试论唐代帝陵的陪葬墓》，《考古与文物》1994 年第 6 期。

姜捷：《关于定陵陵制的几个新因素》，《考古与文物》2003 年第 1 期。

焦南峰、段清波：《陕西秦汉考古四十年纪要》，《文物与考古》1998 年第 5 期。

焦南峰、马永嬴：《西汉帝陵无昭穆制度论》，《文博》1999 年第 5 期。

焦南峰、马永嬴：《西汉帝陵选址研究》，《考古》2011 年第 11 期。

焦南峰、孙伟刚、杜林渊：《秦人的十个陵区》，《文物》2014 年第 6 期。

焦南峰、王保平、马永嬴，等：《汉阳陵帝陵东侧 11～21 号外藏坑发掘简报》，《考古与文物》2008 年第 3 期。

焦南峰、杨武站、曹龙：《神道、徼道、司马门道——西汉帝陵道路初索》，《文物》2008 年第 12期。

焦南峰、杨武站、曹龙，等：《咸阳“周王陵”为战国秦陵补证》，《文物与考古》2011 年第 1 期。

焦南峰：《汉阳陵从葬坑初探》，《文物》2006 年第 7 期。

焦南峰：《秦、西汉帝王陵封土研究的新认识》，《文物》2012 年第 12 期。

焦南峰：《试论西汉帝陵的建设理念》，《考古》2007 年第 11 期。

焦南峰：《西汉帝陵“夫人”葬制初探》，《考古》2014 年第 1 期。

焦南峰：《西汉帝陵考古发掘研究的历史及收获》，《西部考古》2006 年第 1 辑。

焦南峰：《西汉帝陵形制要素的分析与推定》，《考古与文物》2013 年第 5 期。

焦南峰：《宗庙道、游道、衣冠道——西汉帝陵道路再探》，《文物》2010 年第 1期。

焦南峰：《左弋外池——秦始皇陵园 K0007 陪葬坑性质蠡测》，《文物》2005 年第 12 期。

兰英姿：《唐代帝王陵墓建筑制度研究—昭陵北司马门复原探讨》，西安：西安建筑科技大学硕士学位论文，2006 年。

雷百景、李雯秦：《西汉帝陵昭穆制度再探讨》，《文博》2008 年第 2 期。

雷祥义：《陕西径阳南塬黄土滑坡灾害与引水灌溉的关系》，《工程地质学报》1995 年第 1 期。

雷依群：《论西汉帝陵制度的几个问题》，《考古与文物》1998 年第 6 期。

雷依群：《秦汉兵马俑文化比较研究——以秦始皇陵和汉景帝阳陵为中心》，《咸阳师范学院学报》2002 年第 1 期。

李艾东：《云南大理明代王氏墓和韩政墓陶塑艺术辨析》，《民族艺术研究》2009 年第 1 期。

李海燕：《大遗址价值评价体系与保护利用模式研究》，西安：西北大学硕士学位论文，2005 年。

李晖、朱建军：《综论炎帝文化的传承价值》，《湖南行政学院学报》2010 年第 2期。

李惠东：《从西汉霍去病墓石雕看中原文化与北方草原文化的交流——“从西汉雕塑艺术看民族文化融合”艺术探讨之一》，《美苑》2005 年第 4 期。

李健超：《关中汉唐帝王陵》，《中国历史地理论丛》1989 年第 4 辑。

李令福：《秦都咸阳兴起的历史地理背景》，《中国历史地理论丛》1999 年第 4 辑。

李令福：《西安古都的四大城址及其变迁的地理基础》，《建筑与文化》2007 年第 6 期。

李明、邢福来、谢高文，等：《汉平陵陪葬坑发掘记》，《文明》2002 年第 5期。

李世忠、杜忠潮：《关中地区古代陵墓的类型、地理分布及其影响因素分析》，《咸阳师范学院学报》2012 年第 4 期。

李舒：《历史时期西安为都之地理因素探析》，《哈尔滨学院学报》2016 年第 5 期。

李彦、刘怡：《唐代帝王陵墓研究——以桥陵为中心》，《渭南师范学院学报》2016 年第 2 期。

李一乐：《唐昭陵陪葬墓壁画艺术初探》，西安：西安美术学院硕士学位论文，2008 年。

李以学、张梦、庄家会：《“霍去病墓及石雕群”的文献研究综述》，《艺术品鉴》

2015 年第 8 期。

李毓芳：《唐陵石刻简论》，《文博》1994 年第 3 期。

李毓芳：《西汉帝陵分布的考察——兼谈西汉帝陵的昭穆制度》，《考古与文物》1989 年第 3 期。

李自智：《试论秦始皇陵园布局对后代帝陵的影响》，《文博》1990 年第 5 期。

梁安和：《五陵原植被及其发展演变状况》，《秦汉研究》2014 年第 8 辑。

林通雁：《西汉霍去病墓石雕群的三个问题》，《美术观察》2009 年第 3 期。

刘呆运、赵占锐：《唐韩休墓墓室壁画布局解析》，《中国书画》2015 年第 11 期。

刘丹龙、孙平燕：《汉霍去病墓石雕艺术探微》，《文博》2004 年第 6 期。

刘根良：《汉唐陵寝制度之异同》，《南昌职业技术师范学院学报》1996 年第 2 期。

刘华祝：《西汉帝陵营建礼俗述略》，《咸阳师范学院学报》2005 年第 1 期。

刘克成：《西安唐西市遗址及丝绸之路博物馆》，《建筑与文化》2013 年第 1 期。

刘炜：《秦始皇陵布局浅谈》，《文博》1985 年第 2 期。

刘炜：《西汉陵寝概谈》，《中原文物》1985 年第 2 期。

刘卫鹏、岳起：《陕西咸阳市西汉成帝延陵调查记》，《华夏考古》2009 年第 1 期。

刘卫鹏、岳起：《咸阳塬上"秦陵"的发现和确认》，《文物》2008 年第 4 期。

刘卫鹏：《秦孝文王寿陵位置蠡测》，陕西省社会科学界联合会：《秦俑博物馆开馆三十周年国际学术研讨会暨秦俑学第七届年会论文》，西安：秦俑博物馆开馆三十周年国际学术研讨会暨秦俑学第七届年会，2009 年。

刘卫鹏：《西汉帝陵的陪葬坑》，《秦汉研究》2010 年第 4 辑。

刘文学：《黄帝所建有熊国是中国历史上第一个封建制国家》，《黄河科技大学学报》2013 年第 2 期。

刘向阳：《唐乾陵文化景观的内涵与特性研究》，《文博》2011 年第 5 期。

刘毅：《宋代皇陵制度研究》，《故宫博物院院刊》1999 年第 1 期。

刘毅：《中国古代帝王陵墓碑制探析》，《南开大学学报（哲学社会科学版）》2012 年第 5 期。

刘振东：《中国古代陵墓中的外藏椁——汉代王、侯墓制研究之二》《考古与文物》1999 年第 4 期。

刘尊志：《西汉帝陵分布及相关问题浅析》，《中原文物》2010 年第 5 期。

陆建松：《中国大遗址保护的现状、问题及政策思考》，《复旦学报（社会科学版）》

2005 年第 6 期。

罗丽、杨明：《文物保护与利用的新模式探索：以陕西乾陵景区为例》，《环球市场信息导报》2012 年第 22 期。

罗西章：《西周王陵何处觅》，《文博》1997 年第 2 期。

雒长安：《唐墓壁画鉴赏》，《文博》1999 年第 2 期。

马得志、张正龄：《西安郊区三个唐墓的发掘简报》，《考古通讯》1958 年第 1 期。

马建昌、张颖：《近年来国内大遗址保护与管理运营问题研究述评》，《江汉考古》2015 年第 5 期。

马永嬴：《汉武帝茂陵陵园布局的几点认识》，《考古与文物》2011 年第 2 期。

马正林：《咸阳原与西汉诸陵》，《人文杂志》1987 年第 2 期。

孟宪民：《梦想辉煌：建设我们的大遗址保护展示体系和园区——关于我国大遗址保护思路的探讨》，《东南文化》2001 年第 1 期。

潘明娟、吴宏岐：《秦的圣都制度与都城体系》，《考古与文物》2008 年第 1 期。

潘明娟：《秦咸阳的“俗都”地位》，《唐都学刊》2005 年第 5 期。

潘明娟：《西周都城体系的演变与岐周的圣都地位》，《陕西师范大学学报（哲学社会科学版）》2008 年第 4 期。

秦波：《唐代陵墓石刻研究——以乾陵为中心》，北京：中央美术学院博士学位论文，2014 年。

秦大树：《试论北宋皇陵的等级制度》，《考古与文物》2008 年第 4 期。

秦建明、姜宝莲、梁小青，等：《唐初诸陵与大明宫的空间布局初探》，《文博》2003 年第 4 期。

秦建明、姜宝莲：《西汉帝陵昭穆与陵位探》，《文博》2002 年第 2 期。

秦建明、梁晓青：《黄土滑坡地貌与文物保护》，《中国文物保护技术协会第二届学术年会论文集》，2002 年。

秦建明、张在明、杨政：《陕西发现以汉长安城为中心的西汉南北向超长建筑基线》，《文物》1995 年第 3 期。

秦俑坑考古队：《秦始皇帝陵东侧第三号兵马俑坑清理简报》，《文物》1979 年 12期。

权东计：《唐昭陵与长安城空间关系研究》，《西北大学学报（哲学社会科学版）》，2004 年 1 期。

冉淑青、裴成荣、张馨：《国内外大遗址保护的经验借鉴与启示》，《人文杂志》

2013年第4期。

任本命：《蓝田华胥陵——中华民族的始祖陵》，《唐都学刊》2002年第2期。

桑广书、冯利华、商丽华：《泾河下游南岸台塬边坡稳定性与滑坡诱因分析》，《水土保持学报》2007年第5期。

桑广书：《黄土高原历史时期地貌与土壤侵蚀演变研究》，西安：陕西师范大学博士学位论文，2003年。

桑广书：《秦末以来秦都咸阳地貌演变》，《地理科学》2005年第6期。

陕西考古研究院：《唐高祖献陵陵园遗址考古勘探与发掘简报》，《考古与文物》2013年第5期。

陕西省博物馆、礼泉县文教局唐墓发掘组：《唐郑仁泰墓发掘简报》，《文物》1972年第7期。

陕西省博物馆、乾县文教局唐墓发掘组：《唐懿德太子墓发掘简报》，《文物》1972年第7期。

陕西省博物馆、乾县文教局唐墓发掘组：《唐章怀太子墓发掘简报》，《文物》1972年第7期。

陕西省考古研究所、陕西历史博物馆、昭陵博物馆：《唐昭陵新城长公主墓发掘简报》，《考古与文物》1997年第3期。

陕西省考古研究所、西安市文物保护考古所：《唐孙承嗣夫妇墓发掘简报》，《考古与文物》2005年第2期。

陕西省考古研究所、咸阳市考古研究所：《北周武帝孝陵发掘简报》，《考古与文物》1997年第2期。

陕西省考古研究所、昭陵博物馆：《2002年度唐昭陵北司马门遗址发掘简报》，《考古与文物》2006年第6期。

陕西省考古研究所：《陕西旬邑发现东汉壁画墓》，《考古与文物》2002年第3期。

陕西省考古研究所：《唐高力士墓发掘简报》，《考古与文物》2002年第6期。

陕西省考古研究所：《西安西郊陕棉十厂唐壁画墓清理简报》，《考古与文物》2002年第1期。

陕西省考古研究所：《西安紫薇田园都市工地唐墓清理简报》，《考古与文物》2006年第1期。

陕西省考古研究所汉陵考古队：《汉景帝阳陵南区从葬坑发掘第二号简报》，《文物》1994 年第 6期。

陕西省考古研究所汉陵考古队：《汉景帝阳陵南区从葬坑发掘第一号简报》，《文物》1992 年第 4 期。

陕西省考古研究所阳陵考古队：《汉景帝阳陵考古新发现（1996 年—1998 年）》，《文博》1999 年第 6 期。

陕西省考古研究院、户县文管所：《户县兆伦遗址隋唐墓葬发掘简报》，《文博》2015 年第 5 期。

陕西省考古研究院、西北大学考古学系：《陕西西安唐刘智夫妇墓发掘简报》，《考古与文物》2016 年第 3 期。

陕西省考古研究院、咸阳市文物考古研究所、茂陵博物馆：《汉武帝茂陵考古调查、勘探简报》，《考古与文物》2011 年第 2 期。

陕西省考古研究院、咸阳市文物考古研究所：《汉哀帝义陵考古调查、勘探简报》，《考古与文物》2012 年第 5 期。

陕西省考古研究院、咸阳市文物考古研究所：《汉平帝康陵考古调查、勘探简报》，《文物》2014 年第 6 期。

陕西省考古研究院、咸阳市文物考古研究所：《汉元帝渭陵考古调查、勘探简报》，《考古》2013 年第 11 期。

陕西省考古研究院：《2011 年陕西省考古研究院考古发掘新收获》，《考古与文物》2012 年第 2 期。

陕西省考古研究院：《2013 年陕西省考古研究院考古发掘调查新收获》，《考古与文物》2014 年第 2 期。

陕西省考古研究院秦汉考古研究部：《陕西秦汉考古五十年综述》，《考古与文物》2008 年第 6 期。

陕西省考古研究院隋唐考古研究部:《陕西南北朝隋唐及宋元明清考古五十年综述》,《考古与文物》2008 年第 6 期。

陕西省文管会、博物馆、咸阳市博物馆杨家湾汉墓发掘小组：《咸阳杨家湾汉墓发掘简报》，《文物》1977 年第 10 期。

陕西省文物管理委员会、咸阳市博物馆：《陕西省咸阳市杨家湾出土大批西汉彩绘陶俑》，《文物》1966 年第 3 期。

陕西省文物管理委员会：《陕西扶风、岐山周代遗址和墓葬调查发掘报告》，《考古》1963 年第 12 期。

陕西省文物管理委员会：《唐永泰公主墓发掘简报》，《文物》1964 年第 1 期。

陕西省文物管理委员会：《潼关吊桥汉代杨氏墓群发掘简记》，《文物》1961 年第 1 期。

陕西省文物管理委员会：《西安羊头镇唐李爽墓的发掘》，《文物》1959 年第 3 期。

尚志儒：《秦陵及其陵寝制度浅论》，《文博》1994 年第 6 期。

尚志儒：《秦始皇陵园布局结构渊源浅谈》，《文博》1987 年第 1 期。

邵崇山：《风水对古代帝陵选址的影响》，西安：陕西师范大学硕士学位论文，2013年。

邵美：《谈〈霍去病墓雕塑〉》，《艺术研究》2003 年第 4 期。

沈琍：《略论西汉霍去病墓石雕刻群的环境因素》，《雕塑》2003 年第 1 期。

沈睿文：《桥陵陪葬墓地研究》，《文博》2000 年第 5 期。

沈睿文：《唐昭陵陪葬墓地布局研究》，《唐研究》1999 年 5 卷。

沈睿文：《西汉帝陵陵地秩序》，《文博》2001 年第 3 期。

师小群、呼啸：《唐贞顺皇后敬陵被盗壁画初释》，《文博》2011 年第 3 期。

石宁：《汉阳陵博物馆藏陶俑概述》，《文博》2009 年第 2 期。

石兴邦、马建熙、孙德润：《长陵建制及其有关问题——汉刘邦长陵勘察记存》，《考古与文物》1984 年第 2 期。

史兴民、周峰、薛亮，等：《咸阳市城市地貌分析》，《水土保持通报》2012 年第4期。

始皇陵秦俑坑考古发掘队：《秦始皇帝陵东侧第二号兵马俑坑钻探试掘简报》，《文物》1978 年第 5 期。

孙常吉：《唐泰陵石刻翼马造型的艺术特色初探》，西安：西安美术学院硕士学位论文，2008 年。

孙德润、贺雅宜：《咸阳龚家湾一号墓葬清理简报》，《考古与文物》1987 年第 1期。

孙福喜、程林泉、张翔宇：《西安理工大学西汉壁画墓初探》，《西北大学学报（哲学社会科学版）》2005 年第 3 期。

孙琳：《霍去病墓石雕艺术风格的再探讨》，《南京艺术学院学报（美术与设计）》2016 年第 5 期。

孙新科：《试论唐代皇室埋葬制度问题》，《中原文物》1995 年第 4 期。

孙焱：《试论唐陵雕刻艺术精神》，《西北师大学报（社会科学版）》1988 年第 2期。

孙尧奎、周光亮：《西汉陵邑制度考略》，《临沂师专学报》1998 年第 4 期。

谭前学：《陕西出土的秦汉唐陶俑简论》，《收藏家》2003 年第 12 期。

谭晓玲：《刚柔相济，张弛有度——首都博物馆“大元三都”展元代陶俑解析》，《荣宝斋》2017 年第 8 期。

唐培松：《浅析霍去病墓石刻的艺术魅力》，《科技信息》2010 年第 32 期。

唐山：《江西鄱阳发现宋代戏剧俑》，《文物》1979 年第 4 期。

天津市文化局考古发掘队：《河北阜城明代廖纪墓清理简报》，《考古》1965 年第 2期。

田有前：《试论秦陵墓制度的演变特征》，《秦汉研究》2011 年第 5 辑。

涂师平：《汉军雄风今犹在——陕西咸阳杨家湾长陵陪葬墓汉兵马俑鉴赏》，《宁波通讯》2010 年第 12 期。

万陆：《中国风水文化源流论》，《东方论坛》1994 年第 4 期。

王斌：《西汉陶俑艺术研究》，西安：西安美术学院硕士研究生论文，2006 年。

王德耀、杜忠潮、张满社：《陕西省泾阳南塬崩塌、滑坡地质灾害及成因分析》，《水土保持通报》2004 年第 4 期。

王洪汀：《唐代顺陵石刻中走狮形象分析》，西安：西安美术学院硕士学位论文，2012 年。

王建国，陈正奇：《试论古都西安的地理环境优势》，《渭南师范学院学报》2014 年第 22 期。

王建新：《丝绸之路：长安—天山廊道的路网》，《世界遗产》2015 年第 1—2 期。

王宽宇、吴卫：《霍去病墓石雕艺术风格成因——兼论秦汉雕塑风格差异的根源》，《郑州轻工业学院学报（社会科学版）》2006 年第 6期。

王仁波、何修龄、单時：《陕西唐墓壁画之研究（上）》，《文博》1984 年第 1 期。

王士立：《唐桥陵獬豸石刻造像初探》，《大舞台》2010 年第 11 期。

王双怀：《关中唐陵的地理分布及其特征》，《西安联合大学学报》2001 年第 1 期。

王双怀：《唐陵陪葬墓的分布特征》，《陕西师范大学继续教育学报》2001 年第 1期。

王伟锋、李蔓、夏寅：《中国古代墓葬壁画制作工艺初步研究》，《文博》2014 年第 5期。

王文胜：《泾阳南塬边坡稳定性理正模拟分析》，《地下水》2012 年第 2 期。

王学理，吴镇烽：《西安任家坡汉陵从葬坑的发掘》，《考古》1976 年第 2 期。

王学理：《秦汉相承帝王同制——略论秦汉皇帝和汉诸侯王陵园制度的继承与演变》，

《考古与文物》2000 年第 6 期。

王学理：《太社乎？陵庙乎？——对汉阳陵罗经石为“男性生殖器座”论驳议》，《文博》2001 年第 5 期。

王学理：《咸阳原秦陵的定位》，《文博》2012 年第 4 期。

王英、刘晓东：《契苾明墓出土的罕见唐三彩》，《收藏》2011 年第 8 期。

王永红、李俊、梁爽，等：《基于地理国情监测的某帝陵水土流失评价分析》，《测绘通报》2015 年第 4 期。

王玉哲：《秦人的族源及迁徙路线》，《历史研究》1991 年第 3 期。

王志炜：《西域草原石刻对汉墓石雕的影响——以霍去病墓前石雕为例析》，《石河子大学学报（哲学社会科学版）》2010 年第 5 期。

王志霞：《隋唐两京陶俑艺术初探》，郑州：郑州大学硕士学位论文，2007 年。

王子今：《说“高敞”：西汉帝陵选址的防水因素》，《考古与文物》2005 年第 1期。

王子今：《西汉帝陵的方位与长安地区的交通形势》，《唐都学刊》1995 年第 3 期。

王自力：《唐代狩猎俑与狩猎活动》，《收藏家》2004 年第 1 期。

吴红艳：《咸阳市底张镇龙枣村出土的唐代瓷俑探析》，《文博》2012 年第 3 期。

吴晓丛、薛凯、谭平：《汉阳陵大遗址保护与利用项目定位研究》，《文博》2001 年第 3 期。

吴夷：《从陵墓前仪卫装饰雕刻寻绎盛唐衰微迹象——桥陵与泰陵石雕对比》，《艺术探索》2015 年第 2 期。

西安市文物保护考古所：《西安理工大学西汉壁画墓发掘简报》，《文物》2006 年第 5期。

西安市文物保护考古所：《西安曲江翠竹园西汉壁画墓发掘简报》，《文物》2010 年第 1 期。

西安市文物保护考古研究院：《唐代故济州司马郝君夫人达奚令婉墓发掘简报》，《文博》2013 年第 4 期。

西安市文物保护考古研究院：《西安航天城两座唐代壁画墓发掘简报》，《文物》2015 年第 2 期。

西安市文物保护考古研究院：《西安西郊唐突骑施奉德可汗王子墓发掘简报》，《文物》2013 年第 8 期。

咸阳市博物馆：《汉安陵的勘查及其陪葬墓中的彩绘陶俑》，《考古》1981 年第 5期。

咸阳市博物馆：《汉景帝阳陵调查简报》，《考古与文物》1980 年第 1 期。

辛龙：《陶俑制作工艺的研究——以西安地区魏晋南北朝时期为中心》，西安：西北大学硕士学位论文，2012 年。

辛玉璞：《女祖华胥》，《华夏文化》1999 年第 1 期。

辛玉璞：《西周王陵今何在》，《陕西教育学院学报》2007 年第 2 期。

宿白：《西安地区唐墓壁画的布局和内容》，《考古学报》1982 年第 2 期。

徐进、张蕴：《西安南郊曲江池汉唐墓葬清理简报》，《考古与文物》1987 年第 6期。

徐天进：《周公庙遗址的考古所获及所思》，《文物》2006 第 8 期。

徐卫民：《秦帝王陵墓制度研究》，《唐都学刊》2010 年第 1 期。

徐卫民：《秦东陵考论》，《咸阳师范学院学报》2002 年第 5 期。

徐卫民：《秦都城概论》，《洛阳工学院学报（社会科学版）》1999 年第 1 期。

徐卫民：《秦都城研究琐议》，《浙江学刊》1999 年第 6 期。

徐卫民：《秦公帝王陵发展演变的特点及其在历史上的地位》，《文博》2001 年第 6期。

徐卫民：《陕西帝王陵墓概论》，《长安大学学报（社会科学版）》2015 年第 1 期。

许领、戴福初、闵弘，等：《泾阳南塬黄土滑坡类型与发育特征》，《地球科学》2010 年第 1 期。

许智范：《江西明代藩王墓考古收获》，《中国历史文物》2003 年第 4 期。

薛正昌：《萧关道的历史地理与文化现象》，《宁夏社会科学》1993 年第 2 期。

郇滢：《论西汉帝陵的当代价值》，西安：西北大学硕士学位论文，2014 年。

晏新志、刘宇生、闫华军：《汉景帝阳陵研究的回顾与展望》，《文博》2009 年第 1期。

杨东晨：《炎帝榆罔与帝舜何以葬在湖南》，《寻根》2000 年第 5 期。

杨东晨：《中华始祖母华胥考——太昊伏羲氏和女娲氏生母的主要史迹探寻》，《西安文理学院学报（哲学社会科学版）》2008 年第 1 期。

杨洁：《陕西地区出土蒙元陶俑类型分析》，《文博》2013 年第 5 期。

杨洁：《陕西关中蒙元墓葬出土陶俑的组合关系及相关问题》，《考古与文物》2015 年第 4 期。

杨金辉：《历史时期关中平原的渭水河道变迁》，西安：陕西师范大学硕士学位论文，2008年。

杨宽、刘根良、太田有子，等：《秦汉陵墓考察》，《复旦大学学报（社会科学版）》1982 年第 6 期。

杨宽：《西汉长安布局结构的探讨》，《文博》1984 年第 1 期。

杨宽：《中国古代陵寝制度的起源及其演变》，《复旦学报（社会科学版）》1981 年第 5 期。

杨璐：《霍去病墓石刻研究》，西安：西北大学硕士学位论文，2012 年。

杨哲峰：《渭北西汉帝陵布局设计之观察》，《文物》2009 年第 4 期。

姚生民：《汉云陵、云陵邑勘查记》，《考古与文物》1982 年第 4 期。

叶文宪：《西汉帝陵的朝向分布及其相关问题》，《文博》1998 年第 4 期。

殷淑燕、黄春长：《论关中盆地古代城市选址与渭河水文和河道变迁的关系》，《陕西师范大学学报（哲学社会科学版）》2006 年第 1 期。

英卫峰、霍雅琴：《唐代帝陵陪葬墓盛衰原因新探》，《西北大学学报（哲学社会科学版）》2009 年第 4 期。

于志飞、王紫微：《经纬圆方——汉长安城及其近畿空间尺度设计研究》，《中国文物科学研究》2015 年第 3 期。

袁泉：《略论“洛—渭”流域蒙元墓葬的区域与时代特征》，《华夏考古》2013 年第 3 期。

袁玉生：《唐陵石雕——鸵鸟刍议》，《画刊》2008 年第 9 期。

岳连建：《西周王陵位置初探》，《文博》1998 年第 2 期。

岳敏静：《唐墓出土的竿木杂技俑》，《文物世界》2016 年第 1 期。

岳起：《西汉帝陵诸问题的探讨》，《秦汉研究》2010 年第 4 辑。

岳志勇：《西风残照，汉家陵阙——汉景帝阳陵考古新成果》，《文物世界》2000 年第 1 期。

张斌虎、刘文娟、房欢欢：《浅析蒲城县现代农业园区发展现状与思路》，《新农村（黑龙江）》2017 年第 8 期。

张春燕：《秦至唐陶俑艺术风格流变研究》，青岛：青岛大学硕士学位论文，2011年。

张海云、骆希哲：《秦东陵勘查记》，《文博》1987 年第 3 期。

张宏、赵荣：《城市休闲功能区建设的影响——以西安曲江新区为例》，《西北大学学报（自然科学版）》2006 年第 4 期。

张鸿杰、司少华：《毕原与周陵》，《咸阳师范学院学报》2008 年第 3 期。

张辉：《重大社会变迁下的唐陵雕塑》，《美术》2012 年第 9 期。

张建林：《唐代帝陵陵园形制的发展与演变》，《考古与文物》2013 年第 5 期。

张建林：《唐昭陵考古的重要收获及几点认识》，《乾陵文化研究》2005 年第 00期。

张建忠：《中国帝陵文化价值挖掘及旅游利用模式——以关中 3 陵为例》，西安：陕西师范大学博士学位论文，2013 年。

张静、张媛：《乾陵石狮造型艺术分析》，《美术大观》2009 年第 6 期。

张佩琪：《小麦的起源与华胥氏——中华文明的摇篮与白家文化》，《农业考古》1993 年第 3 期。

张卫星、付建：《秦始皇陵的选址、规划与范围》，《文博》2013 年第 5 期。

张翔宇：《西安地区汉代壁画墓特点浅析》，《文物》2012 年第 10 期。

张新斌：《论伏羲与炎黄共为中华人文始祖》，《中州学刊》2007 年第 5 期。

张序民：《宝鸡：炎帝族之源》，《寻根》1997 年第 1 期。

张燕军：《风水思想与汉唐帝陵选址研究》，《兰台世界》2013 年第 21 期。

张燕军：《风水思想与西汉帝陵关系研究》，《咸阳师范学院学报》2012 年第 5 期。

张永祥、胡然：《乾陵考古五题》，《文博》1999 年第 3 期。

张占民：《秦始皇身后留下的 9 大谜案》，《大地纵横》2005 年第 5 期。

张仲立、丁岩、朱艳玲：《凤栖原汉墓——西汉大将军的家族墓园》，《中国文化遗产》2011 年第 6 期。

张洲、李昭淑、雷祥义：《周原岐邑建都的环境条件及其迁移原因试探》，《西北大学学报（自然科学版）》1996 年第 4 期。

长武县博物馆：《陕西长武郭村唐墓》，《文物》2004 年第 2 期。

昭陵博物馆：《唐昭陵段蕳璧墓清理简报》，《文博》1989 年第 6 期。

昭陵博物馆：《唐昭陵长乐公主墓》，《文博》1988 年第 3 期。

赵超：《雄壮瑰丽　大汉风华——汉阳陵出土陶俑赏析》，《文物鉴定与鉴赏》2014 年第 3 期。

赵丛苍：《周公庙墓地性质管窥》，《西北大学学报（哲学社会科学版）》2004 年第 6期。

赵海洲：《试析秦始皇陵墓葬制的渊源》，《华北水利水电学院学报（社会科学版）》2011 年第 6 期。

赵化成：《从商周“集中公墓制”到秦汉“独立陵园制”的演化轨迹》，《文物》

2006 年第 7 期。

赵化成：《秦东陵刍议》，《考古与文物》2000 年第 3 期。

赵荣：《陕西省大遗址保护新理念的探索与实践》，《考古与文物》2009 年第 2 期。

赵荣：《有效保护、科学展示、传承文化、服务社会——陕西省大遗址保护新理念的探索与实践》，《中国文化遗产保护》2009 年第 4 期。

赵士禎：《中华文明与秦兵马俑的核心价值》，《新西部（下半月）》2009 年第 5期。

赵顺利：《唐陵石雕艺术漫谈》，《建筑设计管理》2011 年第 12 期。

郑红利：《与西周王陵相关的几个问题》，《文博》2000 年第 6 期。

郑岩：《一千八百年前的画展——陕西旬邑县百子村东汉墓细读》，《中国书画》2004 年第 4 期。

中国社会科学院考古研究所杜陵工作队：《1982—1983 年西汉杜陵的考古工作收获》，《考古》1984 年第 10 期。

中国社会科学院考古研究所杜陵工作队：《1984—1985 年西汉宣帝杜陵的考古工作收获》，《考古》1991 年第 12 期。

周宏伟：《西周都城诸问题试解》，《中国历史地理论丛》2014 年第 1 辑。

周明：《陕西关中唐十八陵陵寝建筑形制初探》，《文博》1994 年第 1 期。

周伟洲：《唐韩休墓“乐舞图”探析》，《考古与文物》2015 年第 6 期。

周卫国、宋康年：《望江北宋墓出土的青白瓷俑》，《收藏家》2011 年第 9 期。

周学鹰：《“因山为陵”葬制探源》，《中原文物》2005 年第 1 期。

朱峰、杜忠潮：《论西汉帝陵位次排列中的昭穆制度》，《咸阳师范学院学报》2015 年第 1 期。

朱建军：《炎帝陵祭祀文化意义述考》，《湖湘论坛》2008 年第 5 期。

朱利民、朱昭：《中国文明起源形成与黄帝华胥文化类型问题研究》，《西北大学学报（哲学社会科学版）》2014 年第 6 期。

朱士光、肖爱玲：《古都西安的发展变迁及其与历史文化嬗变之关系》，《陕西师范大学学报（哲学社会科学版）》2005 年第 4 期。

朱伟：《唐代女俑造型研究》，景德镇：景德镇陶瓷学院硕士学位论文，2011 年。

朱学文：《秦始皇陵园设计规划问题之研究》，《文博》2009 年第 5 期。

朱学文：《试论秦始皇陵园选址的相关问题》，《考古与文物》2010 年第 6 期。

后　　记

“江南才子山东将，陕西黄土埋皇上。”这句广为流传的民谣，形象生动地描述出关中地区古代帝王陵墓的数量之多、分布之密集，为世所罕见。20 世纪 90 年代，在进行咸阳乡土地理考察和调研过程中，笔者有幸参观、访问了西汉茂陵和唐乾陵，对咸阳境内汉唐帝陵遗存有了初步认识。进入 21 世纪，笔者在相继主持和完成了“咸阳区域旅游资源、市场、环境系统研究”和“关中地区乡村旅游资源、模式与市场驱动机制研究”等专项课题科研的过程中，一方面较为系统地了解了咸阳乃至关中地区帝陵文物旅游资源的赋存及其保护利用状况，就有关陕西旅游开发对环境的影响及旅游环境保护、咸阳旅游资源核心竞争力及整合开发、西安历史古迹旅游资源保护与开发利用、汉唐帝陵旅游地居民对旅游影响的感知、乾陵景区国内旅游者行为特征等问题进行了探讨，并在相关刊物发表了论文。另一方面，笔者主持和完成了咸阳市、西安市和渭南市的相关区县的旅游发展规划、景区规划，以及民俗文化村规划项目及其论证评审。可以说，笔者关注和研究关中地区帝陵遗产资源，缘起于对地方文物、文化旅游资源开发及其旅游规划的研究。

2009 年，咸阳师范学院建设的“关中古代陵寝文化研究中心”被陕西省教育厅列入第三批陕西（高校）哲学社会科学重点研究基地立项建设单位，建设期限为 3 年。笔者作为该中心的学术带头人（兼行政负责人），在“任务带学科”的客观形势下，开始涉足关中地区古代帝陵遗产资源及保护利用研究。这期间，笔者策划组织了有关文学、史学、考古和美术等专业领域的学者参与的关中地区周秦汉唐帝王陵寝遗产资源的两次系统考察和调研，考察范围涵盖西起宝鸡、东至韩城的整个关中地域空间，获取了丰富的关中地区古代帝陵遗产资源的文字、图片和电子信息资料，还就帝陵遗产资源保护与旅游开发做了专题调查问卷。通过这些实践活动，笔者最大收获是在获取对关中地区帝陵遗产资源系统的感性认识的基础上，对汉唐帝陵文化遗产等问题有了理性升华，先后参与和主持陕西省教育厅哲学社会科学重点研究基地科研计划项目：“关中古代陵寝文化旅游开发与保护互动机理研究”（13JZ082）、“关中汉唐帝陵文化遗产保护与展示研究”（14JZ063）等项目，并与同事合作发表了诸如《关中地区古代陵墓类型、地理分布及其影响因素》《基于钻石模型的咸阳帝陵遗产旅游发展策略研究》等论文，还在全校开设了“关中古代陵寝文化资源鉴赏”选修课，编撰了《关中古代陵寝文化资源鉴赏》讲义稿。这些都为本书的写作奠定了基础。

笔者曾于2017年4月联系出版社并拟定《关中地区帝陵文化遗产研究》一书的出版意向，打算在已经使用和修订了数次的《关中古代陵寝文化资源鉴赏》讲义稿的基础上做些修改和充实，很快就能完成并交付该书稿。然而，当笔者着手整理和撰写书稿，以专著的要求和眼光进行重新梳理创作时，发现原有的“讲义稿”显得疏浅和不够严谨，尤其当笔者收集和消化了大量参考文献资料后，下决心另起“炉灶”、重新构思框架体系和撰写体例。这样一来，本书稿直至2018年3月底，在花费近乎一年时间后才完成初稿，其后又对初稿进行梳理、删减和补充，将原先的19章内容精炼和浓缩为11章，突出关中地区帝陵文化遗产的主题。

本书内容共11章，第一、二章可作为基础篇，分别就关中地区古代帝陵遗产资源的数量、规模及其与国外“金字塔”、国内其他地域类似资源的比较，以及关中地区古代帝陵遗产资源产生的自然地理条件和人文历史背景作分析；第三至十章可作为遗产资源篇，主要就关中地区古代帝陵遗产资源的类型、帝陵的结构、帝陵制度嬗变及影响、帝陵的主题及文化价值、帝陵文化艺术遗产等问题进行剖析和阐述；第十一章作为保护利用篇，主要就关中地区（帝陵）大遗址保护及产业化等问题作探讨与分析。

本书在写作和完成过程中得到咸阳师范学院科技处、学科建设办公室、资源环境与历史文化学院、关中古代陵寝文化研究中心领导和同事的热情支持与鼓励，以及笔者家人的理解和支持。本书的出版得到咸阳师范学院学术专著出版基金和省级优势学科建设项目——省扶持学科、咸阳师范学院校级重点学科中国史（历史地理学）专项资金的资助。咸阳师范学院资源环境与历史文化学院、经济管理学院、文学与传播学院、美术学院的相关师生参与了本书相关内容的考察调研。值此本书付梓出版之际，笔者一并表示诚挚的谢忱。

书中对所引用的文献和资料基本都做了注释或脚注，难免有遗漏和疏忽之处；另本书涉及多个学科领域，以笔者的专业背景和学术积淀之浅陋，谬误和疏漏在所难免，恳请专家、学者及读者批评指正。